INTERAKTION 1

das
mit der
wiener
hochschule für
sommer
angewandte kunst
symposion
in wien

INTERAKTION 1

DAS NACKTE – DER HINTERGRUND

15. 8. – 13. 9. 1987

Impressum

InterAKTion 1 Das Nackte – Der Hintergrund

Im Eigenverlag herausgegeben und für den Inhalt verantwortlich: der Verein „das wiener sommer symposion", Währingerstraße 59, 1090 Wien.

Mitarbeiter: Eva Afuhs, Martin Ebner, Andrea Hurton, Alice Kostron, Erik Schnabl, Ingrid Sinzinger, Beatrix Sommersguter, Peter Stasny, Christina Werner.

Fotos: Martin Drechsler, Thomas Freiler, Fritz Maritsch, Harald Mayrböck, Franz Mochty, Erik Schnabl, Ferdinand Szechenyi, Doris Plank, Robert Polak.

Da noch nicht alle Foto- und Abdruckgenehmigungen von den jeweiligen Personen und Institutionen eingeholt werden konnten, bitten wir die Betroffenen um Kontaktaufnahme.

Layout: Klaus Heinzle, Angela Koch

Cover: Klaus Heinzle, Angela Koch

Druck: REMA*print*, Neulerchenfelderstr. 35, 1160 Wien

Satz und SW-Lithos: Fotosatz-Studio Rizner, Wien · Salzburg

1. Auflage 1500 Stück, Wien 1987

ISBN 3-900-820-007

Inhaltsverzeichnis

Das Nackte ist kein Symbol

Das Nackte ist die Untertreibung und Übertreibung. Wer darin sein will, ist vielleicht frei von der Voreingenommenheit, sich einer Kleidung zu unterziehen, die eine Bestätigung eines momentanen Zustandes ist oder ein Verbergen ohne Kleidung ermöglicht, daß man außerhalb jeder Legitimation ist.

Der Akt – was für ein Akt? Der Akt des Handelns – ein Akt wird geschlossen abgelegt. Ich habe mich auf den Akt gelegt, er war sauber und ich konnte mich wärmen. Wie oft noch? Ob es jemand sieht? Die Nackten werden beobachtet, weil alle glauben, etwas zu sehen, was man an sich selber finden müßte – schlaffe Brüste, krumme Beine, dicke Bäuche, das Häßliche, das Schöne.

Das Sommersymposion hatte es in sich – ohne Wärme, ohne Höschen, es war eine glückliche Zeit. Noch öfter möchten wir nach dem Verborgenen forschen, ob es wieder gelingen wird?

Oswald Oberhuber

VORWORT

Das Wiener Sommersymposion der Hochschule für angewandte Kunst wurde im Sommer 1987 zum ersten Mal veranstaltet.
Als Initiative einer Gruppe von Absolventen der Hochschule war die Serie von Veranstaltungen, Vorträgen, Diskussionen und Aktionen eine Alternative zu den vielerorts stattfindenden Sommerakademien.
Hier beginnt auch schon der Unterschied. Während zum Beispiel die Salzburger Sommerakademie für bildende Kunst fest in den kulturellen Sommerbetrieb um die Festspiele eingebunden ist, über ein festes Budget aus dem Kulturtopf verfügt und die Professoren und Vortragenden mit ansehnlichen Beträgen honoriert werden, mußte das Wiener Symposion von völlig andersgearteten Umständen ausgehen.
Möglich geworden war die Veranstaltungsreihe unter dem Titel: „InterAKTion, das Nackte – der Hintergrund" überhaupt nur durch den beispiellosen und fast selbstausbeuterischen Einsatz der Mitglieder des Vereins „Das Wiener Sommersymposion", welche nicht nur praktisch monatelang unbezahlte Arbeit verrichteten, sondern auch die Mehrzahl der Vortragenden überzeugen konnten, ihren Beitrag unentgeltlich zur Verfügung zu stellen.
Jede neue Idee, jede neue Aktion hat mit anfänglichen Schwierigkeiten zu kämpfen. Vieles gilt es im nächsten Jahr zu verbessern – aber daß das Wiener Sommersymposion zu einer ständigen Einrichtung werden sollte, darüber sollte es keinen Zweifel geben. Ebenso nicht darüber, daß für das Symposion 1988 andere materielle und organisatorische Grundlagen geschaffen werden müßten.
Das Veranstaltungsangebot war vielfältig – vielleicht allzu sehr so – auch für ein Thema, das im Hinblick auf seine kunst- und gesellschaftsgeschichtliche Relevanz beinahe unerschöpflich erscheint. Der hier vorliegende Katalog kann deshalb auch nur fragmentarisch die Fülle der Ergebnisse des Symposions dokumentieren. Er soll aber zugleich die Möglichkeiten, welche sich durch eine Weiterführung dieser Aktion ergeben könnten, aufzeigen.
Die freie und offene Arbeitsatmosphäre des Symposions könnte durchaus ein Katalysator sein für eine Arbeitsmethodik, die an der Hochschule während des akademischen Jahres allzu oft durch einen gewissen „Verschulungseffekt" die kreative Entfaltung behindert.
Andererseits ist diese Aktion – eine weitere Möglichkeit der Öffnung der Hochschule nach außen – ein Ziel, dem unsere Bemühungen in immer stärkerem Maße gelten müssen, soll die Schule ihre Position innerhalb der österreichischen und internationalen Kunstszene behalten und verstärken.
Die praktische Tätigkeit des Sommersymposions wäre ohne die organisatorischen und räumlichen Möglichkeiten, die das WuK den Veranstaltern bot, nicht möglich gewesen.
Das WuK hat für InterAKTion mit folgenden Worten geworben:
„Das Wiener Sommersymposion nimmt dem Sommer in Wien seinen Schrecken." Mögen dem Sommer 1987 noch viele schreckenlose Sommer folgen.

Wilhelm Holzbauer

REGIONALISMUS IN DER KUNST

Oswald Oberhuber

Wie oft wurde der Gedanke oder die Annahme des Regionalen überlegt, ohne daß je jemand zu einem Ergebnis in diesem Bereich gelangte. Wir leben in der Hoffnung, vom Grenzenlosen nicht erfaßt zu sein, trotzdem grenzenlos unser Hoffen ist, um die Unzufriedenheit zu überwinden, die uns die Eingrenzung der regionalen Zonen gibt. Nun gibt es aber ein Urgefühl, das uns motiviert und einschränkt, heimatliche Gedanken und Ursachen als Hauptmotivation dafür, innere und äußere Aussagen zur Durchführung zu bringen. Es ist so eine Art mütterliche und väterliche Abhängigkeit, Bewegtheit, die uns da in eine Eingrenzung führt. Schon als Kind können wir es nicht begreifen – entfernte Lande, Städte und Gegenden, keinerlei zeitbezogene Vorstellungen werden sichtbar, sodaß sich in jedem Fall nur der kleine Bereich der erfaßbaren und damit unmittelbaren Körperlichkeit zeigt. In jedem Fall ist das Regionale die ursächliche Basis für jedes Handeln. Ich kann mich nicht befreien vom angeborenen Ort. Das ist die Basis, in der wir uns befinden, bevor wir in die Selbständigkeit entlassen werden.
Wie schaut nun der Vorgang des Eigengefühls aus, wie läßt sich sichtbarmachen das Urverhalten? Gibt es ein Österreich und – noch eingegrenzter – ein Kärnten, ein Tirol, usw.? Diese Verpflichtung könnte sich in die engste Enge eines einzelnen Hauses einengen und schließen. Hier ist die Weite fast in dem Verfassen der Faßbarkeit von Besonderheiten im direkten Gebrauch. Das Dinghafte in seinem Verwendungszwang offenbart sich hier als der universelle Verfügungszwang mit dem die Dinge der Brauchbarkeit unterlegt werden, sodaß eine Gabel mehr wird als ein Arbeitsgerät und sich zusätzlich sichtbar macht in einer Beschreibung der Funktion als ein ästhetischer Wert.
Da stehen wir heute an und versinken in die Sprachlosigkeit und Unfähigkeit, etwas zu schaffen, was in einer engen Verfügbarkeit sich ergeben müßte, denn jede Sprache verlangt eine eigenschöpferische Gewalt, die alles ausschließt, was um sie herum entsteht. Die Stille müßte sich erhalten, das Schweigen, dann könnte eine Sprache sich entstehen lassen, die wie in der Vergangenheit in einer bestimmten Zone jene Bedürfnisse erfüllt, die diese für ihren Gebrauch verbraucht.
So könnten eine Zeit und eine Gegend erklärt werden, wenn diese sich noch genügen können in ihrer eigenen Verfügbarkeit und in einer Abgeschlossenheit sich befinden würden, die nichts als nur sich selber zuläßt. Man muß hier Beispiele nennen, die zu finden sind gerade in jenen Gegenden, wo die politische Situation eine Einengung erstellt und die Flucht in eine Vergangenheit als hoffnungsvolles Ziel sich anbietet im Glauben an eine Identität, die nicht personalisiert ist in sich selbst, sondern in den jeweiligen Nationalitäten zu finden ist. Diese Beschränkung führt zu regionalem Mißklang und Mißverstand, wodurch jedes verständige Verstehen verlorengeht. Die Grenzen sind gezogen, nichts kann bleiben, was verbleibt.
Würden wir uns zurückziehen in jene Zeit, wo politische Mächte noch keine Macht hatten über sprachliche Bedeutungen, trotzdem auch Grenzziehungen entstanden sind durch Gewalt, aber ohne Gewicht auf regionale Veränderung im Sinne einer Assimilierung, denn Grenzziehungen hatten nichts mit der Einwirkung von sprachlichen oder anderen Verhaltensweisen auf die Bevölkerung zu tun, sondern waren besitzergreifende Maßnahmen, so wären die Minderheitenprobleme keine Probleme, denn die einzelnen Herrscher haben sich nicht darum bemüht, die Menschen im Sinne der geistigen Vorstellungen zu erziehen und im Sinne des Denkens eines anderen Landes einzuordnen. Italien ist ein klassisches Beispiel

dafür: laufend von Fremdherrschaft besetzt, bleibt Italien italienisch. Hier liegen der Schlüssel und die Hintergründe zur regionalen Interpretation. Das „Fremde" kann sich ja zeigen ohne zur Herausforderung zu werden im Sinne einer Abwertung jener Gegenden, die durch das Fremde überfremdet werden. Dann gibt es ja auch keine Fragen, die zu beantworten wären, wenn es keine wie auch immer gearteten Fragen gibt. Nun müßte man überlegen, und es muß bewußt werden, ob es heute noch Minderheiten im nationalen Sinne gibt und daß die nationale Begriffsbezogenheit eine schon lange überwunden sein könnte, würden die neuen Verhaltensformen begriffen werden. Da sind einmal die grenzüberschreitenden Vorgänge der Wirtschaft, des Handelns und des Devisenverkehrs, ohne die ein Leben heute undenkbar wäre, auch nicht zu vergessen ist der primitive Tourismus mit seinen Auswirkungen auf alle Beteiligten, ob Gastgeber oder -nehmer, wobei jeder kulturbezogene Schub über den Künstler und Wissenschafter schon immer vollzogen wurde, mit ihren hohen Gedanken, die jede Grenze überschreiten und alles in eine Gemeinschaft hineinbeherrschen. Dieses Beispiel zeigt, daß die Mobilität der Massen noch nie solche Ausmaße erreicht hat wie heute, denn vor allem die besuchten Länder haben ihre Anpassungsfähigkeit in einem so großen Maße entwickelt, daß sie sogar um des Geschäftes Willen ihre Identität ablegen und eine gewisse Internationalität mimen, um dabei mit der Zeit sich selbst zu verlieren.

Warum verirren sich die Menschen immer wieder in die Kleinheit nationaler Kleinheit, wobei immer wieder mit großer Phantasie neue negative Vorstellungsvorgänge einbezogen werden – wie das große Welttheater, das in der heutigen Zeit im Zusammenhang mit Westen und Osten ohne jede Verständnishaltung als Gegensatz zusammenprallt. Ähnliches vollzieht sich mit den schwarzen und roten und anderen Parteien in der politischen Landschaft Österreichs. Hier sieht man, daß die kleinliche Gruppenbezogenheit scheinbar den Menschen immer wichtiger ist als eine Weltbezogenheit, die erst eine Freiheit für den einzelnen ermöglichen würde.

Das Regionale hat nur Vorzug in einer Einschränkung sprachlicher und brauchtumsbezogener Hinwendung, die keine Zukunftsbezogenheit in sich trägt. Hier schließt die Vergangenheit alles aus und ein, denn was zu zeigen ist, kann nicht mehr beherrscht werden, weil das Wollen nicht mehr nach Gemeinschaften strebt, sondern jede Konzentration auf die Personalisierung der Person hinzielt. Der einzelne für sich allein erhebt sich und entscheidet über Entscheidungen, die ihn allein betreffen, sodaß die regionale Sehnsucht nur dort aufkommt, wo politische Lösungen falsch angewendet werden, indem man nicht nur die Möglichkeiten der Person beschneidet, sondern auch in voller Breite Maßnahmen setzt, die nie dem regionalen Bevölkerungswillen entsprochen haben, sodaß der Starrsinn einer Bevölkerung in bezug auf die Vergangenheit so stark wird, daß sie vergißt, schöpferisch zu sein und in maßlosen Ansprüchen verbleibt, die nur das Maß der Vergangenheit heraufbeschwört, sodaß der Widerspruch entsteht, daß die Vergangenheit gleichzeitig die erträumte Zukunft ist, die nur im regionalen Verharren in einer Vergangenheit einen sogenannten Anspruch erstellt. Da muß man fragen, wo verblieb das Römische Reich und andere Imperien trotz einer kraftvollen kulturellen Vergangenheit und anderen Maßnahmen, die weit über volksbezogenen Vorgänge hinausgehen.

Das Schicksal der Assimilierung ist kein Unglück, wenn man es richtig sieht, sondern das Ziel, das zu einer zeitlosen Einbindung führt. Damit ist nicht gemeint das „Wegschlucken" und Verschlingen von Menschengruppen aus ihrer Eigenverantwortlichkeit und Gedankenbezogenheit, die ja nicht im Bezug steht zu begrenzten Vorstellungen, sondern sich einbindet in eine größere Gemeinschaft, wo der Einzelne mehr Wert bekommt. Der Starrsinn der Einengung in begrenzte Vollkommenheit, wie das so in der engen Überheblichkeit zum Ausdruck kommt, sind Gedankenvorgänge aus dem 19. Jahrhundert, in dem die Frage der Eingrenzung und Einigelung im Nationalstaat sich vollzog, wobei die Überlegungen der Französischen Revolution entscheidend waren, die auf zwei Grundlagenebenen vorsichgingen.

Einerseits in einer Freisetzung des Individuums mit allen seinen Merkmalen der uneingeschränkten Weitergabe aller seiner Fähigkeiten über alle Grenzen hinweg und andererseits aus der Verteidigungshaltung seiner Eigengesetzlichkeiten, die dazu führten, daß die Staaten, die außerhalb der revolutionären Tat jeder menschlichen Freiheit zuwiderhandelten, den Zwang zum Nationalismus bewirkten in ihrem Verharren gegenüber jeder Freizügigkeit, sodaß im Zuge der Französischen Revolution der Nationalismus erst zum Tragen kam.
„Wo bleibt die Kunst?" – läßt sich nun fragen, nach dem Verstieg in die politische Klage und die Umklammerung. Aber ohne diese Hinweise im Politischen ist der Regionalismus in der Kunst nicht zu verstehen.
Kurz vor dem Tode von Joseph Beuys hat sich derselbe in einer Diskussion mit Künstlern in der Behauptung verirrt, würde man den Basken in Spanien und Frankreich eine Autonomie und Selbstbestimmung zubilligen – was ja möglich wäre, wenn Staatsgewalten großzügiger wären –, so könnte dort in jener Freiheit von Enge eine Kunst entstehen, die beispielhaft sein sollte, wie in der Vergangenheit in der scheinbar räumlichen Enge des Mittelalters, wo die großen Kathedralen erbaut wurden. Mag dieser Gedanke noch soviel spekulativen Wert manövrieren, so zeigt er doch nur begrenzte Gedankenvorgänge und spiegelt wider einen romantischen Hinwendungstrieb zu einer Mystifizierung der Vergangenheit, die wesentlich konkreter und mit bewußter Geistigkeit sich zur Darstellung brachte. Die Gottesfurcht und ein hohes Maß an Selbstbewußtsein der kirchlichen Gewalt ließ diese Gottesburgen entstehen. Jede Epoche mit stilistischen Vorzügen ist unter Zwangsmaßnahmen entstanden und bevorzugt vor allem die Wünsche einzelner oder von sogenannten Gemeinschaften, wobei hier jeweils neben dem Stilbezug der weltanschauliche Vorgang der jeweiligen Interpretation dieser erfundenen Ideen unterlegt wurden. Wie schwer hatten und haben es die Diktaturen der Gegenwart, denn demokratische Verhaltensformen behindern und verhindern das Sich-Festsetzen auf Behauptungen, die nur Behauptungen sind, hat doch im demokratischen Denken das Sich-Festsetzen in ideologischen Gedankenkomplexen keinen Platz. Darum gibt es ja auch keine Stile mehr, denn jeder Stil nimmt immer Bezug auf eine Gedankenkonstruktion, sodaß vom Stil für uns nur mehr übrigblieb die Form der Stilisierung, die die Sehnsucht nach einer formalen Interpretation freigibt und sicher jene Sehnsucht wiedergibt, die in der Renaissance als Manierismus eine Darstellungsform fand, die Beschreibungen eingrenzt, freimacht von geschmacklichen Vorgängen und in einer Art vegetativer Zufälligkeit eine ungeahnte Interpretationsfreiheit eröffnet. Ich sage nicht, was ich will, sondern male, was ich will! Der Formbezug ist eine Beschreibung all jener Dinge, die wir sagen wollten, aber es fehlen die Worte und die Sprache hat keine Verfügbarkeit mehr. Wie sich in so einer Situation, in der wir nun stehen, Regionales noch erhalten kann, erscheint mir in jedem Fall fragwürdig zu sein.
Aber bleiben wir beim Gedanken von Joseph Beuys – die große Kunst entsteht in der Isolation, in einer Bewußtwerdung von Gruppen, die in gedanklicher Selbstsucht leben. Kann dieses Verhalten zu einer regionalen Identifikation mit höchsten Qualitäten führen, die weit über das Regionale hinaus auch eine Ausstrahlung erlangt oder bleibt es nur ein politischer Aufschrei, der sich zu finden glaubt und am Ende nur in der Zielsetzung zerbricht. In jüngerer Zeit ist dieser Isolationssprung immer nur in der Darstellung geblieben und im Endeffekt an der Unmöglichkeit des Verlangens mit sich selbst daran gescheitert. Das Beispiel ist Groß-Deutschland mit seinem erhöhten Zwang zu einem Deutschtum, das einen großen Darstellungszwang entwickelte mit einem germanischen Geschichtszwang als geistige Metamorphose, der sich nicht in Einklang brachte mit der industrialisierten Vorwärtsbewegung rationaler Vorgänge, sodaß ein Zwiespalt des unmittelbaren Begriffsbezuges entstand, und darum auch der Untergang dieser wertfremden Situation folgerichtig war.
Man könnte ja noch andere Nationalitäten heranholen und alle jene Möglichkeiten anhand von Beispielen erklären, die in verschiedener Weise die Problematik aufzeigen, die hier zu finden ist. Je extremer die Auswahl aufscheint, umso exakter kann sich das Problem erklären

und einige Volksgruppen zur Thematisierung heranziehen und in Vorschlag bringen, die verschiedensten Konstellationen jener Außenseiter, die durch politische Machenschaften und Kriege in die Rolle der Unzufriedenen gedrängt wurden. Ich darf zur Aufklärung die Palästinenser, Südtiroler, Basken verwenden und als politische Außenseiter, wo die bildende Kunst eine andere Rolle spielt als bei anderen Nationen, die in Zwangssituationen leben, noch die Ostdeutschen nennen. Nur dieser Hinweis auf andere Gruppen erklärt die problematische Situation und die hoffnungslosen Aussichten, im Regionalismus sein Heil zu finden. Selbstverständlich ist es nicht ganz dasselbe, was wir darunter meinen, sind doch extreme Vorgänge zwar beispielgebend, aber nicht beispielhaft.
Das politische Spiel der Palästinenser eskaliert in sich selbst und torpediert jeden Ausbruch einer Selbstfindung. Damit ist gemeint das Verharren auf einem Recht, das ihnen recht gibt im Recht auf einen Anspruch, der sich aber unmittelbar nicht durchsetzen läßt, auch wenn dieser Anspruch sich durch gewaltsame Hinweise und große äußere Aufmerksamkeit geltend zu machen versucht, sodaß im Endeffekt nichts anderes erreichbar wird als der volle Verlust jeglicher Existenz. Hier schüttelt ein illusionistischer Gedanke alles durcheinander, und es verbleibt ein Schock, der nichts mehr zuläßt, denn wo kein eigener Raum ist, in dem die Darstellungsformen des Lebens aufgewiesen werden, ist nichts zu erstellen, was Bestand hätte. Jedes aggressive Verhalten muß konstruktive Gedanken zum Scheitern bringen.
Wenn ich nun mit Südtirol fortsetze, so bin ich erfüllt mit eigener Betroffenheit und werde schwer ein Maß finden, das notwendig ist, eine Aussage zu sagen. Nun könnte ich diese Frage an mir selbst messen, auch wenn es vermessen ist, in einer so komplexen Frage Zusammenhänge und Vorgänge mit einer Person in Bezug zu stellen, die nur am Rande, von Gefühlen erschüttert, sich eine Meinung bildet. Ein Land, das sich in mehreren Sprachen zurechtfindet und dadurch eine größere Flexibilität in Gemeinschaften entwickelte, war von vornherein bereit, jede wie immer geartete nationale Form zu begreifen, auch wenn diese nicht ganz ihrem Volkscharakter entsprach. Wäre der italienische Faschismus mit seiner brutalen Italienisierung als vordergründige Okkupation nicht so aggressiv nach vorne gedrungen, so hätte die Annahme einer italienisch ausgerichteten Gebietsübernahme keine Aggression ausgelöst, die zur jahrelangen Problematisierung einer Zone führte und eine Problematik erstellte, die in einen Zwiespalt im Vorgang einer geistigen Aussage von neutraler Qualität führen konnte, wobei es ja möglich wäre, die hohe Qualität italienischer Kunst als Vorbild einzubinden, hat doch gerade diese Grenzzone im Übergangsbereich Nord-Süd eine fast sentimentale Hingezogenheit zur italienischen Kunst, die jeder dort Geborene in sich fühlt, sodaß es relativ leicht wäre, nicht nur eine Annahme- und Durchführungsform klassisch bezogener Prinzipien anzunehmen, die sich selbstverständlich auch ausdehnt in jene Bereiche, wo die fühlbare Sprache der Jetztzeit in ihrer knappen und differenzierten Sprachweise möglich wäre. Der Regionalbezug hat auch hier keinen Stellenwert außer dem Wert von Trachtenumzügen und einer aufgesetzten Tiroliense, die sicher eine Zeitlosigkeit in sich demonstriert, die aber keinerlei Bedeutung hat.
Das Aufzeigen von regionalen Extremsituationen ergibt selbstverständlich ähnliche Konstellationen, denn eine gewisse Unzufriedenheit läßt psychologisch bedingt nur eine Beschäftigung mit sich selber zu und erbringt erstarrte Haltungen. Das Baskenland mit einer Bevölkerungsgruppe, die sich nicht als spanisch bezeichnet, kämpft schon seit Jahrhunderten um ein eigenstaatliches Gebiet. Die sogenannte Spanische Revolution der dreißiger Jahre war ja nicht nur ein Kampf zweier verschieden gearteter Ideologien, sondern vor allem der Kampf der regionalen Gruppierungen, die jeweils im Staat einen eigenen Staat bilden wollten, was einem zentral geführten Staatsgebilde nicht besonders behagte, hätte dies doch auch zur Folge gehabt, daß die Nation sich in sich aufgelöst hätte. Bei den Basken handelt es sich, zumindest soweit die Vermischung sich nicht durchgesetzt hat, um ein Volk, das mit Spanien und Frankreich nichts zu tun hat, mit einer eigenen Sprache und dem berühmten

Parlament von Guernica. Die deutschen Luftangriffe auf jene Stadt sollten ja das regionale Parlament mit der gleichen Volksabstimmungsform wie die Schweiz ausschalten. Diese symbolhafte Handlung gegen eine starke regionale Einstellung sollte also das politische Herz dieser auf sich selbst gestellten Gruppe treffen. Die militärische Macht hatte selbstverständlich recht, denn auf Zeit gesehen war es ja die ETA, die radikale baskische Untergrundorganisation, die im Endeffekt die Franco-Regierung ausgeschaltet hat. Warum die Skizzierung einer Geschichte, die beweist, daß regionale Macht im Politischen sicher auch zur Änderung von politischen Vorgängen führt, aber nicht im Beuysschen Sinne auch gleichzeitig Kulturträger oder -bewirker sein muß? Sicher haben die Basken ein kulturelles Erbe zu tragen, das aber sehr eingegrenzt ist im Vergleich zum großen spanischen Beitrag zum Künstlerischen, sodaß ja eigentlich eine Hochblüte in der Tradition fehlt und es gar nicht begreifbar zu machen ist, weshalb gerade in dieser Eingrenzung von Gedankengängen eine Hochblüte neueren Kunstschaffens durch den Eigensinn von Gedanken entstehen soll. Auch hier beweist das Regionale nicht jene Stärke, die man hineinvermutet in eine geschwächte Isolation, die nur schwach sein kann, weil sie im Verteidigen verharrt, so wie eben die höchste Kraft des Jesuitenordens, der heilige Ignazius von Loyola, aus dem Baskenland kommt. Eigensinn hat nur Sinn im Eigensinn. Wie soll sich hier Weltoffenheit entwickeln?
Beispiele sind immer ein wenig fraglich, weil sie kaum in einen Vergleich gestellt werden können, ist doch jeder Vergleich abhängig in sich selbst und kaum anwendbar. Was uns noch bleibt ist ein kurzer Hinweis auf die Kunst eines Staates im sogenannten Osteinfluß, eben der schon genannten DDR. Und hier hat sich im Regionalen ein interessantes Phänomen entwickelt, das versucht, aus der politischen Sprache heraus künstlerische Qualitäten zu erstellen. Wir haben es hier mit einem Vorgang zu tun, der eigentlich in der Vergangenheit immer wirksam war. Die Vermischung von politischer Gewalt und Macht in der Einflußnahme gegenüber den Massen und die Interpretation dieses Phänomens waren immer schon ein legitimer Vorgang im Kunstbereich, waren doch die Künstler in der Vergangenheit immer dem Zwang der Mächtigen ausgesetzt. Daß sich dieses Phänomen bis in unsere Zeit fortsetzt, wissen wir aus den nationalsozialistischen und anderen ideologisch bezogenen Staaten, denn auch hier geht es um regionales Gedankengut – ob positiv oder negativ –, merkwürdigerweise will niemand so gerne in die Freiheit der unabhängigen Gedanken geraten, ist er doch dabei alleingelassen und ohne jede Bindung zu einem geistigen Gebilde, das nur in ihm allein herscht. Daß dieses Verlassensein ein allgemeines Unbehagen ist, beweist die Umklammerung, die angewendet wird, wenn es darum geht, scheinbar außerordentliche Freiräume zu finden, die sich beschränken und scheinbare Stärke nach außen zeigen in jener separatistischen Haltung von regionalen Gruppierungen, die in problematischen und außergewöhnlichen Situationen in ihre utopische Eigenstaatlichkeit versinken wollen. Der Regionalismus als besondere Möglichkeit soll
innerhalb einer verbindlichen Demokratieform in sich die Möglichkeit verbergen, zukunftsträchtiger Kulturträger zu sein. Dieser scheinbare Schutz wird immer wieder verwendet, um die Gemeinschaft stilbezogener Vorgänge in der Kunst aufzugreifen und zu finden – so wie Beuys, der scheinbar das Alleingelassensein nicht ertrug.

NACH DER SCHNEESCHMELZE

Technische Angaben

Art der Veranstaltung: Einwöchiges Kulturspektakel, Pilotprojekt des Wiener Sommersymposions.
Veranstalter: Das Wiener Sommersymposion und die Hochschule für angewandte Kunst, Wien.
Veranstaltungsort: Werkstätten- und Kulturhaus, Wien
Veranstaltungsdauer: 28. März bis 4. April 1987
Zweck der Veranstaltung: Präsentation von Arbeiten aus den Bereichen Malerei, Graphik, Plastik, Fotografie, Video, Environment, Rauminstallation und Mode, Literatur, Musik, Film, Video und Performance.

Vorweggenommen: Der 1. Eindruck, der den Betrachter beim Betreten der Ausstellungsräumlichkeiten überfällt, ist Verwirrung. Im großen Saal des WuK steht ein riesiges Gerüst, das den Raum nach innen stülpt. Man findet sich plötzlich zwischen außen und außen wieder. 2. Entdeckung: Das Gerüst besitzt ein Innenleben = Bühne. Auf dieser proben z. B. Musiker. Der 3. Blick befriedigt endlich den Betrachter: Bilder hängen an den Wänden. Man ist also doch in eine Ausstellung geraten. Doch dann nimmt wieder Verwirrung überhand. Raumnot quält den Betrachter. Kunst hängt bis in 5 Metern Höhe. Kein Platz wurde zwischen den einzelnen Werken gelassen und auch kein Platz für den Betrachter, auf Distanz zu gehen – sofort versperrt ihm ein Gerüstteil den Blick.
Die Verwehrung des distanzierten Blicks – und hier ahnt der Betrachter, daß hinter der Verwirrung doch Systematik steckt. Die Systematik des perversen Ausstellungsmachers, der sich bewußt weigert, Kunst auf dem Präsentierteller zu reichen. Da schieben sich einfach zu viele Dinge übereinander ins Blickfeld: Ein Gemälde wird durch das direkt danebenhängende irritiert, manches verliert sich im Ensemble, manches behauptet sich und alles wird durch die andauernden Probenarbeiten gestört. Auch bei den Veranstaltungen hat man immer mehreres im Blickfeld. Das Gesamtkonzept scheint eine losgelöste Konzentration auf ein Medium oder Geschehen bewußt zu unterlaufen. Das Nebeneinander wird wichtig.
Solche Inszenierung zeigt etwas von Kunst im Rohzustand. „Exhibition in Progress" könnte man es vielleicht nennen. Zudem noch die Vielfältigkeit der einzelnen Veranstaltungen zusätzliche Unsicherheiten bewirkt: von „purer Kunst" zu „purer Unterhaltung", bisweilen noch miteinander gemischt. – Was ist es, was hier eigentlich präsentiert werden soll?
Und die Irritation am Ende, wenn der Betrachter merkt, daß die einzige Situation, in der sein Blick ruhig verweilt, die Präsentation anonymer Pornofotografie im dafür inszenierten „Salon" ist.

M. B.

Das Veranstaltungsprogramm:

Eröffnung der Ausstellung durch Oswald Oberhuber

„8 ODER 9

in der großen Schleife:
Das schlichte Herz – Don't Fuck Around!"
Konzert mit 8 ODER 9.

TRICKFILME

von Clay, Groschup, Hohenbüchler, Hoffman, Kampl, Kordon, Mattuschka, Neubauer, Poschauko, Praglowski, Schütz, Sielecki, Steiner, Stratil und Tscharyiski.

VIDEO UND WIEN

Ein Querschnitt, zusammengestellt von Karl Kowanz.

Großer Veranstaltungssaal, Bühne

Foyer großer Veranstaltungssaal, Bar

„ANGEZOGEN – AUSGEZOGEN"

eine Modeshow mit Kollektionen von Andreas Bergbaur, Renate Christian, Saŝa Milenkoviĉ, Guido Prodinger und Frank Wilde.

„SEKUNDE DER STADT – BRÜCKEN"

Literatur: Peter Waterhouse
Komposition: Mia Zabelka
mit: Fritz Novotny, Klarinette
Giselher Smekal, tapes
Mia Zabelka, Violine

„SZENEN IM SALON"

Kompositionen von Anestis Logothetis und Andrea Sodomka. Filme von Kurt Kren und Ursula Pürrer/Angela H. Scheirl. Mode von Merz&Muard. Fotos aus der Collection Erwin Puls. Barmusik und Sekt.

DSCHUNGELORCHESTER

Konzert

DAS FEST DER SCHNEESCHMELZE

Live Musik: Hot News. Disco. Kunstauktion.
Körperbemalung: Linda Bilda

Teilnehmende Künstler:

Elfriede Baumgartner, Ysabel Bayern, Bernhard Bernatzik, Martin Breindl, Andreas Dallinger, Thomas Freiler, Harald Gfader, Alfred Graf, Klaus Heinzle, Peter Hermann, Guido Hoffman, Irene Hohenbüchler, Alfred Hoyos, Gottfried Jäger, Angela Koch, Elena Koptschalijski, Hubert Lobnig, Mara Mattuschka, Peter Mechtler, Gerd Menia, Klaus Moser, Hans Werner Poschauko, Helmut Rainer, Ludwig Reinprecht, Mario Rott, Hans Scharnagl, Willi Scherübl, Andrea Sodomka, Peter Stasny, Petra Sterry, Ferdinand Szechenyi, Nita Tandon, Gitta Thomschitz, Marta Wagnest und C. W. Eder.

Modestände:

Andreas Bergbaur, Renate Christian, Saŝa Milenkoviĉ, Guido Prodinger, Frank Wilde.

Der „Salon" wurde mit Material aus der Collection Erwin Puls, Wien, gestaltet.

Ausstellung Foyer großer Saal

Ausstellung großer Saal

Ausstellung Foyer großer Saal

Ausstellung kleiner Veranstaltungssaal

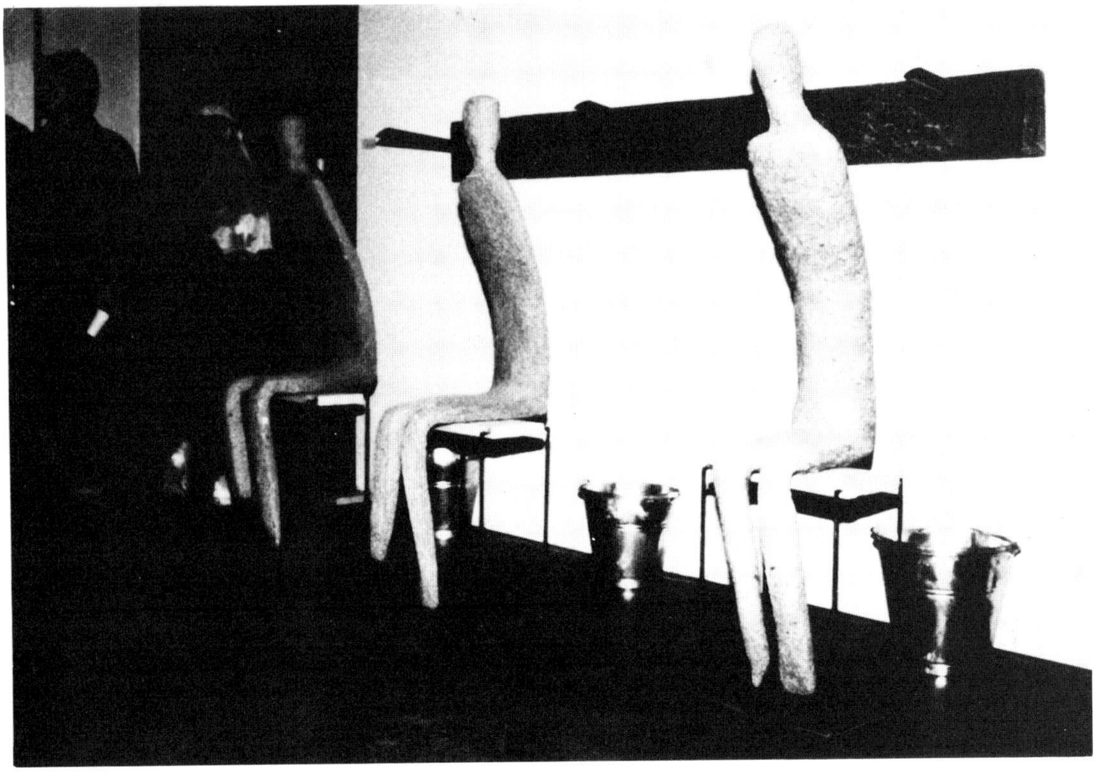

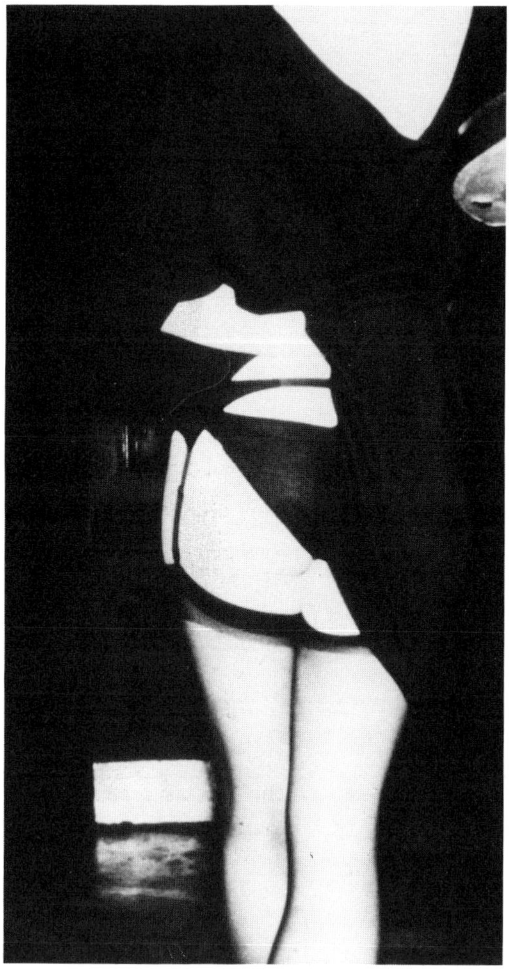

„Szenen im Salon"

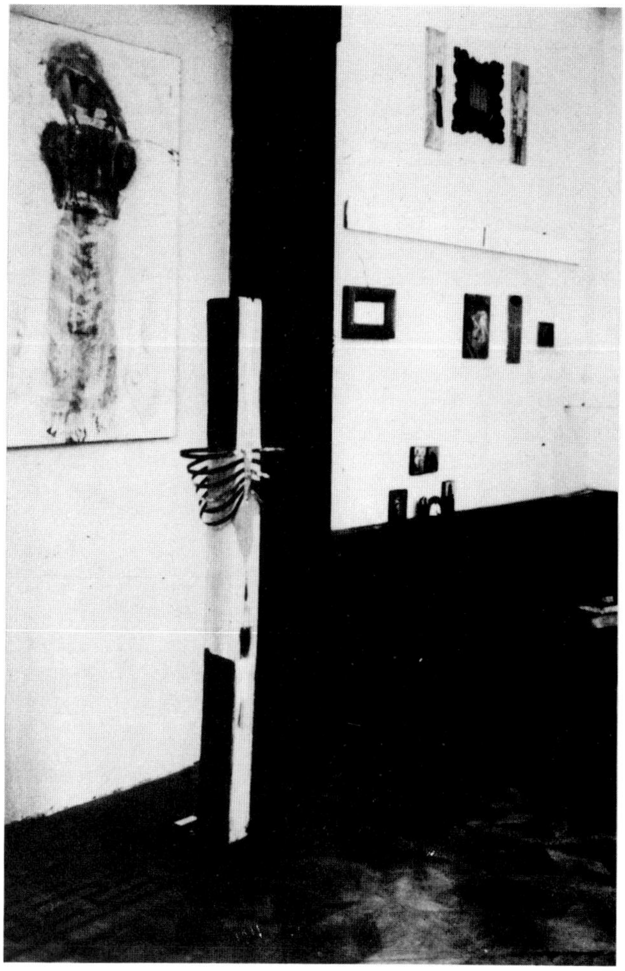

Ausstellung kleiner Veranstaltungssaal

Buffet kleiner Veranstaltungssaal

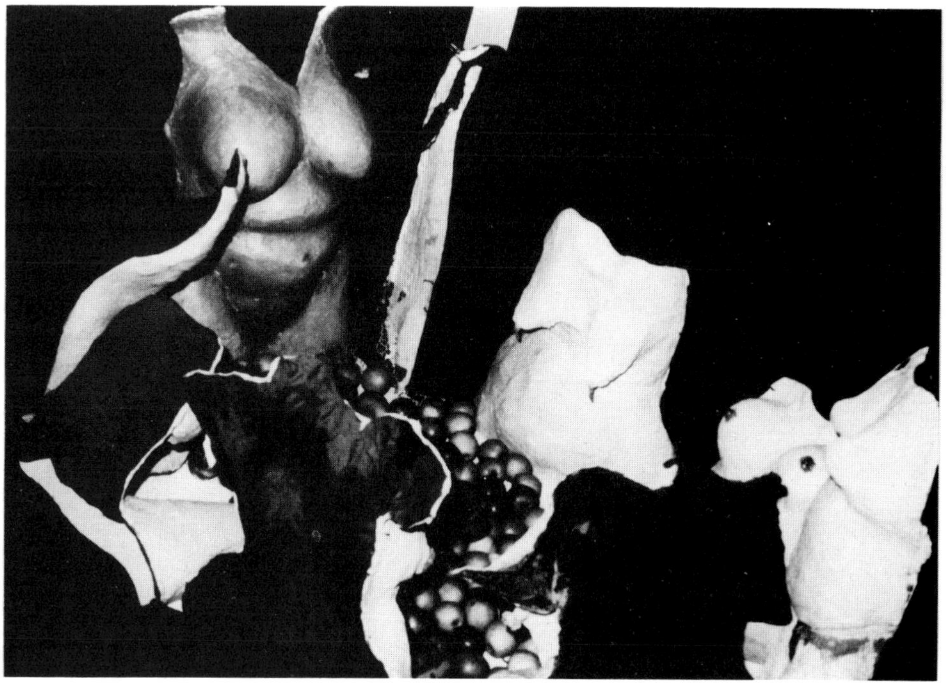

„Szenen im Salon"

Modeschau

„Szene im Salon"

Brigitte Holzinger
Bauchtanz

Anonyme Aufnahme. Coll. Erwin Puls, Wien

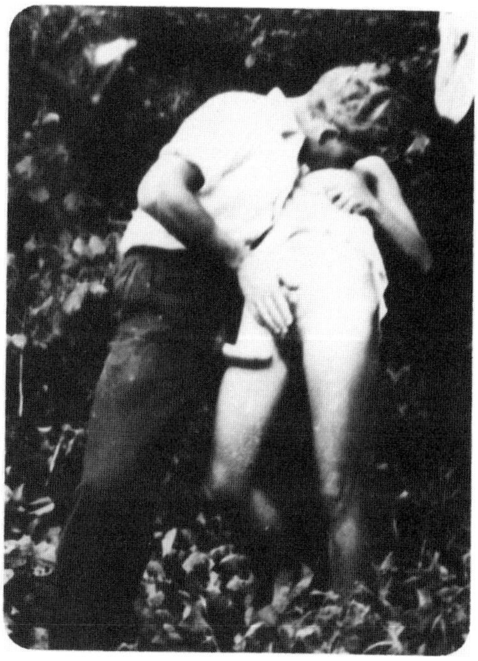

Anonyme Aufnahme. Coll. Erwin Puls, Wien

Hängung großer Veranstaltungssaal

Körperbemalung

Kunstauktion

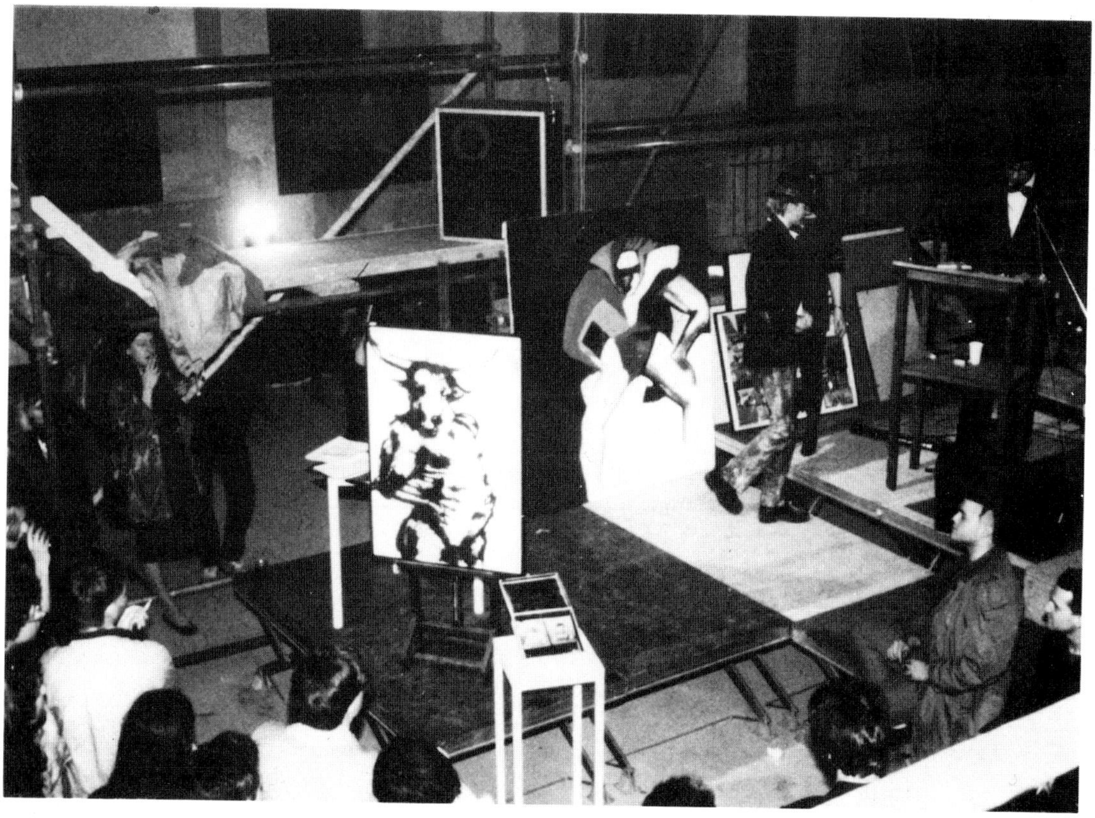

Mia Zabelka

Peter Waterhouse

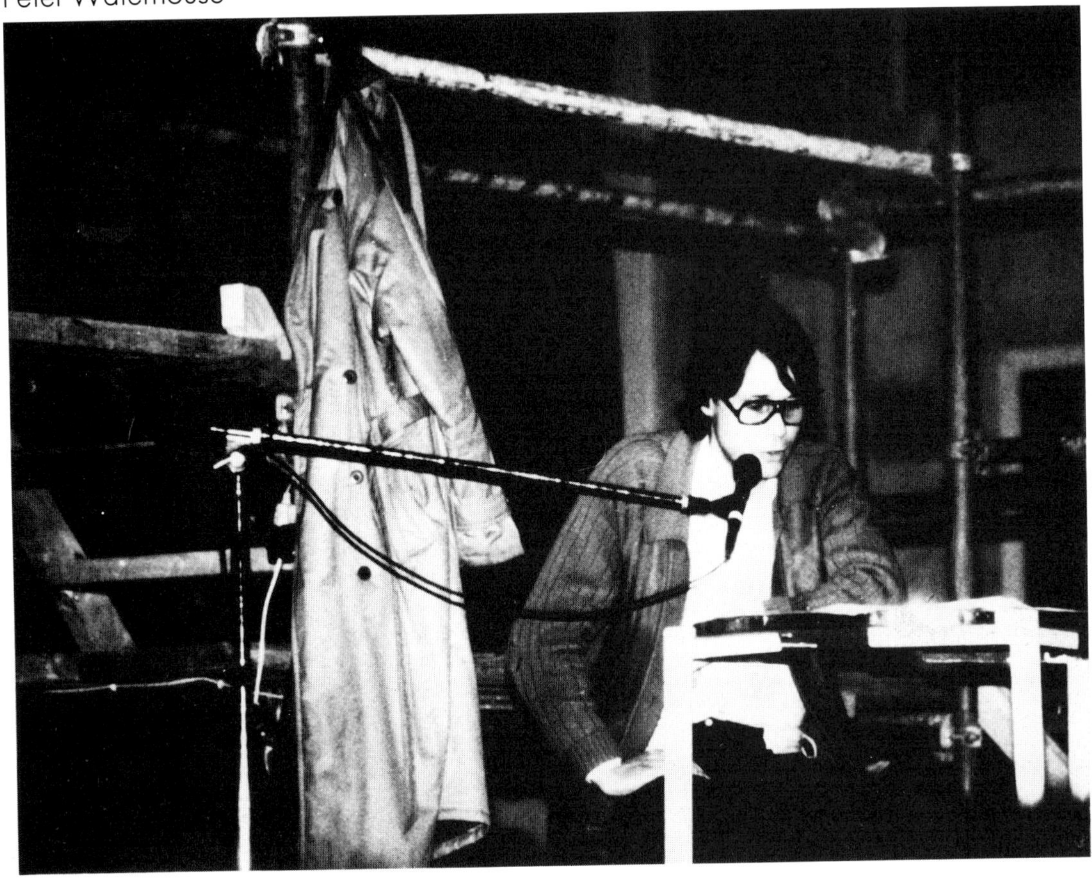

Dschungelorchester

Großer Veranstaltungssaal, Bühnenkonstruktion

So nackt, so bloß wie man
durch Denken wird, kann
man körperlich nie sein.

Zitat: Martin Walser

In der 2. Hälfte des vorigen Jahrhunderts hat der sicherlich bedeutendste Chirurg des deutschen Sprachraums Theodor Billroth folgenden Satz geprägt:
„Kunst und Wissenschaft schöpfen aus der selben Quelle."
Und genau das trifft das Thema unserer heutigen Veranstaltung, des gesamten Symposions. Denn Kunst wie auch Wissenschaft wollen den Menschen begreifen, den nackten Menschen begreifen. Und dazu schon den 1. Tip: Begreifen ist sinnlich zu verstehen. Der Arzt begreift den Patienten mit seinen Sinnen. Es gibt mit einer Ausnahme keine medizinische Disziplin, welche nicht den Patienten angreift und begreift. Die eine Ausnahme ist vielleicht der Psychiater, der versucht wiederum den Menschen mit dem Gehirn zu begreifen. – Und dasselbe gilt für den Künstler. Wir können nur das mit unserem Hirn verstehen, was wir vorher begriffen haben. Wissenschaft und Kunst verbindet ein klassisches Zitat des Karl Kraus. Karl Kraus hat mit der ihm eigenen Prägnanz der Formulierung gesagt: „Wissenschaft ist Spektralanalyse und Kunst ist Lichtsynthese." Gar nicht schlecht der Satz für einen Literaten, der weder Wissenschafter noch Künstler im eigentlichen Sinne war. Und eure Aufgabe, bzw. die Aufgabe des praktischen Teils des Wiener Sommer Symposions, die Aufgabe der Teilnehmer wird sein zu analysieren und zu synthetisieren. Das was ihr hört, das was ihr seht, das was ihr begreift, und zu synthetisieren d. h. selbst, aus eigener Kraft daraus etwas zu machen und zu gestalten. Die Veranstalter haben sich für diesen ersten Abend einen Arzt geholt. Sie haben sich einen Anatomen geholt, das ist schlimmer. Sie haben sich einen pathologischen Anatomen geholt, und das ist so ziemlich das Schlimmste, das in der Medizin auftreten kann. Denn unsere Beschäftigung sind Leicheneröffnungen – und ich bin ein Leichenschneider, und es macht uns noch Spaß, und ich sehe das Schöne im Krankhaften und freue mich daran. Das was wesentlich ist, wir haben gelernt zu sehen, wir haben gelernt zu tasten, zu hören, zu riechen. Mit allen Sinnen stellen wir die entsprechende Diagnose, den entsprechenden Befund für den verstorbenen Patienten fest. Und zu dieser Anwendung aller Sinne möchte ich hier einige Anstöße geben.
Ich fühle mich heute eigentlich als Animateur, als GO im Club Mediterranée. Und ich möchte Sie animieren, aus der Vielfalt des menschlichen Körpers Einzelaspekte näher zu betrachten und dann vielleicht künstlerisch umzusetzen. Die Taktik besteht darin, daß ein Naturwissenschafter versucht künstlerisch interessierten Menschen einige Details des menschlichen Körpers eben aus einer völlig anderen Perspektive vorzustellen. Und mein Erfolg wird daran zu messen sein, ob es mir gelingt, den Einen oder den Anderen zu einer bestimmten Tätigkeit, an, oder mit dem menschlichen Körper zu motivieren. Es geht dabei lediglich um das Interesse. Macht im Laufe dieses Sommer Symposions nur das, was euch wirklich interessiert und nicht das, was man euch vorschreibt. Mich selbst interessiert der menschliche Körper immer noch, obwohl der nackte Mensch mein Beruf ist. Mein Beruf in zweierlei Hinsicht: einerseits als pathologischer Anatom, der derzeit etwa 30000 Leichenöffnungen überblickt, ich kann die genaue Zahl in keinster Weise mehr sagen, ich habe bei 800 zu zählen aufgehört. Auf der anderen Seite als Lehrer an zwei künstlerischen HS in Wien, wo ich seit vielen Jahren bemüht bin, junge Leute mit dem äußeren Aspekt des menschlichen Körpers vertraut zu machen.

Dr. Hans Bankl

DER NACKTE MENSCH –
INTERAKTION ZWISCHEN WISSENSCHAFT UND KUNST

Hans Bankl

Auszug aus dem Einleitungsvortrag

Der Mensch kommt nackt auf die Welt, und er verläßt dieselbe auch wieder nackt. Der Mensch ist während seines Lebens in mannigfaltigen Situationen nackt, und ich werde einige davon herausgreifen und sie Ihnen präsentieren. Es beginnt dieses Nacktsein des Menschen während der Schwangerschaft innerhalb der Gebärmutter.

Das klassische Bild des Leonardo (1510) zeigt erstmals realistisch eine Schwangerschaft. Leonardo hat an diesem Bild (Abb. 1) in eindrucksvollster Weise die wie eine Kokosnuß gespaltene Gebärmutter dargestellt und einen darin befindlichen Fötus. Soweit man aus den Proportionen erkennen kann, handelt es sich etwa um eine Schwangerschaft zwischen dem 7. und 8. Monat. Leonardo ist nicht bei der reinen deskriptiven Darstellung stehengeblieben, sondern er hat als naturwissenschaftlich interessierter Mensch sich auch für die Einzelheiten interessiert. Sie sehen oben rechts in der Ecke dieses Blattes Versuche des Leonardo, auch die Verbindungen der Plazenta mit der Uterusinnenwand bildnerisch darzustellen. Und etwas Weiteres, absolut Charakteristisches für Leonardo auf fast allen seinen Blättern, ist ja an der einen oder anderen Stelle eine Zeichnung, die mit dem eigentlichen Thema überhaupt nichts zu tun hat. Hier rechts unten skizziert Leonardo die Sehbahn des menschlichen Auges, die mit der Gravidität eigentlich nicht so eng verbunden ist, aber daraus erkennt man auf jeden Fall die Blätter des Leonardo, daß sie nicht einheitlich gestaltet sind. Es waren ja alles nur für ihn selber geschaffene Skizzenblätter...

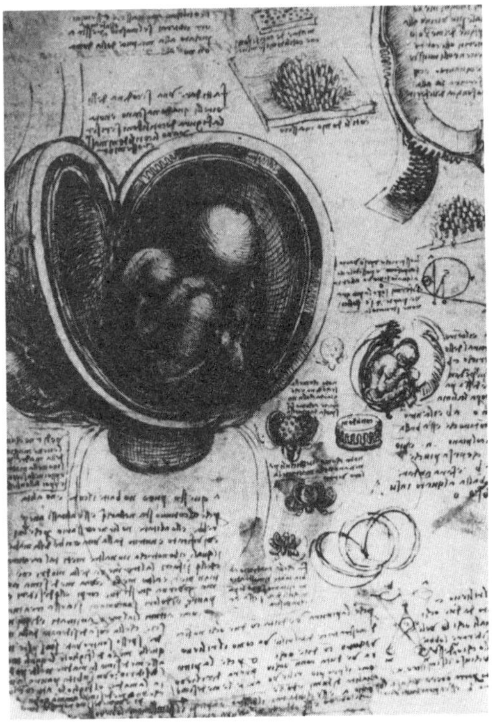

Abb. 1

Abb. 2

Die Lokalisation der Schwangerschaft in bildlicher Darstellung ist manchmal etwas extravagant, z. B. die Projektion in das Herz (Abb. 2). Sie kennen die Phrase des „unterm Herzen Tragens" eines Kindes. Es ist mir aber neu, daß man es auch im Herz selbst zu tragen vermag; ein gar nicht so selten ausgeführtes Thema unter dem großen Aspekt der Maria Gravida, wobei eben manchmal die Gravidität in andere Organe hinein verlegt wird. Überhaupt ist, sowohl in der Plastik wie auch in der auf Leinwand darstellenden Kunst, die Schwangerschaft ein äußerst beliebtes Thema, wobei sehr häufig die Dimensionen und Proportionen in keiner Weise den natürlichen Verhältnissen entsprechen. Ein solches Thema ist keineswegs beschränkt auf die christlich-abendländische Kultur, sondern genau dasselbe kommt auch in den mexikanischen Plastiken vor (Abb. 3). Das ist eine mexikanische Skulptur, 8. Jahrhundert n. Chr.

Abb. 3

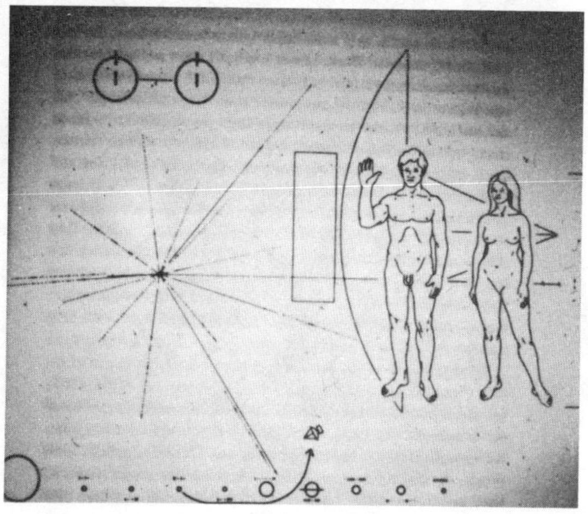

Abb. 4

Wenn nun die Schwangerschaft zu Ende gegangen ist, wenn das Kind auf die Welt kommt, ergibt sich die Frage nach der primären Geschlechtsbestimmung. Das ist sehr häufig leicht zu machen, aber manchmal doch mit beträchtlichen Schwierigkeiten verbunden. Bis vor gar nicht allzu langer Zeit, das heißt sicherlich noch im gesamten vorigen Jahrhundert, wurde, wenn es Zweifel gab an der Geschlechtszugehörigkeit des Neugeborenen, nicht der Arzt geholt sondern der Pfarrer. Der Pfarrer hat sich die Geschichte angesehen und hat dann entschieden, was er ins Geburtsregister oder Taufbuch hineinschreibt. Das ist natürlich manchmal schiefgegangen. In den sechziger Jahren gab es eine österreichische Ski-Weltmeisterin, die nach einigen Jahren mit großer Publicity auf männlich umgearbeitet wurde, chirurgisch auf einen Mann. „Er" mußte dann „ihre" Medaillen wieder zurückschicken. Ich weiß nicht, ob „sie" in den offiziellen Listen noch vorkommt. Aber jedenfalls, das gibt es in der jüngsten Vergangenheit auch noch... Es gehört also auf jeden Fall ein solcher Zweifelscharakter des äußeren Aspekts des Genitals einem Arzt vorgestellt. Jetzt wächst ein solches Menschenkind heran, und es kommt zu den bekannten Geschlechtsdifferenzierungen bis zum Erwachsenen hin. Was ist also jetzt eine Frau und was ein Mann, im bildlich dargestellten Sinne? Wir haben eine offizielle Definition: Das ist eine Edelmetallplatte (Abb. 4), die mit einer Raumsonde in das All hinausgeschickt wurde. Da gibt es diverse Sachen darauf, da ist das Sonnensystem aufgezeichnet, da sind radioaktive Strahlungen, eine Atom-

verbindung (verschlüsselt dargestellt) und unter anderem auch ein nackter Mann und eine nackte Frau, damit sich irgendjemand, der diese Platte in die Hand bekommt, vorstellen kann, wie es bei uns aussieht. Das ist die typische Naivität der Amerikaner, denn nach den primitivsten Gesetzen der Wahrscheinlichkeitsrechnung ist nicht im entferntesten damit zu rechnen, daß das jemals irgend jemandem in die Hände fallen wird, der irgendetwas mit dieser Platte anzufangen weiß. Aber das ist die zur Zeit offizielle Definition...
Es ist leider nicht so einfach, daß die Geschlechtszugehörigkeit einem ins Gesicht geschrieben ist (Abb. 5)... Wenn die Geschlechter schon verschieden sind, anatomisch verschieden, dann liegt doch nahe, daß es zu einem Geschlechtskontakt, zu einer Geschlechtskommunikation kommt. Und da greifen wir wieder auf den Leonardo zurück.

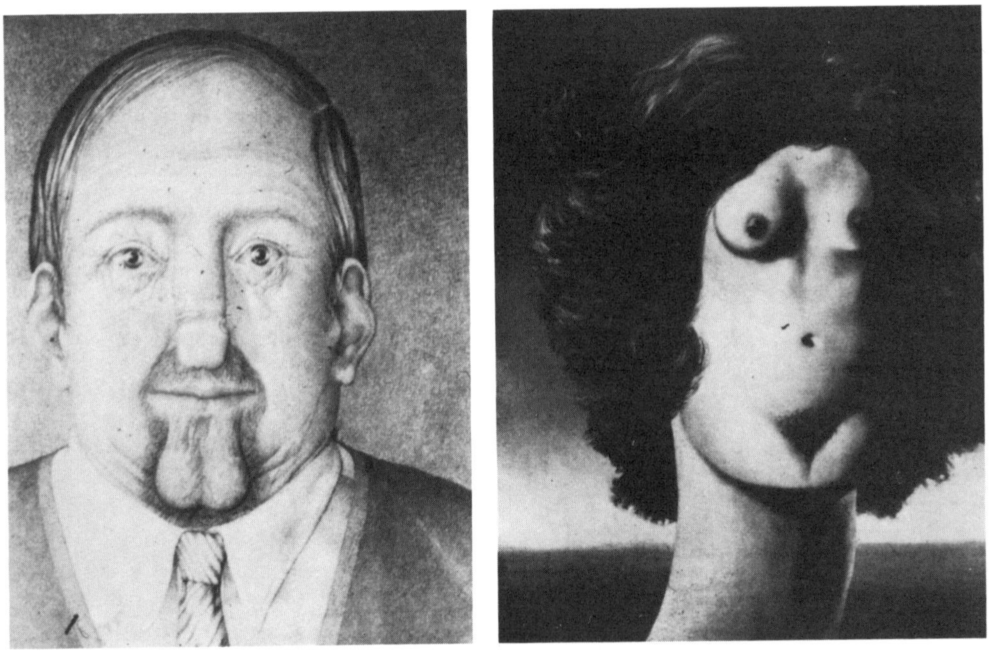

Abb. 5

1492 hat Leonardo ein höchst originelles Zeichenblatt geschaffen (Abb. 6): einen menschlichen Koitus, aber sagital durchgeschnitten. Der Mann zur Gänze, die Frau nur von der Brust bis zum Unterleib. Bevor ich dieses Bild aus der Sicht des Mediziners näher erkläre, möchte ich Leonardo zitieren, der ja bekanntlich solchen Dingen nicht so recht zugetan war. Daher formuliert er auch beinhart: „Der Akt des Koitus und die dabei verwendeten Teile sind so abstoßend, daß, wäre es nicht wegen der Schönheit der Gesichter und dem Schmuck des agierenden und rasenden Gemütszustandes, die Natur die menschliche Spezies verlieren würde..." Diese Zeichnung des Leonardo, zur Zeit des Kolumbus entstanden (1492), hat anatomische Kuriositäten verschiedenster Art. Zunächst einmal existiert hier ein Kanal, eine Verbindung, aus dem Rückenmark in den Penis hinein. Diese Vorstellung findet sich auch heute noch, wenn man von der Kraft der Lenden spricht..., wenn etwa Anton Wildgans im „Kirbisch" den Fleischhauermeister Fürbaß Romanus Aegid, den „lendengewaltigen Selcher", charakterisiert. Diese Tradition ist uralt, daß man Potenz mit dem Rückenmark und der Lendengegend des Menschen verbindet... Es gibt weiters bei Leonardo einen Kanal, der aus der Harnblase in die Harnröhre und den Penis führt und einen Kanal, der aus dem Hoden herausführt. Die zwei vereinigen sich, aber es bleiben immer noch im Verlaufe des Penis zwei Kanäle, und die haben wir ja nicht. Die Gebärmutter hat ein

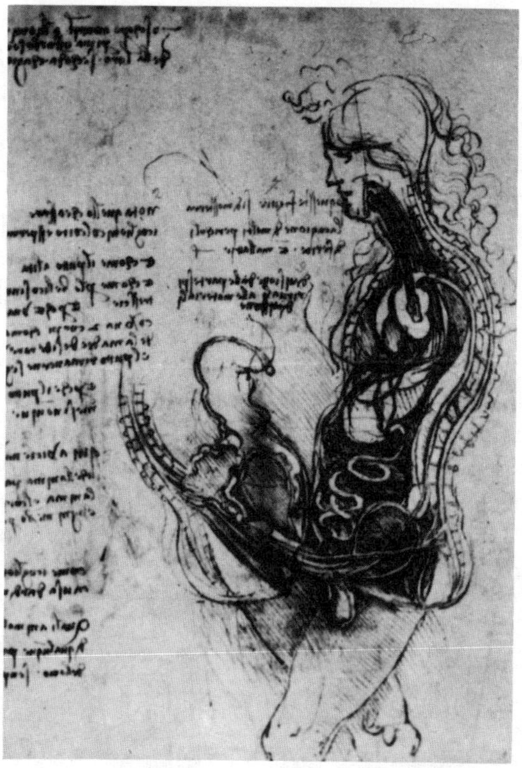

Abb. 6

komisch runzeliges Aussehen, also ob ein Luftballon gerade die Luft verlieren würde. Das ist gewollt; hier ist angedeutet eine Gliederung der Gebärmutter in sieben Einzelzellen, was auch eine uralte mythische Vorstellung ist und zurückgeht auf die Tieranatomie. Das hat man schlicht auf den Menschen übertragen und dann, weil man wußte, daß die weibliche Brust mit der Funktion der weiblichen Gebärmutter irgendwie zusammenhängt, hat Leonardo eine direkte Verbindung zwischen der Gebärmutter und der Brust hergestellt, die es auch nicht gibt.

Wenn also die Geschlechter verschieden sind, dann kann es natürlich in dieser Verschiedenheit auch Störungen geben; Vermischungen, Angleichungen, also Mischformen. Wir nähern uns also dem Problem der Zwischengeschlechtlichkeit, der Androgynie. Und das geht auf ein anderes Symposion zurück, auf das Symposion des Plato, wo Aristophanes die Geschichte des sogenannten dritten Geschlechts erzählt: „Es gab einmal ein drittes Geschlecht, das sowohl das männliche als auch das weibliche in sich vereinte. Es waren dies eher rundlich-kugelige Gestalten, am einen Eck das Männliche, am anderen das Weibliche." Sie waren dadurch mit einer ziemlichen Macht ausgestattet und ihrer Vollkommenheit gefährlich – und das hat Zeus gestört. Der Göttervater hat daher beschieden: Das wird getrennt, und hat dieses Urprüngliche, Androgyn in zwei Hälften getrennt und übrig blieben die Knaben auf der einen und die Mädchen auf der anderen Seite. Zum Weiteren geht die Bezeichnung, die auch für solche geschlechtlichen Zwischenformen üblich ist, „Hermaphroditismus", auf Ovid zurück. In seinen „Metamorphosen" erzählt Ovid die Geschichte von Hermes und Aphrodite, die gemeinsam ein Kind haben, und bei dem Kind ist eben die Sache schiefgelaufen. Das war „Sowohl-als-Auch", Hermes und Aphrodite. Der Hermaphrodit war, zumindest nomenklatorisch, damit geboren. Die Androgynie im Sinne des Platon ist eine mythische Vorstellung, der Hermaphroditismus ist die konkrete menschliche Personifizierung dessen, was eben dann dabei herauskommt. Die Androgynie spiegelt die Sehnsucht nach Verbindung der Gegensätze wider, die Sehnsucht nach Einheit, die Suche nach dem verlorenen Ursprung, die uralte Frage der Menschheit: „Woher kommen wir?" ist mit dieser Geschichte des Aristophanes aus dem Platon natürlich herrlich erklärt, denn die anderen Erklärungsgeschichten sind ja auch nicht ganz astrein soweit sie die Literatur betreffen, denn die Entstehung der Eva aus der Rippe des Adam ist auch etwas krampfhaft. Die Androgynie spiegelt die Befreiung von den Zwängen und der Abhängigkeit des sexuell definierten Menschen wider. Das ist ja etwas ganz Schlimmes! Worum geht es? Es geht darum, daß man dem kleinen Kind schon sagt: „Ein Bub weint nicht. Ein Mädchen hat bei passender Gelegenheit rot zu werden." Das sind sexuell definierte Klischeevorstellungen, die uns anerzogen werden. Das alles wird durch die Androgynie umgangen: Die Leugnung einer isolierten genitalen Sexualität und eben das Bild erweiterter Möglichkeiten – und jetzt ist etwas Erstaunliches passiert: Obwohl es immer geheißen hat, es ist eine Trennung in zwei Hälften, d.h. 50:50, überwiegt, vor allem durch den Einfluß des Christentums, des Klerus, das männliche bei weitem gegenüber dem weiblichen Prinzip. Denkt nur an die diversen Hierarchien, was Frauen alles nicht werden können, vom Bischof angefangen usw. Der Androgyn (Abb. 7) im engeren Sinn ist jetzt der verweiblichte Mann – zum Unterschied von Gynander, der vermännlichten Frau (Abb. 8). Da spannt sich der Bogen von Apollo über Orpheus bis zu den jungen Dichtern des Fin-de-Siécle, dem jungen Hofmannsthal und Rilke, und eben bis zu den „Softies" der Gegenwart...

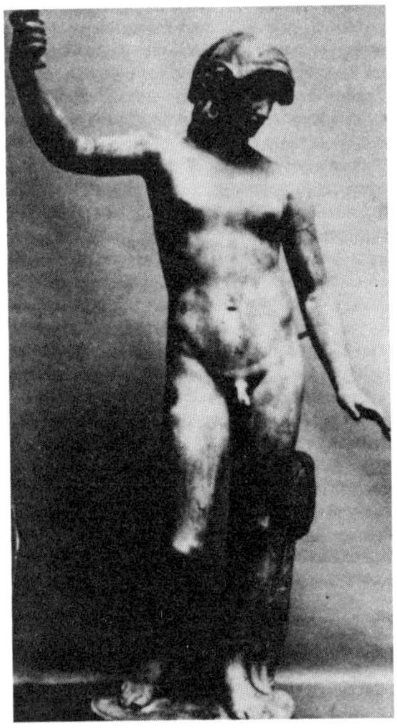

Abb. 7

Abb. 8

Als Gynander, die vermännlichte Frau, reicht das Spektrum von Pallas Athene über die Amazonen, die Jeanne d'Arc bis zu den, im schlechtesten Sinne dieses Wortes, Emanzen der Gegenwart.
Sehen wir weiter zu den Darstellungen der klassischen Plastik, wo in krasser und extremer Form einerseits das weibliche und andererseits das männliche Charakteristikum dargestellt wird. Das sind echte Hermaphroditen, das hat mit Harmonie nichts mehr zu tun, das ist eine blanke Mißhandlung, die sind krank. Die moderne Medizin wäre aber – Gott sei Dank – für solche Patienten in der Lage, den Schaden zu reparieren. Unbehandelte solch junge Wesen landen aber recht häufig in Kuriositätenkabinetten und Ausstellungen obskurer Art bzw. eben in einschlägigen bildlichen Darstellungen.
Sowie dieser klassische Hermaphrodit (Abb. 9), der eben noch für dieses Foto sexuell ein bißchen „aufgemascherlt" wurde. In dasselbe Thema der Androgynie-Mischform gehören

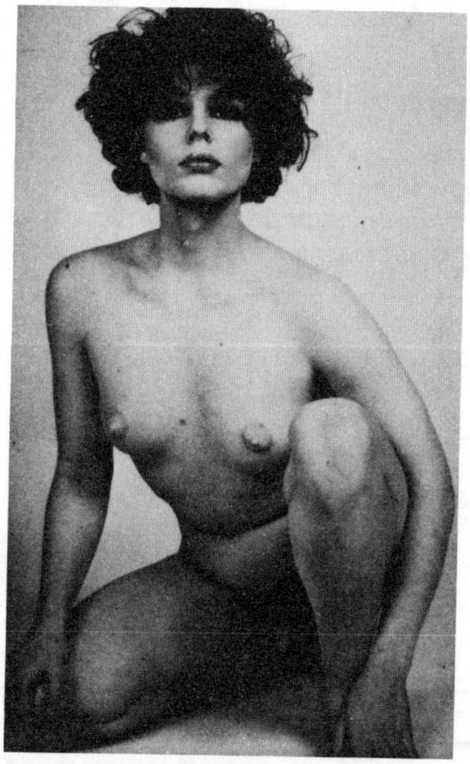

Abb. 9

auch die Kastraten, Eunuchen und Transvestiten. Der Transvestit ist im Vergleich zum Hermaphroditen geistig krank, nicht körperlich. Der Transvestit – z. B. eine Frau, die in Männerkleidern auftritt – tut dies nicht aufgrund eines körperlichen Defektes, sondern aufgrund der psychischen Einstellung; sie möchte Männerkleidung tragen...
Nun aber zum Problem der Kastration. Die Kastration ist im Abendland biblischen Ursprungs. Mathäus, Kapitel 19 in der Übersetzung des Dr. Martin Luther: „Denn es sind etliche, die sich selbst verschnitten haben um des Himmelsreiches Willen." Dieser Vers führte dazu, daß Bischöfe und andere kirchliche Würdenträger mit heroischem Beispiel vorangingen und sich selbst entmannt haben. Wir haben Zeugnis von vielen solchen Prozeduren, nur hat sich die Sache natürlich nicht weiter durchgesetzt. Aber bis in unser Jahrhundert hinein gab es die religiös motivierte Kastration, etwa bei den Skopten, einer ostkirchlichen Sekte in Rumänien, Bulgarien und Südrußland, die beim Eintritt in diesen geheimen Orden verlangt haben, daß entweder das kleine oder das große Siegel in der Genitalregion angebracht wurde. Das hört sich ziemlich harmlos an, ist es aber nicht. Das kleine Siegel war die Entfernung beider Hoden. Das erfolgte mit Hilfe einer Sichel – es waren ja zum Großteil bäuerliche Leute. Das große Siegel – das war eine radikale Geschichte; dabei ist sowohl die Entfernung beider Hoden wie auch die Amputation des Penis erfolgt. Die Dinge haben sich, wie gesagt, bis in die zwanziger Jahre dieses Jahrhunderts erhalten. Jetzt ist die Geschichte völlig eingeschlafen.
Ein letzter Gesichtspunkt noch zu den Mischformen des Geschlechtlichen, und zwar die Engel und Teufel. Der heilige Michael ist in der bildlichen Darstellung das klassische Beispiel einer Androgynie mit typisch weiblichem Gesicht und Haartracht, mit langen zarten Fingern; es ist eine Frau dargestellt, aber nicht als Michaela, sondern als Michael. Ich habe selbstverständlich, als ich mich für diese Zusammenstellung vorbereitet habe, auch die einzelnen und einschlägigen Lexika befragt. Im Brockhaus steht der Begriff „Androgyn" unmittelbar vor jenem des „Androiden". Der Androide ist bekannt aus der Science-Fiction-Literatur. Die Technik und die Wissenschaft ist zur Zeit ja bekanntlich schon in der Lage, Compu-

ter herzustellen, welche Menschen-simulierende Tätigkeiten vollführen. Welches Geschlecht hat ein Computer? Wir stehen da am Beginn einer völlig neuen Denkweise, die von uns gefordert wird.
Aber weg von diesen Abnormitäten, zurück zum Normalen, zur Frage: Was ist Schönheit? Liegt es lediglich an der Präzision, an der Symmetrie, an den Proportionen, an der Koordination? Sicher nicht! Man hat natürlich versucht, über die einschlägigen Bilder entsprechende Raster zu legen und hier Proportionen geheimnisvoller Art herauszulesen und herauszudeuten. Das bringt alles überhaupt nichts. Speziell, wenn man versucht, die Dinge von der Warte der Symmetrie her anzugehen. Also da ist doch das Paradebeispiel der abendländischen Schönheit, die „Venus von Milo". Wenn jemand symmetrisch gebaut ist, dann doch sie – ist sie aber nicht (Abb. 10 u. 11). Bei keinem Menschen finden wir zwei symmetrische

Abb. 10

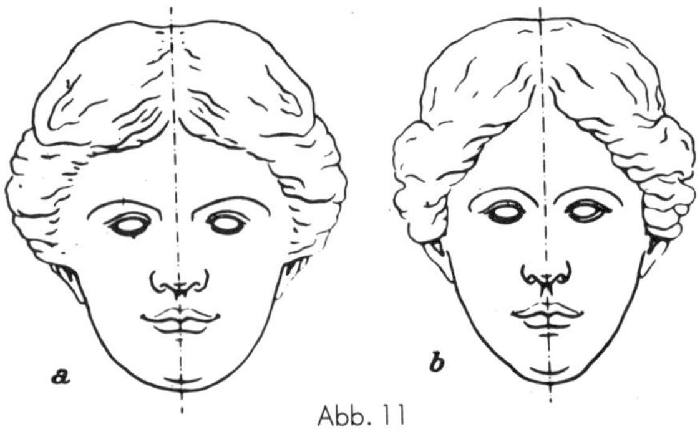

Abb. 11

Gesichtshälften. Gäbe es nämlich objektive Kriterien, dann müßten ja die Schönheitsköniginnen aufgrund von körperlichen Messungen durch eine objektive Prüfungskommission ermittelt werden. Das ist zu keiner Zeit gegangen. Das war bei der Miß Steinzeit schon nicht durchführbar – wer war die Miß Steinzeit: Die Venus von Willendorf oder Andere? Was sollte man da messen? Und es geht heute genauso wenig...
Nehmen Sie ein Bild des Emilio Vargas, dieses Playboy-Illustrators. Der stattete seine Damen immer mit superlangen Beinen aus, ging also echt weg von den „normalen" Proportionen, stellte das eher Seltenere dar. Das eher Seltenere ist beim weiblichen Geschlecht die langbeinige Frau. Die Frau hat im Durchschnitt kürzere Beine als der Mann, daher ist das Seltenere das Begehrtere, das Begehrtere für manche eben das Schönere; und das wurde von den Illustratoren in diese Weise ausgenützt...
Schönheit ist subjektiv und wandelbar. Es kommt nicht so sehr auf das Objekt an, sondern auf das Subjekt, auf den Betrachter. Schön ist, was gefällt. Dem einen gefallen Dicke, dem anderen Dünne, dem einen gefallen Blonde und dem anderen Schwarzhaarige. Ein sehr, sehr gescheiter Mann hat das in wissenschaftlich-philosophischer Manier ausgedrückt: „Wenn das Objekt mit einem vorgebildeten geistigen Schema übereinstimmt, wenn Wahrnehmung und Vorstellung zusammenpassen, dann empfinden wir das Objekt als schön und erfreuen uns daran." (Geschrieben zu Königsberg von Immanuel Kant.) Etwas simpler aus-

gedrückt heißt das nichts anderes als, daß ich schön empfinde, was ich mir erwarte, was ich erwünsche, wovon ich träume. Und das kann individuell völlig unterschiedlich sein. Ist Schönheit das übertrieben Körperliche, Body-Building etwa? Ich glaube nicht, denn bei diesen Extremformen entstehen doch bestenfalls Zombies, aber keine schönen Menschen...
Wenn man den nackten Menschen als Gegenstand künstlerischer Darstellung wählt, dann kann man simple Vorlagen und Vorwürfe nehmen. Man schaut ihn von vorne und von der Seite an. Wenn ihr so etwas macht: Denkt einmal nach, vielleicht ist es reizvoller, den Menschen von hinten anzuschauen – den Rücken. Das wird relativ selten gemacht, bringt aber ziemlich viel. Die Darstellung des menschlichen Rückens ist uralt, von der griechisch-römischen Plastik bis in die Gegenwart. Es passieren dabei immer „klassische" Fehler. Bei der Darstellung des menschlichen Rückens wird die Gesäßregion fast immer überbetont. Vielleicht gar nicht zu unrecht, denn das Gesäß ist ein rein humanes Phänomen. Seht euch einen Hund an! Ein Hund hat kein Gesäß. Die Gesäßmuskulatur ist notwendig, um aufrecht zu stehen. Wir stehen aufrecht als Menschen kraft unseres Popos! Daher wird bei solchen Leuten, die besonders aufrecht stehen müssen, diese Gesäßregion besonders betont sein. Beachtet die Ballettänzer, die Ballettänzerinnen, schaut euch den Nurejev an, wie er „in dieser Körpergegend" aussieht! Daher ist das also nicht verwunderlich. Es war quasi typisch, daß die Gesäßregion überbetont wurde, sodaß, wenn es einmal nicht der Fall war, dann wurde eine solche Plastik besonders benannt: Aphrodite Kallypigos, die Aphrodite mit dem schönen Steiß, die eben keine besonders herausmodellierte Gesäßregion aufweist. Man erkannte dann, daß es ja reizvoll in der Darstellung ist, dem ganzen einen erotischen Einschlag zu geben und hat somit einen Mann und eine Frau einander gegenübergestellt wie etwa Herkules und Omphale...
Ganz anders die Darstellungen durch den „Anatomen" Michelangelo (z. B. aus der Sixtinischen Kapelle), wo die Muskulatur detailliert und fein herausgearbeitet wurde, demgegenüber Egon Schiele mit quasi drei Bleistiftstrichen ausgekommen ist...
Nackt ist praktisch immer das Gesicht des Menschen, gehört daher auch in das Thema „Das Nackte und der nackte Mensch". – Wohin schauen wir, wenn wir ein Gesicht betrachten? Wo gleitet unser Auge hin? Wir schauen dem anderen Gesicht ins Auge, kehren immer wieder zum Augenkontakt zurück. Wir schauen auf den Mund, auf die Nase, aufs Haar, wir schauen also auf die Charakteristika. Wir streifen mit unseren Blicken die Gegenden, die ohnehin nichts hergeben an Information: die glatte Fläche der Wange – einmal wird darüber hinweggeblickt, wird zur Kenntnis genommen. Zu den Charakteristika aber, eben das andere Auge, dahin kehrt man immer wieder zurück. Apropos Auge: weite Pupillen und ganz enge Pupillen. Die weiten Pupillen sprechen uns eigentlich mehr an. Wir neigen eher zu den weiten Pupillen und finden das Gesicht ansprechender. Das hat man schon seit der Renaissance gewußt. Man hat das künstlich zu erzeugen versucht durch das Atropin der Tollkirsche. Diese Substanz nennt sich (auch heute noch) Atropa Bella-Donna – „bella donna", die schöne Frau, weil dieses Atropin aufgrund der pharmakologischen Wirkung die Pupillen weit macht. Das haben sich die Damen damals zunutze gemacht. Ich habe ja vorhin gesagt, daß das Gesicht fast immer nackt ist. Es gibt Ausnahmen, gewaltige Ausnahmen – die sogenannten Haarmenschen. Das ist eine genetisch vererbte Mißbildung des Haarkleides des Menschen, und geht darauf zurück, daß die Embryonalbehaarung, die Lanugo-Behaarung, nach der Geburt erhalten bleibt und daher am ganzen Körper wächst (Abb. 12). Ich habe vorhin von den Augen gesprochen. Albrecht Dürer gibt uns ein Rätsel auf (Abb. 13). In dieser Selbstdarstellung des sehr jungen Dürer hat er eine Handhaltung, wie sie heute noch von den Augenärzten bei der Untersuchung von Schielenden geübt wird. Man deckt ein Auge ab, sieht sich das Auge an, nimmt die Hand weg und beobachtet, wo das zweite Auge hinsieht. Betrachtet man diese Zeichnung, so sieht man auch, daß der eine, der handnahe Augapfel, nach außen schaut. Hat Albrecht Dürer geschielt? Wir wissen es nicht.

Abb. 12

Abb. 13

Das Gesicht ist auch nach dem Tod des Menschen etwas sehr Eindrucksvolles – das „letzte Gesicht", wie die Totenmasken auch bezeichnet werden. Ich zeige Ihnen hier mehrere Totenmasken: Beethoven, Friedrich der Große u. a. Dieser Mensch ist im Profil nicht so leicht auf den ersten Blick zu erkennen – Napoleon! (Abb. 14). So hat er wirklich ausgesehen, und nicht so, wie wir ihn immer im Kino vorgesetzt bekommen.

Ich habe gesagt, daß wir nur einzelne Aspekte betrachten aus dem Leben des Menschen. Wir kommen zum Sterben. Das ist die Realität eines Sterbenden: Ein ganz junger Mann, 16 Jahre alt, der an einem Dickdarmkrebs gestorben ist (Abb. 15). In typischer Weise sind hier die Charakteristika des Sterbenden dargestellt, und zwar das Hinaufdrehen der Augen. Aufgrund eines Erlahmens der Augenmuskulatur kommt es zu einer Koordinationsstörung, die Augen werden nicht mehr in der Horizontalen gehalten, sondern drehen sich nach oben. Die Betreffenden sehen also praktisch ihr eigenes Gehirn an. Genau dasselbe passiert beim Schlafen. Im Schlaf drehen wir alle unsere Augen hinauf und schauen quasi in uns selbst hinein. Dieser nur mehr aus der Haut und den darunterliegenden Knochen bestehende abgemagerte, völlig erschlaffte Mensch kann die Hände lediglich in der Position behalten, wo sie ihm hingelegt wurden. Er ist kaum noch zu einer aktiven Bewegung fähig.

Abb. 15 Abb. 16

Abb. 14

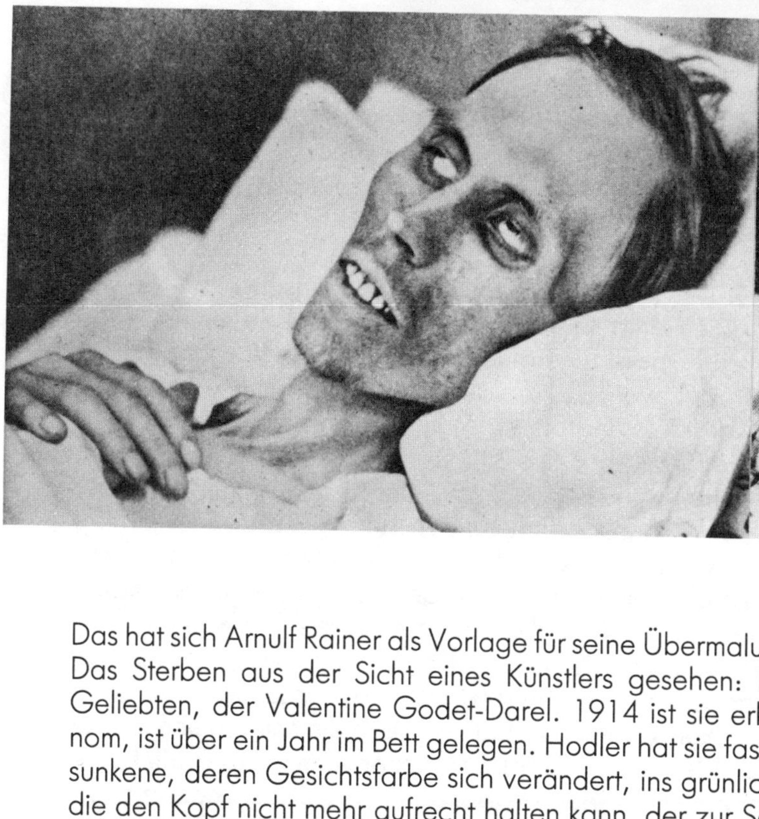

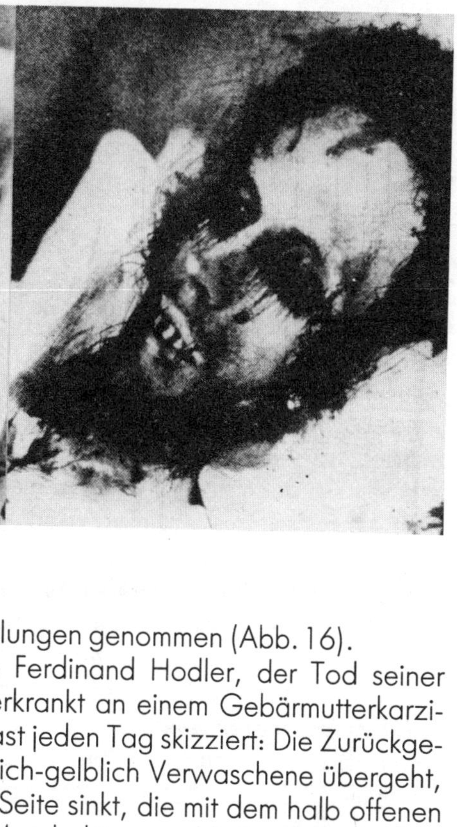

Das hat sich Arnulf Rainer als Vorlage für seine Übermalungen genommen (Abb. 16).
Das Sterben aus der Sicht eines Künstlers gesehen: Ferdinand Hodler, der Tod seiner Geliebten, der Valentine Godet-Darel. 1914 ist sie erkrankt an einem Gebärmutterkarzinom, ist über ein Jahr im Bett gelegen. Hodler hat sie fast jeden Tag skizziert: Die Zurückgesunkene, deren Gesichtsfarbe sich verändert, ins grünlich-gelblich Verwaschene übergeht, die den Kopf nicht mehr aufrecht halten kann, der zur Seite sinkt, die mit dem halb offenen Mund daliegt, denn sie ist nicht mehr imstande, den Mund aktiv zu schließen beziehungsweise ihn ganz zu öffen, wo im Profil sämtliche Strukturen überdeutlich hervortreten – die Nase, das Kinn – weil die Modellierung des plastischen Fettgewebes wegfällt, bis zur toten Valentine Godet-Darel. Ferdinand Hodler hat durch diese künstlerische Darstellung seiner sterbenden Geliebten vesucht, diesen Schicksalsschlag halbwegs zu bewältigen. Die einen, die Dichter, machen das in Form von Gedichten, die Schriftsteller schreiben Novellen darüber, die Maler malen sich ihren Kummer von der Seele.
Und jetzt ist der Mensch tot!

Die Charakteristika des Toten sind: die Totenstarre, die Muskulatur erstarrt, die Gelenke können nicht mehr bewegt werden. Dadurch entsteht ein absolut charakteristischer Aspekt einer Leiche, den man, wenn man entsprechend viele Leichen gesehen hat, natürlich sofort wiedererkennt. Darum ist es für uns immer ein bißchen komisch, manchmal sogar ins Lustige gehend, wenn wir die Toten im Fernsehen, in Kriminalstücken oder im Theater und in der Oper sehen, wenn wir vor allem auch das Sterben etwa in der Oper beobachten – was die noch alles machen mit dem Messer im Rücken, das ist manchmal sehr eindrucksvoll... Das Gesicht einer Leiche ist im Zustand der mimischen Starre. Das ist keine Ausdrucksbewegung, das ist die mimische Starre der Leiche...
Herbert Boeckl, der langjährige Lehrer und Rektor an der Akademie am Schillerplatz hat ja in den dreißiger Jahren seine berühmten Anatomie-Bilder geschaffen sowie ein Skizzenbuch mit über 50 Skizzen von Leichen, das in der Albertina aufbewahrt ist, und an die 10 Aquarelle. Eines dieser Aquarelle zeige ich hier, wo Boeckl die Tatsache des Todes, des toten Menschen künstlerisch umgesetzt hat. Man muß höllisch darauf aufpassen, nicht einen Schlafenden zu zeichnen, sondern einen Toten. Wo ist jetzt der Unterschied zwischen einem Schlafenden und einem Toten? Genauso wie die Anspannung der Muskulatur während des Lebens und im Tod eine unterschiedliche ist, ist auch die Darstellung der Pietá fast immer anatomisch unkorrekt, denn bei dem vom Kreuz herabgenommenen Leichnam ist niemals die Starre bildnerisch ausgedrückt, sondern es hängt alles schlaff herunter wie bei der Pietá des Michelangelo. Der Leichnam ist nicht totenstarr!
Man kann vor einem künstlerisch interessierten Publikum nicht über Tote und Totengesichter reden, ohne zwei Bilder zu besprechen: Einmal das Gesicht des toten Gustav Klimt, der im Leichenkeller des pathologischen Institutes im Allgemeinen Krankenhaus von Egon Schiele gezeichnet wurde. Man erkennt hier Klimt auf den ersten Blick deshalb nicht, weil ihm im Krankenhaus der Bart rasiert wurde, den er getragen hat. Klimt ist an einer Gehirnblutung infolge seines erhöhten Blutdruckes gestorben. Im selben Jahr (1918) im November starb dann auch Egon Schiele.
Nach dem Tod gibt es für den menschlichen Körper verschiedene Möglichkeiten: Es gibt den normalen Vorgang im Erdgrab. Nach zirka sieben bis zehn Jahren ist der menschliche Körper skelettiert. Länger dauert es nicht! Das ist der natürliche, der übliche Vorgang. Hohe politische, hohe kirchliche Würdenträger werden konserviert. In Österreich werden die Bundespräsidenten konserviert, die Kardinäle und Bischöfe. Es müssen Leichen konserviert werden, die ins Ausland geschickt werden. Aber das ist unterschiedlich, manche Länder nehmen sie auch naturbelassen, manche nur konserviert. Ich selber habe während meiner Wiener Tätigkeit etwa fünfzig solche Leichenkonservierungen durchgeführt. Dies erfolgt durch Einspritzen von gewissen Konservierungsflüssigkeiten in die Körpergefäße. Ein klassisches Beispiel einer Konservierung ist der Leichnam Lenins, der im Mausoleum am Roten Platz ausgestellt wird. Bei Lenin gab es Schwierigkeiten. Er wurde erst nach erfolgter Obduktion konserviert, da man sich vorher nicht so ganz einig war, was man mit ihm machen sollte. Er wurde dann auf eine völlig unkonventionelle Weise konserviert, und zwar quadratzentimeterweise, also briefmarkenweise. Man hat jeweils in ein solch kleines Areal hineingestochen mit einer Injektionsnadel und dort das Formaldehyd hineingespritzt zum Zwecke der Konservierung. Das war eine Prozedur, die bei Lenin viele Tage gedauert hat. Daher hält er auch nicht so gut. Lenin wird einmal im Jahr restauriert; einmal im Jahr ist das Mausoleum am Roten Platz geschlossen, und dann wird Lenin wieder „aufgemascherlt". Eine sachgemäß durchgeführte Konservierung ohne jährliche Restaurierung hält etwa 40, 50 Jahre. Ich hoffe, daß die Leichen, die ich konserviert habe, dies auch aushalten.
Eine andere Möglichkeit: die Mumifizierung des menschlichen Körpers. Mumifizierung ist eigentlich nichts anderes als ein Einpökeln des Körpers. Durch Behandlung mit verschiedenen Salzen wird dem Körper das gesamte Wasser entzogen, sie werden staubtrocken, hart, leider auch brüchig dabei, man muß dabei also sehr vorsichtig umgehen. Sie verlieren

durch das Schrumpfen ihre Form, während bei der Konservierung die Form ja erhalten bleibt. Die Mumifizierung, wie sie etwa bei den alten Ägyptern geübt wurde, war eine Prozedur, die ungefähr 70 Tage gedauert hat, also mehr als 2 Monate lang wurde dieser Körper in die verschiedensten Lösungen hineingetaucht und mit den verschiedensten Ingredienzien behandelt, bis es zu einem solchen Ergebnis gekommen ist.
Es gibt noch viele andere Möglichkeiten, um den Menschen zu verwerten. Man kann den Menschen zu Medikamenten verarbeiten. Man glaubt das nicht. Das war bis 1834 in österreichischen Apotheken offizinell. Mit offizinell meint man in der Apothekenbranche ein Medikament, das die Apotheke zu führen hat. Da gab es zwei Dinge: Da gab es einerseits Mumia, den getrockneten mumifizierten Menschen. Aus dem wurde ein Pulver gewonnen, und dann zu horrenden Preisen verkauft. Und es gab Axundia Hominis, Menschenfett. Das gelbe Menschenfett, das „Arme-Sünder-Fett", wurde meistens von justifizierten, von hingerichteten Menschen gewonnen. Bis vor 150 Jahren, also bis 1834 mußte es offizinell, mußte also vorrätig sein. Man kann auch etwas anderes machen mit dem menschlichen Körper. Man kann ein Stopfpräparat daraus machen (Abb. 17). Ihr erinnert euch vielleicht an ein Stück des Herzmanovsky-Orlando, „Hoheiten Ausstopfen", das auch so etwas zum Thema hat. Es gibt ein einziges noch in Österreich vorhandenes menschliches Stopfpräparat. Es stammt aus dem Jahre 1780, ist mehr als 200 Jahre alt, ist ein 85 cm großes, etwa 2 bis 3 Jahre altes Kind mit einer angeborenen Hautkrankheit. – Dieses Ausstopfen erfolgte in der Weise, daß sämtliche Eingeweide, sämtliche Muskel, das ganze Skelett, die Zähne, herausgenommen wurden, nur mehr die Haut übrigblieb, diese Haut dann über entweder ein Gipsmodell, ein Holzmodell oder einen Rahmen gespannt und gearbeitet wurde mit einem solch frappierenden Ergebnis. Dieses menschliche Stopfpräparat, eine Weltrarität, ist hier in Wien im Pathologisch-anatomischen Bundesmuseum zu besichtigen. Dieses Museum befindet sich im Areal des Allgemeinen Krankenhauses im sogenannten Narrentum, der ja weithin sichtbar ist und der noch auf die Zeit von Kaiser Josef zurückgeht. Und letztendlich kann man mit seinem Körper noch etwas Segensreiches für die nächste Generation tun: Man kann seinen Körper herschenken! Man kann seinen Körper für Studienzwecke der Mediziner, die das ja auch irgendwo lernen müssen, zur Verfügung stellen. Das ist ein durchaus segensreiches Unterfangen. Meine Damen und Herren, ich wollte Sie jetzt zum Schluß lediglich animieren, zu überdenken, was mit Ihrem eigenen nackten Körper dereinst geschehen soll.

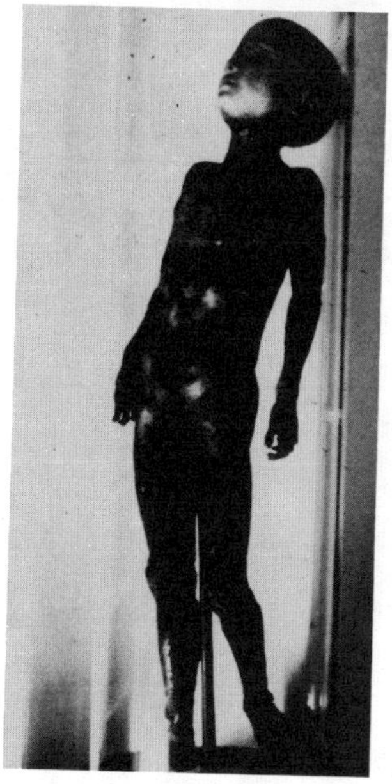

Abb. 17

ASPEKTE ZUR DEUTUNG DES SEXUELLEN IN DER KUNST VENUS UND LUXURIA – ZUM VERHÄLTNIS VON KUNST UND IDEOLOGIE IM HOCHMITTELALTER

Daniela Hammer-Tugendhat

Unsere abendländische Kultur ist geprägt von der verhängnisvollen Verbindung von Frauenhaß und Sexualunterdrückung. So fundamental die Geschichte der Geschlechterbeziehung, der Einstellung zum eigenen Körper und zur Sexualität ist, so wenig wurde sie dennoch bisher untersucht. Hinreichend bekannt ist die herrschende Ideologie des Mittelalters, die frauen- und sexualfeindlichen Theoreme der Kirche. Wie aber verhält es sich mit der gesellschaftlichen Praxis? Eine Möglichkeit, sich diesem quellenmäßig schwer zu erschließenden Problemkreis zu nähern, ist die Analyse der bildenden Kunst. Die Spezifik der bildenden Kunst ist in ganz anderer Weise als schriftliche Traktate geeignet, sinnliche und emotionelle Erfahrung zu vermitteln.

Die Stellung der Kirche zur Sexualität manifestiert sich im thematischen Vorwurf der „Luxuria". Luxuria ist die Todsünde (!) der Wollust. Welche Rolle spielte nun die Kunst bei der Verbildlichung der Lust als Sünde?

Die Luxuria-Darstellungen der gotischen Kathedralen unterscheiden sich radikal von denjenigen der romanischen Plastik. An den südfranzösischen Portalen des 12. Jahrhunderts lassen ekelerregende Kröten und Schlangen „Luxuria" in der Tat abstoßend erscheinen. Diese Ikonographie wird im frühen 13. Jahrhundert aufgegeben zugunsten einer erotisierenden, nicht moralisierenden Interpretation. In der Literatur lassen sich im Wechsel von „Chansons de geste" zum höfischen Roman ähnliche Tendenzen verfolgen. Offensichtlich hat sich in der Auffassung von Geschlechterbeziehung und Körperlichkeit Wesentliches verändert. Die ästhetische Erscheinung der „Luxuria" in der französischen Kathedralplastik entspricht nicht der moralisierenden Dogmatik der Kirche. In dem Vortrag wurde den Ursachen, die diese Differenz von Kunst und herrschender Ideologie und damit die subversive Funktion der Kunst ermöglichten, nachgegangen.

Abgedruckt in:
Frauen · Bilder · Männer · Mythen. Kunsthistorische Beiträge, hrsg. von Ilsebill Barta, Zita Breu, Daniela Hammer-Tugendhat, Ulrike Jenni, Irene Nierhaus, Judith Schöbel, Berlin 1987. Dietrich Reimer Verlag.

NACKT IN DER KUNST: ZUR EROTISCHEN VORGESCHICHTE IM SPÄTMITTELALTER

Berthold Hinz

Es gilt für ausgemacht, daß die neuere Aktmalerei ihre Wurzeln in der Renaissance der Antike zu Beginn der Neuzeit hat. Nachweisliches Studium antiker Aktplastik (Freiskulpturen und Reliefs), evidente Formzitate und schriftliche Quellen beglaubigen diese schon von den Zeitgenossen gehegte Auffassung. Mit dem Studium der Natur, das sich allmählich anschloß, vervollständigten sich die Grundlagen der Aktmalerei zu einer akademischen Disziplin. Es ist hinlänglich bekannt, daß Nacktheit – das Thema der Aktmalerei – einer mehr oder minder sanktionierten gesellschaftlichen Tabuisierung unterliegt und ihr nur wenige Nischen zugestanden wurden und werden. Daß Nacktheit überhaupt jenseits der unverhüllten Erotik gleichsam einen Fuß in die Tür der gesellschaftlichen Verkehrsräume (im Abendland) setzen konnte, verdankt sich nicht zuletzt der disziplinären, reichlich abgeklärten Praxis der Aktmalerei, die man in der Tradition der Antike unter dem Nimbus des Klassischen von den niederen Lüsten geläutert belobigen konnte.
Daß indessen mit der Antikenrezeption der Frührenaissance Nacktheit ‚an sich' nicht entdeckt worden ist, versteht sich von selbst. Sie galt zuvor jedoch – in der Kunst wie im Leben – ausschließlich als ein Thema der Lust, und zwischen ihrer Existenz in Kunst und Leben tat sich eine unüberbrückbare Kluft auf, die dafür ursächlich ist, daß das eine im anderen kaum wiederzuerkennen ist.
Die Menschen im Mittelalter dürften lustbezogene Nacktheit kaum anders wahrgenommen haben als die Menschen anderer Epochen; daß dafür das Sensorium nicht geheimnisvollerweise verkümmert war, belegen zahlreiche, vor allem literarische Texte des Mittelalters. Eine besonders beredte Stimme, die eines anonymen englischen Klerikers, spricht gegen Ende des 12. Jahrhunderts über das Marmorbild einer Venus in Rom: „... eines (der Bildwerke) nenne ich wegen der außerordentlichen Schönheit zuerst, ... es wurde von den Römern der Venus gewidmet, in der Weise, wie sich Venus gemäß der Fabel zusammen mit Juno und Pallas dem Paris nackt zur Schau gestellt habe; welche erblickend, der unbesonnene Richter sagte: Gemäß unserem Urteil siegt Venus über beide anderen. Dieses Bild aus parischem Marmor ist mit einer so wunderbaren ... Kunst geschaffen, daß es mehr eine lebendige Kreatur zu sein scheint als eine Statue. Denn es zeigt ein von Purpurfarbe übergossenes Antlitz, als ob es über seine Nacktheit erröte. Bei genauer Betrachtung scheint sich in dem schneeigen Gesicht das Blut zu regen. Wegen ihrer wunderbaren Anmut und ihrer, ich weiß nicht welcher, magischen Anziehungskraft war ich genötigt, sie dreimal aufzusuchen, obwohl sie zwei Stadien von meiner Herberge entfernt war." In offensichtlicher Autosuggestion infolge des ungewohnten Anblicks reklamiert der Autor für sich die Rolle des trojanischen Königssohns Paris, von dem er weiß, er habe die Schönste der Göttinnen nackt gesehen. Die animierte Schilderung läßt keinen Zweifel an der Empfänglichkeit des Mannes für nackte Schönheit, sei sie, wie hier, Werk der (antiken) Kunst oder der – von ihm suggerierten – Natur.
Die zeitgenössische Kunst ließ ihn aber mit diesem Bedürfnis allein: Nacktheit stellte sich nahezu immer als verkörpertes Laster dar und pflegte ausgetrocknet wie ein gedankliches Attribut um die betreffende Figur gezeichnet zu werden. Selbst bei der besagten mythischen Schönheitskonkurrenz, deren enorme literarische Karriere im hohen Mittelalter (12. Jahrhundert) anhebt, ist das nicht anders, obwohl sie im Kreise ihres Publikums frei vom

Odium des Lasters war: Daß dem schönheitskundigen Prinzen angesichts der in den Illustrationen (seit dem 14. Jahrhundert) reichlich dürftig geratenen körperlichen Attraktivitätsbeweise die Lust an dem Prozeß nicht vergeht, liegt sicher nicht an seiner angeborenen Unlust, sondern an des Bildners und Bestellers lange eingeübten visuellen Vorbehalten. Erst als diese allmählich abgelegt wurden, schloß sich – um Jahrhunderte verspätet – der literarischen Konjunktur des Motivs auch die bildnerische an und löste sie endlich (seit dem 16. Jahrhundert) fast vollständig ab. Es scheint, daß die mittelalterliche Verteufelung der Lust größere Siege auf dem visuellen als dem literarisch-intellektuellen Feld davongetragen habe: Nacktheit – nicht als gelittenes Laster, sondern als bejahtes Argument der Lust – konnte nur als begleitende dürre Marginalie der betreffenden Textseite mit dem Abenteuer des Paris überdauern; oft mußte der Held der Szene, bei der es doch aufs Sehen ankam, dabei sogar die Augen schließen, damit – reservatio mentalis – wenigstens der Leser des Buchs an seiner Statt etwas zu sehen bekam (Abb. 1).

1. Willem Vrelant, Parisurteil, Chr. de Pisan „Othea"; um 1460. Erlangen, Univ. Bibl., Ms. 2361

Als dann aber zu Beginn der künstlerischen Neuzeit, etwa bei Botticelli, das – wie man es genannt hat – „Menschenrecht des Auges" auf eigene Lust eingelöst ward, machte man dafür – und macht es fortgesetzt – ausgerechnet antiquarische Gelehrsamkeit und philosophisches Gedankengut verantwortlich. Der Prozeß, der aus immanenten Triebkräften heraus am Ende des Mittelalters Kunst und Nacktheit zusammengeführt hat, kann an zwei bislang unberücksichtigten Wandbildern der Sammlung Cini (Monselice) aus Florenz (ca. 1430/40) nachgezeichnet werden, einem Parisurteil (Abb. 2) und einer „Liebesallegorie" (Abb. 3). Damit läßt sich eine Brücke schlagen zwischen Botticellis stupendem Werk, das schließlich auch nicht unvermittelt vom Himmel gefallen ist, und den literarisch verpuppten Emotions-Energien von Jahrhunderten, denen eine adäquate Visualisierung, wie sie unsublimiert-heimlich jener reisende Kleriker genoß, versagt war. Es ist, als ob ein angestauter Bildhunger die Schmerzgrenze der Entbehrung überschritten habe und sich fast gierig

2. Florentinische Wandmalerei, Parisurteil; um 1430/40. Monselice, Sml. Cini

3. Florentinische Wandmalerei, „Liebesallegorie"; um 1430/40. Monselice, Sml. Cini

die fehlende Nahrung in der Anschauung verschafft habe: Die Malerei und – noch forcierter – die Plastik werden vom Ende des 15. Jahrhunderts bis in die Gegenwart zu privilegierten Orten der Nacktheit. Zu überzeugender künstlerischer Statur fand die Nacktheit indes erst, als man fähig und willens war, den ihr innewohnenden erotischen Gehalt anzuerkennen: als Resultat einer geschichtlichen Entfaltung der (visuellen) Sinnlichkeit aus ihrer dogmatisch-moralischen Verpackung. Die Bild-Geschichte des Parisurteils, bei dem es schließlich auf die Kompetenz des *Gesichtes* ankam, kann auch weiterhin als Paradigma dieses Zusammenhangs genommen werden. Denn die Vorstellung vom Entscheid über die Schönheit der Göttinnen war zu verführerisch, als daß sie nicht andauernd in der höfischen Gesellschaft des Mittelalters rekapituliert worden wäre, woraus sich ein thematischer Strom – von größerer Breite als Tiefe – nachhaltig speisen konnte. In dieser, der Schönheit und dem Schönheitssinn schmeichelnden Tradition wurde die Urteilsszene zu einem zentralen Motiv der höfischen oder höfisch orientierten Hochzeitsikonographie: Die Expertise des schönheitskundigen Jünglings war bekanntlich mit dem Gewinn der schönsten Frau (Helenas) belohnt worden; das gegenwärtige Paar konnte sich so, von dem mythischen Vorgang

animiert, in gegenseitiger Huldigung begegnen und als ideale Verbindung feiern, worüber die katastrophalen Folgen der mythischen Liaison in Vergessenheit gerieten.
Ob bei diesen Bildern (vor allem auf Cofanetti und Cassoni) die Göttinnen (prunkvoll) bekleidet (Abb. 4), wie es dem höfischen, exklusiven Comment entsprach, oder nackt erschienen (Abb. 5), was ihre Qualitäten standesüberschreitend gleichsam naturalisierte: stets glichen sie einander wie Drillinge und waren, was dem schönheitsbeflissenen Auge entbehrlich ist, weder namentlich noch charakterlich zu unterscheiden. Andererseits war die Pariswahl seit der (christlichen) Spätantike bereits in Anspruch genommen für ein (im Ergebnis negatives) Werturteil über die drei Lebensweisen/Seelenvermögen: die geistige, die praktische und die sinnliche Weise, in dieser Reihenfolge als moralisches Gefälle verstanden. Aufgrund des allegorischen Gehaltes mußten hier die drei Göttinnen gemäß ihrem Charakter *unterschiedlich* qualifiziert sein. So erscheint auf den wenigen Illustrationen dieses vor allem literarisch virulenten Traditionsstromes die Göttin Venus – nach Art des dogmatischen Lasterkanons – als „Luxuria", Juno als spinnende Praktikerin, Minverva als Gelehrte(r) (Nonne/Mönch).

4. Paris-Meister, Parisurteil von einem Cassone; um 1430/40. Ehem. Paris, Sml. Spiridon

5. Paris-Meister, Parisurteil von einem Cassone; um 1430/40. Ehem. London, Sml. Benson

Daß die Entscheidung des Helden zur „viehischen" Lust, wie es in einem der Texte heißt, nicht zum Selbstbild des höfischen Kavaliers paßte, versteht sich von selbst; zudem folgte ja als abschreckende Strafe der Untergang Trojas. Wenn auf dem Wandbild dennoch eine derart qualitativ verstandene Konkurrenz vor ihren, in bewährtem aristokratischen Charakter verharrenden Richter tritt, stellt sich unausweichlich die Frage: Wünschten die Bewohner des Hauses in ihrem Salon auf alle Zeiten einer sittlichen Fehlentscheidung ins Auge zu sehen? Da das kaum anzunehmen ist, bleibt nur der Schluß: Der entzückte jugendliche Richter entscheidet sich demonstrativ *gegen* die vereinten Tugenden von Minerva (Pallas) und Juno, bekennt sich zugleich *zu* der (nunmehr allein nackten) Göttin der Liebe, zu Venus. Ähnliche Entscheidungen trafen zuvor auch der Autor der „Amorosa Visione" (Boccaccio, 1342/43) und später Poliphilus in der Traumdichtung „Hypnerotomachia" (veröffentlicht 1499). Das zweite, im einzelnen noch ungedeutete Bild, darf als Analogon aus weiblicher Perspektive verstanden werden. Die liegende Nackte ist hier – anders als in der üblichen Weise – nicht als Ziel der Annäherung und Werbung, sondern selber als werbendes Subjekt präsentiert. Auch auf diesem Bild läßt sich in der offensichtlichen Berufung auf eine einschlägige – weniger geistes- denn bildgeschichtliche – Überlieferung eine überraschende Manifestation erkennen. Vergleichbare, zumeist nackte Liegende sind ebenfalls in der zeitgenössischen Hochzeitsikonographie zu finden: Auf den kleinen Präsent- („Otto"-) Drucken

(Abb. 6), Spiegeln etc. wie vor allem gelegentlich auf den Deckelinnentafeln von Hochzeitstruhen (Abb. 7), wo je ein (Geschlechts-) Partner liegend seinem Pendant gleichsam körperlich nahe und erotisch verbunden ist. Inspiriert vom Genius loci, dem Schlafzimmer, wo die Cassoni Aufstellung fanden, scheinen sich die zuständigen Gefühle buchstäblich im Bilde verkörpert und zu Inkunabeln einer endlosen Reihe nackter Liegender (zumeist Frauen) ausgebildet zu haben.

6. Florentinischer Kupferstich, Tanzszene und Liebespaar, Detail; um 1465

7. Florentinisch, „Männlicher" und „weiblicher" Truhendeckel; um 1450. Ehem. London, Sml. Crawford

Von den gleichzeitig nachweisbaren Studien antiker Liegefiguren auf römischen Sarkophagen sind diese Figurinen unberührt; sie besitzen indes eine (negative) Tradition in spätmittelalterlichen Luxuria-Darstellungen (Abb. 8) sowie vergleichbaren Bildern der sündigen Menschheitsmutter Eva, die in (typologischem) Kontrast zu Maria, der Wiedergutmacherin, den Habitus der Luxuria/Dirne anzunehmen pflegt. Hier wie dort wird die Sünderin in *liegender,* das Wesen ihrer Verfehlung signalisierender Weise bevorzugt.
Auf beiden Bildern wurden notorische Warnungen vor Voluptas, der körperlichen Lust, in ihr Gegenteil, die indessen noch zaghafte Huldigung gewendet. So scheint der Eingang des Nackten in die Kunst (der Neuzeit) weniger von künstlerischer Emanzipation und/oder humanistischem Interesse getragen als von der betonten Bejahung ihres traditionell eroti-

8. Pisanello, Luxuria; um 1425/30. Wien, Albertina

schen Stigmas motiviert und imprägniert. Der Weg führte von den intimen animierenden Orten in die monumentalisierte Konfession der „großen" Kunst, wo er dem Körperbild der evozierten Antike begegnete. Die ausschließliche Betonung des Künstlerischen, wie es durch den gleichzeitigen und konkurrierenden Beitrag der Antikenrezeption gefördert wurde, mündete dementgegen in die von den Lebensbedürfnissen isolierte Disziplin des Aktes, bei dem auf lange Sicht die im Nackten virulenten Emotionen gleichsam im Depot einer nichtgeschichtlichen und -gesellschaftlichen, utopischen Klassik abgelegt wurden.

(Kurzfassung des Referates „Amorosa Visione – Zur Genese der Aktmalerei in der Florentiner Kunst". Eine ausführliche Abhandlung der Thematik wird im Städel Jahrbuch 1987 erscheinen.)

NACKT IN DER KUNST DES 20. JAHRHUNDERTS. IKONOGRAPHISCHE UND DIDAKTISCHE ASPEKTE DER AKTKUNST IM 20. JAHRHUNDERT

Udo Liebelt

Die Darstellung des nackten Menschen ist so alt wie die Kunst selber, das wenigstens wird dieses Symposion beweisen. Idole, die uns aus der Ur- und Frühgeschichte des Menschen bekannt sind, stellen Fruchtbarkeitsgöttinnen oder Herrscher dar. Der nackte Mensch in der Mythologie ist Gott oder Halbgott. Er unterscheidet sich vom gemeinen Volk dadurch, daß ihn die Nacktheit als wesentliche Existenz auszeichnet. Die Kleidung dagegen differenziert, sie teilt die Menschen in unterschiedliche Gesellschaftsstände ein, stellt Wohlstand und Armut dar, bekundet Stil und moralisches Verhalten.

Der schöne Mensch in der Antike ist auch der sittlich Gute. Er wird, ob als Apoll, als Venus oder als Götterbote Hermes nackt dargestellt. Die Schönheit der Venus, die von den Griechen Aphrodite genannte Göttin der Liebe, stellte der Philosoph Plato fest, habe eine himmlische und eine irdische Seite. Griechische Kunstwerke, die nackte Menschen darstellen, zeichnen sich darum, bei Beachtung der richtigen Proportionen zwischen Rumpf und Gliedern und des harmonischen Ausgleichs zwischen Stand- und Spielbein, den tragenden und den lastenden Teilen der Figur („Kontrapost"), durch Sinnenfreude aus und gelten zugleich als Symbole für die Harmonie des Weltenkosmos.

In der Aktkunst dieses Jahrhunderts lösen sehr unterschiedliche Darstellungsweisen einander ab. Die Wahl des Modells – ob Berufsmodell, Freundin oder Frau – die biographische Situation des Künstlers bei der Entstehung eines Werkes und die Absichten, die ihn leiten, führten zu vielseitigen Ergebnissen. Mit der Bestimmung persönlicher Situationen im Bild, etwa zwischen Mann und Frau, wirkt die Inszenierung des räumlichen Ambientes mit der Komposition zusammen. Gegenständliche Attribute wie Kleidung oder Möbelstücke, schließlich die formal eingesetzten farblichen Mittel erzeugen die Form und den Ausdruck des Aktkunstwerks.

Akt ist anders als „nackt", es ist eine künstlerisch gestaltete, eine erfundene Wirklichkeit, die mit der unseren vieles gemein oder – indem sie typisiert, stilisiert oder verfremdet – Wunsch- und Traumbilder fabriziert. Stilwandel und Stilpluralismus in der modernen Kunst spiegeln in der Darstellung des nackten Menschen ein vielseitiges und in sich uneinheitliches Menschenbild.

Im Frühsommer '84 eröffneten wir im Sprengel-Museum Hannover eine Ausstellung unter dem Thema „nackt in der Kunst des 20. Jahrhunderts". Es ging uns dabei, und es geht mir auch hier nicht um einen kunsthistorischen Abriß über die Aktkunst des Jahrhunderts, obwohl dies reizvoll wäre und auch in der Literatur viel zu wenig begegnet. Unsere Frage war vielmehr die: Was eigentlich macht das Interesse des Besuchers unseres Museums und vieler anderer Museen an gemalten, gedruckten oder plastischen Bildern von nackten Menschen aus? Worin liegt die Attraktion solcher Bildnisse begründet, warum gefallen sie, woran stoßen sich auch viele Menschen bei der Darstellung der Nacktheit?

Ein Blick in das Inhaltsverzeichnis des Kataloges. Unsere Themen hießen: „Maler und Modell", „Mann und Frau", „angezogen – ausgezogen", „Fetisch Puppe", „Akt im Freien", „Mutter Natur", „Akt ist Farbe", „Akt typisch", „Körperarchitektur", „Akt ist Bewegung", „Akt imaginär", „Torso", „Akt sachlich", „Aktstilleben", „Körperabdruck oder Akt ist Aktion", „Körperstatistik", schließlich „Fleischeslust" und „Videoakt".

Ohne leibhaftige Modelle für Maler und Bildhauer existierte das Genre der Aktkunst wahrscheinlich nicht. Dabei unterscheidet man bekanntlich zwischen Portraitmodellen, die für die Fertigung individueller Bildnisse dienen von solchen, die in ihnen fremden Handlungen dargestellt werden, sogenannten Rollenmodellen, und von Studienmodellen. Die letzteren sind für die Aktkunst dieses Jahrhunderts vielleicht am bedeutendsten.
Welche Modelle der Künstler auswählt und in welchen Beziehungen er mit ihnen steht, bestimmen die Inhalte und Motive, auch den Ausdruck von Aktkunstwerken ganz wesentlich. Indem er sich gemeinsam mit seinem Modell darstellt, macht der Maler nicht nur den Prozeß der Entstehung eines Aktbildes zum Thema, er portraitiert sich selber in seinen Verhältnissen zu seinem Modell. Natürlich sind auch Akte, in denen sich der Künstler im Bilde nicht hinzugesellt, von seiner persönlichen Erfahrung im Umgang mit dem Modell geprägt. Von solchen Bildern kann der Betrachter selbst in die Rolle des Künstlers geraten.
Es ist eine These des englischen Autors John Berger, daß die Hauptpersonen in Aktkunstwerken gar nicht dargestellt seien: die Betrachter. Der Betrachter kommt in Aktkunstwerken ebenso ins Spiel wie der Künstler, selbst dann, wenn weder der eine noch der andere – als Voyeur – dargestellt ist. Vor solchen Bildern kann der Betrachter selbst in die Rolle des Künstlers geraten.
Im „Weiblichen Halbakt" von Edvard Munch (1902) sieht er sich, ob er will oder nicht, dem strengen Blick des Aktes einer Frau ausgesetzt. Der Norweger, der Mitte der achtziger Jahre dem naturalistischen Bekenntnis verpflichtet war, Menschen „darzustellen, die atmen, fühlen, lieben und leiden", suchte als Maler aus dem persönlichen Erleben heraus Zugang zum weiblichen Geschlecht zu finden. Die zuvor an ihm praktizierte freie Liebe war in Treulosigkeit, Eifersucht und dann in Verzweiflung eingemündet. Dies ist ein Aspekt seiner Biographie, den wir auch aus Verlautbarungen des Künstlers und aus einem Romanfragment kennen.

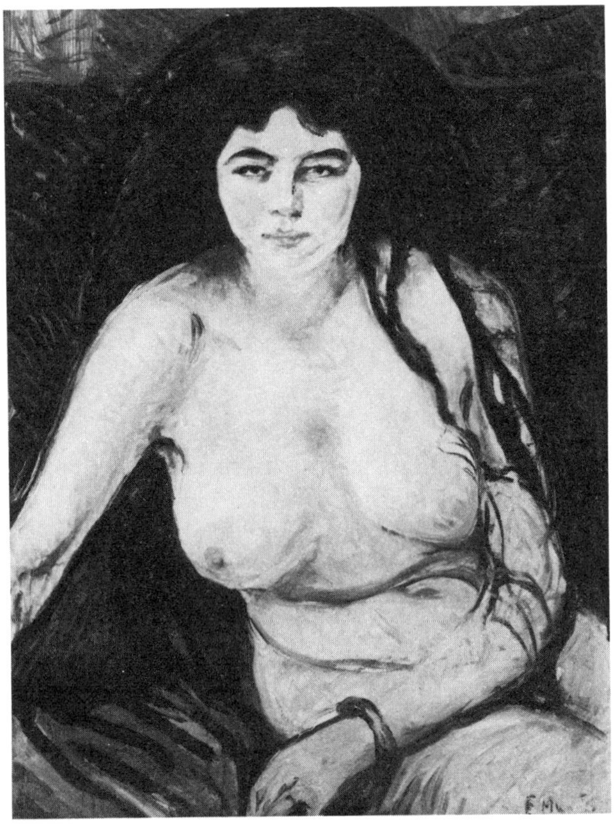

Eduard Munch, Weiblicher Halbakt, um 1902

Enttäuschung prägt das Frauenbild des Malers. „War es, weil sie gelogen hat", schreibt Munch in diesem Romanfragment, „mich betrogen hat? Eines Tages hob sie die Schalen von den Augen mir ab und ich sah das Haupt der Medusa." Zum Haupt der Medusa, das, der Mythologie nach, von züngelnden Schlangen umgeben ist, stilisiert Munch den weiblichen Halbakt, indem er die Haare strähnig wild über das Gesicht und über die Schultern herabfallen läßt. Als Modell für dieses Bild diente Mathilde Thula-Larsen, ein schönes und wohlhabendes Mädchen, das den Künstler fasziniert hatte, ihn auch auf einer Italienreise 1900 begleitete, und es ist interessiert zu erfahren, daß dieses Mädchen auf Heirat drängte, die er ihr verweigerte. Im Wissen dieses Hintergrundes spricht ein solches Bild ganz anders zu uns: es wird zum psychischen Spiegelbild des Künstlers.
Friedemann Hahn machte das Verhältnis des Malers Munch zu einem anderen Modell zum Thema eines gemalten Diptychons. Durch die Form des Diptychons, mehr noch durch den kalkulierten Kontrast zwischen dem frontal und selbstbewußt dargestellten Künstler und der Profilansicht des Modells, das, wie zur Verbeugung, vor dem Künstler den Kopf senkt, macht Hahn anschaubar, wie zwischen beiden Gestalten eine Mauer des Schweigens aufgerichtet ist.
August Macke wählte für seine Akte vorzugsweise die Ehefrau zum Modell. Im Lob der weiblichen Schönheit seines Gemäldes „Akt mit Korallenkette" (1910) wird die zärtliche Zuneigung spürbar. Es ist Elisabeth, damals Braut, die spätere Frau des Künstlers, die er darstellt. Ihr Blick ist gesenkt, portraithafte Gesichtszüge des Modells treten zugunsten der körperlichen Einheit und einer eher erotischen Stilisierung des Aktes zurück.
Picasso bearbeitete das Thema „Maler und Modell" in vielen Varianten. Es war ein Lieblingsmotiv seines Spätwerkes, obwohl er in der Regel gar nicht nach dem Modell arbeitete. Françoise Gilot schreibt in ihrem Buch über die gemeinsamen Jahre mit Picasso, wie sie ihm zum ersten Mal nackt Modell gestanden habe: Eine Stunde habe er sie angeschaut und ihr dann gesagt: „So, nun kannst du dich wieder anziehen." Erst dann habe er zum Stift gegriffen und mit wenigen Strichen das gezeichnet, was er in sich aufgenommen habe.

Pablo Picasso, Maler und Modell, 1953

Das Modell steht, und dies ist bei Picasso unübersehbar, dem Künstler als Partnerin, als Mitarbeiterin an der Seite. Auch dies trifft für Picassos Akte zu, wie Werner Spieß urteilte: „Das Atelierbild werde zum Vorwand für eine Menge von Feststellungen, die sein Verhältnis zur Frau, zur Kunst, zum Tod allgemein beleuchten." Die erotische Spannung spielte dabei immer eine wichtige Rolle. Das andere aber ist, daß dieses partnerschaftliche Verhältnis zum Thema gemacht wird. Freilich kannten die Frauen, die mit Picasso zusammenlebten, biographisch gesehen, Picasso selber auch anders.

Ein weiteres Thema, das sicherlich ein zentrales Thema in der Aktkunst darstellt, könnte man „angezogen–ausgezogen" nennen. Für viele Aktkunstwerke ist traditionellerweise kennzeichnend, daß sie den Blick auf einen nur teilweise entblößten Körper freigeben. Die Situation des An- oder Bekleidens wird zum Thema des Werkes oder auch als bloßer Vorwand gesucht. Seit der Erfindung des nassen Hemdes durch antike Bildhauer ist der Einfallsreichtum der Maler und Bildhauer groß, die erotischen Reize nackter Körper durch Kleidungsstücke und andere Accessoires zu steigern. Die räumliche Inszenierung – Draperien aller Art, Sitz- oder Liegemöbel, Spiegel und andere Einrichtungsgegenstände – spielen dabei eine wichtige Rolle, von Ernst Ludwig Kirchner oder Adolf Erbslöh bis Alan Jones und John Kacere.

In der „Italienerin im gelben Stuhl" (1913) setzt Lovis Corinth durch wenige Kleidungsstücke einen nackten Frauenkörper auf wirkungsvolle Weise in Szene. Die schon jahreszeitlich befremdliche Zusammenstellung – breiter blumengeschmückter Sommerhut, schwarze Strümpfe und Pelzstola – lassen erkennen, daß eine Bekleidungsszene gar nicht gemeint ist, daß vielmehr das Interesse einer erotisch effektvollen Hervorhebung der nackten Körperpartien leitend ist. Auch der Sessel, in dem die gesichtslose Nackte plaziert ist, unterstreicht wirkungsvoll das fleischfarbene Rosa der nackten Haut. „In heiterer Fleischeslust", schrieb Scheffler wenige Jahre nach Entstehung des Gemäldes, stelle der Maler Covinth eine „oft drastische Sinnlichkeit" zur Schau.

„Fetisch Puppe", Sexuelle Phantasie und erotische Obsessionen haben in der Geschichte der Aktkunst Fetischismen mancherlei Art geboren. Oskar Kokoschka ließ sich, nach enttäuschter Liebe, eine lebensgroße Puppe nach dem Bilde seiner Angebeteten fertigen. Wir haben interessante Briefe zu diesem Vorgang, die die Fertigung der Puppe, die er bei einer Stuttgarter Puppenmacherin in Auftrag gegeben hatte, begleiten. Sie geben die Enttäuschung wieder, als die Puppe dann in Lebensgröße in seinen Armen lag und ganz und gar nicht wiedergab, was er sich in der Phantasie von ihr versprochen hatte.

Hans Bellmer, der zuvor als Werbegrafiker tätig war und später zum Kreis der Surrealisten in Paris gehörte, konstruierte seit 1933 aus verschiedenen Materialien Puppen. Wie im Falle von Kokoschka ist der Künstler von der Vision eines weiblichen Fetischs besessen, der, vielfältig benutzbar und manipulierbar, sexuelles Glück verheißen oder gar ersetzen soll. Die Puppen sind auf die Geschlechtlichkeit der Frau, auf Brust, Bauch und Scham, reduziert. Die Teile sind zueinander beweglich, insgesamt verformbar. Auch Bellmers Puppen entstehen aus einem tief empfundenen erotischen Konflikt heraus. In Ausführung und im Spiel mit der Puppe verknüpfen sich für den Künstler Kunst und Leben.

„Akt im Freien." „Wir Künstler sind ein Stück der Natur, wir gehören zu ihr und sie zu uns." Wie ein unumstößliches Bekenntnis klingt dieser Satz, den Max Pechmann schrieb. Er trifft nicht nur die Absichten seiner eigenen Malerei, sondern gilt auch für die Werke der Malerfreunde Ernst Ludwig Kirchner, Erich Heckel und Karl Schmidt-Rottluff, die sich gemeinsam 1906 zur Künstlergruppe „Die Brücke" zusammengeschlossen. Sie siedelten später nach Berlin über, wo Otto Müller bereits ein Atelier hatte. Zu den „revolutionären" Zielen der Maler, so Karl Schmidt-Rottluff in einem Brief an Nolde, in dem er den friesischen Kollegen zum Beitritt zur Gruppe anwarb, gehört die Suche nach einem ursprünglichen Verhältnis zur Natur. Der Akt im Freien verkörperte ein neues Lebensgefühl der Einheit zwischen Mensch und Natur.

Otto Müller, Drei Akte im Walde, 1911

Im Unterschied zu ihren studierenden Kollegen, die an der Akademie trockene Zeichnungen nach gelangweilten, in künstlichen Posen verharrenden Berufsmodellen fertigten, zogen die jungen Brücke-Künstler mit ihren Freundinnen oder mit Mädchen aus der Dresdner Umgebung aus den Ateliers in der Stadt hinaus, um an den nahegelegenen Moritzburger Teichen einander zu zeichnen, zu malen und natürlich auch zu lieben. Aus dem gemeinsamen Erleben heraus sollte die neue Kunst geboren werden. Natürliche Empfindungen und schöpferische Ursprünglichkeit bedingen einander. Wiederholt stellten Erich Heckel und seine Freunde spielende Akte in kräftiger Bewegtheit dar. „Badende im Schilf" (1910) hält die Unbefangenheit der ungekünstelt sich bewegenden Nackten im Freien mit spontan eingesetztem Pinsel fest. Auf Individualität und selbst geschlechtliche Spezifizierung kann darum weithin verzichtet werden. Der freie und partnerschaftliche Umgang zwischen Maler und Modell, der gelegentlich auch den zuständigen Ortswachtmeister auf den Plan rief, hatte, unter dem Eindruck der Lebensphilosophie Nietzsches und Bergsons wie auch parallel zur aufkommenden FKK-Bewegung, auch eine moralische, besser, eine, die spießige Moral der Bürger, provozierende Seite.

Die Malerei der dreißiger und frühen vierziger Jahre, die sich der nationalsozialistischen Kulturpolitik verpflichtet wußte, verfolgte u. a. eine naturalistische Malweise bei der Darstellung nackter Menschen, so in einem von Julius Engelhardt vor 1944 gemalten Bilde. Der Akt ist im Begriff, aus dem Schatten des Baumes von der Uferkante ins Licht der spiegelnden Oberfläche des Bergsees hinauszutreten. Wie sich der Oberkörper dem Wasser erwartungsvoll zuneigt, verklärt der Maler die natürlichen Elemente im Sinne heilender Kräfte.

Dieser idealisierende Naturalismus des Bildes ähnelt zeitgenössischen FKK-Darstellungen. Das Massenmedium der Fotografie hat hier zweifellos die Aktmalerei beeinflußt. Ideologisch gesehen propagieren Thema und Motiv des „Bades im Bergsee" den nordischen Frauentyp im Stil der Werbung für das staatlich geförderte Kraft-durch-Freude-Programm.
„Mutter Natur". Zu den innigsten Mutter- und Kinddarstellungen des frühen 20. Jahrhunderts zählen die Gemälde von Paula Modersohn-Becker aus Worpswede. Die Fertigkeiten in den Farbabstufungen und in der Farbwirkung, die sich die Malerin an der Berliner Akademie erworben hatte, verbinden sich in diesem um 1907 entstandenen Gemälde mit stilisierender Archaik. Rosa versetzte Fleischfarbe wie auch das Spiel von Mutter und Kind mit Früchten vermitteln den Eindruck gesunder Frische und Natürlichkeit. Gebaute Formen, die betont grobgliedrige Typisierung der Gestalten auf das „Wesenhafte" (Modersohn-Bekker), wie auch die stilisierte Pflanze im Hintergrund konkurrieren damit.
„Akt typisch" könnte man ein Kapitel der Aktkunst überschreiben. Amadeo Modigliani, seit 1906 in Paris lebender Italiener, gehört zu den Klassikern der Aktmalerei des Jahrhunderts. Motiv und Haltungen seiner Aktmodelle sind an historischen Vorbildern, etwa an Goyas „Nackter Maja" um 1797 orientiert. Beharrlich hält Modigliani an einmal gefundenen Bildformen fest. Er läßt nur wenige Abwandlungen zu. Sein Interesse gilt der Herausbildung typischer Aktbilder, vielleicht gar des Aktes schlechthin. Im Hinblick darauf, ist geurteilt worden, sei die Nacktheit „nie nackter" gesehen worden als von Modigliani. Wenn die These von John Berger zutrifft, daß die Hauptperson in Aktkunstwerken meistens gar nicht dargestellt ist, nämlich der Betrachter, dann sicherlich auf jenen Bildern von Modigliani, in denen sich seine Akte gezielt und bewußt dem Betrachter zuwenden.
„Körperarchitektur." Das Studium von Proportionen, Haltungen und harmonischer Gliederung des nackten Körpers begründet, mittelbar oder als Selbstzweck, die Aktkunst des Abendlandes. Vom Bildhauerkanon des Polikleth bis zu Hans von Marees oder zu Georg Kolbe war eine andere als die vom klassischen Körperbau ausgehende Formulierung des Menschenbildes zunächst unvorstellbar. Die vom Kubismus Picassos eingeleitete analysische Durchdringung von Körper und Raum, die gerne mit dem Aufkommen der Psychoanalyse und mit der Umwälzung des physikalischen Weltbildes in Parallele gesetzt wird, revolutionierte das Menschenbild in der Kunst sicher sehr nachhaltiger als alle bisherigen Schritte der neuzeitlichen Kunstgeschichte.
Für Fernand Léger haben das Gesicht des Menschen und der menschliche Körper „keine größere Bedeutung als ein Schlüssel oder ein Fahrrad, sie sind ausdruckslos" (Léger). Die „Bilderfindung" rangiert in den Augen des Künstlers „vor jeder Nachahmung der allzu bedrängenden Wirklichkeit". Nichts bestehe an sich, alles sei relativ. So zergliedert Léger das Bild in viele streng konturierte Einzelformen, die durch Aufhellungen wie gebogene Bleche, wie Röhrenabschnitte oder Teile eines Roboters anmuten. Eine gewisse Ästhetik der Maschine kommt ins Bild hinein.
„Akt ist Bewegung." Akt als Begriff für die künstlerische Darstellung eines nackten Körpers leitet sich vom lateinischen „actus" her, was soviel wie Handlung, Geschehen, Darstellung oder Vorgang bedeutet. Als Fachwort in der bildenden Kunst wird es seit dem 19. Jahrhundert verwendet, nachdem es lediglich in der Bühnensprache vorkam. Man kann leicht nachvollziehen, daß für diese Begriffsbildung von ausschlaggebender Bedeutung war, daß die Stellungen des nackten Modells im Sinne körperlicher Handlungen gewertet worden sind. Seitdem gehört das Studium des bewegten Körpers zu den wichtigsten Aufgaben des Aktzeichners.
Kunstwerke dieses Jahrhunderts lenken den Blick auf den Ursprung des Fachbegriffes Akt zurück, weil das Thema des nackten und bewegten Körpers in engem Austausch mit der Schöpfung neuer dynamischer Ausdrucksformen steht. Vor allem die zeichnerischen Elemente wie Linien, Konturen oder Strichbündel übernehmen dabei die Aufgabe, die Formen der Bewegung zu definieren und in der Vorstellung des Betrachters hervorzurufen. Im „Akt in

rosa" (1935) von Henri Matisse, dem maßgeblichen Vertreter der Fauves d. h. der französischen Espressionisten, umreißt eine arabeskenhafte fließende Linie eine flächenhafte Figur.
„Akt ist Bewegung."
„Akt eine Treppe herabsteigend", das ist ein anderes Bild, das schon 1913 auf der „Armory-Show" in den USA gezeigt worden ist, gemalt von Marcel Duchamp. Es gilt als eine glückliche Synthese zwischen der kubistischen und der futuristischen Formensprache. „Akt eine Treppe herabsteigend", das heißt, die Bewegung eines sich auf der Treppe bewegenden Aktes in vielen Phasen verschobenen Formen zu durchdringen und durchschaubar zu machen. Sicher haben chronographische Fotos, wie die von Thomas Eakins und Mybridge, in denen Bewegungen in Phasen – Schnappschüsse sind festgehalten worden – Duchamp als Vorlage bzw. als Anregung gedient und zum Aufkommen der Filmgeschichte wesentlich beigetragen. Eine Nachschöpfung des eben gezeigten Gemäldes von Marcel Duchamp aus dem Jahre 1912 stellt eine Videoinstallation von Chigeko Kubota dar.
Thema *„Torso."* Seit der Mitte des 16. Jahrhunderts bezeichnet man mit dem Begriff „Torso" eine Skulptur, der als menschliches Abbild Kopf und Gliedmaße fehlen. Künstler, die sich dieser Darstellungsform bedienen, lenken den Blick des Betrachters auf den Rumpf des Menschen als einer Grundform, der sich die Glieder zuordnen. Der Torso ist Zentrum und Kernvolumen der menschlichen Gestalt und darum mehr als bloßes Fragment eines Körpers.
Für Aristide Maiolle ist die vorgefaßte Idee für die Arbeit an einem Akt leitend. Er bevorzugte (nach John Rewald) „einen Frauentyp von reifer Schönheit, ausgestattet mit kräftigen Hüften, geraden Beinen, starken Beinen und einem ziemlich schweren Körper." „Architektur und Volumen" wie „Gleichgewicht der Massen" – beides Aussagen des Künstlers – werden angestrebt.
Maiolles Grundidee der Plastik geht von einer geometrischen Figur, von Viereck, Raute oder Dreieck aus. Dies läßt sich auf exemplarische Weise in den Formen des Torso verwirklichen. So wie die geometrischen Formen am besten im Raum stehen, ist der Torso am ehesten geeignet in der Nachbildung eines Mädchens oder einer Frau „ein typisches Bild aller Mädchen oder aller Frauen" zum Ausdruck zu bringen. Wenn eine Plastik dies vermag, spricht Maiolle von der „reinen" Schönheit". Sie vereinige die Grundidee mit dem, was uns an der Schönheit, der nackten Frau gefalle.
Für Torsi von Hans Arp trifft erst recht zu, daß der Torso mit der Vorstellung von fragmentarischer Gestaltung gar nichts zu tun hat. Auch als abstrakte Gestaltung einer realen Figur wäre sie mißverstanden. Im Unterschied zu Lehmbruck oder zu Maiolle bekundet Arp, daß er bei Beginn der Arbeit an einer Skulptur eine nur vage Vorstellung von dem habe, was er machen wolle. Er beschreibt seine plastische Vorgehensweise vielmehr als eine Art Naturphilosophie: im Sinne des Wachsens einer natürlichen Form.

Hans Arp, Bronze, 1935/48

„Akt sachlich." Die emotionslose Sicht auf Dinge und Figuren ist für die Maler der Neuen Sachlichkeit charakteristisch. Zu ihr zählt Christian Schads Werk seit den frühen zwanziger Jahren. „Halbakt", ein Gemälde, zeichnet sich durch betont sachliche Schilderung der plastischen Formen, durch überscharfe Linienführung und eine fast penetrant genaue Fleischfarbe aus. Die so selbstverständlich wirkende Nacktheit des Modells erklärt der Maler selber als durch die Umstände bedingt: Das Bild entstand nämlich bei drückender Hitze in einem Pariser Hotelzimmer, während der Feiern zum 14. Juli des Jahres 1929. Als Modell diente Schad seine Freundin Maika. Der Eindruck, daß sich der Blick der jungen Frau entschieden vom Maler abwendet, trügt. Ihre nicht gerade bequeme Haltung ist dafür bildgerecht, und auch die eher künstlichen Stellungen der Arme lassen erkennen, wie sehr das Modell um das genaue Körperstudium des malenden Freundes weiß. Kein Äderchen unter ihrer Haut, das seinem Blick entginge. Selbst den Schimmer von Schweiß, der an den Nasenflügeln des Modells durchdringt und die drückende Hitze bei der Entstehung des Gemäldes nachvollziehbar macht, vermag Schad dank der virtuosen Technik im Detail vorzutragen.
1960 entdeckte der vorher abstrakt-expressionistische Maler Philip Pearlstein den Akt als sein Thema. Mit nur wenigen Requisiten arrangiert er seine Modelle im Atelier auf kunstvolle Weise. Unzählige Variationen mit gekreuzten, ausgestreckten oder angewinkelten Beinen, auf einem Liegestuhl oder auf dem Teppich gelagert, hat der Amerikaner in Frontalansicht oder im Profil, an männlichen oder weiblichen Modellen erprobt. Jede Position des Modells ist bei Pearlstein eine Kunstfigur, und je ungezwungener eine Pose festgehalten ist, umso ausgeklügelter wurde sie konstruiert. Pearlstein wertet alle Partien eines Aktes gleichgewichtig, ob Beine, Bauch, Brust, in Rücken- oder Vorderansicht als gleichwertige Naturform, und ebenso portraitfähig wie die zumeist abgewandten oder vom Bildrand abgedeckten Gesichter der Modelle.
„Körperabdruck" oder *„Akt ist Aktion"*. Am 23. Februar 1960 führte der französische, wegen seiner radikal monochromen Malerei als „Yves le monochrome" bekannte Maler Yves Klein in Anwesenheit von Freunden in Paris zum erstenmal eine neue Art der Malerei vor. Er färbte ein Modell mit blauer Farbe ein und ließ ihren Körper auf einem an der Wand

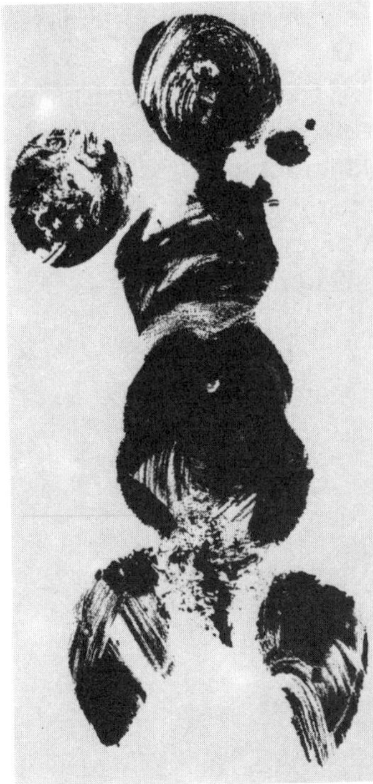

Yves Klein, Anthropometrie, 1960

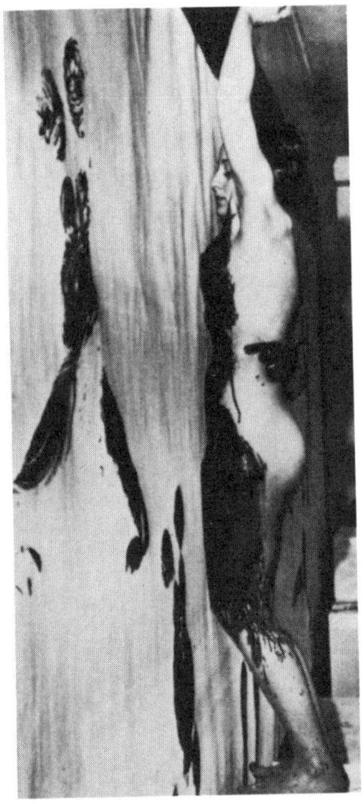

Modell von Yves Klein bei der Herstellung einer statischen Anthropometrie, 1960

befestigten oder am Boden liegenden Papierbogen abdrucken. Die auf dem Papier sichtbaren Spuren halten die zentralen Partien des Körpers – Brust, Bauch und Schenkel – wie antropomorphe Zeichen fest. Hatte Klein früher beim Malen monochromer Bilder die bloße Anwesenheit nackter Modelle „um der Inspiration willen" geschätzt, benutzt er sie nun als „lebende Pinsel". Die Spur des Körpers galt ihm als immaterielles Zeichen für das Leben selbst.

Salomé, der sich selber gerne in der Rolle eines Transvestiten malte, behauptet in einem herausfordernden Männerakt mit dem Titel „Enrico" (1980), daß sexuelles Verhalten wie ein natürlicher und zugleich freiheitlicher Vorgang zu werten ist. Die exhibitionistische Geste des dargestellten Mannes verheimlicht nichts, sie macht vielmehr persönliches Erleben vor den Augen des Betrachters öffentlich. Der Farbkontrast – rosa, schwarz und türkis, dazu gelbe Sterne am blauen Himmel – und auch die hastige Malmanier sorgen für eine feierliche und emotional effektvolle Inszenierung.

Salomé, Enrico, 1980

Schon die jungen Brückemaler verfolgten eine aus dem persönlichen Erleben heraus geschöpfte Malerei. Intensive Farbigkeit wie auch konturierte, flächige Bildgestalten im Werk der Elvira Bach mögen deshalb zunächst an Ernst Ludwig Kirchner oder an Erich Hekkel erinnern. Sie erweisen sich aber bei näherer Betrachtung als radikal zeitgenössische Attitüde. „Feeling hot" (1983) spielt weniger auf individuelle als auf typische Wunschbilder an, wie sie etwa die Tourismusindustrie werbemäßig vermarktet. Ironie steckt in dem Bildwitz, daß eine Nackte den Stamm einer Palme lebhaft umklammert. So wie sie sich den beiden kokosartigen Früchten entgegenhangelt, geht es weniger um ein Bild des ewig lockenden Weibes als um die fröhliche Inbesitznahme der Potenz des Mannes durch die Frau. „Jeder ist hoffentlich ein Pirat" (Elvira Bach).

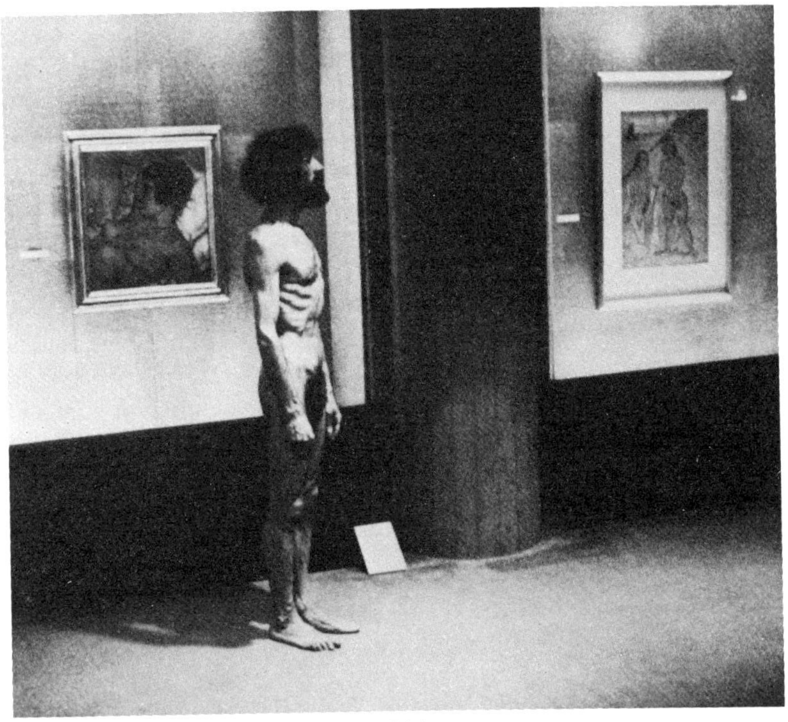

Michelarcangelo de Luca, Performance, 1984
„Raum des Körpers"

Max Ernst, Der Sturz der Engel, 1923

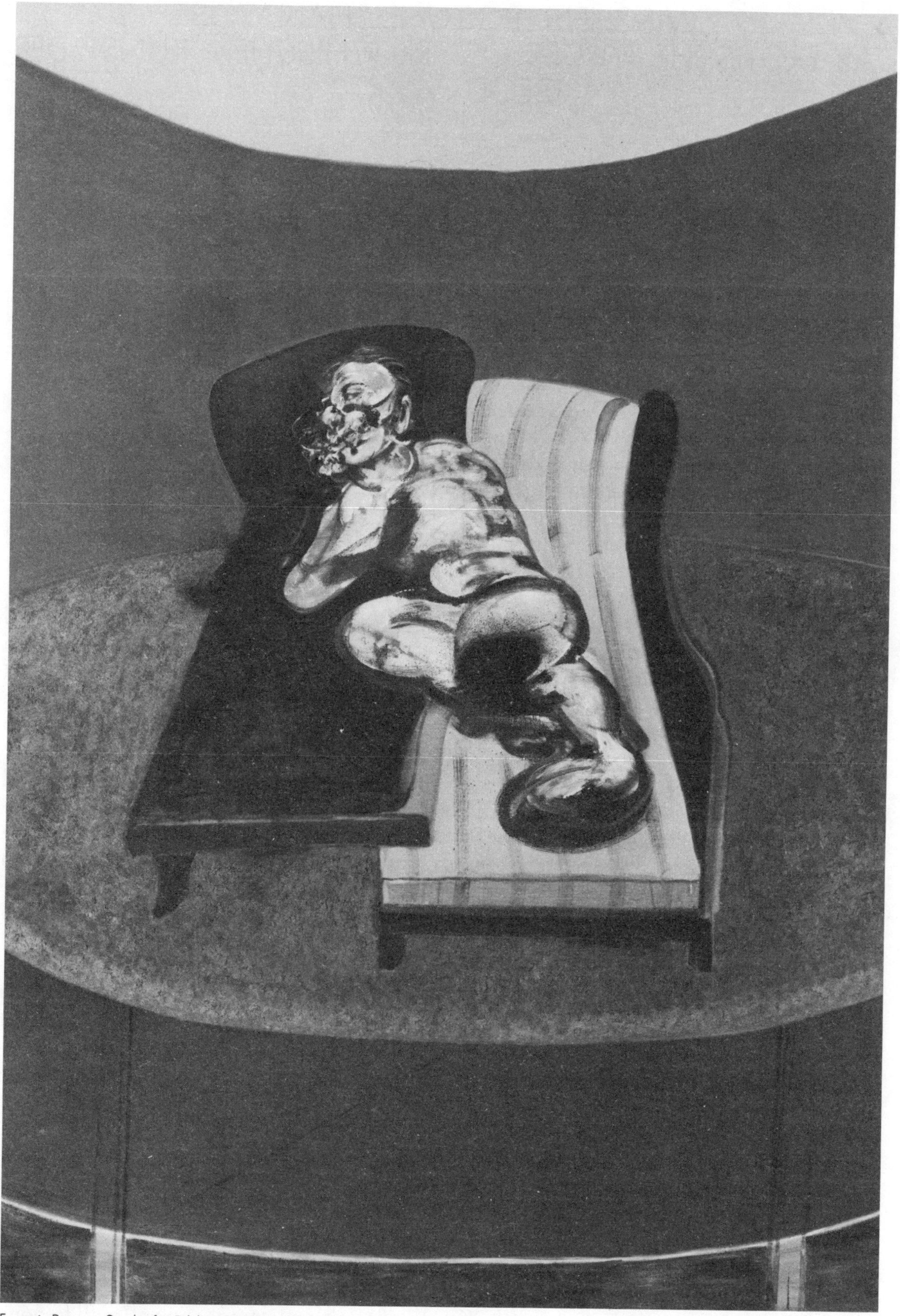

Francis Bacon, Studie für Bildnis P. L., 1964

ZWISCHEN EROS UND THANATOS
DAS EROTISCHE IN DER ÖSTERREICHISCHEN KUNST DER GEGENWART

Dieter Schrage

Leichte Überarbeitung eines Vortrages, gehalten im Rahmen des Wiener Sommer-Symposions, wobei die Diktion des Vortrages in dieser Überarbeitung weitgehend erhalten blieb.

In der Kunstszene heute gilt allgemein die Faustregel: Auf die Intellektualität der Kunst der siebziger Jahre (Beispiel Konzeptkunst) folgte die Sinnlichkeit der Kunst der achtziger Jahre (Beispiel „Heftige Malerei"). Diese Feststellung ist als Faustregel grob richtig, doch gab es in der Kunst vor 1980 auch viel Sinnliches, Erotisches (Beispiel Frauenkunst). In den achtziger Jahren mehrte sich dann sicher die künstlerische Auseinandersetzung mit dem Erotischen. (Siehe hierzu vor allem auch „Erotik in der Kunst heute", im „Kunstforum International", Heft 4/81).

„Jede Kunst ist erotisch", erklärt der in Wien lebende und lehrende Kunsthistoriker und Sexualästhetikexperte Peter Gorsen.[1] Sicher, jede Kunst mag erotisch sein im Ursprung der Künste, im dionysischen Tanz ist seit jeher der Eros die treibende lebensschaffende Kraft. Gorsen mag schon recht haben, jede Kunst ist erotisch, doch müssen wir einschränkend sagen, einmal mehr, einmal ein bißchen weniger. Wenn nämlich alles erotisch wäre, wäre ja auch nichts erotisch. Und wir müssen sagen, allerdings ist erotisch mal so, ein andermal so. Die Erotik ist ja ein weites Land, auch in der Kunst. Und das gilt ganz besonders für die Kunst in Österreich, nicht nur für den Jugendstil, der heute ja von der offiziellen Kulturpolitik allerorts wie eine Hure dargeboten wird. Was ein Bundespräsident Waldheim vermasselt, soll Klimts „Kuß" wiedergutmachen. Das wird schon eine Maxime unserer Kulturpolitik. Und wo der Klimt nicht ausreicht, muß auch noch Schiele her. Schiele ist ja sehr stark erotisch-leidenschaftlich, pathetisch in vielen seiner Darstellungen. Im österreichischen Frühexpressionismus finden wir die geballte, manchmal auch sehr gespreizte Sexualität bei Schiele, einen Geschlechterkampf bei dem jungexpressionistischen Oskar Kokoschka und ästhetisch sublimiert Farbenorgasmen bei Richard Gerstel. Die Beschäftigung mit der eigenen, aber auch mit der fremden Körperbefindlichkeit bildet dabei einen Hauptwesenszug in der jüngeren österreichischen Kunst.

„Sexualität und Tod – Eros und Thanatos bezeichnet das Spannungsfeld für einen Großteil der bildnerischen Gestaltung, die gleichzeitig Faszination und Entsetzen spiegelt", schreibt Patrick Werkner in seinem Buch „Physis und Psyche – Analyse des Österreichischen Frühexpressionismus".[2] Dieses Spannungsfeld zwischen Sexualität und Tod, Eros und Thanatos (in der griechischen Mythologie ist Thanatos der Sohn der Nacht, der Tod; und Eros ist bekanntlich der Gott der Liebe) setzt sich dann auch als ein wesentlicher Aspekt der österreichischen Kunst bis zur Gegenwart fort, tritt aber in der Zwischenkriegskunst trotz beispielsweise des verhaltenen Erotikers Artur Brusenbauch oder des sinnlichen Malers Anton Kolig ebenso wie in der Kunst nach 1945 bis in die sechziger Jahre eher zurück. Nach der Befreiung von 1945 war die österreichische Kunst und vor allen Dingen waren österreichische Künstler und Künstlerinnen wie beispielsweise Maria Lassnig, Oswald Oberhuber und Arnulf Rainer so sehr mit der eigenen formalen Emanzipation beschäftigt, daß das Erotische in der Kunst zurücktrat. Auch Österreichs Kunst mußte einem internationalen Trend folgend zunächst abstrakt sein. Aber auch in der sogenannten abstrakten Kunst gibt es eine subtile Erotik, so beispielsweise in den Malereien von Johannes Fruhmann, in den Farbexplosionen

von Markus Prachensky und für mich sehr stark in den roten Schüttbildern von Hermann Nitsch aus den frühen sechziger Jahren.
Alles kann erotisch sein, ein Pinselstrich über die Leinwand oder auch ein weißes trockenes Stück Kreide. Sowohl im Leben als auch in der Kunst gilt es, die Erotik von allen Begrenzungen und Bevormundungen, vor allen Dingen durch den Staat und die sogenannte öffentliche Meinung freizuhalten. Wo die Erotik eingeschränkt wird, wird stets auch die Kunst eingeschränkt und umgekehrt. Das fesselt sie aneinander. Kunst und Erotik leben durch ihre Weite und sie entstammen als Ausdruck von Lebenskraft emotional und intellektuell denselben Wurzeln, wobei die Erotik tiefer in den Grund des Lebens vordringt, als es die Kunst kann. Kunst und Erotik haben ihre Verwurzelung in dem Grund des Lebens gemeinsam und dort auch ihre Vielschichtigkeit.

Was ist erotisch?

Erotisch ist nicht nur das Biologisch-Sexuelle einer Beziehung (im Extremfall auch einer Einerbeziehung oder aber einer Zweierbeziehung oder einer pluralen Beziehung),
erotisch ist nicht nur das Physisch-Sinnliche
und erotisch ist nicht nur das Geistig-Seelische einer Beziehung,
das Erotische ist das Umfassende, das immer Vielschichtige und auch das Geschichtliche. In diesem Sinne ist Erotik mehr als das Geschlechtliche, Sexuelle. Zu einer notwendigen Differenzierung von Sexuellem und Erotischem greife ich das Vorwort eines Buches „Der Garten der Lüste – Zur Deutung des Erotischen und Sexuellen bei Künstlern und ihren Interpreten" auf. Dieses Buch hat Renate Berger zusammen mit Daniela Hammer-Tugendhat herausgegeben, und die Herausgeberin Renate Berger zitiert in ihrem Vorwort den mexikanischen Dichter Octavio Paz:

> „Die Erotik ist sozialisierte Sexualität. Der Unterschied zwischen einem sexuellen und einem erotischen Akt ist der, daß im ersteren die Natur sich der Art bedient (d. h. beispielsweise des Menschen, A. d. A.), während im letzteren die Art, die menschliche Gesellschaft, sich der Natur bedient. Daher der doppelte Aspekt der Erotik."

Soweit Octavio Paz. Und Renate Berger schreibt dann:

> „Erotik ist, was man dafür hält... Man hat ein Bewußtsein, einen historischen Ort und ein Geschlecht. Auch eine Sprache."

Und auch hier eine Parallele zur Kunst. Ich werde häufig angehalten, Kunst zu definieren. Und ich scheue mich nie, Kunst zu definieren. Eine minimale, oft betont provozierende Definition ist: „Kunst ist das, was man für Kunst hält bzw. Kunst ist das, was mann/frau dafür hält." Dabei müssen wir wieder sagen, daß dieses Mann/Frau ein Bewußtsein, eine Geschichte und auch ein Geschlecht hat, vor allen Dingen aber Interessen hat und eine gesellschaftliche Einbindung. Erotik ist, was man dafür hält.
Kunst ist, was mann/frau dafür hält.
Dabei ist Kunst letztlich im Gegensatz zur Erotik immer nur ein Segment, so offen sie auch sein mag, ein Segment des Lebens. Beispielsweise die Kunst von Maria Lassnig ist ein Segment, die Kunst von Alfred Hrdlicka ist ein anderes Segment, und auch Oswald Oberhuber ist ein Segment, so offen er sich auch geben mag und so ambitioniert. Ich kenne einfach viele Initiativen, die teilweise durch ihn entstanden sind, wenn er sie dann manchmal, ähnlich wie auch ich, wieder im Stich gelassen hat.

Erotik in der Kunst nach 1945

Eine Sonderstellung in der zur Abstraktion tendierenden Kunst unmittelbar nach 1945 nahm die Wiener Schule des Phantastischen Realismus ein, eine österreichische Spätform des erotisch ambitionierten Surrealismus. Der phantastische Realismus hielt sozusagen ab etwa 1948 in Zeiten einer eher trockenen Abstraktion die Fahne der Erotik hoch, so beispielsweise in den „Metamorphosen des Fleisches" von Ernst Fuchs oder in der „Arche des Odysseus" von Rudolf Hausner. In dieser Arche befindet sich Rudolf Hausner selbst, der eine Fahrt in sein Inneres unternimmt und dabei in den Bereich des Vorbewußten, des Unterbewußten, des Verdrängten vordringt. Nicht umsonst wird Rudolf Hausner in seiner guten Zeit – und die hatte er ja auch – als ein Maler des Psychoanalytischen gedeutet. Erotisch sind die Szenen von Fritz Jatschka, einem sehr guten Maler der Wiener Schule, der heute in Amerika lebt. Bemerkenswert sind auch die frühen, sehr subtilen Eroswelten des Wolfgang Hutter.

A. Hrdlicka „Der Tod des Marat", 1986/87

Nicht sehr subtil, bewußt manifest, geschlechtlich, leiblich, sexuell, manchmal aber auch geil wird es dann in der Kunst nach 1960 – und zwar in der Kunst von Alfred Hrdlicka. Für Alfred Hrdlicka gilt „Alle Macht in der Kunst geht vom Fleische aus"[3], und doch, um wirklich erotisch zu sein, sind mir viele Bilder von Alfred Hrdlicka zu sexuell. Alfred Hrdlicka thematisiert in seinen Arbeiten – und das ist seine besondere Qualität – vor allen Dingen in seinen Zeichnungen die Zusammenhänge von Sexualität und Gewalt, von Lust und Macht, von Leben und Sterben. Vor allem stellt Alfred Hrdlicka in seiner Kunst die mit Gewalt und Lust verbundenen politischen Fragen. Erotik ist für ihn letztlich immer gesellschaftlich vermittelt und auch gesellschaftlich mißbraucht. Aber wie könnte es auch in einer letztlich unfreien Gesellschaft eine freie, vom Individuum selbstbestimmte Erotik geben? Dem ist ja nicht oder nur sehr teilweise so. Die Zwänge liegen im System, gefragt ist letztlich Produktionskraft, ob ökonomische, intellektuelle oder emotionelle und nicht Eros. Doch die Kunst, die Künstler und vor allen Dingen auch die Künstlerinnen kämpfen um die Selbstbehauptung des Individuums gegen diese Zwänge, vor allen Dingen auch in der Gegenwart. Und darin liegt eine, wenn auch letztlich begrenzte Bedeutung und Wirkung der Kunst unserer Zeit. Kunst als Selbstentfaltung und Selbstbehauptung des Individuums prägt die aktuelle Frauenkunst. Und in diesem Sinne ist die Arbeit der Künstlerin mit ihrem spezifischen weiblichen Sein und ihrer Körpersprache eine Gegenposition zu einer mannbetonten Kunst, wie diese beispiels-

weise in der Kunst von Alfred Hrdlicka zu sehen ist, wo die Frau letztlich immer Objekt der Lust oder Objekt der Politik ist.
Die Malerei von Maria Lassnig als Gegenposition ist ein „Realismus des Leibes", um ein Zitat von Armin Wildermut zu gebrauchen. Von ihren großen Körpergefühlfigurationen aus der Pariser Zeit über ihre erotisch spannungsvollen Selbstportraits mit Tieren aus ihrer New Yorker Zeit bis hin zu ihren Malereien mit Körpergefühlfarben aus den achtziger Jahren ist die Künstlerin Maria Lassnig stets leiblich, sinnlich und vor allen Dingen aber malerisch. In den siebziger Jahren wird die Kunst von Maria Lassnig mit der aktuellen Körperkunst und dem künstlerischen Rekurs über Körpersprache, auch über eine spezifisch weibliche Körpersprache in Zusammenhang gebracht. Als Einzelgängerin hat Maria Lassnig ab etwa 1960 Dinge realisiert, die dann in den siebziger Jahren durchaus in einem Zusammenhang mit der 68er-Bewegung von der internationalen Frauenkunstbewegung aufgegriffen wurden. Maria Lassnig ist hier eine wichtige Vorläuferin, obwohl sie sich immer als Einzelgängerin begriffen hat. Und innerhalb dieser Frauenkunstbewegung wird die Frage nach einer spezifischen weiblichen Ästhetik gestellt und dann noch radikaler nach einer spezifisch weiblichen Erotik. Es wird ein neuer Entwurf einer matriarchalischen Welt in der Kunst entfaltet.

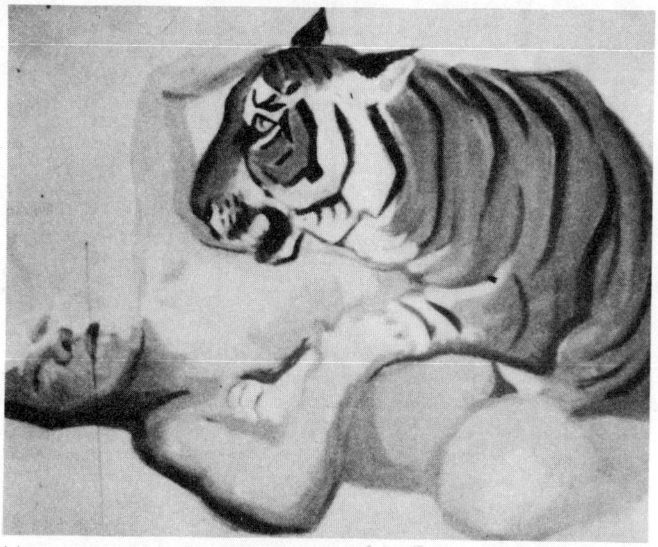

Maria Lassnig „Mit dem Tiger schlafen", 1975

Auch wird der bisher überwiegend männliche repressive Charakter der Kunstszene jetzt etwas angeknabbert. Wie repressiv diese Kunstszene, wie repressiv männlich diese Kunstszene sein kann: Beispielsweise im „Steirischen Herbst" gab es eine Ausstellung mit einem sehr schönen Katalog „Liebeskunst und Kunstliebe", und an dieser Ausstellung 1986 nehmen tatsächlich nur zehn männliche Künstler teil. Man sagt ja immer wieder, wir sind objektiv, wir entsprechen einfach dem Standard der Kunstszene, und da gibt es halt weniger Qualitäten von Frauen. Aber das ist einfach borniert. Vor allem im Bereich der Darstellung von Erotischem gibt es nun objektiv (abgesehen von der Maria Lassnig) sehr qualitätvolle Arbeiten in Österreich (beispielsweise von Birgit Jürgensen und vielen anderen), und so ist es doch unbegreiflich, wie bei solch einer ambitionierten Ausstellung dann nur zehn männliche Künstler vertreten sein können. Das als kurzes Schlaglicht auf eine nach meiner Einschätzung doch weitgehend repressive Szene, in der sich natürlich heute durch die Frauenkunstbewegung und auch durch ein neues Bewußtsein schon einiges geändert hat. Und auch in Österreich gibt es eine ganze Zahl hervorragender Vertreterinnen dieser Frauenkunst. Hier ist vor allem Valie Export zu nennen. In Zeichnungen, Fotos, Fotomontagen, Aktionen, Videos und Filmen hinterfragt sie zunächst die Stellung und die Deformation des Weiblichen in der heutigen Gesellschaft. Eine andere Künstlerin aus diesem Bereich, die auch sehr früh wichtige Arbeiten gemacht hat und auch eine wichtige Stellung in der internationalen Kunstszene sich geschaffen hat, ist Friederike Pezold. Ihr geht es um eine „neue leibhaftige

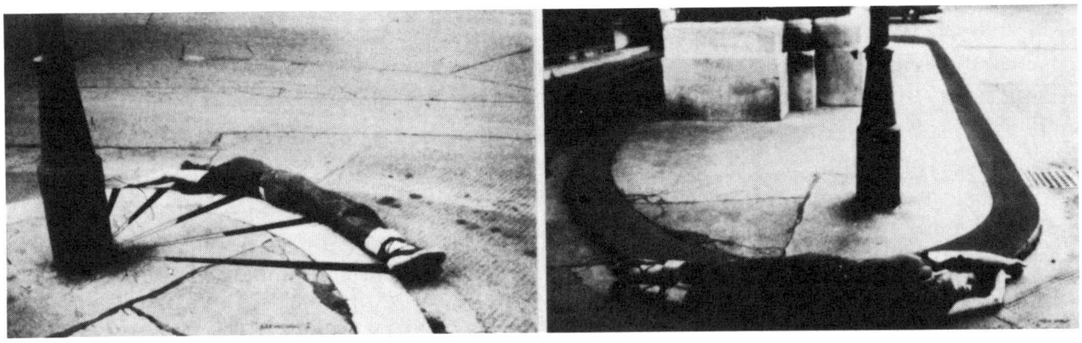

Valie Export „Einkreisung", 1976

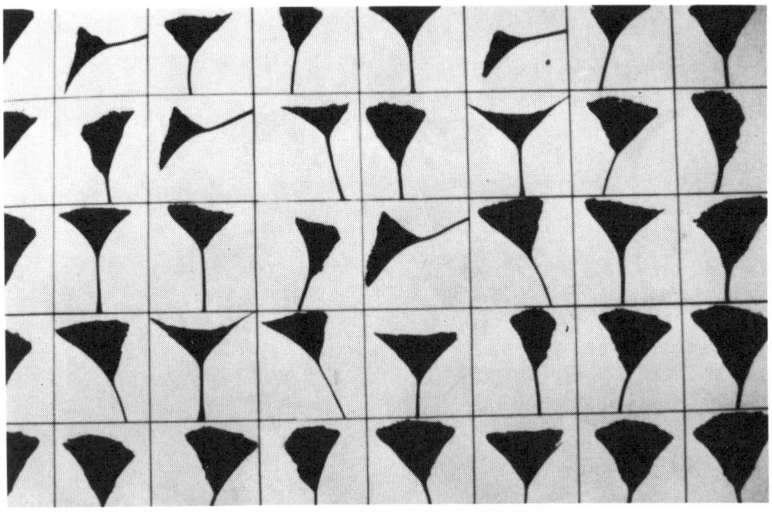

Friderike Pezold „Schamwerk", 1974

Zeichensprache eines Geschlechtes nach den Gesetzen der Anatomie, Geometrie und Kinetik". „Als Frau interessiert mich besonders die Selbstdarstellung der Frau als Geschlecht, das sich bisher noch nicht selbst dargestellt hat und sich selbst so darstellen wird, wie es noch keiner gesehen hat."[4] Ihr geht es also um eine spezifisch weibliche Zeichensprache. Betont obszön – um auch ein Beispiel aus dem radikal-feministischen Kunstschaffen der jüngeren Zeit aufzugreifen – sind die Fotoserien „Obszöne Frauen"[5] von Krista Beinstein, Fotografin, Performancekünstlerin, Feministin und, wie sie selbst sagt, praktizierende Sadomasochistin. Radikal in ihrer Selbstdarstellung als Inszenierung einer normüberschreitenden Sexualität unter Frauen. Obszönität wird hier als die absichtliche Verletzung der Scham begriffen. Von Valie Export bis Krista Beinstein realisiert sich die Frauenkunst seit den siebziger Jahren vor allen Dingen in den Medien Fotografie, Video und Film. Das erklärt sich so: Ich sprach von dem relativ stark repressiven Charakter der männlich dominierten Kunstszene. Die neuen medialen Bereiche innerhalb der Kunst waren einfach noch nicht so besetzt, und da konnten die Frauen eher einen Platz finden. Und so realisierte sich die Frauenkunst vor allen Dingen in diesen Medien. Das kam natürlich auch ihrer neuen Ästhetik nahe. Aber selbstverständlich gibt es auch Männer, die im Bereich der Fotografie und des Videos künstlerisch arbeiten. Hier ist vor allen Dingen Erwin Puls zu nennen. Erwin Puls gehört für mich zu den viel zu wenig beachteten Künstlern der Wiener und der österreichischen Szene, aber das liegt teilweise auch an ihm. Die Kunstszene ist ein ruppiges Geschäft und wer zu subtil ist, fällt leicht durch einen Rost. Alfred Hrdlicka ist ein Musterbeispiel, der ist gut und handfest. Oder Oberhuber ist gut und geschickt. Aber wenn man so verhalten ist wie beispielsweise Erwin Puls, da arbeitet man schon sehr zurückgezogen. Erwin Puls setzt sich in seiner subtilen, interessanten Weise mit dem Verhältnis von Kunst und Pornographie auseinander – nicht so sehr mit dem, was in der Pornographie dargestellt wird, sondern mit dem Formalen. Er hatte zu diesem Thema sein Videotape „Ohne Pause" gestaltet, das er einen „ästhetischen Gegenstand" benannt hat. Und es gibt selbstverständlich auch Frauen, die in einer traditionellen Weise malen. Hier ist in bezug auf das Thema unseres heutigen Abends vor allen Dingen die Malerin Erna Frank zu nennen, die ganz herkömmliche Ölbilder macht mit einer satirischen Tendenz, in der sie Zusammenhänge zwischen Triebunterdrückung, Deformation und Faschismus darstellt. Erna Frank hatte vor kurzem eine Ausstellung in der kleinen, ambitionierten Galerie „Lust und Laune" im 15. Bezirk, die der Gerald Grassl betreibt. Das Programm dieser Galerie ist ja die Förderung einer erotischen Kultur. Der Begriff erotische Kunst wäre ja zu kurz gegriffen, deshalb ist der Begriff erotische Kultur wichtig.

Erotik im Kapitalismus

In den siebziger Jahren gab es den Versuch, einen neuen Stil zu kreieren – „erotic art". Das war aber eher der Versuch, der von dem Kunsthandel ausging. Man brauchte einfach eine neue Handelsware und in unserer Gesellschaft wird ja alles zu einer Ware, und so glaubte man, Geschäfte mit „erotic art" machen zu können. Wie sehr in dieser Gesellschaft alles zu einer Ware wird, möchte ich an dem Beispiel der ja tatsächlich festzustellenden Emanzipation im Geschlechtlichen, im Erotischen kurz aufgreifen. Hier gab es eine Liberalisierung. Diese Liberalisierung kam aber letztlich eigentlich nicht so sehr von Künstlern und nicht so sehr von fortschrittlichen Juristen, sondern, wie es sich für eine kapitalistische Gesellschaft gehört, diese Emanzipation kam eigentlich in dem Moment, als Beate Uhse die Erotik als einen neuen Warenbereich entdeckt hat. Selbstverständlich hatten an dieser Liberalisierung auch Künstler einen Anteil.

Georg Eisler zeigt in einer Bildserie aus Stripteaselokalen das verdinglichte, das zum Objekt gewordene Erotische. Er hat eine ganze Reihe von Bildern aus Peepshows und Stripteaselokalen gemacht, wo er bewußt die voyeuristische Position des Mannes als entfremdeter Konsument der weiblichen Erotik darstellt. Hier geht es wiederum um die Darstellung einer Verdinglichung des Erotischen in einer kapitalistischen Produktions- und Verwertungsgesellschaft. In einem Zusammenhang mit unserer Konsumästhetik und vor allen Dingen auch mit der glatten verlogenen Werbeästhetik sind auch die Bilder von Adolf Frohner zu sehen – und zwar als Gegenpositionen. Er thematisiert eine Ästhetik des Häßlichen, d.h. des scheinbar Häßlichen, und er zeigt bei diesen Menschen, daß sie alt sind, daß sie ein Leben, ein Schicksal haben, daß sie einen Körper, daß sie Krankheiten, daß sie Abnützungen haben. Er thematisiert ihre Körperlichkeit, und ihre Antiästhetik ist oft sehr provozierend in der Darstellung. Wenn man die Bilder dann in der Feinstruktur anschaut, sind sie graphisch sehr subtil, sehr ästhetisch. Und nicht nur in der Körperlichkeit, sondern auch in sehr vielen Requisiten (wie beispielsweise in dem Schuh) verweist Frohner immer wieder auf Bereiche des Erotischen, wobei er sich der herkömmlichen gängigen Fetische und Symbole bedient. Subtil ist er in der Farbgebung und in der graphischen Darstellung.

Subtil in der Farbgebung, in der graphischen Darstellung, im Inhaltlichen oft provozierend-obszön ist auch Franz Ringel, wobei Franz Ringel anders als Frohner nicht zeitkritisch zu sehen ist, sondern Franz Ringel geht es eher um Existentielles, Tragisches, ewig Menschliches beispielsweise in seinem großen Bild „Vertreibung aus dem Paradies", das wir im Palais Liechtenstein haben. Seine Darstellung sexuell-körperlicher Deformation lehnt sich im Stil

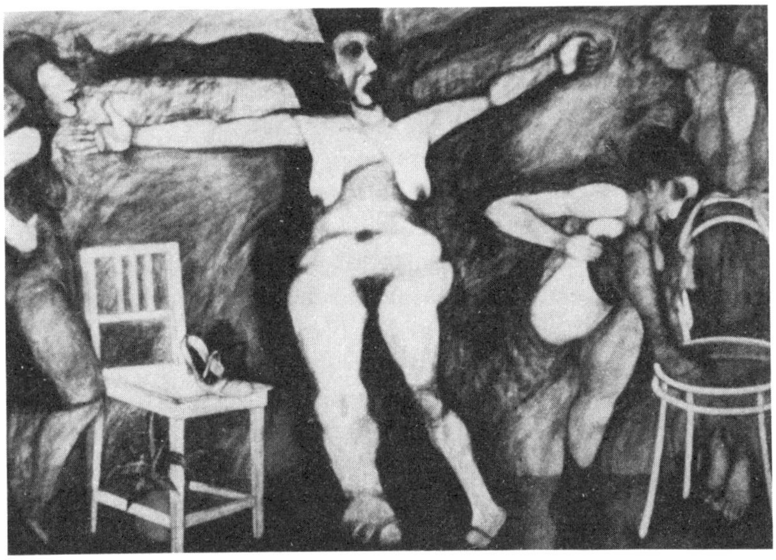

Adolf Frohner „Kreuzigung", 1977

Franz Ringel „Dreibein"

an die häufig sexuell bestimmte art brut an und auch an Dubuffet an. Franz Ringel betont diese Beziehung zur art brut und zu Dubuffet, vielleicht sind Franz Ringels Bilder (beispielsweise die „Vertreibung aus dem Paradies") aber auch „Neue leibliche Utopien". Was das Paradies der Lüste wirklich ist, ist ja sicher in keinem Fall eindeutig, und dort, wo es die etablierte Moral ortet, wird es sicher kaum sein. Das zeigt ja die Kunst sehr deutlich.
Das Bild „Dreibein" ist typisch für die Kunst von Franz Ringel, der eine interessante Spannung zwischen diesem Obszönen in der Darstellung, im Abgebildeten und dem Subtilen in der Darstellung hat. Am Beispiel der Malerei dieses Künstlers – ähnlich wie bei Adolf Frohner – sehen wir, daß sich in der Kunst alles, auch das Obszönste, scheinbar Anstößigste darstellen läßt. In der Kunst gibt es keine Pornographie, in der Kunst ist alles nur eine Frage

der Qualität und auch der Originalität der künstlerischen Darstellung. Nur ein schlecht gemalter oder gezeichneter Penis in Erektion ist obszön, nicht weil er eregiert ist, sondern weil er schlecht gemalt oder gezeichnet ist. Da haben schon manche Richter aus einer völlig falschen Sicht der Dinge eine ganze Reihe von Fehlurteilen gesprochen. Verfolgt man die Entwicklung der erotischen Kunst in Österreich, besonders in den sechziger Jahren, so ist diese Entwicklung reich an Konflikten mit einer sehr konservativen Rechtsprechung. Opfer dieser reaktionären Justiz waren vor allem die Künstler des Wiener Aktionismus in den sechziger Jahren. Es ist eine Qualität und ein Verdienst des Wiener Aktionismus der sechziger Jahre, daß hier eine extreme Ausweitung der Darstellbarkeit des Sexuellen und vor allen Dingen der damit verbundenen Verdrängungen und Zwänge erreicht werden konnte. Die Entwicklung des Wiener Aktionismus war wie gesagt reich an Konflikten, Mißverständnissen, Diskriminierungen, vor allen Dingen auch in den Massenmedien und gerichtlichen Verfolgungen.

> „Freilich wurde nicht bemerkt, daß die Aktionisten auch darin ihren ‚Opfern' spiegelbildlich verhaftet sind, nur das auf die Spitze getrieben und gleichsam öffentlich ausgespien, was der österreichische Normalbürger mit sich herumträgt und erst in Augenblicken der Triebenthemmung an die Oberfläche läßt: das sexuelle Schaubedürfnis; die böse Freude daran, daß alles, was geschieht, seine Zerstörung und sein Scheitern in sich trägt."

Soweit ein Zitat von Werner Hoffmann,[6] das besagt, daß eigentlich die Wiener Aktionisten spiegelbildlich verkehrt dem Normalbürgerlichen verhaftet sind, daß sie Triebenthemmungen an die Oberfläche bringen, die in den anderen Fällen in den Untergrund gedrückt werden. Die Thematisierung des Sexuellen, Geschlechtlichen beispielsweise von Erotik und Verletzung finden wir in den Aktionen von Günter Brus. Rituale der Beschmutzung und der Reinigung von Analem finden wir in den Materialaktionen von Otto Mühl und die Spannung von Lust und Ekstase ist vor allen Dingen vorhanden bei Hermann Nitsch und dann immer wieder die Beziehung von Eros und Thanatos im gesamten Wiener Aktionismus. Bei der Vorbereitung für dieses Referat habe ich gemerkt, daß der Wiener Aktionismus einfach zu vielschichtig ist im Hinblick auf unser Thema, daß ich praktisch exemplarisch nur zwei Bereiche kurz aufgreife und sie quasi kurz exemplarisch behandle, weil die Spannung von Eros und Thanatos im Wiener Aktionismus mindestens ein eigenes Thema wäre. Exemplarisch für den Wiener Aktionismus einige Anmerkungen zu dem Orgien-Mysterientheater, das ja ein wichtiger Teil des Wiener Aktionismus ist, und zwar der Teil des Aktionisten Hermann Nitsch, der bereits Ende der fünfziger Jahre seine Konzeption des Orgien-Mysterientheaters entwickelt hatte: letztlich gedacht als 6-Tage-Spiel. Zu einem 3-Tage-Spiel hat es Hermann Nitsch 1984 in Prinzendorf gebracht. Er nähert sich also schrittweise seiner großen Utopie dieses Gesamtkunstwerkes des 6-Tage-Spieles. Sein Gesamtkunstwerk, das sehr viele komplexe Bereiche behandelt und so auch den Bereich des Erotischen, dieses Orgien- und Mysterientheater hat ja zwei inhaltliche Pole: Auf der einen Seite das Dionysische, die Zerfleischung des Dionysos als ein orgastischer, sadomasochistischer Akt, und auf der anderen Seite die Gegenposition des christlichen Rituals. Und diese Zerfleischung des Dionysos (symbolisch dargestellt bei Hermann Nitsch in der Lamm-Zerfleischung) ist auch der eigentliche Höhepunkt seines Orgien-Mysterientheaters. Peter Gorsen stellt sehr gut dar, daß die Behandlung des Sexuellen in dem Orgien-Mysterientheater ganz im Gegensatz zu dem Naturalismus dieses Orgien-Mysterientheaters, das ja eine sehr handfeste naturalistische Komponente hat (Vieh wird geschlachtet, wenn auch professionell geschlachtet, die Leute, die Tierquälerei vorwerfen, sind völlig falsch informiert), sehr symbolisch, sehr ästhetisch überformt ist. Der Darsteller, der Spielteilnehmer ist an eine Partitur, eine ganz zupackende Partitur des Künstlers Hermann Nitsch gebunden. Nitsch ist ja fast so etwas wie ein Richard Wagner. Es gibt natürlich auch manche Kritik an Hermann Nitsch aus weiblicher feministischer Sicht, so beispielsweise in dem von mir zitierten Buch „Der Garten der Lüste", wo Renate Berger dann doch feststellt, daß die Darsteller alle im Spielkostüm, Nitsch aber letztlich als der Regisseur, als der Künstler doch abgehoben in seinem dunklen Zweireiher agiert und der Künstler bleibt, der alle anderen, die Modelle, die Spielteilnehmer zu Objekten macht. Daß er doch zu stark aus der Position des egozentrischen Künstlers agiert, ist aus der Sicht einer feministischen Darstellung sicher richtig. Nitsch ist ein Künstler, er will auch seine Rolle als Künstler betonen. Und er betont das mit einer sehr großen formalen Qualität, die letztlich sein Orgien-Mysterientheater auszeichnet.

Günter Brus „Zeichnung", 1970

Der zweite Künstler aus dem Bereich des Wiener Aktionismus, den ich noch ganz kurz aufgreifen will, ist Günter Brus. Die Aktion „Zerreißprobe", die er 1970 in München gemacht hat, war auch seine letzte Aktion. Er hat offensichtlich selbst gespürt, wie sehr er an Grenzen der Selbstgefährdung kommt. Vielleicht hatte der Aktionist Schwarzkogler diese Grenze überschritten, vielleicht ist es aber auch ein Mythos, eine Legende, daß sein Tod die letzte Konsequenz einer Aktion war. Brus hat gemerkt bei dieser Aktion „Zerreißprobe", hier ist die Grenze erreicht. Er hat keine Aktionen mehr gemacht, und diese „Zerreißprobe" aus München kann auch als das Ende des Wiener Aktionismus angesehen werden. Danach gehen die Wiener Aktionisten, die wichtigsten Protagonisten ihren Weg als für sich arbeitende Künstler. Hermann Nitsch, Otto Mühl weniger als Künstler, sondern auf dem Friedrichshof im Rahmen der Kommune, im Rahmen gesellschaftlicher Arbeit, und Günter Brus sehr stark wieder als Künstler, der sich nun von dem Wiener Aktionismus löst. Die bekanntesten, wichtigsten Aktionen von Günter Brus waren die weißbemalten Selbstdarstellungen mit diesen Selbstverletzungen, wobei praktisch rinnendes Blut auch gleichzeitig zur Malerei wurde. Ich sagte, in bezug auf das Erotische geht es bei Günter Brus vor allem um das Spannungsfeld zwischen Eros und Verletzung, zwischen Lust und Qual.

Zu einer Betonung des Erotisch-Sinnlichen in einer sehr suprimierten, d. h. künstlerisch umgesetzten Form kommt es dann in der neuen Malerei Österreichs um 1980. Die Malerei wird heftig, lustvoll, vor allem auch als Malerei beispielsweise bei Siegfried Anzinger in seinem Bild „Priapus hat einen großen Schweif" oder in seinem Bild „Satyr". Malerei wird hier letztlich als Lustentfaltung, Lustentfaltung innerhalb der Malerei, dem malerischen Vorgang begriffen, doch die farbige Sinnlichkeit dieser Bilder, besonders bei Hubert Schmalix, läßt oft auch Düsteres durchscheinen. Voller existentieller Gegensätzlichkeit ist auch die heftige Bilderwelt von Leo Zogmayer. Natur und Kultur, Mythos und Ratio, Frau und Mann, Tier und Mensch, Eros und Tod und letztlich immer wieder Werden und Vergehen werden in diesen Bildern thematisiert. In der Erotik manifestiert sich diese Gegensätzlichkeit. Und bei Leo Zogmayer wird durchgehend die Nähe von Eros und Thanatos, die so typisch ist für die österreichische Kunst, spürbar. Sprühend erotisch ist die heutige Malerei von Christian Attersee hier in seinem Bild aus dem Jahr 1986 „Traumbesamung".

> „Die Potenz, die die reißende Bewegung dieser Bilder erzeugt, ist eine erotische. Jeder nur denkbare Gegensatz wird hier in einen Kampf des Männlichen mit dem Weiblichen umgedeutet. Was in den rasenden Wirbeln dieser Arbeit sichtbar wird, ist Bestandteil einer Apotheose der Sexualität, die sich ihre Metaphern aus der Welt der Landschaft ebenso holt wie aus der Welt der Architektur, aus der Welt der Wasser wie aus den Lüften",

schreibt Carl Haenlein in einem Katalog über Christian Attersee.[7]

Siegfried Anzinger „o. Titel", 1986

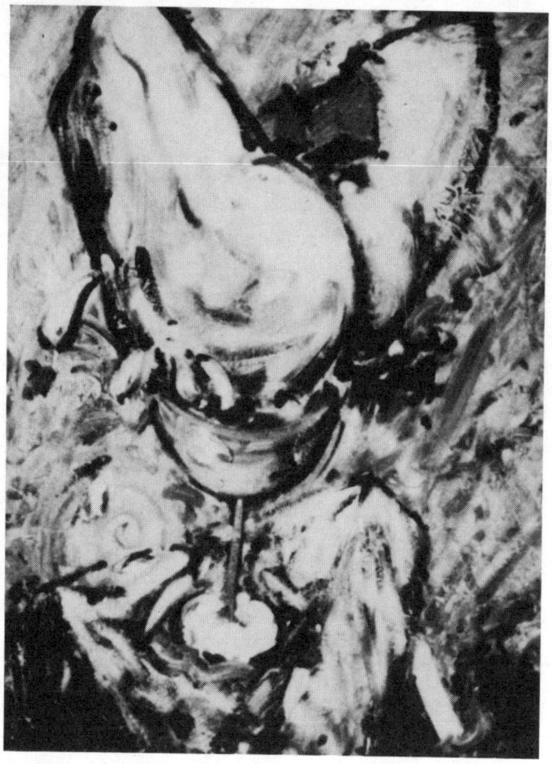

Christian Attersee „Traumbesamung", 1986

Und in seinen „Schönheiten" der sechziger Jahre und in seiner „Servierlust" (1973–1976) gestaltet – wie Peter Gorsen betont – Attersee „wie kein zweiter das regressive freßlustige Moment der Wiener Erotik."[8] Reich an Schönheit der malerischen Darstellung und voller

Unschuld im Inhaltlichen sind die neuen Aktbilder von Hubert Schmalix, die die Erotik seiner philippinischen Frau Fresnaida feiern. (Siehe hierzu „Yasmin und Iris", einer der schönsten Kunstkataloge der letzten Jahrzehnte, Galerie Krinzinger, Wien 1986.) Bemerkenswert ist die Entwicklung vom heftigen, expressiven Schmalix der frühen achtziger Jahre zu dem verhaltenen, subtilen, irgendwie bewußt naiven Maler Schmalix der letzten Jahre. Die Darstellung des Erotischen ist in diesen Bildern – z. B. in dem Bild „In Liebe" (1984) – sehr ins

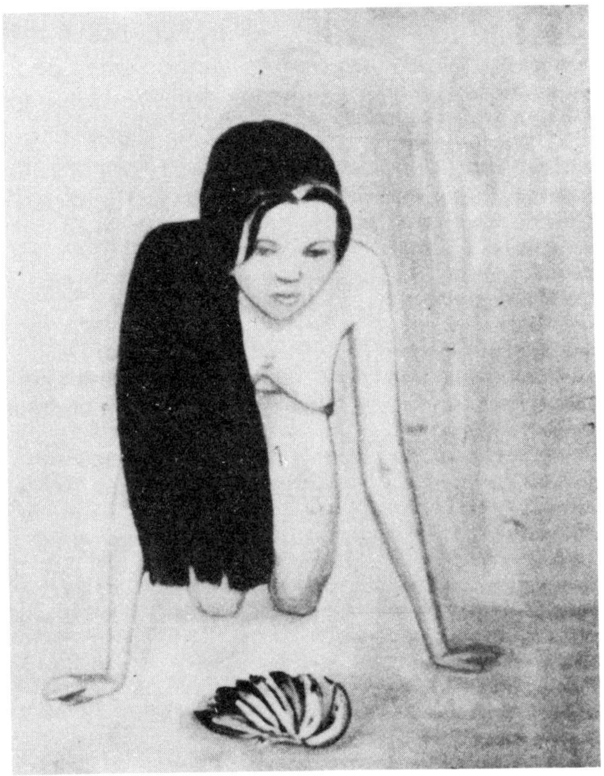

Hubert Schmalix „In Liebe", 1984

Malerische zurückgenommen. Und wie auch eine Koitus-Szene – in der Kunst unmittelbar sexuell, erotisch – sehr malerisch und auch sehr vielschichtig sein kann, sehen wir in neuen Bildern von Rainer Wölzl (z. B. in seinem Bild „2 Figuren", 1986). Nicht so sehr das Dargestellte ist in diesem Koitus-Bild erotisch, wohl auch, sondern die malerische Art der Darstellung, wobei durch die Malerei auch die Bedrohung des Erotischen in unserer Gesellschaft spürbar (sichtbar) wird.
Meine abschließende These, daß das Erotische in der Kunst der Gegenwart – wobei ich überwiegend Beispiele aus der Malerei und Grafik aufgegriffen habe sowie einige Beispiele aus den neuen Medien und aus dem Aktionismus, kaum aber aus dem Bereich der Skulpturen und der Installationen, in denen es auch gelungene Beispiele der künstlerischen Umsetzung von Erotischem gibt (z. B. bei Rudolf Kedl oder Gerda Fassl, vor allem aber in den Skulpturen von Alfred Hrdlicka) – nicht nur – und nach meiner Auffassung nicht einmal überwiegend – eine Sache des Inhaltlichen, des Dargestellten ist, sondern das Erotische in der Kunst ist die Kunst selbst, möchte an der Malerei von Arnulf Rainer belegen: so z. B. in seinen Mischtechniken aus den Jahren 1977/78, in denen er erotische Fotos malerisch überarbeitet.[9] Erotisch ist hier nicht so sehr das erotische Foto, sondern die Malerei, ihre Strich- und Farblagen, ihr Duktus, ihre Heftigkeit, ihr Ausdruck, ihre Form.
Erotisch ist die Kunst.

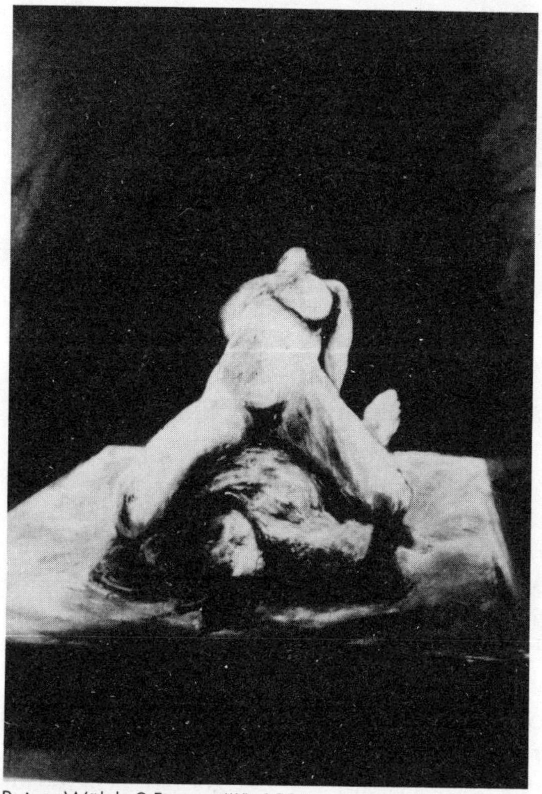

Rainer Wölzl „2 Figuren III", 1986

Arnulf Rainer „o. Titel", 1978

[1] Peter Gorsen: Erotic Art; in: „Magazin KUNST", Nr. 37/1970
[2] Patrick Werkner: „Physis und Psyche", Wien 1986, S. 275/6
[3] Alfred Hrdlicka: „Alle Macht in der Kunst geht vom Fleisch aus"; in: Alfred Hrdlicka, Katalog der Akademie der Künste der DDR, Berlin 1985, S. 114f.
[4] Friederike Pezold in Video End; „Pfirsich" 16/17/18 aus 1976, Graz 1976, S. 62
[5] Krista Beinstein: „Obszöne Frauen", Wien 1986
[6] Werner Hofmann: „Die Wiener Aktionisten"; in: „Weltpunkt Wien", hg. von Robert Fleck, Wien, München 1985, S. 126 Eine umfassende Dokumentation bringt: Peter Weibel und Valie Export: „WIEN – Bildkompendium Wiener Aktionismus und Film"; Frankfurt 1970.
[7] Carl Haenlein im Katalog „Attersee", Katalog 4/1985 der Kestner-Gesellschaft Hannover, S. 14
[8] Peter Gorsen: „Eros auf dem Prüfstand"; in: „Kunstforum International"; Heft 4/81, Köln 1981, S. 76
[9] Siehe Katalog „Liebeskunst und Kunstliebe", Galerie H. C. Hoschek, Graz 1986

NACKTHEIT IM FILM – PERVERSION UND ANTIPERVERSION

Ernst Schmidt Jr.

Wien als Stadt, typisch geprägt, nicht von Sinowatz oder den Ex-Habsburgern, eher schon von Sigmund Freud oder dessen Epigonen – Muehl u. a. berufen sich auf letztere, was zum einsamen Schlafen im Metallbett führen kann, welches „geerdet" ist durch einen Draht, der direkt in die Badewanne führt, oder zur demokratischen Kommune mit Massensex, geordnet durch exakte Vorschriften, damit ja nichts schief geht (Gewand und Eigentum ist natürlich vor Eintritt in die Kommune abzuliefern).
Ich machte einige Filme über die Frühzeit des „Wiener Aktionismus", darunter „Bodybilding" (1965). Da kein Geld vorhanden – ich mußte damals leider in einem Büro arbeiten – verarbeitete ich das Material doppelt, d. h. Positiv- und Negativaufnahmen wechseln sich ab, Lichteinfälle usw. blieben im Film, was ästhetisch besonders angenehm auffiel, denn wie Muehl seine „Modelle" (männlich oder weiblich, natürlich nackt) behandelte und besudelte, wäre ohne solche „Verfremdungen" ziemlich uninteressant gewesen. Höhepunkt dieser Serie war der Film „Kunst & Revolution" (1968) über die berühmt-berüchtigte Aktion an der Wiener Uni (Neugebäude in der Nähe der Votivkirche), was zu hohen Haftstrafen für die Hauptbeteiligten (Muehl, Brus) führte und Brus und Oswald Wiener zur Emigration aus Österreich zwang. Natürlich war auch Peter Weibel bei der Aktion dabei. Wie immer ging es bei ihm schief, weil seine Aktion nicht geprobt war und seine „Brandrede" in den Ärmel ging, weil die rettende Schutzhülle nicht das versprach, was vorgesehen war, sondern das – später angezündete – Benzin tückischerweise in den Ärmel hineinfloß und natürlich zu entsprechenden Verletzungen führte. Da war es schon ziemlich uninteressant, daß Brus – unterstützt von der österreichischen Bundeshymne, vom Band gespielt – öffentlich onanierte, oder Otto Muehl zur gleichen Melodie auf das Publikum mit seinen Genossen urinierte. Am harmlosesten war noch Ossie Wiener, der seine philosophischen Theorien graphisch erklärte, aber das half ihm auch nicht vor einigen Monaten Untersuchungshaft – normalerweise dauert so etwas länger in Österreich –, und er mußte dann, aus Trotz emigriert, in Berlin die „Wiener Mafia" gründen, die dort gewaltig in die Beiselszene einstieg. (Später zog er sich nach Island oder Alaska zurück; Valie Export drehte einmal einen Film über seine einsame Karriere.)
Kurt Kren wurde jedenfalls aufgrund der „Uni-Aktion" von der STAPO verhört, weil irgendein Trottel behauptet hatte, er hätte bei der Aktion einen Film gedreht. Sämtliche Positive und Negative seiner Filme waren beschlagnahmt, ein dreiviertel Jahr lang, weil die Herren nicht begriffen haben, daß in Wirklichkeit ich diesen Film gedreht hatte. Ein späterer Film von mir über Wiener Aktionismus, über eine Aktion von Hermann Nitsch in der „Modern Art Galerie" in Wien, ist ziemlich harmlos, obwohl die Polizei eingeschritten ist, aber nicht wegen der Aktion, sondern wegen des Lärms, den sein Orchester spielen mußte (jeder kann spielen, was er will, aber möglichst laut), was die Rentner, 2 oder 3 Häuserblocks entfernt, aufgeweckt hat. Jedenfalls hat dann die Veranstalterin geschrien: „Hörts auf, hörts auf...", und Nitsch hat seine Gedärme auf die (geordnet ebenerdig stehenden) Polizisten geschmissen usw. usw. (freie Fantasie ist erwünscht...).
Das war dann auch mir zuviel – obzwar ich immer Hermann Schürrer gerettet habe, der die Manie hatte, nackt am Damenklo zu sitzen – (Nebenbemerkung: seither hat Schürrer ein Ehrengrab am Zentralfriedhof und ich Lokalverbot in den einschlägigen Lokalen) – und ich beschloß, weil es billiger ist, auf S 8 mm-Film zu drehen, eine Serie zu machen „Berühmte

Wienerinnen nackt". Da habe ich gerade 3 Filme zustandegebracht, weil Leute wie Paula Wessely oder eine der Ex-Frauen von André Heller von mir nichts wissen wollten, eine hat ihre Fut gemessen, die andere wollte Hasch mit der Fut rauchen, nur hat dies nicht richtig funktioniert, die dritte hat ihren Film noch nicht gesehen, die war gerade 3½ Monate alt, wie ich mit der Kamera daherkam.
Seither mache ich die „Denkwürdigkeiten eines Nervenkranken", das dauert bei der üblichen Subventionspolitik ca. 3–4 Jahre (traurig, denn Schubert ist schon mit 32 Jahren gestorben, und schön langsam werde ich fast doppelt so alt), aber der Stoff ist sehr dankbar, denn der Hauptdarsteller (Daniel Paul Schreber, der Sohn des berühmten Erfinders und Pädagogen Schreber), der hoher Richter wurde und – ebenfalls 32-jährig – sogar Abgeordneter in Sachsen werden wollte, nach seiner Niederlage aber keinen Herzschlag erlitt, sondern nur verrückt wurde, hatte die fixe Idee, nachdem er mittels der Sonnenstrahlen – angeblich die Seelen verstorbener Freunde – mit Gott verkehrte, daß ihm seine Wächter nicht umbringen, sondern ihn, weil er immer mehr zur Frau sich umbildete, vergewaltigen würden.
Trauriges Schicksal, tragisch vor allem, weil er nicht in Wien lebte, sondern in Leipzig.

Grüß Gott

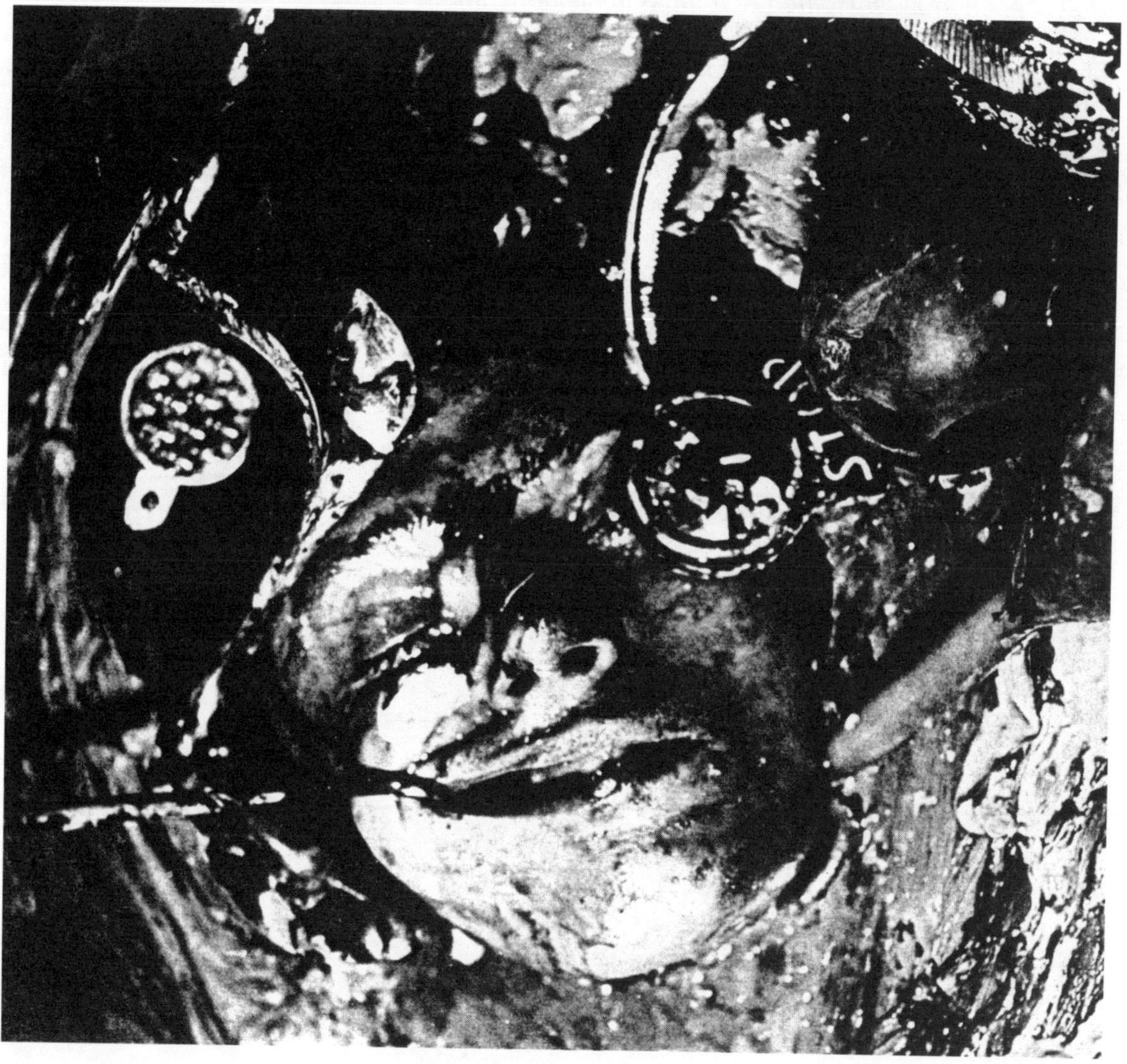

„Bodybuilding", 1965, Film von E. Schmidt jr. nach Aktionen von Otto Muehl

AKTIONISMUS UND SPRACHE

Ferdinand Schmatz

Auszug aus einer Selbstverstümmelung von Günter Brus:

> *„Ich liege weiß in weiß in einem weißen Schlafzimmer. Ich liege weiß in weiß in einem weißen Klosett. Ich sitze weiß in weiß in einer weißen Polizeistube unter weißen Polizisten. Ich halte weiß in weiß im weißen Sitzungssaal im Parlament unter weißen Abgeordneten eine weiße Rede. Ich predige in einer weißen Kirche weiß in weiß. Ich trenne meine linke Hand ab, irgendwo liegt ein Fuß. Eine Naht auf dem Handwurzelknochen. Ich drücke einen Reißnagel ins Rückenmark. Ich nagle die große Zehe auf den Zeigefinger. Auf einem weißen Teller liegen Scham-, Achsel- und Kopfhaare. Ich ritze die Hauptschlagader mit einer Rasierklinge, smart der Länge nach auf. Ich schlage einen Drahtstift ins Ohr. Ich spalte meinen Kopf der Länge nach in zwei Hälften. Ich führe in meine Harnröhre Stacheldraht ein und versuche durch leichtes Drehen den Nerv zu reißen. Ich beiße meine Pickel auf und sauge sie aus. Ich lasse alles fotografieren und besichtigen."*

Die Arbeiten von Brus stellen für mich eigentlich die interessantesten im Bereich des frühen Aktionismus dar, weil hier wirklich ein radikaler Versuch, an die Grenze zu gehen, durchgeführt wurde. Das was Brus hier sprachlich geschrieben hat, wurde ja in den extremsten Aktionen fast wortwörtlich durchgeführt.

Auszug aus einem Vortrag im Rahmen der Interaktion 1, 1987, im Josefinum, Wien

schwung das rad

mein arschrad:

O: *ärsche raden*
weh ge zweigt
fürgen gerben
ich – weit, h. . . .

O: *strickt;*
und gegenan wegt schatten huf brossamen frauber tiefe;

O: *dampf! tobt; zeiterfleisch weigt die zufuhr strinen*
leib ein es,
wag!

Aus: Die Wolke und die Uhr. Edition neue Texte. Linz/Wien 1986.

„DIE FLUXISTEN SIND DIE NEGER DER KUNSTGESCHICHTE"*

Gerhard Jaschke

(Laute Zählung des Publikums)
In den Metamorphosen des Apuleius, dem „Goldenen Esel", verfaßt um das Jahr 170 unserer Zeitrechnung, lesen wir gleich zu Beginn: Merke auf, es wird zu lachen geben. Und: Auch sollst du darin all dein Wunder sehen, wie Leute in andere Gestalten verwandelt werden. Und dann wieder in ihre ursprüngliche zurückkehren. Dieses Werk, nicht von ungefähr eines der Lieblingsbücher des befreundeten Fluxussammlers und Verlegers Francesco Conz, besitzt gewiß schon sehr viel vom Geist des Fluxus, steht diesem doch Verwandlung in so vielfältiger Form stets an. Verwandlung des Menschen in Teilnehmer eines Spiels, Transformation in Künstler und Kunstwerk, zu Kraftzelle, Energiespeicher, Quelle aller Zeit und allen Raums. Lucius Apuleius' denkender Esel sieht hinter die Kulissen und aus seiner Perspektive sieht er freilich so manches, wovon sich unsere Schulweisheit nichts träumen läßt. Dieser im 2. Jh. lebende Grammatiker und Rhetoriker, der sich wegen Zauberei vor Gericht zu verantworten hatte (in Rom stand damals darauf die Todesstrafe), verdingte sich als Wanderredner zu aktuellen Ereignissen in Politik und Gesellschaft, war also ein früher Vorläufer unserer „Zeit im Bild"-Sprecher. Apuleius hielt aber auch sogenannte Prunkreden, seine Apologien, die unter dem Titel „Florida" (d.h. Blütenlese) versammelt zumindest in Exzerten vorliegen. Mit seinem „goldenen Esel" hat er den ersten vollständig erhaltenen Roman der Antike geschaffen. Da der Stoff in der damaligen Zeit Allgemeingut war, wurde die Leistung eines Dichters bloß nach seiner Originalität der Form beurteilt. So übernahm er von Lukios von Patrei nicht nur den Titel, sondern auch viele Märchenstoffe, die er als eingestreute „Einlagen" ohne Bedenken verwendete.

> „Flugs ließ ich mir die Haare wieder glatt abscheren, und ohne meinen geschorenen Kopf auf irgendeine Art zu verbergen oder zu bedecken, trat ich voller Freude in dies sehr alte Kollegium ein, das schon zu Sullas Zeiten gestiftet worden war."

Am Anfang war Verwirrung. Dies trifft gewiß nicht nur auf Fluxus zu, und zwar reichlich. So Emmett Williams, von dem der erste seiner insgesamt 8 Countingsongs, also auf gut deutsch seiner Zähllieder, die Einleitung bildete. Nicht die Verwirrung, die heutzutage darüber herrscht, was Fluxus ist oder war oder wer Fluxus ist und wer nicht. Aber zu jener Zeit gab es eine Menge Fluß in Fluxus. Dieser verwirrte Anfang fing 1962 in Europa an, als George Maciunas sagte: Es werde Fluxus. Und es ward Fluxus bis zum heutigen Tage. Amen. 1982 in Wiesbaden überraschte Williams alle, indem er ausposaunte: Fluxus has not been invented yet. War dies Antwort auf Joe Jones' „fluxus is dead" aus 1980? Nun, gibt es also Fluxus noch nicht oder ist Fluxus mit seinem Chefideologen Maciunas vor 9 Jahren zu Grabe getragen worden? Wer oder was ist überhaupt Fluxus? Das Wort stammt aus dem Lateinischen. Fluxus heißt fließend, im Fluß. Man denkt dabei unwillkürlich an Heraklit, an „alles fließt", an die Erfahrung – so Heinz-Klaus Metzger –, daß niemand zweimal in denselben Fluß steigen kann. Es wird oft gefragt, so George Brecht, wer ist Fluxus und wer ist nicht Fluxus und wohin geht Fluxus. In dem Karton „FLUXKIT NULL (FLUXNULLKIT)" von Brecht, Hermann Braun und Wolfgang Feelisch, erschienen in der Edition Hundertmark, Berlin 1978, finden Sie, nach den Worten der Verfasser, alle Hintergrundmaterialien und Erklärungen, die Sie brauchen, um diese wichtigen Fragen zu beantworten. Und zwar sind diese zwei: Die erste... lautet fluxen oder unsere neue Homagnafluxraumzeitverhältnisprüfung. Studieren sie die theoretischen und praktischen Einlagen, dann die nötigen Geräte zur Hand, und sie können selber bestimmen, ob ein gewisser Jemand Fluxus ist oder nicht!

Zweitens: Der Nullpropeller. Sie werden sehen, wohin Fluxus führt.

Wohin geht Fluxus? Unsere grundsätzliche Anwort würde sein, den gleichen Weg wie immer. Aber um genauer zu sein, möchten wir in diesem Artikel ein besonderes Projekt beschreiben, das die Autoren unternommen haben, um Fluxusweltweitreisen zu erleichtern. In der Einführung schreibt Brecht zu diesem FLUXNULLKIT: Fluxus ist immer unterwegs gewesen. Von Beginn an kamen Fluxer von Amerika, England, Frankreich, Deutschland, Japan und Korea, um in New York, Europa und Japan herumzufluxen. Später sind einige wieder auseinandergegangen, und die Aktivitäten wurden weit verbreiteter, vielleicht auch schwerer zu erkennen. Jedoch einige großangelegte Projekte waren immer aktuell, meistens erdacht und veranlaßt durch George Maciunas selbst. Eines von diesen ist das sogenannte Global Island Project, kurz GIP. GIP war ein Projekt, alle Inseln in der Welt über einen Zeitraum von etwa 8 Jahren zu besuchen, Ein parallel laufendes Projekt, für das Maciunas erhebliche Untersuchungen und eine Erkundung der Mittelmeerinseln durchgeführt hat in Zusammenarbeit mit Carla Liss, die dieses fluxusmäßig dokumentiert hat, war die Absicht, eine Insel zu kaufen, auf der Fluxer sich niederlassen könnten. Für dieses Projekt lernte Joe Jones, man will es nicht glauben, ein Flugzeug zu steuern! Auf die brechtsche Frage, „Wer ist Fluxus und wer ist nicht Fluxus und wohin geht Fluxus", könnte man freilich auch mit Emmett Williams aus dessen „Oper" antworten: „Wenn das alles ist, was dir Sorgen macht, kannst du ruhig wieder einschlafen, denn dem Stummel fehlt nichts Besonderes".

Nach René Block gibt es keine eindeutigen Antworten. Fluxus ist kein Stil, eher schon eine Geisteshaltung, die es, wie es mitunter scheint, noch zu entdecken gilt. Unter Fluxus figuriert ein weitverzweigtes Netz von Dichtern, Künstlern, Antikünstlern, Wissenschaftlern, von Aktivitäten, Festen, events. Am Anfang standen new sounds and noises, Neodada, neueste Musik und der Zusammenfluß aus diversen Wissenschaftsgebieten. George Brecht, der studierte Chemiker, legte bereits vor Jahren programmatisch fest: it goes round and round and round and where it stops nobody knows. Genau das ist Fluxus, so Williams, die Nichtbewegung, die sich einfach immer weiter bewegt. Es hat nie eine Fluxusgruppe gegeben. In den undatierten, unsignierten und unlimitierten Auflagen zu Beginn drückt sich nach Block die Antihaltung gegenüber Establishment und Kunstmarkt aus. Die Bezeichnung Fluxus wurde von George Maciunas um 1960 für eine Zeitschrift gewählt, die jedoch nie erschien. Erstmals tauchte das Phantom Fluxus auf einer Einladung der New Yorker Gallery AG auf, die von Maciunas mitgeleitet wurde. Für die erste Konzertreihe neuester Musik, die Maciunas in Wiesbaden 1962, und zwar vom 1.-23. September, organisierte, er war dort als Designer für die amerikanische Armee beschäftigt, behielt er den Namen Fluxus bei. George Brecht, 1964: Es ist nie versucht worden, über die Ziele und Methoden von Fluxus eine Übereinstimmung zu erzielen. Vielleicht sind diese Leute sich im Gefühl einig, daß die Grenzen der Kunst viel weiter gezogen sind als die Überlieferung es glauben machen wollte oder daß die Kunst und ihre Grenzen auf die Dauer nicht sehr nützlich sind. Fluxus umschließt somit alle Gegensätze, eine Welt zu begründen, in welcher die Spontaneität, die Freude, der Humor und eine neue Art von höherer Weisheit selbstverständlich werden, war von Beginn an Ziel dieser Unternehmung.

Die rege Reisetätigkeit der Protagonisten von Fluxus in den frühen 60er Jahren erinnert an DADA-Feldzüge. Hier ein paar Aufführungsorte gekoppelt mit Namen von Fluxisten, die in den einzelnen Städten besonders rege waren. Wiesbaden – Maciunas, Williams. Amsterdam – de Ridder. London – Robin Page. Köln – Brecht, Albrecht D., Harry Szeemann, Paik, Vostell. Kopenhagen – Eric Andersen, Henning Christiansen. Paris – (festum fluxiorum) Robert Filliou. New York – (yam lectures) Bob Watts, George Brecht, Henry Flint, Philip Corner, Dick Higgins, Alison Knowles, Charlotte Moor. Düsseldorf – Beuys, Spoerri (festum fluxorum, Musik und Antimusik, das instrumentale Theater). Stockholm – Klintberg,

Bengt Emil Johnson. Wuppertal – Paik. Oslo – Sten Hanson. Nizza – Ben Vautier. Scheveningen – Andersen, de Ridder. Mailand – Chiari. Madrid – ZAJ, Juan Hidalgo, Walter Marchetti, u.a. Berlin – Aktivitäten in der Galerie René Block, Beuys, Schmit, Gosewitz, Vostell, Jones. Prag – Milan Knizak. Santa Cruz, San Francisco, Berkeley, San Diego – Ken Friedman. 1967, New York: filmmakers cinematheque: Opera sextronique: Paik, Moorman. Verhaftung der nackt Cello spielenden Moorman. 1970 New Brunswick. flux mass – Maciunas, Jones, Geoffrey Hendricks, Larry Miller u.a. Sicherlich eines von Maciunas' Hauptwerken. Tokio – Paik, Saito, Shiomi.

Ann Noël hat eine ziemlich treffende Beschreibung davon geliefert, was passiert, wenn Fluxusleute zusammenkommen. Eine Unterhaltung mit George Maciunas, Dick Higgins, Emmett Williams, Robert Filliou, Nam June Paik, Daniel Spoerri oder Wolf Vostell führt sie in die unterschiedlichsten Welten. Spazierstöcke in Wien vor dem 1. Weltkrieg, psychedelische Pilze, vergleichende Niederschlagsstatistiken von Japan und Großbritannien, Paläontologie, die Wurzeln türkischer Volksmusik, höhere und niedere Gastronomie, politische Ökonomie u. s. w., u. s. f. Diese Leute können endlos über fast jedes beliebige Thema reden, und ihre Reden sind Auftritte. Sie treten immer auf, wenn sie eine Gruppe um sich haben. Ob sie wirklich mehr über alles wissen, als irgendjemand sonst, ist dabei völlig nebensächlich.

Am Anfang gab es eine siebenköpfige permanente Kadergruppe, so Emmett Williams. Dick Higgins und George Maciunas waren nach Williams die Fackelträger. sie standen in Kontakt mit Ay-o, George Brecht, John Cage, Philip Corner, Henry Flynt, Toshi Ichiyanagi, Takehisa Kosugi, Joe Jones, Jackson Mac Low, Richard Maxfield, Yoko Ono, Terry Riley, Robert Watts, La Monte Young u. a., deren Arbeiten und Ideen Grundstock von Fluxus wurden. Fluxus darf man auch nach Williams nicht als Bewegung oder Gruppe sehen. Wenn man sie als Einheitsfront bezeichnet, trifft das den Kern der Sache schon eher. Der Rädelsführer, der Fackelträger George Maciunas, war ein Tyrann. Ein Fanatiker. Nach Ben Vautier ein Klassifizierer. Von Maciunas stammen die Diagramme, die genauen Erfassungen, wer Fluxus ist und wer nicht. Zur Festivalzeit von 1962 in Wiesbaden, so Williams, sah Maciunas wie eine Reinkarnation von Tristan Tzara in seinen besten Tagen aus. Mit Melone, Monokel, Stehkragen und Krawatte. Um den professionellen parasitären und elitären Status des traditionellen Künstlers in der Gesellschaft zu rechtfertigen, prädigte Maciunas, muß Kunst komplex erscheinen, anspruchsvoll, tiefschürfend, ernst, intellektuell, inspiriert, kunstvoll, bedeutend, und theatralisch. Sie muß als Sache wertvoll wirken, um dem Künstler zu einem Einkommen zu verhelfen. Fluxus-kunst-vergnügen muß einfach, unterhaltend, anspruchslos sein. Es muß sich mit unbedeutenden Dingen beschäftigen, es darf keine Geschicklichkeit oder zahllose Proben erfordern, darf keinen Waren- oder institutionellen Wert haben. Fluxus-kunst-vergnügen ist, mit einem Wort, die Nachhut. Thomas Schmit, ein Berliner Künstler, der von Beginn an Fluxus verbunden war, sieht in Fluxus, eine neue Art von Realismus, z.B. auf der Bühne sitzen und eine Geige polieren. Dies eine Stück von George Brecht, dem Erfinder dieser events. Schmits Lieblingsstück ist La Monte-Youngs pianopeace for David Tudor Number 2 aus dem Jahre 1960. Öffne den Tastaturdeckel des Klaviers, ohne daß er dabei den geringsten Mucks von sich gibt. Versuche es so oft du magst, bis es klappt oder du es aufgibst.

Das Fest von 1962 in Wiesbaden bestand für Thomas Schmit im Kennenlernen all dieser Leute. Fluxus war ein wirklich offener Laden und wie Dada antiexpressionistisch und antiakademisch. Der Fluxusweg war, allen Imponierfirlefanz möglichst zu vermeiden und möglichst formfreie Dinge zu bringen. Ludwig Gosewitz sah in der Körperlichkeit ein hervorragendes Charakteristikum von Fluxus. Maciunas plante z.B. auch Fluxussportkonzerte. Wir wandten uns, so Henry Flynt, gegen das für die ernste Kunst spezifische reaktionäre Elitetum. Flynt schätzte Maciunas Architektur sozialistischer Planung von Gebrauchswerten, doch „ich hatte nie irgendwelche Beziehungen zu Fluxus als Kunstbewegung". 1968 publizierte George Maciunas Flynts bahnbrechendes Pamphlet „Down with art". Jackson Mac Low erinnert sich an die Geburtsstunden der New Yorker Avantgarde. – Downtown Manhattan im Loft von Yoko Ono. An die Entscheidungsgeschichte der legendären „An anthology", die er gemeinsam mit La Monte Young erstellte, an die Stunde Null der statischen Musik, die später minimal music genannt wurde, also an frühe Werke von Terry Riley und La Monte Young, an die Schritte, die zur Konzeptkunst Flynts führten. Er definiert Fluxus nach Maciunas als ein kontinuierliches Bewegen, als ein reiches Verströmen, doch weiß er, nur sehr wenige stimmten mit den Ideen von Maciunas über Antikunst oder realistische Kunst überein. Geplante Jahrbücher werden erst später in Form einer Zeitschrift wahr. Jackson McLow, einer der frühesten Mitstreiter und Schüler von Cage, wollte von Beginn an den Geräuschen, den einzelnen Wörtern, Farbräumen und Aktionen ihren Stellenwert beimessen, und zwar, daß diese um ihrer selbst willen wahrgenommen würden. Die meisten von uns, so McLow, dachten an eine Kunst, die die Aufmerksamkeit der Leute eher auf aktuelle Phänomene der Welt lenkte als auf Gedanken und Emotionen von Künstlern. Maciunas wollte absolut eine Fluxusbewegung ins Leben rufen. Die Hautpidee von ihm gipfelte darin, daß es keinerlei Bedürnis nach Kunst gebe. Er wollte z.B. in den Tunnels unter dem Hudsonriver Lastwagen zerstören, um den Verkehr zu blockieren. Meine Antwort darauf, so Jackson McLow, war mein transatlantischer Rücktritt von Fluxus. Fluxus existierte schon bevor es seinen Namen hatte, und es existiert heute noch, viele Jahre später, als eigene künstlerische Arbeitsweise, so Higgins. Dichter, Künstler und Verleger. Es war keine Bewegung, weil seine Teilnehmer sich selbst nie als Gruppe verstanden, bis sie in Verbindung mit Fluxus internationale Festspiele neuester Musik 1962 in Wiesbaden – fast auf den Tag genau vor 25 Jahren – als solche beschrieben wurden. Happenings lagen damals in New York, Amerika, Europa, quasi in der Luft. Maciunas war äußerst verärgert über Higgins, als dieser seine something else-press gründete, somit eigene Wege beschritt. Maciunas hatte den Traum, daß eines Tages alle Fluxusleute dieser Welt ein Minensuchbott besteigen. Am 9. Mai 1978 starb er. Fluxus wird stets noch gebraucht, so Higgins, in einer Welt von Anmaßungen und Falschheit, Protzigkeit und Humorlosigkeit. Um das Jahr 1962 wurde mir klar, so WillemdeRidder, daß ich nicht der einzige war, der sich mit dem Mischen zweier Formen, der Musik und dem Theater beschäftigte, um wie ein wahrer Alchimist eine völlig neue Substanz zu entdecken. Zum erstenmal trafen die unterschiedlichsten Künste zusammen, und so entstand die Bereitschaft, alles über Bord zu schmeißen. Es entstanden alchimistische Verbindungen, für welche die Zeit noch lange nicht reif war. Die Popart stand vor der Tür und alle Galerien hinter ihr. In Europa hieß sie nouveau realisme, und die Museen warteten in Startlöchern. Dieses rettete Fluxus vor den Kunsthistorikern und ihren Museen. Die meisten der aufgeführten Stücke, so Henning Christiansen, handelten von stillstehender Zeit, und davor hat ja bekanntlich nicht nur das Fernsehen Angst. Ein Erleben von Realität stand ihnen zu Gebote, eine poetische Lokustour. Da führte z.B. Alison Knowles ein Stück auf, in dem sie ungefähr 70 Schlüpfer anzog, ein umgekehrtes striptease. Vergessen ist wichtig. So nochmals Christiansen, mit dem Beuys viel zusammenarbeitete. Alles was ich vergessen habe, kannst du selbst erfinden. Etwa Mitte der 60er Jahre begab sich auch Per Kirkeby nach New York city, wie er sagt, verkleidet als junger Künstler. In seinem Landsmann Addi Köpkke sah er die personifizierte unhaltbare Vereinigung aller Gegensätze und somit gelebter Flux, wie man ihn nur selten antrifft. Köpcke, einer der wichtigsten Vertreter der Fluxusbewegung von Beginn an, starb ein paar Monate vor Maciunas im Jahre 1977. In Wirklichkeit ist das Beste des Fluxus, nach Kirkeby, ja auf dessen eigene Niederlage hin angelegt. FLUXUS ist nur gegenwärtig, indem er FLUXUS zerstört. Aufgrund seines Egotrips nannte Ben Vautier seine Aktivitäten in Nizza „art total". Ich wollte sie nicht FLUXUS nennen, bekennt er. An der „Misfits fair" 1962 in London, die Spoerri organisierte, traf er erstmals Gesinnungsfreunde. FLUXUS greift das Ritual des Alltags auf, so Vostell, wie der Kubismus die Rituale der Neger und des Zen. Fluxus hat auch aus Duchamps Urinoir gefolgert, daß man auch das Reinpissen zur Kunst erklären kann.

FLUXUS hatte nie ein vorschreibendes Programm. Gemeinsam waren ihnen Internationalität, Experimentierfreudigkeit, Intermedia, Minimalismus im Sinne von Einfachheit, Überwindung des Kunst-Lebens-Zwiespalts sowie die Verschlüsselung von wirklich bedeutenden Vorhaben durch Spiele und Gags. Der wirklich harte Kern, nochmals Higgins, bestand aus, es wurde oft und immer wieder festgelegt, Alison Knowles, George Brecht, Emmett Williams, Ben Patterson, La Monte Young, Jackson McLow, Bob Watts, Nam June Paik, George Maciunas und nicht zu vergessen Dick Higgins. In second wave ortete dieser Ben Vautier, Tomas Schmit, Eric Andersen, Willem de Ridder. In der dritten Generation Geoffrey Hendricks, Ken Friedman und nach den 70er Jahren Dupuy, Larry Miller und Yoshi Wada. Für die Gründung eines Fluxusstaates traf Maciunas bereits Vorkehrungen. Vorsorglich hatte er Briefmarken drucken lassen. Diese raren Stücke stammten von Bob Watts. Um 1964 versuchte er eine Fluxuskollektivfarm in Japan zu gründen. Er war äußerst rege in der Gründung vieler Künstlerkooperativen. Den meisten von uns haftet noch immer etwas von der Krankheit an, die uns zum ersten Mal zusammengeführt hat, so Williams. Maciunas wenige Tage vor seinem Tod zu Williams: Dies ganze Kunstding ist eine Falle, und ich hoffe, daß Fluxusleute aufhören, in sie hineinzufallen. Nur die, die sich da raushalten können, die wenigen, die es schaffen, draußen zu bleiben, werden überleben. Alle anderen, weißt du, geraten in diese Falle hinein, und sie werden darin enden, und sie werden das Spiel mitspielen. Nur die Außenseiter sind die kreativen Leute.

Stichwort: Außenseiter. Als solcher steht der Vater der Nichtbewegung, die sich immer weiter bewegt, vor uns. Der heute 75jährige Schönbergschüler, Präsident der New Yorker pilzforschenden Gesellschaft, der gelernte Buchbinder, Schlagzeuger, Sozialarbeiter, Student der indischen Philosophie, des Zen-Buddhismus, der zusammen mit Rauschenberg, Tudor, Richards, Olson und Cunningham 1952 das erste Happening der Geschichte realisierte, der Professor an der New School of Social Research war, zu dessen Schülern u. a. George Brecht, Al Hansen, Dick Higgins, Allan Kaprow und Jackson Mac Low zählten und der 1958 einen der größten Skandale der Musikgeschichte mit der Uraufführung seines Concerts for piano und orchestra auslöste – John Cage. Freund von Laszlo Moholy-Nagy, Max Ernst, Peggy Guggenheim, Piet Mondrian, André Breton, Mark Tobey und Marcel Duchamp. Was als Musik einst begriffen ward, bricht auseinander. Cages Unternehmung setzt im Extremfall der Entfremdung an, beim Zufall, in den das kompositorische Subjekt nicht eingreift. Was Cage mit Klavier oder Posaune veranstaltet, reklamiert in letzter philosophischer Instanz die Abschaffung des Hungers und laboriert zugleich an dessen Bestehen, mutmaßt Hans Georg Helms. Als er vor etlichen Jahren eine Gastprofessur an der kalifornischen Staatsuniversität in Davis antrat, verlautbarte John Cage a priori: Wer immer sich für die Vorlesung inskribierte, werde die höchste Zensur, ein A, bekommen. Denn er sei gegen das Lernen als Form kapitalistischer Konkurrenz. Seine Lehrveranstaltung gelte einem noch unbekannten Gegenstand. Mit Hilfe von Zufallsoperationen nach dem „Iging", dem chinesischen Buch der Wandlungen, werde man herausfinden, welche 5 Bücher oder Abschnitte von 5 Büchern aus der Universitätsbibliothek jeder Teilnehmer lesen möge, um dann gemeinsam über das Gelesene zu sprechen. Da auf diese Weise jeder etwas anderes erfahre, könne jeder die anderen mit seinem Wissen beschenken, anstatt, wie es sonst üblich, mit allen übrigen ums bessere Wissen und um die besseren Zensuren zu konkurrieren. Ähnliche Methoden, das Konkurrenz- wie das Autoritätsprinzip zu attackieren, wo nicht aufzuheben, hat Cage in den vergangenen 2 Dezennien für die musikalische Praxis wohl entwickelt. – Ein Modell für freie Kommunikation geschaffen; die Arbeit mit Zufallsoperationen befreite ihn selbst von seinen eigenen Sympathien und Antipathien. Seine ästhetische Vorliebe galt den Klängen und Geräuschen des Alltags. Cage spricht von der Praktikabilität der Anarchie und meint damit im Sinne Henry David Thoreaus nicht die soziale Unordnung, sondern eine herrschaftslose Gesellschaft. Es geht u.a. um die Aufhebung der Arbeitsteilung zwischen Fachleuten und Laien. Denken wir nur an seine relativ simple music for piano, 1952/53. Es ward mit Münzen ausgewürfelt, wie viele Noten auf einer Seite stehen sollten. Während zufällige Unebenheiten auf dem Papier dem Komponisten die möglichen Plätze ihrer Niederschrift markierten. Dann erst wurden die 5 Liniensysteme für Töne und die Einliniensysteme für Geräusche darübergezogen, um abzulesen, wo hinein die Noten jeweils fielen.

Zeichnungen begegnen, so Heinz Klaus Metzger, die an Gräser in Wasser gemahnen, über sie sind zum Teil geometrische Schaukästen, Aquarien gelegt, in denen blasenartig die Noten an den Halmen in die Höhe steigen. Cage faßt das Komponieren als bloße Bearbeitung des Papiers mit Tusche auf. Durch solche Mimesis will Musik den Bann von Priorität brechen, ein Mythos wird außer Kraft gesetzt. Typische Beispiele dafür sind seine variations number 1 aus 1958 und seine Fontana mix desselben Jahres. Die Nichtaufführung ist nach Cage einer der möglichen Interpretationen des Werkes. Tritt ein Dirigent hinzu, so fungiert dieser bloß als Uhr. Er dirigiert nicht, sondern gibt die Zeit an. Cages letzte Werke sind gesellschaftliche Entwürfe, Cage hat die Musiker in Freiheit gesetzt, schenkt ihnen die Würde von autonomen musikalischen Subjekten, selbständig zu agieren und den Sinn ihrer Aufgabe zu erkennen so wie in einer emanzipierten Gesellschaft einmal jeder sein Werk ohne Zwang wird vollbringen dürfen, so Cage. Nicht so heute. Die Fassaden der Universitäten signalisieren bereits, nach Cage, ihre totale Dekadenz. Und, heute besucht man eine Universität doch nur mit dem Ziel einen akademischen Grad zu erwerben, der einem im Geschäftsleben größere Chancen vermitteln soll, und er verweist auf Ivan Illich, der Erziehung als eine unaufhörliche conditio des gesamten menschlichen Lebens versteht, für die es keinen Abschluß geben kann. Auch für Cage hat das Leben nur Sinn, solange man etwas lernt, und unser wahres Geschäft ist die Revolution. Cage: Ich muß einen Weg finden, die Leute freisetzen, ohne daß sie albern werden. Solchermaßen, daß ihre Freiheit sie adelt. Wie ich das schaffe? Das ist hier die Frage. In einigen Fällen geschehen Dinge langsam, in anderen rasch. Würde z. B. ein Samenkorn schnell keimen, wäre es keines. Und leuchtete ein Blitz langsam auf, wäre er kein Blitz. Lassen Sie den Vogel aus seinem eigenen Nest fliegen, und lassen Sie die meisten der Klänge so leise sein, wie sie noch keiner, keine gehört. Es gilt ins Unbekannte vorzudringen, ins noch nie Gehörte, Geschaute, Erfahrene. Der Inhalt ist bei Cage die Form, und die Form ist die soziale Situation, eine soziale Situation, die dadurch vorhanden ist, daß Musiker da sind, die Klänge hervorbringen und daß ein Publikum anwesend ist, das diesen Klängen bzw. ihrem Fehlen zuhört oder nicht zuhört. Eine neue Aura der Einmaligkeit breitet sich da aus, eine Aura neuer Qualität, mutmaßte Rainer Rien. Denn, so Cage, das Akzeptieren des Todes ist die Quelle allen Lebens. Für Duchamp, Cages unbestrittenes Vorbild, gehörte es schon zur verfestigten Redeweise, sich als Unkünstler, als „Pseudo durch und durch" zu bezeichnen. Ich hatte stets einen Horror davor, ein Berufsmaler zu sein. Das größte Ziel meines Lebens bestand in einer Reaktion gegen den Geschmack.

Die Kunst als Wahrheit, als Wahrhaftigkeit hat absolut keine Existenz. Von ihr sprechen die Leute stets mit einer großen religiösen Verehrung. Aber warum sollte sie dermaßen verehrt werden. Sie ist eine Droge. Das ist alles. Zu meiner Zeit, so Duchamp, da waren wir Künstler Parias. Und zu den Kritikern merkte er an, die Idee des Urteils sollte verschwinden, die wirklichen Werte sind unberührbar. Duchamp hat noch rücksichtsloser als Cage polemisiert gegen die Künstler, die scharenweise nach wie vor, trotz aller Kriege, die wir gehabt haben, als Teil der Dekoration den Pinsel in die Farbe tauchen. Sehen Sie, diese Quadratkilometer von bemalten Flächen in den Galerien machen mich schwindlig. Die zeitgenössischen Maler vergiften sich mit Terpentin. Gerade den Zufall, hinter dem Hans Arp schon in dadaistischer Frühzeit nicht das Chaos, sondern das Gesetz der Gesetze witterte, für seine Objektivierungsversuche nutzbar zu machen, unternimmt Cage alle subjektiven Anstrengungen, Iging-Orakel zu befragen, zu würfeln, mit Münzen zu werfen, im Papier zu suchen oder die Musik den akustischen ready mades, dem Straßenlärm etwa, zu öffnen. Wiederholen Sie die gleiche Sache, so Duchamp, lange genug und Sie wird zum Geschmack. Jedes Wort, das ich jetzt zu Ihnen sage, so nochmals Duchamp, ist dumm und falsch. Cage: Ich weiß nichts, alles was ich tun kann, ist sagen, was mir als besonders veränderlich auffällt in der zeitgenössischen Musik. Also keine Deutung, kein Urteil, nur noch positivistisches Registrieren und Veränderungen. Doch die letzte Antwort läßt die Fragen absurd erscheinen. Und er zitiert ein ihm vertrautes Predigerwort: „Was gewesen ist, wird wieder sein, was geschah, wird wieder geschehen. Es gibt nichts Neues unter der Sonne."

Cages Werke – ein Modell, die Welt aus den Angeln zu heben. Cage war es auch, der den nach Ben Vautier zweiten Urgroßvater von Fluxus, neben Duchamp, alle Ehre erwies, nämlich Erik Satie. Nicht nur daß Cage intensive Studien über Satie anstellte, führte er auch eines von Saties Hauptwerken, nämlich die 18 Stunden dauernden vexations auf. 1963 im Pocket Theatre in New York City. Eine Komposition, die aus der 840-maligen Wiederholung desselben Stückes besteht. In der Vereinigung aller Existenzbedingungen wird das Kunstwerk zum Speicher und Sender des plastischen Grundprinzips, das sich bereits in den Fluxusaktionen als die Einheit von Kunst und Leben anspricht. Dieser Satz könnte von Cage stammen, setzte man anstelle des plastischen Grundprinzips die soziale Situation, Inhalt und Form verbindend, und ließe den Rest weg.

Nun, es handelt sich um eine der vielen Aussagen von Joseph Beuys. Indem sich Beuys durch eine intuitive Praxis mit den vielseitigen Fluktuationen zu vergangenen, urmenschlichen und geschichtlichen Prozessen, deren Problematik sich stets von neuem vollzieht, auseinandersetzt, will er auf unbewußte, verschüttete, jedoch existente Kräfteanordnungen hindeuten. Ich will hindurch, sagt er, ich will erweitern, indem ich versuche, eine größere Basis des Verständnisses zu schaffen. Ihm war klar, der Anfang des Neuen findet stets im Chaos statt. Die Absicht, die von Fluxus initiierten und demnach auf Totalität angelegten theoretischen Impulse zu visualisieren, ihrer vielleicht auch habhaft zu werden, führt zur Verwendung ausgesprochen banaler, vom bisherigen Kunstschaffen nicht vorbelasteter Materialien. Im Werk von Beuys sind dies vor allem Fett und Filz.
Beuys: Ich habe nur die in Fluxus angelegten Ideen weiter entwickelt.
1963, nach einer Ausstellung bei den Brüdern van der Grinten in Kranenburg, sahen Kritiker gar das Zeitalter des Fluxus angebrochen und die faszinierende Aura eines neuen Seins, einer neuen Wirklichkeit, einer Wirklichkeit, die über diese Ausstellung hinausgreifen wird, weil sie eine Unwertung aller Werte und ein totaleres Umdenken auslösen wird, als es je ein Ismus vermochte. Beuys bildet Modelle von Handlungsweisen, die den Zugang zu einer intensiven Erfahrung von Leben öffnen sollen. Es geht ihm um die Erziehung aller Menschen zur geistigen Mündigkeit. Jeder Mensch, sagt er wiederholt, ist kreativ und kann ein Künstler sein, wenn er die ständige Konfrontation mit seinem eigenen Ich riskiert. Die Aktionen „Wie man dem toten Hasen die Bilder erklärt" 1965, „Sauerkrautpartitur Partituressen" 1969 oder „Titus Iphigenie" ebenfalls 1969 waren deutliche Indizien für die Absicht, durch die Intensität des Interrogativen und durch formal Absurdes dem Aktionszuschauer einen Hinweis darauf zu geben, daß für die menschliche Existenz nicht nur der Intellekt, sondern alle Formen der Sensitivität und Intuition von Bedeutung sind. Gegensätze werden scheinbar in seinem Werk aufgehoben. Mit dem Eurasienstab will Beuys gar die Aufhebung des Ost-West-Gegensatzes umschreiben. Ein weiteres Anliegen Beuys ist es, wie bei den Fonds, seinen gelagerten riesigen Filzplatten, statische Energie zu erzeugen. Diese Funktion gibt den Fonds die Bedeutung von Basischarakter. Er ist die Basis, auf der man steht, aus der man alle anderen Dinge entwickelt.

Hans van der Grinten traf für den beuys'schen Kunstbegriff die treffende Formulierung „Kunst ist Erkenntnis, Leben und Lehre". Das Lernprinzip darf, nach Beuys, nicht mehr auf autoritären Strukturen beruhen, sondern muß, wie er einmal sagte, oszillierend sein, das Lehrer-Schüler-Verhältnis muß ein ständig wechselndes sein in der Weise, daß derjenige, der informiert, der Lehrer ist, und der Zuhörende der Schüler. Es ist nicht von vornherein selbstverständlich, daß der Schüler unfähiger ist als der Lehrer, denn unter Umständen kann der Schüler auf einem speziellen Sektor wissender sein als der Lehrer. Ziel insgesamt, Veränderung unseres gesellschaftlichen Systems mittels der Organisation für direkte Demokratie durch Volksabstimmung mit dem Recht auf Selbstbestimmung. Der Kunstbegriff wird damit anthropologisch ausgeweitet als soziale Architektur, die von vielen zu schaffen ist. Beuys fordert, daß der Mensch wieder mit allem, auch dem Außerrationalen, in Beziehung treten muß, nach unten mit den Tieren, Pflanzen, der Natur und nach oben mit den Engeln und Geistern. Die meisten Menschen glauben, Kunst verstandesmäßig begreifen zu müssen. Die Erlebnisorgane, so Georg Jappe, sind vielen schon abgestorben. Wichtig war Beuys vor allem, daß die Strukturierung des Denkens in Disziplinen aufgehoben werden müsse. Diese Strukturierung könne nur aufgrund eines Abbaus des egozentrischen Leistungsprinzips geschehen. Den Grund für die menschliche Entfremdung hielt er sofort parat, den Mangel an geistiger Nahrung. Die Verflechtung von Kultur und Wirtschaft führt nach ihm zu der Gleichung Kreativität – Volksvermögen. Anläßlich seiner großen Retrospektive im New Yorker Guggenheimmuseum, Ende 1979, wurde von einem Kritiker bemerkt, daß Beuys' politische Kunst wie die apolitische Marcel Duchamps etwas Alchimistisches, Poetisches an sich habe. Energie ist ein konsequent verfolgtes Thema, die Objekte gleichen Fetischen, Speichern spiritueller Energie. Allerorten finden Verwandlungen statt.

Dem widerspricht Vostell. Vostell mißtraut seinem Publikum. Deshalb will er, um verstanden zu werden, doppelt deutlich sein. Nicht doppeldeutig, so Wieland Schmied zu Vostells gewaltiger Ausstellung 1982 in der Berliner DAAD-Galerie. Vostell hofft gleichsam, daß der Schock der Kunst, seiner Kunst, der Aktions- und Happeningkunst stark genug sein kann, sie wieder ins Leben des Gefühls zurück zu rufen. Das Prinzip der Multiplizierung, Reihung, Häufung, Akkumulation der gleichen Realitätselemente dient ihm dabei der Sichtbarmachung ihrer Struktur und ihres Charakters. Beuys lastet er an, daß dieser die Fluxusintentionen verraten hätte. Vostell lehnte äußerst heftig jede Beziehung von Fluxus zu den Vorstellungen von Beuys und dessen Tätigkeit unter Fluxusaspekten ab und wies darauf hin, daß Fluxus mit Starkult und mystischer Verhaltensform unvereinbar sei, nicht auf christlicher Terminologie basiere, nie das Kreuz benutzt habe und immer im Westen liegen werde. Doch dies war im Jahre 1968. Also noch weit vor Vostells Fluxuszug, dem mobilen Museum Vostell, das er in Berlin entwickelt und in 15 deutschen Städten 1981 zeigte. Eisenbahnwaggons erhielten Environments mit seltsamen Titeln und noch seltsameren Auffüllungen, z.B. „Die Engel" oder „Meine süße Augenweide". Mit seiner Intention, das Publikum ins Kunstwerk miteinzubeziehen, – es gibt keine Betrachter mehr, nur Mitspieler – ist Vostell der große Moralist unter den Künstlern unserer Zeit, so sieht ihn zumindest Wieland Schmied, Beuys jedoch wieder sehr nahe. Natürlich auch Hermann Nitsch und dessen Orgien Mysterien Theater. Weiters teilt er mit beiden seinen Hang zur Totalität, seinen Hang zum Gesamtkunstwerk. Vostell will uns unser Defizit an Werten so schmerzvoll wie nur möglich, bewußt machen, denn es ist ein Unterschied, schreibt René Block in seinem Tagebuch, ob man sieht, wie jemand mit Farbe übergossen wird, oder ob man selbst unter Farbe liegt, wie Vostell einmal sagte. Nach Vostell, und da wiederum auch Beuys und Nitsch, besteht die Chance der Spieler mehr über sich selbst zu erfahren, eine Katharsis zu erleben. Alle drei erheben einen moralischen Anspruch und verweisen auf das griechische Theater. Dieses war ja noch in der Lage, die Zuschauer in den Grundfesten ihres Gemütes zu erschüttern. „Der Schlaf der Vernunft erzeugt ein Ungeheuer", so der Titel einer Radierung Goyas, könnte als Motto über dem Gesamtschaffen Vostells stehen. Das Happening ist für ihn psychoästhetisches Handeln.

Der Totalität, dem Gesamtkunstwerk, Leben – Kunst, huldigt auch Ben Vautier, der als Beruf vor Jahren noch angab, Trödler und Lumpensammler und unter „moralischer Zustand" lapidar vermerkt: „Ich versuche zu tun, was noch nicht gemacht wurde." Im Übrigen signiere er alles, auch die Welt, und was zwischen seine Finger kommt, kann nur ein Kunstwerk

sein, wie er bereits 1961 postulierte. Der 1935 als Sohn einer aus Irland stammenden Mutter und eines Vaters aus der französischen Schweiz in Neapel Geborene und seit 1949 in Nizza Ansässige, zählt gewiß zu den Vitalsten der Fluxusszene. Bens Wirken besteht kaum im Fertigen von Objekten, sondern vorwiegend in Gesten und Worten, die diese wiederum erklären. Basierend vor allem auf Marcel Duchamp, entwickelte er die These Kunst = Leben weiter. Mit seiner Totalkunst von 1965 verkündete Ben, daß alles Kunst sein kann. Von 1958 bis 1972 besaß Ben einen Laden. 1973 wurde dieser Stück für Stück abgebaut, um danach im Musé dél Art Moderne (heute im Centre Georges Pompidou) in Paris wieder aufgebaut zu werden. Fast ein Jahr bevor Ben den winzigen Laden schloß, eröffnete er diesem gegenüber in einer 3-Zimmer-Wohnung die Galerie „La fenêtre". Seit 1978 betreibt Ben im Zentrum von Nizza einen Ausstellungsraum unter dem Namen „La différence". Den Titel verwendete er auch gleich für eine neue Zeitschrift. In seiner Theorie legte er von Beginn an unmißverständlich fest: „Ja, warum sollte ich nicht der erste sein, der nichts Neues macht?" Seine Totalkunst definierte er als den Ehrgeiz des Künstlers, und Totalkunst heißt sichtbar oder belanglos jede einfache oder komplizierte Geste auszuführen, zu sagen, das ist Kunst. Das zu signieren oder nicht zu signieren. Doch eine Banderole aus 1965 trug die Aufschrift: Um die Kunst zu ändern, muß das Ego zerstört werden. Für mich, so Ben, ob der Künstler es gewollt hat oder nicht, ob die Maler es wollen oder nicht, realisiert das Erscheinen des Flaschenständers auf der Kunstszene von 1914 den Einschnitt „Alles ist Kunst". Und zum Universum merkt er 1961 an: Da es für mich wichtig ist, der Größte zu sein, mußte ich signieren, was das Größte ist. Ich signiere und stelle aus, das Wort, seinen Sinn, seinen Inhalt, sein Behältnis, seine Zeit, seine Form und den Rest. Ich, Ben, signiere die Kunst. Doch in seiner Selbstkritik, seinen Egoüberlegungen, notierte er räsonierend: Ich wollte Neues machen, und ich machte es wie all die anderen. Doch das Wesentliche ist zu kommunizieren, so Ben 1971. Als ein Kommunikationsversuch eigenster Art ist wohl sein „fluxus and friends going out for a drive" aus dem Jahre 1983 zu sehen, – und ich komme zum Ende dieses kleines Fluxusrundganges.
Auf diesem amüsanten Spaziergang begegnet man seinen in Plastikspielzeugfiguren verwandelten Freunden. Maciunas taucht da z. B. als taktstockschwingender Elefant auf, Alison Knwoles ist eine spanische Flamencotänzerin, Joe Jones ein verdutztes Entchen, Higgins der Boxchamp William Lawson, Ludwi Gosewitz ein griechischer Jüngling, Robert Filliou ein stolzes Pferd, Chiari ein die Trommel rührender Teddybär, Bob Watts ein Delphin, Vostell ein kleines männchenmachendes Äffchen, Spoerri ein kochender Snoopy, Schmit eine züngelnde Schlange, Takako Saito eine leicht beschürzte Bauchtänzerin, Nam June Paik ein in sich ruhender Buddha, Yoko Ono ein wunderschöner radschlagender Pfau. ...womit wir am Anfang dieses kurzen Fluxusrundgangs angelangt wären – in den Metamorphosen des Lusius Apuleirus. Wie heißt es da so eindringlich: „Wisse, mit eines einzigen Verlust ist dir die Rückkehr zum Licht auf ewig versperrt. Denn durch sie allein kannst du dich vor dem Zerberus schützen."

* Wolf Vostell

ANAGRAMME

Gerhard Jaschke

der schoene mann

ochsen – mader neu
neue darm – ochsen?
machen drosen. ne!

rosen den achmen
der sonne machen
merde! asch – nonne!

dresch amenonen
dame resch, nonne
name: donne resch

amen-donne scher!
donnere schamen
nasche mond-rene

arsch-mondene-ne
scham-dornen. nee!
marsch! denen one

darm! schoen? ne-ne!
armeen schonend?
schon! ende? marne!

andere monschen
andern moscheen
modern an eschen

modern. echsen na-
dern moscheen an
modern naschene?

dom-naren schene
ach! renne mend
sonderne machen

seedorn nach men
dachse ern nomen
omen? renn. schade!

nackt in der kunst

stunk neckt darin
da steckt unk. rinn!
inderstunk, nackt!

dienst knackt run
urnackt – kisten d. n.
knackt'n duristen!

untern dis-kacktn.
deckt kasirn-tun
in art steck-kund

und keck: in start
starin kuck-endt.
arts-kunde nickt!

ruck stinkt! ande-
res tickt an-dunk.
rist unkt an deck:

kreist nackt und
nack'-stiert kund
tier stund knack

reit dunst'n-kack!
einst rund kackt
stein drunt kack

seid nun kr-tackt
dies tun kranckt!

SEXUALITÄT, KUNST UND RECHTSPRECHUNG

DDr. Mag. phil. Werner Reiss · o. Prof. Oswald Oberhuber · Lotte Ingrisch
Dr. jur. Georg Zanger . · Dr. phil. Dieter Schrage · Heinz Werner Schimanko
Feliks Bister

Auszüge aus Podiumsdiskussion im Moulin Rouge

Zanger:
„Warum nimmt man in einem derartigen Maße den Humer in der Rechtsprechung für wichtig? Ich glaub, daß das sehr viel mit Angst zu tun hat. Angst wird auch produziert, vom Humer. Indem er dann gegen die verschiedenen Staatsanwälte Anzeigen macht. Ich glaube, es gibt ja noch keine Anzeige wegen Amtsmißbrauch, die von ihm nicht verfolgt worden wäre. Das Bedrohliche ist, daß sich etwas entwickelt. Ich würde das bezeichnen, politisch gesehen, als neue Rechte. Diese ganze Antiabtreibungsbewegung und das Pornographieverbot und jetzt auch noch die Gesetzgebungen über das Gesetz der Abschaffung der Gewalt in der Ehe, eigentlich nehmen, so als ihr Herzstück, in den familienpolitischen Forderungen. Es geht also genau umgekehrt. Es ist immerhin bedeutsam, da spielt dann wieder Humer mit, der ist zwar unwichtig als Person, aber Tatsache ist, das so etwas möglich ist, ja bezeichnend für unsere ganze Situation. Und ich meine, das Problem für mich ist, daß die Kunst etwas ist, was einen bestimmten Freiheitsraum braucht, denn sonst könnte sie nicht existieren. Und im Anschluß an eine Reihe von Verfahren, die sich durch Jahre hindurch gezogen haben, und in den Jahren 1970 waren sie am Höhepunkt, Valie Export und Peter Weibl und dergleichen, die alle verurteilt wurden, hat sich das ein bißchen entwickelt, und im Zuge der Alpensagaverfolgung und der Staatshochverräte und der Ereignisse, die auf gerichtlicher Ebene waren, hat man sich dazu entschlossen, die Kunst besonders zu schützen. Besonders zu schützen durch eine eigene Bestimmung in der Verfassung durch den Paragraph 17A des Staatgrundgesetzes. Das was man damals wollte, war sicherlich eine unumschränkte Freiheit der Kunst, man hat nicht einmal einen Gesetzesvorbehalt gemacht, so daß man hier eine konkrete Kontrolle haben wollte. Die Schwierigkeit liegt in der Abgrenzung zu den übrigen Gesetzesbegriffen, nämlich einerseits zu den anderen Grundrechten, denn auf dieser Ebene gibt es sicher ein Spannungsverhältnis zur freien Meinungsäußerung der Kunst, zur Freiheit der Person, zur Beeinträchtigung einer Person, also Ehrenbeleidigung, Verleumdung und dergleichen und auf der anderen Seite, und das ist das Schwierigste, es gibt so etwas wie eine Kontrolle der Kunst von der allgemeinen Moral. Und damit komme ich persönlich am schlechtesten zurecht. Und nachdem das so schwer ist, weil gerade hier die Kunst als Rechtfertigung, als Tatbestand verwendet wird, d. h. wie es so schön in den Urteilen heißt, ehrlich künstlerisch tätig ist, der kann sich rechtfertigen und wird dann nicht verurteilt. Und der, der das zu entscheiden hat, ob sich jemand ehrlich künstlerisch betätigt, ist dann irgendein Richter, der von Kunst keine Ahnung hat, also ich gehe dabei vom Durchschnitt aus. Das ist also das Problem, und wenn ich dieses Statement hier kurz zusammenfasse, dann bin ich der Meinung, und das ist für mich der sinnvollste Weg, und das ist die Abschaffung des Pornographiegesetzes."

Schrage:
„Es gibt eine ganze Reihe, wo Gefängnis herauskam. Um zum Thema zu sagen, es gibt ja immer wieder Künstler und Künstlerinnen, die sich in ihrer Arbeit mit dem Bereich Sexualität

auseinandersetzen. Mit der Gesellschaft, mit dem Staat, mit den Gesetzen, mit den Handlangern des Staates, die mit der Justiz in Konflikt kommen. Da gibt es zwei grundsätzliche Positionen, auf der einen Künstler und Künstlerinnen, die ein Anliegen haben und in der Darstellung des Anliegens, und die, die mit Pornographie und der Erregung öffentlichen Ärgernisses in Konflikt kommen, und dann verurteilt werden, wie beispielsweise Erwin Puls, der bis zum Höchstgericht gezerrt wurde. Es gibt, und dazu will ich etwas sagen, auch Künstler und Künstlerinnen, die durch ihre Darstellung den Staat bewußt herausfordern wollen, den bürgerlichen Staat bloßstellen wollen, durch seine Reaktionen. So etwas war sehr stark beim Wiener Aktionismus. Folgt man beispielsweise Ossi Wiener bei der Kunst und Revolution 1968, da sollte der Staat herausgefordert werden, und da war es eigentlich richtig im Sinne der Kunst, daß der Staat reagiert hat und verfolgt hat. Und da gibt es eine Reihe von Verurteilungen. Da waren zum Beispiel der Otto Mühl, Brus und Ossi Wiener zwei Monate in Untersuchungshaft."...

Zanger:
„Der Oberste Gerichtshof hat nun eine Unterscheidung zwischen sogenannter weicher und harter Pornographie gemacht, wobei man hier nicht die Weichteile der Frau und die Härte des Mannes versteht, sondern die weiche Pornographie, jene Pornographie, die man wohl verbreiten darf, in gewinnsüchtiger Absicht wohlgemerkt, aber die nur einem beschränkten Publikum, d.h. nur dem interessierten Publikum aufgelegt werden soll, also versteckt sein muß, und nur wenn er fragt, soll er sie bekommen, und die sogenannte harte Pornographie, die absolut unzulässig ist. Schaut man die Kriterien der harten Pornographie an, so wie sie der Oberste Gerichtshof definiert, so sind das alles gleichgeschlechtliche Darstellungen, Darstellungen von Sodomie, Darstellungen von Sexualität mit Kindern und Gewaltszenen. Nun könnte man dagegen etwas sagen, aber es findet sich keine Argumentation, weil das Diskussionswort hier völlig richtig war, daß sich das hier quer durch das Gesetz zieht, und teilweise erlaubte Handlungen verpönt sind. Aber offenbar ist es so, daß die Rechtsprechung das absolut verbietet, was sie meint, und was man auch moralisch absolut verpönen muß.
Und wenn man sich hier anschaut, erstens einmal von der Warte der Frage, was kann denn die Pornographie überhaupt beeinflussen, so wag ich die Behauptung, daß jemand, der gleichgeschlechtliche Neigungen nicht hat, durch Darstellungen pornographischer Art in keiner Weise beeinflußt werden kann, um diese Neigung zu erlangen. Ich glaube auch nicht, daß die Darstellung von Sexualität mit Kindern beim betroffenen Leserpublikum hier eine Verirrung bewirken kann. Man braucht auch die Strafbestimmung nicht, weil ja die Mitwirkung von Kindern ja ohnedies verboten ist nach den allgemeinen Gesetzen. Dazu brauch ich ja das Pornographiegesetz nicht, und ich glaube, dasselbe trifft auch auf die Sodomie zu. Interessant ist aber, daß man aufgrund der Judikatur jetzt im Handel gleichgeschlechtlicher Unzucht – Unzucht ist ja auch so ein Begriff – überhaupt nichts erhält. Während sich Gewaltdarstellungen ja nicht auf die Pornographie beschränken, sondern allgemein in allen möglichen Werbedarstellungen und Filmen große Verbreitung finden. Und hier könnte man den Umkehrschluß ziehen, und das beruhigt mich irgendwie, daß offenbar die Rechtsprechung meint, daß ein bestimmtes anderes Verhalten in der Pornographie geradezu gewünscht ist, weil das andere ja so verpönt ist. Daher der Umkehrschluß: Moralisch ist es für die Gesellschaft durchaus richtig und angenehm, die andere Form der Pornographie zu sehen. Und wenn ich mir die andere Form der Pornographie anschaue oder das Allgemeine an der Pornographie in der Darstellung, wenn ich also die erlaubten Zeitschriften, „Penthouse" und dergleichen anschaue, so finde ich hier so etwas moralisch Bedenkliches, aber nicht dort, wo die Leute die Pornographie ansetzen, sondern daß dort eine Frau dargestellt wird, die es in der Realität nicht gibt. Daß dort dargestellt wird eine gewisse Gewaltform gegenüber der Frau, auch in einem Palmersplakat, wo eine Halbangezogene

sich knieend mit dem schrägen Kopf an den Herrn und Gebieter wendet, und das impliziert wird, was eben die Gewalt ausmacht. Und das, finde ich, ist die wirkliche Problematik an der ganzen Judikatur, weil sie in Wahrheit das Kernproblem der möglichen Einflußnahme in den Ritualen, die in dem Rollenspiel Mann und Frau ohnedies vorhanden sind, wo diese Erniedrigungsaffekte vorkommen, in keiner Weise umfaßt und etwas anderes meint. Und das halte ich für etwas ganz Problematisches an diesem Gesetz. Meiner Meinung nach ist das eine konsequente Folge der Diskussion von Gewalt in der Ehe, die sich jetzt breitgemacht hat, wo es einfach unverständlich ist, daß der Mann keine Gewalt auf die Frau ausüben kann. Das finden wir aber in den Darstellungen wieder, und ich glaube, das Pornographiegesetz gehört zur Gänze abgeschafft. Man sollte sich vielmehr überlegen, wie man, ob das in gesetzlicher oder sonstiger Form im gesellschaftlichen Bewußtsein ist, sich endlich dazu entschließt, gerade den Punkt anzugreifen, der an und für sich durch die Familienrechtsreform, nämlich der Gleichstellung von Mann und Frau, bewirkt wurde."...

Schrage:
(eine Frage an Hr. Bister von der Liga für Menschenrechte)
„Glauben Sie, wenn Sie dazu was sagen wollen, daß beispielsweise in dem Kunstschaffen eines Hermann Nitsch oder eines Alfred Hrdlicka oder einer Valie Export Menschenrechte, Menschenwürde verletzt wird. Ich glaube, solche Positionen sind ja aus dem Bereich der Liga gekommen, daß im Kunstschaffen Menschenrechte verletzt wurden, oder gehen wir weiter zurück, daß Schiele Menschenrechte verletzt hat in seinem Kunstschaffen. Ich bleibe bei der bildenden Kunst, weil ich mich in diesem Bereich besser auskenne, und weil es das Thema ist. Gibt es solche Fälle, wo im aktuellen Kunstschaffen durch die Darstellung, durch die Form Menschenrechte verletzt werden?"

Bister:
„Ich bin hierher eingeladen worden, und es müßten auch die Veranstalter überlegt haben, warum gerade ein Sprecher von der österreichischen Liga für Menschenrechte. Ich selbst habe es für sehr angebracht gefunden, daß so ein Thema aufgegriffen wurde, weil eben vieles einfach tabuisiert wird, wie eben gerade Nacktheit, Sexualität und Kunst und viele andere Fragen der Gesellschaft. Das wäre einmal das eine. Das zweite ist selbstverständlich, es gibt kein Menschenrecht auf Nacktheit oder Sexualität, aber die Entfaltung der Sexualität ist grundgelegt in der freien Entfaltung der menschlichen Persönlichkeit. Und damit auch, auch wenn es nicht dezitiert angeführt ist, ist es doch klar, daß es einfach, wo immer der Mensch in seinen existentiellen Fragen angesprochen wird, daß dieses eingebunden werden muß. Und ich stimme hier sehr überein mit der Forderung, und insofern halte ich die Formulierung dieser Diskussion hier auf Rechtsprechung nicht ganz richtig. Es müßte auf Gesetzgebung lauten, es müßte die Gesetzgebung geändert werden, weil die Rechtsprechung kann ja nur den Gesetzen folgen in einem Rechtsstaat, und in dieser Hinsicht hat zum Beispiel die letzte Generalversammlung unserer Liga für Menschenrechte eine Modernisierung und eine Adaptierung des Sexualstrafrechts gefordert. Z. B. wo andere Staaten viel weiter sind, als wir es sind. Und daß man hier eben auch ein bißchen, eben freier, dem Menschen, wenn man so sagen darf, einfach und schlicht, dem Einzelmenschen, vertrauen soll, und vor allem ihm das letzte Wort geben soll über seine eigene Entfaltung.
Ich halte meine Anwesenheit hier auch als die eines dankbaren Zuhörers, um eben Themen aufzugreifen, die wir noch nicht aufgegriffen haben, und diese z. B. in die Gesellschaft hineintragen. Wir haben heuer gerade eine Aktion mit Künstlern gehabt, eine Wohltätigkeitsaktion zugunsten der slowenischen Musikschule in Kärnten, die bedroht von ihrer Existenz und von zweisprachigen Kindergärten, wo österreichische Künstler, 180 an der Zahl, großzügig mitgemacht haben.
Aber wenn ich Ihre Frage selbst beantworten darf, daß für mich zwischen Nitsch und

Hrdlicka Welten liegen, und soweit ich etwas von Kunst verstehe, und daß ich durchaus der Meinung bin, bei aller Freiheit der Kunst, daß für viele Leute viele Künstler an Grenzen stoßen, die die Leute als Käufer, Konsumenten, Interessenten nicht mehr akzeptieren. Ich glaube, das ist auch ein sehr wichtiges Problem der Toleranz. Wir müssen in vielen Dingen viel toleranter sein. Und das ist auch das Wesentlichste des Menschenrechts, daß es eigentlich dort seine Grenzen findet, wo die Rechte des anderen irgendwie auftauchen und insofern ist es auch in der Richtung. Obwohl der Künstler auch immer wieder Grenzüberschreiter ist für mich, auch gegen Normen und vielleicht Gesetze oder Tabus verstoßen wird, und damit uns allen helfen wird, uns ein bißchen mitzureißen. Das ist das eine. Das andere, um es noch deutlicher zu sagen, so sehr ich Hrdlicka und seine Kunst und viele seiner Schule verehre, so muß ich persönlich sagen, daß ich mit Nitsch nicht mitgehe, obwohl ich die rote Farbe sehr liebe."...

Oberhuber:
„Ich würde zuerst auf grundsätzliche Fragen zurückkommen, weil wir haben eigentlich nicht diskutiert, wieso zum Beispiel Gesetze entstehen. Ich bin ja dafür, daß man das ändert mit der Rechtsprechung, und es auf Gesetze umwandelt. Das finde ich auch richtiger und besser, und darüber hat man ja noch gar nicht gesprochen. Wir haben ja, weil hier ja ein Geschichtler sitzt, haben wir da ja einen Geschichtsüberbau, der gewaltig ist. Der bestimmt ist vor allem von der katholischen Religion oder von der jüdischen Vorstellung des Patriarchalischen. Wir haben ja von dorther alles bekommen, und wir haben ja jetzt momentan einen Papst, der ja herumwandert und überall die Moral predigt. Wir haben ja im Grunde, also ich bin ein Katholik und vertrete denselben Standpunkt, ich müßte ihn vertreten, natürlich bin ich auch ein Katholik, ein Getaufter, aber ich vertrete nicht den Standpunkt, weil ich mich ein wenig abgesetzt habe. Aber an sich ist ja das das Grundphänomen und die Hauptbelastung. Warum wir überhaupt zu Gesetzen kommen, die uns belasten, die uns weh tun und die wir ja nicht ganz verstehen. Das ist einmal die Ausgangsbasis. Wir haben ja einen Theologen, der kann uns das dann vielleicht einmal erläutern. Den Einstieg, den ich da versucht habe, weil es hat ja keinen Sinn, Einzelfragen zu diskutieren, die uns ja nichts bringen, außer daß ein jeder eine Negativ- oder Positiverfahrung hat. Ich habe keine Erfahrung, obwohl ich laufend Pornographie zeichne. Als persönliche Idee oder als Idee, die mich interessiert. Es gibt auch Leute, die das sammeln und das gern haben. Und es interessiert mich auch persönlich, auch als Anregungsmoment, wenn sie wollen, weil ja bei einem Schiele auch ein Anregungsmoment war. Um einen krassen Fall zu nennen, bei Klimt war es auch so. Und all die anderen Randvorstellungen von pornographischen Künstlern, wie Nitsch oder Hrdlicka, die gehören dort gar nicht einmal hin. Die haben eine ganz andere Vorstellung. Hier liegt eine ganz andere Situation vor und ist nicht die direkte Darstellung eines sexuellen Aktes sondern eines sexuellen Vorgangs, d. h. sie spielt sich auf einer anderen Ebene ab und hat vielmehr mit Geschmack oder Geruch oder Widerlichkeit, wenn man so will, zu tun. Also mich stört's nicht. Aber es hat mehr mit einer anderen Form zu tun, also das scheint mir schon trennenswert zu sein, weil ich ja die direkte Darstellungsform in einer ganz anderen Weise habe. Im sexuellen Akt usw. Ich kann jetzt natürlich auch sagen, was läßt jetzt Kinder, die verführt werden, weil ja im Grunde genommen jeder Mensch mit der Zeit verführt wird oder schlecht wird, oder unmoralisch, oder grauslich, weil ja jeder einmal ja etwas tut, was in Richtung dieser spannenden Sexualität passieren kann. Außerdem ist es ja automatisch so, daß jeder verkommt. Also das ist wirklich mein Standpunkt und meine Meinung, und das kann ich gar nicht verhindern. Auch im ehelichen Bezug.
Ich wollte eigentlich nur noch etwas über Kinder sagen. Denn hier liegt auch ein Mißverständnis vor. Denn Kinder haben eine ungeheure Richtung ins Sexuelle. Sprechen wir es einmal aus. Die zeigen gerne ihre Geschlechtsorgane, zeigen ihren Hintern, laufen mit ungeheurer Begeisterung herum und zeigen und spielen und alles. Ich sag das aus Erfahrung,

weil ich selbst Kinder habe und die machen das auch und verbiete es ihnen auch gar nicht, denn das wäre falsch, und es würde eben zu diesen merkwürdigen Verkrüppelungen führen, in die wir ja immer wieder geraten. Daß wir jetzt nicht so viel vom Recht und Gesetzen sprechen. Denn das ist gar nicht die erste Thematik, ja von der Kunst, das hängt damit zusammen. Wir haben ja eine große Kunst, zum Beispiel in Indien ist die Moral ungeheuer groß, und trotzdem gibt es dort, und zwar für die gehobene Schicht, eine sehr großartige sexuelle oder aktbezogene oder fähigkeitsbezogene Darstellungsform, die einfach großartig ist. Und die natürlich aufregend, aber auch künstlerisch ist. Das haben wir ja bei Schiele auch. Aufregende Geschlechtsteile, aber gleichzeitig eine Perfektion in der Darstellung."

Reiss:
„Was mich an dem Thema interessiert, ist, wie Normbewußtsein entsteht. Und ich sehe da zwei Schwerpunkte. Denn es geht ja nicht um Gesetze. Gesetze wirken ja nur dadurch, daß jemand sie ernst nimmt oder sie exekutiert, das ist ja nur die Außenform, was schon geschehen ist. Also wie entsteht Normbewußtsein. Und da find ich zwei Bereiche. Der erste Bereich ist der der Angst. Ich habe Angst vor Gefahr, und daher stell ich Normen auf, die diese Gefahr kleinhalten. Der Täter wird vereinzelt, es kommt zu Tatbestandsmerkmalen usw. Der zweite Bereich, den möchte ich charakterisieren mit einer angelsächsischen Phrase, die mir sehr gut gefällt und die immer wieder in Debatten über Pornographie genannt wird. Nämlich: consenting adults. Consenting adults sind Erwachsene, denen man zumuten kann, das sie schon wissen, was sie miteinander treiben, die das ruhig tun sollen. Natürlich unter der Generalklausel, daß keine schwere Körperverletzung vorliegt usw., das ist klar. Dieser Bereich der consenting adults impliziert also, daß Menschen über die Folge ihres Tuns im klaren sind, das sie wohl auch wissen, ob sie in Abhängigkeitsverhältnissen stecken oder nicht. Die soll man also in Ruhe lassen. Der eine Bereich ist also der Bereich der Norm, die wendet man an, gegen die, die jemand anderen verletzen könnten, und das andere, würde ich sagen, ist der Spielraum. Nun gibt es eine verhängnisvolle Entwicklung, die schon angesprochen wurde, nämlich Pornographie extensiv zu interpretieren. Das sind die Leute, die in jeder Klostersuppe ein Schamhaar finden. Mir fällt noch eine Phrase ein, das ist sehr gefährlich. Nicht nur die Kunst braucht einen Spielraum, sondern wie soll denn eine erotische Kultur entstehen, wenn nicht auch ein experimentelles Element dabei ist. Und das holt man sich irgendwo. Und ich finde es sehr gefährlich, wenn eine Gesellschaft engstirnig wird, das es auf der einen Seite dieses Normenbewußtsein, der Gefahrenpegel steigt, die Warnungen wiederholen sich, die Einschärfungen, die alten Moralerzeugungsmaschinen fangen wieder zu arbeiten an. Und auf der anderen Seite gibt es ein paar experimentelle Inseln, Nitsch wird zum Staatskünstler. Da wird alles recht eng. Vielleicht kann ich das plastischer noch mit einer Phrase ausdrücken, die mir gerade eingefallen ist. Aus der Semantik der Pornographie gibt es diese wunderschön-häßliche Formulierung: unsittliche Annäherung. Damit meine ich, daß diese beiden Bereiche, in denen Normbewußtsein entsteht, daß diese zu eng rücken. Die Faszination der pluralistischen Gesellschaft verblaßt offenbar."

Zanger:
„In mehreren Diskussionsmeldungen ist immer der Begriff gekommen, des Rechts des Einzelnen vor Schutz und dergleichen. Ich weiß nicht, ob das hier bewußt ist. Aber in Österreich wird das ja ganz anders gelöst. Hier ist überhaupt keine Rede vom Recht des Einzelnen, sondern es ist so wie in allen Sittlichkeitsdelikten, das Recht des Staates. Und daher auch der Begriff Unzucht. Es geht überhaupt nicht um den Schutz des Einzelnen. Es geht auch nicht um den Schutz des Einzelnen vor Vergewaltigung. Es ist also keineswegs das Recht auf sexuelle Freiheit geschützt, sondern es ist die Sittlichkeit geschützt. Und ich glaube, daß das sehr viel mit der Frau zu tun hat. Weil die Stellung der Frau und die Art der Sexualität

irgendwie etwas ist, was auch einen Spiegel darstellt. Man soll nicht glauben, daß der Tabucharakter durch unverbrämte Darstellungen sexueller Natur in irgendeiner Weise verändert werden könnte. Im Gegenteil, wir haben Erfahrungen in den Ländern, in denen Pornographie völlig frei ist, Dänemark und Schweden, daß nicht nur das Interesse an diesen Darstellungen zurückgeht, an den kommerziellen, sondern darüber hinaus auch die Gewaltverbrechen in einem erstaunlichen Maß sich reduzieren. Daher könnte man also sagen, genau umgekehrt ist es. Die Norm bewirkt eigentlich vielmehr Verklemmung als die Freiheit der Norm. Wenn man z. B. eine Seife verkaufen will. Wir haben ja hier in Österreich freie Marktwirtschaft, und ich kann mich nicht daran stoßen, das hier etwas kommerziell verwendet wird. Wenn ich also davon ausgehe, daß ich eine Seife verkaufen will, kann ich sie durchaus färben und in ein Packpapier hineingeben. Das kann ich in der Werbung darstellen, und das bekomme ich dann auch so, ist durchaus nicht schwer. Und wenn ich dann die Frau von der Palmerswerbung sehe und dargestellt bekomme, dann ist das in Wahrheit auch eine Verpackung. Ich werde also impliziert, die Frau zu objektivieren. Und das zieht sich in Wahrheit durch alles hindurch. Ich glaube, wenn man von der Frage der Gesetzgebung hier etwas löst, ich glaub, die einzige gesetzliche Lösung zum Pornographiegesetz ist die Abschaffung. Jeder andere Versuch führt zu neuen Normen, die neu raffiniert ausgelegt werden, neu diskutiert werden, und es kommt dann genau dasselbe heraus. Bei einem Pornographiegesetz selbst, die Formulierung ist so weitlaufend, und die Rechtsprechung entwickelt es in Wahrheit. Und ich weiß nicht, wer außer Humer noch viel Interesse an dem Gesetz haben kann." ...

Reiss:
„Es war erwartet, daß man auch als Theologe etwas dazu sagt; zur Verselbständigung der Norm. Jede Norm bringt neue Normen hervor, und ich glaube, in dem Ausmaß, in dem der Angstpegel einer Gesellschaft steigt, das kann die verschiedensten Ursachen haben, werden immer weitere Normen erzeugt. Und die Kirche wird von vielen, interessanterweise gerade auch von jenen, die sich nicht weiß Gott mit ihr identifizieren, als Moralerzeugungsmaschine gesehen, und es wird auch erwünscht, das sie das tut, und zwar auch von Außenstehenden. Und da ist sehr interessant, daß sich nur im Neuen Testament wenig Moral findet. Diese Besessenheit von der Moral und von der Erzeugung von moralischen Normen findet sich überhaupt nicht im Neuen Testament. Was dort passiert, es kommen Appelle, daß der Durchschnittschrist in einer orientalischen Großstadt sich an die primitivsten Normen des Zusammenlebens halten soll. Das sind die sogenannten Tugendtafeln, die werden aus der Stadtkultur, aus der spätantiken Moral übernommen. Das sind drei, vier Selbstverständlichkeiten. Nämlich: Enthaltet euch von Mord, schwerer Unzucht und von schweren rituellen Vergehen. Aber in keiner Weise entsteht dort das Bedürfnis, immer weitere Normen zu produzieren. Es wird nur darauf hingewiesen, daß der Durchschnittschrist gefälligst das tun soll, was jeder anständige Heide auch tun soll. Warum? Weil die Menschen damals in einer vorläufigen Zeit gelebt haben, bis zum Umsturz aller Werte und aller Dinge soll man wenigstens diese paar entscheidenden Normen ernstnehmen. Diese Geschichte des Anfangs ist sehr lehrreich. Es ist trotzdem eine ungeheure, auch Angst machende Moralbewegung und Normenkontrolle daraus entstanden. Man kann nur sagen, am Anfang war es nicht so."

Schrage:
„Ich möcht den Normenbogen noch einmal zur Gegenwart, eine kurze historische Feststellung machen. In den siebziger Jahren häuften sich in Österreich die Prozesse, wo Künstler oder Künstlerinnen vor den Kadi gezogen wurden. Das war mehrmals in den siebziger Jahren. In den achtziger Jahren gibt es in Österreich fast keinen Fall mehr, bezeichnenderweise nur mittelbar. Herbert Achternbusch hat gegen Verunglimpfung von Religiösem verstoßen und ist dadurch verboten worden, und Ruis ist dadurch damit in Konflikt gekommen. Aber

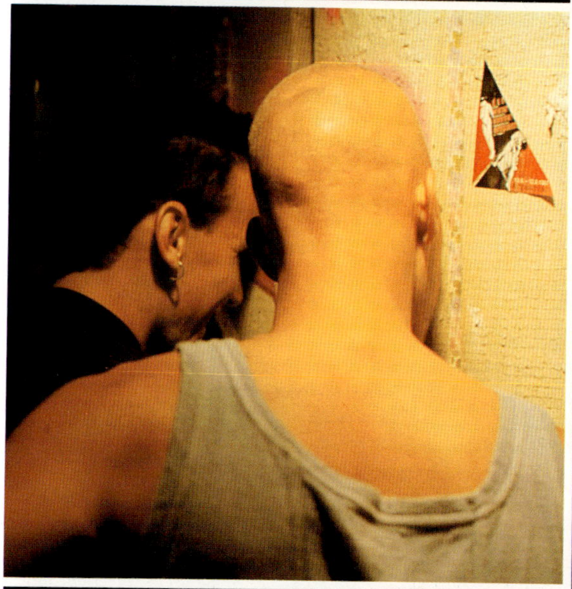

Peepshow, Installation
Petra Felix, Klaus Heinzle, Gottfried Jäger,
Achim Klara, Stefan Pfeistlinger,
Werner Rodlauer, Andreas Stemer,
Ferdinand Szechenyi und Akteurinnen

Eva Afuhs
Rauminstallation, 1 m³ Kunstraum

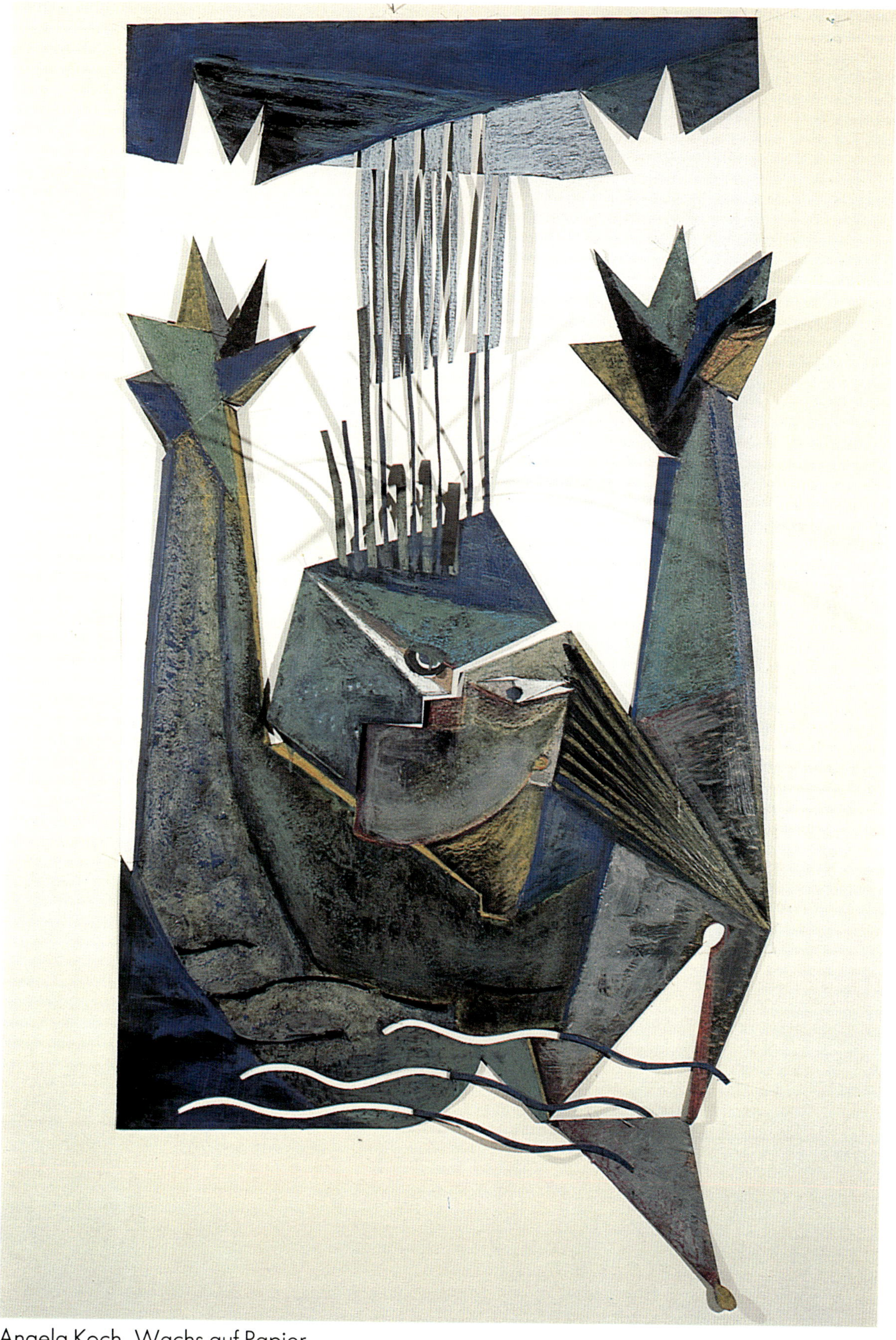

Angela Koch, Wachs auf Papier

Alex Richter, Dispersion auf Molino

Gottfried Jäger, verschiedene Materialien

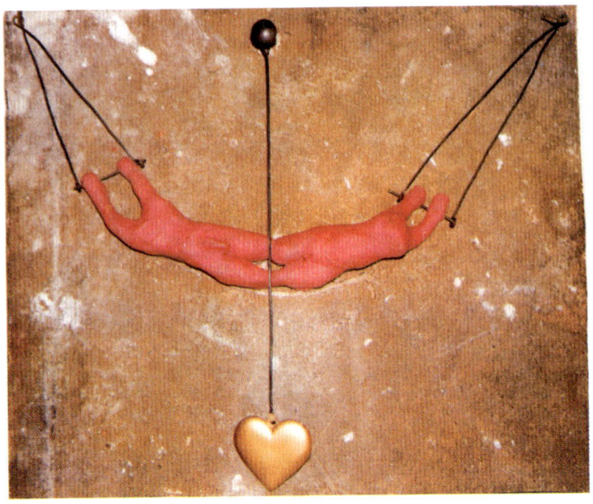

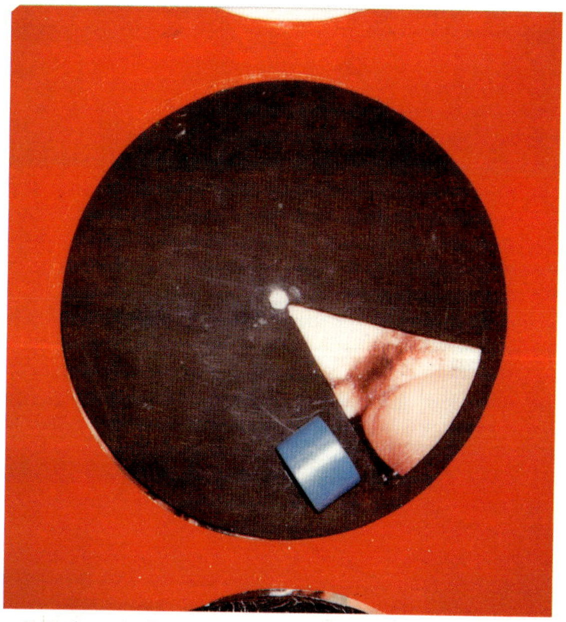

G.Jäger, P.Felix, A.Stemer, verschiedene Materialien

Andreas Stemer
Dispersion auf Styropor

Petra Felix, Objekt

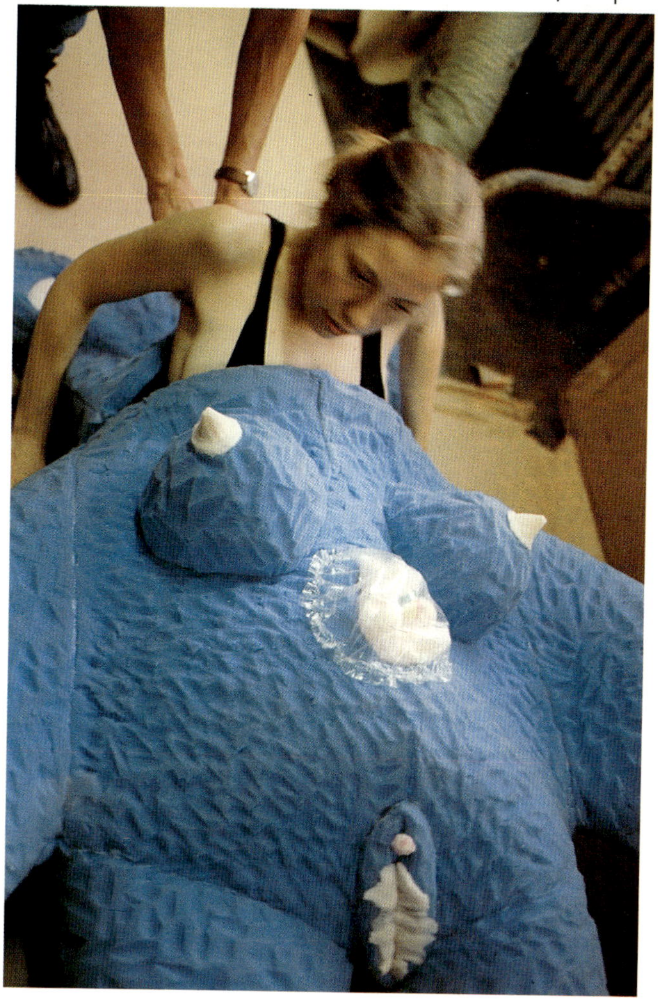

Hans Scharnagl, Öl auf Papier

Hans Scharnagl, Aktion

Hartwig Michelitsch, Mischtechnik auf Molino

Patrick Knoch
Dispersion
auf Papier

Ralf Derkitsch
Aquarell

Kemal Seyhan, Dispersion auf Papier

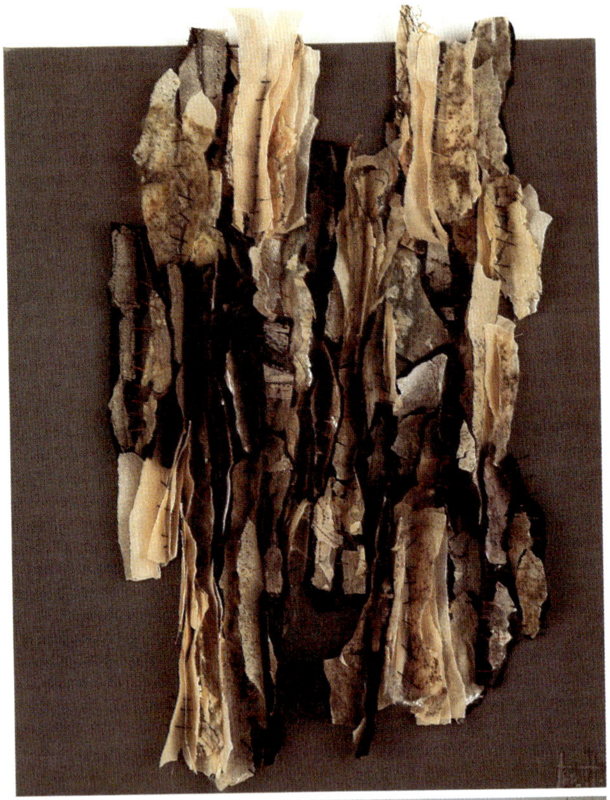

Ingrid Huemer
Textilschichtungen

Ingrid Scharmann
Collagetechnik

Erhard Stöbe
Aquarell

Franz Mochty
Foto

Albert Christa, Öl auf Leinen

Christiane Wustinger, Objekte

Thomas Freiler, 3D-Fotografie

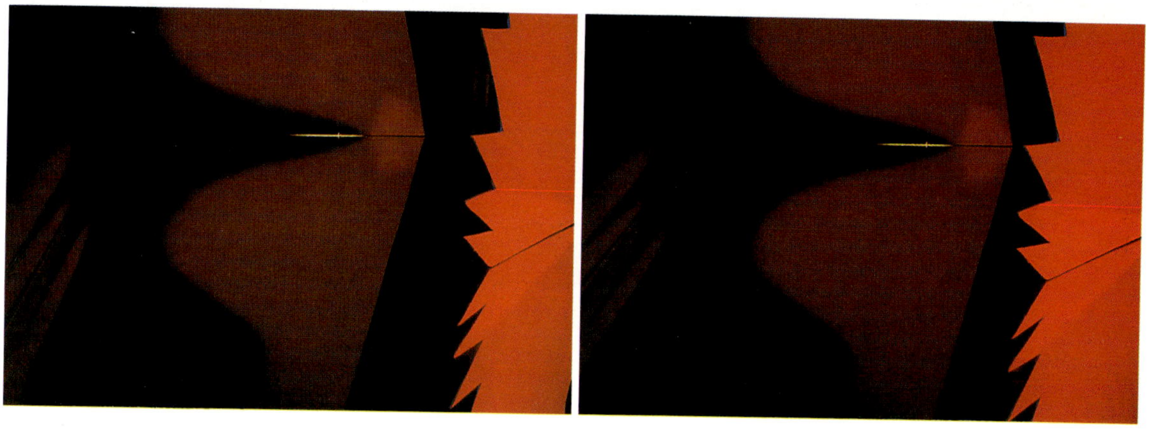

Lawrence Wallen, Thea Brejzek, Performance

Bernhard Herrman
Öl auf Holzfaserplatte
Buntstiftzeichnungen

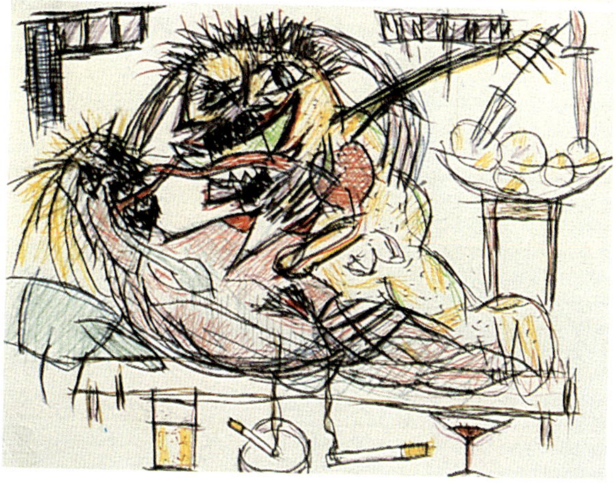

Peter Stasny, Harald Mayrböck, Erik Schnabl, technische Betreuung Zelko Wiener, Computergrafik die vielen Prozesse wegen Erregung öffentlichen Ärgernisses, gegen Pornographie, haben eigentlich nach 1970 aufgehört in Österreich. Daher die Frage für mich, ist das ein Zeichen von Fortschritt?" ...

Schimanko:
„Mein persönlicher Standpunkt zu Striptease. Da könnte man wiederum diskutieren. Natürlich ist es so, daß die Frau vermarktet wird. Das ist schon klar, daß die Männer, wenn ein Mann kommt, der will nicht nur Artisten sehen, sondern ich muß dazu ein paar Stripteasenummern haben, weil das den Leuten gefällt. Und warum gefällt's ihnen? In der Kronenzeitung auf Seite 5 sieht man mehr, vielleicht in perfekterer Form, das muß man auch dazu sagen. Die Preisgabe, die mit dem Striptease verbunden ist, ist ein wesentliches Moment."

Heinzle:
„Ist es nicht gefährlich für Sie, Herr Schimanko, wenn Sie z. B. da mithelfen, indem Sie diese Möglichkeit einer Liberalisierung schaffen und damit eine private Stripteasesättigung erzeugen in einer gewissen Zeit, ihr Lokalgeschäft natürlich zwangsläufig zurückgehen muß, weil die Leute das zu Hause und gratis wollen, was sie bei Ihnen teuer bezahlen müssen?"

Schimanko:
„Das Moulin Rouge gibt es seit 1890, und es hat Kaiser und Ständestaat und Hitler überlebt. Ich bin da sehr zuversichtlich. Die Tabus verschieben sich natürlich, das ist ganz klar. Doch wenn ich zurückblicke, wie das noch uner meinem Vorgänger war, ich hab ihn noch gekannt, er hat im 49iger Jahr begonnen. Und es ist sehr interessant, zu verfolgen wie die Tabus damals waren. Eine nackte Frau, die durfte sich nicht bewegen. Das waren lebende Bilder. Das war von der Behörde verboten, sie durften sich nicht bewegen. Sie durften nackt sein, natürlich nicht unten, nur oben, sie mußten auf einer Bühne oben sein. Und wenn jemand vor zwanzig Jahren das gemacht hätte, was wir heute machen, eine an und für sich harmlose Angelegenheit, so wäre der Lokalbesitzer eingesperrt worden. Ich will damit sagen, die Tabus ändern sich, die Grenzen werden hinausgeschoben. Die Frage ist nur: Ist es notwendig, hier zu reglementieren? Das ist bei der Vergewaltigung in der Ehe genauso, ist es notwendig, daß wir schon wieder neue Spielregeln aufstellen, neue Gesetze erfinden? Ist es notwendig, daß sich der Staat überall hineinmischt? Wäre es nicht notwendig, daß es nur so wenig Staat wie nur unbedingt notwendig gibt? Daß man den Staat zurückdrängt und überhaupt aus dem privaten Bereich."

Heinzle:
„Ja, aber ich sehe den pragmatischen Ansatz, z. B. daß eine ganz wichtige Kundschaft aus Ihrem Etablissement hinausgedrängt ist, nämlich die Frau. Der Voyeurismus der Frauen kann hier ja nur wenig befriedigt werden, wenn sie z. B. nackte Männer tanzen sehen möchten."

Schimanko:
„Ich bin kein karitatives Unternehmen. Ich werde auch nicht subventioniert. Ganz im Gegenteil, ich zahle sehr viel Steuer, und ich kann ein Geschäft nur machen, wenn ich hier nackte Frauen habe. Ich mach nicht deswegen keine Pornographie, also keinen Gruppensex auf der Bühne, weil ich so moralisch bin, sondern weil ich mir davon kein Geschäft verspreche. Und weil ich weiß, daß meine Zielgruppe, meine Gäste, die ich haben will, daß die daran nicht interessiert sind. Jeder hat das schon einmal gesehen. Ich hab das auch schon gesehen, in Hamburg, in Schweden. Aber wenn man das das dritte Mal sieht, wie auf der Bühne gevögelt wird, es bringt eigentlich sehr wenig."

Heinzle:
„Ja, Sie müssen ja nicht nur Geschlechtsverkehr haben, es könnte ja auch ein Männerstriptease sein, der neues Publikum ansprechen würde."

Schimanko:
„Aber damit mach ich kein Geschäft. Das weiß ich. Ich habe hier zufällig einen Bodybuilder engagiert, allerdings weigerte er sich, nackt aufzutreten. Leider, leider. Ich wollte es wirklich. Der André Heller hat ihn bereits gehabt in Flic-Flac. In Gold lackiert kommt er heraus und posiert. Und ich hab gesagt: ‚Das wär doch ein Gag. Also ziehen Sie sich doch die Hose aus.' Aber er hat sich geziert, also das ist unglaublich. Unglaublich geziert hat er sich, und ich verspreche mir kein Geschäft davon."

Zanger:
„Ja, aber das ist klar, daß er sich geziert hat, weil ja Männer immer von einem Leistungsgedanken geprägt sind, und wenn der jetzt nicht optimal unten gebaut ist, dann hat er halt Angst, daß er schlecht ausschaut."

Schrage:
„Er schaut gut aus. Den fand ich als das einzig Erotische. Ich hatte auch mein Unbehagen bei den Stripteasetänzerinnen. Aber wirklich obszön, wirklich ausgebeutet sind die unendlich vielen Frauen, die acht Stunden im Akkord Hemden nähen müssen oder Microchips. Also den Bereich, auch wenn es mit den Tänzerinnen nichts zu tun hat, dürfen wir nicht übersehen. Also acht Stunden lang Hemden nähen oder Chips löten oder so etwas, also das finde ich noch immer ärger."

Schimanko:
„Ich darf Ihnen nur noch eines sagen zur Ausbeutung. Die Tänzerinnen, die hier arbeiten. Da fahr ich nach Holland, und da seh ich in einem Nachtlokal zwei, drei Tänzerinnen arbeiten, und ich engagiere sie. Sie bekommen einen Vertrag hier für diese Nummer. Ich weiß jetzt leider nicht auswendig, wieviel diese Tänzerin, die da getanzt hat, bekommt. Sie ist eine Libanesin. Sie tanzt in ganz Europa. Sie bekommt pro Abend 1.500,— öS netto dafür, daß sie hier dreimal tanzt. Also ich kann mir nicht vorstellen, daß jemand das als Ausbeutung bezeichnet."

Frau aus dem Publikum:
„Also ich finde es ein komisches Emanzipationsverständnis, wenn man den Frauen unterstellt, Genuß zu beziehen aus einem komischen Popogewackel."

Frau aus dem Publikum:
„Mir hat das auch sehr gut gefallen. Ich habe nichts gegen Körper. Aber ich finde, daß diese Institution schon so lange hält und auch gewinnbringend ist, weil sie eine Institution des Patriarchats ist. Wobei in dieser Form der weibliche Körper überhaupt vermarktet ist."

Frau aus dem Publikum:
„Ich finde es immer wieder faszinierend, daß man als Frau für einen Auftritt 1.500,— bekommt und eigentlich nichts macht, außer mit dem Popo zu wackeln. Wenn man dann als Frau versucht zu arbeiten, dauert es lang, bis man für so kurze Zeit so viel Geld bekommt."

Zanger:
„Mich wundert, daß dieses Thema hier so lang anhält, weil ich finde überhaupt nichts wesentliches in dieser Frage, ob es dieses Lokal gibt, oder ob sich Frauen ausziehen oder

nicht. Ich glaube hier liegt nicht den Punkt des Angriffs. Abgesehen ist der Herr Schimanko, glaub ich, im Irrtum, wenn er glaubt, daß solche Lokale mit Männern nicht gehen würden. In Amerika florieren Chippendales und dergleichen. In einer Form, wo man sogar nachweisen kann, daß Frauen sich wesentlich menschlicher verhalten als Männer, die nur hinschauen und an ihrem Wein nippeln und ihre Phantasie im Kopf haben und sich dann ins Separée zurückziehen, während Frauen viel aktiver sind, wenn sich ein Mann auszieht und dem dann gewaltsam helfen, sich auszuziehen. Das ist sehr lustig mitzuerleben, weil es offensichtlich das Bedürfnis sehr wohl gibt. Mich stört weniger, daß es das Lokal hier gibt, noch daß es Chippendales gibt. Vielleicht sollte es mehr Chippendales geben, vielleicht würde das eine gewisse Scheinbefreiung geben, weil ich halte das nur für eine Scheinbefreiung, wenn man Lokale besucht und in dieser Form im Kopf angeilt. Das Problem ist meiner Meinung nach, wir kommen jetzt ganz von dem Thema weg, wo wir eigentlich gewesen sind. Ich glaube Kunstfreiheit spielt sich hier nicht ab. Auch Kunstbeschränkung im Zuge der Zeit, in verschiedenen Situtationen nur sehr beschränkt. Also sehr wesentliche Pornographieprozesse um solche Etablissements hat es nicht gegeben. Und die Frage des Kunstbegriffs hat sich sicherlich nicht an Hand von Stripteaselokalen gehalten. Ich glaube, man sollte folgendes einmal sagen, der Staat hat die Intention, Kunst grundsätzlich dort zu beschränken, wo sie ihm gefährlich wird. Und man soll ja nicht glauben, das wir in einer Kunstfreiheit leben, es ist ja nicht so, daß nur das Pornographiegesetz dazu dient, die Kunst einzuschränken. Wenn wir uns die Steuergesetzgebung anschauen, was die dort alles versuchen, um den Künstler einzuschränken. Und welche Ideen sie haben, was sie als Kunst anerkennen oder nicht. Einerseits soll künstlerisches Tätigkeitswerden nach der Steuergesetzgebung das sein, was aus dem Menschen kommt und nicht erlernbar ist, und andererseits ist derjenige Künstler, der nachweisen kann, daß er eine bestimmte Ausbildung mit einem Zeugnis hat. So etwas Absurdes spielt sich bei uns ab. Und hier sind ja Kriterien, man muß ja nicht unbedingt mit der Pornographie die Kunst einschränken, wenn man mit anderen Mitteln kann. Ich wage die These: Dort wo die Kunst wieder gefährlich werden kann, wird man sie auch mit dem Pornographiegesetz, aber vor allem mit allen anderen gesetzlichen Möglichkeiten beschränken."

Zanger:
„Der Begriff der Unzucht und dergleichen hat sich im Lauf der Zeit gewandelt, und trotzdem gibt es sehr viele Leute, die bloß bei der bloßen Darstellung eines nackten Menschen sich fürchterlich erregt fühlen und alles Mögliche dagegen unternehmen, aber je weiter die gesetzlichen Regelungen gelockert sind, desto chancenloser sind diese Leute. Also ein Martin Humer könnte nicht existieren, wenn es ein Pornographiegesetz nicht geben würde."

Ingrisch:
„Dann darf ich heute Ihnen eine Frage stellen, die ich heute eigentlich dem Professor Hrdlicka stellen wollte. Es war beim letzten Besuch des Bundespräsidenten Weizsäcker, es war noch Kirchschläger im Amt, es waren auch alle Künstler eingeladen, im Belvedere und ich war auch dort. Und ich traf den Professor Hrdlicka, den ich ein paar Abende vorher beim Erwin Ringel getroffen hatte und stellte paßerstaunt fest, es war kein heißer Tag, er war nackert, und hat sich das Hemd vorher ausgezogen und einen dreckigen Rock darüber angezogen. Und ich wollte ihn eigentlich gern fragen: ‚Was wollten Sie damit bezwecken? Wollten Sie den Bundespräsidenten Weizsäcker oder den Bundespräsidenten Kirchschläger, wollten Sie ihn beleidigen, wollten Sie ihn verlocken, warum haben Sie sich Ihr Hemd vor dem Empfang ausgezogen?'"

Schrage:
„Ganz schlicht, eventuell war er leicht ang'soffen. Das erklärt's wahrscheinlich. Aber an sich kommt er immer sehr manierlich. Er trägt zwar keine Krawatte..."

Oberhuber:
„Jetzt sind wir aber auch wieder bei der Sexualität. Wieso darf eigentlich jemand, oder gibt es da Pflichterfüllungen im Bereich vom Bundespräsidenten. Muß ich mit einem schwarzen Anzug kommen oder mit der Krawattn. Wieso eigentlich? Auch dieser Moment der Würde gegenüber einem Bundespräsidenten. Wieso verlangt man das von mir?"

Ingrisch:
„Welches Signal wollte er damit setzen?"

Oberhuber:
„Gar keines! Es war ihm zu heiß, und deshalb hat er das Hemd ausgezogen. Das sehe ich ganz einfach."

Schrage:
„Eine Frage: Warum zieht sich der Bundespräsident dann nicht so an wie der Hrdlicka? Der Schluß wäre doch auch möglich."

Ingrisch:
„Wenn er Humor hätte, dann würde er das machen."

Oberhuber:
„Der frühstückt doch nicht einmal mit dem Pyjama, sondern mit Anzug, hab ich gelesen!"

Ingrisch:
„Haben Sie schon mit ihm gefrühstückt?"

Zanger:
„Welche Jordanier wollte der Außenminister reizen, wie er in der kurzen Hose gekommen ist? Was sind das für Fragen? Wenn man wirklich solche Kategorien einführt und dann auf Künstler anwendet, so ist das eine Vorzensur, die ja unerträglich wird."

Reiss:
„Was mich beeindruckt hat, ist die Stellungnahme von einem Herrn aus dem Publikum. Er hat gesagt: ‚Obszön ist für mich die Arbeit der Näherinnen.' Ich würde in folgende Richtung denken. Wie wird man zur Ware? Dadurch, daß man sich typisiert, und ein verwandter Begriff ist das Ritual, ich muß mich erkennbar machen. Ich mach mich zum Typ. Das kann ich entweder freiwillig tun, also ich mach mich immer wieder zum selben Wurstl, und es kennen mich alle, oder unfreiwillig. Das Ritual der Arbeit, in das ich hineingepreßt werde. Dafür kann ich nichts. Da muß ich mitmachen, um Geld zu verdienen. Also ich mach mich zur Ware, und ich werde zur Ware gemacht. Obszön in dem Sinn, ich überleg schon die ganze Zeit nach einer Behelfsdefinition, obszön in dem Sinn, daß es ja immer bei diesen Ritualen darum geht, einen Intimraum zu vergrößern. Dann hab ich Erfolg. Oder verläßlich zu verkleinern, weil ich keine andere Wahl habe. Es geht immer um den Intimraum. Natürlich möchte ich mich selbst bestimmen, aber es geht nicht. Ich muß ankommen, ich muß erkannt werden. Es wäre vielleicht ein Ansatz, diesen alten Begriff der Obszönität mit dem neuen, der immer wieder hochkommt. Obszön ist Gewalt, obszön ist ausbeutende Arbeit. Diese beiden Vorstellungen kritisch zusammenzubringen."

Reiss:
„Zur Lust, Herr Schimanko hat von lebenden Bildern gesprochen, also früher durfte man sich

nicht bewegen, man hat nur Nackte auf die Bühne gestellt. Das erinnert ein bißchen an das österreichische Veranstaltungsgesetz, das wir noch haben. Im Saal, in dem man wissenschaftliche Vorträge hält, können die Leute kreuz und quer sitzen. In dem Augenblick, wo eine Flöte ertönt oder eine Hymne gespielt wird, sodaß die Leute aufstehen, geraten sie in Bewegung. Das kann zu lustvollen Ausschreitungen führen. D. h., die Stühle müssen mit Keterln miteinander verbunden sein. Durch jede Bewegung entsteht ein Gefahrenmoment."

Schrage:
„Ihre Feststellung hat mich jetzt dazu bewogen, daß ich doch den Kapitalismus hervorholen muß. Wir leben in einer Gesellschaft, wo es einfach um Anpassung an vorherrschende Produktions- und Verwertungsmechanismen, Systeme geht, und da ist persönliche Entfaltung, Lustentfaltung ein Störfaktor, sondern gewünscht ist Produktivität, Wiederherstellung der Arbeitskraft. Und von Familie, die das übernimmt, über Schule und Universität werden wir darauf hingetrimmt. Und damit gibt es ein paar Leute, die versuchen, sehr mühsam, krampfhaft, mühevoll darüber hinwegzuspielen. Solange diese Gesellschaft besteht, die diese Zwänge hat, werden wir keine Erotik, werden wir keine Selbstentfaltung des Individuums haben, sondern weil die Werte Sauberkeit, Ordentlichkeit, Tüchtigkeit und Beherrschung sind. Das ist gefragt. Da hat sich in der Schule und im Kindergarten sehr wenig geändert, wie ich es jetzt an meinem Enkelkind feststelle. Und so lange es diese Gesellschaft gibt, wird es so verlaufen. Der Grundwiderspruch, die Grundsituation die wir in unserem Bereich hier als Kapitalismus bezeichnen können, ist auch in der Diskussion verkürzt. Solange der besteht, bestehen alle Dinge, die wir hier festgestellt haben."

EROTISCHES KRITZELN – KRATZEN AN DER GUMMIWAND

Julius Mende

Die Gummiwand scheinbar freier gewordener Sexualmoral, läßt letztlich freie Sexualität nicht zu. Lebendigkeit, Freizügigkeit und Liebeslustfähigkeit sind eine Frage der Erziehung, der eigenen Kindeserfahrung, des gesellschaftlichen Umfeldes in Freizeit und Arbeitssphäre.

Männerdominanz, Leistungsdruck, Privatisierung der Beziehungen, moralische Gängelung durch Ehe und Familie mit dem Schlupfloch des Seitensprungs, behindern die freie Entfaltung der Sinne.

Ein Schritt zum Dehnen und Kratzen der Gummiwand ist das Zulassen von Vorstellungen, das Ausmalen von Lustträumen und das Unbehagen am täglich gelebten.

Soll das erträumte Bild sexueller Lust auch anregend sein, wird die Flucht in die Abstraktion frustrieren. Nicht zufällig ist die Masse an Pornographie grob realistisch mit intimer Ausleuchtung der Details in der Verwechslung getreuer Schamhaarzeichnung mit realistischer Lustschau.

Wenn's schon in vielen Betten nicht gar so vergnüglich zugeht, hat der Mensch ein Recht auf geile Bilder – zumindest auf Ersatzbefriedigung und Augenweide. Solange diese unterm Tisch des Trafikanten versteckt ist und in ihrer Ästhetik den Werbespots oder militärischen Rüstkammern ähneln, der männliche Blick der dominante ist, setzt sich unterm Tisch fort, was obhalb geheuchelt wird.

Kinder und Jugendliche machen sich so aus Verzweiflung ans Selbermachen. Viele Kinder zeichnen von klein auf sexuelle Phantasien. Für sie ist Zeichnen noch erlaubt, wenn auch nicht das erotische Kritzeln – es geschieht geheim. Erwachsene kritzeln, wenn überhaupt, dann an Klowände.

Solche Zeichnungen haben ihre Gesetzmäßigkeiten und ihren Kanon und sind Ausdruck der praktisch gelebten und verdrängten Sexualität. Wobei die Unterschiede zwischen Frauen- und Männerzeichnungen untersuchenswert wären. Zeichnungen von Knaben, die ich im Kunstunterricht anfertigen ließ, zeigen klassische Grundmuster.

Der omnipotente Mann mit seiner Peniskanone. Mann bespringt Frau. Mann amputiert Frau, keine Arme, kein Gesicht, aber mit dem Bleistift ein Loch in die Fut gestoßen.

Ach ja, die Sprache.

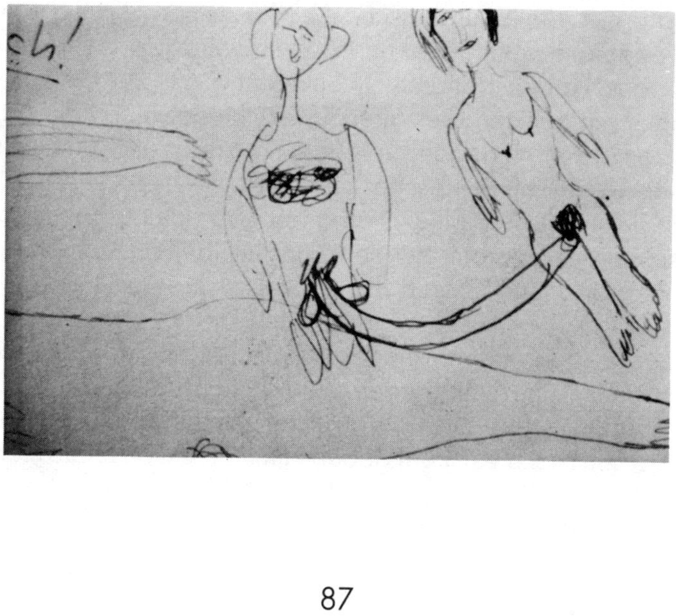

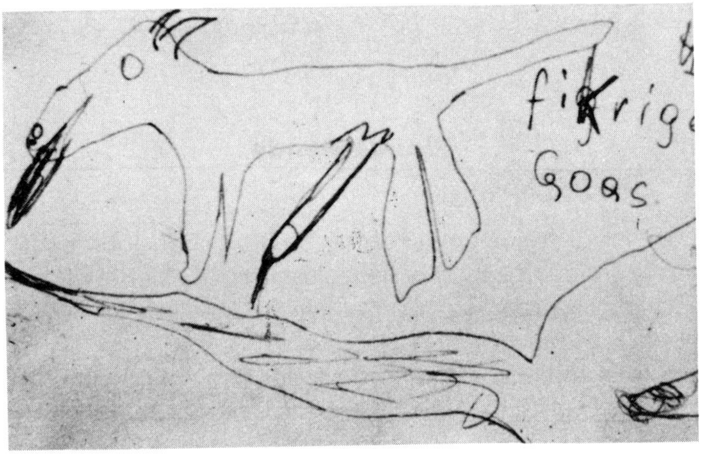

Sexuelle Witze gibt's viele; Sie sind genormte Muster, meist zu Lasten der Frau. Die Sprache ist im Bereich des Sexuellen stärker normiert als die Zeichnung. Die schmutzigen Wörter wurden bald eliminiert oder in den Untergrund gedrängt. In Zeichnungen könnte sich unmittelbarer manifestieren, was sexuell interessant ist.
Die Seminarteilnehmer am Sommersymposion sind dem Sexuellen mehrheitlich ausgewichen. Sprache und Bild haben vielfältige Formen der Verdrängung und Verfremdung gefunden. Zum erotischen Kritzeln ist es nicht gekommen. Im gemeinsamen Zeichnen würden – ohne das Hemmnis der Sprachbarrieren – im zunehmend freieren, nicht auf Kunst orientierten Gekritzel, die Grundmuster des Sexuellen anschaulich, kommunizierbar. Der frühzeitige Kunstanspruch behindert und tabuisiert.
Es sind nicht nur die Themen, die Stellungen und sexuellen Details, die hier zählen, sondern der Herstellungsprozeß: die verklemmte Linie, die aggressive, die lockere. Zeichnen ist viel mehr als Sprache, Tätigkeit, materielle Tätigkeit und Nachvollzug von Lebenshandlungen. Na klar ist das Kritzeln am Klo Ersatzhandlung, wie Freud das bei zotigen Witzen behauptet. Verbalerotik und Voyeurismus erhalten ja nur durch ihre Tabuisierung krankhafte Züge. Das erotische Wort und das erotische Bild sollten selbstverständlicher Bestandteil einer sinnenfreundlichen Kultur sein.
Allerdings boykottiert die Werbung praktisch alle Bereiche positiv lebendiger Sinneslust, vom sprudelnden Bergquell bis zur erotischen Traumnacht, dem Prickeln auf der Haut nach dem Meeresbad bis zum Glucksen des Weins auf der dürstenden Zunge.
Soll man den Werbeleuten kampflos das Feld überlassen, ihnen freilassen, die Menschen zu narren? Früher hatte sich die naturalistische Abbildkunst praktisch die heutigen Aufgaben der Werbung vorweggenommen. Pracht und Ausschweifung des Lebens der herrschenden wurde in schwelgenden Farben dargestellt, Stilleben mit frisch Gejagtem plus Obst und Getränken, Festmähler mit nackten Gestalten lüstern hingegossen. Im Barock wurde nichteinmal der Himmel von dieser niedrigen Fleischeslust verschont – im Gegenteil – man malte sich den Himmel als Überhöhung irdischer Lüste aus.
Welch karge Zeit in der wir leben, all dies erhalten wir in der Regel nur im Einkaufszentrum vorgegaukelt. Diese Konservenerotik bringen Künstler ja wohl zum Ausdruck, die sterilen Püppchen des Phantasten Hutter zieren nicht zufällig die Plastikeinkaufsackerl im Supermarkt.
Frohner zeigt gebeugte, gebrochene eingeschnürte Frauen im Großformat, verweist auf Unterdrückung und durch Ästhetisierung des alternden und gemarterten Leibes auf die seltsame Schönheit des Verfalls. Aber niemals hat man den Eindruck, das seine Gestalten sich wohl fühlen, wenn sie den Arsch verdreht gegen Himmel recken und Unterwäsche zeigen.

Hrdlicka hat sich des Themas Erotik engagiert angenommen, ganze Sexzyklen geschaffen, doch meist einen Bilderbogen kaputter Sexualität. Was die Wiener Aktionisten in den 60iger Jahren auf die Bühne brachten war Ausdruck des Materialcharakters menschlicher Leiber, vermanscht mit Farbe und Lebensmittel.
Bornemann konstatiert nichts anderes in seinen Untersuchungen über die Sexualgewohnheiten der Österreicher. Im kaputten Sexualleben ortete er eine Wurzel für psychische Krankheit und körperlichen Verfall; meiner Meinung nach eine etwas verkürzte Sicht der physischen, psychischen und gesellschaftlichen Krankheitserreger. Woher kommt denn das Maß für die angerichtete Zerstörung? Etwa aus der heilgebliebenen Warenwelt, den bunten Werbebildchen, die doch gleichfalls von Kritikern zutreffend als Ausdruck entfremdeter, überfremdeter und verdinglichter Bedürfnisse gesehen werden, indem die Werbung anregt, den Leib sich dermaßen fremd zu machen.

Bornemann z. B. berichtet in seinen zahlreichen Publikationen und Vorträgen immer wieder, was für ein sexueller Glücksmensch er war und ist. Also kann man, wenn man seinen Aussagen Glauben schenkt, hier und jetzt allen widerwärtigen Bedingungen zum Trotz etwas erhaschen von dem, was sexuelles Glück ausmacht. Mich interessiert die Ausnahme vom Krankheitsbefund und das finde ich an Bornemanns Arbeit so bedeutsam, daß sie trotz der Kritik fataler Fäulnis, Perspektiven weist und im Hier und Jetzt Angelpunkte fürs Glück ausmacht; Reste von Sinnlichkeit also.
Ob die versteckten Jungtriebe so zum Wuchern gebracht werden können, wie Bornemann sich das vorstellt, das Ideal der „freien Wilden" vor Augen, bezweifle ich. Aber im Unterschied zu den genannten Künstlern, die sich nur im „Verwachsenen" ausdrücken können, hat er einen Begriff von „Gesundheit", Glück und Liebe und propagiert diesen unermüdlich.
Nun kann es nicht darum gehen, die Negativzeichnung entfremdeter Sinnlichkeit zu bekämpfen. Es liegt mir an der Wahrheitsfindung und der Mobilisierung der Vitalität auch durch Bildwerke, Filme und die Literatur. Schöpfen doch Künstler wie Hrdlicka die Kraft zur kritischen Zeichnung der Zustände gewiß aus einem Rest eigener Vitalität und Intaktheit. Und nichts anderes erwarte ich von solchen Kraftlackeln, als daß sie's doch verraten mögen, woher ihre Kraft stammt, woher sich ihre Unermüdlichkeit, ihr Sarkasmus und die Freude am schöpferischen Ausdruck speist. Es gibt einfach Menschen, die neben vielen anderen Momenten der Lebensenergie glaubhaft vermitteln, daß ihr Sexualleben, ihre Liebesgeschichten, ihr vitaler Umgang mit Mitmenschen eine Kraftquelle sind, die die Römerquelle trotz raffiniert arrangierter Dreiergeschichten nie sein kann.
Mir geht's nicht um Schönfärberei, leicht kann der Gegenentwurf gegen das Warenglück auch schiefgehen, wie etwa bei den positiv gemeinten, vögelnden Fleischhackern des DDR-Malers Willi Sitte. Ein Besuch seiner Ausstellung im Wiener Künstlerhaus, die zur Hälfte dem Thema Sexualität gewidmet war – ein wichtiges Anliegen sicher auch in der DDR – überzeugte mich, daß allein die Auftürmung graugrünroter Fleischgebirge den Weg zu einer neuen Sinnlichkeit nicht weisen können.
Man muß als Künstler die Pornowelle ernst nehmen, die Tatsache, daß Männer und Frauen sich in zunehmendem Maße pornographische Videofilme ausborgen. Hier artikuliert sich ein Bedürfnis nach Perspektiven, die gut ausgeleuchtete Sexakrobaten natürlich nicht befriedigen können. Die bloße Negativzeichnung unterschlägt die Dialektik des Lebensprozesses, lähmt die Widerstandskraft, die sicherlich in der eigenen Lustfähigkeit eine Wurzel hat. Sexuell halbwegs glückliche Menschen sind einfach ganzer, frecher, offensiver und kämpferischer als die frustrierten Sexmuffel.
Die Frauenkunst übrigens hat diese Defizite der Kunstszene schon entdeckt. Erotik und Liebe, vielfach zwischen Frauen, sind Themen der Zeichnerinnen z. B. in Frauenbroschüren.
Auch haben die männlichen Künstler früherer Epochen Entwürfe einer durchaus emanzipierten Sinnlichkeit geliefert, wie etwa Picasso, Matisse, Beckmann, Grosz um nur einige zu

nennen. Die Filmemacher, die ja mit der Werbung unmittelbar im Kino konkurrieren müssen und unter dem Druck der Heimkinoindustrie stehen, haben sich natürlich der Erotik ausführlich gewidmet, vor allem seit Bergmann vor Jahren mit dem „Schweigen", das Schweigen gebrochen hatte. Die Sexualität, ein zentraler Lebensbereich menschlicher Sinn- und Sinnenlustsuche, muß sich im Kunstschaffen widerspiegeln mit Schatten- und Lichtseiten. Die aufbauenden und schönen Seiten des Lebens sollten nicht der Vermarktung durch Supermärkte und Unterhaltungsindustrie überlassen werden, durchaus im Wissen, daß auch das anregendste Liebesbild in der Gesellschaft der allseitigen Käuflichkeit vom Warencharakter nicht frei sein kann!

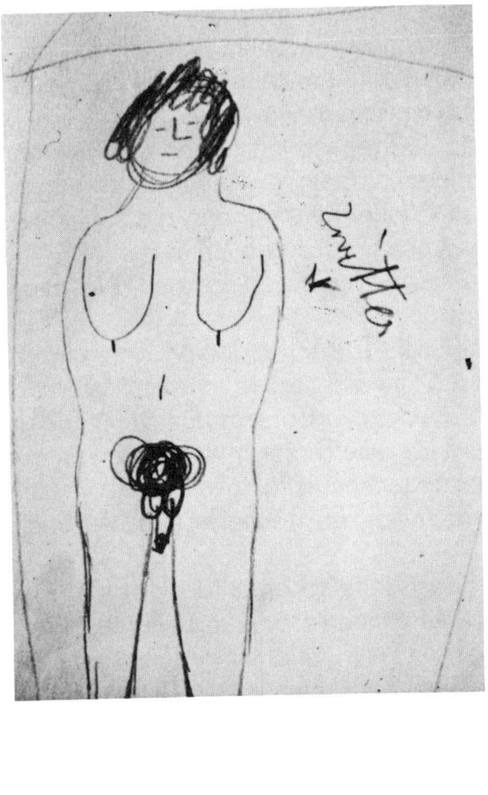

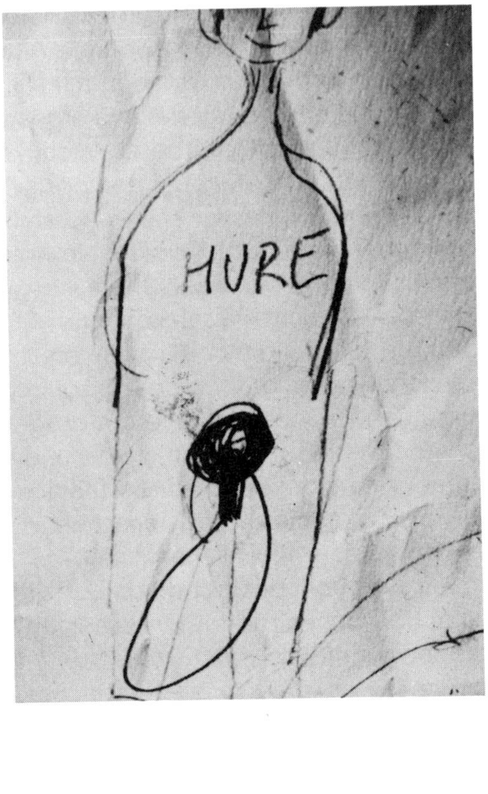

ZUR ÄSTHETIK PRIAPEISCHER FOTOGRAFIE

Erwin Puls

Eins muß ich voraussetzen, daß ein jeder von Ihnen schon wenigstens einmal ein priapeisches Foto gesehen hat.
All diese lieben Stangerln, die in ihrer Trivialität in den priapeischen Bildern gegenwärtig sind, drohen jene herrschaftlichen Werte zu verderben, als deren drohende Spieße sie sich selbst verstehen. Auf dem Untergestell verhärteter Rezitation wird die Stabilität der Herrschaft gründlich abgeschlafft auf einen onanistischen Tick paralysiert; während gleichzeitig das hilfreiche Weib in Relation zu den Potenzschwächen der Herren sich bewährt, weil es seine Schwächen leugnen kann; es bezieht *so* Autonomie aus dem Schrumpeln seines Zepters. Das Weib scheint durch viele Metamorphosen, die ihm die Herren aufzwingen wollen, zu rutschen, aber in Wirklichkeit täuscht es diese vor. Die Frau verkettet ihre Gesten entlang einer Variationslinie, durch die sie der Herrschaft des Mannes entkommen und jenseits seiner beherrschenden Einflüsse anlangt. Die priapeische Fotografie beruht so auf zwei Variationslinien, die sich verbinden und aufeinander bezogen sind. Die Gesten des Mannes wechseln eintönig zwischen steif und schlapp, und die Gesten der Frau verbinden sich mit den seinen in der Weise, daß sie alle Variationen von Jungfrau, Dirne, Mutter, Domina und ähnlichem durchspielt. Wenn die beiden Variationen auch einigermaßen getrennt bleiben, wie zwei Kontinuitäten, die sich schneiden, so weil der Mann nicht im Bilde ist. Er ist nicht Gegenstand von Liebe, Mitleid oder Angst, er hat seinen Priap noch nicht selbst bestiegen. Sie aber ist ihm bei der Suche nach seiner Prothese behilflich. Sie wird sich mit dem Pint beschäftigen, anstatt in seinen Dienst und seine Zucht zu kommen. Sie beginnt selbst mit einer Variation, die sich mit derjenigen des Mannes nicht vergleichen läßt, wobei sie sich unablässig aus- und anzieht, in einem repressiv-progressiven Rhythmus, der das Subtraktionskonstrukt des Mannes erwidert.
Sollten solche Bilder nicht wenigstens mit Schuld oder Blasphemie, mit moralischen oder politischen Werten aufgetakelt werden, oder mindestens überhöht sein durch fotografisches Raffinement, damit Dramaturgie sich organisiert und so ihre Zurschaustellung doch noch hierarchisch ordnet, und unsere Beschaulust sich rechtfertigen ließe als Kunstbetrachtung? So erst wären diese Fotos zu den *guten* Werken zu rechnen, wenn sie den existenzberechtigenden Gefühlen und Gedanken nicht entsagten. Sie sollten mit Geist überstülpt werden, und nicht das Gieren – obszön wie es nun einmal ist – aufdrängen, nicht diese schamlose Lust verdeutlichen, ganz ohne Geistigkeit!
Denn so wie diese Bilder sind, sind sie ein Quargel, die nicht von den schöngeistigen Strukturen unserer recht gut bewährten Hochkultur gefestigt wurden, sondern wo allein ihre ursprüngliche Funktion als Animationsvorlage ein bißchen Ordnung hineinbrachte; so ausdrücklich, daß nicht einmal für die Dummheit Platz bleibt in der Banalität des Gezeigten. Denn diese Bilder haben die große Idee des *Leidens* zur Strecke gebracht und die Kunst von allen Geständnissen entbunden und sie zum erlaubten Vergnügen für Hinz und Kunz reduziert. Es ist so offensichtlich, daß es diesen Bildern weder darum geht, der bildnerischen Hochkultur nachzueifern, noch eine Parodie darauf zu konstruieren. Sie kümmern sich um all das einen feuchten Kehricht.
Feststellbar ist, daß der Kunstbegriff um eines seiner elementarsten Elemente bestohlen ist: diese Fotografen kriegten offenbar ohne Anstrengung etwas weg, was uns hoch und heilig zu sein hat! Obwohl die Hochkulturen in der Erhabenheit ihres Geistes auch in ihren Bildern

nicht ganz auf Nacktheit verzichten mochten; aber sie wollten sie vernünftig unterordnen, aus ihnen den materiellen Signifikanten eines höheren Signifikats machen, der auf die Schweinerei wirkt wie das Weihwasser auf den Bösewicht.
Nun werden diese Bildtatsachen, da ein nicht-willkürliches Element daraus entfernt ist, sich hoffentlich nur noch um ihre eigene Bedeutungsachse drehen, weil die gekonnte Stänkerei als bewährter Bedeutungsaufhänger herausgebrochen ist. Wir sind Zeugen einer Bildwirklichkeit, der Wirklichkeit der dauernden weiblichen Sexuallust, die in der Hochkultur bisher nur als mythologische Möglichkeit angelegt war. Die höchste Wollust des Mannes dagegen bedeutet zugleich sein Finale, sie ist gleichsam seine Demission.
Das Einverständnis wäre bald ruiniert, aber in diesen Bildern darf es nicht dazu kommen und kommt es auch nicht dazu. Deswegen ist die Gegnerschaft, die zur dramaturgischen Entzweiung der handelnden Personen führt, ihnen entzogen. Und diese Annullierung ist die Grundlage ihrer Permanenz. Es geht also erst in zweiter Linie um das sexuelle Konstrukt der Schausteller vor der Kamera. Denn das Bildherstellen ist zuerst nicht mit dem *Aufbau* der Figurengruppen verquikt, sondern mit dem *Ausblenden* all der Dinge, die sonst noch passieren. Und der Fotograf ist dabei kein Regisseur, sondern Operateur, dessen Tatsache die Subtraktion ist. Dies ist Bildgestalten mit chirurgischem Talent. Hier werden mögliche Bildinhalte amputiert, nur um nachzusehen, was wohl geschieht, wenn die Zeichen endlich aufhören, dramatisch sein zu wollen.

Wenn man von „hoher" Kunst spricht, neigt man immer zu einer bestimmten Präsentation von Geschichterln, Verschiedenheiten oder Streitereien zwischen Individuen und Gesellschaft, zwischen Privatheit und Öffentlichkeit, Widersprüche und Gegensätze aller Art. Je schlimmer desto besser! Man ersetzt in der priapeischen Fotografie diese Präsentation des Dramatischen durch die Präsenz von Variablen als ein bestimmendes Element. Warum ist denn wohl die Dramaturgie im allgemeinen jenen Bildformen übergeordnet, welche die Widersprüche und Gegensätze sich zum Thema machen? Weil Dramaturgie schon geordnet, kodifiziert und institutionalisiert ist. Es sind nur noch geregelte Machenschaften. Die inszenierte Geschichte ist ein Drama, voraussehbar und kontrolliert; sie ist narzistisch, historisch und moralisierend.
Die Erzählungen werden also verstümmelt, besser gesagt, amputiert, denn die Geschichte ist der hierarchische Index der Macht. Die konstanten, stabilen Elemente werden subtrahiert, denn sie gehören zum herrschenden Gebrauch. Das Dramaturgische wird ausgesperrt, denn das Drama ist gleichsam der Imperialismus der Bildung über das Bild. Der Antagonismus wird gestrichen, denn er trägt Machtelemente in die Beziehung der Betrachter zum Bild und läßt sie darin zirkulieren.
Das einzige Geschehen ist das Amputieren des maskulinen Zeichens zur koitalen Bereitschaft. In geschichtslosen Zeiten ist der hergestellte Mann außerstande, Macht zu begehren, er ist vielmehr ausreichend beschäftigt, seinen Schwanz neu zu erfinden, um immer wieder zu können, auch auf die Gefahr hin, das scheinbare Gleichgewicht der Generationenfolge zu stören.
Indem die Subtraktion zuförderst den männlichen Figuren geschah, ist den weiblichen gewährt, ihre wirkliche oder getäuschte Konstitution – die wiederum die Männer bedroht – zu demonstrieren. In dem Maß, in dem die sexualaktiven Frauen *ernsthaft* auftreten, wird sich der dargestellte Mann entlang seiner kontinuierlichen Variationslinie formieren, oder besser deformieren müssen, um den Bildbetrachter zu belustigen und die Bildbetrachterin zurückzuhalten.
Um unser Seelenheil machen sich diese Bilder wenig Sorgen und kümmern sich in keiner Weise um irgendein Erlösungswerk. Sie zeigen nicht einmal, wovon wir gern erlöst wären. Es ist doch so, daß man sich nur von etwas erlösen kann, wenn man einer bestimmten Anstrengung unterworfen ist: ohne Fleiß kein Preis!
Ich will diese Bilder nicht des entwürdigenden Charakters, des bloß lüsternen Erregens

rügen, ich will auch nicht tadeln, daß ihre Versprechungen so ordinär sind; ich mißbillige nur, daß sie ihre Versprechen nicht halten wollen. Dort wo man mir Entfesselung priapeischer Naturgewalten und das Niederreißen aller Sexualhindernisse verspricht, werden in Wirklichkeit nur kurze Sehvergnügen geboten. Sie bleiben als Bilder eben nur auf den Blick beschränkt. Die Seligkeit im gemeinsamen Streben nach der Erlösung, zumindest vom Sexualtrieb, bleibt der „hohen" Kunst mittels Sublimation vorbehalten. Wir träumen doch von *erlesenen* Phantasien.

Herrschaftsverhältnisse gehören zur priapeischen Fotografie nur, um ausgemerzt, subtrahiert oder neutralisiert zu werden. Diese Bilder interessieren sich nicht für Meinungsverschiedenheiten, nicht für Erzählungen; sie sind einfach Träger von Variationen. Sie entfalten sich nur in Variationsverhältnissen, die ihre „Herrn" eliminieren. Was bei der Variation zählt, sind ihre Häufigkeitsverhältnisse und die Modifikation dieser Verhältnisse, insofern die Gesten und Darstellungen gemäß variabler Koeffizienten eine Transformation auslösen. So sind diese Abbilder anarchisch, weil in ihnen jede Form von Veränderungsmodifikationen deformiert wird, die nicht zweimal dieselbe Geste wiederholen lassen, ohne daß man dadurch verschiedene Zeichencharakteristiken erhielte. Die Operationen, die im Stile der Pornographie am Werk sind, sind eben genaue Häufigkeitsindikatoren, die selbst nicht mehr zum Bild gehören, obgleich sie dem Inhalt nicht widersprechen.
Die Unterordnung der Form unter die Häufigkeit, unter die Variationen, scheint mir in diesen Bildern zwei wesentliche Ziele zu erreichen. Der Standpunkt wird auf die Variation und das Objekt übertragen, im doppelten Sinne von „Thema" und „Inhalt". Lauter Affekte und kein Subjekt, lauter Variationen und keine Form. Was zählt sind die spezifischen Mittel, dieses Ziel zu verwirklichen: die Variationskontinuität. Diese Variationslinie verläuft aber nicht zwischen den abgebildeten Damen und Herren, denn zwischen denen bildet sich kein Geflecht von Relationen und Oppositionen. Die fortgesetzten Variationen der Zeichen können einander unterbrechen, sich entgegenstehen und überschneiden. Ebenso müssen sich beide fortsetzen, ein und dasselbe Kontinuum bilden, das je nach dem, fotografisch oder sonst was wär. Diese kleinen Bilder enthalten nicht einmal ein Minimum struktureller Dramaturgien. Sie sind dennoch kein Unbestimmtes, da sie ihre Regeln in der Konstruktion eines Kontinuums finden. Die kontinuierliche Variation bezieht sich in der Tat auf alle Fotografien priapeischer Zeichen, in der Art von allgemeinster Chromatik.
Es sind eben die Bilder einer anarchischen Absicht, manifestiert als Tatsache, und jedes Tatsachewerden ist Kreation. Denn sobald irgendwer das Bild einer Absicht entwirft, wendet er sich an die Courage seines Tuns, das aus einem anderen Bereich als dem der Hierarchie kommt: ihr Diskurs wäre der des Heckenschützen. Denn, seien wir ehrlich, nur solche Fotos sind albern, die nicht von Hinterhältigkeiten gestützt sind, sondern wo allein die Wahrheit einer offenen Feldschlacht polemische Ordnung in sie hineinprojiziert.
Ästhetiker haben oft eine recht zweifelhafte Vorstellung vom Gegenstand, den zu untersuchen sie vorgeben. Sie behaupten zwar, daß jeder Kunstgegenstand ein heterogenes Gemisch ist, aber wissenschaftlich nur untersucht werden kann, sofern aus ihm ein homogenes und konstantes System extrahiert wurde. Deshalb werden die Variationen, die die jeweilige Kunstgattung affizieren, entweder als äußerlich, außerhalb des Systems stehend, betrachtet, oder als Manifestation einer Vermischung zweier Systeme, die, jedes für sich genommen, homogen wäre. Aber vielleicht setzt diese Bedingung der Konstanz oder Homogenität bereits einen bestimmten Gebrauch der jeweiligen Kunst voraus: einen hierarchischen Gebrauch, der die Kunst als Machtverhältnis und Machtindex behandelt. Dabei könnte es auf die Freilegung von Variationslinien ankommen, die in jeder Kunstgattung vorkommen und sich auf sämtliche Bestandteile beziehen, und die neuartige, immanente Regeln konstituieren. Ich finde kein homogenes System, das nicht schon von einer immanenten, kontinuierlichen und geregelten Variation bearbeitet worden wär: so hat jede Kunst ihren hierarchischen Gebrauch.

Und diese Konstanz affiziert nicht allein die äußere Situation; sie affiziert das Innere einer Bedeutung, der Syntagmen und der Phänomene. Man kann also ein Zeichen alle Variationen durchlaufen lassen, von denen es in kürzester Zeit gereizt werden kann. Das Zeichen ist dann nur noch die Summe seiner eigenen Variationen, wodurch es jedem Machtapparat zu entkommen meint, der es fixiert, und jede Variation vereitelt.
Aber es geht um ein viel präziseres Verfahren: man beginne damit, alle Machtelemente zu subtrahieren, zu streichen, in den Bildern und den Gesten der Figuren, in der Präsentation und im Präsentierten. Ich kann nicht einmal sagen, dies sei ein negatives Verfahren, insofern es schon positive Prozesse impliziert. Daher der Gebrauch des eigenen Hintergrundwissens; denn das Playback steuert die Amplitude der Variationen und reguliert sie.
Wie kann man sich einen solch fortwährend variierenden Bildgebrauch vorstellen? Ich hab einige Vorschläge: Hintergrundsehen in einer Fläche, naiv das Bild lesen, aber in seiner ganzen Komplexität, unscharf oder verwackelt sehen, aber so, daß nicht nur das Foto unscharf ist, sondern die Sache nicht schärfer zu fassen ist. Sich selbst als Sexualsubjekt sehen, aber so, daß man Sexualobjekt ist.

Im allgemeinen ist Unschärfe eine fotografische Bildstörung, aber ein Bild zur Unschärfe bringen ist etwas ganz anderes. Dazu muß ich das Bild, all seine inneren Elemente, der Arbeit der kontinuierlichen Variation unterziehen. Dies bleibt jedoch nicht ohne Wirkung auf die anderen nicht bildnerischen Bestandteile, wie Gespräch, Handlung oder gar Leidenschaft: alles was zum Drama führt. Denn ich kann die Elemente von Bild und Darstellung nicht als ebensoviele Variablen behandeln, ohne sie in Wechselwirkung zu den externen Variablen in ein und derselben Kontinuität zu setzen. In einer Bewegungsrichtung tendiert das Bild dazu, dem Machtsystem davonzulaufen, von dem es aber strukturiert wird, wie die Handlung im Herrschaftssystem, von dem es organisiert wird. Sollte ich also sagen, daß nur das doppelte Prinzip von Impotenz und Sprachlosigkeit Kräfteverhältnisse enthüllt, in dem jeder Körper ein Hindernis des anderen darstellt und jeder Wille den des anderen behindert, sich der Herrschaft entziehen kann? Es gibt noch etwas anderes, mehr als ein Spiel der Gegensätze, das mich auf das System der Macht und Herrschaft aufmerksam macht. Durch fortgesetzte Behinderung werden nämlich Gesten in eine kontinuierliche Variation gesetzt. Die Geste des Penis verläßt unaufhörlich seine eigene Ebene, sein eigenes Niveau, durch sein Schrumpfen, seinen Aufstand, durch sein Gleiten: eine Geste in unaufhörlichem Ungleichgewicht. Die Kleider, die sie auszog und wieder anzog, ist nur eine Variation des Kleidens, und tatsächlich gibt es dabei sehr wenig Konfliktstoff. Ich kann mir Pornofotos vorstellen, die das koitale Geschehen disfunktionieren lassen, aber das sind nicht die Mittel, die hier eingesetzt werden.
Von großer Geltung ist die Tatsache, daß kein Individuum Freiheit hat, seine Kunstwelt mit Unparteilichkeit zu schauen; sondern eben auf bestimmte Interpretationsformen angewiesen ist. Ich gelange daher zu einem Prinzip, das besagt, daß nicht alle Betrachter durch die gleichen physikalischen Sachverhalte zu einem gleichen künstlerischen Weltbild finden. Es sei denn, unsere bildnerischen Kulissen sind derart ähnlich, oder können in irgendeiner Weise auf einen kleinsten gemeinsamen Nenner gebracht werden, daß er zwingend wär. Plausibel erachte ich dieses, wenn ich *nur* unsere hochkulturellen Bilder miteinander vergleiche. Unter dieser Kulturauffassung herrscht Eindeutigkeit in der Basisstruktur, die noch auf den zweiten Blick der natürlichen Folgerichtigkeit recht gibt. Dieses Einverständnis besteht jedoch, weil hier unterschiedliches Denken nur aus verschiedenen Facetten besteht, die nach dem gleichen Muster gestrickt und historisch überkommen sind. Sie rekrutieren sich aus dem, was vor einiger Zeit eine sich hochstilisierende Ästhetikgemeinschaft war; weil die Bilder seit langem am Bau einer sozialen Abstandskultur beteiligt zu sein hatten, auf deren besseren Seite man selber gerne gewesen wär.
Beim jetzigen Stand der Dinge wird es mir kaum viel nützen, wenn Kunstwissenschaftler ohne gründliche Kenntnis des Blickschiebens versuchen, das Feld der priapeischen Zeichen

durchblicken zu wollen. Unglücklicherweise leiden die Erklärungsversuche der meisten Ästhetiker auf diesem Gebiet unter dem Mangel an voyeuristischer Bildung und Übung. Sie suchen nach höheren moralischen oder universalen Formeln für priapeische Bedeutungszusammenhänge, während sie nichts Genaues über die elementaren Dinge der Pornographie wissen, dies heißt geradezu dem Mißverständnis alle Chancen zu geben. Der durchschnittliche Kunstwissenschaftler beginnt nicht mit dem Deuten und Entziffern eines Bildes, sondern mit der Bestimmung der Bedeutung einer Darstellung. Dagegen der moderne Ästhetiker: er fängt gleichzeitig mit der Struktur logischer Bildkomposition und mit den obligatorischen Strukturschemen der vorgegebenen Kunstsache als Zeichensystem für die Inhalte an. Aus den relativ einfachen Elementen für die groben Strukturschemen der Fotos werden die komplizierteren analytischen Verfahren der Ästhetik entwickelt. Übrigens sind selbst die einfachen Strukturschemen, z. B. der nackte Körper, nicht gerade einfach; aber es illustriert den unbewußten, obligatorischen Hintergrund des Sehens einer Fotografie wie kaum etwas anderes – selbst wenn die abgebildeten Personen bekleidet sind.
Die heroischen, zwar nicht immer geglückten Bemühungen der Fotografie, strenge Dokumentation zu sein, haben diese Ästhetiker nun endlich mit den unvermuteten Tatsachen der bildnerischen Herstellung des zu Fotografierenden in Konsternation gebracht. Die „klassische" Ästhetik hat solche Tatsache selten noch erkannt, untersucht oder gar verstanden; eben deshalb kam dies unbemerkt durch die Hintertür in ihr Denkgebäude und wurde als das Wesen der künstlerischen Vernunft mißverstanden. Was wir allesamt kunstwissenschaftliches Betrachten nennen, ist eben eine spezielle Entwicklung der abendländischen Sehgewohnheit, die nicht nur eine Reihe verschiedener Bilder, sondern auch eine Menge Ästhetikfestschreibungen provoziert hat. Derartiges führt keineswegs etwa nur zu kunterbunten Verdrehungen, die ein guter Interpret geradebiegen könnte, sondern auch zu einer steifen Einseitigkeit. Denn erst in der Spezialisierung sind bestimmte Drehpunkte und bestimmte systematisch verknüpfte Widerstände gegen wechselnde Standpunkte eingebaut. Dies gilt insbesonders dann, wenn Sehgewohnheiten in ihrer ganzen Verschiedenheit nicht überschaut werden, sondern, wie üblich, entweder eine psychisch beschränkte oder eine physisch begrenzte Sehgewohnheit ist, die vom jeweiligen Standpunkt aus als die universell angenommene und für den Inbegriff von Bild überhaupt gehalten wird. Die gesamten Einschränkungen isolieren nicht nur künstlich die einzelnen Bilder, sie hindern auch das Verständnis im Ganzen daran, die nächste Denkdrehung zu tun. Dieses Drehen verlangt variable Kriterien und ein bedingtes Loslösen von eigenen Traditionen.
Denn die geschlossenen Sehstrukturen, die in den Spezialansichten der Kunst verhärten, die sozusagen als „hohe" Kunst angebetet sind, haben sich keineswegs schwindelig gewalzt. Selbst der Neoästhetizismus spürt das Ungenügen jener Strukturen für das Erfassen mancher, vielleicht bedeutsamer Aspekte der Kunstgegebenheit.

PLAYMATES UND PERFORMER – DIE MÄNNERMACHE

Gerhard Johann Lischka

PLAYMATES

Das Playmate, centerfold des „Playboy" (fünfziger Jahre)
Pat of the month, centerfold des „Penthouse" (sechziger Jahre)
Honey, centerfold des „Hustler" (siebziger Jahre)
Die Peepshow und zurück zum „Crazy Horse Saloon"
Puppen (Barbie etc.)
Das „pin up"
Mannequins (Mode und Modefotografie)
Holographie und P.I.N. (Personal Identification Number)

PERFORMER

Performer (von Elvis bis Schwarzenegger)
Extrem-Performer (z. B. Devine)
Star-wars
Die Rolle der Komiker
Akt-Darstellungen I
Akt-Darstellungen II
Performance-Künstler/innen
Medienkunst

Auszug aus einem Vortrag im Rahmen der Interaktion 1, 1987, im Josefinum, Wien

„Wir sind Mediatisierte" wäre die Grundidee des Vortrags, und den Prozeß der Mediatisierung möchte ich von der Moderne bis zur Postmoderne verfolgen, v. a. zeige ich aber das Spektrum der Entkörperlichung in Playmate, Pat und Honey auf, was ja nichts anderes heißt, als die drei „centerfolds" von drei Jahrzehnten „girly magazines".
Was sich herausgestellt hat, ist, daß es zwei Möglichkeiten der Penetration von Mutter Erde gibt, der Ausbeutung des weiblichen Geschlechts also: Die eine, vom Herausgeber des Penthouse-Magazines Bob Cuccione „plastic" genannt. Plastic war das Image des Playboy centerfold girls, denn seine eigene Bilderwelt nannte er „realistic". „I'm a realistic man thinking in our world and what's erotics today", sagt er ganz großzügig, und es ist ein künstlerisches Image, das er verfolgt und uns eigentlich als massenweises Kunstwerk im Sinne von Aktfotografie verkaufen will. Beim Hustler hingegen geschieht die Abspaltung in Richtung Pornographie.
Ich möchte aber nicht nur das aufzeigen, sondern auch, wie die Männer sich nun selber zeigen möchten in einer Welt der nackten Frauen, v. a. in der Werbewelt der Ausbeutung des Körpers der nackten Frau. Wir machen uns ja üblicherweise keine Gedanken über die Bil-

der, die uns im Alltag überfluten. Das möchte ich ein bißchen an diesen Nacktbildern, die ja millionenweise konsumiert werden, aufzeigen.
Was steckt hinter dem „Playmate des Monates"? Hugh Hefner hatte in den vierziger Jahren schon den Wunsch, ein Magazin herauszugeben, in dem er nackte Frauen präsentieren kann, um seine eigenen Gelüste befriedigen zu können, und hat das für sich selber als sexuelle Revolution verstanden. Er selber gibt im 25. Jahrgangsheft seine Playboy-philosophy kund. Das sind ziemlich peinliche Überlegungen, was denn eine befreite Sexualität sei: Ein centerfold, das die idealen Vorstellungen des Herrn Hefner zeigt. Einerseits die großen Brüste der Mutter, dann das schlanke Becken der jungfräulichen, fast „jungmännlichen" Frau. Aber dann ganz spezifisch – das können wir in jedem centrefold verfolgen – ein Stückchen Stoff, das über den Körper gezogen wird, oder das berührt wird. Das ist nichts anderes als eine tiefenpsychologisch clevere Spekulation mit dem Symbol des Hymen. Jeden Monat muß eine neue Frau auf den Markt geworfen werden. Diese ist natürlich nur aktuell, wenn man sie frisch bringt, wenn sie „frische Ware" ist, konsumgerecht ist. Deshalb hat er nie ein zweitesmal ein Playmate gebracht. Das Jungfräuliche, Unberührte ist für den Konsumenten das Wichtige.

Die Playmates werden gejagt. Hugh Hefner nennt das auch „playmate hunt". Sie jagen wie eine geile Truppe Männer durch die USA, um immer wieder die paar wenigen Mädchen zu finden, die den Busenwünschen des Herrn Hefner entsprechen – andererseits kam natürlich in den vierziger Jahren ein künstliches Mittel auf, um nachzuhelfen, nämlich Silikon. In Las Vegas wurden daraufhin tausende Frauen mit diesem größeren Busen beglückt, viele tausende sind daran auch an Krebs gestorben.
Das Denken, daß alles käuflich ist, der Akt zu einem Muß wird, daß man unter Männern diese Zeitschrift lesen muß und das gesehen haben muß, das entspricht meiner Ansicht der Veränderung der Psychoanalyse zugunsten einer Orgasmologie, dem Zwang zum Orgasmus. Man kann nicht mehr einfach sich verweigern, sondern muß einfach zum Orgasmus kommen, und die beiden Hohepriester dieser Orgasmologie sind Masters & Johnson. Deshalb hat Hugh Hefner auch Diagramme im Playboy eingedruckt – „sexual practices" – was haben die Amerikaner am liebsten, was wird am meisten gemacht – und wir wissen, das kommt aus den fünfziger Jahren von den Kinsey-Reports.
Derjenige Mann, der dem „plastic image" des centerfolds des Playboy entkommen wollte, ist Bob Cuccione. Er hat zunächst in England begonnen und ist dann Ende der sechziger Jahre in die USA. Mir scheint, er hat das typische sechziger-Jahre-Image der nackten Frau geprägt, der Frau, die auch sinnlich sein will, die sich selbst berührt, die keine Scham hat, die auch nicht mehr jungfräulich sein will. Er nennt es selber die erfolgreiche Business-Frau, die selbstbewußt ist und sich ihre Lust selber zu holen gewohnt ist. Er ist nicht mehr dermaßen auf einen großen Busen fixiert, sondern für ihn ist der Mediatisierungsprozeß ein direkter geworden, weil er sehr viele Fotos selber macht. Er hat zunächst nicht das Geld, ein Magazin zu finanzieren und hat deshalb – früher hat er gemalt, hat Studien betrieben, vor allem in italienischen Museen – behauptet, die Hell-Dunkel-Malerei unserer Zeit und den repräsentativen Akt unserer Tage zu machen.
Er fotografiert die Frauen selbst, indem er sämtliche Frauen zunächst mal selber „ausprobiert" und dann fotografiert.
Mitte der siebziger Jahre kommt der Hustler auf, indem der erste sogenannte pornographische Film, Deep Throat, 1972 von der amerikanischen Behörde freigegeben worden ist, und seither stellen wir auch fest, daß immer mehr Hardcore-Pornographie gezeigt wird. Wir wissen: 1970 hatte eben Bob Ciuccone durchschlagenden Erfolg, indem er zum erstenmal Schamhaare in einem Massenblatt gezeigt hat. Nun geht es darum, wirklich auf das Fleisch selber zu reduzieren und nur noch das zu zeigen, ja, sogar soweit zu gehen, ganz durchschauen zu wollen. Man möchte alles sehen, es darf nichts dem Blick verwehrt werden. Es wird mit Spiegeln operiert, damit möglichst viel sichtbar ist, und wir wissen ja, daß

gerade bei sogenannten Schwulenmagazinen das Glied erigiert wird und dann mit einem durchsichtigen Faden von hinten nach unten gezogen wird, damit das Versprechen eines noch größeren erigierten Gliedes herrscht, obwohl es nicht größer werden kann. Da kommt man auch an das Ende des fleischlich Darstellbaren.
1972 ist Burt Reynolds im Cosmopolitan der erste nackt abgebildete Mann. Wenn wir ein typisches centerfold des Playgirl nehmen – das gibt es ja auch, ein Magazin für Frauen – (wird übrigens mehr von Männern konsumiert als von Frauen, die interessiert das nämlich gar nicht so), dann merken wir schon, wie schwierig es ist, den nackten Mann auszubeuten, denn eigentlich ist der Mann immer der phallische Mann, der herrschende, potente, etc. Wie behilft man sich also? Beim typischen Playboy centerfold wird immer ein Hymen vorgespannt und beim Mann die „box", in die sein Glied eingeführt werden müßte, weshalb er auch häufig etwas wie eine Schachtel in der Hand hält.
Wenn man solche Bilder studiert, ist es penetrant, wie versucht wird, es doch nicht peinlich aussehen zu lassen, daß „das" eher hängt.
Die andere Seite des pornographischen Prozesses ist eine Überzeichnung ins Karikaturierende. Mir scheint, daß einer der fantastischsten Filmemacher Russ Meyer ist, B-Moviemaker. „Faster, pussy cat, kill, kill" mit Tura Santana, einer der Meisterinnen aus den Filmen von Russ Meyer. Er nimmt nicht nur einen großen Busen, er nimmt einen absoluten Gewaltbusen, wo jedermann in die Knie gehen muß. Zudem werden die Männer dermaßen von den Frauen behandelt, daß sie sich nur noch mit Waffengewalt wehren können. Es ist ein Aufeinandertreffen von Extremen in einem so fantastisch geschnittenen Rhythmus und mit so gekonnter Kameraführung, daß man sagen muß, er ist einer der interessantesten Erotik-Filmemacher seit den fünfziger Jahren. Der beste Film, meines Erachtens, ist „Super Vixens".
Alles ist Schau geworden und alles, was irgendwie präsentiert wird, ist mit einem Goldregen von Design besprüht, und es spielt somit gar keine Rolle mehr, was man macht, es muß nur entsprechend showmäßig und medienmäßig aufgezogen sein. Deshalb kann auch Madonna, die im Grund genommen nicht singen kann und vielleicht auch gar nichts kann, aber sich immerhin wahnsinnig gut vermarktet, wie ein Mann auftreten und dann wieder wie eine Pseudo-Marilyn-Monroe, oder Boy George kann sich so effeminisieren, daß man gar nicht weiß, ob er nicht vielleicht doch ein Mädchen ist oder ein Junge. Man kann es nicht mehr sicher sagen, was natürlich auch sehr reizvoll sein kann, und was ein anarchisches Potential darstellt.
Mir scheint, daß ein Foto des Medienkünstlers Peter Weibel wunderbar vorzustellen weiß, was mit dem Einzelnen passiert; es zeigt einen Mann, der seine eigene Last als elektronische Last mit sich rumschleppt, irgendwie versunken in die Auen und Wälder guckt, dabei spiegelt er sich selber wieder, wie Narziß, nur unbewußt, im Wasser. Das bedeutet, daß der Riesenteil dieser ganzen Information, die ich ein bißchen aufzufächern versucht habe, eine unbewußte Kommunikation ist. Wenn wir damit zu spielen verstehen, haben wir ein künstlerisches Produkt, selbst wenn viele Leute sagen würden, daß dieses Foto von Peter Weibel keine Kunst ist. Ich würde dreimal unterschreiben, daß es die einzige Möglichkeit ist, die Medien zu durchschauen, den „Medien-Rucksack" mit sich zu schleppen. Was nicht heißen soll, daß man heute nicht genauso auch malen kann. Aber wir müssen uns der Vertracktheit dieses mediatisierten Zustandes bewußt werden, dann durchschauen wir natürlich auch die Playmates umso besser und sehen, daß eigentlich jede Nachbarin interessanter aussieht als das centerfold, für das wir ja noch 10 Franken hinlegen müssen.

DER AKT IN KUNST UND WERBUNG

Friedrich Geyrhofer

Wie ein Schaustück hält Tilman Riemenschneiders Skulptur „Madonna mit dem Kinde" den nackten Jesusknaben in den Händen. Im Blickpunkt liegt der kindliche Geschlechtsteil. Kunsthistoriker vermuten, das Jesus-Schwänzchen sei im Mittelalter immer wieder abgebildet worden, um ein kirchliches Dogma zu illustrieren. Gottes Sohn ist auch ein kompletter Mensch gewesen!

Christus, als Säugling und am Kreuze, ist die bekannteste Darstellung männlicher Nacktheit. Maria mit ihrem göttlichen Baby: auf dieses Sujet konzentrierte sich die Malerei Europas von den Ikonen bis zu den Nazarenern des 19. Jahrhunderts. Waren das nur klerikale Aufträge? Wichtiger als die Theologie erscheint uns an diesen Bildern und Skulpturen die anschauliche Intimität der Mutter-Kind-Beziehung. Also die Idealisierung einer Symbiose, die heute im Jahrhundert Freuds als ausschlaggebend für die persönliche Entwicklung akzeptiert wird.

Aber gerade in den frommen Zeiten dachte man in der Praxis ganz anders über Mutter und Kind. Jahrhunderte hindurch war es in besseren Kreisen üblich, den Neugeborenen einer Säugamme anzuvertrauen. Wir müssen annehmen, daß Künstler wie Riemenschneider oder Raffael eine Utopie gestaltet haben. Einen Wunschtraum, im Widerspruch zu den herrschenden Gewohnheiten.

Im vorigen Jahrhundert, als die Mütter ihre Winzlinge selbst an die Brust genommen haben, hörte auch die lange Tradition der Madonnen mit dem Kinde auf. Die alten Darstellungen können uns kaum noch rühren, weil wir die Symbiose als ein selbstverständliches Gebot betrachten.

Lebensform bedeutet etwas, das uns fehlt. Aufdringlich bietet die Werbung Bilder und Symbole an, in denen sich Sehnsüchte „realisieren". In der Mode erhält der utopische Wunsch momentan seinen schlagenden Ausdruck. Helmut Newton, Modefotograf mit dem Ruf des Künstlers, ist ein Meister in der Kunst des „männlichen Blicks". Der Mitarbeiter der teuren Illustrierten verrät den Voyeurismus der Branche, er offenbart die Diskrepanz „toller Bilder" zu den bescheidenen Möglichkeiten des Konsumenten.

„Saint Tropez", ein arrangiertes Foto Newtons von 1975, formuliert eine Allegorie des sexuellen Luxus. Eine nackte Frau, ausgestreckt am Rande eines Swimmingpools, unter tiefblauem Himmel, der Kopf verdeckt von einer massiven Säule, mit der das Auge automatisch eine südliche Villa assoziiert.

Handelt es sich um eine Sonnenanbeterin oder um eine Leiche? „Phallische" Zeichen umgeben die passiv auf dem Rücken liegende Frau. Ein Schäferhund mit roter Zunge bewacht ihre Hüften. Die schlanke nackte Schöne, ein gebräunter Idealkörper, wird als Objekt des Begehrens dem gierigen Blick angeboten und sofort entzogen. Das Sujet wird brutal zurückgedrängt, denn im Vordergrund durchschneidet die kantige Säule das Bild, im Kontrast zu den Horizontalen der nackten Frau und der gründlich schimmernden Wasseroberfläche.

Das inszenierte Abbild der „geköpften" Liegenden weckt Vorstellungen von Lust und Strafe, Überfluß und Tod, und all das im geographischen Umfeld von Brigitte Bardot. „Saint Tropez" ist mehr als ein Bild, nämlich Helmut Newtons Kommentar zu unseren Phantasien über Glück am Mittelmeer.

Der Akt... sogleich meint man Geilheit. Sex, Sünde, die verbotene Frucht. Oder auch das Laster des Exhibitionismus. Und doch ist jeder unter den Kleidern nackt. Umgekehrt haben

Kleider einen exhibitionistischen Effekt, höflicher gesagt: eine Signalwirkung. Daß Nacktheit auch kleiden kann, führt ein Farbfoto des Amerikaners Jeff Dunas von 1975 vor. Ein Theatereingang in Los Angeles, festliches Premierenpublikum, überrascht richten sich die Blicke auf eine große Rothaarige, sie trägt eine schwarze Pelzjacke und zwischen Taille und Stöckelschuhen nichts als tadellose Haut.
Eine Halbnackte also, mit dem Rücken zur Kamera. Ist sie überhaupt unbekleidet? Ihr nackter Hintern erscheint als edler Schmuck. Ihre Blöße dient als Kostüm, eleganter und modischer als die Roben der Damen. Sie ist perfekt angezogen, mit einem tief placierten Décolleté.
Kopf, Hals und Büste dürfen offen liegen. Auf den Aktfotos von Jeff Dunas und Helmut Newton wird der Blickfang nach unten verschoben, „unter die Gürtellinie". Die Ontologie des Abendlandes: Das Gute ist oben, das Böse ist unten. Alle Anstrengungen der Aufklärung ändern nichts daran, daß im Urgrund des Gewissens der Geschlechtsakt der Inbegriff des Obszönen bleibt. Also das Heimlich/Unheimliche, dessen Anblick den Betrachter blendet.

> „Ich distanziere mich vom schlechten Geschmack und vom schweinischen Brauch, der es den Augen verbietet, sich das anzuschauen, was ihnen am meisten gefällt. Warum kann es schaden, einen Mann auf einer Frau liegend zu sehen? Müssen Tiere mehr Freiheit haben wie wir?"

So schrieb Pietro Aretino, der verhaßte Satiriker, dessen „Sonetti lussuriosi" 1527 in Venedig gedruckt wurden, mit Illustrationen unter dem vielsagenden Titel „Stellungen". Der namhafte Kupferstecher Marcantonio Raimondi hatte nach Vorlagen über das Liebesleben griechischer Götter gearbeitet, Entwürfen des Raffael-Schülers Giulio Romano, im Dienste des Vatikans auch als Hofpornograph tätig. In der Gegenreformation verbrannte die heilige Inquisition Aretions Buch, die Kupferstiche wurden in einem Konvent in Mexico City im 19. Jahrhundert wiederentdeckt.

Marcantonio Raimondi: „Stellung" (1527).

Keine Rede von Angst und Schuldgefühlen, man spürt die heidnische Freiheit, unterstrichen durch antikisierende Züge in der Zeichnung der Figuren. Der Mann, der auf den Stichen Marcantonios zwischen den weiblichen Schenkeln tobt, ist unbedingt ein „Phallokrat", eigentlich ein Faun, dessen Potenz den Genuß der Frau schafft. Kraftstrotzende, üppige

Körper, die schon etwas von der Fleischeslust eines Rubens vorwegnehmen. Wohltuend unterscheidet sich diese laszive Graphik vom bösen Gewissen der kommerziellen Pornographie, die mit ihrem Schlüsselloch-Blick das Gefühl des Peinlichen und Unsauberen vermittelt, gerade dann, wenn sie sich bemüht neckisch oder sportiv gibt.
Die Haut... polierte Bronze, geschliffener Marmor, ein Hochglanzfoto im Tiefdruck auf weißem Papier. Das glatte Kunstfleisch in Museen und auf Plakatwänden. Was versteckt sich unter dieser Verpackung? Die sexuelle Neugierde ist viel gründlicher, sie hört nicht bei der Schutzschicht des Organismus auf.
Körperöffnungen, masochistische Entblößungen, die Mysterien des Unterleibs: Die Wiener Aktionisten haben damit den „korrekten" Blick korrigiert. Der Gegensatz dazu: „Theseus und Kentaur", der Marmorbrocken im Treppenhaus des Kunsthistorischen Museums. Antonio Canova, führender Bildhauer des frühbürgerlichen Klassizismus um 1800, verschwendete seinen Fleiß auf die Illusion porenloser, unbehaarter, milchweißer Haut im harten Stein. Aber aus derselben Epoche stammen die originellsten Versuche, unter die Oberfläche des Körpers einen forschenden Blick zu werfen.
Im Wiener Josephinum sind aufgeschlitzte Wachsfiguren ausgestellt, ein Werk italienischer Spezialisten aus dem späten 18. Jahrhundert. Die „anatomischen Wachspräparate" sind eine einzigartige Leistung. Das war noch nie da: die Schönheit der Eingeweide. Nicht Leichname demonstrieren die Innereien, es sind märchenhaft stolze und schöne Gestalten, Männer und Frauen, manche mit Perlen geschmückt. Blut und Gedärme fügen sich ein in die humanistische Ganzheit.
In der griechischen Skulptur ist der Akt ein Privileg des jungen Helden; antike Frauenakte waren eine Minderheit. Die Arroganz der Nacktheit! Der nackte Leib muß nicht immer sexuelles Objekt sein, er kann auch Kraft, Triumph und Heldentum bedeuten. Oft schon ist der „Sexismus" in der modernen Bilderflut angeprangert worden. Die Werbung, die von der Differenz lebt, gebraucht allerdings neben dem Pinup-Girl auch die Ikone der Heldenjungfrau.

Auf dem Cover einer Illustrierten ist der entblößte Busen beinahe unverzichtbar; der Absatz hängt davon ab. Andererseits soll sich das Produkt den „sexistischen" Konkurrenten am Kiosk werbewirksam entgegensetzen. Wie? Des Rätsels Lösung ist, die nackte Frau wie eine Amazone ins Bild zu bringen. Nicht als sekundäres Geschlechtsmerkmal oder mütterliches Körperteil erscheinen die Brüste. Ihr Foto steht im Zeichen der „Emanzipation".
Ein idealer Frauentorso, vom Nabel bis zur Oberlippe. Von der zart gebräunten Haut heben sich rote Fingernägel, rote Brustwarzen und der rot gechminkte Mund ab. Diagonal erstreckt sich eine geschlängelte schwarze Linie: ein Telefonkabel. Signifikant liegt in der Halsbeuge ein blauer Telefonhörer. „Nette Nummern": ein Cover der (damaligen) Wiener „Stadtillustrierten" anfangs der achtziger Jahre, mit dem flotten Titel ist eine eher traurige Realität gemeint, nämlich die Telefonprostitution.
Die Optik des alten „Wiener"-Covers arrangiert jedoch einen ganz konträren Eindruck. Auf dem Bild gibt es nur „positive" Symbole. Die nackte Frau ist es, die mit dem Telefon kämpferisch wie mit einem gefährlichen Instrument umgeht. Sie ist nicht die Ausgebeutete, herrisch führt sie eine Waffe. Ihre Nacktheit ist keusch und militant wie eine Jungfrau von Orleans ohne Rüstung. Der Art-Director hat sich etwas einfallen lassen. Er hat die Rollen von Hure und Heldin vertauscht, um die Käufer mit einer Allegorie zu überraschen.
Als Zeichen der Macht wirkt das Telefon. Manager werden in Zeitungen telefonierend abgebildet, ganz so, als ob die Schreibtischhengste ihre Potenz aus Hörer&Schnur beziehen würden. Die Frau, die den Hörer hält, kann nur Befehle geben. Sie ist Siegerin im Geschlechterkampf, was auch die roten Signale auf ihrem Körper verraten.
Lassen sich Kabel und Telefonhörer nicht wie ein Lebewesen auffassen? Ein Stück Organismus? Das Bild einer zeitgenössischen Malerin leistet Hilfe bei der Interpretation. „Woman Laokoon", ein Selbstporträt von Maria Lassnig, ist ein barbarischer Akt, natürlich ohne die Hübschungen, die Schminke und den Zuckerguß aus der Hexenküche des kommerziellen Art-Directors. Als Amazone mit freien Brüsten erscheint auch die massige ältere Frau auf dem Gemälde. Die Riesenschlange, die von der Matrone bezwungen worden ist, erstreckt sich durch das Bild Lassnigs, analog zur geschlängelten Schnur auf dem „Wiener"-Cover.
In beiden Fällen die Ikone einer weiblichen Potenz, die mit dem Phallus fertig geworden ist, Telefonhörer und Schlange, die auf dem Cover ja die Prostitution andeuten, umschreiben Kopf und Leib der Schlange. Reibt sich nicht der Hörer an der Wange, so obszön wie eine männliche Eichel? In Kunst und Werbung also zwei verwandte Archetypen, gleichermaßen sexuellen Ursprungs.
Denken wir an die biblische Prophetie, die von der Kirche auf die Madonna bezogen wird: „... sie wird der Schlange den Kopf zertreten."

WANDEL MEDIALER KÖRPERBILDER – AM BEISPIEL VON TITELBLÄTTERN ZWISCHEN 1955 UND 1985

Projektteam ANISS

Marie Luise Angerer, Irene Rosanna Nierhaus, Judith Schöbel, Alfred Smudits

Stark gekürzte und nur unwesentlich überarbeitete Transkription des Referats.

Wir stellen hier die Frage nach den Bildern bzw. Körperbildern, wie sie uns täglich vorgeführt werden – in unserem Fall in den Printmedien, in den Zeitschriften. Diese Körperbilder werden natürlich nicht als Abbilder irgendeiner Realität verstanden, sondern sind für uns Indikatoren bei der Frage nach einem eventuell in diesen Bildern sich manifestierenden Wandel; gemeint ist der Wandel im individuellen und gesellschaftlichen Umgang mit Körper und Körpergestalt. Die These, die wir dabei im Auge haben, ist die, daß sich dieser Umgang mit Körperlichkeit in den letzten 40 Jahren von einem „moralischen" hin zu einem eher „therapeutischen" verschoben hat. Sehr gekürzt ausgedrückt heißt das, daß sich der moralische Umgang durch Gewalt, durch physische und psychische Disziplinierung charakterisieren läßt, wobei der Körper als Ort von Negativität, als Tatsache, die der Tabuisierung, als Angstquelle, die der Verdrängung anheimfällt, fungiert.
Im Gegensatz dazu ist in den letzten Jahrzehnten ein neuer Sozialisationstypus im Entstehen begriffen, dessen Wertigkeit sich allein auf sein Ego, letztlich aber auf sein oberflächliches Körperbild bezieht. Die Ursachen dafür sind vielfältig. Als Hauptträger dieser „kulturellen Freisetzung" fungieren sicherlich die Massenmedien mit ihrem allgegenwärtigen inflationären Vor- und Eindringen in den intimsten Subjektbereich.
Diesen veränderten Umgang mit dem Körper haben wir vorläufig unter dem Begriff „therapeutisch" zusammengefaßt, allerdings nicht, um das ‚Therapeutische' als positive Alternative dem ‚Moralischen' gegenüberzustellen.
Wir gehen davon aus, daß sich in Titelbildern gesellschaftlich Verbindliches abbildet, schlicht und einfach abgeleitet aus der Tatsache, daß Titelbilder in der Öffentlichkeit präsent sind, allgemein sichtbar sind und damit einer gewissen sozialen Kontrolle und Normierung unterliegen. Illustriertenbilder sind doppelt zu bewerten, einerseits sind sie sicherlich affirmativ, d. h. sie halten sich an gesellschaftliche Normen, sie müssen Tabus berücksichtigen, denn die Verkaufszahlen und -chancen würden, von einzelnen Ausnahmen abgesehen, andernfalls sicherlich sehr gering sein. Auf der anderen Seite sind Titelbilder emanzipatorisch, insofern, als sie immer das „gesellschaftlich Mögliche" ausreizen müssen, um die Verkaufschancen des Produkts, das eben die Zeitung (und das Titelbild) selbst ist, zu erhöhen.
Das Titelbild vermittelt genau das Akzeptierte, damit eine Norm, erzwingt damit eine gewisse Affirmation derer, die diese Titelbilder betrachten.
An Titelbildern wird das Zugelassene, das Mögliche, das Akzeptierte am ehesten ablesbar sein. Daher finden sich gewisse Dimensionen der Körperlichkeit nicht auf Titelbildern, nämlich eben die Bereiche, die tabuisiert, verdrängt, verachtet, diskriminiert sind. Wir gehen davon aus, daß es unterschiedliche Körperdimensionen gibt, etwa der „Sozialkörper" – der Körper als Medium sozialer Repräsentation – das schlägt sich in dem nieder, was man heute sehr gerne als Outfit bezeichnet, also in den Kleidern, in der Selbstdarstellung. Eine weitere Dimension der Körperlichkeit wäre der „Leid- und Lustkörper", die Dimension des Sexualkörpers, der Körper als Medium von lustvollen und, im Gegensatz dazu, von schmerzvollen Erfahrungen wie Krankheit, Tod, körperlicher Verfall, Vergänglichkeit. Und

eine weitere Dimension, die wir hier nennen wollen, ist die der „Körpermaschine" – der Leistungskörper, der Arbeitskörper, der tätige Körper.
Wenn wir dann feststellen werden, daß der erotische und sexuelle Körper in den 60ern, 70ern zunehmend in die Illustriertenöffentlichkeit eindringt, der sportliche Körper folgt in den 80er Jahren, wenn Partnerschaftsprobleme, sogenannte Beziehungskisten, ab den 70ern öffentlich problematisiert werden, dann heißt das, daß sich auch die Öffentlichkeit verändert hat, und – das wollen wir hypothetisch annehmen – daß sich auch der Umgang mit Körperlichkeit verändert hat. Neues wird möglich, aber Neues wird wiederum tabuisiert.
Wir haben uns also vier Illustrierte vorgenommen und mit einem inhaltsanalytischen Schema bearbeitet, konkret sind das die „Bunte Österreich Illustrierte", der „stern" und der „Spiegel", die nach unserer Einschätzung sehr stark auf einem mainstream der gesellschaftlich möglichen Publizität liegen. Eine vierte Zeitschrift, der „Wiener", der erst seit den 80er Jahren existiert und dementsprechend auch schon aus der Reihe tanzt, spricht ganz sicherlich nicht mehr das ganze Spektrum der Gesellschaft an, sondern ganz gezielt eine Teilkultur.
Der Schwerpunkt unserer Arbeit liegt in einer Diskussion der allgemeinen Eindrücke der Illustrierten selbst, sowie in der Behandlung der Dimension „Darstellung des weiblichen Porno-Körpers und die dritte Dimension ist die Darstellung des männlichen Körpers." Wir haben auch noch in petto gehabt: „Partnerschaften", „Sport", „Leid", „Kind".

Diskussion der einzelnen Zeitschriften

Die Bunte ist eine extrem prominentenorientierte Zeitschrift: Künstler, Politiker, Monarchen und ganz wenige Anonyme erscheinen am Titelbild. Es finden sich fast nur Portraits oder Halbfigurenportraits, ganz selten Ganzkörperdarstellungen. Das weist schon darauf hin, daß es hier rein darum geht, Personen vorzustellen, nicht Probleme anzudiskutieren. Ein Problem wird bestenfalls über eine prominente Person transportiert, und da steht dann wieder die Person im Mittelpunkt.
Bei den Portraits findet insofern eine Entkörperlichung statt, als die gesamte Persönlichkeit auf das Gesicht reduziert wird, sozusagen auf eine physiognomische Schicht, die dann für den gesamten Körper, für die gesamte Person steht.
Waren in den 50er Jahren eher Frauen auf den Titelblättern abgebildet, so hat seit den 80er Jahren der Männeranteil fast gleichgezogen, was man einerseits als Emanzipation des Mannes interpretieren könnte, was aber wahrscheinlich eher damit zu tun hat, daß die reine Nutzung weiblicher Gesichter als Attraktion abgenommen hat. Die Kleidung der Personen ist vorwiegend festlich, außeralltäglich.
In den 50er Jahren waren die unter 30jährigen häufiger vertreten, in den 60er Jahren und in den 80ern dagegen sind die über 30jährigen abgebildet, was auch damit zu tun hat, daß vermehrt Politiker dargestellt sind, die ja eher älter sind. Wir sehen also, daß es bei der Bunten vorwiegend um den Repräsentationskörper, den Sozialkörper geht, daß kaum (man kann sagen überhaupt nicht) ein erotischer sexueller Körper vorkommt, und die Körpermaschine bestenfalls im Bereich des Sports (in den 50er Jahren in sehr gefrorenen Ballett- und Eisrevueszenen) akzeptiert wird.
Die in den 50ern gängige Titelblattgestaltung des Spiegels, nämlich Portraits, entsprach der eher biographisch orientierten, weniger aufs aktuelle konzentrierten Strukturierung des Blattes.
Diese biographischen Züge bei der Auswahl von Titelfoto und Titelstory mögen mit der langen Lebensdauer eines Spiegels der 50er zusammenhängen, immerhin routierten die damals üblichen Lesezirkel 10–18mal, sie wechselten jede Woche einmal den Benützer.
Mit der Zunahme des Einzelverkaufs gewann die Titelblattgestaltung an aktuellem Charakter. Grundsätzlich ist die Gliederung der Titelseiten beim Spiegel von den 50ern bis in die 80er bezüglich des Zusammenhanges der Schlagzeile mit dem visuellen Aufmacher gleich

geblieben. Der konstante Bezug Schlagzeile–Titelblattgestaltung ermöglichte uns, anders als bei den übrigen hier vorkommenden Illustrierten, eine zusätzliche Untersuchung der Inhaltsdimension (im Fragebogen). Eine Kategorisierung dieser Inhaltsdimension der Schlagzeile hat eindeutig gezeigt, daß ein Zusammenhang zwischen dem Thema der Schlagzeile und der Körperdarstellung bzw. deren Vermeidung besteht. Das Titelbild zeigt meist einen Politiker, am häufigsten als Kopfportrait, manchmal als Halbfigur. Eine Konzentration aufs bekannte Männergesicht ist unschwer festzustellen. Der Körper des Politikers tritt selten ins Bild, nur dann, wenn mehrere bekannte Politiker in Dokumentaraufnahmen bei diversen Treffen in Interaktion gezeigt werden.

Waren es in den 50er und frühen 60er Jahren noch vorwiegend markante Gesichter von Managern, Konzernbesitzern, die die Schlagzeilen von Wirtschaftsthemen illustrierten, werden diese Inhalte später zunehmend enkörperlicht, Objektcollagen, reine graphische Arrangements treten an die Stelle der früheren Gesichter.

Eine Korrelation zwischen Nicht-Körper, Nicht-Mensch mit dem Thema Wirtschaft ist offensichtlich, allerdings treten vereinzelt auch Massendarstellungen zum Thema Wirtschaft auf – Streiks oder Aufmärsche.

Eine (vierte statistisch) deutliche Verbindung zwischen dem Themenbereich der Schlagzeile und dem Bildtypus besteht im Bereich der Gesundheit und Medizin. Hier sind es vorwiegend anonyme Frauen, Körperfragmente von Frauen, oft ohne Kopf, die gezeigt werden. Die leidende Frau bzw. der leidende Frauenkörper dient als Opfer von Krankheit und Medizin in weiterem Zusammenhang auch für Verkehrsopfer oder Opfer von Kriminalität und steht im Allgemeinen als Sinnbild des verletzten Körpers.

Viele Spiegel-Serien in den 60er Jahren begannen mit Titelblättern betreffend die alte Vor- und Nachkriegsgeschichte, auf denen erstmals häufig der ganze Männerkörper in Erscheinung trat. Dies waren meist Dokumentaraufnahmen, es wurden in Kriegshandlungen verwickelte oder in ekstatischen Siegerposen befindliche Soldaten gezeigt.

Die Blattlinie des „stern" folgt 1955 und 1965 vorwiegend der Unterhaltung, erst in den späteren Jahrgängen erhöht sich der Anteil an direkter politischer und sozialer Berichterstattung und Themenstellung.

Bis 1975 überwiegen mehr oder weniger gestellte Abbilder. Manchmal haben sie eine Schnappschußwirkung, später ist das Titelbild literarisierter, themenbezogener. Unter Verwendung der Montage werden narrative und symbolhafte Versatzstücke mit der Figur zu einer verdichteten Aussage verknüpft. Als Titelblattmotiv überwiegen die Einzelpersonen. Erst ab 1986 sinken sie zugunsten von Paar- und Mehrpersonendarstellungen.

Der Frauenanteil fällt von dem fast 100% Anteil 1955 dann ständig bis 1986, während der Mann vermehrt ins Bild gebracht wird. Auffallend dabei ist, daß die Darstellung der Frau als Einzelperson besonders markant zurückgeht, wobei der Grund dafür sicher in der zunehmenden Thematisierung von Beziehungs- und Geschlechterproblematik liegt.

Der Wiener erscheint zum 1. Mai 1980, zu einem Zeitpunkt, wo die Rede von der neuen Körperlichkeit schon längst um sich gegriffen hat, d.h. das Bild des Körpers, der Körper ist das eigentliche Thema, welches auf der Titelseite (und im übrigen Heftteil) nun graphisch aufgemacht wird.

Im ersten Erscheinungsjahr sind knapp über die Hälfte mehr Männer als Frauen am Titelbild, 1983 sind es 90% Frauen, 1985 ungefähr 75 – 80% und 1987 sind es ausschließlich Frauen. Paare kommen ganz selten vor.
1987 auch kein Paar mehr.

Die Männer im ersten Jahr (und das ist die Ausnahme vom übrigen Wiener) stehen vor einem Hintergrund in einem erzählerischen Kontext. Ab 1983 gibt es keinen Hintergrund mehr, die Körper sind gleichsam in einen Antiraum gestellt, indem sie sich vor dem farbigen Hintergrund abheben.

Die Darstellungen zeigen hauptsächlich Portraits und Brustbilder, manchmal Dreiviertelfiguren, ganz selten ganze Körper, Frauenkörper sind zum Betrachter völlig frontal postiert. Hier gibt es eine Revue bekannter Persönlichkeiten aus Monarchie, Film und Fernsehen, zumeist Portraits oder Halbportraits, also Brustbilder, bestenfalls Halbfiguren, kaum Ganzkörper. Ganzkörper nur im Zusammenhang mit unbekannten anonymen Personen, d.h. bei denen es nicht wichtig ist, das Gesicht zu sehen, und auch da nur in eher sportlichen Situationen oder zur Charakterisierung einer bestimmten Lebenssituation, im Schnee, am Strand. Man zeigt kaum Unbekannte, doch eher ältere Personen.
Es herrscht durchwegs ein freundliches Lächeln bis zu einer ganz verhaltenen, kaum ausgedrückten Erotik, es spricht also das Gesicht, die Kleidung zum Betrachter. Vom Körper kann man bestenfalls aus der Haltung einen Schluß auf den sozialen Status der Betroffenen schließen.
Der Jahrgang 1965 ist ziemlich untypisch für die Bunte. Da wurden auch Ganzkörperportraits etwa von Brigitte Bardot in ziemlich „anzüglicher" Weise präsentiert. Für diese Zeit war die Bunte einigermaßen fortschrittlich. 1985 taucht die erste Nackte auf einem Bunte-Cover auf. Allerdings so abstrahiert, daß sie kaum noch als Nackte wahrzunehmen ist.

Die Frau im „Spiegel".

Der Anteil der Frauen am Titelblatt beträgt in den 50er und 60er Jahren etwa 15% der abgebildeten Personen, steigt 1975 auf über ein Drittel der abgebildeten Personen, um in den 80er Jahren wieder zurückzugehen.
Im Gegensatz zu den Männern werden die Frauen von 1955 bis 1980 stetig jünger. Portraits alter Frauen, die eine natürliche, weitgehend ungeschminkte Gesichtslandschaft zeigen, sind anscheinend nur in den 50er Jahren als Titelblatt möglich.
Die Art der Darstellung von Frauen geht ab den 50ern deutlich weg vom Kopfportrait hin zur Dreiviertelfigur. Die meisten nackten Frauen finden sich 1975. Der häufigste Teilkörper bei Frauen ist das Körperfragment ohne Kopf, hier überschneidet sich die Rolle der Frau als Objekt in Form eines Sexsymbols und als Subjekt in Form eines Leidenskörpers.
Als Opfer, Verkehrsopfer, Opfer von Kriminalität sind zumeist Frauen dargestellt. Die Frau im Auto ist eines der wenigen Beispiele, wo im Spiegel Blut gezeigt wird. Die Themen Lust und Leiden, Lust und Qual sind vollkommen den üblichen Körpersymbolisierungen entsprechend „weiblich" ausgeprägt.
Die bekannten Frauen kommen ausnahmslos aus dem Genre der Schauspielerin oder Sängerin, seltener sind Adelige. 1955 und 1965 sind rund 40% der dargestellten Frauen prominent, dann fällt das ganz rapid, und 1986 gibt es bei den untersuchten Titelblättern überhaupt keine bekannten Frauen mehr. Typisch ist, daß bekannte Frauen als Portraits oder Brustbilder dargestellt werden. Der Geschlechtscharakter wird durch Frisur, Schmuck und betonte Schminke hervorgehoben, das zieht sich durch alle Jahrgänge, nur 1975 sind die Frauen etwas weniger geschminkt. Die Frauen lächeln meist freundlich und haben im Gegensatz zu den Männern sehr oft einen halboffenen Mund. Das ändert sich erst 1986. Da lächeln die Frauen weniger und haben auch einen eher indifferenten, abwesenden Blick. 1955 besitzen die Starbilder eine magische Anziehungskraft, die im optischen Illusionismus der Figur liegt. Sie sind immer an der vorderen Bildebene präsentiert, also physisch sehr nah dem Betrachter, sie haben eine starken körperlichen Eigenwert und sind meist in effektvoller Schräge ins Bild gebracht.
Die Magie der dargestellten Stars beruht auf dem Widerspruch, daß sie einerseits ganz nahe Präsenz, andererseits durch ihre Makellosigkeit und ihren Absolutheitscharakter, durch die prunkvollen, und besonders 1955 und 1965 sehr oft historisierenden Kostüme, eine Aura der Ferne und der Distanz erhalten. Wie 1955 präsentieren sich die Stars auch in ihrer Rollentypik entweder als junge erotische Frauen oder als Mädchen. Die Bilddramatik

ist aber ganz eindeutig zurückgenommen. Auffallend ist allgemein, daß die prominente Frau durchgehend körperlos ist oder nur fragmentarisch eine Körperlichkeit besitzt, außer wenn sie vor allem wegen ihres Körpers bekannt sind.

Die Nacktheit ist mit der unbekannten Frau gekoppelt. Bekleidete Unbekannte vermitteln 1955 und 1965 höchstens eine Art Charakterstereotypie: das lustige, kesse und das sexy Mädel. Ein anderer Bereich ist die Mode – in dem unbekannte bekleidete Frauen vorkommen. Die Nacktheit jedoch bezieht sich außerdem ganz drastisch auf ausgewählte Teile und selbst bei ganzfigurigen Frauen wird zumindest die Scham, das primäre Geschlechtsorgan, verdeckt.

Nacktheit wird also entweder durch Kleidung, Körperhaltung oder durch den Bildausschnitt begrenzt. 1955 sind mehrheitlich in den Portraits nur die Schultern nackt, oder es wird Einblick in ein tiefes Dekolleté gewährt. Bei Ganzfigurigen bleibt der Rumpf bedeckt. Nach 1955 steigt der Anteil der Ganzfigurigen, 1965 ist mehr Haut durch den Bikini sichtbar, 1975 kann als das „Jahr der fast ganz Nackten" bezeichnet werden, und 1986 werden wieder „ausgewähltere" Körperteile gezeigt, die nackte Frau allein kommt deutlich seltener vor.

Eine auffällige Gemeinsamkeit der ganzfigurigen Körperbilder 1955 ist, daß sie immer in einer Aktion mit extremer Pose dargestellt sind und daß Frauen nie aus dem Bild schauen, keinen Blickkontakt mit dem Betrachter aufnehmen. Typisch ist für diesen Zeitraum, daß durch kleine versteckte Zutaten die sexualisierende Absicht „insgeheim" verstärkt wird.

1955 gab es noch ältere Frauen auf den Bildern, später werden überhaupt nur mehr Twens dargestellt (Ausnahme: wenn eine ältere Person zugleich eine bekanntere Person ist). Der neue Typus der Frau der 60er Jahre hat einen halb geöffneten, sprachlos unschuldigen Mund, große erstaunte Augen, länger werdende Haare mit meist geschlossenem Umriß. Die Frauen sind schlank, aufrecht, von der Bewegung her eher geschlossen, und der Körperflächenumriß ist betonter als in den 50er Jahren.

Anders als in den 50er Jahren ist, daß die Frauen immer aus dem Bild herausschauen. Es sind also keine inszenierten Ereignisse mehr, der Körper ist direkter im Bildzentrum, präsentiert sich selbst und hat einen verallgemeinerten Charakter, ist körperloser und wirkt geschichtsloser.

Ab den 60er Jahren vollzieht sich ein Wandel hin zum öffentlichen Körper als Repräsentant für Sinnlichkeit und Sexualität. Auffallend ist, daß ganzfigurige Darstellungen im Unterschied zum Portrait häufig einen natürlichen narrativen Hintergrund haben – der Betrachter und das dargestellte Modell wachsen so enger zusammen.

In den 70er Jahren sieht man auch nicht mehr den Typ von Körperpanzer wie früher, sondern es sind dann manchmal kleine Unebenheiten, kleine Härchen sichtbar, Sommersprossen sind zugelassen. Als Ganzes wirkt die Körperoberfläche etwas transparenter. Auffallend bei allen Bildern von Nackten des Jahrgangs 1975 ist die Hintergrundgestaltung: das Meer. Diese Allgegenwart des Wassers und des Meeres läßt eine inhaltliche Komponente vermuten. Das Meer und die nackte Frau sind zu elementarer Symbolik von natürlicher Sexualität verwoben.

1986 sind, der allgemeinen Tendenz entsprechend, Frauen auch vermehrt in sinnbildhaften Zusammenhängen dargestellt. Der markanteste Unterschied zu den 70er Jahren ist, daß der Ganzkörper kaum noch präsentiert wird, sondern nur mehr Teile, es hat auch den Anschein, daß Sexualität weniger an der Körperoberfläche passiert. Typisch für 1986 ist, daß nicht direkt nackte Haut sexualisiert oder daß die Frau wie 1975 als Synonym für natürliche Sexualität allgemein angesehen wird, sondern daß sich Erotik und Sexualität tief in ihr selbst aufzuhalten scheinen.

Durch die Verdeckung und die dennoch vorhandene Präsenz ihrer Körperlichkeit, verbunden mit der nach innen gewanderten und von innen wirkenden Erotik – vermittelt über

Gestik und Gesichtsausdruck – kann die Frau wieder als unheimliches, dämonisches Sexualwesen stilisiert werden.
Bei der Polarisierung der Geschlechter beginnt der Wiener. Nackte und halbangezogene erotisch wirkende Körper sind auch hier immer weiblich und anonym. Ist dieser Frauenanteil gering, wie es 1980 der Fall war, sind auch die nackten und halbnackten Körper gering, ist er hoch, wie 1987, ist auch der Prozentteil der Nackten am höchsten – 1987 40%. Körperlichkeit, Nacktsein im erotischen Sinne ist offensichtlich noch immer ungebrochen mit dem weiblichen Körper verknüpft.
Der weibliche Körper ist extrem manipuliert, niemals nur nackt oder spärlich bekleidet, er ist immer in Szene gestellt, angerichtet, angereichert. Hier ist auch bemerkenswert, daß die Frauenkörper im Unterschied zu den Männern meist flächig modelliert, die Männer eher plastisch räumlich dargestellt sind.

Die Männer in der Bunten.

Portraits, bekannte, festlich gekleidete Männer... So sehen sie aus, zumindest bis in die 70er Jahre, ob es nun Heinz Rühmann, Peter Alexander, der Schah ist. In den 80er Jahren tauchen da schon Götz George als Schimanski oder Boris Becker auf, und die haben dann doch eine etwas andere Präsentation. Im übrigen lächeln die Männer bei Einzeldarstellungen sehr häufig, was der „freundlichen" Blattlinie der Bunten entspricht. Bei einer Darstellung von Boris Becker ist auffallend, daß ein verschwitzter, aktiver, dynamischer Körper zu sehen ist, was für Bunte-Titel äußerst untypisch ist, aber bei Boris Becker ist ja das schon fast ein Attribut seiner Identität.

Der Mann im Spiegel.

1955 sind fast 100% der Titelbilder Portraits bekannter Personen, davon sind 82% Männer. Beide Geschlechter werden in stark nahsichtigen, plastischen, den Betrachter sehr direkt ansprechenden Portraits gezeigt, wobei es sich fast immer um Schwarz-Weiß-Fotos handelt. Die Köpfe füllen den ganzen Rahmen und drücken ein hohes Maß an Individualität und Selbstbewußtsein aus.
Das Portrait des Managers, das in den 50ern genauso präsent war wie das von Philosophen, Schriftstellern, Technikern, Politikern und Künstlern, verschwindet während der 60er Jahre zunehmend von der Titelseite.
Bei der Darstellung des Mannes kann festgestellt werden, daß auch eine Fragmentierung des Kopfes möglich wird, das hängt wiederum mit der großen Popularität dieser Gesichter zusammen, die es ermöglicht, daß dieses Männergesicht mit einer Reduktion auf Augen, Mund und Nase dann noch erkennbar ist und wahrgenommen werden kann.
Das vollkommen entkörperlichte männliche Individuum, auf das äußerste Kürzel reduziert, symbolisiert dann die alles überschattende drohende Macht. Das einzige männliche Körperfragment, das immer präsent ist, ist die offene Hand oder die geballte Faust, sowohl im negativen wie auch im positiven Sinn verwendet.

Die Männer im stern.

Es zeigt sich ein deutlicher Unterschied zu den Frauenportraits, die Männer können älter sein, sie können Falten haben, sie haben charakteristischere Gesichtszüge und fast immer den geschlossenen Mund. Ein wichtiger Unterschied zu Frauenportraits ist, daß die Hand mit ins Bild kommt, die auf seine Tätigkeit verweist. Männer haben den Kopf immer gegen den Himmel oder gegen die feste Erde gerichtet, aber nie gegen das Wasser wie bei den Frauen im Jahr 1975. Ein wichtiger Unterschied zu den Frauen... die Frauen zeigen im stern

nie Schweiß, sondern höchstens von außen auf den Körper gekommene Wassertropfen, der Mann dagegen darf schwitzen.
Bei den bekannten Männern fällt auf, daß die Bereiche, aus denen sie kommen, wesentlich breiter gestreut sind als bei den Frauen. Bei Frauen sind es vor allem Schauspielerinnen, bei den Männern auch Sportler, Unternehmer oder Politiker. Der unbekannte Mann kommt eigentlich erst 1975 ins Bild. Große Zunahme gibt es dann 1986, weil viel mehr Models eingesetzt werden.

Die Männer im Wiener.

Männer alleine oder anonyme Männer kommen beim Wiener ganz selten vor, außer in heterosexuellen Paardarstellungen, und definieren in Zusammenhang mit der Frau ihre Position.
Es gibt zwei Möglichkeiten für den Mann, alleine auf das Titelblatt zu kommen, entweder thematisch anonym oder bekannt, aktiv, handelnd.
Die Körperoberfläche ist im Unterschied zu den Frauen sehr wenig gestylt und modelliert, man sieht Hautunreinheiten, Muttermale, das Gesicht ist überhaupt nicht in irgendeiner Weise durch Farben hervorgehoben, die Lippen sind naturbelassen.

Dieser Beitrag dokumentiert eine Zwischenetappe eines längerfristig konzipierten Projekts – in den nächsten Phasen werden die hier vorgestellten ersten empirischen Befunde vor dem Hintergrund des eingangs skizzierten Theorienkonzepts eingehend zu diskutieren sein.

DER SCHÖNE MANN

Otmar Rychlik

Zur Ikonographie des Männerbildes von Apoll bis Care.
für Marianne

Es geht um ikonographische Probleme, ohne sie ganz zu entschlüsseln. Das Thema ist äußerst umfangreich, deshalb wird es vor allem um Anspielungen visueller aber auch sprachlicher Art gehen. Der Vortrag ist ganz von Seite der Bilder her aufgebaut, er will Assoziationen hervorrufen und Analogien vorstellen. Ich mische alte Kunst, Pin-up-Fotos, moderne Kunstfotografie ect. Da kommt es vor, daß religiöse Themen sich plötzlich irgendwelchen nackten amerikanischen Jungs benachbart finden. Doch liegt mir Blasphemie absolut fern, es geht ganz vordergründig in erster Linie um formale Vergleiche. Die These ist, daß das Männerbild gegenüber dem Frauenbild verhältnismäßig unverändert geblieben ist seit der Antike. Das wird durch die Bilderfolge unter anderem zu beweisen sein.
Nun handelt es sich seit der Antike bis heute nicht um ein einziges Bild, nicht um ein einziges Schönheitsideal des Mannes, sondern um drei voneinander abhängige Ideale (dem Wachstum der Muskeln nach). Sie schlüsseln sich also nicht ganz den Lebensaltern parallel auf, wobei ich die Babys (Eroten, Putten und Engerl) und die Greise ausnehme. Ich teile die Mannesjahre in den Epheben, also den schon adoleszenten Jüngling, zweitens den apollinischen Typus, der nicht mehr adoleszent gebaut, aber noch nicht herkulisch ist, und dann eben Herkules. Die Ästhetik des schönen Mannsbildes ist heute zweifellos noch von Winckelmann geprägt. Winckelmann hat seine Theorie der Nachahmung der Kunst, die er den Künstlern empfiehlt, so gut wie nur am Männerbild entwickelt, und zwar am antiken, im allgemeinen römischen bzw. hellenistischen Kunstwerk.
Eine Vorbemerkung, auf die ich noch zurückkommen werde, betrifft die Frage: Ist die Schönheit wahr? Man kann sie eigentlich nicht so stellen. Man könnte fragen, ob das Bild, daß uns die Schönheit bietet, wahr ist. Mit Einschränkungen kann man das bejahen, es gibt ja schöne Leute, allzuviele sind es nicht. Die Idealität hat sogesehen einen bestimmten mangelhaften Wahrheitsgehalt an sich. Und trotzdem gibt es Gründe, weshalb das Schöne und der schöne Mann als der wahre Mann beschrieben werden. Diese Gründe sind vielfältig. Der eschatologische Grund ist, daß wir mit Schönheit die Vorstellung der Unversehrtheit verbinden. Es geht also nicht mehr nur um die plakative Schönheit der Annehmlichkeit, der erotischen Ausstrahlung, sondern auch um den Hintergrund, daß sich der Gedanke an den Tod am besten dort verscheuchen läßt, wo Hinfälligkeit nicht sichtbar wird. Es wird, wie ich hoffe, für Sie interessant zu erfahren sein, daß es in der Ikonographie des Männerbildes sehr viele Hinfälligkeiten gibt, auch die äußerste, nämlich den Tod. Aber es werden immer wieder Motive erfunden, von philosophischer, religiöser Seite, aber auch ästhetischer und künstlerischer Seite, um das zu überspielen. Dieses Motiv des Überspielens, um noch einmal auf die Frage nach der Wahrheit der Schönheit zu kommen, dominiert das Männerbild, wenn ich es richtig sehe, über weite Strecken.
Ich gehe vom religiösen Bereich aus und beginne mit Adam, möchte aber vorher noch den Gedanken ein wenig umdrehen, denn was Sie hier (Abb. 1) von den Brüdern van Eyck sehen, ist im Sinn dieses Vortrages nicht der schöne Mann. Aber es ist ja auch nicht mehr der Adam der Gottesebenbildlichkeit, sondern der Adam nach dem Sündenfall (Abb. 2), er ist schon bedeckt. Es ist genau das eingetreten, was die Schönheit möglicherweise stört, sie

gefährdet. Der Mensch ist irdisch geworden. Hier wird gearbeitet, es wird gestritten, es wird vor allem gestorben. Die Möglichkeit des Verfalles ist gegeben – van Eycks Adam ist kein Jüngling mehr, er steht nicht aus Gründen seiner praxitelischen Schönheit in der Gegend herum. Es handelt sich vielmehr um die Darstellung einer bewußt mangelhaften Idealität aus den angesprochenen Gründen. Von dieser Seite her entsteht Realismus, also eine präzisere Wahrheitsvorstellung in der Kunst, und Realismus ist eben ohne das Element des Hinfälligen und des Todes überhaupt nicht denkbar, während andererseits die Idealismen mit der Frage nach dem Tod nicht gut korrespondieren.

In diesem Bereich, um das nur kurz zu streifen, gehört ein Motiv in der Ikonographie des Männerbildes, das relativ selten ist, nämlich der Mann, der sich geniert. Der Mann geniert sich tatsächlich fast nie. Wenn die Schamhaftigkeit nicht allzu nachdrücklich vorgetragen wird, könnte man wenigstens noch an Sündenhaftigkeit, an die Geburt des Todes denken, trivialisiert, z.B. auf einem Stern-Cover im Zusammenhang mit der Frage nach der Potenz (Abb. 3). Jedenfalls ist das nicht der ideale strahlende Typ, mit dem wir es im großen und ganzen zu tun haben werden.

Etwas davon vorhanden ist auch in der Figur eines Knaben von Maillol (Abb. 4). An den viel häufigeren Knabendarstellungen, von denen ich Ihnen noch einige zeigen werden, wird Ihnen auffallen, daß Maillols Junge ikonographisch von der Haltung her ein Sonderfall ist. Was hier narrativ stattfindet, vielleicht ein Moment der Betrübnis, vielleicht einer der Erschöpfung, auch deutlich durchgeformt im Körper, ist nicht unbedingt Idealität. Bei Dürer (Abb. 5) sieht das anders aus. Dieser Adam wird ja erst verführt, das heißt, er befindet sich noch im Zustand der Gottesebenbildlichkeit, die so zustandegekommen ist, daß am 6. Schöpfungstag der Mensch geschaffen wurde nach dem Bild Gottes. Nun ist die Gottheit ja mit sehr vielen positiven Negationen besetzt, wie zum Beispiel unendlich, allmächtig, und daß man sich unter dem Gottesbild dementsprechend etwas unendlich Schönes vorgestellt hat ist vom Christlichen her, also antikisch begriffen, verständlich. Dürer rezipiert in diesem Fall, wie man bei Panofsky in dem schönen Aufsatz über die Antikenrezeption bei Dürer nachlesen kann, den Widerhall einer antiken Figur. Und es ist doch interessant, daß die Gottesebenbildlichkeit des Adam vor dem Sündenfall in Verbindung gebracht wird mit einer antiken Gottheit. Dürers Adam bewegt sich von Gott zu Gott, auch wenn er sich im Zustand der Verführung (der Metamorphose zum Menschen) befindet. Der Ausschnitt zeigt Ihnen, daß dieser Adam durchaus dem entspricht, was man noch heute gerne ausgezogen in den Bädern sieht.

Ein anderes interessantes Beispiel: Adam, wie er unlängst in der Werbung verwendet worden ist (Abb. 6), ein Ephebe von hinten, (da ihn sonst eine Versicherung nicht so ohne weiteres vermarkten könnte). Aber dieses Frontale, auch die Frontalität von hinten, ist Angreifbarkeit, Ungeschütztheit. Hier steht eigentlich der reine Tor vor uns, der nichts zu verbergen hat, auch wenn man ihn von der richtigen Seite betrachten könnte.

Eine sonderbare Umwertung bringt dann das Werk Wilhelm Riedissers (Abb. 7), ungefähr um 1900 entstanden, das ganz eindeutig auf eine Adam-und-Eva-Ikonographie zurückgeht. Eva ist tätig, ob sie den Apfel pflückt, oder die Schlange kost. Nun stellt dieses Relief aber nicht Adam und Eva dar, sondern „Arbeit und Ernte". Die Problematik des Adam-und-Eva-Themas im christlichen Bereich sieht normaler Weise so aus, daß alles Erfreuliche zu Ende ist, sobald sich beide gefunden haben. Hier wird das wieder aufgehoben, denn die Arbeit, also die Epoche nach dem Sündenfall, wird als durchaus idealisch schön und angenehm geschildert. Ein seltenes Beispiel, das einzige, das ich in der Ikonographie gefunden habe.

Rodins Jüngling (Abb. 8) ist möglicherweise auf zweifache Art aufzufassen: es kann der Adam sein, der sich der Schuld bewußt wird, es kann aber auch der Adam sein, der sich am jüngsten Tag, da er ja auferstehen wird, die Schuld von den Augen wischt. Dieses Motiv der Reinheit (Abb. 9) wird ikonographisch buchstäblich von der Werbung verwendet, also

1. Gebrüder van Eyck um 1430
2. Gebrüder van Eyck um 1430
3. „Stern"-Cover 1984
4. Aristide Maillol um 1905
5. Albrecht Dürer 1504
6. Werbung „Wiener Städtische Versicherung" 1985
7. Wilhelm Riedisser um 1900
8. Auguste Rodin 1887
9. Werbung „Care" 1986
10. Werbung „Care" 1985
11. August Hudler 1905
12. Foto aus „Bravo" um 1981
13. Foto aus „Playgirl" um 1980
14. Robert Redding 1983
15. Bruce Weber 1983

mit viel Frontalität und idealischer Schönheit. Auch das Hochstrecken der Arme werden wir noch öfters finden. Dieses Entwaffnetsein und auch dieses überhaupt keine Angst haben, bezeichnet also das moralisch – ethische Moment der Reinheit und für mich nicht ohne Ironie, auch das der Hygiene. Reinheit also nicht nur im übertragenen Sinn, sondern tatsächlich, daß man sich wäscht etc. und schließlich noch parfümiert. Diese selbe pure Natürlichkeit finden Sie auch beim Care – Halbakt (Abb. 10). Man kann nicht sagen, daß man hier erotisch angesprochen werden soll. Er ist nackt und schaut uns an, das ist alles.

Mit seinem David von 1905 führt uns August Hudler (Abb. 11) ein Ideal der Adoleszenz vor. Sie werden das auch später bei Piero della Francesca finden, ebenso in der griechischen Antike. Es handelt sich um eine bestimmte Ausgebildetheit des Körpers, die noch einen relativ schmalen Brustkorb zeigt, die Schlankheit verrät sich auch an seiner relativen Höhe im Verhältnis zu seinem Umfang, doch er hat schon kräftige Arme und Beine. Das ist es, was am jünglingshaften Typus oft als besonders anziehend empfunden wird: zu einem eher schmalen Rumpf sehr kräftige Gliedmaßen – wie bei jungen Tieren. Deshalb, werden junge Männer gerne mit Tieren in Verbindung gebracht, mit Pferden, Fischen, Vögeln in den Metamorphosen auch mit Hirschen und sogar Pflanzen (wohl auch im Sinn von „gut gewachsen"). Diese Naturhaftigkeit und Unverfänglichkeit kann als etwas, was sich (jetzt nicht im übertragenen Sinn oder doch) gewaschen hat, sogar in einer Jugendzeitschrift erscheinen, in einem Bravo-Heft von 1981 (Abb. 12). Unter dem Vorwand der Aufklärung wird den jungen Leuten ein Pin-up geboten. Das ist einer der Gründe für die Akzeptabilität von derlei Darstellungen. Ein anderer ist der lautere Sportler, der hier (Abb. 13) als ganz massives Pin-up gegeben wird, übrigens für Damen gedacht. Das Bild stammt aus „Playgirl" und stellt einen DDR-Sportler dar, der nach Amerika emigriert ist und sich auf diese Weise durchgebracht hat. Er war das berühmteste Pin-up-Modell seiner Zeit, ungefähr 1980. Er trägt zwar kein Badetuch, sondern ein T-Shirt, wirkt aber frisch geduscht und zeigt die Beziehungen von Pin-up, Reinheit, Unversehrtheit, Offenheit etc. Etwas ähnliches als Postkarte (Abb. 14): Hier plötzlich wird aus dem „reinen" Dasein etwas Transitorisch-Erotisches, der junge Mann nämlich ist im Begriff etwas zu lüpfen – und der nächste (Abb. 15) ja auch. Das ist natürlich eine Sache des erotischen Repertoires. Demgegenüber (Abb. 16) eine Werbung für Badewannen. Räkeln und liegen, waschen und baden, Natürlichkeit, also alle diese Reinheitsideale, von denen wir schon gesprochen haben, in einem Bild. Dieses Liegen oder Sitzen ist an sich noch nichts Erotisches. Es wird über weite Strecken der Ikonographie als Entspannungszustand gedeutet, der mit derselben Reinheit, Lauterkeit, Unabsichtlichkeit (Abb. 17) besetzt ist wie der so ganz einfach frontal dastehende Adam. Der berühmte, eben vom Geist berührte Adam Michelangelos sitzt, ebenso der Adam, aus dessen Rippe Eva wächst. Dieses Entspanntsein der Haltung gehört in einen ikonographischen Zusammenhang mit Unschuld und Natürlichkeit (Abb. 18), wenn auch das Modell so angespannt wie nur möglich posiert. Man spürt, daß der Auftraggeber sehr genau kontrolliert hat, was alles verdeckt bleiben soll, und dadurch fällt der ganze Entspannungs-, Natürlichkeits- und Lässigkeitsgestus in sich zusammen: Die Reinheit wird durch Kalkül unrein (ein anderer Sündenfall, das Gegenteil der Verführung).

Demgegenüber der neue Adam, nämlich Jesus Christus, der die Menschheit durch den Kreuzestod erlöst hat. Auch ihm sind sehr oft Entspannunsgesten gemäß. Natürlich vor allem im Zustand des Todes, vom Kreuz abgenommen, mit seiner Mutter zur Pietá vereinigt. Hier besteht ein sehr intimes Verhältnis zwischen zwei Menschen, eine große körperliche Nähe, die aber doch meistens künstlerisch so gelöst wird, daß man daran gar nicht denkt. Bei Annibale Carracci (Abb. 19) mag das etwas anders sein, zumal er eine jugendliche Madonna zeigt (wie etwa auch Michelangelo in der Pietá des Petersdomes) und sich hier manche Überlegungen anschließen könnten, die aber in einen anderen Vortrag gehören. Wenn diese ikonographische Ausgeruhtheit, von der wir schon gesprochen haben, mit der letzten, fatalen Ausgeruhtheit in Beziehung gebracht wird, mit dem Tod, dann finden wir häufig dieses Moment der Verschönheitlichung. Es ist im christlichen Bereich so zu verstehen, daß Christus, der auferstehen wird, mit dem Tod seine Unversehrtheit nicht völlig aufgibt. Er wird nicht zerfallen, bei ihm müssen sich die Spuren des Leichenzustandes nicht ohne weiteres zeigen. Daß dieses Motiv auch übertragen wird (Abb. 20), wie hier auf einen sehr schönen Jüngling, der vollkommen passiv geworden, hingestreckt ist, liegt in der Natur der Sache, nämlich der Malerei des 19. Jahrhunderts, und deren ästhetisierender Ikonographie. Bougereau war einer von diesen zahlreichen französischen Malern, die sich

sehr großer Formate bedient haben, sehr beliebt waren, und gegen den Impressionismus mit einer ungeheuren Opulenz der Inhaltlichkeit agiert haben.
Hans van Manens Selbstportrait (Abb. 21) mit seinem Freund als Pietá zeigt alle möglichen Implikationen, auf die angespielt wurde, so klar, daß es schon eine Plattheit ist. Robert Miller verarbeitet das Thema interessanter, da hier beide schlafen (Abb. 22). Die Situation mag die sein, daß der Schlafende und damit Schutzlose und den Blicken des Voyeurs Freigegebene hier in Zusammenhang gebracht wird mit einem, der nicht Voyeur ist und nicht schauen kann, da er selber schläft. Eine interessante Umformung, ebenfalls von Robert Miller (Abb. 23), nur daß Christus jetzt vom Schoß Mariens gerutscht ist und die Haltung von Michelangelos Adam angenommen hat, während die Trauerfigur ganz verwandelt wurde, wenn auch auf demselben räumlich höheren Niveau, das der Figur Mariens gegenüber dem von ihr gehaltenen toten Sohn zukommt.
Zusammenhänge, die den Werbemachern vermutlich überhaupt nicht bewußt waren, haben wohl eine Rolle gespielt, daß das Thema so gestellt wurde wie in einer Bettenwerbung (Abb. 24) von 1980: der Mann, nackt, (tödlich) entspannt, darüber die Frau, madonnenhaft und von zarter Mütterlichkeit. Der junge Geliebte (Sohn) (Abb. 25).
Eine andere Assoziationsvariante gibt Thorak (Abb. 26) um 1940, der tote Held mit seiner Mutter, das Pietámotiv ist deutlich in Anlehnung an die „Pietá Rondanini" von Michelangelo entwickelt, dieses wunderbare Werk einer stehenden Pietá, die aber fast einsinkt unter dem Schmerz und die diesen ganz einsinkenden Christus kaum mehr halten und tragen kann. Bei Thorak ist das natürlich alles geglättet und geläutert. Keinesfalls zuviel Schmerz, denn Binding schreibt ja auch beziehungsvoll, die Mütter gefallener Söhne hätten nicht zu sehr zu trauern, denn was kann man sich Besseres vorstellen, als daß der Sohn auf dem Feld der Ehre stirbt. Einfach ein Held zu sein, was voraussetzt, nicht allzuviel im Kopf zu haben, erfordert wohl einiges an adamitischer Unverfrorenheit und Unbewußtheit.

Hier eine Umkehrung des Pietámotives in der amerikanischen Pin-up-Fotografie (Abb. 27) um 1960. Der erotische Männerakt war im deutschen Sprachraum in der Zwischenkriegszeit schon sehr verbreitet, es hat eine Menge Zeitschriften für Männer gegeben, in Amerika nicht. Noch in den 50er und 60er Jahren ist das Wesentliche immer verdeckt worden, der junge Mann mußte sich in entsprechende Pose werfen, damit er überhaupt verkauft werden durfte. Das ist etwas für die amerikanisch-puritanische Situation ganz Bezeichnendes. Nach einigen Jahren der Lockerung setzt sich aber der Krampf wieder fort. Ich wollte dieser Tage ein „Playgirl"-Heft kaufen, weil ich neue Posenbeispiele finden wollte, und habe dann erfahren, daß es neuerdings in „Playgirl" – das für Damen gedacht ist, die sich an schöner Männlichkeit erfreuen wollen – keine nackten Jungs mehr gibt, sondern alle in der Badehose oder mit der Hand davor oder so ähnlich. Der Reaganismus führt in eine ganz ähnliche Schamhaftigkeitskultur zurück, wie sie aus Amerika hinlänglich bekannt war. Ich bringe dieses Foto in Zusammenhang mit dem Pietámotiv, weil hier eine Art „Haltehaltung" gegeben wird. Das Umgekehrte zeigt sich bei Poussins „Narziß" im Sinn des Gefallenen (Abb. 28). Hier haben Sie wieder dieses Adoleszente, den nicht so stark ausgebildeten Brustkorb, aber kräftige Arme und Beine, also den jungen, noch nicht ganz ausgereiften Mann. Ich begebe mich damit an einen ikonographischen Ort, den ich erst abschließend aufsuchen will, nämlich den der Metamorphosen. Auch dieses Foto von George Platt Lynes (Abb. 29) von 1940 gehört dorthin, dieser gespiegelte Ephebe, hier nur ein Beispiel für die ikonographische Verwertbarkeit des Liege- und Schlafmotivs, wie auch Canovas „Endymion" von 1820 (Abb. 30). Einerseits zeigt sich die Natürlichkeit des Dahingestreckten, der mit geschlossenen Augen daliegt, andererseits wird der Betrachter auf Grund dessen ganz in die Rolle des Voyeurs befördert. Dem jungen Jäger Endymion ist es so ergangen, daß er im Schlaf von Selene besucht wird, die ihn bei dieser Gelegenheit zu küssen pflegt. Deshalb erbittet er von Zeus ewige Jugend und ewigen Schlaf. Das ist eine sehr schöne Metapher für das Opfer, das Opfer bleiben will, also für eine ganz bestimmte Situation in der

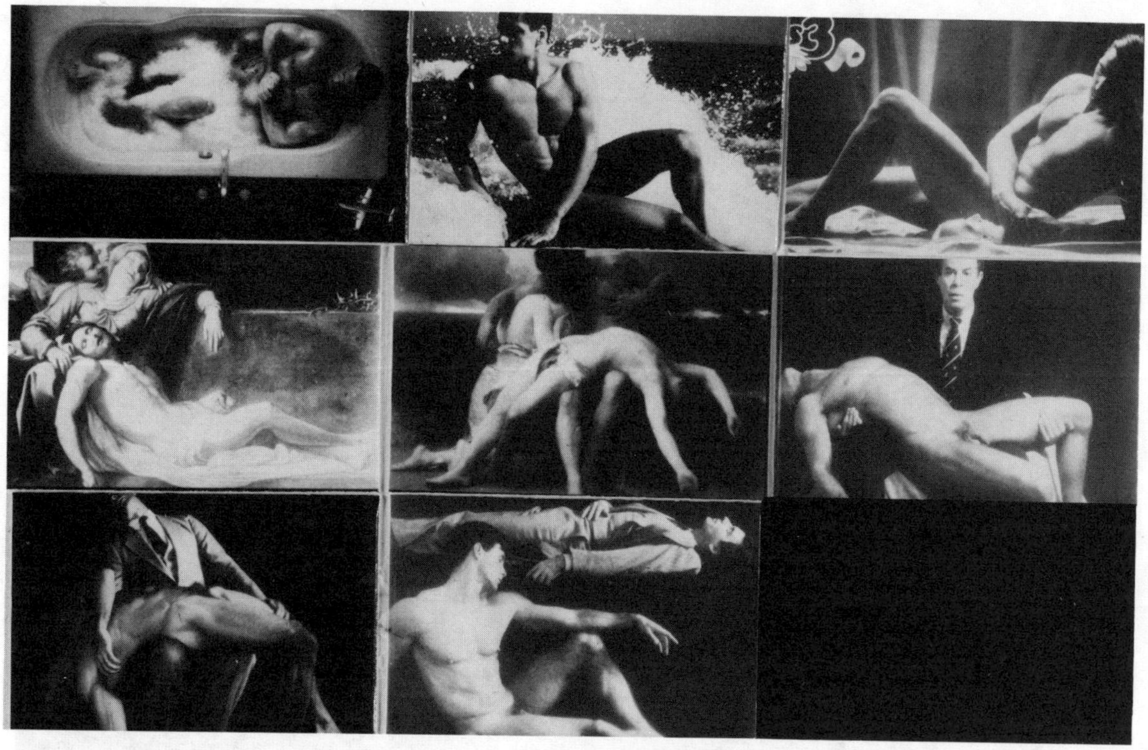

16. Werbung „Kaldewei" 1986
17. Michel Guillot um 1984
18. Werbeplakat „Consens" 1987
19. Annibale Caracci 1603
20. William Bougereau 1888
21. Hans von Manen 1984
22. Robert Miller 1983
23. Robert Miller 1984

Ikonographie des Voyeurismus, die sich durch alle Künste zieht.

Dieses Motiv ist auf konstante Weise von Anton Kolig, dem großen Kärntner Expressionisten, verwendet worden. Er hat sich als Zeichner ausschließlich dem Männerthema gewidmet, besonders dem ruhenden, dem schlafenden, liegenden Akt. Es gibt bei ihm die verschiedensten erotischen Schattierungen, aber auch eine große Objektivität der Betrachtung (Abb. 31). Eine solche lockere Ruhe- und Schlafhaltung finden Sie etwa auch in den amerikanischen Pin-up-Fotografien eines Ken Haak (Abb. 32). Das Foto stammt aus einem dieser billigen (weil in riesiger Auflage erschienenen) Bildbände, wo nie zuviel gezeigt wird, und die von Damen und Herren gekauft werden. Kolig ist offener und natürlicher (Abb. 33), wenn sich auch die Grundmotive gleichen (Abb. 34). Ein phantastisches Beispiel für dieses sich Ausliefern an den Betrachter ist eines der vielleicht erotischsten Kunstwerke der Weltkunst, der Barberinische Faun (Abb. 35), der sich in der Glyptothek in München befindet, ein hellenistisches Kunstwerk von hervorragendem Rang und größtem ikonographischen Interesse. Ein Satyr, Faun, eine ständig erotisierte Figur, die aber schlafend doch einmal von ihren Obsessionen absehen kann, als könnte jetzt der Betrachter in die Rolle des Satyrs schlüpfen und sich das Seine erlauben. Es ist der Betrachter, der in dem Augenblick die Unschuld verliert, da der Satyr sie gewinnt. Auch bei Kolig wird eigentlich der Betrachter evident als der, der zusieht (Abb. 36), oder etwa auch in einem schamhaften „Playgirl", das dem Betrachter dennoch diese Rolle läßt (Abb. 37). Und befriedigender wieder bei Kolig (Abb. 38). Die gezeigte Passivität, Ausgestrecktheit will hin zum Adamthema, auch zum neuen Adam, wieder zum Thema des Todes. Christus ausgestreckt am Kreuz, hier aus der Giambologna-Schule (Abb. 39), die Arme gehoben, eine der wenigen Darstellungen des nackten Christus: das Bild des Todes, der in keiner Weise endgültig ist, rechtfertigt die hohe Identität und Schönheitlichkeit der Darstellung.

Die Idee ist in diesem Beispiel aus der Schule des Permoser (Abb. 40) schon fast ins Frivole

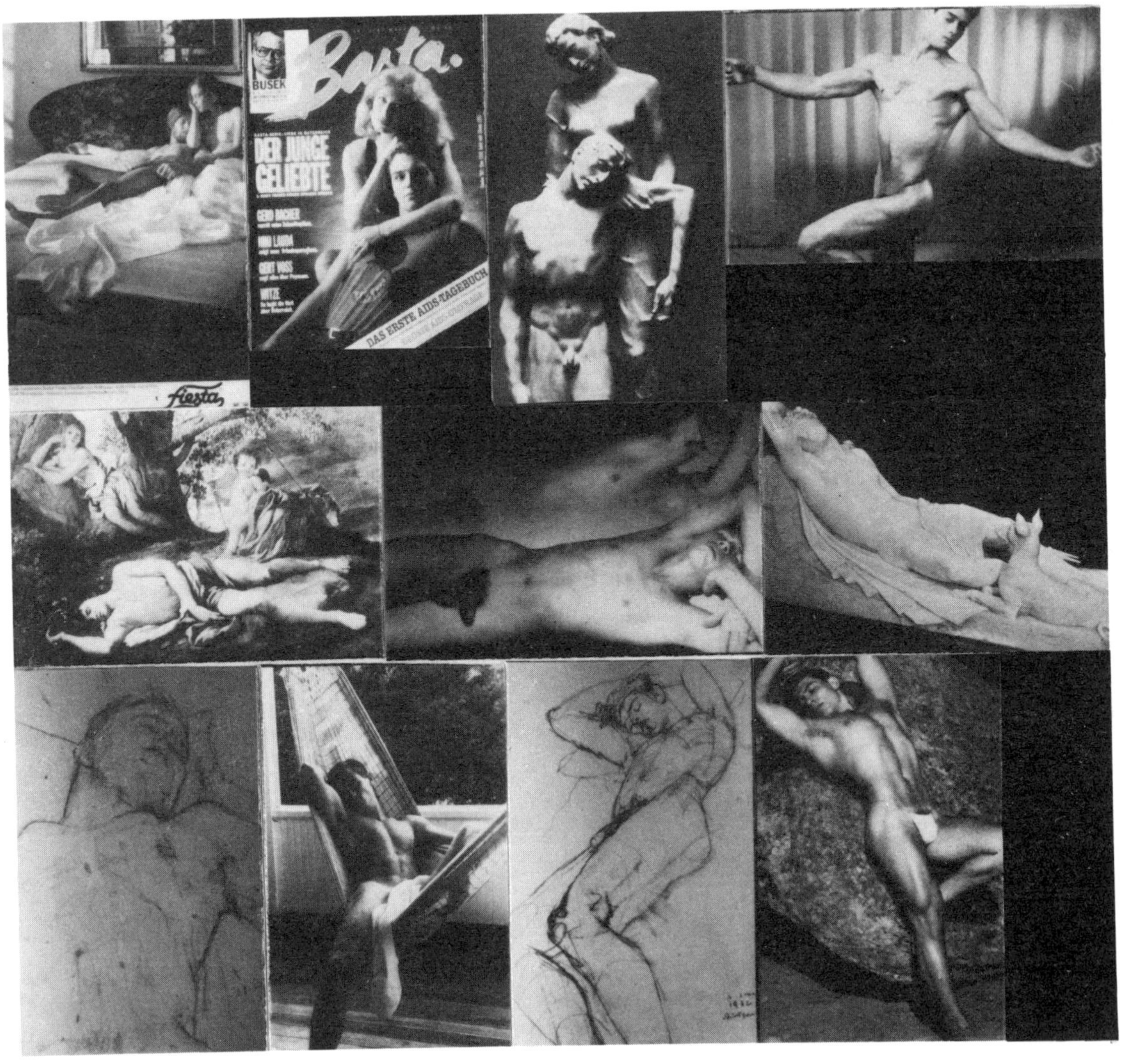

24. Werbung „Wittmann" 1980
25. „Basta"-Cover 1987
26. Josef Thorak um 1940
27. „Western Photography Guild" um 1960
28. Nicolas Poussin 1630
29. George Platt Lynes um 1940
30. Antonio Canova 1822
31. Anton Kolig 1941
32. Ken Haak 1981
33. Anton Kolig 1932
34. „Western Photography Guild" um 1960

gesteigert – und wieder stellt sich vor dem Unversehrten die Frage nach Schönheit und Wahrheit (wenn auch hier unter ganz anderen eschatologischen und exegetischen Bedingungen).
Ich mache hier einen kleinen Exkurs. Mich hat dieses sonderbar fragile, effeminierte Kunstwerk dazu angereizt, Ihnen etwas zu zeigen, das an sich in diesen Zusammenhang nicht wirklich gehört. Sie werden verblüfft sein. Und zwar fand ich am Döblinger Friedhof eine Kreuzigungsgruppe auf einem vornehmen Grab mit Maria und Johannes dem Lieblingsjünger, ein fast ganz verweiblichter Lieblingsjünger (Abb. 41). Ich wollte die androgyne Problematik (androgyn ist eben nicht männlich) hier weitgehend ausschließen, aber auf den effeminierten Permoserschen Christus einen noch effeminierteren Johannes folgen zu lassen, schien mir doch beziehungsvoll, und so will ich diesen Komplex merkwürdig verschlungener ästhetischer Verwandtschaften noch ein wenig schärfer beleuchten. Hier ein Engel von Tizian (Abb. 42), und von ähnlichem Gesichtstypus wenn auch in ganz anderer Ansicht, dessen Evangelist (Abb. 43), an seinem Symbol, dem Adler zu erkennen, im Gegensatz zum Lieblingsjünger Johannes, der keine Attribute hat.

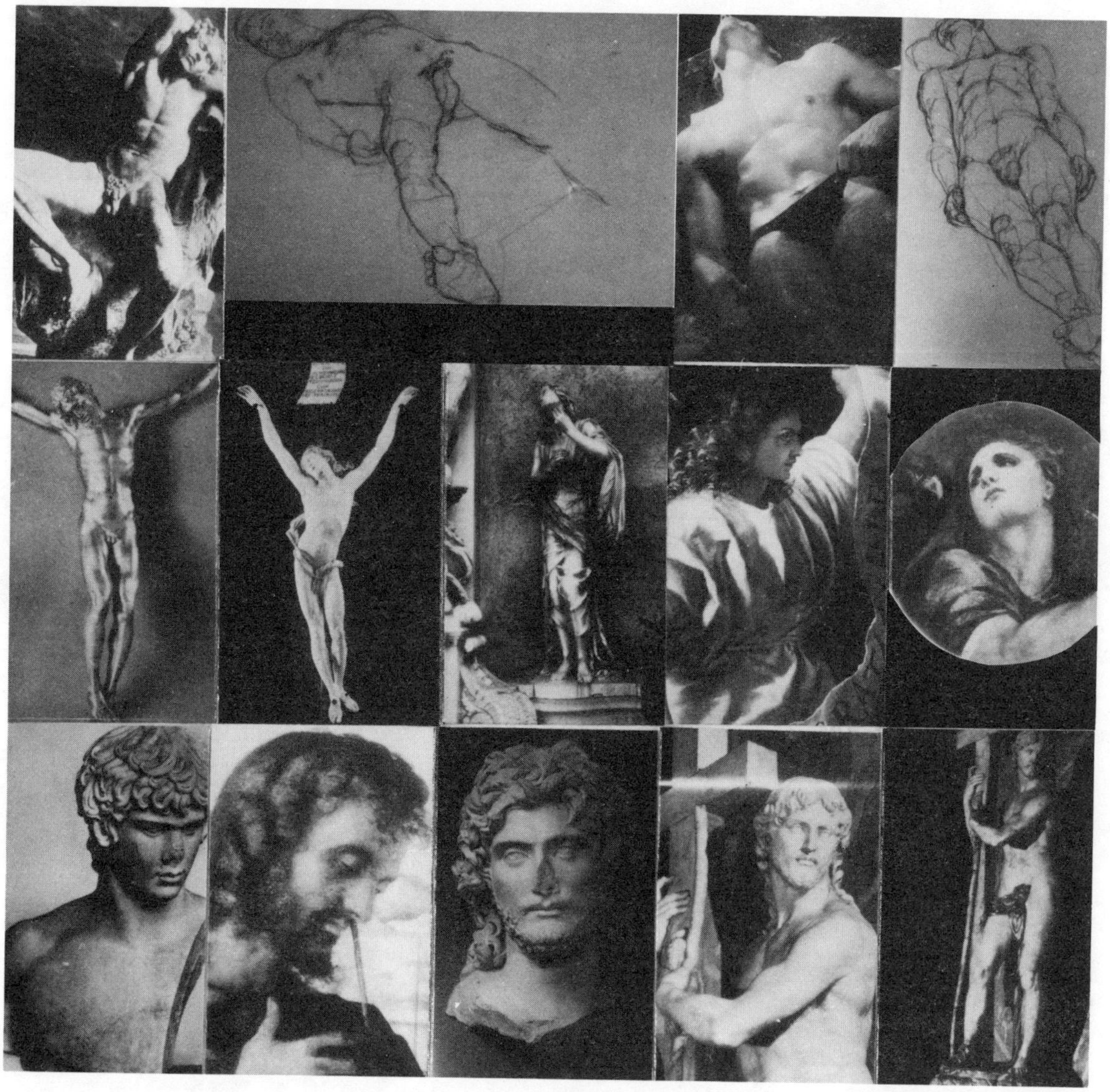

35. Barberinischer Faun um 220 v. Chr.
36. Anton Kolig 1946
37. Foto aus „Playgirl" 1987
38. Anton Kolig um 1932
39. Nach Giambologna um 1600
40. Art des Permoser um 1690
41. Anonym um 1890
42. Tizian 1522
43. Tizian 1544
44. Büste des Antinous um 130 n. Chr.
45. Giovanni Bellini um 1500
46. Büste eines Philosophen um 200 n. Chr.
47. Michelangelo 1521
48. Michelangelo 1521

Es handelt sich um eine jahrhundertelange Verwechslung, nämlich den Lieblingsjünger für den Schreiber des Evangeliums und den Schreiber der Apokalypse zu halten. Mittlerweile weiß man, daß dem nicht so sein kann aus zeitlichen Gründen, aber deshalb wurde wird auch der Evangelist als schöner Jüngling dargestellt. Es gibt auch Johannesdarstellungen, die sich dem Porträt des Antinous, dem berühmtesten aller klassischen Lieblinge verbinden (Abb. 44). Der dritte Johannes, nämlich Johannes der Täufer, wird auch sehr oft als schöner Mann dargestellt, bärtig, als Eremit (Abb. 45). Seine Schönheit und seine Christusähnlichkeit lassen sich von der Überlieferung ableiten, daß er mit Christus verwandt war, und das legt der Ikonographie des Täufers nahe, ihn mit dem Christusbildtypus, also dem Gesichtstypus des „vera icon" zu verbinden.

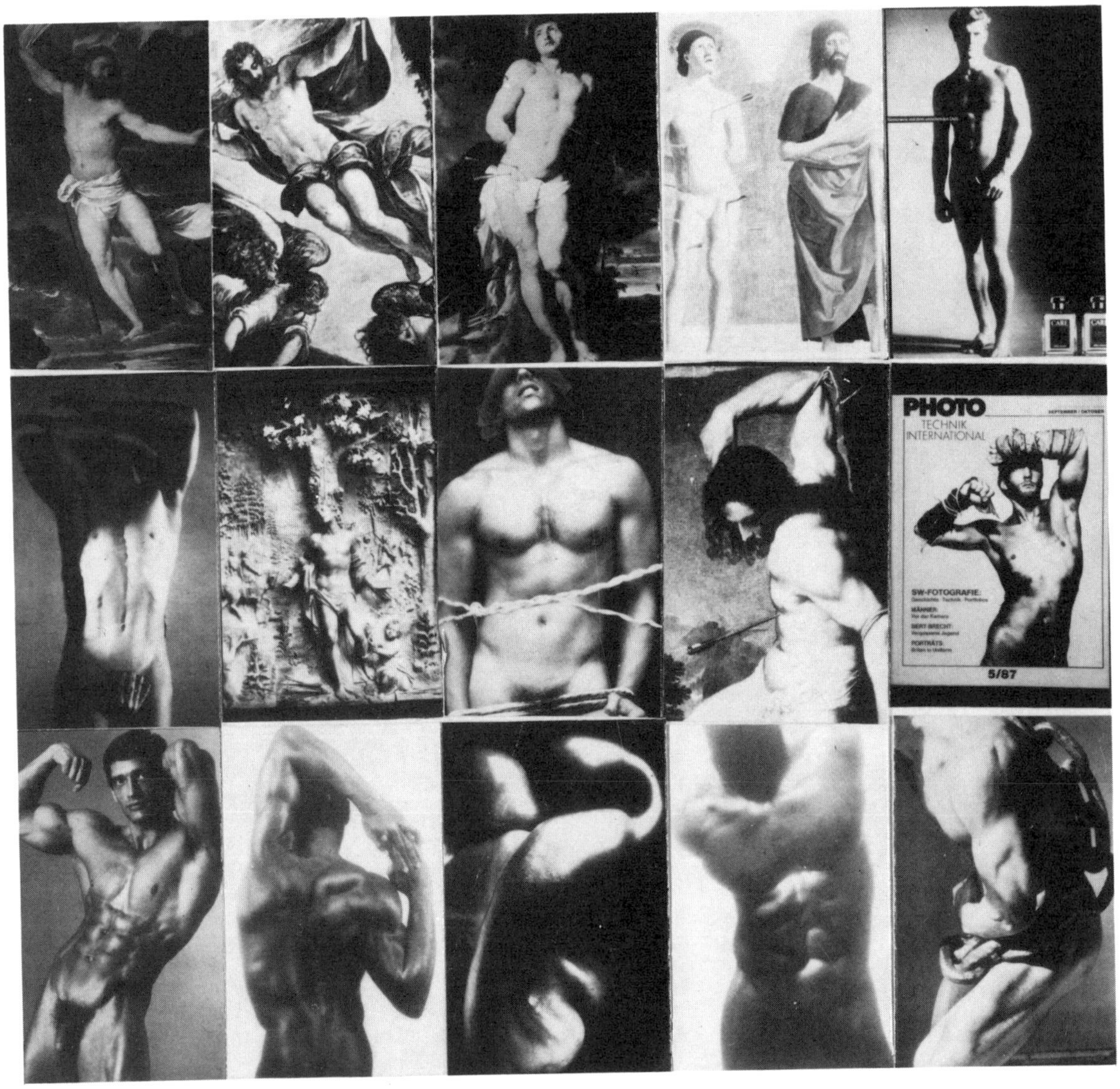

49. Tizian 1522
50. Tintoretto 1581
51. Peter Paul Rubens um 1618
52. Piero della Francesca 1448
53. Werbung „Care" 1986
54. George Platt Lynes 1945
55. Christoph Angermair um 1615
56. Michael Rock 1981
57. Tizian 1522
58. „Photo"-Cover 1987
59. Christian Vogt 1984
60. Robert Mapplethorpe 1983
61. Edward Weston 1930
62. Viktor Skrebneski 1982
63. Herb Ritts 1985

Ein schönes Beispiel für einen anderen Einfluß sehen Sie an dieser spätantiken Büste (Abb. 46), die wahrscheinlich einen Philosophen vorstellt. Der Zusammenhang mit Michelangelos Christus von 1521 (Abb. 47) ist evident, der Gesichtstypus sehr ähnlich. Übrigens auch ein nackter Christus, der später mit einem goldenen Tuch züchtig bedeckt wurde (Abb. 48). Der Christusbildtypus wird also jedenfalls nicht nur von der Seite des „vera icon" gespeist, diesem Ausschnitt aus dem Turiner Leichentuch, der immer sichtbar war, dessen Weg der Sichtbarkeit wir bis ins Heilige Land zurückverfolgen können. Da drückt sich ein Gesicht ab, das den Mythos des Leichentuches begründet, auch die Legende der Person, nämlich der heiligen Veronika (von „vera icon"), die Christus das Tuch hinhält, mit dem er sich abwischt. Diese Legende verbindet sich mit dem antiken Philosophenkopf, und tatsäch-

lich hat ja Christus bisweilen unterrichtet wie ein Lehrer auf der Stoa. Soweit etwas zur schönen Gesichtlichkeit der Heiligen und Christi.
Im Gegensatz zum adoleszenten, passiven Christustypus gibt es – wie schon bei Michelangelo – aber auch einen viel kräftigeren, lebensvollen, was sich vielleicht davon ableiten läßt, daß Christus der Auferstandene ist, nun schon fast in diesem übertragenen Sinn verstanden: Da muß ja einige Kraft dazugehört haben, den Stein wegzuwälzen. Diese Frage am Grabe Christi wird evident, wenn auf der Averoldi-Pala des Tizian (Abb. 49) ein fast herkulischer Christus, der doch vor kurzem noch ein Ephebe am Kreuz war, in die Wolken steigt, oder an der Decke der Scuola San Rocco von Tintoretto (Abb. 50). Ich wollte damit sagen, daß auf eine Figur, nämlich Christus, alle drei dieser letztlich unter ein Ideal fallenden Typen, die ich am Anfang erwähnt habe, angewendet werden.
In diesem christlichen Zusammenhang gibt es noch weitere Möglichkeiten für die Darstellung des mehr mehr oder minder nackten Mannes. Der heilige Sebastian, hier von Rubens (Abb. 51) von einer gewissen Üppigkeit, dennoch dem adoleszenten Typus verwandt: Der Brustkorb ist verhältnismäßig schmal, die Armkugeln erscheinen wie angesetzt, und die Gliedmaßen sind groß. Diesen Typus, antikisch geklärter, also maßvoller in den Schwellungen, finden Sie bei Piero della Francesca (Abb. 52) um 1450. Das Gesicht ist ohne Idealität, aber der Körper geht direkt auf junge Olympioniken zurück. Noch einmal Care (Abb. 53), denn auch der heilige Sebastian zeichnet sich durch diese adamshafte Frontalität und Reinheit aus: Es bleibt ihm nichts anderes übrig, weil er gefesselt ist, und außerdem hat er ja gar keinen Grund zur Scham, weil er ohnehin rein und heilig ist. Was mir an dieser Werbung ins Auge gesprungen ist, war der Zufall, daß der Schriftbalken wie ein Pfeil des Sebastian in der Brust dieses schönen jungen Mannes sitzt. Ich behaupte nicht, daß das ein bewußter Entwurf war, aber es gibt immer noch diese prekäre Situation, wie man einen nackten Mann, auch in der Werbung, begründen kann, und daß dann unterirdisch und aus dem verlaufenen Religionsunterrichtswissen und der verschütteten Kunstanschauung sich manches hervorschlängelt und – drängt, was man verwerten kann, ohne daß man sich das bewußt machen muß, erscheint mir doch sehr wahrscheinlich.

Der heilige Sebastian hat einen besonderen Grund, so lebensvoll an den Stamm geschnürt zu sein, er stirbt ja nicht durch dieses Martyrium. Er wird von heiligen Frauen, der heiligen Irene, gefunden und gesundgepflegt. Das Moment des ewigen Lebens findet quasi schon zu Lebzeiten statt, diese Auferstehung von den schon fast Toten zu Lebzeiten.

Den Typus des Wehrlosen, an den – wenn auch in einem ganz anderen Sinn, als durch die wohltätigen Frauen – Hand angelegt wird, zeigt etwa Platt Lynes' Foto von 1945 (Abb. 54), den Gestus der Ausgeliefertheit schon fast psychologisch gedeutet der heilige Sebastian von Christoph Angermair aus dem ersten Drittel des 17. Jahrhunderts (Abb. 55). Auch diese Pin-up-Karte (Abb. 56) hat etwas mit Sebastian zu tun, dieses Opfer von gesteigerter Wehrlosigkeit, das hier zum sexuellen Opfer geworden ist und ganz besonders ausgeliefert scheint, weil es ja an sich so kräftig ist. Das ist ein großartiger erotischer Aspekt, der das Opfer auch wieder reinigt: der junge Mann hätte sich sicher nicht freiwillig so ohne weiteres in die mißliche Lage begeben. Wir als die Betrachter müßten also kräftiger gewesen sein als er selbst, um ihn in diese Situation zu bringen. Nun sind wir das natürlich nicht und müßten hinterhältig gewesen sein, vielleicht haben wir ihm die Pistole angehalten und ihn unter diesen Umständen gefesselt. Da er sich also deshalb so unverhüllt zeigt, weil wir ihn dazu gezwungen haben, bleibt er dem Wesen nach rein.

Auch Tizians Sebastian von 1522 (Abb. 57) ist einigermaßen wehrhaft, er entspricht, wie schon das Pin-up-Bild zuvor, einem durchaus herkulischen Männertypus, dessen Kräftigkeit durch die Geste des erhobenen Armes oder der erhobenen Arme in demselben Maß artikuliert wird, wie in die Wehrlosigkeit zurückversetzt. Daß sich das Motiv ikonographisch leicht transportieren läßt, zeigt etwa auch das Cover einer Zeitschrift (Abb. 58). Noch

etwas weiter getrieben wären wir dann endgültig beim Herkulesthema. Es geht nun nicht mehr darum, durch hochgehobene Arme Wehrlosigkeit zu zeigen, sondern es geht jetzt nur noch um die Demonstration der Kräfte (Abb. 59), und mit erhobenen Armen kann man eben mehr zeigen, weil der ganze Corpus und die Gliedmaßen freier liegen. Das ist das Interesse, das ein Herkules dieser Art hat, und das seine Eigenschaften zeigt: Kraft also, Reinheit trotzdem, denn wir dürfen ja gar nichts von ihm wollen. Sauberkeit ist seine Natur und Schönheit sein Beruf: der schöne Mann als schönes Stück Fleisch. Hier von Mapplethorpe, dem großartigsten Fleischvermarkter in der Gegenwartsfotografie des Mannes (Abb. 60). Etwas ähnliches von Edward Weston, bereits um 1930 (Abb. 61), ein Stück Paprika allerdings, oder um nichts weniger dinglich, ein Torso von Skrebneski (Abb. 62). Herb Ritts (Abb. 63) zeigt wieder dieses Verhältnis aus Wehrlosigkeit und Kraft, aber schon deutlich in Richtung des Fesselsprengers, der mit Gewalt alle Probleme löst. Hier kommt der Atlant ins Spiel, der Weltenträger (Abb. 64) – stark, aber beschränkt. Das gehört zu dieser Ikonographie, es gibt auch beim Mann das „schöne Dummerl", es ist nur ein bißchen kräftig ausgefallen. Sehr schön finde ich die Umkehrung des Themas bei Chanel (Abb. 65). Die Ikonographie zerfällt, denn dieser Atlant ist von der Physiognomie des Rückens her nicht geeignet, die Welt zu tragen. Dafür ist er aber auch sensibler, raffinierter, feiner: klüger. Wir müssen also darüber nachdenken wie das zusammenpaßt. Hier die Ikonographie des Atlas, dort der Ästhetizismus des feinen Herrn, und dieser Bedeutungswandel wird dann offensichtlich mit dem Geist, der aus der Flasche kommt, im Sinn eines Parfums, motiviert.
Aber bleiben wir bei herkulischen Gestaltungen. Passivität wird ihnen im allgemeinen wenig gelegen sein, und es ist auffällig, daß das aggressive Thema bereits im Deutschland der Jahrhundertwende sehr häufig vorgetragen wird – und die Kunst des Nationalsozialismus mitbegründet. Metzners kräftiger Harfenspieler gibt noch ein verhältnismäßig zurückhaltendes, aus dem Symbolismus kommendes Beispiel (Abb. 66), während Bossards Herkules von 1905 (Abb. 67) aggressiver und überzogener seinen Realismus vorträgt. Im Vergleich dazu ist der Kampfgestus von Canovas Theseus (Abb. 68) noch verhältnismäßig ideal, ganz schöne Pose, und von dieser Seite her auch genießbar.
Daß das Moment der Reinheit und der Wahrheit auch weiterhin seine Rolle spielt, selbst dort, wo es aggressiv wird, sieht man deutlich an Soldanis Schergen (Abb. 69) – das ist ein Henker mit dem Haupt des Johannes – er hat also im Auftrag der Salome dem Johannes dem Täufer, diesem Christuskopfähnlichen, das Haupt abgeschlagen. Der Kopf des Henkers spricht in seiner Abgewendetheit gleichsam so manches aus, was im Gegensatz zum Körper steht. Der Körper ist rein, der Körper weiß von nichts. Das ist ein Rettungsversuch der antiken Idealität, im Manierismus, im Nachklang der Renaissance, um eine solche Körperlichkeit überhaupt noch aufrecht erhalten zu können. Ähnliche Motive gibt es auch bei Michelangelo.

Mildern läßt sich dieses Moment des reichlich aggressiven Mannes dadurch, daß er zum Jüngling wird, wie Andrea del Sartos Täufer (Abb. 70), der aber genausogut ein David sein könnte, oder erst recht Caravaggios David (Abb. 71): Adoleszenz als Zustand der Halbbewußtheit des Umganges mit den eigenen Kräften oder einer unvollkommenen Schuld. Dieses Kämpferische, Zweikampfhafte des Davidmotivs ist nun aber ein stehendes Thema der Männerikonographie, das liegt dem Mann. Kämpfend ist er natürlich. Kaum wird er aggressiv, ist er schon natürlich. Soweit er sich zurückhält, ist er unnatürlich, oder aber er weiß von nichts, dann muß er die Welt tragen oder steht überhaupt als reiner Tor uns gegenüber. Hier ein Foto aus einer Nudistenzeitschrift um 1955 (Abb. 72), ein Bild, das von spielerischer Männlichkeit und jugendlicher Schönheit geradezu kämpferisch strotzt: was für eine Verheißung (die der junge Herkules gibt).
Verheißungen ganz anderer Art leiten sich aus Fotos von „Kampfszenen" ab, die nicht mehr ohne weiteres zu verkraften sind (Abb. 73, 74, 75). Hier muß also die Tatsache, daß sich Männer Bilder von Männern kaufen, irgendwie verschleiert werden vor dem amerikani-

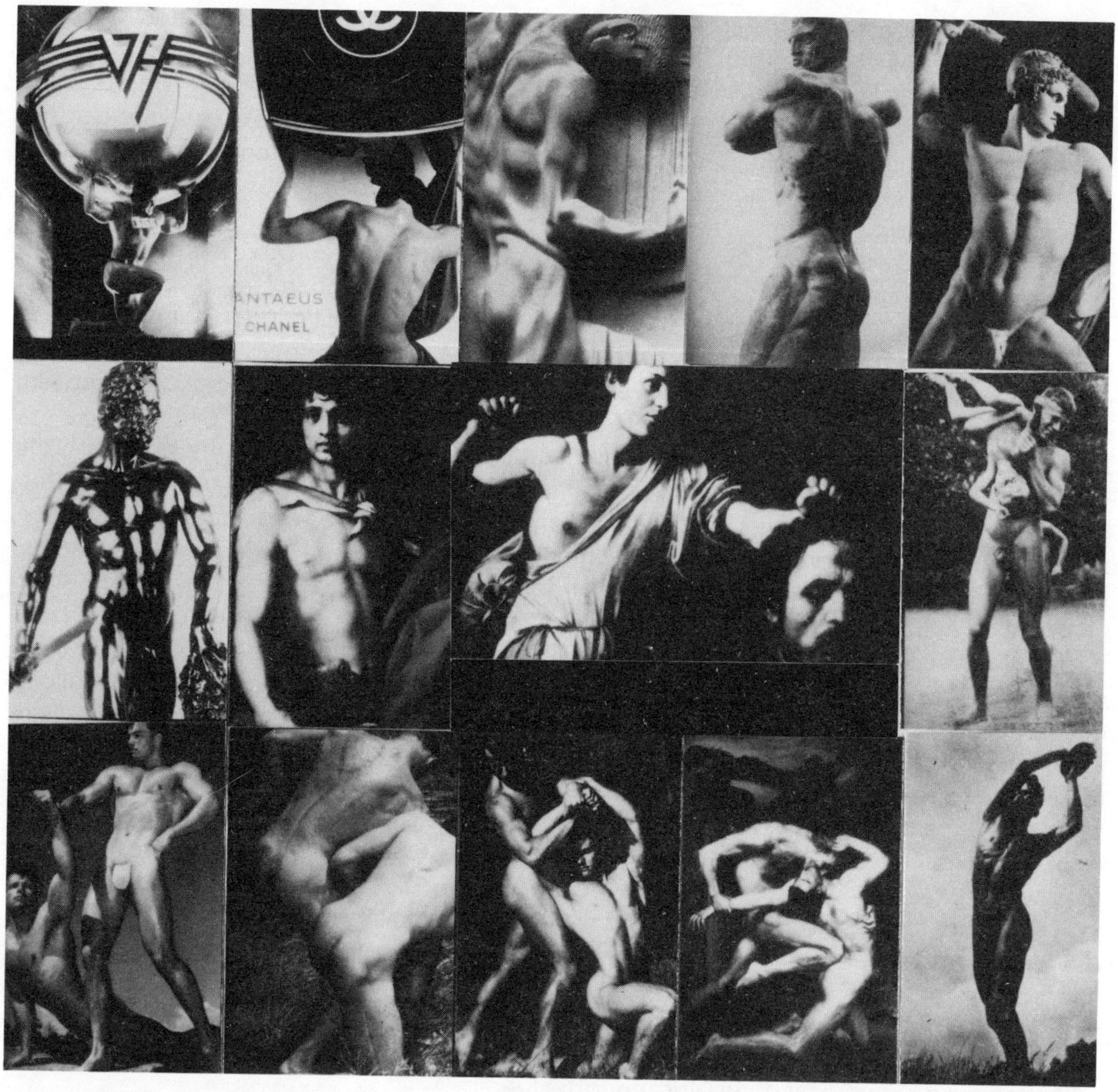

64. Werbefotografie um 1985
65. Werbung „Chanel" um 1985
66. Franz Metzner 1907
67. Johannes Bossard um 1905
68. Antonio Canova 1819
69. Massimiliano Soldani Benzi um 1680
70. Andrea del Sarto um 1520
71. Michelangelo da Caravaggio um 1605
72. Aus einer Nudistenzeitschrift um 1955
73. „Western Photography Guild" um 1960
74. „Western Photography Guild" um 1960
75. „Western Photography Guild" um 1960
76. William Bougereau 1850
77. Kurt Reichert 1940

schen Recht, und so kämpfen sie miteinander. Und derlei Darstellungen haben eine lange Tradition, nämlich den akademischen Akt. Der Akademismus des Posierens erzeugt etwas, das man „ikonographische Fälschungen" nennen könnte, denn durch Posen, nach denen jemand zeichnet oder malt, wie das im 19. Jahrhundert ja ständig stattgefunden hat, kann man alles darstellen. Man kann alle ikonographischen Elemente der abendländischen Kunstgeschichte und auch der Antike aufrufen und „als ob" darstellen lassen, aber man kann auch neue Ikonographien erfinden und Dinge, die es noch nie gegeben hat – das verstehe ich unter Fälschung: unter Fälschung der Wirklichkeit, die unter ganz anderen Umständen beobachtet werden müßte, um reflektiert werden zu können, als durch Posen. Davon leitet sich auch die Unbekömmlichkeit bestimmter Bilder ab, Bougereaus Höllenszene von 1850 gibt ein bezeichnendes Beispiel (Abb. 76).

Mit Sportposen kommen wir wieder auf etwas zurück, wovon schon die Rede war, auf Reinheit, Natürlichkeit etc. Es gibt unendlich viele Sportposen, aber sehr viele nackte Sportler gibt es nicht, nackte Läufer kaum. Schon eher Diskuswerfer (Abb. 77) oder Giambologns sportlicher Merkur (Abb. 78), der aus dem Windstrahl aufwächst. Eines der wunderbarsten Stücke an serpentinierter Skulptur, das Bedürfnis da rundherum zu gehen und diese Ansichten einer unglaublichen Dynamik zu gewinnen, hält uns ständig in Bewegung (die aktive Variante des Voyeurismus).

Die Zeitschrift „Bunte" vermeidet das Nackte ja peinlich, für einen Diskuswerfer hat sie es aber schon 1978 gewagt (Abb. 79), und daß in der amerikanischen Pin-up-Fotografie der 50er und 60er Jahre alle möglichen Sportarten zitiert werden, liegt auf der Hand (Abb. 80). Der „Stern" hat sich schon mehrmals an den nackten Mann herangewagt, antikisch genug und auch noch vergüldet als ein Speerwerfer (Abb. 81). Es ist dieser Supersportler Hingsen, der hier posiert.

Sie wissen vielleicht, daß Vasari über einen Manieristen die Geschichte erzählt, es hätte einen Festzug gegeben, und der Manierist hätte einen Jüngling, den Sohn des Bäckers, vergoldet, und der wäre aus einer Muschel hervorgestiegen wie die schaumgeborene Venus. Der Jüngling aber ist daran gestorben, zugrunde gegangen, weil seine Haut nicht atmen konnte. Rebecca Horn hat das in einem wunderschönen Kunstwerk zitiert – sie verstehen vielleicht, was ich darunter meine: Jünglingshaftigkeit, Vergoldetheit, Sterblichkeit, aber auch das Auferstehungsmotiv aus der Muschel. All das drängt sich ineinander. Die Freundin dieses Herrn Hingsen hat sich damals in aller Öffentlichkeit von einer derartigen Darstellung allerdings distanziert und Herrn Hingsen verboten als Sportler – das gehört sich doch nicht – je wieder nackt zu posieren. Er hat es aber dann doch getan (Abb. 82), und zwar ausgerechnet für Arno Breker, den leibhaftigen Großmeister der NS-Skulptur. Auf dem Foto hat er zwar eine Unterhose an, auf der Skulptur schon weniger.

Großer Beliebtheit erfreut sich auch das gespannte Thema des Bogenschützen, hier von Geyger 1910 (Abb. 83), oder von Bruce Weber 1983 (Abb. 84), derzeit einer der bekanntesten Männerfotografen. Er hat die amerikanischen Olympioniken fotografiert und damit die Ikonographie des männlichen Rückens bzw. der Nackenpartie erst wirklich erfunden. Stierhaftigkeit – man weiß sofort, woran man zu denken hat. Ich erinnere aber auch an Caravaggios wunderschönes Bild, das in Budapest in der Gemäldesammlung hängt, wo einer dieser Jünglinge in verlorenem Profil gegeben ist, ein Profil, das die Nasenlinie nicht mehr zeigt und eine sehr schöne Nackenpartie freigibt.

Ich habe diesen berühmtesten Akt Dürers (Abb. 85) nur hereingenommen, um die sportlichen Herren jetzt allmählich in ihren nächsten Zustand versetzen zu können, nämlich den der Ruhe. Auch das gehört zum Herkulischen dazu, überhaupt zur Ikonographie des Kampfes, das Ausruhen nach dem Kampf, was natürlich wieder Hingestrecktheit motiviert. Das findet hier bei Dürer noch nicht statt, es ist die letzte Anspannung (der Verzweiflung), aber schon bei Rodin, der hier einen damals berühmten französischen Athleten (Abb. 86) porträtiert. Derselbe Rodin, dem für uns in kaum glaublicher Weise vorgeworfen wurde, er würde vielleicht seine Skulpturen dadurch schaffen, daß er Lebenden die Glieder abgießt und sie dann nur zusammensetzt.

In der Haltung sportlicher Entspannung auch der schöne Palmers-Jüngling (Abb. 87), eines der gewagtesten Produkte der Palmerswerbung, von Elfi Semotan fotografiert. Übrigens gehört zur Ikonographie des Hockens – im Sinn des noch Entspanntseins als Gegenteil des schon Entspannten – auch die Pose des Läuferstartes, wie sie hier etwa von Robert Mapplethorpe vorgeführt wird (Abb. 88). Mit dem nächsten Bild sind wir schon in der Nähe der Metamorphosen (Abb. 89), denn der junge Mann müßte in das Wasser, das vor ihm liegt, nur hineinschauen, um sich in Narziß zu verwandeln. Hier, bedenklicher gestimmt, von Hippolyte Flandrin um 1850, ein Gemälde in der glatten Art des Ingres (Abb. 90). Es zeigt Ihnen ein Motiv, das etwa 40 Jahre später von Wilhelm von Gloeden, dem berühmten Knabenfotografen von Taormina, übernommen wurde (Abb. 91).

78. Giambologna um 1575
79. Foto aus „Die Bunte" um 1978
80. „Western Photography Guild" um 1960
81. „Stern"-Cover 1982
82. Foto aus „Stern" 1982
83. Ernst Moritz Geyger 1895
84. Bruce Weber 1983
85. Albrecht Dürer 1515
86. Auguste Rodin 1904
87. Werbung „Palmers" 1984
88. Robert Mapplethorpe 1984
89. Bruce Weber 1983
90. Hippolyte Flandrin um 1850
91. Wilhelm von Gloeden um 1910

Gloeden war ein deutscher Adeliger, der also sizilianische Jungs fotografiert hat. Dazu ist mir eine Geschichte erzählt worden. Ich war unlängst in Neapel bei jemandem, der Joseph Beuys gut gekannt hat, ein Kunsthändler, und der hat Beuys den Auftrag gegeben, Gloeden-Fotografien zu bearbeiten, und Beuys hat zwar keine Akte genommen (Gloeden hat auch Porträts und Landschaften gemacht), aber hat gestempelt und darauf geschrieben „La rivolutione siamo Noi". Die Revolution sind wir. Und Amelio hat ihn gefragt, und da hat Beuys Amelio und damit die ganze Welt der Liebhaber Gloedens auf etwas aufmerksam gemacht, Gloeden hat nämlich nicht nur die schönen jungen Männer fotografiert, sondern alle. Er hat ganz Taormina fotografiert, alle Jungs, alle nackt, alle in irgendwelchen Posen, alle unverfänglich oder vielleicht doch nicht. Und hat allen Geld gegeben aus dem Verkauf

92. Duane Michals um 1985
93. Duane Michals um 1985
94. Duane Michals um 1985
95. George Platt Lynes um 1940
96. George Platt Lynes um 1940
97. Kenn Duncan um 1980
98. Duane Michals um 1985
99. Duane Michals um 1985
100. Kuroi 530 v. Chr. und 480 v. Chr.

seiner Bilder. Der Prince of Wales hat bei ihm gekauft, die deutsche Hocharistokratie. Er hat auch Feste gegeben, wo die Jünglinge zugegen waren, und das Geld, das hereingekommen ist, hat er gleichermaßen auf diese tatsächlich bisweilen erstaunlich häßlichen Jungs ausgeteilt. Also eine wichtige Beobachtung von Beuys.

Jetzt aber zu den Metamorphosen. Hier ein wunderbares Bild von Duane Michals (Abb. 92), einem der ganz wenigen großen Künstler in der Fotografie. Narziß, der sich betrachtet, in sich verliebt und daran zugrunde geht. Bei Duane Michals verwischt er sein Bild (Abb. 93). Eine großartige Gedankenschleife über sehr vieles, was man der Männlichkeit nachsagen könnte. Oder aber der Jüngling, der jederzeit zu Verwandlungen bereit ist. Bei Duane Michals (Abb. 94) oder George Platt Lynes (Abb. 95) noch einmal in gewissem Sinn ein Daphne-Thema, das adaptiert wird, oder Actaeon (Abb. 96), der in einen Hirschen

verwandelt wird. Wie schon erwähnt, denkt jemand, wenn er Jünglinge mit einer gewissen Bezauberung betrachtet, gern an Tiere, sicher nicht abwertend. Sie sehen hier ein ziemlich gewöhnliches Pin-up-Foto (Abb. 97), doch das Gesicht ist bemerkenswert, und auch diese Vogelattribute, die da vorgeschützt und vorgeschoben werden. Oder wieder Duane Michals (Abb. 98), wie der Jüngling hier in die Muschel schaut und wie sich sein Kopf einer Form anverwandelt, die vielleicht dahinein passen würde, um darin zu verschwinden.
Und am Schluß, wie in einem Rondo, wieder Adam, der Adam der Metamorphose (Abb. 99), der sich möglicherweise auch in Hamlet verbirgt: Hamlet mit dem Schädel. Andererseits wird das Kreuz Christi im Schädel Adams aufgepflanzt. Bei fast allen Kreuzigungsszenen sehen Sie das Kreuz, unten den Schädel. Entweder das Kreuz direkt im Schädel oder wenigstens davor. Das ist der Schädel Adams, der dort, auf dem Hügel Golgotha, beigesetzt worden wäre, nach apokryphen Quellen. Und in Adam, der den Sündenfall mitverursacht hat, in Adam wird das ewige Heil errichtet, und so kommt es, daß dann Maria Magdalena mit dem Totenschädel abgebildet wird, daß der Totenschädel zum Symbol der Ewigkeit wird über die Hinfälligkeit und Sterblichkeit hinaus. Auch wenn das über dieses Thema noch nicht gesagt wurde, muß man das, glaube ich, sehen, und damit kehren wir zu Adam zurück, der den eigenen Kopf, den eigenen Schädel, und damit die Möglichkeit zur eigenen Ewigkeit und Überwindung des irdischen Jammertales zeigt. Dieser Adam, dieser Jüngling, der nicht Gott ist, und aufersteht, das ist Apoll. Das ist auch der Kuros (Abb. 100), der am Grabe der ausgezeichneten Griechen steht und hier etwas verkündet.

FREITAG NACHMITTAG

(Arbeitstitel)

Thomas Friedmann

Ausschnitt

Ich gehe noch einmal hinaus, sagte Albin, und wenn ich dann hereinkomme, beginnt unser Spiel; okay? Ja, antwortete Mona ganz aufgeregt. Sich neu kennenlernen. Vor Sehnsucht nicht schlafen können. Verlangen haben nach dem Unbekannten. Das ist aufregend.

Der Zug hatte sich längst in Bewegung gesetzt. Sie saß allein in dem Abteil und blickte nach draußen auf das Ausklingen der Vorstädte und Vororte, die lautlos ins ländliche Grün übergingen, untertauchten, verschwanden. Zögernde Schritte am Gang draußen, eine Tür wurde geöffnet und wieder geschlossen. Die Schritte kamen näher, verharrten vor dem durch den gelben Vorhang vor Blicken geschützten Abteil als überlegten sie und entfernten sich dann in die andere Richtung, um nach einer halben Minute, vielleicht waren es aber auch nur ein paar Sekunden oder mehrere Minuten gewesen, wiederzukehren. Diesmal schienen sie nicht zu überlegen, sondern auf ein Ziel zuzugehen, genau zu wissen, was und wohin sie wollten. Die Abteiltür wurde mit einem sanften Ruck beiseite geschoben, eine Hand griff herein und wiederholte diese Bewegung von links nach rechts mit dem jetzt im Wind leicht flatternden Vorhang. Gleichzeitig mit dem Geräusch der sich öffnenden Tür drehte sie den Kopf und sah einen Mann, so um die dreißig schätzte sie, dunkle, krause Haare, als sei er eben erst aufgestanden, ein entferntes, freundliches Lächeln auf den Lippen, das nicht ihr, sondern gewiß dem leeren Abteil galt. Entschuldigung, ist hier noch frei? Ja, nickte sie mit leiser Stimme, gebrochen, und ärgerte sich sogleich darüber. Warum bin ich nervös? Es ist doch nur ein Mann, der einen Platz im anscheinend überfüllten Zug sucht! Der eine gewisse gemeinsame Strecke mit ihr das Abteil teilen würde, sonst nichts. Hatte ich nicht gehofft, fragte sie sich, daß sich jemand zu mir setzen würde, und den Vorhang nur deshalb geschlossen, damit nicht jedermann eintrat, sondern nur jemand, der mutig genug war zu stören, dem sie den Platz anbieten konnte, den sie aussuchen konnte? Jetzt ist es passiert, warum also nervös sein? Verdammt mit meiner Unsicherheit! Sehe ich gut aus? Wohin wird er fahren? Wird er mich ansprechen? Er soll nur glauben, daß ich allein sein will.
Inzwischen hatte er es sich schräg vis--vis bequem gemacht, seine Lederjacke ausgezogen und aus der Tasche eine Zeitung genommen, Zigaretten neben sich gelegte – Er raucht! – und die Zeitung aufgeschlagen. Liest er oder tut er nur so? Warum sollte er so tun? Ich bin blöd. Vielleicht sollte ich auch etwas lesen! Ich habe doch immer Glück, dachte er, sitze schon wieder einmal mit einem hübschen Mädchen allein in einem Abteil. Hoffentlich kommt niemand! Ob es sie stört, daß ich hier sitze? Vielleicht wollte sie allein sein. Wenn ich nur wüßte, wie sie reagiert, wenn ich sie anspreche. Vielleicht raucht sie. Vielleicht steht sie aber auch gleich auf, wenn ich etwas sage. Nein, warum sollte sie? Ich muß geschickt anfangen. Es muß ganz zufällig aussehen. Ganz ruhig bleiben und auf den richtigen Augenblick warten. Aber nicht zu lange, sonst glaubt sie am Ende, ich bin schüchtern oder steigt gar an der nächsten Station aus, und ich habe die Gelegenheit verpaßt! Zeitung lesen wirkt auf jeden Fall intellektuell, oder zumindest interessiert. Ich darf nur nicht den Sportteil aufschlagen, sonst denkt sie, ich bin ein Fußballfan! Schaut sie mich an? Soll ich einen Blick riskieren? Nein, sie schaut nach draußen. Wahrscheinlich fährt sie zu ihrem Freund. Oder vielleicht hat sie gar schon Kinder und ist verheiratet! Und wenn schon, es gibt ja auch

moderne Frauen. Ihre Figur möchte ich sehen. Sie müßte mal aufstehen. Im Sitzen erkennt man nichts, noch dazu bei dem weiten Pullover. Die Jeans sind jedenfalls hauteng, und die Beine darin dürften nicht schlecht sein. Ihre blonden Locken sind süß. Und erst ihr Mund, der verspricht einiges! Aber ich bin doch ein Idiot, woran denke ich schon wieder! Hoffentlich hat sie nichts bemerkt!

Hat er mich angesehen? Oder habe ich mich getäuscht. Immer diese Männer mit ihren Zeitungen. Ich möchte mal wissen, was daran so interessant ist. Naja, hie und da interessiert mich auch die Politik, was so los ist in der Welt, aber nicht dauernd! Sieht gar nicht so schlecht aus, irgendwie spitzbübisch. Hoffentlich ist er nicht so ein Spießer, die laufen heute ja auch schon so locker herum! Sein Hemd gefällt mir, scheint Geschmack zu haben, dieser Bursche. Oder hat's am Ende seine Frau ausgesucht! Oder vielleicht seine Mutter! Ernst bleiben, sonst glaubt er noch, ich mache mich lustig über ihn. Schlank ist er auch, sportlich. Das ist gut. Nichts ärger, als wenn so ein fetter Sack über dir hängt! Wenn er mir doch wenigstens eine Zigarette anbieten würde! Jetzt sitzen wir ja schon eine Ewigkeit in diesem Abteil. Hoffentlich ist er nicht so ein Softi, der den Mund nicht aufkriegt. Warum seufze ich eigentlich? Hat er was bemerkt?
Stört es Sie, wenn ich rauche?
Nein, überhaupt nicht. Na endlich.
Wollen Sie auch?
Danke.
Ha, sie raucht! Der erste Schritt wäre getan. Jetzt darf ich nur nicht locker lassen. Hoffentlich klappt es mit dem Feuergeben. Nur nicht nervös werden. Fahren Sie nach Wien?
Er fährt nach Wien! Nichts anmerken lassen. Ja.

Sie fährt nach Wien. Da haben wir ein paar gemeinsame Stunden vor uns. Jetzt könnte ich eigentlich ein bißchen freundlich lächeln. Aber nicht zuviel. Sie hat zurückgelächelt. Scheint nicht abgeneigt zu sein. Aber was ist schon ein Lächeln? Na besser als keines! Wie jetzt weitertun? Wenn sie doch etwas sagen würde. Immer muß der Mann reden. Eine draufgängerische Frau, das wär was. Eine, die genau weiß, was sie will: mich. Wohnen Sie in Wien? Besonders intelligent war die Frage nicht, aber was soll ich schon fragen?
Ja. Warum stellt er mir immer solche Fragen, auf die ich nur mit ja und nein antworten kann. Soll ich vielleicht etwas fragen? Nein, warten wir ab, ob ihm was einfällt. Und Sie? Jetzt habe ich doch gefragt.
Na endlich sagt sie mehr als ja! Manchmal möchte ich auch eine Frau sein, abwarten, passiv sein. Immer diese Männerrolle! Nein, meine Mutter wohnt dort. Ich bin in Wien aufgewachsen, wohne jetzt aber in Salzburg.
Na endlich kann er von sich erzählen. Das tun die Männer ja am liebsten! Und was machen Sie in Wien?
Ich besuche jemanden. Das hätte ich nicht sagen sollen! Jetzt glaubt sie, ich habe eine Freundin in Wien. Aber vielleicht ist das gar nicht so schlecht, macht mich interessanter.
Aha. Er hat eine Freundin in Wien. Jemanden hat er gesagt. Wie die Männer das immer geschickt zu umschreiben verstehen! Ich kann ruhig ein bißchen lächeln, sonst glaubt er noch, ich bin blöd und verstehe nicht.
Sie lächelt! Scheint ihr nichts auszumachen. Aber ich habe ja gar keine Freundin in Wien. Vielleicht sollte ich das jetzt klarstellen. Einen alten Freund, mit dem ich vor ein paar Jahren in Irland war.
Glaubt er, ich bin blöd? Oder ist er vielleicht schwul? Ein bißchen weich schaut er ja aus. In Irland bin ich noch nie gewesen! Na, das war eine intelligente Feststellung.
Müssen Sie unbedingt einmal hinfahren. Von allen europäischen Ländern, in denen ich war – und das sind alle bis auf die skandinavischen – sind die Iren die liebsten Leute. Wahnsinnig gastfreundlich.
Ah, jetzt gibt er sich weltmännisch. Aber ich laß ihn ein wenig reden.

Auf der Straße haben sie mich angesprochen, und nicht nur Junge, auch Alte und sogar Frauen: ob sie mir helfen können. Ein paar sind auch ein Stück mitgegangen! Quatsche ich schon wieder zuviel? Sie hat grüne Augen. Ich stehe auf grüne Augen. Jetzt hat sie sich ein wenig aufgerichtet und der Pullover hat sich gespannt. Also dürften ihre Brüste nicht so schlecht sein! Ob sie einen BH trägt?
Was er wohl gerade denkt? Er schaut ein bißchen geistesabwesend aus. Wahrscheinlich schwelgt er in Reiseerinnerungen. Ob ich ihm gefalle? Hätte ich doch das rote, enge Kleid angezogen, mit dem tiefen Ausschnitt! Schade, daß ich keinen Rock anhabe. Sonst könnte ich ein wenig Bein zeigen. Ob er sich verwirren ließe? Bestimmt, welcher Mann nicht. Daß die Männer immer gleich geil sind! Ich möchte einmal einen schüchternen, aber nur am Anfang. Dann soll er schon was am Kasten haben!
Wie sie mich anschaut! Ich wette, die ist toll im Bett. Bestimmt eine Studentin. Ob ich mich trauen soll? Hätten Sie nicht Lust –
Oh ja! –
mit mir im Speisewagen etwas zu trinken?
Auch gut. Warum nicht. Ja, gern.
Am liebsten würde ich hier im Abteil über sie herfallen.
Ich möchte es einmal mit einem Mann im Zug treiben!
Gehen wir?
Okay, gehen wir was trinken. Wir haben ja noch ein paar Stunden bis Wien!

Irgendwann haben Albin und Mona dann gleichzeitig herausgeprustet und das Spiel damit beendet. Angst hat es ihnen gemacht. Ab einem gewissen Zeitpunkt wird die Rolle selbstverständlich, wirklich, und man glaubt sie selbst. Die Lüge wird zur glaubhaften Wahrheit in dem Augenblick, wo auf sie gebaut wird, wo sie zu verbinden anfängt und die Wahrheit trennen würde. Eine Lüge, die im Augenblick nur Vorteile bringt und schneller zum Ziel führt als die Wahrheit, ist bald als Wahrheit angenommen und akzeptiert.

In Wien hatten Albin und Mona dann ein unbeschreiblich schönes Wochenende miteinander verbracht. Aber Kunststück, damals hatten sie sich ja erst vier Wochen gekannt. Damals war ja noch alles in Ordnung: kein Streit, keine Meinungsverschiedenheit. Immer viel Spaß und spontane Ideen wie die, plötzlich nach Wien zu fahren, oder die, dieses Spiel zu spielen. Ihm hat es Angst gemacht. Mona fand es lustig und ziemlich aufregend. Flirten war für sie eines der schönsten Dinge auf der Welt; eigentlich miteinander spielen, ohne den Ausgang zu kennen. Ja, vor allem, ohne das Ende zu wissen. Das Ende war dann ein paar Monate nach Wien, vor zwei Wochen. Sie waren nicht im Streit auseinander gegangen, sie hatten beide eingesehen, daß ihre Beziehung auf einer Lüge aufgebaut war, obwohl sie in der Zeit, in der sie beisammen gewesen waren, immer ehrlich zueinander gewesen sind. Die Lüge war, daß Albin mit Mona eine zerbrochene Beziehung vergessen wollte, Anna vergessen wollte. Und Mona ihrerseits redete sich ein, Albin zu lieben, obwohl sie des nachts doch immer wieder an Wolfgang hat denken müssen und sich nach dessen Zärtlichkeit gesehnt hatte. Aber mit Wolfgang war es aus und vorbei und nichts in der Welt konnte sie wieder zusammenbringen. Albin war sich da bei Anna nicht so sicher. Jedenfalls hatten sich Albin und Mona getrennt, als Freunde. Vergangene Woche waren sie gemeinsam im Kino gewesen und hatten viel Spaß miteinander gehabt; und Albin hatte manchmal kurz das Gefühl, als wäre Mona jetzt erst in ihn verliebt, und Mona fragte sich an diesem Abend tatsächlich, warum sie sich eigentlich getrennt hatten, wo sie jetzt, allein, doch weniger glücklich war als zuvor mit Albin. Als Mona an diesem Abend auf ihr Mofa stieg um heimzufahren, gaben sie sich einen langen zärtlichen Kuß, und keiner der vorbeischlendernden Passanten wäre auf die Idee gekommen, daß sie nicht ein Liebespaar waren oder nicht mehr. Albin hatte sich daheim geärgert, daß er Mona nicht gefragt hatte, ob sie

mit ihm mitkommen wolle, etwas trinken. Damit hätte er freilich etwas anderes gemeint, und Mona würde bestimmt sofort verstanden haben. Wahrscheinlich wäre sie sogar mitgegangen. Er wußte, wie empfänglich für Zärtlichkeit sie war, wie sehr sie Lust genießen konnte, und Albin konnte ihr Lächeln, ihre Zufriedenheit, die ihr Gesicht ausstrahlte, nicht vergessen, wenn sie miteinander geschlafen hatten. Er mußte an ihr Stöhnen denken und an ihr Jauchzen und Japsen, das er von noch keiner Frau so erlebt und das ihn so zufriedengestellt hatte. Er dachte an Monas Körper, ihre unreine Haut am Rücken, die davon herkam, weil sie sich nervös immer wieder an der selben Stelle kratzte, wodurch der Rücken an dieser Stelle schon kleine Narben aufwies. Er stellt sich ihre großen Brüste vor, die, wenn sie, über ihm sitzend, sich auf und ab bewegten, und wie mit Lust ihn das erfüllt hatte. Und er konnte jenen Abend nach dem Pizzaessen nicht vergessen, als sie bei ihm daheim das erste Mal miteinander geschlafen hatten und gleichzeitig seine Lust in sie strömte, als Monas Bauch laut aufschrie und ganz auf ihn niederfiel und keuchend liegenblieb.
An all das mußte Albin öfter des nachts denken, und auch Mona dachte daran und sehnte sich nach seiner Zärtlichkeit, jetzt, da es aus war, so wie sie, als sie scheinbar glücklich oder wirklich glücklich war, an die von Wolfgang hat denken müssen. Jetzt, da es aus war und beide allein in ihren Betten lagen und hofften, wieder eine Beziehung eingehen zu können, nicht sofort, aber irgendwann, bald, und wieder lieben zu können und wieder Zärtlichkeit schenken zu können und wieder fremde Haut vertraut werden spüren. Aber hatten sie überhaupt geliebt?
(...)

APOKALYPSE UND NACKTKULTUR

Fritz Popp

Die Besucher werden gebeten, ihre Kleidung dem festlichen Charakter der Veranstaltungen anzupassen.
„Du Schatzi, weißt, was gspielt wird?"
„Keine Ahnung, aber a Jud führt Regie."
Garderobe gebührenfrei.
Was trägt man bei einer Festspielveranstaltung in der Kirche? Keinesfalls das Schulterfreie, die Transparentbluse oder das mit den Spaghettiträgern.
Die Besucher werden gebeten, ihre Kleidung dem festlichen Charakter der Veranstaltungen anzupassen.
Ein Herr, der ganz offensichtlich nicht den Bekleidungsvorstellungen entspricht, halbnackt, mit unappetitlichen Wundmalen, sichtlich ungewaschenem Kopf und nicht knitterfreiem Lendenschurz hängt herum in einer Ecke und betrachtet mit schmerzverzerrtem Gesicht die einströmenden Besucher. Unästhetisch, kaum dem festlichen Charakter der Veranstaltung angepaßt. Niemand vom Ordnungsdienst findet sich bereit, das Kreuz zu verhängen. Der Herr ist vergoldet und gehört zum Inventar.
Die Besucher werden gebeten. Vorher zur Kasse.
Garderobe gebührenfrei.
Die Wahrheit ist bekanntlich nackt. Warum müssen Ämter bekleidet werden?
Der Frack des Dirigenten ist frischgebügelt.
Auf einem Gerüst, das die Sicht zu Chor und Orchester und vor allem auf den Dirigenten verstellt, hängen stürzende Puppenteile, versammeln sich Damen und Herren einer Cocktailgesellschaft um bekleidete Puppen. Wo sind die angekündigten Nackten? Die Presse sprach seit Tagen von zu erwartenden nackten Brüsten. Die Spannung vor der Apokalypse. Mein Gott, was mache ich, wenn die Welt untergeht, und ich bin nicht ordentlich gekleidet?!
Die Besucher werden gebeten, ihre Kleidung dem festlichen Charakter der Veranstaltungen anzupassen.
Das Fest heißt Apokalypse. Selten findet sie statt.
„Ich komme wie ein Dieb. Selig, wer wach bleibt und sein Gewand festhält, damit er nicht nackt gehen muß und seine Blöße gesehen wird (Offb 16, 17) ... „Und sie werden die Hure hassen, so daß sie allein und nackt sein wird, sie werden ihr Fleisch fressen und sie im Feuer verbrennen" (17, 16). So die Worte der Heiligen Schrift.
Die Schauspieler – noch im Abendkleid und dem festlichen Charakter angepaßt – entkleiden die Puppen, beschmieren sie mit brauner Farbe, zerstückeln sie und werfen sie von der untersten Plattform auf den Kirchenboden.
Garderobe gebührenfrei.
Über Gebühr strapazierte Augen und Phantasien. Wo bleiben die nackten Brüste? Die Musik viel zu laut, die Posaunen des Jüngsten Gerichts aber angenehm harmonisch.
Warum kann eine Folterung nicht am angepaßt bekleideten Oberkörper vorgenommen werden? Das Material könnte Schaden nehmen. Endlich, ein halbentblößter Busen, mit blutroter Farbe beschmiert, etwas undeutlich. Ab der vierten Reihe nicht mehr erkennbar. Unästhetisch, unappetitlich. Der Tisch im Goldenen Hirschen ist hoffentlich reserviert.
Endzeitspielen in Einspielzeiten. Wer hat Angst vor der Apokalypse? Niemand. Aber wenn sie kommt – dann bitte nicht in der Kirche! Die Kirche wurde unlängst renoviert.

Garderobe gebührenfrei.
„Würdig ist das Lamm, das geschlachtet ist."
Die Schauspieler beschmieren einander aufs unwürdigste mit roter Farbe. Bis hierher nur ein halber nackter Busen!
„Und es folgten Blitze, Stimmen und Donner. Es entstand ein heftiges Erdbeben, wie noch nie ein Erdbeben auf Erden gewesen ist."
Phantastische Katastrophenmusik. Ekelerregend aber umschlingen sich die Schauspieler, auf dem Boden liegend, zuckend, angstverkrallt. Dem festlichen Anlaß kaum angepaßt.
Nach §218 des StGB, in dem „öffentlich unzüchtige Handlungen" unter Strafe gestellt werden, stehen auch „gespielte (markierte) Geschlechtsakte... mit dem Geschlechtsleben unmittelbar in Beziehung und können *daher* unzüchtig sein", denkt der kurzsichtige Jurist in der Generalprobe. *Daher*... Erdbeben sind eine Naturkatastrophe! Halten Sie sich ruhig und vermeiden Sie unzüchtige Bewegungen! Ordnen Sie in der Zwischenzeit Ihre Kleider!
Garderobe gebührenfrei.
Halleluja!
„Freßt das Fleisch von Königen, das Fleisch von Heerführern, das Fleisch von Starken, das Fleisch von Pferden und ihren Reitern, das Fleisch von allen, von Freien und Sklaven, von Kleinen und Großen" (Apk 19,18) ... „und alle Vögel fraßen sich satt an ihrem Fleisch" (19,21).
Nachdem die Schauspieler sich – eingehüllt in Leinentüchern – zu den gesammelten Puppengebeinen gelegt haben, steigt ein nackter Mann mit wackligen Beinen unter der Hallelujaekstase des Chores die Leiter im Inneren des Gerüsts aufwärts. Der gefolterte Johannes, Verfasser des Textes. Der neue Adam. Dem festlichen Charakter nicht angepaßt.
„Ein Nackerter", wird sich später vor dem Kirchenportal eine Abendgekleidete in ein Reporter-Mikrophon entrüsten, „ein Nackerter in der Kirche, ein Skandal!"
„Unter dem Deckmantel einer sogenannten Deutung gab es Abstoßendes, Ordinäres, Obszönes und Ekelerregendes zu sehen", wird sich ein Briefeschreiber beschweren.
„Und Gott wird jede Träne aus ihren Augen wischen."
Das Publikum ist das Buch mit sieben Siegeln.
Das ist die nackte Wahrheit.

Der Verhüter

Der pensionierte Oberstudienrat und Leutnant der Reserve verbringt seine Tage in der Universitätsbibliothek. Jahrelang hat er für Zucht und Ordnung, Sitte und Anstand und die moralische Aufrüstung der ihm anvertrauten Jugend gekämpft. Noch ist sein Kampf nicht zu Ende. Sein Betätigungsfeld ist jetzt die Zeitschriftenabteilung der Bibliothek. Vor allem Kunst- und Theaterzeitschriften unterliegen seiner moralischen Wachsamkeit. Er verfaßt Kommentare zu den anstößigen Bildern. So schreibt er etwa neben das Bild einer unbekleidet agierenden Schauspielerin
mit seiner kantigen Schrift: „Alte Sau!" Das Repertoire ist bescheiden, aber deutlich. Die Vergleiche stammen aus dem Tierreich und der antikommunistischen Propaganda. Er findet den „bolschewistischen Schweinestall" abgebildet und natürlich auch die „rote Sau". Der alte Oberstudienrat trägt sommers und winters auch in der Universitätsbibliothek meist einen grauen Regenmantel. Ansonsten wirkt er unauffällig und im stillen.

Jugendreize

Weil Bauer, Schüler der fünften Gymnasiumsstufe, sich im Internat immer wieder vor dem gemeinsamen Duschen zierte, wurde er eines Tages von seinen Mitschülern in den Duschraum gezerrt. Sie zogen ihn aus und banden ihn mit erhobenen Armen in gestreckter Haltung in der Dusche fest. Ein Handtuch diente als Knebel. Dann holte einer eine Schere und ein anderer ein Glas Tusche. Sie schnitten ihm die Schamhaare und färbten sein Glied schwarz. Anschließend wurde ihm ein Ei auf den Kopf gesetzt und zerdrückt. Der Plan, ihn zu fotografieren – als „Christus in der Dusche", wie einer meinte – wurde nicht ausgeführt. Weil der Beginn der nachmittäglichen Studierzeit nahte, banden sie ihn frei, drehten die Dusche auf und ließen ihn dergestalt zurück. Als Bauer zu spät in die Studierstunde kam, erhielt er vom Präfekten eine Strafe. Für die Mitschüler hieß er in Zukunft Schwarzbauer.
Eine Mutprobe im Internat bestand darin, nachts, nach Eintreten der Bettruhe, nackt vom Schlafsaal in die Toilette zu laufen. Man begab sich dabei in Gefahr, vom Präfekt erwischt zu werden. Diese Mutprobe wurde vor allem von schwächeren Mitschülern eingefordert. Vorher wurde die Pyjamahose auf dem Klo deponiert. Verschärft wurde die Mutprobe dadurch, daß zur Zeit der Ausführung gerade das Klo besetzt sein konnte. Und als welche auf die Idee kamen, die deponierten Kleidungsstücke zu entfernen, saßen manche Schüler stundenlang im Klo und trauten sich erst nach Mitternacht wieder zurück in den Schlafsaal.
Obwohl sie in den Jahren der Internatszeit, in den Schlafsälen und Duschräumen einander x-Mal nackt gesehen hatten, steigerte sich bei manchen Schülern der Drang, sich selbst nackt zu zeigen und zu produzieren. Um den Reiz zu vergrößern, erweiterten sie den Kreis ihres Publikums. So kam es immer wieder vor, daß manche sich nackt ins Bett legten, warteten, bis die Reinigungsfrauen in den Schlafsaal kamen, dann langsam die Decke lüfteten und wie ganz zufällig Einblicke freigaben oder auch, als wäre sonst niemand im Raum, aufstanden, zum Schrank gingen und sich ankleideten.
Das Personal hat sich nie beschwert.
Nachdem in der Oberstufe die sogenannte Kastenkontrolle nicht mehr durchgeführt wurde, entwickelte sich eine Spind-Kultur. Neben riesigen Postern von Popgruppen hingen kleinformatige Nacktfotos, die schnell ein immer größeres Format annahmen und die anderen Motive verdrängten. Manchmal wurde auch ein Präfekt beim Betrachten der Bilder überrascht. Die ausgestellten Fotos stammten zumeist aus Zeitschriften, die bei einem homosexuellen Trafikanten auf dem Schulweg gestohlen worden waren. Die Bilder der nackten Frauen habe ich zum größten Teil noch jetzt im Gedächtnis. Das ist Bild-ung.

Schön bist DU, meine Geliebte

*Papierbrüste in der Luft,
dichtgedrängt, seitenweise,
geschwängerte Herrenzimmerblicke,
H o r m o n o k u l t u r s e i t e n b l i c k e ,
das nackte Auge trifft
auf holzfreie Hinterteile,
säuberlich ausgepreist und angepriesen.
Die einen tragen die Haut
auf den Markt,
die anderen verdienen daran.
Nacktkulturmanager.*

*Haut hochglanzverpackt,
Hornhautsex, goldmetallisé,
gesunde Haut aus Bräunungsstudios,
ohne Runzeln und Furunkeln,
faltenfrei und unentzündet,
oberflächenbehandelt,
hautnah- und fern,
vermessen über alle Maße.
Was geht auf eine Menschenhaut?*

*Hautfassadenkletterei –
Haut sticht ins bloße Auge.
Hervorstechende Merkmale:
Ober- und Hinterteile.
Teilweisen, Teilchensex.
Wer steckt in der Haut?
Schön seid ihr, Vielfachgeliebte
und fallt nicht aus eurer Haut!*

*Schön bist DU, meine Freundin,
eintätowiert in meine Herzhaut,
schön bist DU, meine Freundin,
wenn du aus der Haut fährst,
schön bist DU, meine Freundin,
hautwarm und entzündbar.*

UND FÜHRE UNS NICHT IN VERSUCHUNG

Ulrike Parnreiter

anna und der alltag.

samstag.
anna wacht auf mit dem üblen beigeschmack eines bevorstehenden wochenendes.
samstag.
anna schließt die augen wieder. nochmals einschlafen. überhaupt schlafen, bis montag vielleicht.
der kühlschrank surrt leise.
liegen und an gar nichts denken.
liegen und an anna denken.
tagträume.

anna im schwarzen cocktailkleid, das sich eng um ihre schmalen hüften legt. ein gewagter ausschnitt zum einblick. ein schlitz zeigt bein. lange, schöne beine in zierlich hochkantigen schuhen.
anna, die umschwärmte.
anna, der star des abends.
anna.
männer.
männer um anna. männer in scharen.
tango, walzer, foxtrott.
anna.

der kühlschrank surrt leise.
samstag.
„dickerchen" ist harmlos.
„fettsau" ist eine gemeinheit.
weh tut beides, aber man gewöhnt sich daran.
anna richtet sich im bett auf. nein, man gewöhnt sich nicht daran. nie gewöhnt man sich daran. anna spürt, wie ihr bauch beim sitzen sich in drei falten legt. im sommer entstehen auf diese weise beim baden weiße streifen.
anna geht nicht mehr baden.
anna ist fett.

anna und der spiegel.
mutter, du hure, du hast mich fett gemacht. ich pfeife auf eine liebe, die nur den körper sättigt.
wie fürsorglich du warst, nach dienstschluß und an tagen, wo helmut keine zeit hatte für dich.
iß mein baby, und alles wird gut, hast du gesagt.

friß oder stirb mein vögelchen, hast du nicht gesagt.
ich hasse dich und ich hasse mich, weil ich dich hasse.

der kühlschrank surrt leise.
er ist leer.
anna hat nichts eingekauft, um nicht in versuchung zu kommen.
und führe uns nicht in versuchung, sondern erlöse uns von dem übel. das übel bin ich selbst, denkt anna.
anna verspürt hunger.
samstag.
kein geld im haus und die banken haben zu.
anna hat sich selbst überlistet.

anna steht auf und sammelt die am boden verteilten zettel ein.
wie ein teppich, wie IHR *teppich liegen sie da, all die diäten und füllen den raum.*
annas leben sind diäten.
annas leben ist verzicht.
versagung.
frausein = schönsein.
anna ist fett.

fett gedruckt sind auch die überschriften:

APFELKUR – EIN GEHEIMTIP FÜR LEUTE MIT STARKEM WILLEN.
anna hat keinen starken willen.

DIE KÖRNERDIÄT – SIE IST UNGEHEUER GESUND UND ÜBERHAUPT NICHT KOMPLIZIERT.
und überhaupt – anna hat sich dabei krank gefühlt.

DIE MILCH-BRÖTCHEN KUR – MÖCHTEN SIE IHREM MAGEN, IHRER VERDAUUNG UND IHREM AUSSEHEN ETWAS GUTES TUN?
anna wollte ja, aber...

BUTTERMILCH –
GUT FÜR DIE FIGUR UND DIE SCHÖNHEIT. AN EINEM WOCHENENDE KÖNNEN SIE DAMIT DREI BIS VIER PFUND ABNEHMEN!

anna hat angst vor den wochenenden.
SCHLANK UND STARK MIT MAGERQUARK.
SIE WERDEN GARANTIERT NOCH
SCHÖNER.
noch immer anna.

ENDLICH – ES IST SO WEIT –
DAS GROSSE SPIEL KANN BEGINNEN! SIE
KÖNNEN UND SIE WERDEN ABNEHMEN! UND DAS WICHTIGSTE DABEI:
SIE WERDEN BEI DER GANZEN HOLLYWOOD STAR DIÄT NIEMALS HUNGERN MÜSSEN! DIE HOLLYWOOD STAR DIÄT MACHT ES MÖGLICH.
anna findet ihren körper unmöglich.

ERSTES DER ZEHN OBERSTEN GEBOTE DER HOLLYWOOD STAR DIÄT:
DENKEN SIE DANN ANS ESSEN, WENN ES NICHT VOR IHNEN STEHT,
WENN ES NICHT ZÄHLT,
SODASS SIE NICHT DARÜBER NACHDENKEN MÜSSEN, WENN ES ZÄHLT.
anna hat diesen satz bis heute nicht verstanden.

BEWUSSTSEINSÜBUNG DER HOLLYWOOD STAR DIÄT:
LEGEN SIE SICH PAPIER UND BLEISTIFT AUFS NACHTKÄSTCHEN. JEDEN ABEND VOR DEM EINSCHLAFEN SCHREIBEN SIE NUN DREI DINGE AUF, DIE SIE HEUTE ERLEBT HABEN UND AUF DIE SIE BESONDERS STOLZ SIND. DIESE DREI PUNKTE SOLLTEN JEDOCH NICHTS MIT IHRER DIÄT ZU TUN HABEN. EGAL, OB SIE 5 ODER 105 PFUND ÜBERGEWICHT HABEN, BISHER WAR IHR LETZTER GEDANKE VOR DEM EINSCHLAFEN DOCH IMMER –
ICH BIN VIEL ZU DICK. LASSEN SIE DIESES DICKE BEWUSSTSEIN AUS DEM LEBEN VERSCHWINDEN!
anna hat schon oft daran gedacht, sich selbst aus dem Leben verschwinden zu lassen.
annas drei punkte, worauf sie besonders stolz ist:
1. *sie ist keine schlampe, sie schläft nicht mit jedem.*
2. *sie kann sich gut anpassen und gegebenenfalls auch unterordnen.*
3. *sie wird niemals als püppchen behandelt und hat humor, weil dicke leute mehr humor haben als andere.*

anna im schwarzen cocktailkleid in hollywood. anna der star.
und ein teppich aus diäten.
anna sammelt die zettel ein.

RAN AN DIE PÖLSTERCHEN! ZU JEDER DIÄT GEHÖRT EIN TRIMM DICH PROGRAMM DAMIT ERSCHLAFFTE MUSKELPARTIEN WIEDER STRAFF WERDEN. MIT DIESEM DREIGRIFF BODY TRAINER KÖNNEN SIE ARM-, BEIN-, BAUCH-, UND RÜCKENMUSKULATUR GEZIELT TRAINIEREN UND WIEDER IN FORM BRINGEN. DAS GERÄT IST EINSCHLIESSLICH GEBRAUCHSANWEISUNG FÜR NUR DM 59,90 BEIM PATRICIA VERSAND ERHÄLTLICH.

der kühlschrankt surrt leise.
der kühlschrank ist leer.
anna ist umgeben von leere.
anna legt sich wieder ins bett.
schlafen, träumen, schön sein, begehrt sein.
alles wäre anders, wenn . . .
anna und ihr körper.
ihr körper und anna.
anna verschwindet in ihrem körper, taucht unter, GEHT unter.
der körper ist viel zu groß für anna.
anna ist viel zu klein für ihren körper.
anna kann ihn nicht tragen.
er ist untragbar.

anna steht endlich auf und nimmt ein schaumbad, das dünn macht.
immer, wenn anna badet, läutet das telefon. nein, nicht immer, aber manchmal. anna freut sich jedesmal, wenn das telefon läutet.

einmal hat anna dreimal am tag gebadet, um zu sehen, ob es funktioniert. das telefon hat nicht geläutet, weder einmal, noch zweimal, noch dreimal. seither ist anna nicht mehr abergläubisch, sagt sie.
anna glaubt nicht mehr an den schaum, der dünn macht. anna legt sich auch nicht mehr eine halbe stunde in heißes wasser, um nachher auf der waage festzustellen, daß es doch nichts genützt hat.
es nützt alles nichts.
anna ist ein nichtsnutz.
sie arbeitet fleißig, aber es nützt nichts. sie ist ganz unten und viele sind über ihr.
anna hat keine bedeutung. anna ist klein.
groß ist nur der körper.
anna verachtet ihn. anna verachtet sich selbst.

„wo ein wille, da ein weg."
gute mutter, intelligente mutter, teurer ratschlag.
und wo kein wille?
und wo ein wille, aber kein können?
da schweigt die gute mutter, die intelligente mutter.
da schlägt ihr ratschlag rad.
im kreis dreht sie sich dann und windet sich um eine antwort.
helmut hätte sicher eine antwort. helmut hatte immer eine antwort.
aber helmut ist nicht mehr da. arme mutter, einsame mutter.
iß meine mammi und alles wird wieder gut.

samstag, zehn nach zwölf.
stefan hat nicht angerufen.
stefan.
stefan hat sie versetzt, sitzen lassen auf ihrem teppich.
stefan ist ein schwein.
anna stellt sich nackt vor den spiegel und zieht ihren bauch ein.
so wäre es gar nicht so schlecht.
ES – *das ding – körper.*
nicht so schlecht, aber noch lange nicht gut.
stefan ist kein schwein. stefan hat ja recht.
anna selbst ist das fettschwein.

spieglein, spieglein an der wand...

das telefon läutet. anna holt endlich wieder luft.
es ist stefan.
stefan kann nicht, stefan hat und muß noch, aber morgen vielleicht.
natürlich, ist doch klar. anna versteht das schon. also dann – bis morgen, vielleicht bis morgen.
anna legt den hörer auf.
anna hat hunger.

samstag, ein uhr und der kühlschrank ist leer.
die jeans sind zu eng und anna hat hunger.
egal, ob sie 5 oder 105 pfund übergewicht haben.

egal.
egal.
egal.
anna bittet ihren nachbarn um etwas geld. montags wird sie es ihm sofort zurückbringen, gleich nach der arbeit. zu dumm – sie hat leider vergessen, welches abzuheben vom konto auf der bank. ist ihr noch nie passiert. den kopf voller gedanken, da vergißt man manchmal.
der nachbar nickt.
die geschäfte haben schon geschlossen, aber am bahnhof, der kiosk, der nicht. der hat immer offen, auch zum Wochenende, auch nachts.
anna eilt zur straßenbahn. anna eilt zum bahnhof. anna kauft ein.
alles ist teuer, teurer als im geschäft.
egal.
egal.
egal.
anna beginnt schon am nachhauseweg zu essen.
anna fühlt sich endlich wohl.
anna schlingt, stopft und würgt. das loch wird endlich gefüllt.
voll.
anna schlingt, stopft und würgt, bis die fülle das loch füllt.
und das loch ist groß.

stefan.
er hat vor annas haus auf sie gewartet. stefan ist doch gekommen, er hat anderswo abgesagt. anna wird blaß.
stefan und er hat auf sie gewartet.
anna kann mit vollem mund nicht sprechen. sie läßt den haustorschlüssel fallen, senkt den kopf, bückt sich und schluckt ohne zu beißen den ganzen inhalt aufeinmal.
stefan hat nichts gesehen.
anna zittert. ertappt.
anna kann leider nicht mitkommen. anna fühlt sich nicht wohl.
eine leichte verkühlung und kopfschmerz. ja, enorme kopfschmerzen, ganz plötzlich, aus dem nichts. stefan verabschiedet sich mit einem kuß auf die wange.
anna zittert und läuft weg.
im zimmer ißt sie den rest und legt sich wieder ins bett.

samstag, drei uhr.
anna fühlt sich elend.
mutter, du hure.
stefan, du schwein.
und in hollywood wachsen auf mit buttermilch und quark gedüngten apfelbäumen milchbrötchen aus feinsten körnern.
anna weint.
warum anna?
warum nicht irgendwer?
anna legt sich auf den bauch, kann aber so nicht liegen, weil er voll ist.
anna fühlt sich schwer.
ein klotz. unbeweglich.
anna starrt zur decke. zwei meter über ihr und doch unmittelbar an ihrem kopf.

anna und der traum

*anna sieht sich im traum in einem bach von stein zu stein
hüpfend. bachaufwärts, der quelle zu. sie findet keine quelle.
der bach hat keinen anfang, keine geburt. ungeboren am leben.
anna kehrt um, versucht bachabwärts das meer zu erreichen.
jetzt ist der bach ein strom. anna sitzt auf den schäumenden
kronen, das wasser trägt sie.
ein wasserfall und dann ein stausee. rundherum hohe mauern.
anna ist gefangen im stausee. das wasser ist ruhig. anna
schwimmt im kreis. der stausee wird kleiner. die mauern rücken
näher. ein strudel erfaßt zuerst ihre beine, zieht an ihnen,
zieht sie hinunter, will sie als ganze haben.
anna kämpft.
zum ersten mal, anna kämpft!
anna will sich nicht hineinziehen lassen.
anna will nicht untergehen!
anna kämpft.
verzweifelt. verbissen. bald kraftlos, bald stärker werdend.
anna kämpft mit dem strudel.
unter wasser tanzen vielerlei gestalten. vielerlei blicke.
große, starre augen. anna hat angst.
anna kann nicht fliehen. die mauern rücken näher.
anna kämpft.
anna kämpft.
anna kämpft.
der strudel löst sich auf. anna schwebt im luftleeren raum.
dann zerfällt sie in einzelne körperteile.*

anna wacht auf.

*der kühlschrank surrt leise.
der kühlschrank ist leer.
anna hat hunger.*

*samstag abend.
anna schaltet den fernseher ein.
irgendeine show.
revuegirls tanzen cancan. lange, schöne, dünne beine.*
DAS WAR DER IZI BIZI TINI WINI HONOLULU STRANDBIKINI.
LOVE ME TENDER.

*anna schaltet auf ein anderes programm.
werbung.*
OH – ITS A FEE. NO – ITS A FEE CLASSIC.
frausein = schönsein.
FRAUSEIN UND SICH WOHL FÜHLEN AN ALLEN TAGEN AUCH AN DIESEN
TAGEN MIT CAREFREE SLIPEINLAGEN.

*sich wohl fühlen ist so einfach.
frausein ist so einfach.
frausein und sich wohlfühlen ist so einfach.*

sonntag.
anna wacht auf mit dem üblen beigeschmack eines bevorstehenden sonntags.
sonntag.
anna schließt die augen wieder. nochmals einschlafen. immer schlafen.
der kühlschrank surrt leise.
liegen und an gar nichts denken. liegen und an stefan denken.
tagträume.

anna im schwarzen cocktailkleid und stefan, der seinen arm um ihre schmalen hüften legt.
anna, die geliebte. anna, DIE FRAU *in stefans leben.*
anna für immer.

anna steht auf und kleidet sich an. langsam. träge.
anna ist bei ihrer mutter zum essen eingeladen.
jeden sonntag, seit helmut nicht mehr da ist, ist anna bei ihrer mutter zum essen eingeladen.
die mutter redet viel. von ihr und über sich und nur sie.
anna hört zu. anna ist ihrer meinung, sie war immer schon ihrer meinung, zumindest nach außen hin.
die mutter hat sich ein neues kleid gekauft. schade nur, daß anna so dick ist, sonst hätte sie es ihr einmal geborgt fürs theater oder so.
anna ißt das vierte stück kuchen.
den rest packt die mutter in folie ein, für zu hause, damit ihr baby was zu essen hat.
anna geht.

sonntag abend.
anna überlegt, ob sie stefan anrufen soll. nein, lieber nicht.
sie will nicht stören. oder doch?
nein.
anna will nicht aufdringlich sein.
anna bleibt allein.

anna und das neue leben

ab morgen, montag. sie ist fest entschlossen.

anna kauft ein buch.
WIE NEUGEBOREN DURCH FASTEN.
DER ÄRZTLICHE FÜHRER ZUM SELBSTÄNDIGEN FASTEN.
anna wird sich selbst gebären, aus der alten, dicken haut schlüpfen, neugeboren.
anna ißt nichts mehr. fasten. fast eine nulldiät.
anna will frau sein und anna wird frau sein.

anna will schön sein und anna wird schön sein.
anna kämpft mit ihrem körper.
anna kämpft mit sich selbst.
anna kämpft mit beiden.
entschlossen.

der hunger vergeht am zweiten tag.
der kühlschrank ist leer.
eine doppelte leere.

schönheit muß leiden, hat mutter immer gesagt, wenn sie sich die augenbrauen auszupfte.
schönheit muß leiden.
anna will leiden.
anna kämpft.
aus der mißgeburt eine neugeburt.
anna und der spiegel.
anna und die waage.
anna und ihr körper.
ihr körper und anna.
gedanken sind unfrei. immer wieder anna. immer wieder ihr körper.
immer wieder dieselben gedanken.
kochbücher. rezepte.
FLAMBIERT UND GEGRILLT.
PARTYKÜCHE LEICHT GEMACHT.
MEIN ERSTES KOCHBUCH.
abendfüllende lektüren.
man nehme: 14dkg butter, 16dkg zucker, 18dkg schokolade, 8eier, 12dkg mehl für eine sachertorte.
in gedanken.
in wirklichkeit nehme man kräutertees jeder menge und zweimal täglich je 1/4 liter gemüse- oder fruchtsaft zu sich.
annas körper bestimmt ihr leben.
annas leben ist verzicht.
versagung.
und die freien gedanken sind unfrei.
selbstbestimmt?
fremdbestimmt?
auf jeden fall bestimmt. in eine richtung gedrängt. eingezwängt.
zwanghaft und die mauern kommen immer näher.
aber anna kämpft.

minuten, stunden, tage.
anna kämpft sich durch die minuten der 24 stunden langen fasttage.
anna nimmt ab.
anna rinnt aus.
anna geht ein.
wie ein zu heiß gewaschener wollhandschuh.

anna und der alltag danach

samstag.
anna wacht auf mit dem üblen beigeschmack eines bevorstehenden wochenendes.
samstag.
anna schließt die augen wieder. nochmals einschlafen.
überhaupt schlafen, bis montag vielleicht.
ein neuer tag.
neu geboren.
nur anna nicht.
frausein = schönsein.
anna ist frau. anna ist schön.
zumindest schlank. zumindest nicht unattraktiv.
trotzdem – noch immer anna und immer anna.

das telefon läutet.
stefan?
anna hebt den hörer ab. es ist martin. eine einladung zum essen bei seinen eltern heute mittags und abends eine party bei freunden.
eine einladung zum essen.
anna will nichts essen.
anna hat angst vorm essen.
jeder bissen ist kontrolliert.
anna will frau bleiben.
anna will schlank bleiben.
martin ist hartnäckig.
anna legt den hörer wieder auf.
eine einladung zum essen und danach auf der party wieder essen.
anna hat angst, die kontrolle zu verlieren.
anna hat angst, daß sie es merken.
alle werden es dann wissen.
stefan ist der einzige, der es bisher erfahren hat.
stefan.
seither hat er nicht mehr angerufen, weil es ekelhaft ist, das mitanzusehen. wer einen charakter hat, kann sich beherrschen.
anna hat keinen charakter.
nur strenge kontrollen, aber keine beherrschung.
der kühlschrank surrt leise.
anna schlingt, stopft und würgt.
alles, was sie finden kann. hastig, gierig, heißhungrig.
anna schlingt, stopft und würgt. ohne appetit. ohne genuß.
genußlos. freudlos. unmengen von keksen, eis, brot, alles, was sie irgendwo und für alle fälle versteckt hält.
das loch wird endlich gefüllt. voll. und das loch ist groß.

anna und ihr körper.
ihr körper und anna.

anna fühlt sich schwer, ein klotz, unbeweglich.
anna schleppt sich aufs klo, steckt den finger in den mund
und kotzt.
anna kotzt unmengen von halbzerkauten keksen, eis, brot und
was sie vorher sonst noch alles verschlungen hatte wieder
heraus.
nur das schlechte gewissen und das gefühl einer schuld bleibt.
abführtabletten, entwässerungstees, appetitzügler.
frausein = schönsein. und das um jeden preis.

anna kann die einladung nicht annehmen.
sie werden es merken. alle werden es dann wissen.
anna fühlt sich elend, anna hat keinen charakter, keine beherrschung.
anna ist nicht herr über sich selbst.
anna ist nicht frau über sich selbst.
stefan.
martin.
anna würde die einladung gerne annehmen, aber…
anna würde gerne zur party gehen, aber…

samstag, zehn nach zwölf.
anna ist nicht hingegangen. anna ist allein.
der kühlschrank surrt leise.
der kühlschrank ist leer.
anna ist von leere umgeben.

bulimarexie, das ist der medizinische ausdruck für fressen
und kotzen.
bulimarexie, das klingt viel besser, klingt nach echter
krankheit und nicht nach fressen und kotzen.
anna ist an bulimarexie erkrankt.

frausein = schönsein.

anna betrachtet ihren nackten körper im spiegel.
der körper ist jetzt schlank.
anna ist frau.
anna ist schön.
der körper ist jetzt tragbar.
anna fühlt sich immer noch klein.

anna selbst ist das untragbare.

ÜBER FRESSUCHT, FETTSUCHT UND FREMDSUCHT

Christoph Subik

Und als weiteren Untertitel hab ich noch hinzugefügt: Zur Distanzierung von Selbsterfahrungen, um auch für die, die mich noch nicht gesehen haben, anzudeuten, daß ich von mir reden werde – aber, so hoff ich, daß es auch andere interessieren kann und nicht langweilt. Um den Zeitbezug zum Sommersymposium herzustellen, ein erstes Motto: Im Sommer fallen die dicken Leute auf, im Winter die dünnen. Walter Benjamin.
Das laß ich einmal so stehen, ebenso wie das synästhetische Anhangsmaterial, mit dem ich Ihnen meine Probleme nahebringen möchte. (Ich hoff, man riecht es bis hinauf in die letzte Reihe...) Was ich sage mag ja beim einen Ohr hinein und beim anderen hinausgehen, aber für Gerüche gibts ja keinen so direkten Durchgang...
Also zur Sache:
Vor einigen Jahren hab ich eine kleine Zeichnung gemacht, der ich den Titel „Gewichtige Probleme" gab: Ein dicker Mann von hinten war drauf dargestellt, kräftig ausschreitend durch die Wüste wandernd; letzteres angedeutet durch winzige Pyramiden am sehr tief angesetzten Horizont. Sein Kopf vorgebeugt, sein Haaransatz und ein Ohr sind sichtbar. Während eine Hand, den Schritt begleitend, nach vorne greift, zieht die andere, über den aufklaffenden Nacken erhoben, aus diesem sich auftuenden Spalt einen schlanken Jüngling heraus. Helmut Qualtinger hat einmal gesagt: „In jedem Bladen steckt ein Dünner drin, der will heraus." Ich könnt hinzufügen: „Immer wieder", – und darüber möcht ich im folgenden mit Ihnen ein wenig meditieren, anhand dieses vor ihnen stehenden corpus da liegt es.
In Erich Kästners „Fliegendem Klassenzimmer" wird der glatzköpfige Schuldirektor in einer kleinen Verschwörung reihenweise ausgelacht, als er seinen einzigen und für die Stunde vor Weihnachten reservierten Witz anbringen will: „Wir werden heute vom Mond sprechen. Sehen sie mich an."
Sie brauchen nicht an den Mond denken, wenn ich feststelle: Ich bin im Zunehmen.
- Es ist ja – da bin ich in Übereinstimmung mit dem Erdtrabanten - fast Vollmond. – Immerhin hab ich einigen Grund, mich mit dem Erdtrabanten zu identifizieren, wenn ich daran denke, wie oft ich in den letzten 30 Jahren ab- und zugenommen habe.
Als ich diesen Vortrag das erste Mal konzipierte – vor knapp zwei Jahren, hatte ich gute 20 Kilo weniger und war guter Hoffnung, dabei zu bleiben... Jedenfalls schaut einiges heute wieder anders aus. Damals hatte ich Zweifel, ob ich's jemals fertigbrächte, in der gegenteiligen Mondphase öffentlich über Freßsucht, Fettsucht, Fremdsucht nachzudenken, drei Süchte, deren engen Zusammenhang, sowie kleine Unterschiede ich im folgenden herausarbeiten möchte. Ursprünglich hatte ich noch ein weiteres Ziel vor den Augen, ich wollte, ausgehend von meinen eigenen Erfahrungen – meine Leidensgeschichte klingt so pathetisch, aber mit Passion – also Leidenschaft hat's schon zu tun – zu Verallgemeinerungen kommen, zu Bausteinen wenigstens, für eine übergreifende Theorie der Süchte. Solche Überlegungen hab ich schnell wieder fallengelassen: Selbst wenn ich Trunksucht, Drogensucht und natürlich Magersucht und Bubulismus hätte mit Freßsucht und Fettsucht zur Not unter einen Hut hätte bringen können, Süchte wie Sehnsucht oder Fremdsucht, aber auch Habsucht oder Eifersucht wären notwendigerweise draußen geblieben.
Sucht ist nicht jener übergreifend generalisierende logische Begriff, unter denen die genannten oder weitere Süchte sich einfach als artunterscheidende Spezifika einordnen ließen.
Was wo danach sucht, in jeder Sucht, das bildet jeweils eine eigene Welt differenzierter

und differenzierender Bedingungen und sprengt logisch – grammatikalische oder semantische Zuordnungen.
Fangen wir also an mit der
1. Freßsucht – auch Völlerei genannt, von alters her eine der sieben Todsünden, bei der die Masse der Gläubigen tugendhaft bleiben konnte, schon mangels Gelegenheit zur Übertretung. In der auf den theologisch aktuellen Stand gebrachten Fassung, in Brecht und Weills Ballett – einer vorweggenommenen Marilyn Monroestory könnte man sagen, klingt der Kampf ums asketische Ideal etwa so:

Da ist ein Brief aus Philadelphia,
Anna geht es gut, sie verdient jetzt endlich
Sie hat einen Kontrakt
Also Solotänzerin. Danach darf
Sie nicht mehr essen was sie will.
Das wird schwer sein für unsere Anna
Denn sie ist ja so sehr verfressen
Ach, wenn sie sich doch nur
an den Kontrakt hält
Denn sie wollen kein Nilpferd
In Philadelphia.
Sie wird jeden Tag gewogen
Wehe wenn sie ein Gramm zunimmt
Denn die stehen auf dem Standpunkt
52 Kilo haben wir erworben
52 Kilo ist sie wert. Und
Was mehr ist, ist von Übel.
Aber Anna ist ja sehr verständig.
Sie wird sagen: Essen kannst du
Schließlich später
In Louisiana, Anna, in Louisiana, Anna.
Schnitzel,
Hähnchen,
Spargel,
Hühnchen und die kleinen
Gelben Honigkuchen . . .
Denk an unser Haus in Louisiana,
Sieh es wächst schon, Stock um
Stockwerk wächst es.
Darum Anna halt an Dich,
Denn die Freßsucht ist von Übel.

Verzeihen Sie, wenn es nicht ganz wie ein Chor geklungen hat, auch wenn ich ziemlich genau soviel wiege wie 2 Annas. Sie sehen also – und viele von Ihnen wissen es aus eigener Erfahrung, Freßsucht ist nicht unbedingt identisch mit Fettsucht – einmal abgesehen von den notorisch schlechten Futterverwertern, Gegenstand abgründigen Neides aller, die wie ich treuherzig versichern, daß sie schon vom Geruch alles Eßbaren zunehmen. Dennoch werden mir die beiden Süchte immer wieder durcheinanderkommen, getreu jenem tief verwurzelten Volksvorurteil, das sich zusammenfassen läßt in dem Satz: „Is ana blad, dann frißt er z'viel": – eine Sentenz, die nach lange Zeit vorherrschenden gegenläufigen Tendenzen, auch wieder in die Schulmedizin Eingang gefunden hat. Nachdem Fettsucht als Krankheit, als genau aktenkundig gewordene Stoffwechselstörung etabliert ist – Adipositas – wie wir wissen, ihr Name – geben die Mediziner doch dem oben zitierten Volks-

spruch die Ehre, die ihm gebührt. Nur klingt das dann etwa so: „Weit über 90% aller adipösen Stoffwechselstörungen beruhen auf übermäßiger Nahrungsaufnahme. Funktionelle Störungen des Hormonhaushaltes sind in den wenigsten Fällen die Ursache, oft aber Folgeerscheinung von chronischer Überfütterung, Diabetes mellitus z.B...." – und von daher bleibt auch die Nulldiät oder das Modifast (500 kcal täglich) – also das modifizierte Fasten die klinische Therapie der Wahl. Kaum ein chronisch Fettsüchtiger, der sich nicht schon als Hungerkünstler erprobt hätte, der nicht die Erleuchtungen kennt, derer man etwa nach 20 Tagen Mineralwasser und Tee teilhaftig werden kann (die alten Religionen wußten schon was sie taten, wenn sie ihre Adepten für 40 Tage in die Wüste schickten...) – und die damit befaßten Internisten bemühen sich auch seit Jahren darum, jene Substanzen zu isolieren, und synthetisch nachzubauen, die jene phantasische Umstellung des Stoffwechsels bewirken, – um endlich die Erfolge von Nulldiäten auf Dauer stellen zu können.
Denn ich kann zwar als Fettsüchtiger dem Beispiel der anonymen Alkoholiker folgen, mich zu meiner Krankheit bekennen und jeden Tag mit dem Satz beginnen: Ich bin ein Fettsüchtiger, aber der Vergleich beginnt gleich danach zu hinken: Ich kann nicht ganz trocken bleiben, um dem circulus virtuosus zu entkommen, und die Nahrungszufuhr überhaupt verweigern. – D.h., wir wissen wie weit das geht, aber die Magersucht will ich hier ausgespart lassen. Bleiben wir noch bei der Chemie. Wie mit der Nulldiät probieren's wir Fettsüchtigen ja auch immer wieder mit allerlei Wunderdrogen, seien es Appetitzügler, die, indem sie Adrenalinstöße künstlich hervorrufen, die, die schon von Raymond Chandler so scharfsichtig beobachtete „Behendigkeit der Dicken" zeitweise verstärken, aber als Langzeittherapie dasselbe bewirken wie die Nulldiät, also erhöhte Gewichtszunahme oder Schlimmeres – oder wir fallen auf die berühmten Vorher – Nachher Inserate hinein, wo Meeresalgenbäder oder ein geheimnisvolles FSH (Fettschmelzhormon) uns phantastische Gewichtsreduktionen bei weiterhin normaler Kost garantieren. (Bei Nichterfolg schicken sie die angebrochene Packung zurück an das Postfach Xtausend Vaduz).
Wir müssen also tiefer schürfen.

Aber wenn's ums Psychologische geht, im tiefenpsychologisch-therapeutischen Bereich also werden wir Fettsüchtigen eingereiht unter „orale Störungen", d.h. wir geraten mit Nägelbeißern und starken Rauchern in ein Kastl, und daß wir dabei, mit Hilfe unserer gestörten Oralität Fett ansetzen, bleibt fürs erste außer Belang – oder schlägt uns quasi nur zufällig an.
Diejenigen, die durch künstliche Exportförderung ihrem Problem Herr werden wollen und sich infolgedessen vom Einverleibten nur umso schwerer trennen können, geraten so noch unter den Verdacht analer Störungen. Im Bereich der Prägenitalität mit den Wurzeln unseres Problems also in jedem Fall angesiedelt, schlagen sich Hermaphroditismus und Androgynität als Probleme dazu, eine Verwischung der primären oder sekundären Geschlechtsmerkmale bewirken die sich anlagernden Fettmassen allemal.
Ich muß mich vorsehen, nicht in theoriefeindlichen Zynismus zu verfallen in meiner Schilderung. Immerhin habe ich zwischen meinem vierzehnten und neunzehnten Jahr nach Tunlichkeit vermieden, öffentliche Bäder aufzusuchen, um meinen schon damals prächtig entwickelten Busen nicht zu entblößen. Beim Betreten eines Turnsaales, der kurz vorher benutzt wurde, wenn diese eigenartige Mischung der Gerüche von saurem Schweiß und Korklinoleum in der Luft liegt, dröhnt noch heute in meinen Ohren das Hohngelächter meiner Schulkollegen, höre ich sie, mir ihr: „Wann kaufst da endlich an BH" nachrufen.
Dabei hatte ich zu dieser Zeit schon begonnen, mich in meiner Krankheit heimisch zu machen, begann bereits Abstand zu gewinnen vom Topos: „Fettsucht als Schuld".
Mit vierzehn Jahren wurden mir die Mandeln operiert. Aus der Narkose erwachend, hörte ich die Ärzte sich unterhalten: Ich versteh nicht, wie Eltern ein Kind so fett füttern können. Röchelnd, denn eigentlich sollte ich 24 Stunden lang den Mund halten, protestierte ich: „Sie tun eh alles, daß ich weniger iß. Ich bin selber schuld."

Sie wollten nur den „guten Schüler", ehrgeizig und brav. Ich sollte auch mehr Sport treiben und dem mageren Bruder einen Extrabissen gönnen. Was mein Volumen anging, gab's die Rede: Das ist Babyspeck, er kommt halt später in die Pubertät. Dann wächst sich das schon aus. Ich hatte aber auf andere Weise Schuld auf mich geladen. Etwa mit zehn Jahren hatte ich zu onanieren begonnen und, obwohl laizistisch erzogen, und also nicht in die religiösen Formen des Kampfes gegen meinen sündigen Leib verstrickt (Der liebe Gott sieht alles, auch am Klo!) hatte sich ein quasi materialistisches Schuldmuster herausgebildet; es beruhte auf dem, was im Volksmund als „Theorie der 10.000 Schuß" umgeht. Durch frühzeitige Vergeudung meines Samens (Selbstbefleckung hieß damals noch das Stichwort in den ärztlichen Hausbüchern, die ich mir heimlich zugänglich machte) also hätte ich meine Spätentwicklung, wenn nicht gänzlich verursacht, so doch zumindest einem „normalen Wachstum" entgegengewirkt. Ein zu kleiner Penis und weibliche Brüste, so bildete ich mir ein, seien das direkte Resultat dieses Samenverlustes. Hätte ich nur den Willen, einen Monat lang stark, d.h. keusch zu sein, so hätten sich unmittelbar Erfolge einstellen müssen. Ach ja, der „Willi", wo ein „Willi" ist, ist auch ein Weg. Muß ich hinzufügen, daß ich ihn verlor? Ach ja, die Kindheit ist ein Mordstheater. Was Wunder, daß ich den Gang zum Diätspezialisten als Befreiung empfand. Endlich war ich nicht einfach monströs, abnorm und an dieser Abnormität noch selber schuld – sondern krank, interessant – ein Fall.
Aus der Schuldverstrickung so einigermaßen entlassen.

Aber lassen wir einstweilen die Fallgeschichte. Ich hoffe, es wird schon deutlich, wie sich jenseits der, seien es medizinische, seien es psychologische Raster ein mythologisches Universum als eine Privatwelt aufbaut, das sich den Einordnungen entzieht, sie unterläuft und durchquert und die einen nicht nur in Kindheit und Pubertät mächtig zu okkupieren vermag. Diese innere Mythologie, wenn ich mir eine solche Grobrasterung gestatten darf, trifft auf die äußere Mythologie der verschiedenen Diäten. Anders gesagt, es beginnt die Sysiphosarbeit der Leerung des Danaidenfasses, denn auch die Diätspezialisten sind ja Mythologen, die jeweils ihre Grundsätze mit sektiererischem Eifer zumeist verteidigen. Da gibt's die „ausgewogenen Reduzierer", die für Mischkost bei herabgesetzter Kalorienzufuhr eintreten; sie setzen alles auf die Willensstärke, Stärke, also Kohlehydrate. Für die anderen der eigentliche Hauptfeind. Berühmt wurde der Wiener Humplick, der mittels Eiweißüberfütterung, in concreto Hühnerfleisch ausschließlich und grünem Salat (bei etwa 4 Hühnern den ganzen Tag) seine Erfolge erzielte. Noch weiter ging der Amerikaner Atkins, der Fett und Eiweiß freigab und nur Kohlehydrate drastisch reduzierte und den Patienten seinen Erfolg durch Messung der Ausscheidung von Ketonkörpern, also Fettaufbaustoffen oder -abbaustoffen im Urin seine Erfolge selbst kontrollieren läßt. Daß Vegetarier den Grundzügen ihrer Ernährung oft mit geradezu religiöser Inbrunst frönen, ist ja geradezu sprichwörtlich. Was macht man aber, wenn gerade diese, ich meine die religiöse Inbrunst, einem abgeht, und man gerade diese erst erwerben möchte, um Vegetarier werden zu können? Um nur das Mythisch-Mythologische von Diätansätzen streiflichtartig zu beleuchten, so muß in einem Fall dem der biologischen Trendkost die Berufung auf den steinzeitlichen Jäger und Sammler, der entweder jagte und so reiner Fleischfresser war oder Grünzeug und reife Gräser sammelte, also vegetarisch lebte, je nach den äußeren Umständen herhalten. Im anderen Fall bei der ebenfalls berühmt gewordenen Meyerdiät geht es, abgesehen von den auch eher mythologischen Vorstellungen der Entschlackung des Körpers, welche die Volksmedizin tradiert, um ein bewußtes Regredieren zum Säugling. Altbackene Semmeln im Mund bis zum süßen Brei gefletschert, (Fletscher hieß der Arzt, der das 20malige Kauen jedes Bissens erfunden hat) werden mit 2/4 Liter Milch pro Tag und sehr viel Karlsbader Sprudel eingesetzt, um den Verdauungstrakt zu entgiften und zu verjüngen. Ich lasse es genug sein. Ich hoffe, meine Schilderung hat so wertfrei geklungen, wie sie gemeint war. Denn eines kann ich Ihnen versichern, funktionieren tun sie alle, ich bin der Beweis. Ich hab schon alles ausprobiert, auch die Punktediät und die Weight Watchers, jene Gewichtswächter, die mir immer mehr dazu überzugehen scheinen, schon durch den wöchentlichen Kursbeitrag ihrer Klienten, die Möglichkeit unterbinden zu wollen, sich ordentlich sattzuessen. Aber Scherz beiseite, wer zwingt uns Fettsüchtige denn, werden Sie einwenden, die Sisyphosarbeit der Diäten immer wieder von neuem aufzunehmen, statt die in unserem Leib nun einmal eingegrabenen Obsessionen anzunehmen, sie zu bejahen, die Lustanteile zu genießen. Das war ja in der Kindheit schon nicht nur Leidensgeschichte. Etwa das Gerangel um den gerechten Anteil unter drei Geschwistern am Familientisch. Da gab es Abenteuer und Listen, Erfindungsreichtum, Phantasie waren nötig, bei der Erschließung zusätzlicher Ressourcen, man konnte auch Niederlagen erleiden, einmal mußte ich Prügel einstecken, weil eine liebe Nachbarin meiner Mutter hinterbrachte, ihre Kinder singen so schön bei der Milchfrau, bis sie ein Stollwerk kriegen. Aber vom heimlichen Gang in die Speisekammer zu den Marmeladegläsern, – Benjamin hat das naschhafte Kind in der Berliner Kindheit viel schöner beschrieben als ich es hier könnte – oder in den Keller, wo das Obst lagerte und ich konntrollieren konnte/mußte, ob nicht das eine oder andere Stück zu faulen anfing, – da konnte man nachhelfen –, bis zur Entdeckung der Süßwarenwelt reichten meine Expeditionen. In Marx'ens Kapital können Sie gleich zu Beginn nachlesen: Die Gebrauchswerte der Waren liefern das Material einer eigenen Disziplin der Warenkunde. In der bürgerlichen Gesellschaft herrscht die fictio iuris, daß jeder Mensch als Warenkäufer eine enzyklopädische Warenkenntnis besitzt. (MEW 23, S. 50). Ich machte mich ans Studium en detail. Bis heute entgeht mir selten eine Neuheit auf diesem Gebiet. Wenn ich nur aufhören könnte! Es entgeht mir nur selten eine Novität. Selbst während der strengsten Diät halte ich mich auf dem laufenden. Nur der Bachwürfel als Kompliment zur Mozartkugel im 300. Geburtsjahr des Thomas Kantors kreiert, hat sich wohl doch nicht durchgesetzt. Er ist mir nur im Fernsehen begegnet. Aber um zur oben gestellten Frage zurückzufinden. Nach der immer wieder erneuten Sisyphosarbeit der Diäten, ich glaube, ich könnte mich auf meinem derzeitigen Gewicht inzwischen ganz gut einrichten, wenn ich wüßte, wie darauf bleiben. Die Freßsucht aber, und das hat sie wieder mit dem Alkoholismus gemeinsam, ist eine progredierende Sucht. Wer nicht von einem üppigen Gastmahl heimkehrend, gegen das Völlegefühl ankämpfend und in Überzeugung, es dadurch besiegen zu können, den Kühlschrank daheim geplündert hat, der kann nicht die wirklichen Höhen und Tiefen der Freßsucht erkennen. Wer nicht, ohne es eigentlich bemerkt zu haben, sagen wir zwei Kilo reife Birnen oder eine Familienpackung Chips während des Ländermatschs verdrückt hat, um sich dann mit vollem Appetit zum Nachtmahl zu setzen, wie soll der ermessen, was es heißt, solche Gewohnheiten einfach abzustellen. Bei manchen Diäten wird z.T. am Anfang nur verlangt, jeden Bissen aufzuschreiben. An einem Tag, von dem ich vorher annahm, schon ganz gut gefastet zu haben, zählte ich am Abend 3500 Kalorien. „Man müßte sich das Nichtgewohntsein angewöhnen, dann hätte man die Gewohnheit, die man braucht", schreibt Georg Kreisler irgendwo. Ein auch mit unserem Thema Vertrauter. Von ihm hab ich den Ausdruck, „Ich hab in meinem Leben schon 300 Kilo abgenommen". Aber es ist nicht nur der tief inkorporierte, gegen sich selbst gerichtete Tatbestand exponentiellen Wachstums, der periodisch zur Umkehrversuchung zwingt. Längst wurde doch dem Bauch als ästhetische Form sein gutes Gewissen genommen.

Filmindustrie und Massenmedien schreiben uns längst vor, wie wir als Mann oder Frau auszusehen haben, und auch die Medizin fährt mit schweren Geschützen auf. Herzinfarkt und Diabetes sind gleich bei der Hand als Ruten im Fenster, man kann direkt aufatmen, daß Aids nichts mit Übergewicht zu tun hat. Längst vorbei sind die Zeiten, wo der Bauch noch als Zeichen für soziales Prestige stand, die möglichen Idole sind rar geworden. Eine Zeitlang, schon lange schien Vollmond, weigerte ich mich Alain Delon nacheifern zu müssen. Ich weiß, das Beispiel ist nicht mehr ganz up to date, es ist auch schon lange her, und ich versuchte es mit Bud Spencer. Es ging nicht, es geht nicht. Aber auch die schöne Literatur hilft nur wenig. Als Brecht mit Charles Laughton die amerikanische Fassung des Galilei erarbeitete, hatte er ihm, d. h. seinem Bauch eine Huldigung dargebracht.

Der Bauch Laughtons:
Sie alle verschleppen ihre Bäuche
Als wäre es Raubgut, als würde gefahndet danach.
Aber der große Laughton trug ihn vor wie ein Gedicht
Zu seiner Erbauung und niemandes Ungemach.
Hier war er: nicht unerwartet, doch nicht gewöhnlich
Und gebaut aus Speisen, ausgekürt
In Muße, zur Kurzweil.
Und nach gutem Plan, vortrefflich ausgeführt.
(B. B. Gedichte 875)

Vielleicht verdanken wir dieses Gedicht einem Streit Brechts mit Günter Anders, von dem dieser berichtete: Günter Anders hat Brecht vorgeworfen. sein Schreiben sei Erbauungsliteratur, was Brecht auf diese Weise materialistisch zurechtrücken wollte. Aber was hat unsereiner davon, außer einer kopierbaren Haltung, die im übrigen gar nicht leicht einzufleischen ist, wenn man es gewohnt war, den Bauch zu verstecken. Wo sind, wie gesagt, die Zeiten, wo sich der österreichische Provinzdichter Karl Schönherr beschrieb, wo ein Mannsbild in Tirol, um Anwert als Heiratskandidat zu haben, Wadel vom Umfang einer mittleren Fichte vorweisen können mußte.

„Die Wadelstrümpf" heißt, glaube ich, die Geschichte. Wie weit entfernt sind wir von einem China, wo, wie es heißt, Mao Tse Tung sich nach 1945 sein rosiges Speckgesicht angefüttert haben soll, um gegenüber dem nie populären, spindeldürren Generalissimus Chang Kai Schek, als der im himmlischen Auftrag kommende, glückliche Zeiten verheißende Dynastiengründer, den Bauernmassen gegenüber sein Charisma zu verstärken. Und so quälen wir uns halt noch immer, wir Fettsüchtigen. Mit oder ohne ärztlichen oder therapeutischen Beistand, um unserem Idealgewicht (Sie wissen, Körpergröße über im in Kilo minus 10 bzw. 15% bei Frauen) näher zu kommen, oder wenigstens die Norm zu erreichen. Wir wissen nur zu gut um die Tiefe der Einsicht Nietzsches, der da so nebenbei irgendwo bemerkt, wie sehr ein paar Zentimeter Fett mehr oder weniger über Sympathie oder Ablehnung entscheiden können. Oder schlimmer noch, wir besorgen uns die Bestätigungen solcher Erfahrungen in immer neuer Folge. Also fressen wir einmal Kleie oder Algen, aber die Quell- und Ballaststoffe helfen ebenso wenig wie der kürzlich durch die Zeitungen gegangene Ballon im Bauch, pardon Magen, der Sättigung suggerieren sollte. Denn wir Fetten sind ja nie hungrig oder satt, sondern immer nur offen. Dann wieder liegen wir auf einer internen Abteilung unter Diabetikern bei Mineralwasser und Tee. Davon war schon die Rede. Kurzfristig werden erstaunliche Erfolge erzielt, die Therapeuten sagen uns nicht immer, das sie uns eigentlich eh für untherapierbar halten, wenn wir es nicht an ihnen selbst sehen. Mit Glück lernen wir sozusagen jüngere Schichten oberhalb unserer Grundstörung kennen und sogar damit umgehen. Manchmal hilft auch das einige Zeit aber:

„Leider dreht das Rad sich immer weiter und was unten ist, nicht unten bleibt"

und bald scheint wieder schönster Vollmond. Als einer, der ein Mehrfaches seines momentanen Körpergewichts im Verlauf von 30 Jahren abgespeckt hat, weiß ich ein Lied davon zu singen. Apropos abgespeckt: Das ist mir nicht nur so rausgerutscht, das ist ein terminus technicus, ursprünglich aus der Fleischhauerei und beim Walfang. Das Abziehen des Unterhautspecks wird so genannt, ich hab es hier nur metaphorisch gemeint, mit der chirurgischen Methode, auch nicht mehr der ganz letzte Schrei aus Amerika, hab ich es nie versucht. Abgesehen von der Thrombosegefahr (Übrigens auch bei der operativen Verkürzung des Dünndarms) haben die Fettsüchtigen sich letztlich als resistent erwiesen – das Fett lagert danach in noch unschöneren, sagen wir ruhig ungustiöseren Wülsten sich an. Ich will Sie nicht langweilen und strebe keine Vollzählung an, bei der Schilderung, wie Fett- und Freßsucht der Erfassung als Krankheit widerstehen. Übergehen wir die Verhaltenstherapie mit ihren Gedankenstops, ganz blau war mein Handgelenk, vom vergeblichen mich selber Zwicken vor Feinkostläden. Da bleibt letztlich was draußen und nicht etwa nur der psychosomatisch orientierte, zur Kooperation fähige Gesamtmedizinmann, aber was fehlt? Um da näher dranzukommen, muß ich Ihnen noch eine kleine Geschichte zitieren:

„Als ich neben ihr lag, wurde mir schlecht. Das Gebiß meines Vaters lag auf dem Fensterbrett, seine Lippen waren eklig, eines Tages sperrte er mich in den Keller ein, dort hatte man Mausefallen aufgestellt, ich fraß sämtlich Mäuse auf. Als ich aus dem Keller kam, war ich satt. Meiner Mutter blieb das Herz stehen. Zaghaft begann ich von ihrem Bein zu essen. Da niemand kam, aß ich es völlig auf. Ich verstaute sie unter meinem Bett und sagte Vater, er solle sich keine Sorgen machen und morgen um 17 Uhr zu Hause sein, weil da kommt der Scherenschleifer. Als ich das zweite Bein verzehrt hatte, erschien der Installateur und schlug mir den Hintern blau, damit er etwas abnimmt, sagte er lächelnd, der Rotz lief ihm aus der Hose. Binnen einer Woche hatte ich ihren Unterleib in mir. Vater saß still in der Ecke und malte naiv die Jungfrau Maria. Du wirst fett, mein Sohn, sagte er einmal. Wann wird Mama nach Hause kommen. Da hatte ich sie bereits mit Stumpf und Stiel verzehrt. Da er seine Frau nicht wiederfand, verschwand er im Keller. Die Haushälterin übernahm den Haushalt. Sie war rüstig und gesund, ich wartete vergeblich, doch da kam ein Mädchen. Ich lag neben ihr und wir waren beide nackt, und ich hatte nichts als Ekel. Als sie weinte, weinte sie meine Wut. Sie ist nämlich Aas geworden in meinen Armen."

Das ist und zugleich nicht, meine Geschichte, auch wenn ich ihren Erzähler, meinem alten Freund Robert Schindel quasi Modell gestanden habe, ihm ein paar Traumstücke und Erinnerungen gegeben habe. Es geht aber nicht um den Grad der Authentizität, sondern viel mehr darum, was mit dem was man die psychologischen oder psychoanalytischen Versatzstücke nennen könnte, passiert. Zwar baut die ästhetisch-poetische Verdichtung auf auf psychoanalytischem Grundraster und manch einer mag einwenden, geh, schon wieder das alte Papa-Mama-Ich-Triangel, aber was damit geschieht ist etwas anderes als die xte Bestätigung einer Theorie durch empirisches Material. Vielmehr wird das Gefängnis des Familiarismus selbst transparent, der Wutstau im Bild des Kannibalen aus Mutterliebe wird greifbar und Fremdsucht taucht auf.

Fremdsucht taucht auf.

Motto: Du überfrißt dich Baal, du wirst noch platzen.
Baal: Den Knall möchte ich noch hören.
Bert Brecht.

Fremdsucht, das ist keine der Süchte, deren die Medizin sich angenommen hätte. Und zur Verdeutlichung dessen, was darunter zu verstehen ist, geht es nicht ohne nochmalige Anleihe bei meinem alten Poetenfreund, dem ich den Terminus verdanke.

„Naja, vorne ist eben vorne. Oder es kommt Marc, oder es kommt. Du mir scheint, du bist viel zu robust für die wirkliche Liebe. Von mir aus. Vorne wollte ich dauernd einen Totenkopf zeichnen anstatt eines Weiberschädels, jetzt aber, aber nun, werde ich mich nähren von Waldbeeren und Wurzeln und mit meiner Phantasie hausieren gehen. Eine stolze, gleichgesinnte Frau wird neben mir bleiben, und so werden wir eine Fremdsucht empfinden nach uns. Ich habe einen blödsinnigen Haß in mir, er ist schön. Weißt, im Wohnzimmer auf den Wohnzimmertisch springen in einer Strumpfhose, sodann in die Eierspeis meines Vaters treten, meine Mutter bespucken und vorm Fernsehkasten beim Fenster mein zufälliges Brüderlein fein anstatt einer Hindin hinopfern. Und diesen roten Fleischtod der Göttin der Jagd darbieten. Und dann, ja erst dann beginne ich sie anzuschauen, und ich schaue in ihre Augen, jetzt schwimmt in ihnen eine Fremdsucht, darin ich mich sehne nach mir zurück dort vorne, und das ist wirklich die einzige Liebe auf den allerersten Blick. Da zergeht dieser irre Haß auf weiß-ich-wen-oder-was. Ich steige friedlich aus der Eierspeise vom Papa, meiner Mutter verzeih ich, das große Brüderlein versetze ich nach Döbling und die Hindin, was wird mit der Hindin?"

Was Robert Schindel in seiner Erzählung „Die Nacht der Harlekine" Fremdsucht genannt hat, mit Fremdsucht umschrieben hat, ist uns in vielerlei Facetten schon untergekommen. Es hat zu tun mit was Nietzsches Zarathustra Fernstenliebe heißt. Bei Gauguin und dann beim frühen Brecht im Dickicht der Städte lautete sein Name Tahiti. Daß alle Brücken hinter sich abbrechen... Familie, Freunde, aufgeben für nichts. Alles hinter sich lassen, sich in die Büsche schlagen, um Einsamkeit zu lernen. Dies ist die eine bittere Wurzel dieser Sucht. Sie könnte auch Fernsucht heißen, aber so läßt sie sich touristisch vermarkten.
Zugleich aber zielt die Fremdsucht auf die unverstellte Erkenntnis des anderen, der anderen, auf die Möglichkeit der Verdopplung des Ich im anderen durch Selbstaufgabe, auf jene höhere Vereinigungsform, die bei Hegel Bei-sich sein im anderen heißt; und gerade da, wo Freßsucht und Fettsucht ihrer Beschreibung als Krankheit entgehen, sind sie der Fremdsucht auf seltsam verquere Weise komplemetär verschränkt. Sagen wir, im Gegenlicht der Fremdsucht wird die Doppelbödigkeit, die Ambivalenz all der beschriebenen Phänomene der Freß- und Fettsucht durchsichtig. Die Verschränkung des Wunsches, die Welt sich einzuverleiben, mit dem sich ihr auszuliefern, die Verschränkung der Gesten der Unterwerfung und denen des imperialen Zugriffs, denen des nichts draußen lassen Könnens mit denen des sich schützen Wollens, des sich Kleinmachens. Vielleicht nährt sie im Innersten ein quasi theologisches Mißverständnis oder ein metaphysischer Kurzschluß. Ist nicht im Aufzehren aller *Dinge* etwas von der Protestation gegen die Erkenntnis ihrer Endlichkeit? Sollte die Freßsucht in ihrem Innersten nicht so etwas sein wie ein unstillbarer Gotteshunger, dem die Welt als ein einziger Reisberg erscheint, durch den hindurchzufressen die Sehnsucht nach communio, nach der unio mystica treibt? Haben wir vergessen, daß im Zentrum des Kultus, der die abendländische Tradition bestimmte, die heilige Mahlzeit, das *Abendmahl* 2000 Jahre lang für die Möglichkeit der Gottwerdung des Menschen, für seine Teilhabe am Göttlichen stand?

Ich belasse es bei diesen Andeutungen von Hintergründen, von denen sich die Selbstentblößung vorher vielleicht allzu kraß abgehoben haben. Wenn ich aber schon so persönlich, ja intim geworden bin mit meinen Meditationen, will ich doch noch von den Narben des Familiarismus bei mir selbst sprechen. Inzwischen ist es zwei Jahre her, daß mein letzter familiaristischer Anlauf gescheitert ist. Kaum haben wir uns nämlich von den Schlägen der eigenen Kindheit errappelt, zieht es uns dorthin zurück, müssen wir die kaum verkrafteten Schläge schon weitergeben. Während wir uns noch die Wunden lecken, beeilen wir uns neue zu schlagen. Kaum infantilen Abhängigkeiten entkommen, beginnen wir aufs neue uns aneinander zu ketten. Freilich, ich sehne mich oft nach meiner kleinen Tochter, die ich selten sehe, freilich wird jene Frau mir immer fremder, aber auch so mag Fremdsucht sich realisieren. Noch eines zum Schluß: Als ich diesen Vortrag erstmals konzipierte, war ich zuversichtlich mit Freß- und Fettsucht so einigermaßen zurandegekommen zu sein, meine Sisyphosarbeit zum Abschluß gebracht zu haben. Jetzt stehe ich wieder am Fuße des Berges. Das Gewicht meiner Kindheit, meines infantilen Status, wie Camus es nennt, auf den Schultern. Sollte ich deshalb auf die Zuversicht verzichten, doch noch erwachsen zu werden? Ich schließe mit eine Gedicht von Brecht, das damit zu tun hat:

Die Krücken

Sieben Jahre wollt kein Schritt mir glücken
Als ich zu dem großen Arzte kam.
Fragte er: Wozu die Krücken?
Und ich sagte: Ich bin lahm.

Sagte er: Das ist kein Wunder
Sei so freundlich, zu probieren!
Was dich lähmt, ist dieser Plunder
Geh, fall, kriech auf allen Vieren!

Lachend wie ein Ungeheuer
Nahm er mir die schönen Krücken
Brach sie durch auf meinem Rücken
Warf sie lachend in das Feuer.

Nun, ich bin kuriert: ich gehe.
Mich kurierte ein Gelächter.
Nur zuweilen, wenn ich Hölzer sehe
Gehe ich für Stunden etwas schlechter.

(B.B. Gedichte 739)

. . . DENN NACKT SIND NUR DIE TOTEN

Evelyne Holloway

Für alles ist es jetzt zu spät

1

Der Wind
treibt mit den Blättern
Papierschiffe über den Fluß
Die Kinder
haben kalte Hände
in ihre Pupillen schneit es

2

Einer Schwangeren
heißt es in der Bildzeitung
ist das Fruchtwasser eingefroren.
In diesen Nächten
reift nicht einmal der Mond aus

3

Für alles ist es jetzt zu spät
hat man in den Nachrichten durchgesagt
Die Träume der Lebenstüchtigen
stehen eingeweckt in Gläsern
Die Keller werden überprüft
auf Strahlendurchlässigkeit

4

Selbst die Gläser
sind bewaffnet
kleine Lanzen im Frühlicht
spitz in Erwartung des Kommenden
Nur Stumme
werden überleben
wird durchgesagt werden
Jene die genormt stehen
wie das Gras

Nackt sind Schaufensterpuppen,
tot und austauschbar,
nicht mit Idealen bekleidet,
mit Rollen verkleidet,
von Träumen umhüllt
Sie sind da und spüren es nicht
tragen unsere Häute zur Schau je nach Jahreszeit
und Mode
Wir aber, umgeben von unsichtbaren Mauern,
wir kleiden uns mit Worten und Gesten
Wir können nicht anders als lügen
selbst unser Schweigen ist Lüge,
denn wer seine Wahrheit enthüllt, nichts zurückhält,
wird in den Käfig gesperrt,
auf seine Wahrheit wird getreten,
verrückt nennt man den, der keine Grenzen mehr zieht,
unerträglich ist er jenen, die die Stäbe nicht mehr
sehen in ihren Käfigen
nimm die Mauer weg
zieh mir das Lügenhemd über den Kopf
Laß die Angst zu Boden fallen
greif unter den Schutt der Zeit
Schließ die Masken in den Schrank
Spüren panzerlos

reiß die Gesichter aus meinem Kopf
laß mich die Namen vergessen
sie nisten in meinem Kopf
überbevölkert von Gesichtern auch die Träume
ich zieh mir Narrenkleider an
dann merkt ihr nichts von meiner Liebe und könnt mich
nicht verletzen

. . . denn nackt sind nur die Toten

du mußt, du kannst doch nicht, jetzt sei endlich
ein Mädchen tut das nicht, da greift man nicht hin,
geh weg, bleib da, aus dir wird ja nichts, du bist
ja nicht NORMAL, hau ab, komm her, RUHE
in den Kreissaal geworfen
laut, grell, kalt
Befehlen ausgeliefert
Wachs, Panzer, wachs schneller
nicht so geworden wie
eigentlich hätte es ein SOHN
Panzer wächst nicht
nur Zärtlichkeit
wohin damit
zu dünn die Haut spürt alles
den Betontod der Wiesen,
den Lärmtod der Musik
die Farben rinnen aus
Grau ist die Farbe der Angst
plötzlich überall Grau
nicht so sein wollen wie
hart, kalt, gemein, lieblos
dumm wie der Krieg
Schüsse im Wohnzimmer
der Mörder paßt immer ins Fernsehquadrat
und wenn er rausspringt?
Kinder würden Whiskas kaufen
Pampers – so bleibt ihr Hund länger trocken

ERSATZTEILE FÜR DEN MENSCHLICHEN KÖRPER: TRANSPLANTATION – ORGANERSATZ – SCHÖNHEITSCHIRURGIE

Hans Bankl

Bevor ich mit meinem Vortrag, der das Thema Ersatzteile für den menschlichen Körper beinhaltet, beginnen möchte, möchte ich der guten Ordnung halber fragen, ob sich nicht doch ein Fachmediziner im Auditorium befindet. Wenn ja, dann bitte ich jetzt schon im voraus um Nachsicht, wenn ich die allzu oft erhabene Wissenschaft ein wenig verlassen werde. In diesem Vortrag möchte ich mich von der medizinischen Seite dem nackten Menschen zuwenden, und zwar dem nackten kranken Menschen, dem geholfen werden soll. Dem äußerlich wie innerlich Verunstalteten, dort wo einzelne Körperteile oder Organe funktionsunfähig gemacht worden sind oder wo sie schlichtweg häßlich sind und aus welchen Gründen auch immer ausgetauscht und ausgewechselt werden müssen. So z.B. können Organe ausgewechselt werden. Eine kranke Niere wird durch Transplantation einer gesunden Niere ersetzt oder aber auch ein Herz, eine Leber, alle jene Organe, die ihnen geläufig sind. Bei anderen Organfehlern gibt es wiederum nur die Möglichkeit des Ersatzes durch eine Prothese. Das fängt beim Glasauge an und reicht bis zur Beinprothese eines Amputierten. Und schließlich vermag auch noch die plastische Chirurgie, die Schönheitschirurgie, wie sie gemeinhin bezeichnet wird, nach ästhetischen Gesichtpunkten Verbesserungen am Menschen durchzuführen. Wie aus dieser recht allgemein formulierten Einleitung ersichtlich werden sollte, habe ich dem Titel dieser heutigen Veranstaltung drei Themenschwerpunkte gewidmet: Transplantation, Organersatz und Schönheitschirurgie. Ich werde nun versuchen, jedem dieser Kapitel einige konstruktive Beispiele voranzustellen, damit Sie dem Leitfaden, der diesen Themenbereich durchzieht, folgen können.
Doch zunächst lassen sie mich Ihnen, wie es in der modernen Nomenklatur praktiziert wird, ein Szenario vorführen, ja vielmehr eine Horrorvision entwerfen, die beispielgebend dafür sein soll, welche medizinischen Möglichkeiten es für Ersatzteile für den menschlichen Körper gibt. Stellen Sie sich bitte als Vision folgendes vor: Adam trägt ein Glasauge, Eva einen Haarersatz, Adam hat eine Zahnprothese und Eva hat schon zwei facelifting-Operationen hinter sich. Er, Adam, trägt eine Nasenplastik durch Autotransplantation und ein künstliches Ohr. Sie, Eva, hat ein Kunststoffimplantat in der Brust. Adam hat schon einen Herzschrittmacher, und Eva hat schon zwei künstliche Herzklappen. Adam lebt überhaupt schon seit geraumer Zeit mit einer transplantierten Leber, und Eva wartet noch auf eine Nierentransplantation, sie wird zur Zeit zweimal wöchentlich dialysiert; man muß ja auf die Transplantation bekanntlich warten wie in jüngster Zeit, es ist auch durch die Presse gegangen, sogar ein Bundeskanzler auf eine für ihn passende Niere einige Zeit warten muß. Eva hat eine künstlich aufgebaute Vagina, ihre Scheide ist also plastisch operativ erst entstanden, dafür hat Adam einen Plastikhoden als Attrappe eingesetzt bekommen. Sie glauben mir diese Vision nicht? Nun gut, ich werde für all das, was ich Ihnen als Horrorvision an Möglichkeiten versucht habe darzustellen, eine konkrete Beweisführung antreten. Zunächst einmal möchte ich mit der Thematik: Transplantation beginnen.

Transplantation

Dieses Kapitel habe ich unter folgendes Motto gestellt: Vom heiligen Cosmas und Damian bis zur Herztransplantation. Nun werden Sie mich fragen, was ist Transplantation? Zunächst darf festgehalten werden, daß der Mensch der Ersatzteillieferant ist. Grundsätzlich gibt es zwei Möglichkeiten von Transplantationen. Bei der einen Möglichkeit handelt es sich um eine Autrotransplantation, d.h. vom Betroffenen selbst, dem Patienten, wird ein Stück Haut einer unbeschädigten Körperstelle entnommen und verwendet, um plastisch im Gesicht Veränderungen vornehmen zu können oder um eine Wunde zu bedecken. Der Mensch ist (damit) in diesem Fall sein eigener Ersatzteillieferant. Für die andere, die zweite Möglichkeit, die Homöotransplantation, ist ein Organspender der Ersatzteillieferant. Es kann sich dabei um einen toten oder lebendigen Organspender handeln. Vom medizinischen Standpunkt aus muß jedoch darauf hingewiesen werden, daß selbst wenn es sich um einen toten Organsspender handelt, das Organ, das gespendet werden soll, kein totes Organ sein darf. Bei Transplantationen handelt es sich prinzipiell um lebende Organe, die ausgetauscht werden. Damit beginnen auch schon die grundsätzlichen Schwierigkeiten, die einerseits medizinischer, andererseits ethischer und juristischer Natur sind. In Österreich ist eine Organentnahme von einem Verstorbenen, um Transplantationen durchführen zu können, grundsätzlich erlaubt, vorausgesetzt, der betreffende Mensch hat nicht schon zu Lebzeiten anders über seine Organe verfügt. Soweit zur juristischen Frage betreffend Transplantationen.

Doch nun zu dem angekündigten Motto: Vom heiligen Cosmas und Damian bis zur Herztransplantation. Bevor ich mich dem konkreten Thema, Transplantation, widmen möchte, möchte ich noch einige historische Daten voranstellen. Cosmas und Damian waren Zwillinge, die posthum heilig gesprochen wurden. Beide waren Ärzte und haben im Raume der Ostkirche gewirkt. 278 n. Chr. wurden sie unter der Herrschaft des Diokletian enthauptet. Sie waren Wanderärzte, die im Rahmen ihrer ärztlichen Tätigkeit auch Missionsarbeit leisteten. Den historischen Gegebenheiten folgend wurden ihre Heildienste als Wunder in tradierter Form weitergegeben. Diese Geschichte ist einfach so köstlich, daß sie erzählt werden muß. Sie haben also Wunder vollbracht und diese sogar posthum. Wie der Mythos besagt, sollen sie nach ihrer Enthauptung in einer später nach ihnen benannten Kirche am Forum Romanum erschienen sein und sollen das kranke Bein des damaligen, dort tätigen Kirchendieners durch ein Bein eines Negers ersetzt haben. Man hat wirklich viel darüber gerätselt, warum ausgerechnet das Bein eines Negers. Ein Neger ist zur damaligen Zeit sicher kein Christ gewesen. Man kann also davon ausgehen, daß man nicht einem Christen ein Organ für eine Transplantation weggenommen hat. Ein Neger, müssen Sie sich vorstellen, war für die damalige Zeit ein Exot. Die Exoten waren von jeher schon mit einer Art magischen Energie behaftet. Möglicherweise hat man sich gedacht, daß das Organ eines Exoten vielleicht ein besonders kräftiges Ersatzorgan für einen kranken Kirchendiener ist. Wie Sie sehen, sieht man auch in diesem Fall keineswegs wissenschaftlich völlig klar. Soweit zur ersten uns mythisch überlieferten Organtransplantation.
Nun möchte ich mich jedoch nochmals der Autotransplantation, der Wiederherstellung des Gesichtes durch Transplantation der Haut zuwenden. Als Ursprung für die plastische Gesichtschirurgie wird Indien angenommen. Zeitlich gesehen wird der Ursprung einige Jahrhunderte vor Christus datiert. Warum Indien? Basierend auf sozialgeschichtlichen Rekonstruktionen, war es in Indien üblich, Kriegsgefangenen, Ehebrecherinnen und Schwerverbrechern als Bestrafung die Nase abzuschlagen. Man kann davon ausgehen, daß die Verurteilten einige Zeit danach versucht haben, ihrem verunstalteten Gesicht eine neue Form zu geben. So entwickelte sich mehrere Jahrhunderte vor Christus in Indien die Technik der Rhinoplastik, der plastischen Nasenersatzchirurgie. Diese Technik ist als indische Methode in die Medizingeschichte und Medizintechnik bis in die Gegenwart eingegangen. Es handelt sich dabei um die Technik des Drehlappens, der fachmedizinische Ausdruck basiert auf folgender Vorgangsweise. Aus der Stirnhaut wird ein Lappen herausgeschnitten, der anfangs noch mit einem Stiel verbunden ist. Der Stiel hat die Funktion die Blutgefäße zu

ernähren, das Gewebe würde sonst absterben. Der mit dem Stiel aus der Stirnhaut herausgeschnittene Lappen wird nach unten gedreht und kann so zum plastischen Aufbau einer Nase oder eines Defektes an Augenlid oder Wange verwendet werden. Diese Methode wurde bis ins 15./16. Jahrhundert in Europa praktiziert. Seit dem 16. Jahrhundert kam jedoch eine andere Methode zur Verwendung, die italienische Methode von Taglia Cozzi – der sogenannte Wanderlappen.

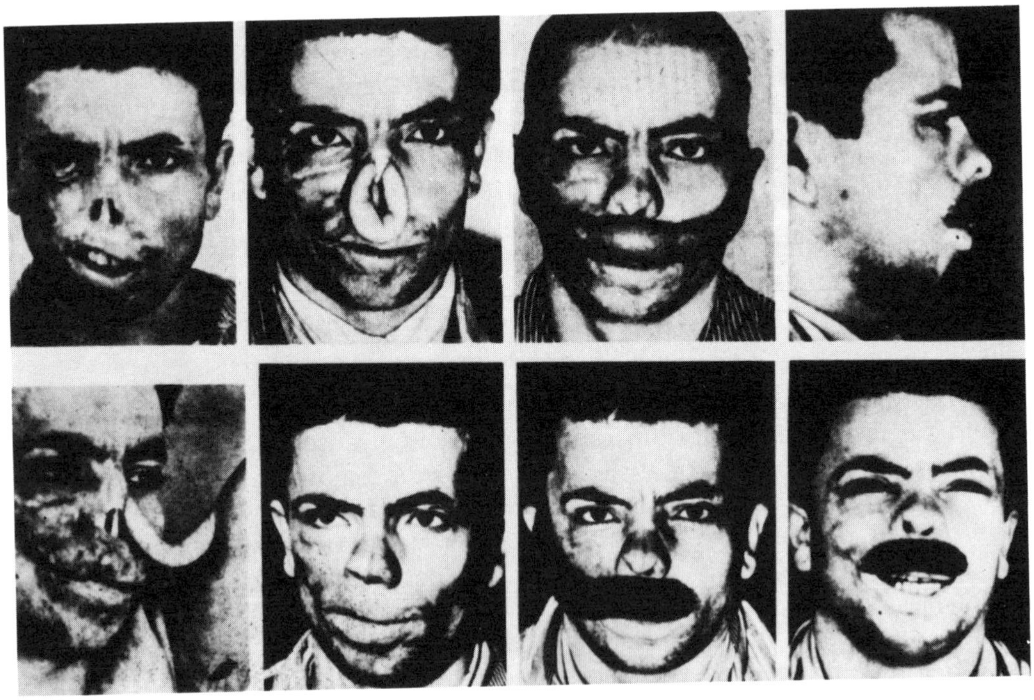

Ein weiteres Beispiel für chirurgische Operationen im Bereich des Kopfes wäre die Transplantation von Haaren. Bei dieser Art von Transplantation werden vom Oberschenkel kleine Hautstückchen mit einem Spezialinstrument herausgestanzt und am Kopf implantiert. Bei der Transplantation zur Wiederherstellung der Greiffähigkeit der Hand wird dem Patienten eine Zehe entnommen und als Daumenersatz transplantiert. Das Allerwichtigste an der menschlichen Hand ist ja der Daumen, denn er kann den anderen Fingern gegenübergestellt werden. Erst dadurch wird die Greiffähigkeit der menschlichen Hand gewährleistet.
Nun zu einer Art von Transplantation, vor der sich lange Zeit die meisten Chirurgen gescheut haben, die Herztransplantation. Christian Barnard hat sich als 45jähriger mit dem Elan seiner chirurgischen Jugend über die Schwierigkeiten, die eine Herztransplantation mit sich bringt, hinweggesetzt, und die erste Transplantation durchgeführt, nachdem er die Technik in Standford in Amerika gelernt hatte. Seinen ersten Patienten hat er 18 Tage am Leben erhalten. Die Todesursache basierte nicht auf einem chirurgischen Fehler, sondern auf einer Lungenentzündung. Nun soweit zu den Transplantationen, unser nächstes Kapitel führt zum Organersatz.

Organersatz

Dieses Kapitel soll unter dem Motto von Götz von Berlichingen bis zum künstlichen Hoden stehen. Götz von Berlichingen hat 1480 bis 1562 gelebt. Für die damalige Zeit war er so etwas wie ein Schnapphahn – kurz – ein schlichter Raubritter. 1504 hat er als 24jähriger bei einem Gefecht von Landshut durch einen Kanonenschuß seine rechte Hand und seinen rechten Unterarm verloren. Danach wurde ihm von einem deutschen Büchsenmacher eine Organprothese, ein Organersatz angefertigt. Bei diesem Organersatz handelt es sich um eine sagenhafte Kunstfertigkeit, die Hand des Götz von Berlichingen ist heute noch in Jagdhausen ausgestellt. Sie besteht aus einem Stumpf, der mit Riemen und Verschnürungen an der Restextremität festgeschnallt wurde und dann mittels eines ausgeklügelten Mechanismuses, bestehend aus Federn, Scharnieren, Gelenken, Zahnstangen und mit Sperren und Lösungsmechanismen zum Funktionieren gebracht wurde. Nun ja, welche Möglichkeiten hatte er damit? Was konnte er damit alles machen? Eigentlich alles, was für die damaligen Lebensumstände lebenswichtig war. Sie müssen sich vorstellen, die Prothese hatte vier Finger, die zahnradartig gebeugt werden konnten, bis sie eingeschnappt und fixiert waren. Zusätzlich hatte sie einen Daumen, dem man den Fingern gegenüberstellen konnte und der ebenfalls, wie die Finger, zu beugen und zu arretieren war. Dazu gab es noch entsprechende Knöpfe, auf welche man drücken mußte, damit die Halterungen bewegbar wurden. Götz von Berlichingen konnte also ein Schwert in die Hand gedrückt bekommen, indem er seine Ersatzorgane, die Finger, aufklappte und den Daumen darüber legte. Ja, so konnte er sein Schwert in der Hand halten. Auf dieselbe Art und Weise, das ist ebenfalls bezeugt worden, funktionierten die Ersatzorgane, die Finger und der Daumen, beim Halten eines Humpens mit Wein oder Bier, oder nach demselben Prinzip funktionierte die Hand beim Halten der Spielkarten, was für ihn ganz entscheidend und äußerst wichtig war, denn Sie müssen wissen, er war ein leidenschaftlicher Kartenspieler. Er konnte aber auch andere Tätigkeiten ausführen, so z.B. konnte Götz von Berlichingen sein Eßbesteck in der Hand halten. Kurz, um es auf einen Nenner zu bringen, heute würde man sagen, er wäre von seiner Verletzung rehabilitiert durch eine Organersatzteil, eine künstlich angefertigte Hand. Nicht nur bei Organverlusten, so wie es am Beispiel von Götz von Berlichingen konkretisiert wurde, wird ein Organersatz vorgenommen, sondern es werden häufig auch Ersatzteilorgane verwendet, wenn die Gelenke eines Patienten sich krankhaft verändert haben oder deformiert sind. So können z.B. ein Oberschenkelknochen und der Teil eines Beckenknochens, oder auch ein Hüftgelenk ersetzt werden. Hier bieten sich von medizinischer Seite her zwei Möglichkeiten an. Zum einen ein Ersatz, der durch das Einsetzen eines Plastikgelenkskopfes vollzogen wird, und zum anderen durch eine Gelenkspfanne, die in das Hüftbein fest einzementiert wird. In beiden Fällen handelt es sich um eine normale anatomische Situation. Die Technik ahmt die natürliche Anatomie des Menschen nach. Künstliche Plastikgelenksköpfe und Gelenkspfannen sind identisch mit natürlichen Gelenksköpfen und Gelenkspfannen. Aus welchen künstlichen Bestandteilen setzt sich nun eine künstliche Gelenkspfanne zusammen? Es handelt sich dabei um einen Metallzapfen, an dessen oberen Ende sich eine Kugel befindet mit einer passenden Pfanne, der als Gelenksersatz, in den häufigsten Fällen im Bereich des Hüftgelenks eingesetzt wird.

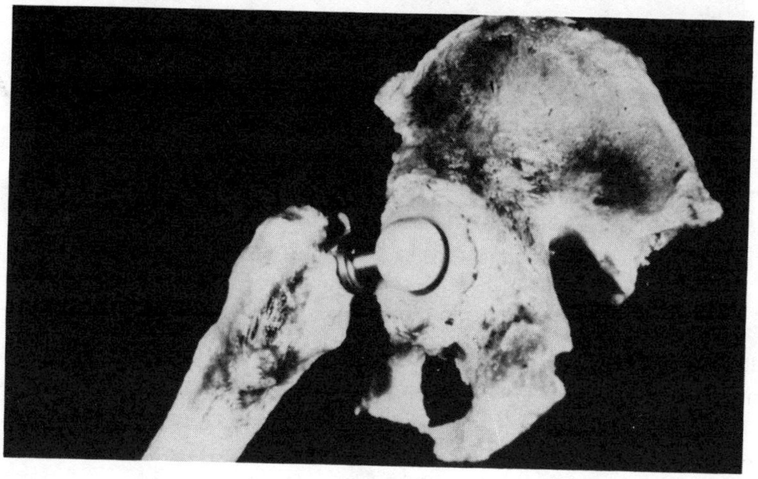

Gelenksersatzteile sind in allen Größen erhältlich und können je nach Bedarf, der Gelenksgröße des Patienten adäquat eingesetzt werden. So weit zu den künstlichen Ersatzteilorganen am Beispiel von Plastikgelenkköpfen und Gelenkspfannen. In den darauf folgenden Überlegungen möchte ich auf jene Ersatzteile zu sprechen kommen, die im Inneren des menschlichen Körpers eingesetzt werden. Es handelt sich dabei um künstliche Gefäße, Ersatzteile für das Gefäßsystem, Ersatzteile für das Herz, z.B. ein Herzschrittmacher. Ein Herzschrittmacher besteht aus künstlichen Herzklappen, welche nach dem Prinzip des Kracherlflaschenverschlusses funktionieren. Eine Kugel wird in einem Metallkäfig auf- und niederbewegt. Basierend auf diesem Mechanismus wird ein Ventil geöffnet, das sich durch das Zurücksinken der Kugel wieder verschließt. Neben dem Herzschrittmacher, als Beispiel für einen künstlichen Ersatzteil für das Gefäßsystem möchte ich noch ein weiteres Beispiel anführen. In beiden Fällen handelt es sich um das Einsetzen von Fremdkörpern, beim Herzschrittmacher, sowie bei einer Aufbauplastik der Brust. Für eine Aufbauplastik der Brust wird ein sehr weicher, elastisch verformbarer Beutel verwendet, der an einigen Stellen seiner Oberfläche mit konzentrischen Kreisen ausgestattet ist, welche die Funktion erfüllen, das Verrutschen des Beutels zu verhindern. Die Aufbauplastik, die zur Vergrößerung der Brust dient und als Femdkörper eingesetzt wird, ist wie die Plastikgelenksköpfe und Gelenkspfannen in verschiedenen Modellgrößen erhältlich. Gerade im Bereich der Brustvergrößerung hat man versucht, die verschiedensten Lösungsmöglichkeiten zu finden. Begonnen wurde mit den berühmten Paraffineinspritzungen. Eine medizinisch fragwürdige Angelegenheit. Der Beginn war erfolgversprechend, denken Sie an die Pin-up-Girls in den Illustrierten der fünfziger und sechziger Jahre. Doch während anfänglich diese Methode vielfach praktiziert wurde, die Zeitspanne war noch kurz, um eventuelle Auswirkungen abschätzen zu können, begann sich das gespritzte Material, das Fremdgewebe mit dem körpereigenen Gewebe nicht mehr zu vertragen. Das Resultat war: das Fremdgewebe wurde abgestoßen, und es kam zu fürchterlichen Entzündungen. Aber nicht nur bei Frauen werden Organersatzteile verwendet. Gar nicht so selten, wird auch bei Männern, die ein Prostatakarzinom haben – die Hoden müssen operativ entfernt werden – aus medizinischen Gründen eine Hodenprothese notwendig. Wie bei der Aufbauplastik der Brust handelt es sich auch bei der Hodenprothese um eine kosmetische Operation.

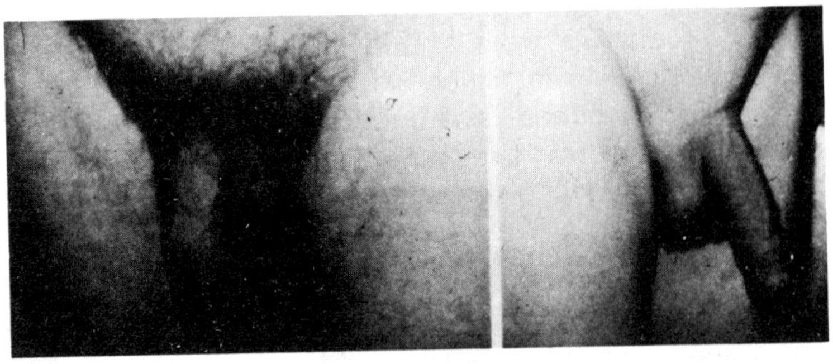

Penisvergrößerung

All das, was ich Ihnen nun versucht habe im Rahmen des Organersatzes vorzustellen, bezieht sich auf das Gebiet der Iatrotechnik. Darunter soll jene Technik verstanden werden, die sich auf die Korrektur von defekten Körperteilen durch Prothesen konzentriert. Es handelt sich dabei um eine „reparierende Therapie", eine Ersatzteilchirurgie. Auch wenn es sich grundsätzlich um kosmetische Vorteile für den Patienten handelt, soll in diesem Zusammenhang auf einen Nachteil hingewiesen werden. Der Organismus des Menschen wird zum Mechanismus. D.h. die Selbstregulation wird gestört und durch Fremdregulation erstzt. Ein Ersatzteil kann niemals ein biologisch funktionierendes Organ ersetzen.

wiener
sommer
symposion

r. o. Soultrain
l. u. Dr. med. Hans Bankl
r. u. Brigitte Holzinger, Bauchtanz

Hans Scharnagl, Objekt

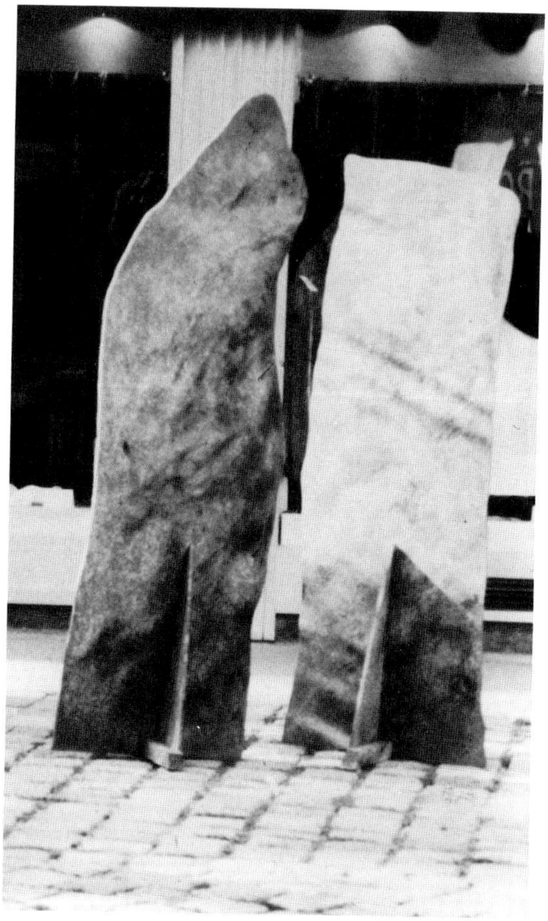

Margit Tobisch, Objekt

Thomas Freiler, Putto

Ingrid Divis „Das verletzbar Weiche"

o. „Damenmord", ein Unspiel von Andrea Sodomka, Martin Breindl
l. u. Moulin Rouge, Programm
r. u. Hanna Tomek, Lesung

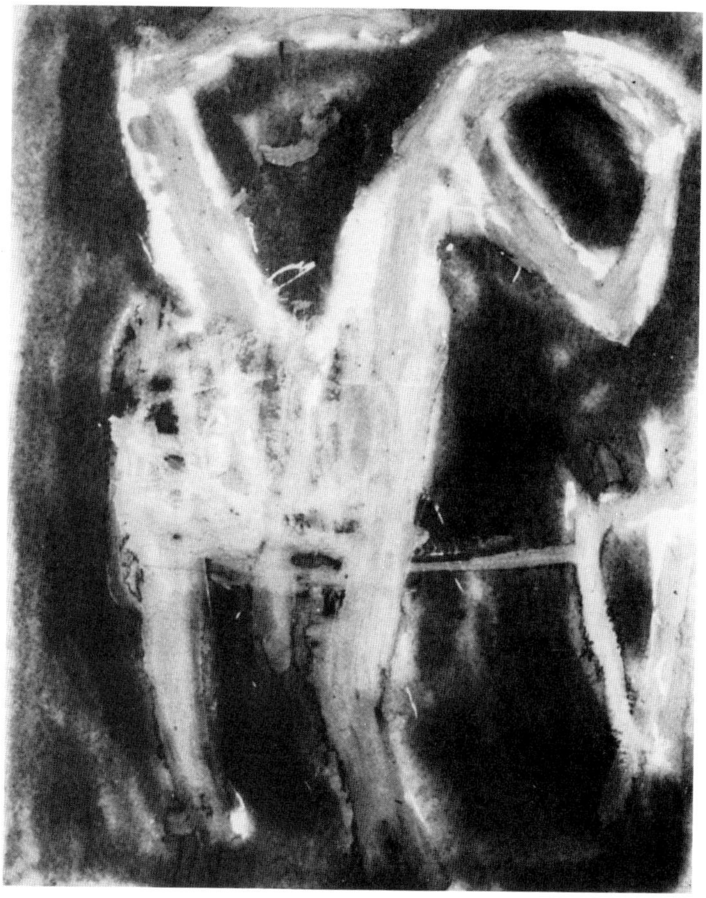

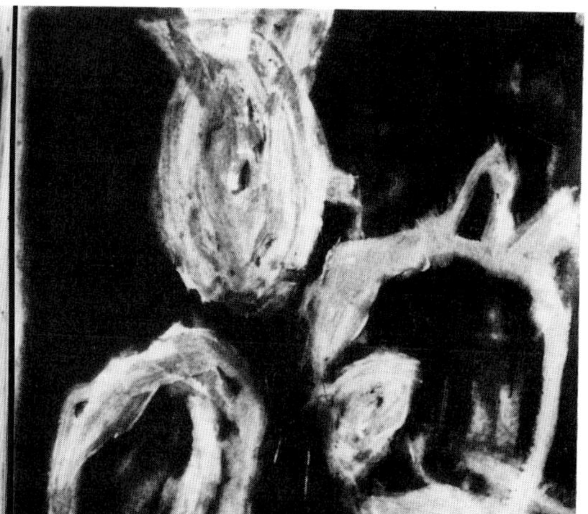

Hans Scharnagl, Öl auf Papier
Hans Scharnagl, Arbeitsphoto

Linke Seite: Hans Scharnagl, Aktion

XXXX

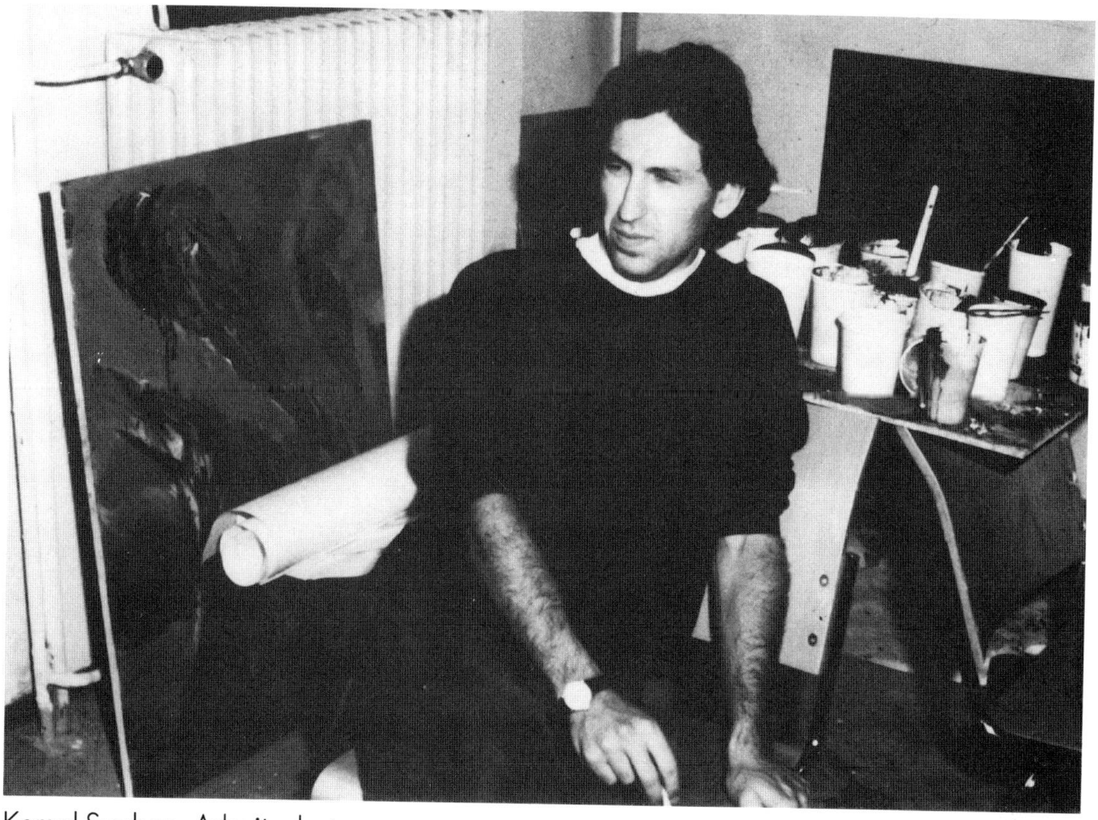

Kemal Seyhan, Arbeitsphoto

linke Seite: Kemal Seyhan, Dispersion auf Papier

Wassil Dimow, Christoph Subic, Gemeinschaftsproduktionen

W. Dimow
Ch. Subic
„Zeichen-
duelle"

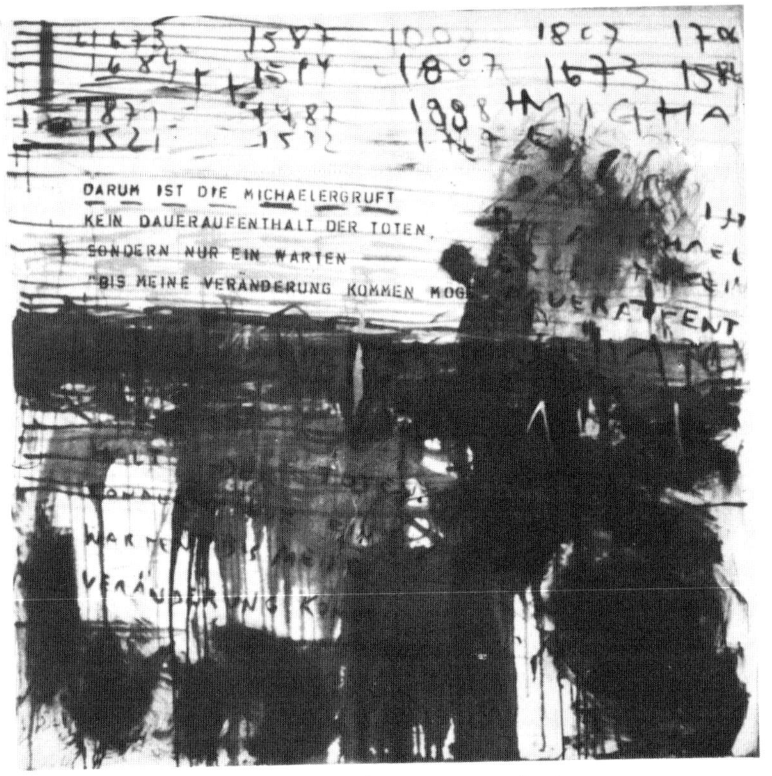

Karin Herber, Checo Sterneck: Rauminstallation
„Der innerstädtische Genius loci des toten Körpers"

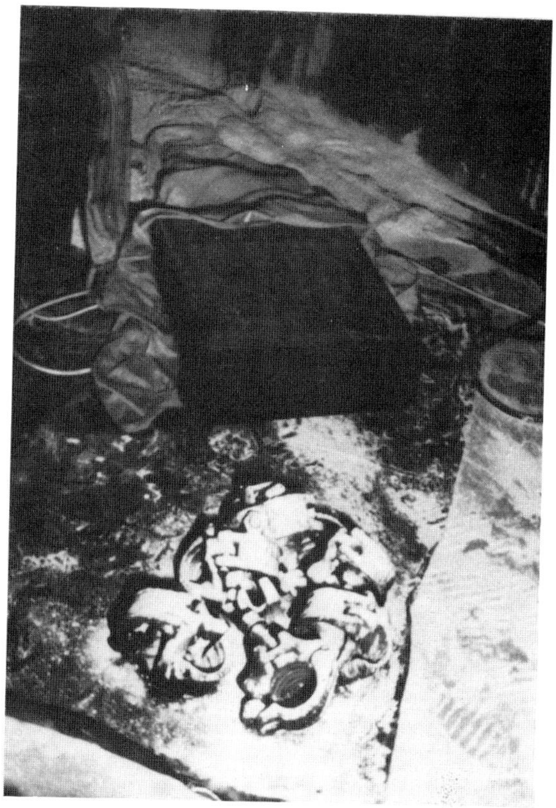

Karin Herber, Checo Sterneck
Rauminstallation

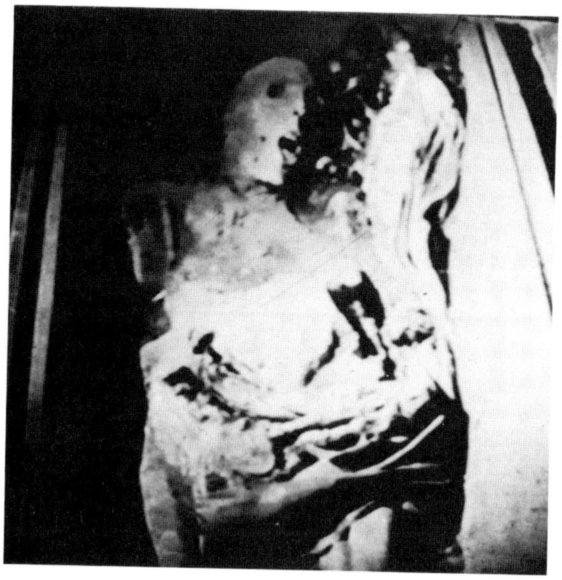

Ingrid Divis, verschiedene
Materialien

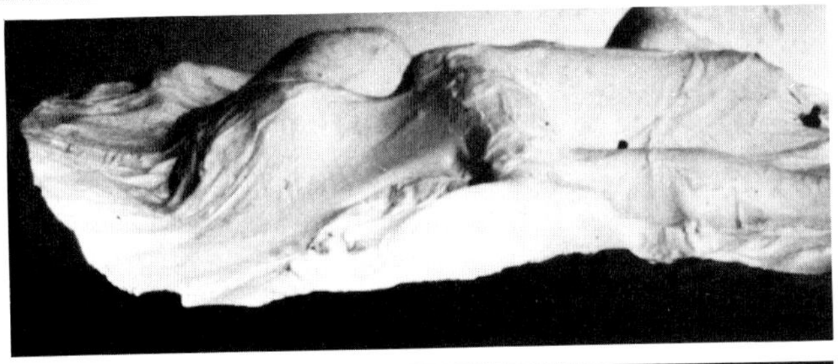

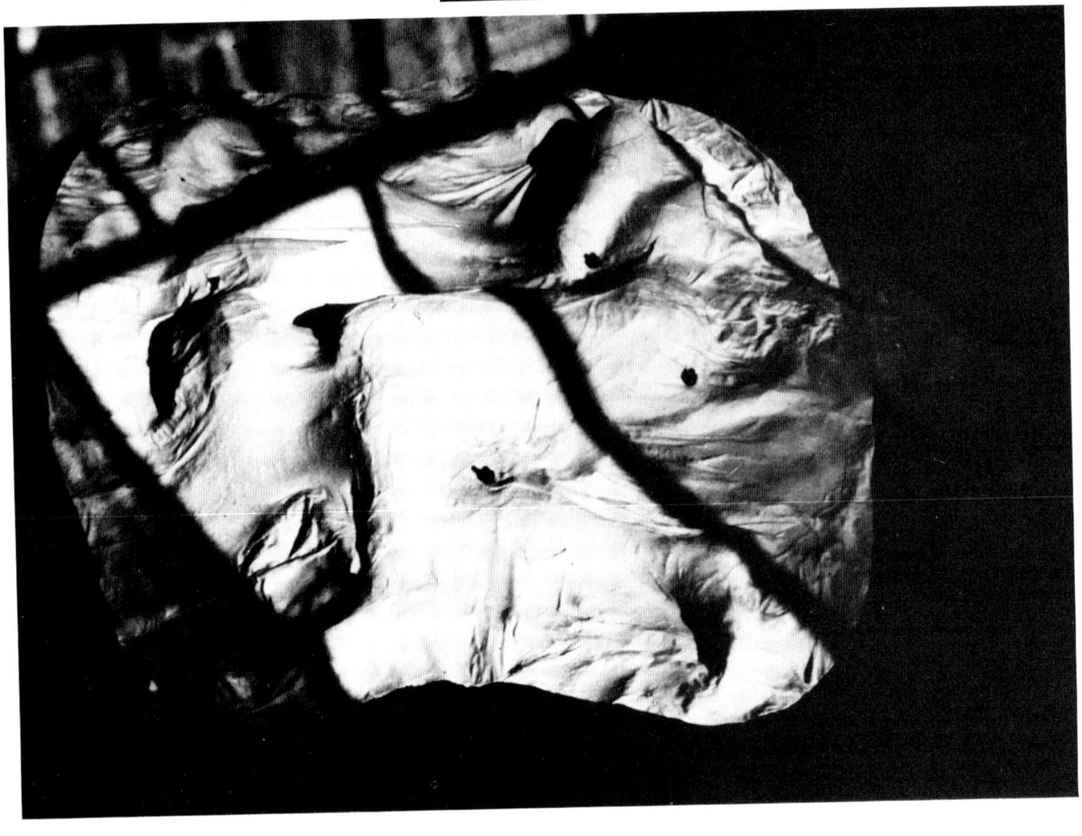

Ingrid Huemer, „Textilbild"

Peter Tomsič, „Peepshowkonzept". Technische Betreuung Martin Breindl.

Josefinum

L

Elisabeth Weigl: Video „Reoziität"

Franz Mochty: Video „Der Apfel war's und nicht die Rose"

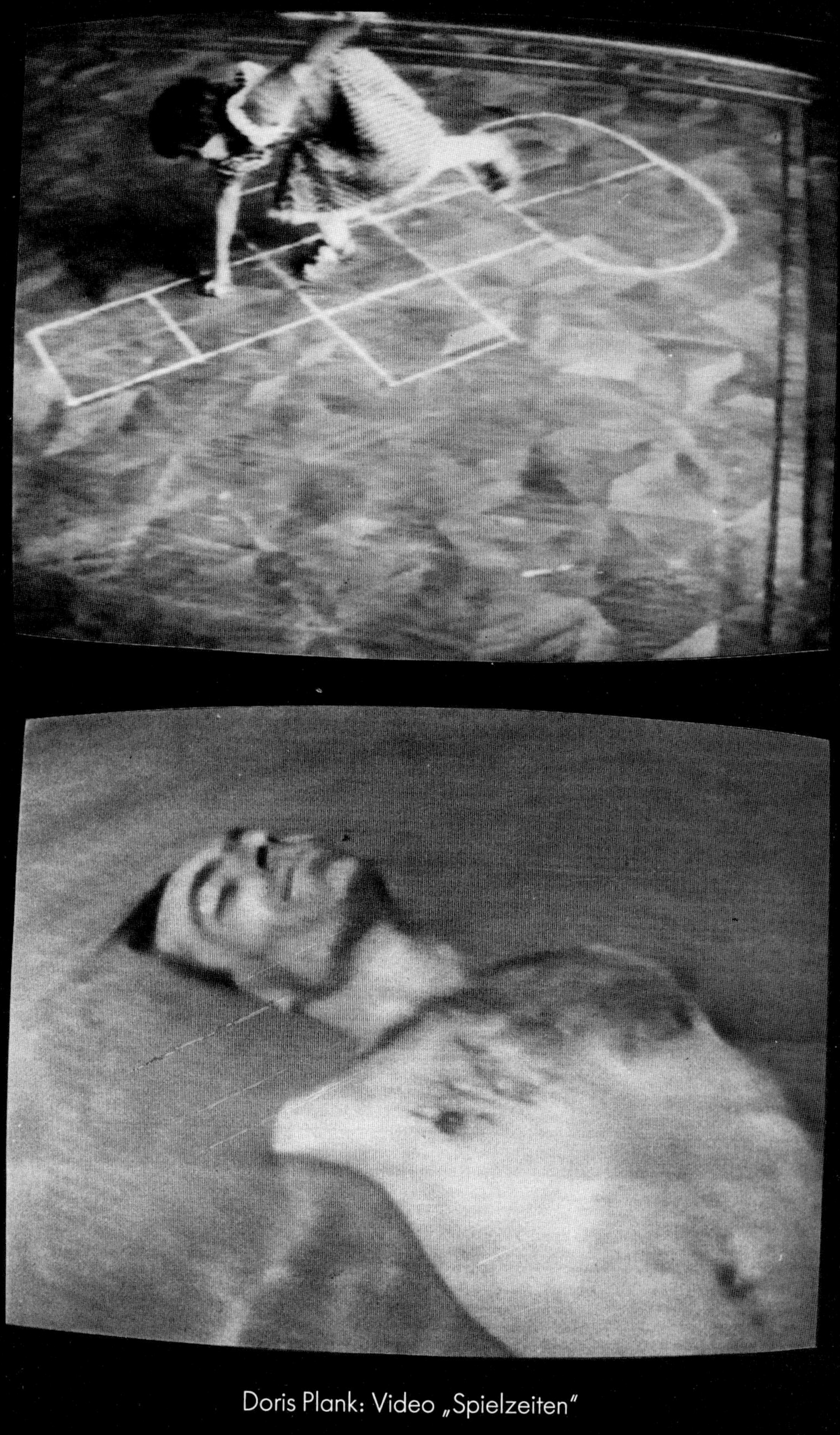

Doris Plank: Video „Spielzeiten"

Robert Schmid: Video „Genstar"

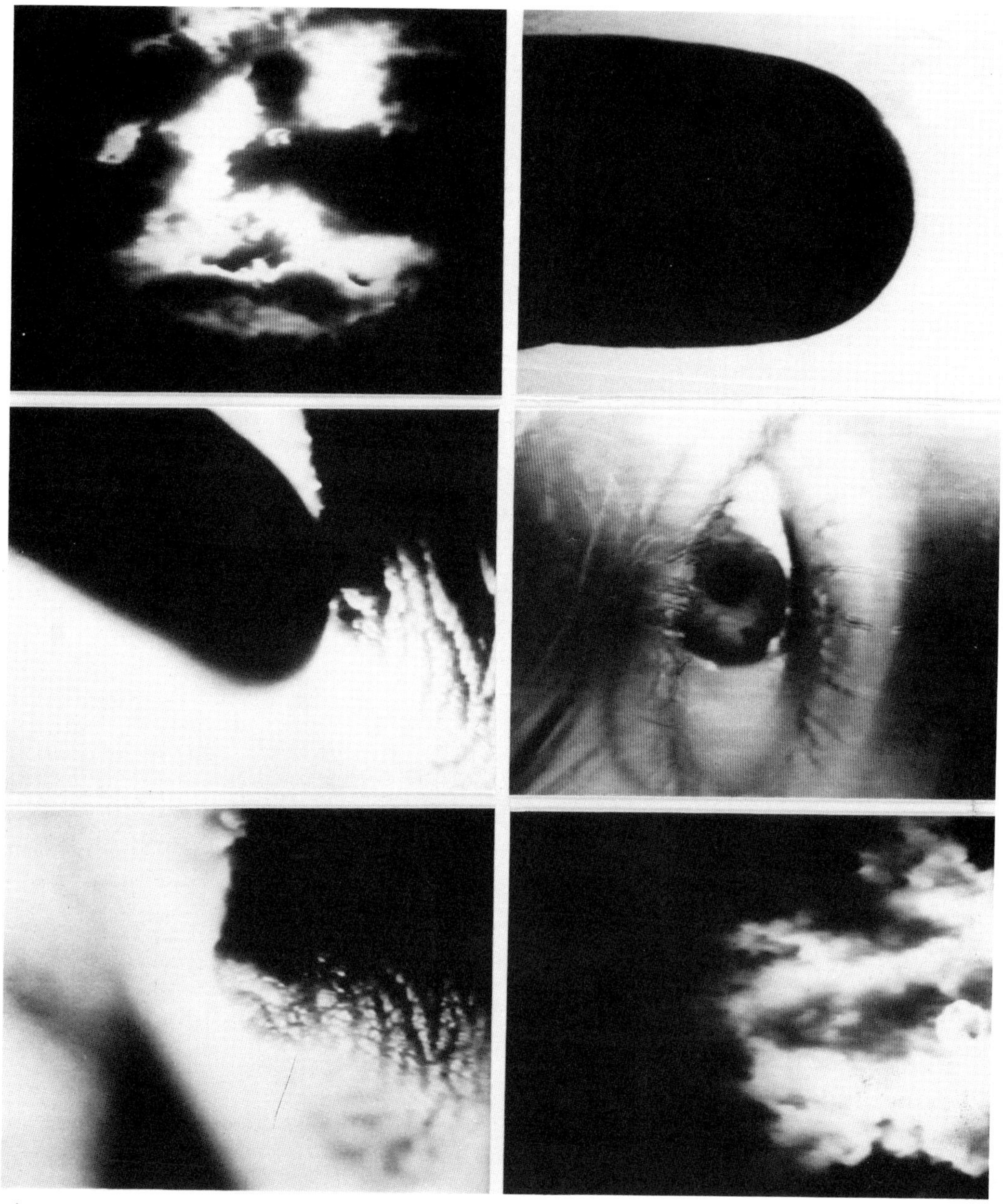

Elmar Brugger: Video „Mamma Luna"

Video Workshop

Wir sind sechs Teilnehmer. Beim ersten Treffen mit dem Workshopleiter Robert Polak wird das Ziel der Übung erläutert.

Jeder kann in einem Video seine Ideen zum Thema: Das Nackte – Der Hintergrund, verwirklichen. In der ersten Woche gibt uns Robert eine Einführung in die Arbeit mit Video. Diskussionen in der Gruppe oder im Einzelgespräch helfen den Weg zur Realisation zu gehen.

In der zweiten Woche sind die Konzepte schon um einiges klarer. In der nächsten Woche sind die Drehtermine angesetzt. Jeder hat sich seine Motive gesucht, für jeden ist ein Drehtag vorgesehen. Mit Unterstützung von Robert entsteht das Rohmaterial.

In der letzten Woche sind wir in der Medienwerkstatt, um zu schneiden. Einiges wird noch gerettet, Musik wird unterlegt. Die fertigen Arbeiten haben eine Länge von jeweils ca. fünf Minuten, trotz erkennbarer Mängel wird die Premiere zum Fest (und umgekehrt). Tags darauf erscheint das WuK unheimlich leer. Die Techniker sind bereits mit dem Abbau beschäftigt. Eigentlich schade . . . D. P.

Martin Ebner, Video „Die blaue Bärin"

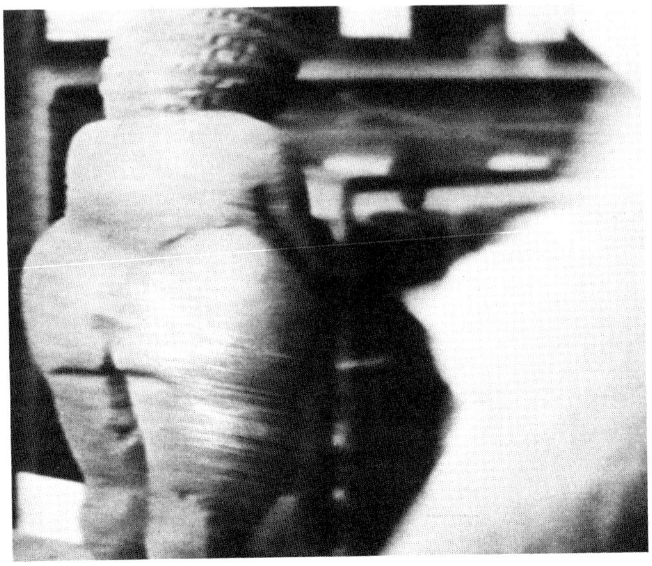

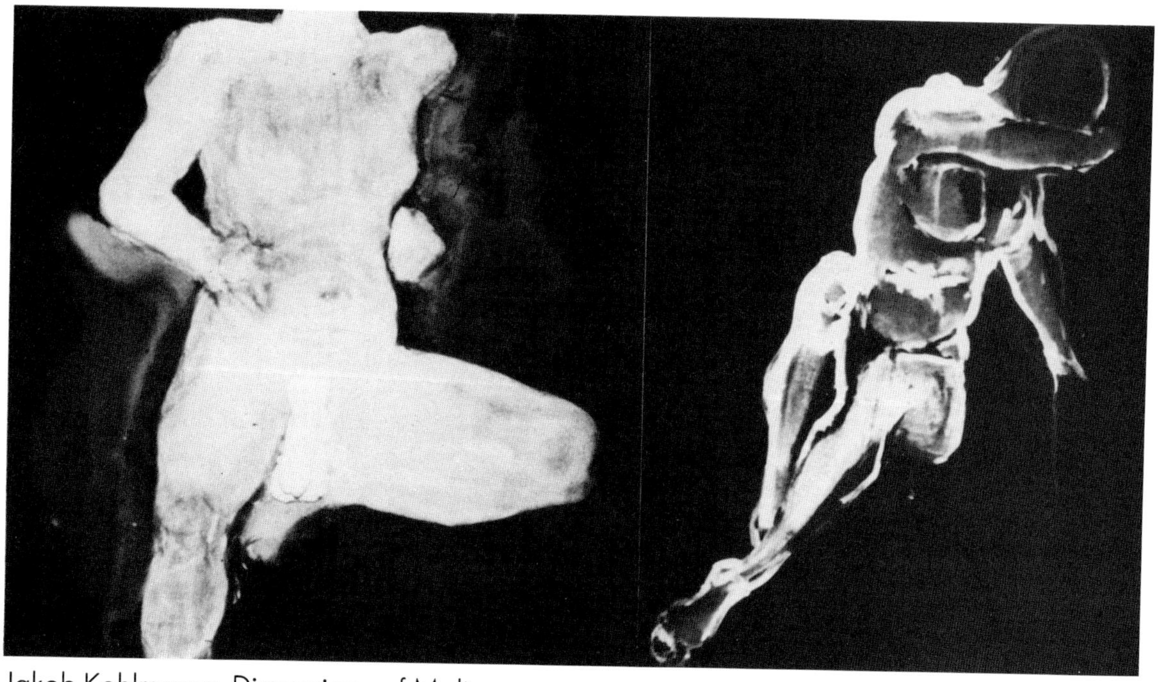

Jakob Kohlmayer, Dispersion auf Molino

Thomas Freiler, Arbeitsphoto

l. o. Franz Mochty, Photo
r. o. Elmar Brugger, „Akt" Detail
m. Magda Griffiths, „Akt"
l. u. Erhard Stöbe, „Akt" Detail
r. u. Patrik Knoch, Arbeitsphoto

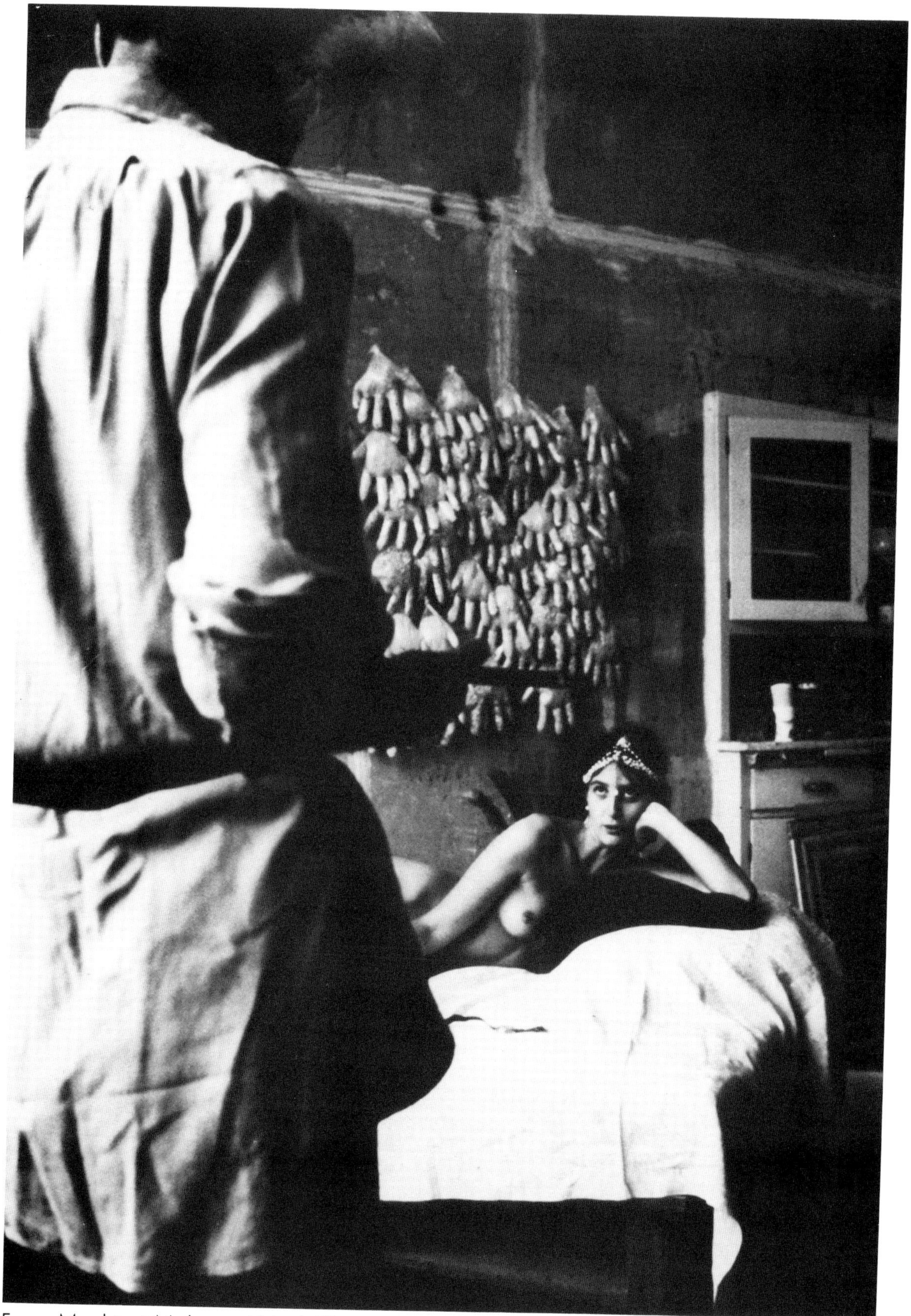

Franz Mochty, „Maler und Modell"

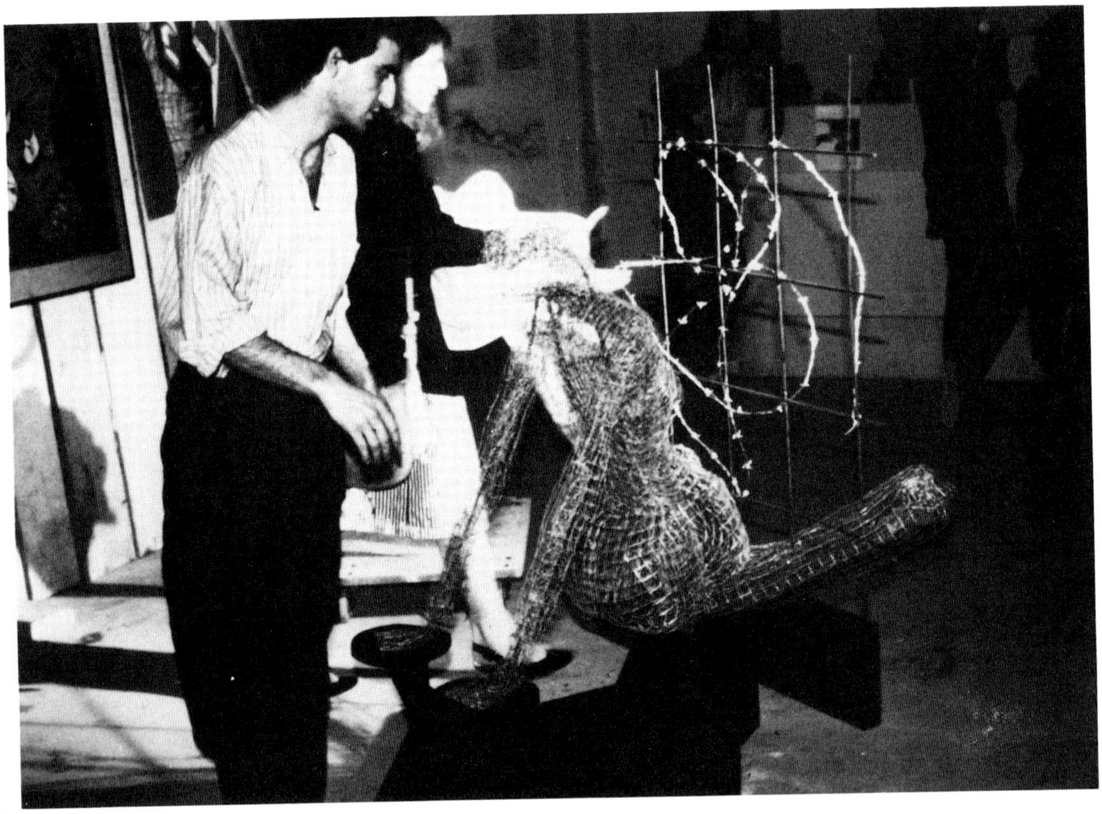

Ibrahim Sümbültebe „Drahtplastik", „Photografie"

Ibrahim Sümbültebe, „Photoaktion“

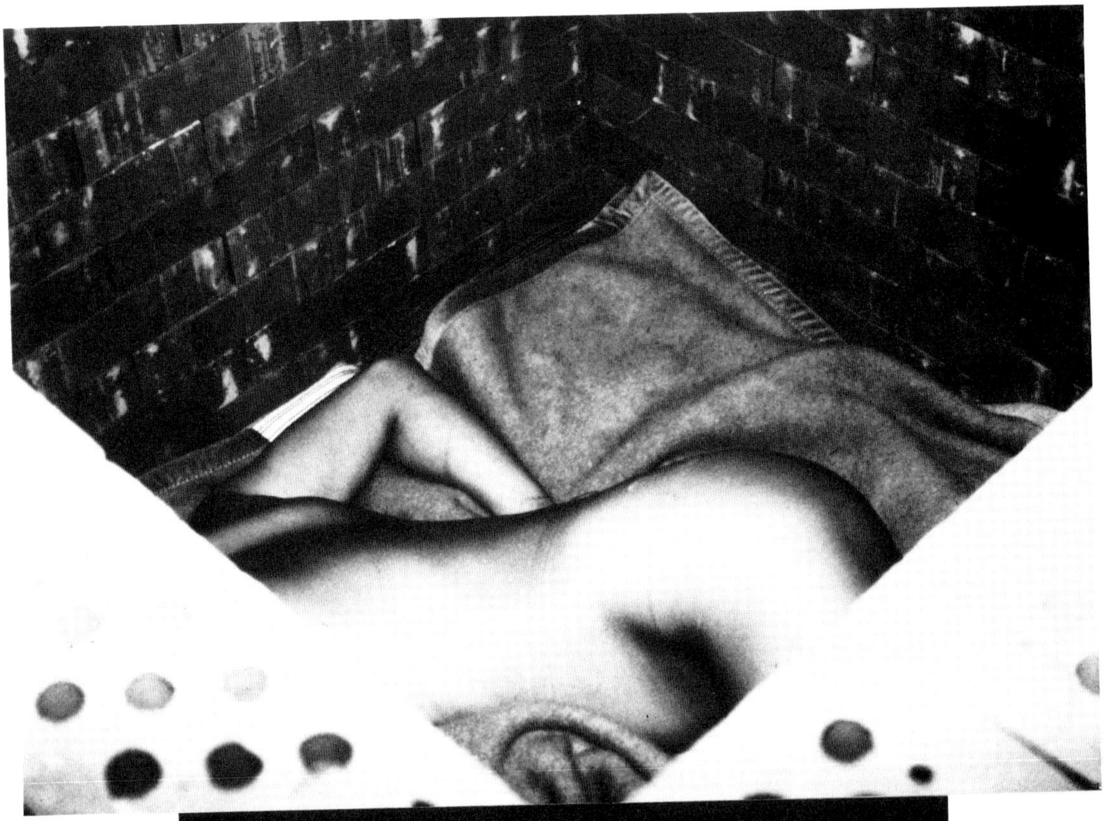

Eva
Afuhs

1 m^3
Kunstraum

Eva Afuhs, „Inter(n)aktion 2"

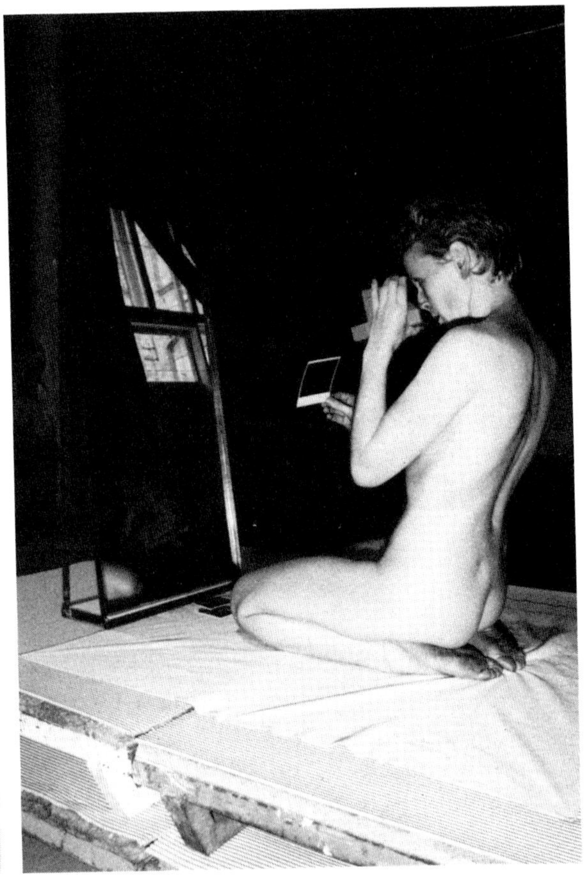

Bernadette Dewald

Es scheint mir bedenkenloser, weniger gefährlich, meinen bloßen Körper zu zeigen, als meine bloßen Gedanken mitzuteilen

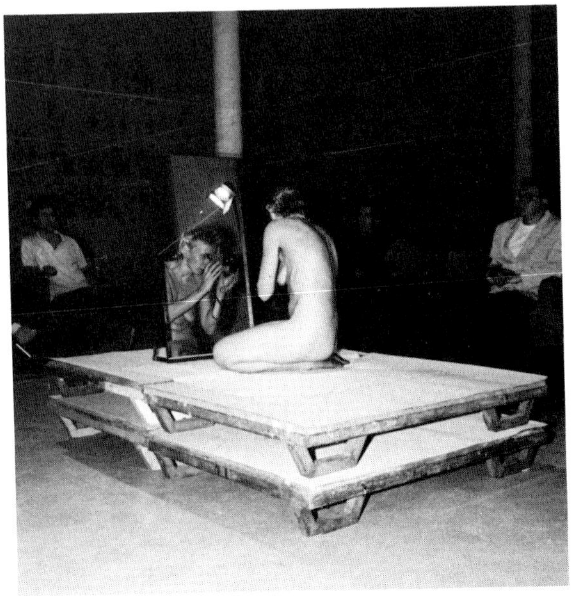

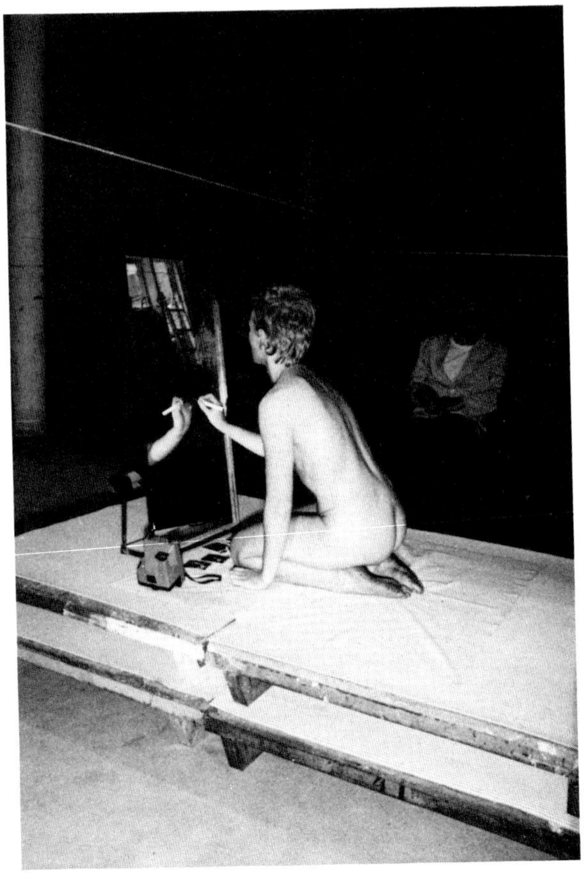

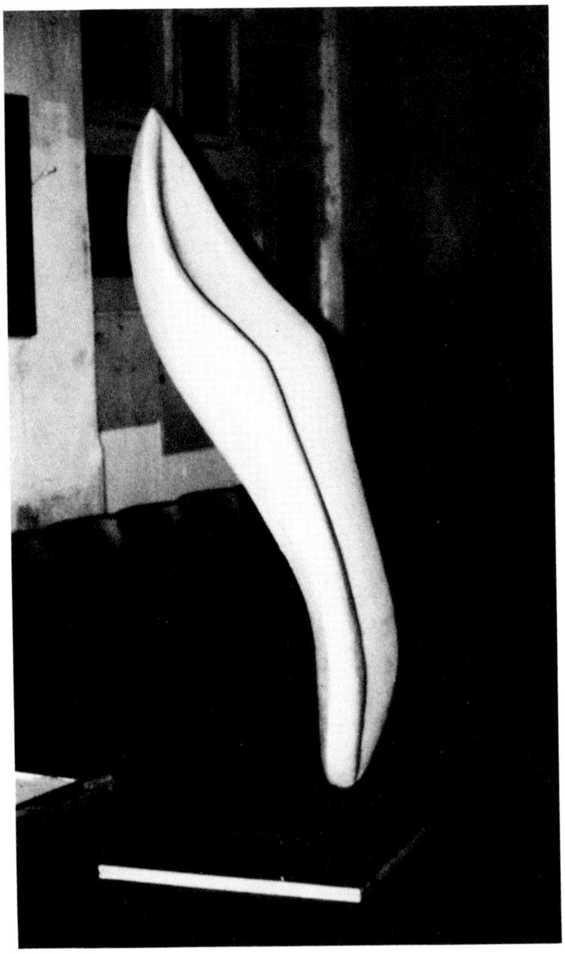

Elfi Baumgartner, Styroporobjekt
vorherige Seite: Wolfgang Mader
Christian Wünsche „Kastensessel"

Leslie De Melo,
Objekt
Arbeitsphoto

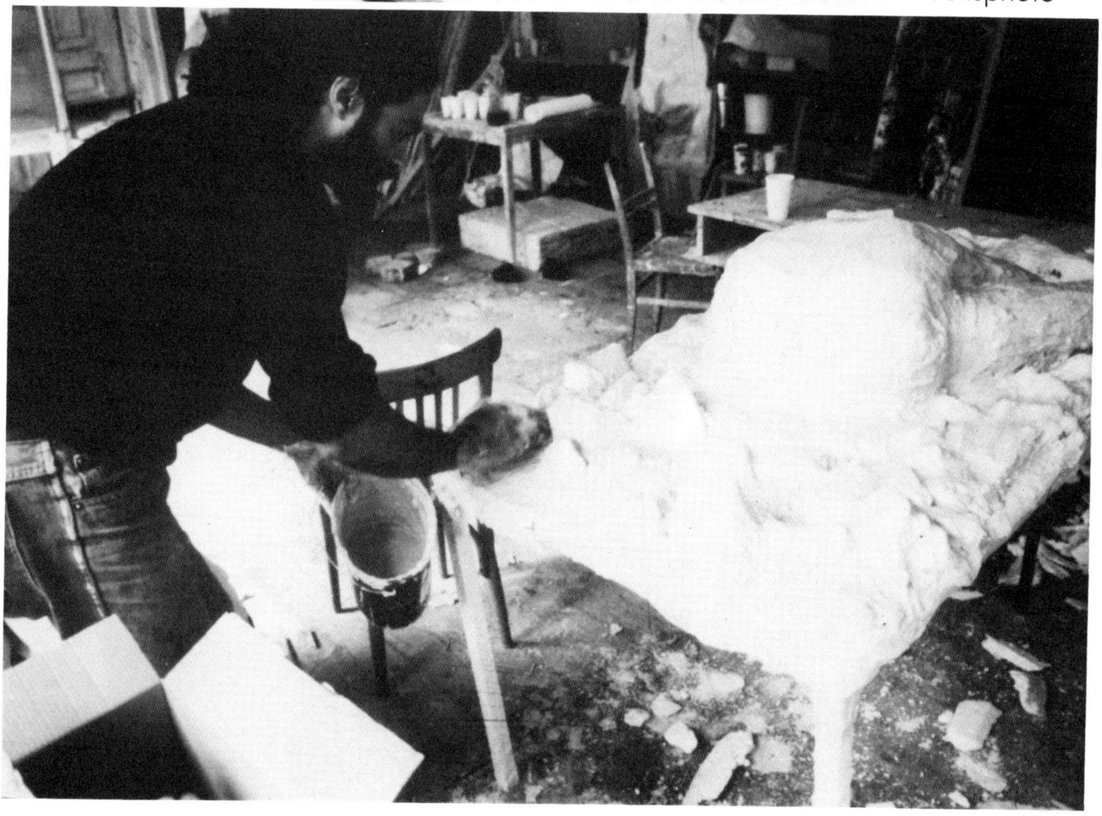

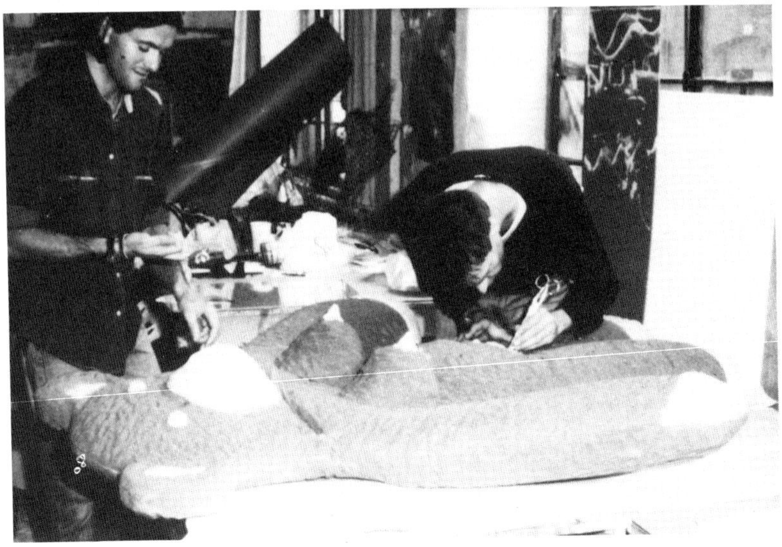

Lucky Look Ltd.
Lucky Look, „Heiliger Sperm"
Lucky Look, Ltd.
rechte Seite: Lucky Look Ltd., „affengeil"

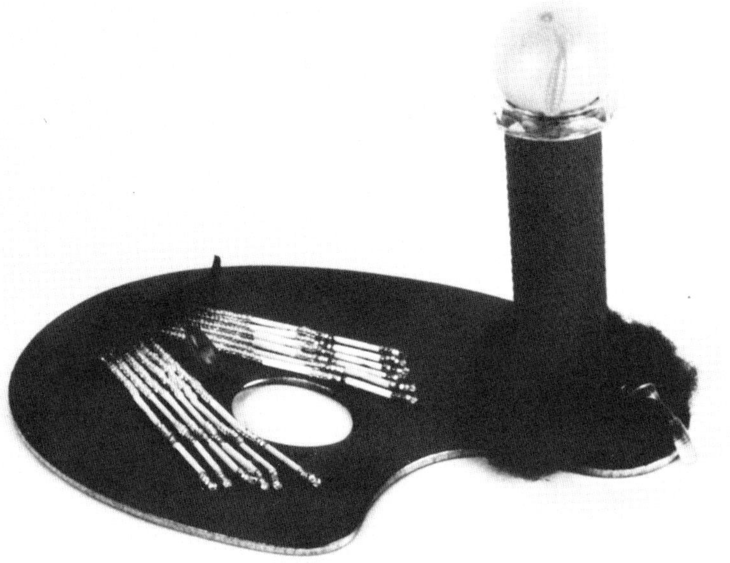

Christiane Wustinger, Objekt verschiedene Materialien, Arbeitsphoto

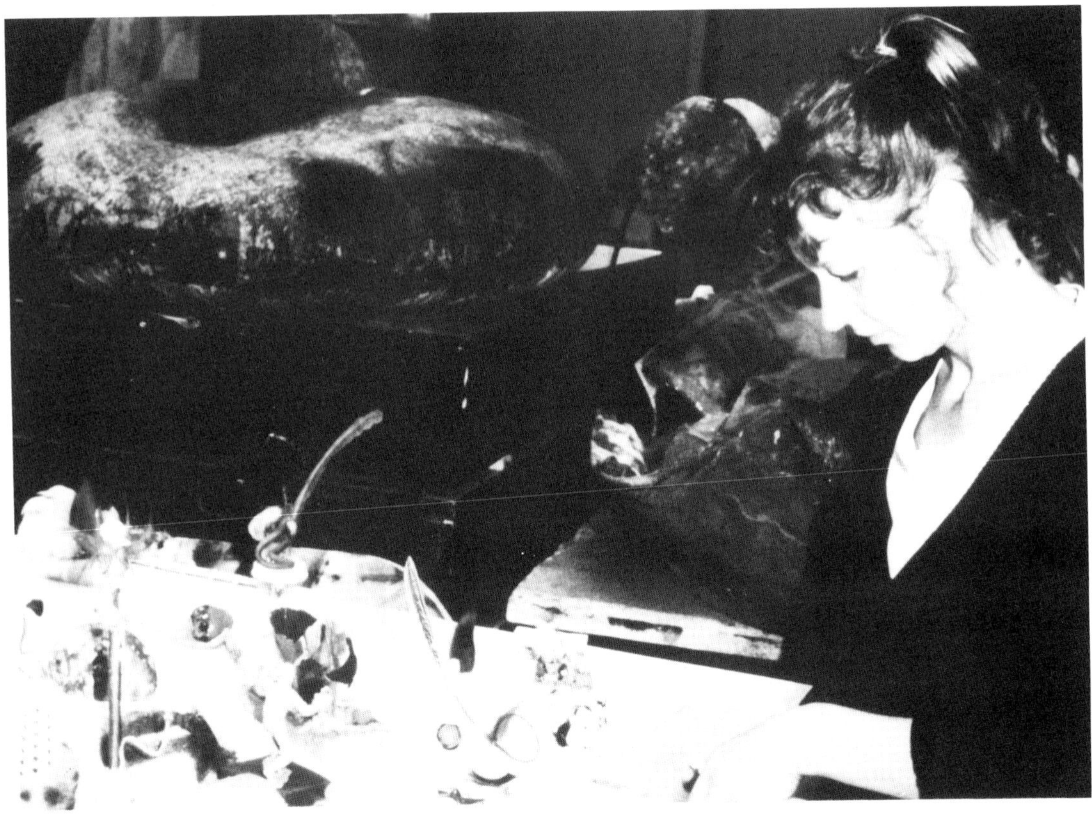

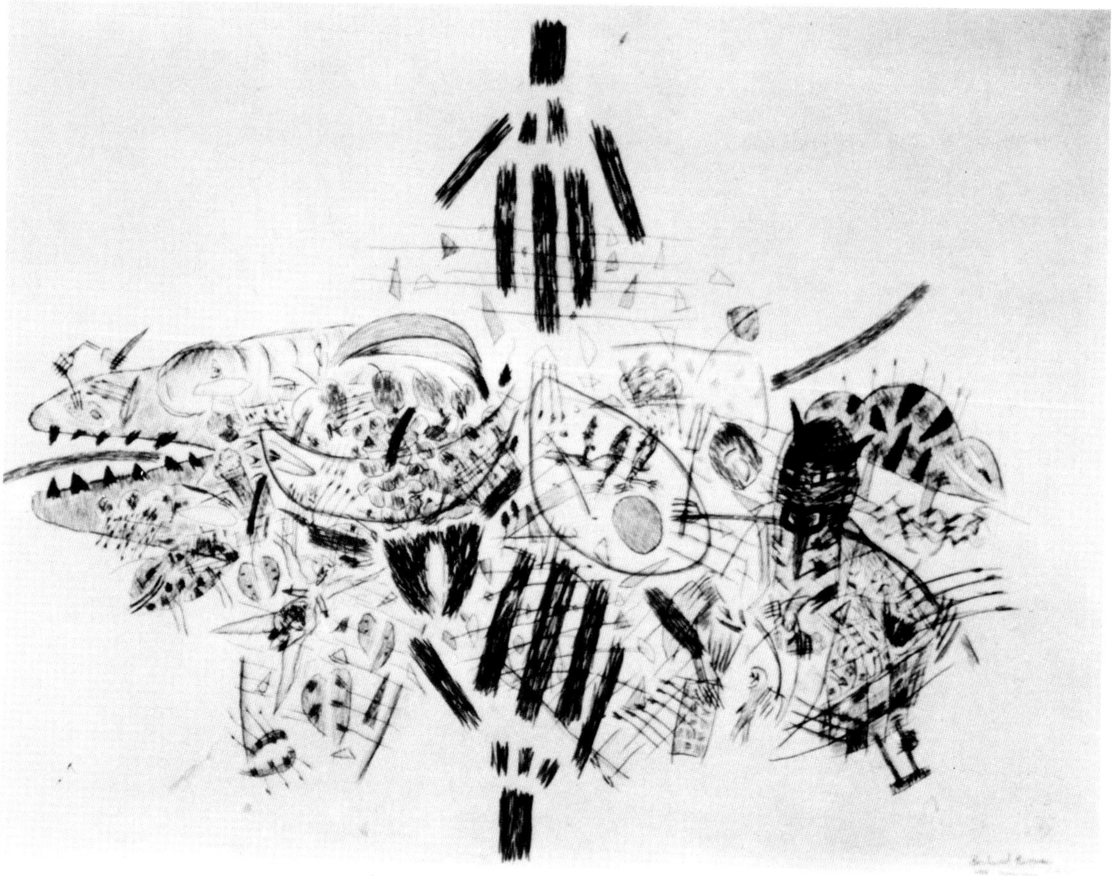

Bernhard Herrman „ob im Uterus oder nicht spielt dabei keine Rolle"

Bernhard Herrman „caro/carnis/cariert"

Sinji Arano

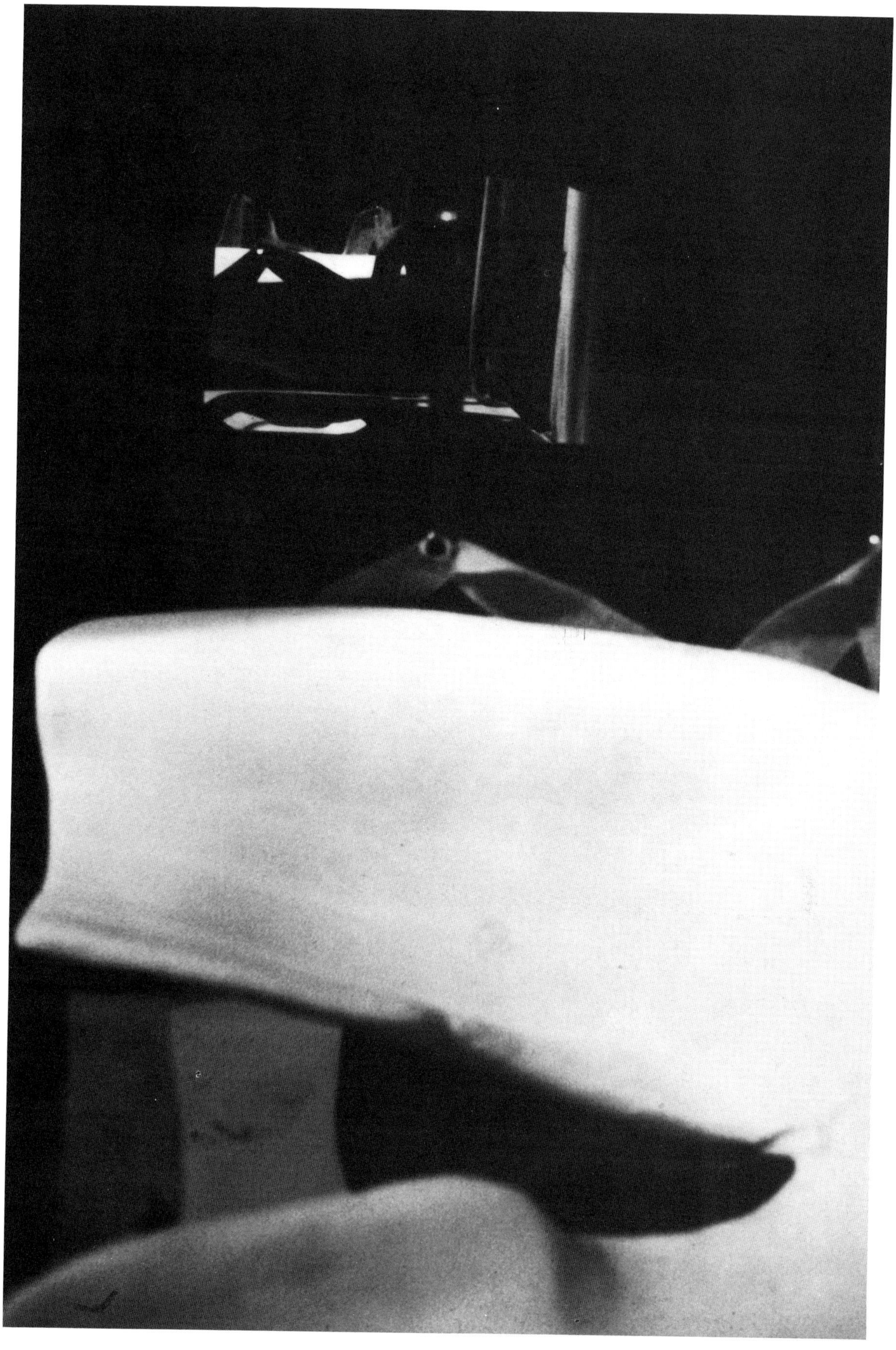

Andrea Seidling, „Die Sinneszelle des Narzismus"
vorherige Seite: Andrea Seidling

Tattoo

Das Kriegsgeschrei von Helden findet sich die
/biegsame weiße Rücken/
Tätowierungsfläche.

Motivwahl geschieht, nach Übereinkunft,
/alle gemeinsam/
Hautnah.

Das Zeugnis geeinter Verfahren erstarrt im fixierten
/öffentliche Schatten/
Körperbild.

Lawrence Wallen
Maler, Melbourne.

Thea Brejzek
Performerin, Stuttgart.

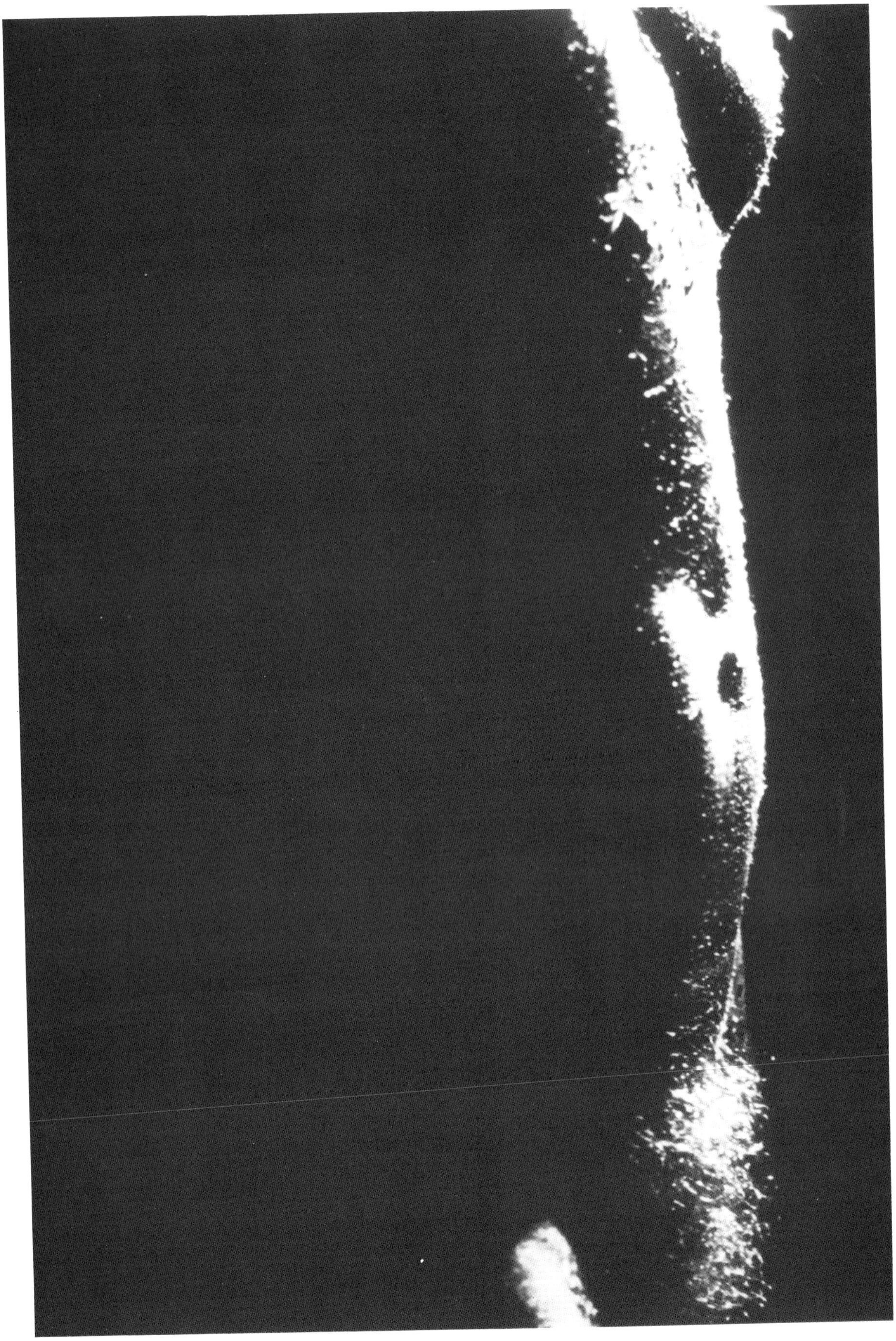

Gabi Mathes, Videodokumentation

linke Seite: Franz Mochty, Photo

Pressekonferenz-Vorstand

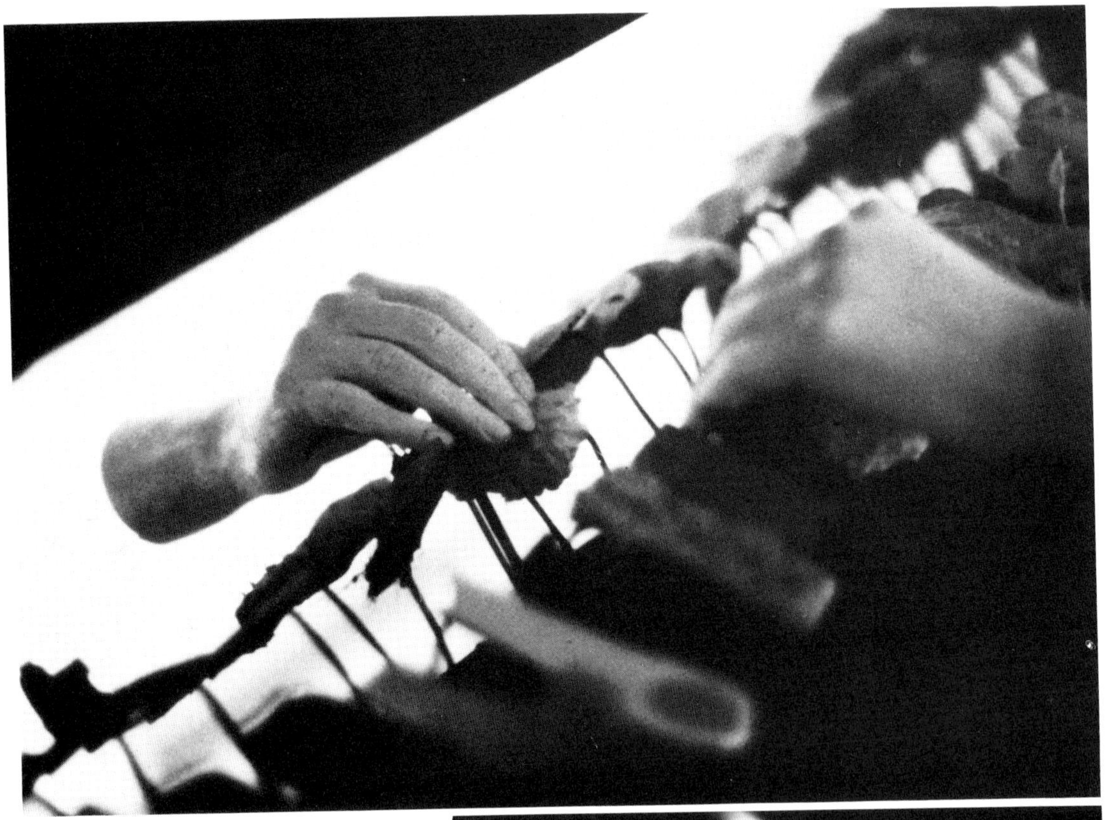

Ingrid Sinzinger, Objekt
verschiedene Materialien

„Wiener Klangmanufaktur"

nächste Seite: Bühnenkonstruktion

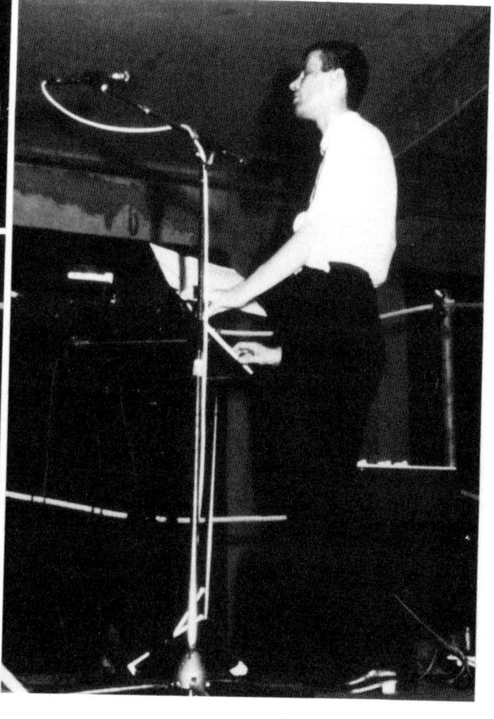

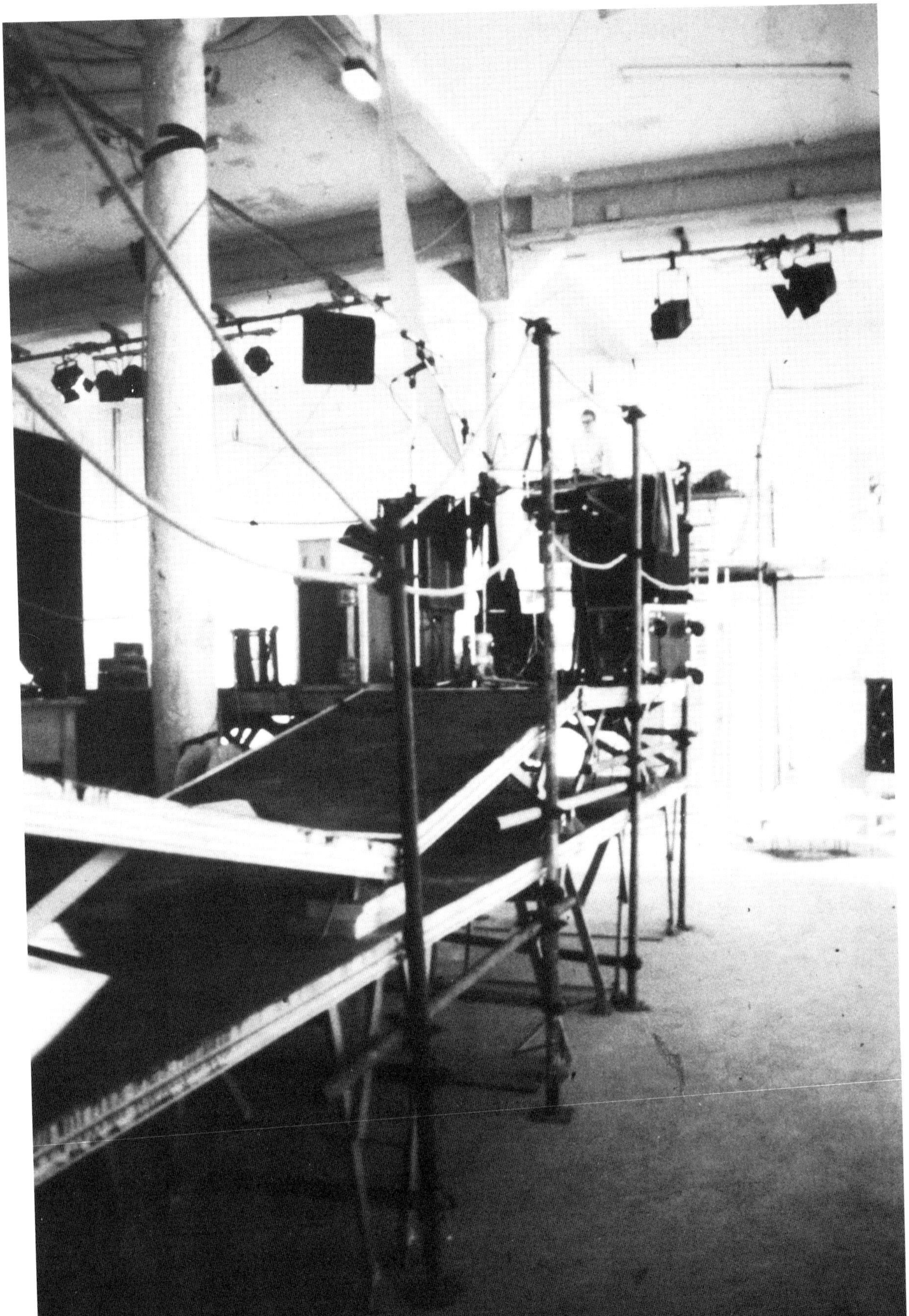

Schönheitschirurgie

Damit wären wir beim dritten Kapitel angelangt, die plastische Chirurgie, die Schönheitschirurgie. Auch diesem Kapitel habe ich versucht, ein Motto voranzustellen. Das Motto dieses Kapitels heißt: Von der Sattelnase des Sokrates zur Nasenoperation der Marilyn Monroe. Zunächst aber einmal zu Herrn Sokrates. Der Herr war ein eklatanter Fall für einen Schönheitschirurgen. Diese deformierte Nasen- und Gesichtspartie wäre chirurgisch-operativ ohne weiteres behebbar gewesen. Obwohl mathematische Gesetze im ästhetischen Bereich Bedeutung haben, ist Schönheit nicht berechenbar. Man hat es zwar immer wieder versucht, konnte jedoch lediglich Grenzen abstecken. Dieses Grenzenabstecken im Gesichtsbereich begann mit Leonardo da Vinci. Leonardo da Vinci war der erste, der versucht hatte, das Gesicht in drei Gesichtspartien einzuteilen. Die Dreiteilung des Gesichtes, der erste Teil bewegte sich zwischen dem Grenzbereich Haaransatz und Augenbrauenansatz, der zweite Teil konzentrierte sich auf den Bereich zwischen Augenbrauenansatz und Nasenbasis, und der dritte und letzte Teil des Gesichtes erstreckt sich von der Nasenbasis bis zur Kinnbasis, ist nach Leonardo da Vinci – la divina proportione – genannt worden und galt über lange Zeit als Ideal. Im Gegensatz zur traditionellen Schönheitschirurgie, die auf einer Dreiteilung des Gesichtes basiert, verwendet die moderne Schönheitschirurgie Sektoren. Die Unterteilung des Gesichtes erfolgt jedoch nach demselben Prinzip. Die Sektoren nehmen ihren Ausgang vom Gehörgang, ziehen sich von der Stirnhaargrenze bis zum unteren Rand der Augenbraue, weiter zur Nasenspitze bis hin zur Kinnspitze. Hier wäre auf eine kleine Unterscheidung hinzuweisen. Während die dritte Gesichtspartie bei Leonardo da Vinci bis zur Kinnbasis reicht, endet in der modernen Gesichtschirurgie der dritte Gesichtssektor mit der Kinnspitze. Vom Mittelpunkt des Gehörganges aus, entstehen Kreissektoren. Diese Art der Konstruktion, die sich von der ursprünglichen unterscheidet, bietet damit eine günstigere Ausgangsposition um den kosmetischen Eingriff medizintechnisch besser abschätzen zu können. In Anlehnung an die „la divina proportione" wird diese Sektoreneinteilung „la semicirculare della bellezza" genannt. Es darf Sie nicht wundern, daß beide Begrifflichkeiten aus dem Italienischen entlehnt wurden. Der Grund dafür liegt in der italienischen plastischen Chirurgie, die über lange Zeit hinweg weltweit führend gewesen ist.

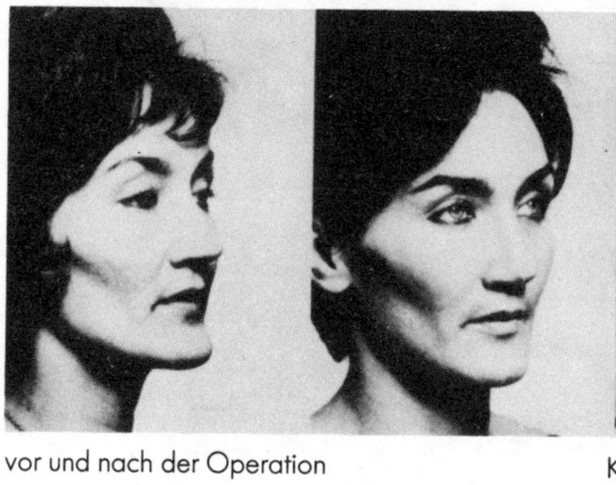
vor und nach der Operation

Königin Nofretete

Bei den Schönheitsfehlern, die durch plastische Chirurgie korrigiert werden sollen, handelt es sich häufig um eine mangelhafte Präzision an der Oberfläche der Haut und der Konturen. Was ist damit gemeint? Zum einen handelt es sich um verstärkte Faltenbildung der Haut, zum anderen um Hautausdehnungen an einzelnen Gesichtspartien, beispielsweise den Tränensäcken. Beide sind heute kosmetisch chirurgisch leicht zu korrigieren. In diesem Zusammenhang jedoch sei auf die Situation vor und nach der Operation hingewiesen. In beiden

Fällen handelt es sich medizintechnisch um ein Lifting, d.h. durch ein Anspannen der Haut wird ein Verschwinden der Falten bzw. durch das Entfernen der Tränensäcke ein Verschwinden derselben evoziert. Beide Methoden sind erfolgversprechend, trotzdem sei auf eventuelle Konsequenzen hingewiesen. Während die Schönheitschirurgie in ihren Anfängen mit dem Problem der Narbenbildung konfrontiert war, hat die heutige Chirurgie bereits die Möglichkeit atraumatisch zu nähen, d.h. nach der kosmetischen Operation sind keine Narben mehr sichtbar. Welche Lösungsmöglichkeiten hat man aber vor diesen medizinischen Techniken gehabt? Lange bevor die Medizin diesen technischen Stand erreicht hatte, waren kosmetische Operationen mit einem langwierigen und schmerzhaften Heilungsprozeß verbunden. Um die Narbenbildung zu verhindern, hat man beispielsweise Ameisen verwendet. Durch ihre starken Unterkiefer konnte die Wunde zusammengeklammert werden. Der Vorteil bestand darin, daß die Wunde nicht genäht werden mußte. Das Prinzip, auf dem die Verhinderung der Narbenbildung beruhte, basierte auf der Verklebung der Wunde. Die Ameisen wurden erst mit dem Einsetzen des Heilungsprozesses entfernt. Die Wirkung war dieselbe wie bei der zuvor besprochenen atraumatischen Technik. Es entstand nur eine hauchzarte strichförmige Narbe.
Ein kosmetisch chirurgischer Eingriff leistet Präzisionsarbeit. Exakte Berechnungen müssen durchgeführt werden, erst dann kann die Operation erfolgen. Trotzdem sind die plastischen Chirurgen weder Mathematiker noch Geometer, sondern Künstler. Plastische Chirurgie ist Handarbeit, keine Kopfarbeit.
Besonders reizvoll für einen Chirurgen ist es, wenn er das Gesicht, das ihm anvertraut wird, einem bekannten Schönheitsideal, einem Werk der bildenden Kunst anzunähern hat. Da gibt es eigens Kataloge, welche als Vorlage dienen. Sie reichen von Nofretete bis Renoir. Manchmal ist es wirklich erstaunlich, welche Ähnlichkeiten Chirurgen kreieren.
Was ich ihnen versucht habe unter dem Titel Schönheitschirurgie darzustellen, ist das Problem der vermeintlichen und tatsächlichen Häßlichkeit. Häßlichkeit, vermeintliche, eingebildete Häßlichkeit führt dazu, daß sich der Mensch kränkt, und, Ringel hat ja richtig gesagt, was kränkt, macht krank. Genauso dankbar wie ein Mensch, der von einem Chirurgen von seinen schmerzhaften Gallensteinen befreit wurde, genauso dankbar ist der Träger eines nicht ansprechenden Gesichtes, welches die kosmetische Chirurgie dann verbessern konnte.

Ein allerletztes Beispiel noch dazu: die Erzeugung eines künstlichen Schönheitsideals. Das ist die naturbelassene Norma Jean Mortenson, später Marilyn Monroe, wo noch nichts von außen her an ihr gemacht wurde. Das ist sie nach der kosmetischen Nasenchirurgie, der chirurgischen Korrektur, und das ist sie geschönt und gestylt und eben hergerichtet für die Öffentlichkeit und aufgebaut zum Idol. Aber das war ein langer und harter Weg. Und so hat das dann eben ausgesehen, und dann wurde sie das Pin-up-Girl der damaligen Zeit. Aber das Ende war wieder ein ganz tragisches und ein ganz anderes. Denn das ist ihr letztes Gesicht, so sah sie auch nach der Obduktion aus. Sie hat ja bekanntlich unter ein bißchen merkwürdigen Umständen Selbstmord verübt. Und dieses letzte Gesicht, das soll Sie darauf hinweisen, daß wir alle einmal dort zurückkehren, wohin wir eigentlich wirklich hingehören, zum Nackten und zum isolierten Einzelnen und nicht geschönten und nicht gestylten menschlichen Körper.

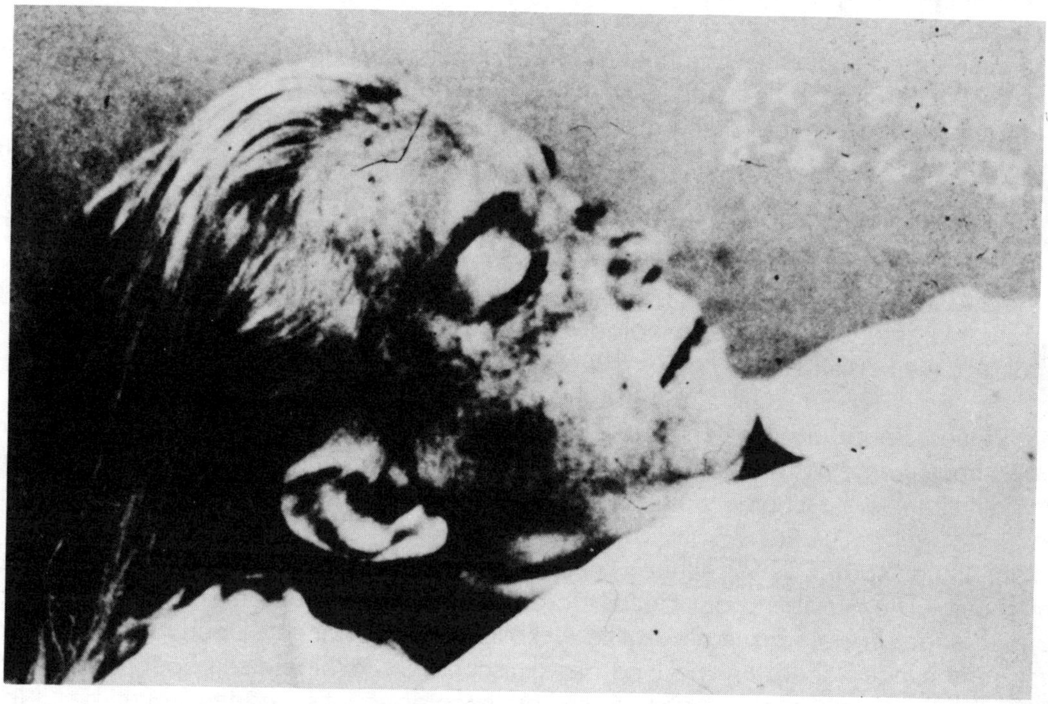

GYNÄKOLOGISCHE ANFÄNGE

Katharina Riese

In der Medizin wird die Sensation der Nacktheit durch die Sensation der Krankheit nicht aufgehoben, aber die exhibitionistischen, voyeuristischen, sadistischen, masochistischen Aspekte werden zugunsten der medizinischen Behandlung ignoriert. Die sexuellen Begleiterscheinungen passieren unerwähnt, um im kindlichen Doktorspielen zum Kern der Medizin zu geraten, denn hier werden Krankheit und Verletzung zum Vorwand für libertäre Umgangsformen.
Der Frauenarzt ist seit seiner Gründung der letzte, der Lust hat, auf diese in diesem Fach besonders ausgeprägte Eigenheit seines Berufs einzugehen. Der seit der Aufklärung aufgeklärte Gynäkologe befindet sich, noch bevor ihm die Patientin ihr Genital hinhält, im Geiste schon unter ihrer Haut und fühlt sich dort zuhause. Der aufgeklärte Gynäkologe hat wie jeder andere Arzt eine anatomische Initiation hinter sich. Danach (nachher) ist ihm die Haut das größte aller Organe. Die Überwindung der Haut und damit der Nacktheit als Grenze physischer Annäherung ist aller medizinischen Aufklärung Anfang.
Ich möchte Ihnen im Folgenden[1] einiges über die Gründerzeit der Gynäkologie vorlesen, um, falls Interesse besteht, die sexualpolitische Seite des Arzt-Patientenverhältnisses in der Gynäkologie zu diskutieren.

Das Wiener Gebärhaus beziehungsweise die erste geburtshilfliche Klinik im Allgemeinen Krankenhaus wurde 1780 unter der Leitung von Johann Lukas Böer eröffnet. Böer dazu in echt institutioneller Bescheidenheit: „Ich habe da begonnen, wo es noch keine Geburtshilfe gab."
Ein Jahrhundert später, 1892, schrieb Friedrich von den Velden, Tübingen, eine Dissertation zum Thema „Die Ausübung der Heilkunde durch die Frauen" mit demselben unschuldigen Monopolauge. Er sieht bis in die Antike rückblickend nur Männer. Doch, deutlich gestärkt durch rund hundert Jahre Entwicklung der klinischen Gynäkologie seit Böer, leistet er sich Seitenblicke auf weibliche Ausnahmen. Immerhin, so erwähnt er, hätten Frauen bei „Naturvölkern" eine Rolle als Kräuterweiberln gespielt, nennt die Namen berühmter Ärztinnen aus dem griechischen Altertum, erwähnt die Schule von Salerno und weiß auch noch über berühmte Hebammen des Mittelalters und der Neuzeit zu berichten. Doch auch dem Frauenarzt J. Fischer, Verfasser einer anderen Geschichte der Gynäkologie, können wir nicht unterstellen, daß er bewußt patriarchalische Politik gemacht hätte, daß er bewußt verschwiegen hätte, warum es zu seiner Zeit keine Ärztinnen mehr gab, daß er geahnt hätte, wie aus ihm eine Stütze patriarchalischer Machtpolitik geworden war. Nicht der Hexenverfolgung und dem Abstieg der Hebammen von den weisen Frauen zu Handwerkerinnen, die gezwungen wurden, die Entwicklung ihres Berufes den vorgesetzten Ärzten zu überlassen, galt sein Interesse, sondern den „Ab- und Irrwegen" innerhalb der eigenen Reihen:
„Mehr als die Geschichte der allgemeinen Medizin verrät die Geschichte unseres Sonderfaches (Gynäkologie), wie steil und steinig der Aufstieg zur Erkenntnis ist, wie mühselig Stufe auf Stufe geschlagen werden muß und wie häufig Ab- und Irrwege nicht vermieden werden können. Wenn wir auch heute eine ziemliche Höhe erklommen haben, so gibt uns dies doch nicht das Recht, stolz auf die Errungenschaften unserer Tage zu sein und verächtlich auf die Arbeit unserer Vorgänger herabzublicken."
Schließlich wird meine Lust, mich über Böers Satz zu amüsieren, überschattet von der Ver-

mutung, daß ein Gynäkologe, der ihn 1983 liest, an ihm nichts Sonderbares finden wird. Die „naturhafte" Überlegenheit männlicher Gynäkologie über weibliche Frauenheilkunde ist inzwischen so gefestigt, daß ich zu wetten bereit bin, daß kein Gynäkologe in der Bibiothek des Instituts für Geschichte der Medizin über Böers Satz lacht.
Der Aufstieg der klinischen Gynäkologie „aus dem Nichts" ist nur ein Zweiglein am patriarchalischen Stamm in seiner imperialistischen Phase. Die bürgerliche Brüderlichkeit setzte im 18. Jahrhundert zum Durchbruch gegen die altväterlichen Autoritäten Adel und Staatskirche an. Die bürgerliche Revolution „enthauptete" die feudale Familienpolitik und beendete den Privilegiencharakter der Familie „überhaupt". Die Berechtigung, eine Familie zu gründen, ist nicht mehr an Privatbesitz gebunden. Eine völlige Umkehrung der familiären Werte fand statt. Die Freiheit als bürgerliche Massenveranstaltung (am Lande konnte sich die Herrschaft von Adel und Kirche weiter „behaupten") vergesellschaftet die Ehe um einen hohen Preis der Gegenleistungen für den Staat.

Die proletarische Familie wird ausschließlich in ihrer patriarchalischen und patriotischen Version freigegeben. Freie Umgangsformen innerhalb der Haushalte werden nicht gestattet. Die Kontrolle über Anzahl und Ausbildung der Kinder wird aus der Kompetenz des familiären Patriarchats in die Kompetenz der Bevölkerungs- und Familienpolitik überführt. Solange es aber familienautonome Formen der Geburtshilfe gab, die bereits seit der Neuzeit der Kontrolle der Stadtverwaltung unterstanden, gab es auch familienautonome Formen der Geburtenkontrolle. Dieselben Pflanzen, Handgriffe und Werkzeuge, die zur Geburtshilfe traditionell verwendet wurden, waren in anderen Dosierungen und in anderer Anwendung zur Geburtenkontrolle tauglich. Um die Hebammen von diesem sensiblen Punkt des national-patriarchalischen Systems zu entfernen und zu entmachten, mußte die Gynäkologie erst zur Spitalsreife entwickelt werden.
Der Prozeß der Konsensfindung zwischen familiärem und staatlichem Patriarchat ist bis heute nicht abgeschlossen. Unleidlich wie Vater Staat nun einmal ist, bemächtigt er sich der Leidlichkeit der lohnabhängigen Familie und schenkt dem leiblichen Vater im Gegengeschäft „feudale" Gewalt gegenüber der leiblichen Mutter und den leiblichen Kindern. Diese neue Art des nationalen Patriarchats auf kleinpatriarchalischer Basis führt zur Gründung einer nationalen Häuslichkeit – als Vorbild und Vorfeld der Entwicklung –, deren geistige und architektonische Gebäude mehr oder weniger unverändert über uns stehen. Seit deren Errichtung laufen innerhalb dieser öffentlichen Anstalten, deren Führung nicht mehr dem Klerus, sondern den freien Wissenschaften untersteht, die in ihrer Absicht immer gleichen humanistischen Projekte: die Disziplinierung der Menschen zu patriotischen Arbeitskräften. Die familiär produzierte Arbeitskraft wird technisch als Menschenmaterial erfaß- und verwaltbar.
In „Die Geburt des Gefängnisses" beschreibt Michel Foucault die Überwindung der prachtvollen barocken Formen der Unterdrückung hin zur Technokratie der Disziplin als eine, ideologisch der Freiheit verpflichtete, Selbst-Beherrschung des Individuums. Auf jeden Muskel und auf jede Reaktion des staatshäuslich Einverleibten bezogen, verlegt sie durch immer perfektere Techniken die Herrschaft ins Innere des Beherrschten. Die Bourgeoisie als Kopfarbeiter erprobt am Material (die Unterschiede zwischen Menschen, Tieren, Pflanzen, kurz allen Erscheinungsformen des Lebens sind im Begriff des Experiments aufgehoben) ihre eigenen Möglichkeiten und erspart sich durch „das Experiment" die körperliche Erfahrung des Fortschritts. Am Beispiel des Gebärhauses – ein mögliches Beispiel unter vielen gleichartigen – läßt sich diese Fortschrittsweise der freien Wissenschaft illustrieren.
Diese nationale Disziplinierung im Sinn der Aufklärung brachte der Familienpolitik einen Widerspruch, an dem sie bis heute erfolglos laboriert. Zwei einander widersprechende innere Kolonisierungsziele heben sich in ihrer Logik ab. Die für den Industriekapitalismus benötigte frei bewegliche Arbeitskraft zerstört die an patriarchalische Erbfolge gebundene und damit unbewegliche Fortpflanzung und umgekehrt. Die Disziplin der Selbstbeherr-

schung drängt die Arbeitnehmerin zur Kinderlosigkeit und die Mutter zur Arbeitslosigkeit. Durch den ins innere Geschehen der Frauen verlegten Disziplin-Konflikt wird die Selbstbeherrschung in ihr zur unfreiwilligen Rebellin ihrer selbst. Die erfolgreiche Arbeitskraft und die gute Mutter werden zu zwei Unmöglichkeiten, die weder mit dem Begriff Doppelrolle noch mit dem schon besseren Begriff Doppelbelastung auch nur annähernd zu beschreiben sind, da von doppelt nicht die Rede sein kann, auch nicht von der Hälfte, sondern von einem Sich-selbst-ein-Leben-lang-im-Weg-Stehen.
Die im § 144 festgelegte Disziplinierung zur Mutterschaft behindert die Arbeitskraft bei ihrem Konkurrenzkampf am Arbeitsmarkt. Würden wir diesen Widerspruch nicht in uns zusammenhalten, sondern das bezüglich der Fruchtbarkeit gesetzlich festgelegte Kontrollverbot über die Körper auf die Arbeitskraft ausdehnen, so fänden wir uns unversehens im Garten Eden. Jede Träne müßte fließen, nichts Aufsteigendes dürfte zurückgehalten werden. Einmal eingeleitet und im Gange, wäre es geschützt, das Leben. Dem patriarchalischen Kopf in seiner imperialistischen Phase fällt die Komik seiner Logik natürlich nicht auf. Es ist nicht sein Körper, in dem der Widerspruch wächst. Im Gegenteil, er profitiert zweifach davon. Einmal garantiert der vom Gesetzgeber den Frauen diktierte Kontrollverlust den Männern insgesamt ihre Stellung als Arbeitskraft Nummer eins gegenüber der weiblichen Konkurrenz; zum anderen gereicht er (der Widerspruch) ihm als Kopfarbeiter auf der Ebene der nationalen Verwaltung zum sozialen Problem, zum immerwährenden Quell neuer sozialpolitischer Initiativen und Innovationen.

Die entsprechenden Initiativen für Österreich wurden im Rahmen einer Neuorganisation der Verwaltung von Maria Theresia eingeleitet. Gerard van Swieten brachte ihr die mittelalterliche zünftige Medizin auf imperialistisches Niveau und gründete als flankierende Maßnahme für das staatliche Abtreibungsverbot Findelhäuser sowie einen, diese Findelhäuser finanzierenden, Witwen- und Waisenfonds. Als Oberster Sanitätschef des Reiches, Leibarzt der Kaiserin und Promedicus der Erblande kam der neue Studiendirektor nicht aus dem universitären Lehrkörper, sondern wurde diesem vorgesetzt, um die Autonomie der Fakultät zugunsten einer direkten Beeinflussung durch die Regierung aufzuweichen. Für die organische Disziplinierung der nationalen Bevölkerung war deren Erfassung durch das „System einer vollständigen medicinischen Policey" notwendig, dessen Konzept von J. P. Frank, einem internationalen Erneuerer des Medizinalwesens, entworfen wurde. Die Entwicklung der neuen Wissenschaften sollte nicht mehr an Mehrheitsbeschlüsse rückständiger Empiristen gebunden sein. Die Emanzipation der Medizin von der Krankenpflege glückte über den Ausbau der Anatomie als Grundlage medizinischen Denkens, Forschens und Ausbildens. So entstand zwischen Hof und Anatomen eine fruchtbare Beziehung, die ihren Ausdruck in großzügigen architektonischen Investitionen fand. Im Zuge dieser Förderung des neuen „Heil- und Sanitätswesens" eröffnete Joseph II. 1784 die Josephinische Medizinisch-Chirurgische Akademie, ein eigenes Palais für den aufsteigenden Anatomenstand, aus dessen Reihen die berühmtesten Chirurgen hervortreten sollten. Das Allgemeine Krankenhaus wurde für damalige topographische Verhältnisse in Stadtteilgröße eröffnet. All diese Pracht wurde dem „Wohlergehen" der Patienten geweiht, die diesen Aufschwung der medizinischen Wissenschaft zwangsweise über sich ergehen lassen mußten. Die alte Krankenpflege und Naturheilkunde wich einem chirurgischen Dauerrausch, der seinem politischen Charakter nach „aufs Ganze" geht. Im Wiener Gebärhaus gab es vier Patientenklassen: drei zahlende und eine nichtzahlende. Frauen, die nichts zahlen konnten, wurden für den „Unterricht am Krankenbett", auch eine Innovation von J. P. Frank, auf drei Kliniken verteilt. In zwei Kliniken wurden Ärzte, in einer Hebammen in der Geburtshilfe ausgebildet. Mit Hilfe dieser karitativen Maßnahme stellte das Wiener Gebärhaus der klinischen Geburtshilfe, die, wie Böer sagte, ja eine erst zu entwickelnde war, die notwendigen Frauen als Patientenmaterial zur Verfügung.
Böer studierte vor seiner Berufung nach Wien in Würzburg, und eben dort sproß der ver-

zweigte Stammbaum der Sieboldschen Ärztedynastie in ihrem zweiten Glied. Johann Lukas Böer studierte beim Vater von Adam Elias Siebold, dessen Wegweisungen für das gynäkologische Kavaliersethos uns noch beschäftigen werden. Die Siebolds waren zu Semmelweis' Zeiten immer noch am gynäkologischen Ruder. Johann Lukas Böer mußte sich nach einer unglücklichen Entbindung bei Hof ins Privatleben zurückziehen. A. E. Siebold, der Zeitgenosse Böers, besuchte diesen in Wien und hinterließ uns über seine Eindrücke über das Wiener Gebärhaus eine Schrift. Sein „Lehrbuch der praktischen Entbindungskunde" kann ich als Fundgrube für Patriarchatsforschung nur empfehlen. Die nun folgenden Zitate beschreiben mit größter Präzision die Choreographie der Entfremdung zwischen moderner Gynäkologie und Frauen.

Seit dem Eindringen der Ärzte in die bis dahin von Hebammen betriebene Geburtshilfe und Frauenheilkunde ist ihr „Aufenthalt" im weiblichen Genitalbereich antiprivat und deshalb pornographisch. In der Literatur bezeichnet das Werk des Marquis de Sade die neue Qualität des Patriarchats im Mann-Frau-Verhältnis. Konnte Siebold das Pornographische seines biederen Lehrbuchs (nicht) spüren? Seine Pornos sind insofern härter als die de Sades, weil ihm in seiner Biederkeit gar kein Gefühl für seine Absichten kommt. Ausschweifungen liegen Siebold fern. Ihm geht es um die Seriosität seines Geschäfts, bei deren Behauptung er sich gegen jeden Verdacht der Obszönität verwehrt, um ihr, wie alle ihre Gegner, mit Haut und Haar zu verfallen.

„Ehe man aber zur Untersuchung schreitet, beachte man folgende allgemeine Regeln:
1. *Man nehme dieses wichtige Geschäft mit männlicher Würde und dem größten Anstande vor, entferne alles, was nur immer der bekannten Delikatesse eines Frauenzimmers zuwider ist, ihre Schamhaftigkeit beleidigt und den Verdacht gewisser Nebenabsichten erregen kann.*
2. *Man suche alles zu beseitigen, was die Untersuchung hindern und unsicher und unangenehm macht."*

Siebold begründet die Notwendigkeit der gynäkologischen Kavaliershaltung mit der bekannten Delikatesse des Frauenzimmers und deren Schamhaftigkeit. Mit dem damals gebräuchlichen Wort Frauen-Zimmer erhalten wir den entscheidenden Hinweis auf die Delikatesse und den Aggressionsstau, der den Gynäkologen zum Kavalier macht. Der Kavalier schöpft seinen Charme aus der zeitlichen Zurückhaltung des politisch gegebenen Gewaltverhältnisses. Auf diese „geile" Verzögerung beziehungsweise Verschiebung laufen alle patriarchalischen Höflichkeitsbezeugungen gegenüber den Frauen hinaus. Die Aggression muß aber keineswegs aus Rücksicht auf die Frauen zurückgehalten werden. Entscheidend ist vielmehr die handels- und damit auch handlungsrelevante Beziehung Arzt und bürgerlicher Ehemann. Sollte sich die Gynäkologie auf allen Ebenen gegen die Hebammen durchsetzen – und das sollte sie –, so bedurfte es eines gewissen Feingefühls gegenüber den familienpatriarchalischen Werten, die soweit als möglich geschont werden mußten. Der Gynäkologe mußte sich der Kaufkraft des Ehemannes der zu untersuchenden Frau, die er nach der jeweiligen Ausstattung des Frauenzimmers abschätzen konnte, unterwerfen. Bei der nicht-zahlen-könnenden Klasse im Wiener Gebärhaus finden wir den Beweis für diese Zuordnung der Rücksichtnahme. Ohne zahlenden/schützenden Rivalen agieren die Gynäkologen unbefangener. Im Umgang mit diesen öffentlichen Patientinnen bremste die Höflichkeit den Forscherdrang nicht mehr ein. Im Wort Frauenzimmer kommt die Identität von Frauenbesitz und Hausbesitz ganz locker an die Oberfläche. Siebolds Begründung des gynäkologischen Anstandes zeigt das typische patriarchalische Aggressionsableitungsverfahren. Die Frustrationen, die aus den innerpatriarchalischen Widersprüchen erwachsen, werden in das Wesen des Weibes abgefüllt, und damit kommt die Frau als Umstand in die Sprache und ins Bewußtsein. Ihre Gefühle sind bekannt, ohne daß sie sie äußern oder haben muß. Ich würde meinen, daß dieser Mechanismus auch schon für die Inquisition und ihre Frauenbilder gilt. Die Frauen sowie alle anderen Natur- und Materieobjekte sind polit-

ökonomisch schon Einverleibte, bevor sie über das definitorische Verfügungsrecht zum unergründlichen Problem, zum lästigen Umstand, zur Gefahr und zu Feindinnen stilisiert werden. Ich meine, wir sollten vorsichtig sein bei der Übernahme der patriarchalischen Fiktion einer weiblichen Opposition in unser eigenes Denken. Stumm sind die Frauen in ihren Zimmern.
„Man untersuche nach einer gewissen Ordnung und befühle immer zuerst die wichtigsten Gebilde", „Man wiederhole die Untersuchung eines Theiles nicht zu oft und verlasse ihn nicht eher, bis man die notwendige Kenntnis sich ganz zu eigen gemacht hat", „Man berühre kein Gebilde, das keine Aufklärung gibt oder dessen Betastung nur Nebenabsichten verraten könnte."

In A. E. Siebolds Lehrbuch der praktischen Entbindungskunde sind keinerlei Fragen an die Frau enthalten. Sie ist ein fremdes Gebilde ohne Sprache. Das macht ihre Gefühle so allgemein. Wir können aber nicht behaupten, daß die Gynäkologie gegen die Frauen gerichtet sei, denn es ist vielmehr eine Bemühung um sie. Die Gynäkologie ist ein Teil, ein später Teil, der Jahrtausende währenden Frauenliebhaberei. Das Angewiesensein auf männliche Anerkennung scheint das einzig Festhaltbare am Dasein der Frauen in den Zimmern zu sein. Was würde Siebold getan haben, wenn sich eine Frau ihm gegenüber völlig schamlos und ohne jede Delikatesse gezeigt hätte? Eine Frau muß nicht nur schön leiden, sondern die ihr ins Wesen definierten Eigenschaften als die ihren verkörpern. Das heißt, daß die Frauen den emotionalen Verarbeitungsprozeß leisten müssen, ohne daß ihre Arbeit als eine solche bewußt wird. Die emotionale Verarbeitung der gesamtgesellschaftlichen Synthesis wird von den Frauen in den Zimmern erzwungen. Die komplizierte Kavaliershaltung des Gynäkologen, einschließlich der Notwendigkeit, den Blick von der Untersuchten abzuwenden, ergibt sich eben nicht aus der Mann-Frau-Beziehung, sondern aus der handelsrelevanten Beziehung Arzt-Ehemann. Auf der Ebene des Tausches kommen sich zwei patriarchalische Ichs in delikate Gehege.

Als Erklärung, warum die Frauenheilkunde so lange das einzige berufliche Frauengetto im Patriarchat geblieben war, können wir weniger die Widerstandskraft der Hebammen gegen das Patriarchat heranziehen, als eben diese Delikatesse. Wer garantiert dem Ehemann, daß sich der Gynäkologe die Ehefrau-Patientin nicht einfach unter den Nagel reißt? Nach dem patriarchalischen Sittengesetz wären sich beide über die grundsätzliche Möglichkeit dieser Delikatesse einig. Wäre es nicht seine Frau, wäre der Ehemann auch sicher bereit, mit dem Gynäkologen über sie herzlich zu lachen. Die von Männern betriebene Gynäkologie stellt die Toleranz des familiären Patriarchats auf eine kitzelige Probe. Der Alleinbesitzanspruch des Ehemanns auf den Genitalbereich „seiner" Frau ist die harte Nuß, die die Gründergeneration zu knacken hatte. Jede sexuelle Erregung würde die angespannte Situation ins Finale und die Gynäkologie ins Nichts zurücktreiben.
Der Rückgriff auf die Hebammen mußte befürchtet werden. Wir verstehen Siebolds Erleichterung bei seiner Rückkehr zur Theorie.

„Die genannte Methode kann zwar vollkommen nur am skelettierten Becken und an einem mit Leder überzogenem Fantome vorgenommen werden; indeß ist auch vieles davon für die Untersuchung am Lebenden anwendbar, wohin besonders die Untersuchung der drei graden Durchmesser und des Beckenausganges gehört und man wird sich durch dieselbe gewöhnen auch mehr auf das qualitative Verhältnis des Beckens Rücksicht zu nehmen; es versteht sich, daß man dieser Übung vorzügliche Aufmerksamkeit schenkt seinen Getastsinn hinreichend aktiviert habe."
Durch den Übergang zu den Fantomen und später auf die Anatomie als Forschungsfeld ist die Peinlichkeit verschwunden. Auf diesem Punkt der Versachlichung ist es Siebold möglich, auf den politischen Sinn der modernen Gynäkologie einzugehen.
„Auf diese Weise, wie in der rechten Seite wird auch die Untersuchung mit der linken Hand in der linken Seite bei der Übung vorgenommen, darauf geht man zur Übung am Fantome

und dann an Leichnamen über, in welchen die Gebärmutter mit dem Scheidengewölbe herausgenommen wird."

Damit ist er am Ziel des nationalen Patriarchats angelangt: Die Herausnahme der Gebärmutter aus dem familistischen Patriarchat.

Die moderne Gynäkologie beweist nach diesen etwas holprigen Einübungen in die Entfremdung ihre Sattelfestigkeit, indem sie diese Äußerlichkeiten, wie Nichthinschauen dürfen und Fantome, nicht mehr braucht, um von den Frauen abgewandt zu bleiben. Die Inhalte der klinischen Geburtshilfe sind in keiner Weise mehr von Fraueninteressen bestimmt, sondern von der Eskalation der innerpatriarchalischen Widersprüche. Die technische Spezialisierung in Richtung „Frauenwohl" erweist sich als x-beliebig vermehrbares Kaninchen aus demselben Zylinder. Die „Blindheit" und das Sexualverbot, beides taktisch notwendige Komplikationen gegenüber den von Hebammen betriebenen Hausgeburten, bei denen keine Männer anwesend waren, frustrieren nicht nur alle Beteiligten, sondern machen die Arbeit sperriger, schmerzhafter, verzweifelter. Die Krise bahnt sich an. Diese in jeder einzelnen Disziplin sich entwickelnde Krise zerfällt in eine technische und in eine emotionale, in die technischen Innovationen und in die neuen Ideale.

Genausowenig, wie ich annehme, daß jemand in der Bibliothek des Josephinums über Boers Satz lacht, genausowenig Aussicht auf eine Antwort besteht auf die Frage an einen Gynäkologen, der ein Mann oder eine Frau sein kann, nach seinem Bewußtsein als Fortpflanzungspolizist. Beide, weder die Patientin, noch der Gynäkologe wissen, wie sie in den Porno geraten sind, beide versuchen So-zu-tun-als-wär-nichts, sie am gynäkologischen Stuhl fixiert in käferhafter Hilflosigkeit, er davor. Die Gynäkologen bemühen sich nach Kräften, nett zu den Patientinnen zu sein. Das Unaussprechliche, das Heillose, das Ausgeflippte an der Situation geistert als sexuelle Aura um den Gynäkologen, die in den Frauenarztromanen ins Gemüt aber nicht in den Begriff geschrieben werden.

[1]) Auszug aus dem Buch „In wessen Garten wächst die Leibesfrucht?", Wiener Frauenverlag, 1983, gekürzt.

SEXUALITÄT UND NATIONALSOZIALISMUS

Marion Wisinger

Was hat Nationalsozialismus mit Sexualität zu tun? Spontan meint man wahrscheinlich, was soll anders als heute gewesen sein. Ein bißchen später fallen einem dann ein paar Begriffe ein: Mutterkreuz, Führerkult, der rosa Winkel, Joseph Goebbels und die Frauen, Lebensborn oder: „Wie schenke ich dem Führer ein Kind?" Historiker beschäftigen sich gerne mit politischen Inhalten, mit Wirtschaftsgeschichte, mit Kriegszielen, aber hat das wirklich viel mit Nationalsozialismus zu tun? Wie kann man Geschichte verstehen, ohne die Einstellungen, die Ideen, die Werte und vor allem die Vorurteile einer Zeit zu kennen? Dermaßen unfaßbare Geschichte ist unangenehm, ist dubios, wird verdrängt oder vergessen. Fassungslosigkeit, Gleichgültigkeit oder Aggression dem Dritten Reich gegenüber sind die Antwort auf eine Trennung von den Ereignissen selbst und der Kenntnis der psychischen Bereitschaft dazu.
Sexualität ist nicht nur mit den Mitteln des Historikers zu untersuchen. Was ich versuche, ist eine Aneinanderreihung von Zitaten, Fakten und verschwommenen Werten, die die für uns schwer faßbare Kette von Ideen und den damals scheinbar richtigen Folgerungen zerbrechen sollen. Vielleicht gelingt es, den Weg von den Idealen des 19. Jh. zur politischen Realität des 20. Jh. zu verstehen. Verwirrend ist dabei das unmittelbare Nebeneinander von Moral und Erotisierung, von Asexualität und Fortpflanzungsideologie.

Frauen und Nationalsozialismus

Die Frauen als Weibchen. Die Mädellyrik entwarf das Bild der schmachtenden, sich hingebenden Frau, jungfräulich und stets bemüht, den Mann für die Ehe zu gewinnen. Adelbert von Chamisso, zitiert in der beliebten Familienzeitung „Die Gartenlaube", dichtet:

> „Ich werde ihm dienen, ihm leben, ihm angehören, ganz hin mich geben und finden... verklärst mich ganz, du Ring an meinem Finger."

So verstärkte sich die Hingabe, verstärkte sich die Bereitschaft zur bedingungslosen Hingabe. Als Voraussetzung galt, wie man immer wieder glückselig feststellte:

> „In einem jungen Mädchenherzen, wenns richtig bestellt ist, ist's ja wie im Himmel."

Und Richard Wagner findet dazu dichterische Vergleiche aus seiner Opernwelt.

> „Das Weib bekommt erst volle Individualität im Moment der Hingebung, es ist das Wellenmädchen, das seelenlos durch die Wogen seines Elements dahinrauscht bis es durch die Liebe des Mannes erst die Seele empfängt."

Man benutzte die Sehnsucht nach der Sinngebung des Lebens, man verbrämte sie ein bißchen mit Kraft, Glück und Opferbereitschaft und verdrängte geschickt den Wunsch nach geistiger und sozialer Gleichstellung der Frau. Die allgemeine Wunschvorstellung diente plötzlich perfekt der Ideologie des nationalsozialistischen Regimes. Die drei klassischen Rollen der Frau waren bereits Grundlage der auf sie zukommenden völkischen Verpflichtung: die süße Braut, die Mutter und die sich ganz hingebende Frau, Erotikon und dienstbarer Geist zugleich.

Die Ehre des Opfers. Doch die traditionelle Rollenfixierung sollte nicht ausreichen. Zur oberflächlichen romantischen Bewunderung der Frau gesellten sich nun dubiose Nebensätze, in denen die Frau wie selbstverständlich als Urquell der Wahrheit oder Bewahrerin der Gefühle bezeichnet wurde. Genaueres erfahren wir in einer Parteitagsrede, die die Leiterin der NS-Frauenschaft Frau Scholz-Klink 1934 hielt.

> „Die deutsche Frau muß so sein, daß sie alles, was von ihr gefordert wird, gern tut. Sie muß, ich fasse es in einem Wort zusammen, politisch denken können, nicht politisch im Sinne eines Kampfes mit anderen Nationen, sondern politisch so, daß sie mitfühlt, mitdenkt, mitopfert mit dem ganzen Volk in einer selbstsicheren stolzen Haltung."

Die Forderung nach Aufopferung wurde einfachheitshalber als Notwendigkeit dargestellt. Welche Art von Opfern erwartet wurden, erklärte man vorerst nicht. Erst der Krieg verdeutlichte, was gemeint war.

> „Sie muß stolz drauf sein, wenn sie ihr höchstes auf der Welt, ihren Sohn, den sie unter Schmerzen für ihr Vaterland geboren, auch dem Volk opfern darf."

Die Darstellungen der opfernden und dienenden Frau kannten keine Grenzen des Geschmacks.

Die Pflicht zu gebären. Die traditionelle bürgerliche Familie galt immer als wichtigste Stütze des Staates. Während der Weltwirtschaftskrise zeigt sich jedoch, daß sich mit dem Zusammenbruch vieler kleiner Wirtschaften auch der alte Zusammenhalt lockerte. Das widersprach den bevölkerungspolitischen Zielen der Nationalsozialisten, die nun zur Stütze der Familie die Ideologie vom Segen des Kinderreichtums bereitstellten. Ein Effekt dieser staatlichen Familienplanung war, daß die sexuelle Rolle der Frau zugunsten ihrer Gebärfähigkeit in den Schatten gestellt wurde. Gleichzeitig wurde der Mutterkult verstärkt propagandistisch eingesetzt und ließ die wiederum beginnende berufliche Aufgabentrennung von Mann und Frau vergessen. Mehr noch. Plötzlich wurde die Frau zur Erhalterin der Rasse gekürt. Die Ehre, moralisches Bollwerk gegen liberalisierende Tendenzen allein durch die Bejahung der biologischen Rolle sein zu dürfen, deckte die Schattenseiten dieser neuen Rolle der Frau zu. Es gingen nun bei den familien- und bevölkerungspolitischen Maßnahmen, die beide Geschlechter betrafen, Freiheiten und Möglichkeiten der Frauen verloren. Amalie Lauer, eine der NS-Frauenkämpferinnen, erklärte 1932 allen Ernstes:

> „Der Frau komme nur biologische Bedeutung zu, vorausgesetzt natürlich, sie garantiere eine rassenreine Fortpflanzung."

Zwar schlug Gregor Strasser 1926 politische Privilegien für Mütter vor, doch Adolf Hitler sah die Mutterschaft als Pflicht an. Für ihn war die ledige Frau noch kein vollwertiges Mitglied der Volksgemeinschaft.

Die neue Sittlichkeit. Um die Trennung von Geschlechtsverlust und Fortpflanzung zu verhindern, mußte man wiederum zu Vorurteilen greifen, die innerhalb der Gesellschaft ohnehin vorhanden waren und nur geweckt werden mußten. Belohnung und Strafe in der unauffälligen, aber wirksamen Form von Anerkennung und Diskriminierung zwängten die Frau in alte Anstandsmuster, die die grobe Gegenüberstellung von Mutter und Dirne zur Grundlage hatten. Man erklärte, so auch der vielbeachtete Philosoph und Schriftsteller Weininger, den Geschlechtsakt um der Lust willen als entwürdigend für die Frau.
Was gibt einer Frau den Anschein der Sittlichkeit? Man legte folgende Richtlinien fest:

> „Die deutsche Frau rauche nicht, trinke nicht, schminke sich nicht und verachte modisches Zeug."

Frauenzeitschriften behaupteten kühn, von 1000Frauen bedürften 99 der Schminke nicht. Als Schönheitsideal galt die Inderin, die laut Parteiaussendung ruhevollen Stil und weibliche

Vollkommenheit dem europäischen Bemühen, möglichst aufzufallen, gegenüberstellte. Kurt Rosten, der Herausgeber des 1933 erschienenen ABC des Nationalsozialismus fand für diese Einstellung sogar dichterische Worte:

> „Wir wollen wieder Frauen haben, nicht Spielzeug ausgeschmückt mit Tand. Der deutschen Frau und Mutter Gaben besitzt kein Weib in fremdem Land."

Wer hat Angst vor dem schwarzen Mann? Eine Sorge blieb jedoch: Es wäre möglich, daß die reine arische Frau eine Verbindung mit einem andersrassigen Partner einginge. Die Angst vor fremder Sexualität ließ Schlagworte wie „jüdisch-erotische Revolution, die Christenmädchen zur Dirne von Asiaten machen möchte," zum allgemeinen Gebrauch werden. Wilhelm Reich sprach in diesem Zusammenhang von der Asexualität dieser Ideologie, die aufgrund einer autoritären patriarchalischen Gesellschaft in Verbindung mit Sexualangst und Verdrängung steht. Für Reich ist der Kern der Rassentheorie die Angst vor natürlicher Sexualität. Ein interessantes Beispiel für das Unbehagen fremder Sexualität gegenüber ist die von den Nationalozialisten verbreitete Imprägnationslehre. Man meinte, daß während des Geschlechtsverkehrs einer arischen Frau mit einem Mann blutfremder Rasse, das artfremde Eiweiß in den Körper der Frau dringe und sie für immer verunreinige.
Man ergötzte sich an zahllosen Skandalgeschichten von Rassenschändung, der Verführung arischer junger Mädchen. Der Leser konnte dabei seine eigene Phantasie spielen lassen, die er vor sich selbst mit völkischer Entrüstung dem jeweiligen Vorfall gegenüber kaschierte. Julius Streichers „Der Stürmer" wartete regelmäßig mit Erfahrungsberichten auf.

Männer und Nationalsozialismus

Der Held. Mein Kampf:

> „Das Mädchen soll seinen Ritter kennenlernen. Es zieht den Soldaten dem Nichtsoldaten vor. In der Schule soll der Knabe zum Mann gewandelt werden und in dieser Schule soll er nicht nur gehorchen lernen, sondern dadurch auch die Voraussetzung zum späteren Befehlen erwerben. Er soll lernen zu schweigen, nicht nur wenn er mit recht getadelt wird, sondern soll auch lernen, wenn nötig, Unrecht schweigend zu ertragen."

Adolf Hitler, als Held der Helden. Die ständige Bereitschaft zum Kampf, die blinde Einsatzbereitschaft und die politische Mission sind die Tugenden des politischen Helden des 20. Jh. Mannesmut, halb pathetisch, halb folkloristisch, forsches Auftreten und heldisches Deutschtum mischen sich zu beliebten Attributen.
Romantische Sexualität als Belohnung und Trost für den Soldaten verdeckte die Verführung zum Krieg. Die ästhetische Dimension des Todes, die in Todeswachen, Gedenkfeiern und Heldengräbern die Grausamkeit des eigenen Todes übertünchte, machte die physische Vernichtung auf dem Schlachtfeld vergessen.

> „Männer, wie sie bisher die Welt nie gesehen hat. Es war eine ganz neue Rasse. Verkörperte Energie und mit höchster Wucht geladen. Geschmeidige, hagere, sehnige Körper, markante Gesichter, Augen in tausend Schrecken unterm Helm versteinert. Sie waren Überwinder, Stahlnaturen, eingestellt auf den Kampf in seiner gräßlichsten Form."

Doch nicht nur Schwärmereien wie diese, die Ernst Jünger in seinen Romanen minutiös festhält, die Tötungsmaschinen verlockend zur Schau stellt, stärkten die Bereitschaft zum Kampf. Militarismus beruht auch auf der sexuellen Wirkung der Uniform, der aufreizenden, weil rhythmisch ausgeführten Bewegung der Parademärsche und dem exhibitionistischen Charakter des militärischen Auftretens. Individuelle Wünsche werden durch Heldenverehrung, dem Versprechen auf wartende Frauen und der Belohnung durch den Führer geweckt. Was im Alltag des Lebens vieler unmöglich scheint, sollte der Krieg bewirken: Anerkennung, Selbstbestätigung und die Entfesselung der Gefühle.

„Wie eine fast vergessene Erinnerung blitzt es auf: Dort ist der Feind. Diese Erkenntnis erfüllt mit einer wilden rasenden Lust. Es ist, als ob sich alles, was sich rasend gespannt und gespeichert hat, plötzlich einen Ausweg sehe. Schnell, nur schnell muß jetzt getötet werden. Jetzt gibt es nur eine Erlösung, eine Erfüllung, ein Glück, das fließende Blut.

phantasiert Ernst Jünger. Besonders auffällig ist der entfremdete Begriff des Blutes. In der kriegerischen Literatur gilt Blut als die Verkörperung des Wunsches nach Ausbruch und Leben. Blut als Symbol für richtiges Fühlen, für Echtheit, ein Aufputschmittel verborgener Sehnsüchte.

Der deutsche David.

„Ich kann nur sagen, daß ich mich von allem Schönen spontan angezogen fühle. Es kommt aus dem Unbewußten und nicht aus meinem Wissen. Was lediglich realistisch ist, aus dem Leben gegriffen, durchschnittlich, alltäglich, das interessiert mich nicht. Mich fasziniert alles, was schön ist, stark, gesund, das lebt."

Die begeisterte Leni Riefenstahl, Filmregisseurin und Schönheitsfanatikerin, formuliert unverschämt ihren Anspruch auf Außerordentlichkeit und Wissen um echte Schönheit. Das spornte an. Auf vielen Bereichen setzte man Erwartungen in den deutschen Mann. In der Kunst des Nationalsozialismus stellte sich der Typ des tüchtigen Kämpfers besonders deutlich dar. Interessant ist, daß man aus einer zur Schau gestellten physischen Vollkommenheit den Anspruch auf charakterliches Entsprechen bezog. Körperliche Beherrschung, das Ertragen von Schmerzen und die mutige Unterwerfung sind häufige Forderungen deutscher Ästhetik. In der bildenden Kunst stellten die Körper wie selbstverständlich den rassischen Idealtypus dar. Kennzeichen: arisch, nordisch und vorbildlich edel.
Der Anspruch, zu fühlen, was schön sei und die Identifikation des Deutschen mit dieser Schönheit führte zur Abwertung anderer Völker. Das eigene Aussehen spielte keineswegs eine Rolle. Hauptsache, die utopische körperliche Vollkommenheit hatte ihr Gegenstück im Herzen des deutschen Menschen.

Gemeinsam sind wir stark. Der feste Zusammenhalt in Militär und Parteiorganisationen beruhte auf der Bestärkung des Mannseins, der geschlechtlichen Anziehung innerhalb dieser Männerbünde. Triebe dieser Art führten meist nicht offenkundig zur Entfaltung von Zuneigung, sie bewirkten nur die Vertiefung der Männerfreundschaften, Frauen waren ausgeschlossen, der einzelne Mann erhielt so leichter seine Identität.
Das Eroserlebnis einer gemeinsamen Andacht, die Liebe zum Führer und eine narzißhafte Sehnsucht nach der Erfüllung einer verworrenen Weltanschauung, lassen homosexuelle Gefühle als sanftes Beiwerk zur männerbündischen starken Einigkeit aufkommen.

Homosexualität und Nationalsozialismus

Rückblick. In der Weimarer Republik erlebte die Emanzipation der Homosexuellen eine einmalige Entfaltung. Homosexuelle traten massiv an die Öffentlichkeit. Zwischen 1918 und 1933 wurden 30 Zeitschriften herausgegeben. Berlin war die Metropole. Es kommt zu Gründungen von Gruppen und Zirkeln. Der „Bund für Menschenrechte" mit zeitweilig 48.000 Mitgliedern, die „Gemeinschaft der Eigenen" und das „wissenschaftlich-humanitäre Komitee" beschäftigten sich mit dem Milieu und der Problematik der Homosexuellen. 1921 wurde in Berlin das erste Homosexuellentheater gegründet, die Filmindustrie griff das Thema auf. Bereits 1919 erfolgte die Gründung des Instituts für Sexualwissenschaft in Berlin, damals einzigartig in der Welt. Am 16. 10. 1929 wurde die Streichung des § 175 durch den Strafrechtsausschuß des Reichstags beschlossen. Vereinigt dafür stimmten Sozialdemokraten, Kommunisten und die Demokratische Partei. Dagegen stimmten die Deutschnationale

Volkspartei, das Zentrum und die Wirtschaftspartei. Die deutsche Volkspartei war gespalten. Doch die Streichung des Paragraphen wurde bis 1933 nicht verwirklicht. Der Antrag des Strafrechtsausschusses kam nie zur Abstimmung. Durch das Fehlen konkreter sexualwissenschaftlicher Erkenntnisse begingen die Verfechter der sexuellen Befreiung den Fehler, nicht das Diktat der Normalität zu hinterfragen, sondern versuchten das Un-Normale zu erklären und den Homosexuellen einen Platz in der Gesellschaft zu schaffen. Gesellschaftliche Maßnahmen. Nach der nationalsozialistischen Machtübernahme sind die ersten Zeichen der Ablehnung der Homosexuellen, das Verbot und die Schließung von Organisationen und Lokalen. Es kommt zu zahlreichen Verhaftungen. Ein Teil der Führung des wissenschaftlich-humanitären Komitees flüchtet ins Ausland. Das Institut für Sexualwissenschaft wurde geplündert, die Mitglieder registriert. Am 28.6 1935 beschloß man die Verschärfung der Paragraphen 175 und 175a. Dieses Strafgesetz trat bereits am 1.9.1935 in kraft.
Zwei Neuerungen bei der Rechtssprechung waren außerdem die Einführung des gesunden Volksempfindens als Rechtsbegriff und die etwas veränderte Beurteilung von Verbrechen. Nach Dr. Freisler, dem Präsidenten des Volksgerichtshofes, sollte die Aufmerksamkeit der Behörden auf die verbrecherische Absicht gerichtet werden. Das Rechtsdenken sollte sich demnach eher auf die Bestrafung des Verbrechers als auf den wahren Tatbestand konzentrieren.
Ein Gericht fällte z.B. auf der Rechtsgrundlage der 1935 veschärften Gesetzgebung gegen die Homosexualität einen Schuldspruch gegen einen Voyeur, der in einem Park bei der Beobachtung eines sich liebenden Pärchens gefaßt wurde und gestand, daß er nur den Mann beobachtet habe. Weiters galt der Tatbestand, daß das allgemeine Schamgefühl verletzt würde, sich der Gesetzgeber den Raum nehme, Verdächtige je nach Unwillkür aufgrund eines Tatbestandes, der die Vollendung einer Tat möglich zu machen scheint, zu bestrafen.
In vielen Fällen war Strafverfolgung nicht mehr von Verfolgung zu unterscheiden. Homosexuelle wurden verschärft nach und während des Röhmputsches verfolgt. Ein Massaker, das einige Tage rückwirkend durch die am 3. Juli 1935 verkündete Staatsnotstandsgesetzgebung für rechtens erklärt wurde. Die Verdächtigung der Homosexualität war ein wirksames Mittel zur Diffamierung politischer Gegner. Aufgrund der Befremdung der Bevölkerung diesem Thema gegenüber konnten Emotionen leicht geschürt werden. Die Verbindung von Homosexualität und Kriminalität, wie sie in den Massenmedien dargestellt wurde und wird, vertiefte das Mißtrauen gegen diese Minderheit.

Hintergründe der Verfolgung. Als Ideal der Männlichkeit wählte man die griechische Antike, die auch immer wieder als Beispiel des Verfalls einer Kultur aufgrund von Homosexualität herhalten mußte. Homosexualität galt als Relikt der Weimarer Republik und als Protest der Männer gegen die Emanzipation der Frauen. Die Männer waren auf dem besten Wege zu verweiblichen, während die Frauen auf dem Wege waren, Männer zu werden.
Die Gründe für Homosexualität wurden 1. in falscher Erziehung, 2. in Onanie, 3. in psychischen Hemmungen heterosexueller Sexualität gegenüber, 4. in Verführung, 5. in umpolenden äußeren Einflüssen gesehen. Bemerkenswert ist auch die Verdächtigung, daß Homosexualität und Sodomie Hand in Hand gehen. Als Behandlungsmöglichkeit schlug man vorerst Selbstbeherrschung, Zölibat sowie intensiven Kontakt mit Frauen vor. Die weibliche Homosexualität wurde dem Männermangel Rechnung tragend anders bewertet. Da laut nationalsozialistischer Anschauung der Unterschied zwischen sexueller und psychischer Liebe bei Frauen kleiner sei, könne man sie leichter auf den richtigen Weg zurückführen.
Der § 175a und b betraf mehr die männliche Homosexualität. Die Gefahr der Cliquenbildung war bei Frauen nicht so sehr gegeben und die Gebärfähigkeit blieb unbeeinträchtigt. Die Propaganda koppelte die Emanzipation mit dem Auftreten von weiblicher Homosexualität, die strafrechtlich nicht verfolgt wurde. Bei der männlichen Homosexualität wurde die

feminine, bei weiblicher Homosexualität die maskuline Randgruppe in den Vordergrund gestellt.

Die Verfolgung. Am 15.11.1941 erging der Erlaß Heinrich Himmlers, alle Homosexuellen in Polizei und SS mit dem Tod zu bestrafen. Die Gestapo erhielt die Kompetenz für die Homosexuellenverfolgung und fand dafür in der Bevölkerung massive Kooperationsbereitschaft. In den KZs bereitete die verschiedenartige Zusammensetzung dieser Gruppen große Schwierigkeiten. Die Gestapo pflegte auch politische Gegner oder Geistliche, denen nichts nachzuweisen war, als homosexuell einzustufen, wobei der Verdacht für eine Beschuldigung genügte. Fast alle sind umgekommen. Die SS ging gegen inhaftierte Homosexuelle ähnlich wie gegen Juden vor, da besonders in Männerorganisationen der SS und SA Homosexualität verbreitet war und man dementsprechend scharf dagegen auftreten wollte. Unter den Häftlingen selbst genügte oft schon ein Verdacht, um allgemeines Mißtrauen zu erwecken. Die Häftlinge wandten sich von jenen ab, die von der SS mit dem rosa Winkel gezeichnet wurden, obwohl in den Lagern homosexuelle Praktiken verbreitet waren. Die Homosexuellen wurden oft in eigenen Blocks und geschlossenen Arbeitskommandos isoliert, was sie natürlich verstärkt Erpressungen und Mißhandlungen aussetzte. In den Lagern Buchenwald und Nauengamme? wurden auch wissenschaftliche Experimente zur Behebung der Sexualität mittels künstlicher Drüsen und synthetischer Hormone durchgeführt. Man pflanzte die synthetischen Hormone in die rechte Leistenseite ein, ein positives Ergebnis wurde nie erzielt.

Die Ehe und der Nationalsozialismus

Das völkische Sakrament. Sinn und Zweck der alten deutschen Ehe ist das Kind. Grundlage der rassistischen und bevölkerungspolitischen Utopien war die Verbindung zweier rassegleicher und erbgesunder Menschen. Man setzte auf gesetzlichem und propagandistischem Weg alles daran, die Wahl des Partners, die Anzahl der Kinder und sittliche Aspekte zu beeinflussen. Auf den Gesundheitsämtern richtete man Beratungsstellen für Erb- und Rassenpflege ein. Die Konsultation einer solchen Beratung war in den meisten Fällen freiwillig. Man plante jedoch eine amtliche Ehevermittlung nach rassisch-hygienischen Gesichtspunkten. Diese Idee setzte sich nicht durch. Die Frau war in besonderer Weise für die Nachkommenschaft verantwortlich. Man behauptete nämlich, daß durch einen Ehebruch ihrerseits der Erbgang verändert werden würde. Die Untreue der Frau sei wesentlich bedenklicher als die des Gatten. Man wies die Ehepartner darauf hin.

> „Wird der Geschlechtsverkehr von vornherein lediglich zum Zwecke des Genusses gepflegt, so vergiftet dies die Beziehung der Gatten zueinander und es schädigt namentlich die Sittlichkeit der Frau. Sie betrachtet den Vollzug des Beischlafs nicht mehr, wie es von Natur aus geneigt ist, mit Ehrfurcht als eine folgenschwere und bedeutsame Handlung, in der die geheimnisvollen Urmächte des Lebens das verborgen Treibende sind, sondern lernt allmählich, daß es sich um ein bloßes Vergnügen handelt."

Eine Ehe ohne Nachkommenschaft wurde als moralisch untragbar empfunden. In einem Rundschreiben der SS heißt es:

> „Die SS hat eine erste Initiative ergriffen, indem sie den Heiratsbefehl gab. Eine Ehe ohne zahlreiche Nachkommenschaft ist nichts anderes als ein Verhältnis."

Heinrich Himmler pflegte in Korrespondenzen zahlreiche Tips, Berechnungen und Empfehlungen bezüglich der Empfängnis von Kindern zu geben. In krassem Gegensatz zu sittlichen Tiraden dieser Art standen Äußerungen und Pläne, die die wahren Absichten der Verfechter des Kindersegens aufzeigten. In einem Memorandum vom 29.1.1944 schätzte Martin Bohrmann, daß Deutschland nach dem Krieg einen Überschuß von 3–4 Millionen Frauen

haben werde. Er rufe daher die Männer auf, mit einer oder mehreren Frauen regelmäßig ehelichen Verkehr zu unterhalten. Die Propaganda zur Überzeugung der Frau müsse eben zeitgemäß einsetzen. Unverheiratete Mädchen wurden ermuntert, mit an die Front ziehenden Soldaten Kinder zu zeugen. Aufgrund der steigenden Zahl junger schwangerer Mädchen wurden Erleichterungen zur Erlangung des Ehestandes eingeführt. Die Herabsetzung des Volljährigkeitsalters machte die Umgehung der elterlichen Zustimmung möglich.
Am 12. Februar 1944 erteilte Heinrich Himmler an den Hauptgeschäftsführer von Lebensborn, Max Sollmann, folgende Tips. Als Rezept für Fruchtbarkeit und männlichen Nachwuchs empfahl er:

> „Der Mann geht, nachdem er die Woche vorher ebenso wie die Frau keinen Alkohol zu sich genommen hat, mittags 12 Uhr von zu Hause fort und marschiert zu Fuß nach dem 20 km entfernten Ulm und wieder zurück. Er darf auf diesem Weg nicht in einem Wirtshaus haltmachen. Die Frau arbeitet eine ganze Woche vor diesem Tag nichts, ernährt sich sehr gut, schläft viel und strengt sich in gar keiner Weise an. Nach der Rückkehr von seinem Marsch erfolgt die Zeugung. Der Erfolg soll immer die Geburt von Knaben sein.

Heinrich Himmler äußerte sich oft über die Doppelehe und plante für die Zeit nach dem Krieg eine Gesetzesinitiative, mit der die Zwei-, Drei-, Vierfrauenehe eingeführt werden sollte, um die Kriegsverluste wieder wettzumachen. Die ersten Eherechtsbestimmungen betrafen nicht die Ehe selbst, sondern die Wahl der Ehepartner. Was durchgesetzt wurde, waren zahlreiche Bestimmungen, die Nachkommenschaft betreffend, wie Unterstützungen für Ehepaare mit Kindern. Die wohl bekannteste Einrichtung war die feierliche Übergabe der Mutterkreuze. Ab 1938 erhielten Mütter ab dem 4. Kind eine Ehrenkarte und Ehrenkreuze. Im August, am Geburtstag von Hitlers Mutter, wurden die Mutterkreuze verliehen. Die erste Stufe für 4–5 Kinder, die zweite für 6–7 und die dritte Stufe in Gold für 8 und mehr Kinder.
Zahlreiche staatliche Unterstützungen, wie Steuerbegünstigung oder Gewährung von Beihilfen wurden eingesetzt, um die Kinderzahl pro Familie zu erhöhen. Doch wie wirksam waren diese Maßnahmen? Die Zahl der Eheschließungen stieg keineswegs kontinuierlich an. Die Zunahme der Ehen war auf die bevorstehende Kriegserklärung, die stabilere wirtschaftliche Lage sowie Ehestandsdarlehen zurückzuführen. Damit zusammenhängend ist die Zunahme der Kinderzahlen. Das Abtreibungsverbot, der erschwerte Zugang zu Verhütungsmitteln und die verbesserte medizinische Vorsorge für Schwangere wirkten sich hier aus. Die Geburtenzunahme bedeutet aber nicht, daß die Zahl der Kinder pro Familie anstieg. Es brachten nur mehr Frauen Kinder zur Welt. Ab 1933 wurde das Gesetz für Ehestandsdarlehen verabschiedet, das für junge Paare Anreiz zur Vermählung sein sollte. Für jede Geburt wurden 25% Nachlaß an der Schuldsumme eingeräumt.

Die Auslese. Das vorhin erwähnte Gesetz zur Verhütung erbkranken Nachwuchses sollte nach Ansicht des Nationalsozialismus biologisch minderwertiges Erbgut ausschließen. Im Sinne der Volksgemeinschaften mußten sich die davon Betroffenen der Zwangssterilisierung und Unfruchtbarmachung unterziehen. Für Gesunde war dieser Eingriff verboten. Am 5. 12. 1933 waren alle Ärzte verpflichtet, Erbkranke beim Amtsarzt anzuzeigen.
Was nötig ist, ist auch human. Die Volksgesundheit wurde das Maß der Moral. Die Frage nach dem Problem der Auswahl der Betroffenen bleibt aber unbeantwortet. Die Verheißung einer steigenden Gesundheit gibt den Anstrich der Voraussicht und Berechtigung. Die Zwangssterilisierung wird im Nu zur Zwangsbeglückung. Bis zum Ausbruch des Krieges sind 375.000 Menschen, davon 200.000 Schwachsinnige, 73.000 Schizophrene, 55.000 Epileptiker und über 30.000 Alkoholiker sterilisiert worden. Die überwiegende Mehrheit unfreiwillig. Gelegentlich wurde die zwangsweise Sterilisierung auf alle Fälle ausgeweitet, die außerhalb des Bereichs der Erbgesundheitsgesetzgebung lagen. So wurde ein Arbeiter,

der bei einem Arbeitsunfall ein Bein verloren hatte, mit der Begründung, daß er in Zukunft keine Familie werde erhalten können, zwangssterilisiert. Er beging Selbstmord.
Am 18. Oktober 1933 erging das Gesetz zum Schutze der Erbgesundheit. Bei schweren Krankheiten, Geistesstörung und Erbkrankheiten durfte keine Ehe mehr geschlossen werden, das Gesundheitsamt mußte Ehetauglichkeitszeugnisse ausstellen. Man zwang so alle Paare, eine Eheberatung aufzusuchen und erfaßte außerdem die Bevölkerung nach gesundheitspolitischen Aspekten. Ehen, die trotzdem geschlossen wurden, waren nicht gültig. Da aber vorerst nicht genug Ärzte in den Gesundheitsämtern zur Verfügung standen, war es den Standesbeamten überlassen, einen Arzt zu Rate zu ziehen. Frauen, die einen Ausländer heirateten, mußten sich nicht untersuchen lassen, da sie ihre Reichsangehörigkeit somit verloren. Die Zwangssterilisationen, die von Rassenhygienikern gemacht wurden, stellte man wegen der Unruhe der Bevölkerung 1939 ein. Man plante aber, über jeden Einwohner des Reiches eine erbbiologische Akte anzulegen. Als besondere Grausamkeit ist noch die Zwangssterilisation farbiger Kinder zu erwähnen. Die Ergebnisse dieser Tätigkeit nutzte man für wissenschaftliche Studien. Der Zweck des Gesetzes zur Verhütung erbkranken Nachwuchses diente nicht nur der Verhinderung der Fortpflanzung erkrankter Menschen, sondern sollte auch erzieherisch auf die deutsche Jugend wirken. Entscheidend war bei der Eheschließung, auf die Erbgesundheit des Zukünftigen zu achten.
Heinrich Himmler trug dazu in einer Rede, die er 1936 vor SS-Gruppenführern hielt, folgendes bei:

> „Das, was sich auf den Bällen und Gesellschaften herumtreibt, heiratet man nicht. Ein Mädchen, das bei einem Ball entsprechend seiner Rasse leichter zugänglich ist, ist ein typisch germanisches deutsches und nordisches Mädchen, muß man nicht vom Platz sofort weg heiraten. Es heißt, ich bin mit diesem Mädchen 3, 4 Monate gegangen, ich habe zwar herausgebracht, daß der Bruder oder ein Onkel im Irrenhaus war, aber ich bin jedoch schon halb gebunden. Nun, meine Herren, es wird gefälligst vorher gefragt."

Man glaubte auch, daß Rassenkreuzungen nicht nur zu Minderwertigkeit, sondern sogar zu einer Abnahme der Geburtenfrequenz und zu Abortushäufigkeit führe.

Die Reinheit der Rasse. Schon seit dem 7. April 1933 waren in allen Gesetzen und Verordnungen die Bestimmungen über Blutreinheit enthalten. Auf dieser Grundlage wurden am 15.9.1935 die Nürnberger Grundgesetze eingeführt. Eheschließungen zwischen Juden und deutschen Staatsangehörigen arischer Rasse wurden verboten. Bei der Übertretung dieser Gesetze zum Schutz des deutschen Blutes erwarteten den arischen Mann Zuchthaus und Gefängnisstrafen. Interessant ist, daß die Bestrafung des Mannes in solchen Fällen gesetzlich verankert ist, der Fehltritt der Frau konnte strafrechtlich nicht verfolgt werden. Man bestrafte mit Demütigungen, Anprangerungen und Drohungen.

> „Da bei außerehelichem Geschlechtsverkehr regelmäßig der Mann der bestimmende Teil zu sein pflegt, ist nur der Mann strafbar."

Die Scheidung. Erst 1938 wurde das neue Scheidungsgesetz verabschiedet, dessen auslösender Gedanke die Verminderung der kinderlosen Ehepaare war, die schon seit langem ein Dorn im Auge der Gesetzgeber waren. In vielen Urteilen konnte man nun Frauen vorwerfen, sie hätten sich geweigert, Kinder zu bekommen oder sie seien steril. 1940 erklärten 80% der scheidungsbereiten Männer, die Frauen könnten keine Kinder bekommen. Die Statistik zeigt, daß 3 von 5 betroffenen Frauen über 45 Jahre schon seit 20 Jahren verheiratet waren. Es war aber auch möglich, seiner Frau Sterilität vorzuwerfen, auch wenn sie Jahre zuvor Kinder geboren hatte. Die Erklärung des Mannes genügte, um die Scheidung auszusprechen.
Zwiespältig scheint die Stellung des Staates jedoch dort zu sein, wo man die uneheliche

Mutterschaft als Mittel gegen den unerwünschten Geburtenrückgang guthieß. Der Mangel an Ehemännern lieferte den Befürwortern einer derartigen Gesetzesnovelle ein Argument. Dagegen sprach, daß man die nationalsozialistische Familienpolitik nicht in Frage stellen wollte, die die Institution der Ehe massiv unterstützte. Außerdem war durch die Unehelichkeit die rassische Zuordnung des Kindes erschwert.

Die Abtreibung. 1933 wurden Mittel, die zur Abtreibung führen, die Veröffentlichung von Abtreibungsmethoden sowie Personen, die solche Dienste anboten, verboten. Diese Gesetze, die schon seit 1919 existierten, wurden jetzt rechtskräftig. In der Weimarer Republik kostete ein Schwangerschaftsabbruch höchstens 40 Mark Strafe. Nach 1933 wurden über die schuldigen Ärzte Haftstrafen von 6–15 Jahren verhängt, die oft in einem KZ abgebüßt werden mußten. 1933 betrug die ungefähre Zahl der Abtreibungen eine Million. 1938 wurden nur mehr 200.000 registriert, die man unter der Rubrik Fehlgeburten aufscheinen ließ.
Abtreibungen wurden von derselben Organisation bekämpft wie Homosexuelle, von der Reichszentrale zur Bekämpfung der Homosexualität und Abtreibung, die aber nicht sehr erfolgreich war. Die Zahl der Abtreibungen ging nicht zurück. 600.000–800.000 wurden pro Jahr durchgeführt.
Es kam zur Schließung von Geburtenkontrollzentren, die Information über Verhütungsmittel wurde erheblich erschwert. Der Staat verurteilte die Verwendung chemischer Verhütungsmittel als Untreue gegen die Gesetze der Natur, die Frau könne durch den Gebrauch körperlichen Schaden erleiden und dem Staat würden mögliche Kinder vorenthalten werden. Ab 1935 mußte jede Schwangere eine Beratungsstelle aufsuchen. 1937 führten Hebammen ein Tagebuch, in dem sie genau über die Zahl und Stadien der Fehlgeburten Buch führten.

Der Lebensborn

Organisation und Aufgaben. Eine der bevölkerungspolitischen Aktivitäten der SS war die Gründung des Vereins „Lebensborn". In bezug auf den Verlobungs- und Heiratsbefehl innerhalb der SS gründete Heinrich Himmler im September 1936 diese Institution als Teil des Reichs- und Siedlungshauptamtes und übernahm die Leitung. Er erwartete von seinen SS-Führern die Zeugung von mindestens vier Kindern, den Frauen dieser Männer stünde dann der Verein Lebensborn zur Verfügung. Die Wohlfahrtseinrichtung nationalsozialistischer Prägung sollte aber auch ledigen Müttern zu Hilfe kommen. Ziel dieser Einrichtung war die positive Einwirkung auf die Geburtenziffern. Der in seinen Anfängen recht nützliche Verein schirmte die werdenden Mütter vorerst von der Gesellschaft ab, besorgte für ledige Kinder Geburtsurkunden, regelte den Unterhalt oder warb Adoptiveltern an. Ein hauseigenes Meldeamt sorgte für Anonymität. Zwischen 1936 und 1940 wuchs die Zahl der Lebensbornheime auf dreizehn an. Jeder höhere SS-Mann mußte Beiträge zahlen und sollte außerdem Kinder zeugen. Wenn schon nicht in seiner Ehe, dann eben außerhalb.
Ob die Frauen verheiratet waren oder nicht, war nicht so entscheidend, wie die rassische Qualifikation. Es zeigte sich jedoch, daß verheiratete Mütter gegen ledige eingestellt waren. In den Jahren 1936, dem Gründungsjahr, bis 1939 wurden in allen Heimen 1.436 Mütter aufgenommen, davon 8223 unverheiratete. Nach Kriegsbeginn begann man massiv an unverheiratete Mädchen zu appellieren, sie mögen mit Hilfe von Lebensborn anonym ein Kind in die Welt setzen. Offiziell erfüllte der Verein folgende Aufgaben: 1. die Unterstützung rassisch und erbbiologisch wertvoller Familien, 2. die Unterbringung und Betreuung rassisch und erbbiologisch wertvoller Mütter, bei der nach sorgfältiger Prüfung ihrer eigenen Familie und der des Kinderzeugers anzunehmen war, daß sie gleich wertvolle Kinder zur Welt brächten. 3. die Sorge für diese Kinder.

Heinrich Himmler hielt zahlreiche Vorträge über die rassischen und erbbiologischen Gesichtspunkte, nach denen seine SS-Männer die Mütter ihrer Kinder auswählen sollten. Die Beiträge, die von den SS-Führern gezahlt werden mußten, erhöhten sich mit dem Alter, sie wurden nach jedem weiteren Kind gesenkt.
In einem SS-Leitheft wurden 1937 die Gründe für die sorgfältige Wahl der Ehefrau angegeben: Bei der Heirat mit einer kleinen rundlichen Frau sind 1. unharmonische Kinder zu erwarten, 2. kann es zu Geburtsschwierigkeiten kommen (Mißverhältnis zwischen Größe des Kindes und dem Geburtsweg), 3. sind bei kleinen gewichtigen Frauen Hormonstörungen vorhanden und 4. entsprechen sie nicht dem nordischen Schönheitsideal. Aus diesen und ähnlichen Gründen sind mehr als 50% der schwangeren Frauen abgewiesen worden.
Die administrative und medizinische Zuständigkeit lag beim SS-Führungsamt, das sich auf das von Heinrich Himmler gegründete Rasse- und Siedlungshauptamt stützte. Jedes Lebensbornheim beschäftigte einen Heimarzt, der gleichzeitig Heimleiter war, eine Oberschwester, einen Heimverwalter und eine Heimsekretärin. Alle waren Parteimitglieder oder waren bei der SS und unterstanden einem Leiter. Ab 1940 war Max Hollmann in dieser Funktion tätig. Gleichzeitig fungierte er als Standesbeamter und war für die Versorgung zuständig. Finanziell unterstützt wurde der Lebensborn anfangs durch Spenden von IG-Farben, Siemens, der Dresdner Bank, der Reichsbank und der pharmazeutischen Industrie.

Tätigkeit und Hintergrund. Dem Verein Lebensborn ist schon im Dritten Reich viel Mißtrauen entgegengebracht worden. Die privilegierte Stellung der dort gebärenden Mütter und die strenge Geheimhaltung der Herkunft der Kinder ließen Gerüchte um diese Fortpflanzungsstätte aufkommen. Was deutsche Frauen betraf, gab es drei Verfahrensmöglichkeiten, um in einem Heim aufgenommen zu werden. 1. Die schwangere Frau wendet sich an den Lebensbornverein, sie kann ihr Kind, wenn sie rassenbiologisch einwandfrei ist, in einem Heim zur Welt bringen. 2. Mädchen, die noch ledig sind, werden angeworben, ein Kind zu empfangen. Sie konnten von ihrem einjährigen Arbeitsdienst befreit werden, wenn sie sich bereit erklärten, in diesem Jahr in einem Lebensbornheim ein Kind zu gebären. SS-Männer auf Fronturlaub wurden mit ihnen in Heimen zusammengebracht, Tanzveranstaltungen taten das Übrige. Weiters gab es die Möglichkeit, als angestellte Schwester in den Offiziersklub der SS oder in den Heimen selbst mit den passenden Vätern in Kontakt zu kommen. Fronturlaubern wurde so Erholung geboten.
Der Lebensborn stellte Adoptiveltern bereit. Man erwog das Modell der künstlichen Fortpflanzung. Reichsgesundheitsführer Leonardo Conti empfahl die zusätzliche Schaffung von Heiratsinstituten unter staatlicher Kontrolle, damit nur ideale Partner eine Familie gründen konnten. Den ledig gebliebenen Frauen erspare man durch künstliche Befruchtung den psychologischen Komplex des sexuellen Erlebnisses. Conti reizten Experimente wie Gruppenkreuzungen, die seiner Meinung nach den rein germanischen Typus hervorbringen würden. In der künstlichen Befruchtung sah er den Weg, um von jeder Frau den Kinderbeitrag zur Gemeinschaft zu erzwingen. Heinrich Himmler verschob jedoch Contis Pläne und beschäftigte Conti mit dem Problem der Sterilität. Himmler verstärkte sein Plädoyer für freie und fruchtbare Liebesbeziehungen durch Äußerungen wie, „die heutige Form der Ehe ist ein satanisches Werk der katholischen Kirche" oder „Die Ehegesetze selbst sind unmoralisch." Man begegnete ihm mit Widerstand. Himmlers gesellschaftspolitische Utopien fanden ihre gesellschaftlichen Grenzen trotz verlockender und liberaler Argumentation. Die Realität übertraf die Utopien mit vollendeter Genauigkeit. Auch für die unehelichen Kinder von SS-Männern in besetzten Gebieten wurden Heime errichtet.
In rassisch wertvollen Gebieten wie Holland, Skandinavien, Belgien wurden die Mütter gezwungen, diese Kinder zu melden. Nach der Geburt adoptierte man sie einfach nach Deutschland. Mit Norwegen gab es sogar ein Abkommen, das diese Kollaboration mit Kinderhandel erleichterte. Viele Norwegerinnen wurden nach Deutschland gelockt und

zwecks „Aufordnung“ dort behalten. Die Kinder wurden dem Reich eingegliedert, oft sogar in die Familie des Vaters, dessen Ehefrau das Kind dann aufzog.
Zum großen Erstaunen der Planer von Lebensborn wurden auch behinderte Kinder von rassereinen auserwählten Frauen zur Welt gebracht. Lange Briefwechsel über einzelne Fälle zeigen die Betroffenheit über auftretende Anomalien. Untersuchungen entschieden, ob die Eltern dieser Kinder noch weitere Kinder zeugen dürften. Oft wurden Adoptionen einfach rückgängig gemacht, wenn sich zeigt, daß das Kind krank war. Behinderte Kinder nahm man von vornherein nicht auf, sondern brachte sie in spezialisierte Kinderheime. Dort starben sie plötzlich an „Mittelohrentzündung oder an bösem Schnupfen.“ Diese Kinder blieben meist zwei Wochen lang in diesen Heimen – Zeit genug, um die obligaten Untersuchungen, die der Forschung dienen sollten, durchzuführen. Dann erst erkrankten sie. Es war üblich, die Sterbeurkunde im voraus am Tag ihrer Ankunft exakt für den kommenden Todestag auszustellen.

Der Kindesraub. Das traurigste Kapitel der Tätigkeiten von Lebensborn setzte mit Beginn des Krieges ein. In den eroberten Gebieten begann man mit Hilfe von Rassenkennern germanisch aussehende Kinder aufzuspüren, von der SS entführen zu lassen und sie dann dem Lebensborn zu übergeben.
Heinrich Himmler erklärte diesen Menschenraub folgendermaßen:

> „Offenkundig wird es in einer Völkervermischung immer einige gute Typen geben, in diesen Fällen halte ich es für meine Pflicht, die Kinder an uns zu nehmen, sie aus ihrer Umgebung zu entfernen, wenn notwendig durch Raub. Entweder wir gewinnen jedes gute Blut, das wir brauchen können für uns und geben ihm einen guten Platz oder wir vernichten dieses Blut.“

Man plante, 30 Millionen Kinder auf diese Art zu entführen, doch nur die wertvollsten unter ihnen sollten tatsächlich adoptiert werden. Wieviele Kinder aus ihrer Heimat gerissen wurden, ist unbekannt. Die Spuren sind verwischt und die Namen umgeändert worden. Die Organisation Lebensborn arbeitete seit 1940 an dem Programm der Eindeutschung aus dem Osten entführter Kinder. In Polen teilten Sortierstellen die aufgelesenen Kinder in drei Gruppen ein: 1. wünschenswerte Bereicherung, 2. annehmbare Bereicherung, 3. unerwünscht. Mehr als 200.000 polnische Kinder wurden als rassisch nützlich erklärt, mehr als zwei Millionen galten jedoch als rassisch nutzlos. Man fing die Kinder in Suchaktionen zusammen, sortierte sie und brachte die rassisch nicht einwandfreien in Lager. Die wenigsten kamen zu ihren Familien zurück, verschwanden, und auch ihre Eltern wurden oft in Arbeitslagern getötet. Die entführten Kinder, die nicht an der Behandlung oder an kalten Transporten zugrunde gegangen waren, kamen vorerst in Umerziehungslager, um dann, nachdem man ihre Herkunft verschleiert hatte, zur Adoption freigegeben zu werden. Die kleinen Mädchen bekamen in vielen Fällen Hormonspritzen, damit sie möglichst schnell geschlechtsreif würden. Oft wurden sie zur Adoption nicht freigegeben, da es sich die SS vorbehielt, die Mädchen, sobald sie das 16. Lebensjahr erreicht hatten, zur Zeugung von Nachwuchs zu verpflichten. Adoptiveltern wären diesem Vorhaben vielleicht im Wege gestanden. Die Jungen unterwarf man hartem militärischen Drill, um sie baldigst als Soldaten einsetzen zu können. Zeugen berichten über die schrecklichen Qualen dieser Kinder, die man in Lager brachte und sortierte. Ein damals Zwölfjähriger berichtet heute:

> „Wenn dann nachts die Temperaturen auf minus 20 Grad sanken, erfroren sie. Wir mußten die auf ihren Pritschen festgefrorenen Kinder heraushacken und zum Friedhof bringen. Dort warfen wir sie in ein Massengrab, übergossen sie mit Kalk und deckten sie mit Erde zu. Manche waren noch nicht ganz tot. Wenn sie ohne Luftzufuhr zu ersticken begannen, dann bewegte sich die Erde über dem Grab wie ein Kornfeld im Wind. Täglich starben von drei- oder viertausend Inhaftierten durchschnittlich 120 Kinder.“

Das geschah 1942 im Lager Lodz im Namen der deutschen Rasse. Die meisten Kinder sind verschwunden geblieben. Der Krieg und der Rückzug der Deutschen aus den besetzten Gebieten machte diese Kinder zur Last. Viele erfroren irgendwo auf der Strecke in einem Waggon. Die man erfassen konnte, sterilisierte man oder brachte sie in ein Arbeitslager, wo sie den Tod fanden. Bis heute suchen Mütter ihre Kinder und kaum gelingt es den Kindern ihre Heimat wiederzufinden.

Erziehung und Nationalsozialismus

Die Ziele der Erziehung.

> „Der Nationalsozialismus ist eine Weltanschauung, die einen totalen Anspruch auf Geltung erhebt und nicht Sache zufälliger Meinungsbildung sein will. Das Mittel, diesen Anspruch durchzusetzen, heißt Erziehung."

Oberstes Erziehungsziel war die Erziehung zur Volksgemeinschaft. Darin erhalten ist die Erkenntnis über die Notwendigkeit und das Wesen der Blutreinheit. Die Kinder wurden über den hohen Wert des Erbguts, über Rassenhygiene und Volksaufartung belehrt. „Du stehst am Webstuhl deines Volkes." Das sollte jedem Kind rechtzeitig klar werden. Geistige Bildung wurde zurückgestellt, man stellte körperliche Ertüchtigung und kämpferische Gesinnung in den Vordergrund der staatlichen Ausbildungswege.

> „Wissen ist Hilfsmittel des Lebens, aber nicht sein Sinn. Und so werden wir auch konsequent sein und der breiten Masse des unteren Standes die Wohltat des Analphabetismus zuteil werden zu lassen."

Für Mädchen galt die Anhäufung von Wissensstoffen als besonders nachteilig für das gesunde Wachstum. Weibliche Intelligenzleistungen seien sogar schädlich, da man alle Kräfte auf die Gebärleistung zu konzentrieren hatte. Der gebildete Mittelstand wurde als „Intelligenzbestie mit Rückenmarksschwund," als „unbrauchbare Ausschußware der Natur" bezeichnet. Der schwarze Korps, die Zeitung der SS, behauptete, daß Intelligenzgrad und Zeugungskraft in umgekehrtem Verhältnis zueinander stünden. Die führende medizinische Zeitschrift des Landes schrieb das Absinken der Bevölkerungszahlen der Sucht zu, nach höherer Bildung und gesellschaftlichem Aufstieg zu streben. Wissenschaftliche Objektivität und Intellektualismus wurden abgelehnt, rassische Aufklärung im Schulunterricht wurde mit körperlicher Ertüchtigung gekoppelt. Die Zahl der wöchentlichen Turnstunden wurde auf fünf erhöht, sportliche Leistungen standen bei der Benotung im Vordergrund. Schüler mit körperlichen Leiden oder Unwillen zur sportlichen Gemeinschaft wurden in höheren Lehranstalten nicht zugelassen.
Hitler unterstützte diese Einstellung:

> „Meine Pädagogik ist hart. Das Schwache muß weggehämmert werden. Eine gewalttätige, herrische, unerschrockene, grausame Jugend will ich. Es darf nichts Schwaches und Zärtliches in ihr sein, das freie herrliche Raubtier muß erst wieder aus ihren Augen blitzen."

1939 wurde das Jahr der Gesundheitspflicht. Zehn Gebote gaben die Richtlinien zur Erhaltung der Gesundheit an: Das 1. und letzte Gebot zeigen die Absicht der Erzieher. Sie lauten: 1. Dein Körper gehört der Nation, denn ihr verdankst du dein Dasein, du bist ihr für deinen Körper verantwortlich. 10. Über all deinem Handeln steht das Wort, du hast die Pflicht, gesund zu sein. Adolf Hitler schwärmte für einen tadellosen Jungen und ein fabelhaftes Mädchen, die von der nationalsozialistischen Bewegung zusammengebracht werden sollten.

> „Nur der sei bereit, bedingungslos zu sterben, dem es auch erlebt sei, bedingungslos zu lieben. Kampf und Liebe gehören nun einmal zusammen."

Am Reichsparteitag 1936 wurde die Belohnung für Gehorsam und Pflichterfüllung in Aussicht gestellt.

„Wir erziehen für die deutsche Frau, für das deutsche Mädchen die männliche Jugend, die kommenden Männer."

Ein Erziehungssystem, das die Unterdrückung und Bestrafung als notwendige Mittel anerkennt, ist für einen autoritären Staat Voraussetzung. Erniedrigung und Demütigung brechen den Eigensinn des Kindes, machen es Führergestalten hörig und lassen es der Diktatur unempfindlich gegenüberstehen. Die vorherrschenden pädagogischen Theorien bestärkten den autoritären Menschen, der selbst so streng erzogen wurde, den Willen seines Kindes, indem er die eigenen, in ihm unterdrückten Wünsche erahnt, zu brechen. Alice Miller schreibt:

„Das Kind kann nicht davonlaufen. Und der Bürger eines totalitären Regimes kann sich nicht freimachen. Das einzige, was einem als Ventil bleibt, ist die Erziehung der eigenen Kinder. Und so mußten die unfreien Bürger des III. Reichs auch ihre Kinder zu unfreien Menschen erziehen, um irgendwie doch noch eigene Macht zu spüren."

Inhalt der Erziehung.

„Es ist zu spät, wenn die rassenpolitische Erziehung des Volkes erst mit dem 20. oder 25. Lebensjahr beginnt. Es scheint, als ob in unserer deutschen Jugend eine Erbanlage für Sauberkeit vorhanden ist."

Die beliebte Version des reinen deutschen Geistes, der seine Wurzeln im Germanentum bewahrt hat, die kernigen Aussagen über die Einigkeit von Natur und Stärke durchdrangen die Ideale der Jugendbewegung. Tugenden wie Ritterlichkeit und Ausdauer zieren eine mannhafte Persönlichkeit, die Betonung körperlicher und gefühlsmäßiger Härte tun der sittlichen Erneuerung keinen Abbruch. Im Gegenteil: Strenge und Unbarmherzigkeit machen die Sauberkeit des Handelns erst aus.
Heinrich Himmler formuliert das in einer Rede vor SS-Gruppenführern am 4. Oktober 1943 so:

„Es ist grundfalsch, wenn wir unsere ganz harmlose Seele mit Gemüt, wenn wir unsere Gutmütigkeit und den Idealismus in fremde Völker hineintragen. Ein Grundsatz muß für den SS-Mann absolut gelten: Ehrlich, anständig, treu und kameradschaftlich haben wird zu den Angehörigen unseres eigenen Blutes zu sein, zu sonst niemandem. Wir werden niemals roh und herzlos sein, wo es nicht sein muß – das ist klar. Wir Deutsche, die wir als einzige auf der Welt eine anständige Einstellung zum Tier haben, werden auch zu diesen Menschenkindern eine anständige Einstellung einnehmen. Von euch werden die meisten wissen, was es heißt, wenn 100 Leichen beisammen liegen, wenn 500 daliegen oder wenn 1000 daliegen. Dies durchgehalten zu haben und dabei, abgesehen von Ausnahmen menschlicher Schwäche, anständig geblieben zu sein, das hat uns hart gemacht."

Hitlers Pädagogen begannen 1933 planmäßig die Jugend für Kampf und Härte Feinden gegenüber vorzubereiten. Man bediente sich vereinfachend und verfälschend der Einsichten Darwins zur tier- und Pflanzenwelt und interpretierte sie als für den menschlichen Kampf um Dasein gültige Lehrmeinung.
In der Hitlerjugend bevorzugte man Sportstile, die Kampf, Kraft und Härte erforderten. Der neue Männertyp sollte diese Bedingungen erfüllen. Ein Erlaß erhob das Boxen zum Pflichtfach im Sportunterricht der oberen Schulklassen. Die Ziele der nationalsozialistischen Mädchenbildung waren ganz anders gesteckt. Eine BDM-Führerin erkannte 1944:

„Die große Masse unserer Mädel trägt den Wunsch im Herzen, später tüchtige Frauen und Mütter sein zu dürfen und bringt diesen Wunsch auch im persönlichen Leben mit der Erkenntnis in Verbindung, daß sie die Pflicht haben, sich gesund zu halten."

Die Nationalsozialismus-Frauenschaft organisierte Bräuteschulungen, im Volksmund erotische Bastelstunde genannt. Die außerschulische Erziehung der Mädchen erfolgte im BDM, umbenannt in Bedarfsartikel deutscher Männer oder Bald Deutsche Mutter. Sport, Gesundheitsdienst, Gymnastik und Körperpflege waren die Hauptgebiete weiblichen Interesses.
Am 18. Oktober 1935 wurde vom Informationsdienst der Reichsjugendführung die biologi-

sche Ehe verkündet. Man sanktionierte außerehelichen Geschlechtsverkehr. Diese Ermunterung sprach besonders Mädchen an, denen man voraussagte, daß sie aufgrund des Männermangels nicht alle einen Ehemann bekommen würden.
Besonders eifrige Befürworter zahlreichen Nachwuchses forderten Mädchen, wie dieser Schuldirektor seine Schülerinnen, auf:

> „Ein Kind pro Jahr, sofern er es verlangt. Hierzu braucht man durchaus nicht verheiratet zu sein, wie es euch dekadente Menschen einzuschwätzen versuchen. Weist daher die Anträge junger Männer nicht von euch, sondern unterhaltet sooft wie möglich intime Beziehungen mit ihnen, denn dies ist für euch oberstes Gebot."

Sexualerziehung fand besonders im Rahmen staatlich-militärischer Jugendlager statt. Die Folge war das Ansteigen der Schwangerschaften. Als 1936 annähernd 100.000 Hitlerjungen und BDM-Mädel am Reichsparteitag in Nürnberg teilnahmen, kehrten 900 Mädchen zwischen 15 und 18 Jahren schwanger nach Hause zurück. Trotz des genauen organisatorischen Rahmens war es den Behörden in 400 Fällen nicht möglich, den Vater festzustellen.

Die Führerliebe

Die Erforschung der massenpsychologischen Wirkung Adolf Hitlers muß von der Voraussetzung ausgehen, daß ein dermaßen erfolgreicher Führer nur dann Erfolg haben kann, wenn seine Persönlichkeit und seine Anschauungen mit den durchschnittlichen Erwartungen und Sehnsüchten des Volkes übereinstimmen. Es ist ungenügend, wenn man die Faszination Hitlers allein der Demagogie, der Irreführung oder gar seinen wirtschaftlichen Maßnahmen zuschreibt. Die möglichen, hier kurz aufgezeigten Motive der Führerverehrung sollen ergänzend sein.
Die Autorität. Die eigentliche autoritäre Vatergestalt des Führers, wohlbekannt aus der Kindheit, unterstützte die als Ersatzhandlung anstelle von wirklicher Befreiung gefundenen Sehnsüchte und Gefühle. Die gesinnungsmäßige Identifizierung mit der vertrauten Obrigkeit läßt zur Belohnung ein neues Selbstwertgefühl aufkommen.
Der Bürger Hitler. Was sind die Gründe für die Sympathie, die man Hitler entgegenbrachte? Die Faszination bestand in der Verschmelzung des Bildes des allzu menschlichen Hitlers, des Images des Mannes aus dem Volk mit der Vorstellung des allmächtigen Diktators. Die Idylle der Hitlerschen Privatsphäre, die bis zu den äußersten Grenzen des Kitsches stilisiert wurde, bot die Möglichkeit des Mitfühlens und der großzügigen Vergebung gestandener menschlicher Schwächen.
Das kleinbürgerliche Glück, das durch die geistige Verwandtschaft mit Hitler erfahren wurde, belächelte die Schwächen des Führers, dessen irdische Genüsse Süßigkeiten, sentimentale Filme und Plaudereien beim Kaminfeuer ausmachten. Gleichzeitig faszinierte die scheinbar unbegrenzte Macht dieses Mannes, der radikal über Leben und Tod entscheidende Ideen bei Kaffee und Kuchen entwickelte.
Die unmittelbare Nähe von Tod und Harmlosigkeit, von Popularität und Einsamkeit ergab eine Spannung, die möglicherweise eine erotische Komponente enthält.
Der Mann der Nation.

> „Wir grüßen dich, Führer, in heiliger Stunde. Wir grüßen dich, Führer, mit bebendem Munde und rings um uns brennt von den Flammen das Land. Nimm unsere Rufe, nimm unsern Segen, nimm unsere glühende Liebe entgegen, für die sich kein Maß und kein Ausdruck fand."

Adolf Hitler selbst hielt sich für den höheren Gatten aller deutschen Frauen.

> „Ich bin bereits verheiratet, meine Frau ist Deutschland."

Man schmeichelte:

> „Hitler liebt jeden deutschen Volksgenossen und vergibt jedem, was menschlich schwach in ihm ist. Er liebt dich und mich, er liebt das ganze deutsche Volk und Liebe ist es, die alle zu ihm zwingt."

Hitler als allmächtiger und liebender neuer Gott, der Lebemann, der weiß, was gut ist. Kirchgänger, die darüber betrübt waren, daß Hitler keinem Gottesdienst beiwohnte, schritten zum Gebet zur Vergebung seiner Sünden und baten um die Erleuchtung seiner Seele. Es gibt zahllose Geschichten über die Verehrung Hitlers.
Er erhielt körbeweise Briefe von Verehrerinnen, die verheiratet waren, ihn aber baten, ihren Kindern ein guter Vater zu sein. Es kam sogar vor, daß schwangere Frauen seinen Namen während der Wehen ausriefen. Patientinnen riefen seinen Namen vor der Operation, junge Mädchen warfen sich vor seinen Wagen, Mädchen des BDM erschienen nackt unter dem Uniformmantel, um Wache zu halten. Millionen von Briefen wurden an den Führer geschickt, tausende Kissen ihm zu Ehren gestickt. Frauen durchbrachen die Sperrketten der SS, stürzten zur Bühne, drückten weinend die Hand Hitlers.

> „Wir haben gewartet, wer von ihnen durchbreche zur Macht, von wo der Retter käme"

schreibt eine evangelische Jugendführerin engagiert.

> „Endlich erschien der Führer. Er blieb einen Augenblick stehen und sah uns alle ganz fest an. Ganz langsam stieg er dann die Stufen herab und reichte jeder von uns die Hand. Die schönsten Minuten meines Lebens waren zu Ende."

Verbotene Sexualität

Der § 4. In der deutschen Industrie und Landwirtschaft waren hundertausende Fremdarbeiter, Zwangsarbeiter und Kriegsgefangene beschäftigt. Am 25. November 1939 wurde die Verordnung zum Schutz der deutschen Wehrkraft erlassen. Sie stellte neben Wehrmittelbeschädigung, Störung wichtiger Betriebe und Gefährdung der Wehrmacht befreundeter Staaten im § 4 auch den verbotenen Umgang mit Kriegsgefangenen, insbesondere aber den Geschlechtsverkehr mit diesen, unter hohe Zuchthausstrafe. Es kam aber nicht nur zur Bestrafung durch ordentliche Gerichte, sondern auch zur Selbstjustiz von Mitbürgern. Oft war die Polizei gezwungen, Beteiligte vor dem erzürnten Mob zu schützen. Sadistische Mißhandlungen der Mädchen und Lynchjustiz ließen Bestrafungen zu zeremoniellen Formen der Demütigung werden. In Thüringen wurde sogar ein dreiteiliger fahrbarer Galgen benützt, um öffentliche Hinrichtungen von polnischen Landarbeitern, die gegen den § 4 verstoßen hatten, an Ort und Stelle durchführen zu lassen. Frauen wurden gedemütigt, geschlagen und eingesperrt. Sogar hier legte man Wert auf den Unterschied zwischen der deutschen und der ausländischen Frau. Tschechinnen wurden härter und länger bestraft. Die Bevölkerung war mit dem Verbot sexueller Beziehungen zu Serben, Russen und Polen einverstanden, fand aber weniger Unrecht in Verhältnissen mit Franzosen. Für die betroffenen Ausländer bedeutete die Entdeckung ihres Verhältnisses mit deutschen Frauen meist den Tod.

Die volksfremden Mädchen. Geschlechtliche Beziehungen zwischen den deutschen Männern und ausländischen Mädchen und Frauen wurden dagegen nur milde verurteilt. Die sexuellen Kontakte wurden nicht nur hingenommen, man organisierte sogar eine billige Art der Empfängnisverhütung, weil die einzige Gefahr in der Aufartung minderwertiger Volksgruppen gesehen wurde.
Reichsgesundheitsführer Leonardo Conti regte bei Hitler die Idee der Massenherstellung chemischer Präparate an, die man in den besetzten Gebieten an die weibliche Bevölkerung verteilen sollte. Etwaige gesundheitliche Nachteile nach Gebrauch dieser Mittel mußten aufgrund der Rohstoffknappheit in Kauf genommen werden.
Himmler arbeitete zusätzlich folgende Richtlinien aus: 1. Frauen und Mädchen der annektierten Ostgebiete seien zur Abtreibung zu ermutigen. Verhütungsmittel sollten leicht erhältlich sein. 2. Diesen Völkern sei jegliche ärztliche Betreuung wie Impfungen, chirurgische Eingriffe und Schwangerenberatung zu verweigern. 3. Die Propaganda sollte Kinderreichtum

als schädlich und für die Frau gefährlich verurteilen. 4. Werbung für Sterilisation der Frauen. 5. keine Bekämpfung der Kindersterblichkeit. 6. keine neuen Kinderheime. Heinrich Himmler war in diesen Belangen sehr rührig. Am 20. Juni 1942 erging folgendes Schreiben Himmlers an den SS-Obergruppenführer Friedrich Wilhelm Krüger, einen höheren SS- und Polizeiführer Ost:

> „Der Geschlechtsverkehr eines Angehörigen der SS oder Polizei mit einer Polin wird grundsätzlich als militärischer Ungehorsam gerichtlich bestraft. Ich verkenne die Schwierigkeiten nicht, die in geschlechtlicher Hinsicht für die Männer der SS und Polizei im Generalgouvernement bestehen. Deswegen will ich auch gegen den Verkehr in Bordellen oder mit unter behördlicher und ärztlicher Kontrolle stehenden Sittendirnen nichts einwenden, da hierbei weder eine Zeugung noch irgendwelche innere Bindungen zu erwarten sind.

Die Prostitution. Auch die Prostitution wurde unter dem Gesichtspunkt der rassistischen Bevölkerungspolitik gesehen. Die Prostitution wurde als Übel abgetan, gegen das man später einmal rigoros vorgehen wolle. Mein Kampf:

> „Die Prostitution ist eine Schmach der Menschheit, allein, man kann sie nicht beseitigen durch moralische Vorlesungen, frommes Wollen usw., sondern ihre Einschränkung und ihr endlicher Abbau setzen eine Unzahl von Vorbedingungen voraus."

So streng man gegen die Prostitution in Kampfschriften und bevölkerungspolitischen Aufrufen vorging, so verständnisvoll zeigte man sich pragmatischen Überlegungen gegenüber. Die Hoffnung, daß die Gefahr der Homosexualität junger Männer verringert werden würde, die sexuellen Bedürfnisse von Zwangsarbeitern, Kriegsgefangenen, Soldaten und die Möglichkeit, durch staatliche Organisation von Bordellen die Prostitution unter Kontrolle zu bringen, waren die ideologischen Rechtfertigungen für den weiteren Bestand von Bordellen.

Zwei Erlässe des Reichsministeriums des Inneren verfügten 1939 und 1940 im gesamten Reichsgebiet die Einrichtung von Bordellen. Ende 1943 waren zum Schutz des deutschen Blutes 60 Bordelle für ausländische Arbeiter in Betrieb und 50 weitere wurden geplant. Für die Einrichtung und Versorgung steuerte der Staat etwa 100.000 Mark bei. Pro Bordell waren ca. 600 Prostituierte aus Polen, Mähren und Frankreich tätig. Alle standen unter gesundheitlicher und polizeilicher Kontrolle. Für Verpflegung, Licht und Wäsche mußten sie einen Teil ihrer Einkünfte abgeben. Noblere Etablissements nützte man zu Spionage und Kontrolle der Besucher.

Am Rande bemerkt sei noch eine besonders originelle Idee Heinrich Himmlers. Im Namen des Volkswohls versuchte man Sperma als ein Ersatzmittel für Bluttransfusionen zu verwenden. So ordnete man an, daß Prostituierte nach dem Gebrauch von Präservativen das Sperma aufzubewahren haben. Die hierfür vorgesehenen Behälter wurden dann einmal in der Woche von Sonderbeauftragten des Forschungsinstituts abgeholt. Das alles wurde streng geheimgehalten. In Warschau mußten die Männer ihre Soldbücher und Waffen beim Eintritt abgeben, erhielten dann Präservative, die allgemein „Nahkampfsocken" genannt wurden, und meldeten sich beim Verlassen des Etablissements bei einer Sanitätsstelle, wo sie eine sogenannte Sanierspritze bekamen. Im Sommer 1943 traf Heinrich Himmler die Anordnung, daß in den KZs Bordelle einzurichten seien. Das Lagerbordell bekam den Namen „Sonderbau" und diente der SS zur Bespitzelung von politischen Häftlingen. Man zwang in Buchenwald den Lagerältesten der Politischen zum Besuch eines solchen Sonderbaus. Die Absicht der SS wurde jedoch vereitelt, die Politischen blieben oft standhaft. Die Mädchen hatten sich auf das Versprechen, nach sechs Monaten entlassen zu werden, gemeldet. Die Besuchszeit betrug 20 Minuten, und um diese zu überschreiten, versuchte man den Frauen Geschenke zu machen. Es kam zu Korruption, wüsten Schlägereien, und die Mädchen fügten sich in ihr Schicksal. Sogar im Schatten der grausamen Vernichtungsmaschinerie ergänzen sich Geschmacklosigkeiten und Brutalitäten des Regimes in unauffälliger Weise.

ÜBER KRIEG UND VERBRECHEN – LAS CASAS ODER DIE ZERSTÖRUNG VON WESTINDIEN

Otto A. Graf

Die Glosse, die ich in memoriam Friedrich Heer spreche, hat mit dem Thema des Symposiums nicht sehr viel zu tun. Sie werden es mir gütigst verzeihen und einem Mann zuhören, der aus der schreienden Aktualität des 16. Jhs. heraus ruft an die Adresse aller Teilnehmer am planetaren Bürgerkrieg des 20. Jhs., der seit dem Ende des 15. Jhs. tobt, und sich jetzt in einer akuten Phase befindet, worin entschieden wird, ob der edle Stern Erde oder der planetare Bürgerkrieg das letzte Sterbenswort haben wird.

Ich setze ein naives Fragezeichen, sonst nichts, eine Frage, an eine nicht vorhandene Anthropologie. Die Anthropologie beschäftigt sich fast ausschließlich mit „Naturvölkern", d.h. mit Völkern, welche die technische Zivilisation jetzt vernichtet. Die Lehre vom Menschen unter der apriorischen Voraussetzung, daß es ein Verbrechen ist, von den Verbrechen der Geschichte nichts zu wissen, d.h. nichts wissen zu wollen, meine ich. Denn nichts von ihnen zu wissen ist ja unmöglich. Dieses Nichtswissenwollen setzt die Verbrechen fort, um sie im günstigsten Moment noch schlimmer zu wiederholen, wieder hervorzuholen. Wer nicht zugibt, was er getan hat, der möchte es für sich behalten, er will es nicht hergeben und nicht von sich weglassen. Es muß also sein Besitz bleiben, immer eigengedenk des Satzes von Thomas, der gesagt hat, das Böse sei ein bloßer Mangel. Der Verbrecher glaubt immer, er tue etwas Gutes. Denn etwas für sich selbst tun und etwas für sich selbst haben wollen, ist ja Verbrechen, weil es nur für ihn gut sein soll. Daher zerstört es ihn selbst und die, die es um das beraubt, was der Täter für sich haben will. Das Verbrechen ist der schrankenlose Eigennutz, der sich selbst zerstören muß und daher die Vernichtung des anderen zur Voraussetzung hat. Das unsinnige und schamlose Gerede, das seit dem Intrigieren um die Schuldzuweisung am Ausbruch des 1. Weltkrieges zuerst unter Politikern des Jahres 1914 und seither unter ihrem dummen August, den Historikern, die bösen Absichten und die großen Räuberbanden, Generalstäbe, Kapitalgesellschaften und ähnliche Ungeheuer unter dem Zuckerguß der Ehrenhaftigkeit verstecken will, hat sich gerade jetzt wieder einmal unter dem Titel Vergangenheitsbewältigung bemerkbar gemacht. Diese ist ein weiteres Verbrechen, nämlich die Vergewaltigung der geschichtlichen Wahrheit zu dem Zweck, möglichst unschuldig dazustehen oder davonzukommen und jemanden zu finden, dem das, was noch nicht weggeleugnet werden kann, in die Blutschuhe zu schieben. Das aber geht nicht. Denn es gibt seit Jahrhunderttausenden nur ein einziges handelndes Subjekt auf Erden, die Menschheit. Alles, was sie tut und verbricht, fällt ihr zur Last und belästigt daher alle ihre Mitglieder. Die einen mehr, die anderen weniger, je nachdem, wie weit sie sich eben räumlich, zeitlich oder kulturell, also nach dem Grade ihrer Verantwortung, vom Zentrum der Eruption entfernt befinden.

Ich weiß, daß ich mich in dieser Subjektivität in jedem Verbrechen der Geschichte impliziert fühle seit dem mythischen Geschehen zwischen Kain und Abel. Es wird immer meine Sache verhandelt, es wird ihre Sache verhandelt. Das bedeutet nämlich das Wort Hegels, die Weltgeschichte sei das Weltgericht. Dazu gehört ja auch sophokleische Mitleidenspflicht der Antigone, die einsieht, daß dem Täter nach dem Maß der Untat Sympathie, d. h. Mitleiden mit dem, was ihn dazu geführt hat und was er getan hat, entgegenzubringen ist, damit wenigstens nachher die Kette des Bösen aufgesprengt werde durch das Bemühen zu verstehen, was geschehen oder was nicht geschehen ist. Wir können und dürfen diejenigen

nicht aus der Menschheit ausschließen, die deren Verbrechen ausführen. Die Hölle, das sind die anderen, nein das sind wir alle, vom Australo pitecus bis zum Übermenschen, dem vielleicht möglichen!
Der Abgrund, von dem Arthur Cohen gemeint hat, er habe sich geöffnet und ein Drittel des jüdischen Volkes verschlungen, bezieht sich auf den ganzen edlen Stern Erde. Ich empfehle Ihnen sein Buch „The tremendum", das vor einigen Jahren erschienen ist.
Die Frage lautet, gibt es eine Wissenschaft vom Bösen, vom Übel, vom Unheil, vom Verbrechen. Anders ausgedrückt: kann der Mensch aus der Geschichte etwas lernen? Eine banale Frage, die sehr schwer, d.h. nicht zu beantworten ist. Z.B. wie ist ein Hitler zu verstehen, der 60 Millionen Tote, also Mordopfer, weil Selbstmordopfer brauchte, bis er endlich seinen Selbstmord wagte, den er lange vorher angekündigt hatte. Wie ist er zu verstehen? Wenn wir von einer solchen Wissenschaft vom Übel reden oder vielleicht vermuten, daß es sie geben könnte, so meine ich natürlich nicht die biedere Kriminologie, die sich mit der Aufklärung von meist recht biederen Abscheulichkeiten beschäftigt, damit sich die Gesellschaft durch die Verfolgung von polizeilichen Straftaten ein einigermaßen und immer zugegebenermaßen recht schlechtes Gewissen verschafft. Dieses schlechte Gewissen ist nämlich schon das beste Gewissen, das möglich ist. Ein gutes Gewissen gibt es ja nicht. Nein, ich meine etwas Menschliches. Die Frage heißt, was ist denn überhaupt das Böse? Gibt es das wirklich und überhaupt? Ist nicht vielleicht die Welt an sich böse und daher die praktische Wissenschaft des Bösen, wie alle Pessimisten im Grunde des Herzens grimmig hassend verkünden, die vom praktischen Pessimismus des Wiener Grants bis zum philosophischen System Schopenhauers und der Inder reichen. Die Welt ist ein Wirtshaus des Teufels, sagt Luther einmal. „Diese Welt ist eine große Räuberhöhle, ein magnum latrocinium", sagt Augustinus, ungezählt andere manichäische Definitionen des Weltanschauens nicht gerechnet, die dieses Kreisen der Gottlosen wie das Augustinus, der große Pessimist Europas, der im 19. Jh. so fleißig ausgeschrieben worden ist, genannt hat, in allen möglichen Philosophien auf diese oder jene Weise meinen. In einer solchen Welt muß die Strafgewalt zürnen, muß das Gericht toben. In einer solchen Welt ist die Justiz kein Justizirrtum, ist der Justizmord, die Todesstrafe, geboten, ein Gebot, ist der Massenmord, der Mord der Masse am Einzelnen die Bestätigung von Recht und Staat, also der Weltordnung.
Wissenschaften oder die Wissenschaft vom Bösen gibt es! Es gibt sogar Lehrbücher des Totalitarismus und der schlimmsten Gewaltherrschaft. Es gibt zahlreiche Wissenschaften der Endlösung der Menschheit. Platon wußte vom Selbsthaß des Einzelnen, der zum Krieg führt. In den Nomoi kann man das nachlesen. Der Selbsthaß im einzelnen sitzt da drinnen und führt zu Kriege. Platon war gar kein Freund des Kriegführens. Er hat ihn in den Nomoi unter strengste Zucht gestellt.

Das indische Arthasastra von Kautilja, ein sehr wenig bekanntes Buch. Kautilja, ein Kanzler der Fürsten, der großen Kaiser von Paaliputtra (um 200 v. Chr.) gibt eine ausgebildete, systematische Staatstheorie aller Verbrechen im Dienste und zum Fundamente des ganz bösen Machtstaates. Es gibt eine Übersetzung aus dem Jahr 1926 von Johann Jakob Meyer. Ich empfehle Ihnen dieses Buch, damit Sie wissen, was man von der asiatischen Weisheit in mancher Hinsicht zu halten hat. Im Arthasastra ist alles, sogar der fetischistische Geschlechtsverkehr mit Statuen staatlich durch Geldstrafen, d.h. durch Besteuerung – eine Geldstrafe ist eine Besteuerung, sonst nichts – geregelt. Dieses Buch übertrifft die möglichen und sicher auch existierenden Handbücher des KGB, der CIA und der Gestapo bei weitem. Es ist von einem Mann mit hohem philosophischen und theologischen Verstand geschrieben. Es wird selten erwähnt, erst im Jahre 1907 ist die Handschrift aus den geheimen Verliesen der Macht aufgetaucht. Es ist ganz ungeniert, wenn es angibt, wie man in der schönen Welt des Hinduismus und Brahmaismus politische Gegner in Tempeln durch das Herabfallen von Steintrümmern von Götterstatuen ermorden kann. Es ist angegeben, wie man mit chemischen Mitteln Erscheinungen macht zum Zweck der terroristischen Einschüchterung der Menschen. Es ist genau angegeben, wie die politische Kriegsführung, die Spionage, die Diplomatie, die systematische Zerrüttung von Staatsfinanzen zu machen ist. Es ist genau angegeben, wie man die gefährlichsten und widerlichsten Erscheinungen der Gesellschaft zur Spionage verwenden kann. Das Arthasastra weiß ganz genau, daß sich bestimmte Menschen am besten eignen für die staatliche Spionage. Asketen, Büßer, Nonnen, Mönche – das mystische klerikale Proletariat läßt sich am besten für diese Dinge einspannen. Die Paranoia der furchtbarsten menschlichen Erfindung der Weltgeschichte, des kriegerischen Nationalstaates, dieses Paradies des Wahnsinns, ist vor mehr als 2000 Jahren und etwa gleichzeitig bei den chinesischen Legalisten zum wissenschaftlichen System der Politik geworden. Der Vorsprung der Wissenschaft des Bösen wird durch die Wissenschaft vom Bösen schwer aufzuholen sein, wenn diese jene nicht genauestens zur Kenntnis nimmt, damit die Zwangsherrschaft der selbstverständlichen Zwangslogik, daß der Staat eine große Räuberhöhle sein muß, aufgehoben wird durch das Erscheinen der Wahrheit, des Weltfriedens, wie ihn Jesus, Buddha, Thomas Morus und Erasmus und Kant gesehen haben, aus deren Lehren wenigstens die Konsequenz gezogen werden könnte, daß der Nationalstolz die schlimmste, weil verbrecherischste Form der sozialen und planetaren Geisteskrankheit darstellt. Das 20. Jh. hat diesen Satz wahrscheinlich über allen Zweifel erhaben gemacht.

Die Wissenschaft vom Bösen wäre selbstverständlich Teil der Lehre vom guten Handeln. Sie gehörte zur praktischen Theorie vom gesellschaftlichen Tun. Sie hat einen großen Gegner, die wohlorganisierte Wissenschaft des Bösen, die es wirklich gibt, überall dort, wo es Universitäten, Forschungsinstitute und Ausbildungsstätten, bürokratische Apparate und simple Killerkommandos gibt, wie die Rüstungsindustrie, die etwa die Hälfte der Wissenschaftler und Techniker, die mit Forschung und Entwicklung beschäftigt sind auf dem Planeten, bezahlt für die Vorbereitung des planetaren Selbstmordes. Reinhold Schneider hat darauf hingewiesen, daß man Waffen ja nicht verbessern, sondern nur verschlimmern kann. Die Schulen der Geheimpolizei, z.B. im Waldviertel gab es so etwas, die Folterwissenschaften samt ihren Psychiatern, die es längst gelernt haben, keine äußeren Spuren ihres Terrorismus an den Opfern zu hinterlassen. Die 14 Leute in Chile, um die gerade gestritten wird, zeigen keine Narben mehr. Das ist nicht mehr notwendig. Oder die Gewerbeschulen, die zum Anlernen der SS dienten, die das, was sie in den KLs ausgeführt hat, ja auch irgendwo gelernt und studiert haben mußte. Man kann nicht Menschen zum Massenmord hinstellen und erwarten, daß das dann funktioniert. Ich erinnere Sie an die professoralen Ungeheuer, die im Münchner Ärzteprozeß schattenhaft auftauchten, den Prof. Hirt von Straßburg, der eine Sammlung von merkwürdigen anthropologischen Erscheinungen zusammenbrachte, die er allesamt in seinem Institut umgebracht hat. Oder der Herr Kollege Krämer an der Rampe von Auschwitz, ein Universitätsprofessor. Er hat dort nichts anderes gemacht, als Dienst getan an der Rampe, links, links, einmal rechts. 90% links.
Ich zitiere ein aktuelles Zeugnis für die furchtbare Perversion der Wissenschaft. Ich schweige natürlich von Wiener psychiatrischen Großgutachtern. Nehmen wir einen der tatkräftigen Erbauer der Atombombe zur Hand... Im Scientific American schreibt April 1987 ein Theodore B. Taylor einen Artikel über third generation nuclear weapons, die dritte Generation – die vermehren sich ja bekanntlich. Dieser Mann ist der Präsident und chairman „of NOVA Inc., a company that does research and development in the field of renewable energy cources". Er hat an den berühmtesten Universitäten studiert, u.a. war er in Berkely und im Los Alamos Scientific Laboratory. „He worked on the design of nuclear weapons." Die müssen ja gemacht werden, Atombomben entstehen nicht von selbst, wie der Hinweis third generation eigentlich meint, nur Menschen entstehen ja fast von selbst, Atombomben entstehen nicht von selbst. Von 1956–64 war er bei der General Atomic Division of General Dynamics und von 64-66 „deputy director of the defense atomic support agency, which is now called the defense nuclear energy". Jetzt lehrt er als Professor für mechanical

und aerospace engineering in Princeton. Er sagt in Zusammenhang mir der Entwicklung der Atombomben, die sich von denen von Nagasaki und Hiroshima ungefähr so unterscheiden, wie Schwarzpulver von einem modernen Gewehr: „Speaking as one who worked on the design of nuclear weapons perhaps the most stimulating factor of all was simply the intense exhilaration that every scientist of engineer experiences when he or she has the freedom to explore completely new technical concepts and then to bring them into reality." Exhilaration heißt bekanntlich Heiterkeit, Freude, Begeisterung – das hat der Mann gemacht. Ein würdiger Nachfolger des Projekts Manhattan, wo man 20.000 Wissenschaftler und Techniker in ein bequemes Konzentrationslager gesteckt hat, um die Atombombe zu bauen. Er spricht von den neueren Anwendungsmöglichkeiten der Kobaltbombe, von der man ja gesagt hat, eine einzige würde genügen, um den Planeten mit seinem ganzen Leben zu zerstören. Kobalt ist, radioaktiv geworden, das gefährlichste tödliche Gift, das es geben kann. Es gibt also Fachmänner des Bösen, vermutlich auch Fachweiber des Bösen, Allerbösesten mehr als genug. Die Frage ist, gibt es auch denkstarke Harmartanologen, Denker des Sündhaften, der Sünde, des Bösen, des Übels, die es durch das Denken wenigstens analytisch aufzulösen wüßten?

Teilhard de Chardin, heute vergessen und im Kerker der Weltangst verdrängt, fragt in einem Brief an eine marxistische Freundin, an eine Kommunistin, die ihn auf alles Mögliche aufmerksam gemacht hat, im Jahr 1938. Er redet da von der Zukunft und von der Wissenschaft: „Diese Zukunft kann ganz offensichtlich nicht umhin, immer mehr unter der geistigen und materiellen Kontrolle der Forscher zu stehen, aber bisher ist die Forschung noch egoistisch und ohne Sinn. Wissenschaftler sind engstirnig, kurzsichtig, haben im allgemeinen ein unterentwickeltes Herz. Sie sind trocken und unmenschlich und so oft häßlich. All das, weil sie graben, ohne nach einem Himmel auszuschauen." Das sind außergewöhnliche Wissenschafter, die Atombomben erfinden, da braucht man wirklich die besten Physiker. Bethe war vor kurzem in Wien und wurde im Radio gefragt, was denn so die Physiker – er ist einer der Erfinder der Wasserstoffbombe, der von SDI nichts mehr wissen will – machen. Da sagt er, es gäbe verschiedene Gruppen. Die einen wollen am SDI mitarbeiten, weil ihnen das Geld einbringt – man muß sagen, das ist eigentlich noch der vernünftigste Grund. Die anderen aus politischer Überzeugung – das sind offensichtlich völlig paranoide kalte Krieger, heiße kalte Krieger. Und dann gibt es welche, die tun es, weil die Schwierigkeit der Sache so groß sei. Wenn man jemandem ein schwieriges Problem gibt, so wird dessen ganze Kreativität hervorgerufen. Auch solche Endlösungswissenschaftler gibt es. All das, weil sie graben, graben, man könnte fast sagen, das Grab der Menschheit schaufeln, ohne nach irgendeinem Himmel auszuschauen. Diese Leute durchschauen die Hölle in sich und in der Welt nicht. Warum tun sie das? Warum sehen sie nicht, welche Hölle sie machen, in der die Menschheit unter Umständen innerhalb einer halben Stunde verschwinden könnte. Das tun sie deswegen, weil sie egoistisch sind, engstirnig und kurzsichtig, weil sie unmenschlich und häßlich sind, was bekanntlich von hassen kommt. Häßlich ist das, was der Haß entstellt hat. Die Exhilaration des Herrn Taylor ist ganz prächtig ausgewachsener Haß. Denn es kann nicht behauptet werden, daß das Herstellen von Atombomben aus menschlichem Mitgefühl geschieht. Teilhard wurde vorgeworfen, er habe in seinem optimistischen kosmischen Gedankengebäude über die menschlich-göttliche Zukunft dem Übel nicht gebührend Raum gegeben, worauf er seufzend oft replizierte, ihr seid alle vom Übel hypnotisiert, d.h. unfähig, es zu erkennen. Das ist der Grund, weswegen es eine solche Wissenschaft vom Bösen nicht gibt, denn sie würde voraussetzen, daß der Erkennende vom Bösen zumindest lassen will, also die Hypnose, den Schlaf des Gedankens aufbrechen will, damit er wenigstens nicht mehr von der verbalen Form des Verbrechens, der Lüge oder der Verdrängung um die Wahrheit betrogen wird.
Der Berufsstand, der sich vornehmlich um das wissenschaftliche Lügen besorgt zeigt, ist der der Historiker; besonders die deutschen Historiker des 19. und 20. Jhs. haben mannhaft

gekämpft an der vordersten Schreibtisch- und Kathederfront der politischen Verblödung und Verhetzung, die zu den beiden Weltkriegen führte, die ohne wissenschaftliche Kathederpropaganda von 60 oder 70 oder mehr Jahren nicht zu machen gewesen sind. Darüber gibt es viel Literatur, Berge von Literatur, die sich sogar bis in die Reklambibliothek begeben hat. Es ist unglaublich, wie dumm, menschenfeindlich und blöde Professoren im allgemeinen sind, wenn sie über Dinge reden, von denen sie nichts verstehen, also über fast alles.
Hier beschäftigen wir uns in kurzer Form mit dem Begründer der historiographischen Wissenschaft vom Bösen, mit dem Dominikanermönch Fray Bartholomé de las Casas, der Zeitzeuge, Empiriker, Soziologe – er war im Grunde der Begründer der empirischen historiographischen Soziologie – Archivar, Historiker, Jurist der Conquista Nord- und Südamerikas gewesen war. Er war das mit solchem Erfolg, daß er den Spaniern bis heute als ein ganz gemeiner Schuft gilt, ein Verrückter, ein Verleumder der spanischen Ehre, ein Anschwärzer der spanischen Ehre, legendra negra nennt man es in Spanien noch immer, die Anschwärzung der spanischen Ehre. Der Wiener, der einmal Spanisch gekonnt hat im 16. Jh., sagt bekanntlich, daß darf nicht wahr sein, wenn er der Wahrheit gegenübersteht. Die Wahrheit darf nicht sein. Einer nennt ihn sogar im 17. Jh., als man seine Pamphlete schon im weltanschaulichen Krieg der protestantischen durch und durch verheuchelten Seemächte gegen die durch und durch verheuchelten Spanier verwendet hat, er sei ein Fanatiker und boshafter Bischof. Einer dieser spanischen Historiker nennt ihn sogar einen Marxisten, was in der Zeit Francos das ärgste Schimpfwort, das einen zum Richter bringen konnte, gewesen ist, das man sich vorstellen konnte. Nun war der Mann im 16. Jh. schon lange tot. Er gilt jedenfalls als kompletter Paranoiker, der maßlos übertreibt und wahnsinniges Zeug zusammenschwätzt. Selbst noch der neueste Meyer meint, daß er maßlos propagandistisch übertrieben habe. Bestenfalls ist er ein Pamphletist, der übertreibt. Nun übertrieben hat er nichts, wie jeder Zeitungsleser, der verfolgt, wie heute in vielen Teilen der Erde vorgegangen wird, weiß. Las Casas war bloß ein Historiker, der sich nichts vorgemacht hat und am Malen von erbaulichen patriotischen Historiengemälden zum Ruhm der Nation, welcher auch immer, nicht teilgenommen hat. Er hat immerhin erreicht, daß Karl V. legislativ die Mißstände in Südamerika abstellte, was freilich nichts oder kaum etwas Praktisches bewirkte. Die Ausrottung der Indios und der Natur geht weiter. Erst vor einigen Tagen hat in Wien ein Kongreß über den Mord am Regenwald und den Indianern in Brasilien stattgefunden. Die Katholische Jugend hat 47.000 Unterschriften gesammelt und selbstverständlich damit alle Schimpfworte, die auf Las Casas seit Jahrhunderten herabgeprasselt sind, auf sich gezogen. Vom brasilianischen Innenminister, von der Presse – vor allem von der sogenannten konservativen Presse –, von den Minen- und Bergwerkgesellschaften, die das Amazonasgebiet jetzt verwüsten, und wie könnte es auch anders sein, vom sogenannten – der ORF ist immer sehr vornehm – konservativen Kardinal von Sao Paulo. Die haben aufgeschäumt, als ob es eine Superwaldheimaffaire gewesen wäre, eine Einmischung in die inneren Angelegenheiten usf. Als ob es nicht die Pflicht eines Menschen wäre, wo man Menschen ermordet, zu protestieren. Hören wir also den Begründer der historisch-empirischen soziologischen Wissenschaft vom Menschen, der sich selbst und den anderen ein böses Wesen ist, an.

Die Conquista, die bekanntlich von Kalifornien bis Feuerland getobt hat und immer noch tobt (denn es gibt noch eine Menge Gegenden, wo sie noch nicht hingekommen ist) übertrifft aus Gründen der zivilisatorisch wenig entwickelten Kultur des 16. Jhs. in einigem die deutschen Ostlandszüge von 1914 und 1939 bei weitem. Der Stolz des Spiegel auf die Einzigartigkeit der deutschen Verbrechen ist durchaus nicht berechtigt.
Die Historiker hassen Las Casas nicht ohne Grund. Er hat ihnen ihr Geschäft, die Sendung der europäischen Kultur auf dem Erdball zu verbreiten, nachhaltig verdorben. Die Entdekkungsgeschichte der Erde, wie sie die Europäer des 15., 16., 17., 18., 19. und ansässig geworden des 20. Jh. vornahmen, enthält eine Reihe von Holocausten an ganzen Kulturen.

Bekanntlich war die Hochkultur der Azteken und die der peruanischen Inkas damals vielleicht noch nicht einmal 100 Jahre in Entwicklung, wir wissen absolut nicht, was aus diesen Staaten, Gesellschaften und Nationen geworden wäre, wenn sie nicht das schreckliche Unglück der Berührung mit der weißen Menschheit über sich ergehen hätten lassen müssen.

Siehe: Bartolomé de Las Casas: Kurzgefaßter Bericht von der Verwüstung der Westindischen Länder. Hrsg. von Hans Magnus Enzensberger, Vlg. Insel, Frankfurt 1966.

HEXEN EINST UND HEUTE

Christa Tuczay

Kurzfassung des Vortrages

Hexerei oder auch die Beschäftigung mit Magie im allgemeinen ist ein dynamisches Phänomen und hat sich im Lauf der Geschichte in vielen unterschiedlichen Formen fortentwickelt. Magische Glaubensvorstellungen wechseln. Die unaufhörlichen menschlichen Interpretationen der Magie werden erörtert, um die Gesamtheit der magischen Glaubenslehren- und praktiken in einer zeitlichen Perspektive aufzeigen zu können. Die Hexe ist ihrer Natur nach interpersonal. Sie steht zwischen der menschlichen Person und der übernatürlichen Macht. In der Antike verhielt man sich gegenüber ihrer Zwischenstellung im Bereich des Übernatürlichen wohlwollend, in späteren Epochen sah man darin eher etwas Böswilliges.

Das deutsche Wort Hexe kommt aus dem ahd. hagzissa, über das mhd. necse wird es nhd. Hexe. Parallel dazu die englische Bezeichnung witch aus dem me. wikke, das sich aus dem angelsächsischem wicca entwickelt hat. Die heutigen witches in England und den USA behaupten, daß wicca in Beziehung zu den keltischen Hohepriestern zu sehen sei. Die Etymologie ergibt aber: Verb wiccian = einen Zauberspruch aussprechen, was nicht a priori mit Druiden zu tun hat. Maßgeblich für Bedeutungswandlungen war das Aufkommen des Christentums. Das ursprünglich heidnische Konzept wurde identifiziert mit Häresie, in welcher der Satan zu einer zentralen Rolle aufstieg. Die Hexe wurde mit einer Satanistin = Teufelsanbeterin gleichgesetzt. Moderne „weiße Hexen", auch „Wicca" oder „Druiden" genannt, weisen diese Gleichsetzung zurück und leiten ihr geistiges Erbe nicht von den verfolgten „Satanistinen" des Mittelalters ab, sondern vom Mystizismus der Antike her, spezifisch von der vorchristlichen keltischen Kultur.

Hexen wurden nicht verfolgt, bis man sie in der christlichen Epoche für unzählige Übeltaten verantwortlich erklärte: Krankhafte Liebe oder Haß, schlechtes Wetter, Mißernten, Unfälle etc. Das zentrale Element für die Hexenverfolgungen war das christliche Dogma, das ihnen ein Bündnis mit dem Teufel unterstellte. Im Frühmittelalter allerdings erklärte der sogenannte Canon episcopi, daß all diese Behauptungen bezüglich Hexerei Phantasiegebilde seien. Spätmittelalter und Renaissance verkehrten diese Haltung wieder ins Gegenteil. Man erhob erneut den Anspruch auf Realität. Die früher heidnische Sichtweise, daß Hexen fähig seien, sich in Tiere zu verwandeln, sich an andere Orte zu versetzen etc., wurde wieder zur Geltung gebracht, und auf ihrer Grundlage konnten die Hexenverfolgungen stattfinden. In Frankreich begannen die Hexenverfolgungen zuerst und breiteten sich über das übrige Europa aus und stürzten die Öffentlichkeit der Renaissance und Reformation in ein Jagdfieber, das sich über zwei ganze Jahrhunderte hinzog. 1486 wurde der Malleus maleficarum, der „Hexenhammer", fertiggestellt, der maßgeblich an der breiten Verfolgung der Hexen beteiligt war. Um einen Hexenprozeß in Gang zu setzen, war es notwendig, daß eine bestimmte Person angeklagt wurde. Die ungeprüfte Denuntiation eines übereifrigen Gläubigen genügte dafür bereits, auch die Aussage von Kindern oder Feinden wurde anerkannt. Das Urteil war kurz und endgültig, die Folter wurde großzügig gehandhabt, und es gab für den Angeklagten keine Möglichkeit, dem Urteil zu entkommen, denn schon die Anklage bedeutete die Schuld. Da die Hexerei sowohl ziviles als auch kirchliches Recht anging, gab es kein Entkommen. Der französische Rechtsgelehrte Bodin gab weiters durch die Herausgabe seiner Schriften eine weitere Handhabe, die die Hexen für 15 sakrilegische Verbrechen verantwortlich machen konnte:

1. Die Leugnung Gottes.
2. Gott fluchen bzw. andere Blasphemien.
3. Dem Teufel zu huldigen und ihm Opfer zu bringen.
4. Dem Teufel Kinder zu weihen.
5. Die Ermordung ungetaufter Kinder.
6. Die Verpfändung von Kindern an den Satan im Mutterleib.
7. Menschen dem satanistischen Kult zuzuführen.
8. Im Namen des Teufels Eide zu schwören.
9. Der Inzest.
10. Die Ermordung von Männern und kleinen Kindern zur Herstellung der Hexenbrühe.
11. Tote auszugraben, Menschenfleisch zu essen und Blut zu trinken.
12. Mit Hilfe von Giften und Zaubersprüchen Menschen zu töten.
13. Vieh zu töten.
14. Hungersnöte zu verursachen und Felder unfruchtbar zu machen.
15. Sexuellen Verkehr mit dem Teufel zu haben.

Wasserprobe.
Blieb die vermeintliche Hexe an der Oberfläche, so war sie leichter als normale Menschen und damit schuldig. Ging sie unter, so galt sie als unschuldig, ertrank dabei aber gleichzeitig meistens. (Holzschnitt, 16. Jahrhundert)

Welchen Personenkreis betraf nun die Anklage?

Der Historiker Midelfort fand heraus, daß Witwen und unverheiratete Frauen die überwiegende Mehrheit unter den Angeklagten bildeten. In den späteren Stadien der Herxenverfolgung klagte man auch eine große Anzahl von verheirateten und jungvermählten Frauen an und überführte sie der Hexerei. Eine andere Kategorie unter den Opfern bildeten vermutlich solche, die wir mit unserer heutigen Terminologie als geisteskrank bezeichnen würden. Angeklagt wurden auch Personen, die sicher geistig gesund waren, aber von geistig labilen Personen angeklagt wurden. Körperliche Deformationen, besondere physische Häßlichkeit, Krankheiten wie Epilepsie oder Wassersucht zogen oft auch die Aufmerksamkeit von Hexenrichtern auf sich. Andere wurden Opfer von Neid und Eifersucht, nämlich solche, die besonders schön, erfolgreich oder besonders gesund waren. Auch politisch Verfolgte bzw. Rivalen, auch geschäftliche Rivalen wurden diffamiert und mit Hilfe der Hexereianklage für immer zum Schweigen gebracht. Eine weitere Kategorie von Angeklagten wurde von gemeinen Kriminellen gebildet, die ziemlich objektiv der Kindstötung, Giftmischerei und Brandstiftung überführt werden konnten. Schließlich spielte bei der Entdeckung und Anklage von Hexen auch das Motiv der Erlangung eines bestimmten Status, d.i. Wohlstandes eine deutliche Rolle. Jene, die aktiv an der Ausführung des Malleus maleficarum beteiligt waren, wie Richter, Geistliche, Amtmänner, Gerichtsdiener, Folterknechte und Scharfrichter hatten großes Interesse daran, Verdächtige den Prozessen zuzuführen. Die Mitwirkung der Kirche war dabei von besonderer Bedeutung und wurde auch besonders vergütet. Anton S. La Vey formulierte folgendermaßen: *„Satan war der beste Freund, den die Kirche jemals hatte, da er sie die ganzen Jahre im Geschäft erhielt."* Das ökonomische Motiv als treibende Kraft

Ausführung der Todesstrafe. (Holzschnitt, Ende 15. Jahrhundert)

Folter: Brennen, Strecken, Abhacken der Hand. (Aus: Tengler, Layenspiegel. 1508)

Hexenverbrennung in Derneburg im Harz. Sensationsmeldungen von Hinrichtungen und anderen schrecklichen Ereignissen wurden durch solche flugblattähnliche Bilddrucke verbreitet. (1555)

hinter dem Eifer der ausführenden Beamten spielte eine wichtige Rolle. Neben der direkten Bezahlung für geleistete Dienste, ergab die Konfiskation des Besitzes des Verurteilten, meist schon der Angeklagten ansehnliche Einkünfte. Mit dem Fortschreiten der Hexenverfolgungen wurden auch zunehmend mehr Männer angeklagt. In vielen Fällen wurden beide Ehepartner angeklagt, womit einer leichten Konfiskation der Güter nichts im Wege stand. Doch das ökonomische Motiv reicht nicht aus, um ein so komplexes Phänomen, wie die Hexenverfolgungen zu erklären. Nach gemäßigten Schätzungen tötete man in der Renaissance 1 Million Menschen, die der Hexerei angeklagt wurden. Andere Schätzungen sprechen sogar von 9 Millionen. Als Gegensatz zur Satanistin kristallisierte sich im Laufe der Jahrhunderte die Gestalt der weisen Frau, der Heilerin heraus, die die Malefica, die die Hexen begangen hatten, wieder ausglich. Die Hexen des Mittelalters waren dafür bekannt, daß sie pflanzliche Arzneien zubereiteten, sympathetische Mittel zur Heilung von Krankheiten von Mensch und Tier besaßen und die Fruchtbarkeit fördern konnten. Mit zunehmendem Einfluß der Kirche bildete sich ein Antagonismus zwischen Schadenzauberin und Heilerin heraus. Da die Heilerin ihre Autonomie mit dem christlichen Glauben an gute Geister und eine über sie herrschende Gottheit verband, war sie den kirchlichen Autoritäten nicht im Wege. Die Teufelsprämisse und die daraus abgeleitete Existenz von Hexen ist keineswegs eine Wahnvorstellung vergangener Jahrhunderte. Zum Beispiel meint der Theologe Egon von Petersdorf, der 1957 in München sein zweibändiges Werk „Dämonologie" herausbrachte, daß die dämonischen Mächte real seien und die Möglichkeit des Satans, auf Menschen Einfluß zu nehmen, nicht unterschätzt werden dürfte. Eine verwandte Auffassung vertritt Felicitas Goodman in ihrem 1981! erschienenen Buch „The Exorcism of Anneliese Michel", in dem sie die Teufelsbesessenheit des an Epilepsie erkrankten Mädchens als eine reale Tatsache hinstellt.

Schon ab dem Mittelalter gab es Kritiker der Hexenvorstellung. Der Protest kam sowohl vom Klerus als auch von weltlichen Personen. Der Großinquisitor, der Jesuit Alonso de Salazar y Frias, der eine leitende Position in der spanischen Inquisition innehatte und überraschend früh in seiner Laufbahn als Hexenjäger einsah, daß Hexen lediglich ein Produkt menschlicher Vorstellungskraft waren, ist ein Beispiel. Er meinte, daß die Hexenbeschreibungen (z. B. im Hexenhammer) so detailliert und überzeugend gewirkt hätten, daß Imitation und Selbstidentifikation darin ihre Basis fanden. Diese Erkenntnis deckt sich mit der Interpretation der modernen Sozialpsychologie. Der Kern seines Berichtes an die Zentrale der spanischen Inquisitation im Jahre 1612 ging davon aus, daß es weder Hexen noch Behexte gab, bis man über sie sprach oder schrieb. Ein berühmter katholischer Geistlicher, der Jesuit Friedrich von Spee (1591–1635) äußerte eine heimliche Meinung und erklärte Hunderte

von Verurteilten für völlig unschuldig, deren Priester er gewesen war und die er zum Scheiterhaufen begleiten mußte. In seiner Schrift „Cautio criminalis", die er 1632 anonym veröffentlichte, verurteilte er den Verfolgungseifer und bezeichnete ihn als ein Produkt des Unverständnisses, des korrupten Gerichtssystems, des Aberglaubens und Selbstbetrugs. Ein weltlicher Kritiker des Hexenwahns war Reginald Scot, der die Inquisition der Erfindung dieses Wahns beschuldigte. Gewiß ist allerdings, daß all die Kritiker nicht die Existenz des Teufels anzweifelten, das hätte ja gegen das christliche Dogma verstoßen, sondern nur die leibliche Erscheinung und Tätigkeit. Das ist unter anderem sicher auch der Grund, weshalb die Kritiker der Hexenverfolgung mit ihren Argumenten nicht durchkamen.
Im 19. Jahrhundert, besonders in der Romantik, beschäftigte man sich wieder mit Hexen und betrachtet sie als Märtyrer. Der antiklerikale Schriftsteller Michelet schrieb 1862 über die Hexen als von einer sozialrevolutionären Bewegung, die sich gegen die feudale Ausbeutung wandte und außerdem als Wiederbelebung antiker Kulte. Diese Interpretation beeinflußte den Anthropologen und Religionswissenschaftler Sir James George Frazer, der die Idee des andauernden Hexenkultes ausweitete.

Eine wichtige Nachfolgerin dieser romantischen Ideen war die englische Folkloristin Margareth Murray, die in den zwanziger Jahren unseres Jahrhunderts in ihrem Buch „Witch Cult in Western Europe" die Verfolgten und Gemarterten der Inquisition als Anhänger einer ganz bestimmten Religionsgemeinschaft feierte. Sie glaubte, daß es sich bei den europäischen Hexen, die verfolgt und getötet wurden, um Angehörige einer uralten heidnischen Naturreligion gehandelt habe. Die vorchristlichen Träger dieser Religion wären angeblich die Kelten bzw. die Priester der Kelten, die Druiden gewesen. Was die Inquisition als Hexensabbat bezeichnete, war, nach Murray, eigentlich das keltische Gegenstück unserer Gottesdienste. Die Hexen der keltischen Welt formten Gruppen sogenannter coven mit 13 Mitgliedern und versammelten sich regelmäßig zu ihren Sabbaten. Jeder coven hatte einen Priester, der mit Tierfellen bekleidet war, aber auch Hörner, Hufe und Schädel eines bestimmten Tieres trug. Der Priester wurde als Reinkarnation des Gottes angesehen. Mit Aufkommen des Christentums fiel das heidnische Brauchtum in Mißkredit und wurde mit Teufelsanbetung in Zusammenhang gebracht. Nach Murray waren die von den Christen verfolgten Hexen Angehörige dieser alten von ihr beschriebenen Religion, die treu zu dieser standen und als Märtyrer für diese starben. Murrays Theorie ist von verschiedenen Seiten angegriffen worden. Besonders die These einer „keltischen Hexenreligion" wurde als reine Spekulation gewertet bzw. als Fehlinterpretation der keltischen Religion, von der wir im übrigen viel zu wenig wissen. Der gehörnte Priester der covens würde eher dem Vorstellungskreis des griechisch-römischen Pantheons entsprechen. Selbst wenn ein uralter druidischer Hexenkult der Art existiert hätte, wie Murray ihn beschreibt, so hat sie doch keine Belege für die Zeitspanne zwischen der römischen Invasion in das keltische Reich mit dem begleitenden Glaubenswechsel zum Christentum und dem Beginn der ersten Hexenprozesse erbringen können. Es gibt keine verläßlichen Belege auf eine Kontinuität eines alten Kultes von der Antike bis ins Mittelalter. Trotz der Unwahrscheinlichkeit ihrer Theorie fand Murray zahlreiche Anhänger. Vom Glauben an die Existenz einer Hexentradition der Antike zum Glauben an die Lehren dieser Tradition war für viele Anhänger nur ein kleiner Schritt. Zu den Gläubigen gehörte auch G. P. Gardener (1884–1964), der viele Hexenzirkel in England gründete. Ende der 30er Jahre entwickelten sich, unter der Führung von Gardener, die englischen neuen Hexen. Eingeweiht wurde Gardener von „Old Dorothy Clutterbuck", die durch ihre Macht sogar Hitlers Invasion in England verhindert habe. Garner schrieb eine Reihe von Büchern, deren berühmtestes, „Witchcraft Today" 1954 von Murray mit einem lobenden Vorwort versehen wurde. In den 60er und 70er Jahren bekamen Murrays Theorien wieder neuerlichen Aufschwung. Die neuheidnischen Wicca-Gruppen verbreiteten sich in Europa und in Nordamerika. Wicca, auch die alte Religion oder die „Weißen Hexen" genannt, pflegen eine Religiosität, die sie als Druidismus bezeichnen. Seit den sechziger

Jahren geschah eine Verpopularisierung des Okkulten, das sich in der Rezeption durch Bücher, Filme, Sekten usw. ausmachen läßt.

Die verschiedenen Varianten der Hexendefinition sind naturgemäß von den Umständen der Zeit geprägt, in der sie entstanden. Der Zeitgeist des Mittelalters war geprägt vom kirchlichen Dogma, worin die Figur des Teufels eine wesentliche Rolle spielte. Der Einfluß des Zeitgeistes des 19. Jahrhunderts hat oben erwähnten Michelet veranlaßt, die Freiheitsbestrebungen der Arbeiter und Bauern und die Emanzipationsbestrebungen der Frauen zum Hauptargument seiner Hexendefinition zu machen. Der Zeitgeist der Jahrhundertwende betonte die antiken Kulte als Vorläufer der Religion und beeinflußte Murray und Frazer u.a. Cohn, ein heutiger Historiker, entdeckt in den neuesten Hexendarstellungen eines Russell und Rose den Einfluß der sechziger und siebziger Jahre mit ihren psychodelischen und orgiastischen Elementen. All diese Interpretationsvarianten finden sich in der heutigen Diskussion der Problematik noch simultan. Auch die Kontroverse Romantik und Wissenschaft ist noch lange nicht abgeschlossen. Interessant ist, daß die romantische These, daß eine mögliche Überlieferung von der Antike bis zum Mittelalter bezüglich Pflanzenheilkunde und Geburtshilfe bestanden habe, ein gewisses Maß an Wahrscheinlichkeit enthält. Daß allerdings eine organisierte Geheimgesellschaft bestanden habe, deren Vertreter die verfolgten Hexen gewesen seien, ist nicht belegt.

Mittelalterliche Hinrichtungsarten.
Verbrennen, Aufschlitzen, Blenden, Zerbrechen der Glieder mit dem Rad, Stäupen, Köpfen, Handabhacken.
Im Hintergrund rechts: Vorbereitung zum Ertränken. (Aus: Tengler, Layenspiegel. 1508)

Die Hexenverfolgungen waren auch Ausdruck der Frauenfeindlichkeit der christlichen Theologie. Der Haß ist durch verschiedene Strömungen zum Ausdruck gekommen: durch theologische Abhandlungen, durch die Einseitigkeit des juristischen Prozesses, durch sozioökonomische Unterwerfung und Ausbeutung sowie durch volkstümliche Vorurteile. In der Hexenverfolgung sind diese verschiedenen Strömungen zusammengeflossen. Begründet ist die christliche Frauenfeindlichkeit in der altjüdischen Theologie. Im alten Testament liegt der Ansatz zur Konstatierung einer Minderwertigkeit und stärkeren Anfälligkeit der Frau in bezug auf das Böse. Die Schöpfungsgeschichte der Bibel stellt das Weib als Zweitschöpfung dar, was in Anbetracht der biologischen Reproduktionsfähigkeit der Frau verwundert. Die Frau wird nicht nur aus der Rippe des Mannes gemacht und ist ihm daher unterlegen, sondern sie ist eine Verräterin an Gott, da sie sich vom Teufel verführen läßt und auch den Mann mitzieht. Sie trägt die Hauptschuld an der Vertreibung aus dem Paradies. Der Apostel Paulus vertritt weiter die Meinung, daß die Frau des Mannes wegen geschaffen wurde, und deshalb von ihm beherrscht werden müsse. Die theologischen Lehrmeinungen des Mittelalters haben diese These von der Zweitrangigkeit der Frau weiterentwickelt. Besonders Thomas von Aquin hat sich dabei ausgezeichnet. Er definierte den Status der Frau als einen dem Mann untergeordneten. Diese Lehrmeinung wude von den Protestanten übernommen, Luthers Antifeminismus ist bekannt. Er behauptet, daß die Frau nur für den Haushalt tauge, da sie dort am wenigsten Schaden anrichten könne. Der Antifeminismus der christlichen Theologie ist auch eindeutig antisexuell. Keuschheit und Enthaltsamkeit waren Kardinaltugenden. Paulus empfahl die Ehe als letztes Mittel gegen die Triebhaftigkeit, behauptete weiterhin, daß Gott die ehelosen besonders liebe. Diese theologischen Auffassungen erreichten im Mittelalter einen Höhepunkt und bildeten einen wichtigen Bestandteil der Definition des Hexenbegriffes. Der Malleus maleficarum gibt eine eigenartige Etymologie des lateinischen Wortes femina. Es sei aus fides = Glaube und minus = weniger entstanden, was bedeutet, daß die Frau von Natur weniger Glauben bzw. Treue aufbringen könne, als der Mann.

Die breite Basis des kirchlichen Frauenbildes, von dem der Malleus nur ein Ausdruck war, forderte Unterwerfung und schuf theologische und soziale Ungleichheit. Deshalb sahen sich auch die Hexenjäger berechtigt, sich mit besonderem Vorbedacht auf Frauen zu stürzen, weil diese doch von Natur aus leichter dem Teufel verfielen. Daß dieses theologische Frauenbild nicht notwendigerweise mit dem Bild des ungebildeten Volkes übereinstimmte, ist anzunehmen. Mit der Sanktionierung bzw. Verfolgung eines andersgearteten Frauenbildes begann sich sicher auch die volkstümliche Frauenvorstellung zu ändern. Mit der Gründung der Inquisition wurde zum erstenmal ein institutionalisiertes Mittel erfunden, den Frauenhaß zu legitimieren. Montner, der die Hexereidelikte in der französischen Schweiz untersuchte, entdeckte gewisse Regelmäßigkeiten in den Hexenbeschuldigungen: die patriachalische Furcht vor den Frauen, die von Männern unabhängig lebten. Das betraf vor allem solche Frauen, die nicht unter der direkten Kontrolle eines Vates oder Mannes standen. Interessant ist auch, daß man sich vor der Verfolgungszeit hütete, solche Frauen zu schädigen, man bot sogar Hilfe an, um nicht ihrem „Schadenzauber" ausgesetzt zu sein. In der Verfolgungszeit brauchte man solche Frauen nicht mehr zu fürchten, man konnte sie ganz einfach eliminieren. In der Spätzeit der Verfolgung war der Denunziation keine Grenze mehr gesetzt, sogar die Verfolger und Hexenjäger wurden denunziert. Es wurden Priester, Mönche, Bürgermeister und Kinder beschuldigt, gefoltert, hingerichtet. Die Zahl der männlichen Verurteilten schwankte, je nachdem ob in der Region das Vermögen vom Richter konfisziert werden konnte oder nicht, oder ob es sich um eine politische Intrige handelte.
Woher resultiert nun die von Murray als Beweis einer Geheimgesellschaft herangezogene Gleichförmigkeit der Geständnisse der Hexen?
Einesteils sicher aus der Propaganda der eigenen Schriften wie z. B. der Hexenhammer. Andererseits deutet diese Gleichförmigkeit auch auf die Macht eines religiösen Symbolismus hin. Man schrieb den Hexen bestimmte Fähigkeiten zu, diese identifizierten sich damit. Daher gibt es auch zahlreiche Belege von Selbstbeschuldigungen.
Betrachten wir die Hexerei im symbolischen Zusammenhang, wird deutlich, daß es sich um ein selbstverstärkendes Phänomen handelt. Beide, Jäger und Gejagter stützen ein System von Symbolen, das den Hexenglauben schuf. Eine der heimtückischsten Folgen der Hexenjagd ist die psychologische Wirkung, die sie auf die Opfer zu haben pflegt. Belegt ist, daß im Ablauf der Hexenprozesse viele Angeklagte eine völlige Persönlichkeitsveränderung

erfuhren. Wenn die Hoffnungslosigkeit der Lage und die Verzweiflung unerträglich wurden, legten sie ihre frühere Identität ab und nahmen die von den Hexenrichtern aufgefolterte an. Der Begriff der Gehirnwäsche dient als tauglicher Rahmen zum Verständnis der radikalen Wandlung in der Selbstsicht der Betroffenen.
Die oft gestellte Frage, ob die europäischen Hexen mit den Medizinmännern, Schamanen, Zauberern der Stammeskulturen gleichzusetzen sind, kann weder prinzipiell bejaht noch verneint werden. Die Problematik des Kulturvergleichs ist auch hier gegeben. Wesentlich interessanter ist die Fragestellung, welche Art von Magie existierte in der Zeit der Hexenverfolgung tatsächlich, und waren es die angeklagten Hexen, die sie ausübten?
Dieser Punkt wäre noch im Detail zu untersuchen, da damit die Mißverständnisse, welche z. B. auch bei den sogenannten neuen Druiden immer wieder auftauchen, ausgeräumt werden könnten.
(Daß nämlich die verfolgten Hexen böse Zauberinnen gewesen wären, weshalb sie die Gleichsetzung mit diesen bedauern!)

Strafwerkzeuge nach der „Brandenburgischen Halsgerichtsordnung" (1516). Für Hexereidelikte war vor allem der Scheiterhaufen und das Aufziehen mit einem Stein (zur Folter) vorgesehen.

DIE BEDEUTUNG DES NACKTEN MENSCHEN IN DEN RANDGRUPPEN

Roland Girtler

Der Begriff Nacktheit bezieht sich im folgenden auf die Darstellung des völlig unbekleideten, nicht geschmückten und nicht bemalten Körpers. Und unter Randgruppe oder Subkultur verstehe ich in diesem Zusammenhang eine sich durch bestimmte Wertvorstellungen und durch einen bestimmten Lebensstil von den herrschenden sozialen Schichten unterscheidende Gruppe oder Einheit von Menschen, die in gewisser Weise benachteiligt ist oder wie im Fall der Prostitution gesellschaftlich nicht sehr angesehen ist.
Thematisch möchte ich mich auf folgende Punkte beziehen: Zunächst gehe ich auf die Kultur der Armut ein. Auf eine Gruppe von Menschen, deren Lebensstil dadurch bestimmt ist. Dazu gehören die früheren großstädtischen Arbeiter, frühere bergbäuerliche Menschen oder heutige Obdachlose, Nichtseßhafte – die sogenannten Sandler. In diesen Bereich gehört auch das Problem der Nacktheit und Kriminalität, Nacktheit und Gefängnis bzw. die Bedeutung des nackten Menschen für den inhaftierten Menschen, und schließlich die Nacktheit aus der Sicht der Prostituierten. In diesem Zusammenhang ist es auch wichtig, das Thema Tätowierung einzubringen. Gerade in Randgruppen, in Subkulturen, hat Tätowierung eine bestimmte Tradition, die auch mit der Nacktheit zu tun hat bzw. mit der Verdekkung von Nacktheit.
Zunächst ist festzuhalten, daß Nacktheit, wie wir sie verstehen, erst in liberalen aufgeklärten Personengruppen innerhalb bestimmter Grenzen, innerhalb bestimmter Orte positiv interpretiert wird. Nämlich als Symbol der Freiheit, der Aufgeklärtheit. Nacktheit kann zum Symbol der Gleichheit und auch der Emanzipation werden. In der Französischen Revolution wurde die Göttin der Vernunft als nackte Frau dargestellt, als Gegenstück zu vorher herrschenden Normen. Nacktheit oder das Zeigen von nackten Körperteilen kann in bestimmten Kulturen etwas wie Emanzipation ausdrücken. In Kulturen mit einer strengen Sexualmoral, die durch eine Tendenz gekennzeichnet ist, Frauen zu unterdrücken, wird verlangt, daß Frauen möglichst viele Teile ihres Körpers bedecken. Ich meine nun, daß gerade in Randgruppen, in Kulturen der Armut, Nacktheit eher ein Problem und daher mit gewissen Tabus versehen ist. Etwas das in bürgerlichen Schichten heute nicht mehr in diesem Sinn vorstellbar ist. Nacktheit wurde und wird mit Schande in Verbindung gebracht. Als Symbol oder Zeichen dafür, daß man Armut zu leiden hat, und diese sollte verborgen bleiben.
Es gibt interessante Berichte aus dem Arbeitermilieu der Jahrhundertwende, in denen gezeigt wird, daß die Familienmitglieder das Tabu der Nacktheit sehr genau beachtet haben. Bestätigt wird diese Tendenz in einer Arbeit des Wiener Sozialhistorikers Sieder, der festhält, daß in den Wiener Arbeiterfamilien um 1900 beim samstägigen Familienbad streng darauf geachtet wurde, das Tabu des nackten Körpers zu schützen. Er meint:

> „Kaum eines der Arbeiterkinder dieser Generation scheint seine Eltern jemals nackt gesehen zu haben und dies, obwohl Eltern und Kinder im selben Raum schliefen. Sorgfältig verbargen die Eltern ihre Körper vor den Blicken der Kinder. In der Regel habe man sich nie vollständig entkleidet."

Im Widerspruch stehen solche Ergebnisse zu den Überlegungen von Charlotte Bühler, die in den zwanziger Jahren Untersuchungen über die Sozialisation in Arbeiterfamilien durchgeführt hat. Sie hat gemeint: Das proletarische Kind war aufgrund der Wohnverhältnisse von klein auf mit der Sexualität der Eltern konfrontiert und war daher stärker dazu geneigt,

seinen Trieben nachzugehen. In der Pubertät erfolge daher bei proletarischen Kindern auch viel seltener eine Sublimierung der sexuellen Wünsche in intellektuelle oder künstlerische Ambitionen. Infolgedessen bleibe das kulturelle Niveau des proletarischen Menschen auch lebenslang niederer als das des Bürgers.
Eine problematische These, da in ihr von der bürgerlichen Kultur ausgegangen wird. Das Arbeiterkind, das in dieser Randgruppe der Armut lebte, lernte jedoch Sexualität nicht kennen, lernte auch Nacktheit nicht kennen. Aus dieser Untersuchung von Sieder kann ich noch etwas anderes zum Problem der Sexualität vorlesen. In einem Interview heißt es:

> „Ich habe mindestens einmal, oder vielleicht war es ein paarmal – kann ich mich erinnern, als ich damals in der Mitte geschlafen habe zwischen den Eltern, da bin ich vielleicht nicht einmal mehr in die Volksschule gegangen, jedenfalls... habe ich das Gestöhne meiner Mutter gehört, und ich glaubte, mein Vater tut meiner Mutter was. Als Bub hängt man ja an der Mutter, da hab ich mehr oder weniger einen Zorn gehabt."

Daß hier ein sexueller Akt durchgeführt wurde, wurde ihm erst viel später bewußt.
Ich habe jetzt eine bergbäuerliche Kultur untersucht in einem Buch, das demnächst erscheinen wird mit dem Titel „Aschenlauge". In diesem Buch versuche ich darzustellen, wie der junge bergbäuerliche Mensch, der Sohn des Bauern oder das Ziehkind, mit dem Problem der Sexualität fertig wird bzw. die Nacktheit erlebt. Ein Interview dazu möchte ich vorlesen. Ein heutiger Holzarbeiter, der auf engstem Raum mit seinen Zieheltern zusammengelebt hat, erzählt – er ist 1926 geboren und stammt aus dem Milieu der Kleinbauern:

> „Von den Älteren haben wir nichts über Sexualität erfahren. Die Leute damals waren ja nicht dumm. Einen Doktor konnten sie sich nicht leisten, aber so ein Buch. Das war so ein dickes Buch. Ein nackter Mann, der hat mich wenig interessiert. Eine nackte Frau hat man gesehen, wenn man das Buch aufgeschlagen hat. Die nackte Frau ist zuerst normal nackt. Dann hat man angefangen, das Bild aufzublättern. Man hat dann gesehen, wie die Frau inwendig aussieht. Ich habe mir das Buch genommen und habe mich zum Bach hingesetzt, denn in Anwesenheit von Erwachsenen hätte man das nicht ansehen dürfen. Um Gottes willen nicht, man wäre halb erschlagen worden. Ich hock also so am Bachl, auf so einer Waschbank, ich war gerade dabei, das Frauenzimmer zu studieren und da seh ich im Wasserspiegel, daß von hinten wer herkommt. Weglaufen konnte ich nicht, ich konnte ja nicht in den Bach springen. War das der Freund meiner Schwester. Der hat mir eine solche Watschn heruntergehauen, daß schon fast das Büchl in den Bach gefallen wäre.
> Drum meine ich heute, so viel Leute sagen, die heutige Jugend wird früh aufgeklärt, finde ich auch richtig, daß der Mensch aufgeklärt wird. Damals hat man über Sexualität nichts erfahren, man durfte nicht in das Zimmer gehen, wenn die Frau sich den Oberkörper gewaschen hat."

Körperfeindlichkeit bestimmte diese Kultur der Armut. Aus einem anderen Interview:

> „Liebe und Zärtlichkeit zwischen den Eltern haben wir nie gesehen. Um uns aufzuklären, hat die Mutter uns ein Büchl gekauft wie sie am Schriftenstand der Kirche so aufgelegen sind. Wir waren damals zehn oder zwölf Jahre Ende der vierziger Jahre. Meine Aufklärung war komplett stümperhaft. Die Bücherl, die wir gehabt haben, haben das alles in einer unwirklichen Art beschrieben, unsere Erziehung war leibfeindlich. Wir sind auf das Kirchengehen getrimmt worden, und das Wort Sünde war bei uns großgeschrieben. Wir haben nicht gewußt, was eine Sünde ist."

Diese bergbäuerliche Kultur finde ich interessant, weil man auch viel zu wenig weiß, unter welchem Druck diese Leute gestanden sind.
Eine Frau hat mir erzählt, daß sie in der Schule, so mit 13, 14, nicht wußte, was Menstruation ist, und plötzlich während des Schulunterrichtes bekommt ein Mädchen die Regel in der Klasse, und niemand hat gewußt, was sie tun sollen. Sie haben geglaubt, das Mädchen stirbt usw., und dem Lehrer war das unangenehm. Die Eltern hatten sie nicht aufgeklärt. Gerade in der bergbäuerlichen Kultur, in der ich aufgewachsen bin, mein Vater war Landarzt in Oberösterreich, habe ich diese leibfeindliche Kultur noch erlebt. Sicher spielen

gesamtgesellschaftliche Tendenzen eine Rolle, wenn hier einige Änderungen deutlich werden, aber trotzdem meine ich, daß auch heute noch in den Kulturen der Armut nicht diese bürgerliche Freizügigkeit in bezug zur Nacktheit eher tabuisiert ist.
Ich möchte jetzt auf das Beispiel Sandler eingehen. Sandler gehören einer Rückzugskultur an. Es heißt, Sandler sind Gescheiterte, sie sind sowohl in der kriminellen Kultur gescheitert als auch in der normalen Welt. Meistens sind sie in Gefängnissen gesessen. Eine Möglichkeit, um auf den Druck zu reagieren, der von außen auf diese Menschen trifft, – gerade wenn sie Haftentlassene sind, – ist, sich zurückziehen, sich Menschen anzuschließen, die ein ähnliches Schicksal haben. In der Welt dieser Obdachlosen, Nichtseßhaften, wie ich sie erlebt und gesehen habe, ist Nacktheit verpönt. Und sie wird auch nicht in dem Sinn interpretiert, daß Nacktheit Gegenstand menschlicher Emanzipation für den guten Bürger ist, der in die Lobau geht und meint, mit seinen Kleidern auch gewisse soziale und kirchliche Zwänge abzustreifen. Für den Sandler ist Kleidung enorm wichtig. Kleidung ist nicht bloß Schutz, sondern hat auch einen hohen Symbolcharakter. Sandler, die halbwegs gut angezogen sind, genießen auch einiges Ansehen unter den Sandlern. Ich bin mit Polizisten eine zeitlang Funkstreifen mitgefahren, da fiel mir auf, daß Polizisten, wenn sie Leute inhaftieren, zuerst auf die Schuhe schauen. An den Schuhen kann man merken, welcher Gruppe sie angehören, nicht am Gewand. Das Gewand kann ja ganz gut sein, gerade wenn der Sandler eben bei der Caritas war. In der Gaunersprache sagt man dazu auch „Bockvalat", Bock heißt Schuhe, valat heißt „ohne", „ohne Schuhe". Er ist schlecht beschuht. Das ist eine Degradierung. Auch die Unterwäsche ist ein Problem. Zu mir haben einige Sandler gesagt, sie wagten es nicht, einen Arzt aufzusuchen, weil sie keine Unterwäsche hatten. Nacktheit, meine ich, ist grundsätzlich in diesen Subkulturen eher negativ definiert.
Ich möchte hier ein paar Gedanken zur Tätowierung einbringen, denn gerade das Tätowieren ist charakteristisch für Randgruppen. Tätowierungen haben grundsätzlich einen hohen Symbolcharakter. Durch Tätowierungen sollen Informationen an andere weitergegeben werden. In gewisser Weise haben Tätowierungen eine ähnliche Bedeutung wie die Kleidung. Ein Philosoph, Ernst Cassirer, meinte einmal, daß der Mensch ein animal symbolicum ist. D. h., der Mensch unterscheidet sich von anderen Wesen, Tieren usw. dadurch, daß er Symbole einsetzt, um sich darzustellen. Eines der wichtigsten Symbole ist die Kleidung. Durch die Kleidung kann ich andere darüber informieren, wer ich bin, wer ich sein will. Der bloße nackte Körper gibt keine Informationen weiter. Es ist interessant, daß die Feuerlandindianer, die früher vollkommen nackt herumgelaufen sind, sich bemalten. Die Bemalung hatte hier eine wichtige Funktion. Die Indianer konnten sich darstellen als Häuptlinge, als junge Männer, Krieger u. ä. Reine Nacktheit ohne Kleidung und ohne Bemalung kannte man nicht. Eigentlich dürfte es nicht Tätowierung heißen, sondern Tatouierung, tatou heißt auf hawaiianisch „das Zeichen" und in Hawai hatten Tätowierungen die wichtige Funktion, den sozialen Status des Tätowierten zu demonstrieren. Je mehr jemand tätowiert war, umso höher war auch sein Status. Jedenfalls in unseren Subkulturen beginnt man so in der Mitte des vorigen Jahrhunderts in großem Maß, sich zu tätowieren. Der Tätowierte ist nicht nackt. Egon Erwin Kisch bringt eine gute Geschichte über das Tätowieren. In einer seiner Geschichten veröffentlichte er das Plakat eines Mister Lionsfield, der mit diesem Plakat Leute anregen will, sich tätowieren zu lassen, und da heißt es:

> „Wer untätowiert ist, ist nackt. Schämst du dich nicht, nackt herumzulaufen. Schmücke deinen Körper. Wer seine Frau liebt, läßt sich tätowieren. Wer seinen Mann liebt, läßt sich tätowieren. Alles, was der menschliche Körper ausdrücken soll, steche ich ein. Politik, Erotik, Athletik, Ästhetik. Hier werden Tätowierungen nach Entwürfen der berühmtesten Maler ausgeführt. Wundervollste Muster, freie Auswahl nach persönlichem Geschmack. Garantiert schmerzfrei, giftfrei, unverwüstlich. Gebt eure Körper nicht in die Hände von Pfuschern. Meine Tätowierungen dauern über den Tod hinaus (Referenzen aus allen Hafenstädten der Welt). Fred Lionsfield, ehemaliger Bootsmaat und Obertätowierer des Admiralschiffs Kolumbus, Amerika. 20 Jahre Praxis, zivile Preise, Reparaturen billigst."

Für mich ist diese Beziehung von Nacktheit und Tätowierung interessant. Tätowierungen verweisen auf Gewalt, Macht, Schlauheit, Erotik; aber auch auf den Beruf soll hingewiesen werden. Es gibt Freiheitssymbole, wie Hände mit gesprengten Ketten. Ich weiß nicht, ob Sie wissen, daß die Kaiserin Elisabeth von Österreich auf ihrem Rücken angeblich einen Anker eintätowiert hatte, zum Entsetzen ihres kaiserlichen Gemahls. Sie dürfte irgendwelche Beziehungen zu dem Metier des Matrosen gehabt haben. Es wird erzählt, daß sie, wenn sie nach Korfu fuhr, sich sogar einmal auf einem Schiffsmasten anbinden ließ, um die See zu erleben. Vielleicht dürfte sie durch die Tätowierung auch ihre Distanz zum Kaiserhaus ausgedrückt haben. Jedenfalls: eine Tätowierung gibt der nackten Haut eine andere Qualität. Die nackte Haut wird etwas anderes, und auch der Mensch wird etwas anderes durch die Tätowierung. Es ist ja nicht mehr die reine Nacktheit. In Randgruppen wird dies deutlich. Gerade für Leute, die im Gefängnis sind, hat die Tätowierung eine unheimliche Bedeutung. Die Tätowierung dient zunächst dazu, eine gewisse Langeweile zu vertreiben, eben auch dazu, sich Symbole eintätowieren zu lassen, zu denen man eine Beziehung haben will.
Ich will jetzt auf das Problem Nacktheit im Gefängnis eingehen und zeigen, daß Nacktheit im Gefängnis zu einem großen psychischen Problem für den Betreffenden werden kann. Nacktheit ist im Rahmen des Gefängnisses etwas, vor dem man Angst hat. Der nackte Gefangene steht dem bekleideten Justizwachebeamten gegenüber. Er kann von letzterem gezwungen werden, sich nackt vor ihm zu präsentieren. Das ist eine unheimliche Erniedrigung. Nacktheit wird zum Instrument der Demütigung. Wenn jemand ins Gefängnis eingeliefert wird, muß er sich vor den Justizwachebeamten entkleiden und muß sich einem sogenannten Zugangsbad unterziehen. Ich bezeichne das als eine Art Taufe. Hier wird klargemacht, daß er nun eine andere Rolle hat, daß er jemand anderer ist.
Einer ist ein gewisser Franz Rottensteiner, ein begabter Mann. Er sagt zum Thema Nacktheit folgendes:

> „Da der Gefangene jederzeit kontrollierbar sein muß, sind seine Bewacher berechtigt, ihn auszuziehen. Die Sphäre der Nacktheit wird durch das Recht zur Kontrolle quasi gefängnisöffentlich. Das Wissen auf Anordnung, jederzeit die Kleider ablegen zu müssen, zur Kontrolle den nackten Körper herzuzeigen, ist eine selbstverständliche Gefängnisregel. Filz benennen die Gefangenen im Jargon die Leibesvisitation. Jede Örtlichkeit in den Strafvollzugsanstalten ist gefängnisöffentlich, rund um die Uhr beschaubar, kontrollierbar. Ein Blick durch den Guck erlaubt den Gefangenen nackt zu sehen, wenn er sich wäscht."

Ein gewisser Fritz Paulin, auch ein sehr gescheiter Mensch, schreibt mir, daß auf korrektes Aussehen sehr viel Wert gelegt wird. Gerade in den Strafgefangenenhäusern, wo Untersuchungshäftlinge sind, dort ist man interessiert, möglichst gut angezogen zu sein. Die Degradierung durch das neue Gefängnisgewand, die neue Kleidung, die einem verpaßt wird, ist ein Problem. Er meint, die wäre sehr erniedrigend.

> „In meinem Fall wurde mir Wäsche verpaßt, die mich degradiert und herabwürdigte. Ausgezogen und somit degradiert und entwürdigt werden Häftlinge, die aufgrund von Ordnungswidrigkeiten abgesondert werden."

Der Mann schreibt weiter:

> „Der Häftling wird abgeführt, er muß sich unter Kontrolle ausziehen, bis auf die Haut. Er bekommt die Kellerkleidung. Für meine Begriffe entsetzlich. Ich erlebte derartige Zensuren im Untersuchungsgefängnis und in Garsten, wobei Körperkontrollen in Klagenfurt öfters grundlos auf dem Plan standen. Dazu mußte ich mich bücken und die Pobacken auseinanderziehen. Einer der Beamten fuhr mir durch Bart und Haare, obwohl alles noch kurz war."

Dieses dauernde Gefühl, sich jederzeit nackt dem Justizwachebeamten präsentieren zu müssen, ist für den Gefangenen demütigend. So etwas wie eine Intimsphäre gibt es nicht,

Nacktheit wird öffentlich. Allerdings untereinander, meint er, achten Gefangene die Intimsphäre des anderen:

„Wenn ich mich in der Zelle gründlich mache, so wird dezent weggesehen. Dadurch wird meine Intimsphäre gewahrt",

und noch etwas schreibt der eine:

„Es gibt noch eine andere Möglichkeit außer der Tätowierung, sich darzustellen, und zwar durch einen gut trainierten Oberkörper. Man will den anderen klarmachen, man hat einen ‚gesunden Ärmel'."

Hier steckt auch der Wunsch dahinter, Macht zu haben, Ansehen zu erringen.
Ich glaube, es ist eine wichtige Sache, die ich hier festhalte, daß Nacktheit dem Menschen im Gefängnis irgendwie sein Menschsein nimmt.
In der Welt der Prostitution wird streng zwischen der Sphäre des Umgangs mit dem Kunden, also dem Geschäft und dem privaten, der Prostitution entzogenen, Bereich unterschieden. Ich hab einige Interviews durchgeführt. Ich möchte sagen, daß der nackte oder zum Teil entkleidete Frauenkörper etwas ist, das die Dirne anbietet. Er gehört zum Angebot der Dirne. Wichtig ist dabei jedoch für die Dirne, daß eine innere Distanz zum Kunden aufgebaut wird, das geschieht vor allem durch das Geld. Die Dirne ist sehr daran interessiert, daß der Kunde nicht glaubt, er habe sie als Frau gekauft.
Die Attraktivität von Stripteaselokalen ist vor dem Hintergrund einer Kultur zu verstehen, in der Nacktheit tabuisiert ist. Ich würde meinen, daß heute Nacktheit eben durch eine gewisse Freizügigkeit in der Literatur, durch das Aufkommen von FKK-Stränden u. ä. nicht mehr in der Weise verkaufbar ist wie früher, denn jemand, der eine nackte Frau sehen will, der geht nicht unbedingt in ein Stripteaselokal, der geht in die Lobau.
Für die Dirne ist klar, daß sie heute andere Sachen anbieten muß. Mit bloßer Nacktheit macht sie kein Geschäft. Vor einigen Jahren konnte sie mit dem Verkauf von Teilen ihres nackten Körpers ein ganz gutes Geschäft machen. Heute ist das große Geschäft, sagen sie, die strenge Kammer. Praktiken sind gefragt, die pervers sind, die gewisse Kunden besonders aufregen, mit Peitschen, Sarg, elektrischem Stuhl, Aufhängevorrichtungen, eiserne Jungfrau – innen mit Stacheln – usw.
Ich möchte noch zusammenfassend sagen, daß Nacktheit in den einzelnen Randgruppen eher problematisch ist. Der nackte Mensch in der Kultur der Armut wird nicht hoch bewertet. Nacktheit muß verdeckt werden. Nacktheit ist das augenscheinlichste und deutlichste Symbol der Armut. Im Matthäusevangelium wird dies auch betont, denn es heißt dort:

„Ich war nackt und ihr habt mich bekleidet."

Hier geht es weniger um den Schutz als um das Symbol der Kleidung. Kleidung ist als wichtigstes Symbol menschlicher Kultur zu verstehen. Dies ist mir in einem Slum in Bombay aufgefallen. Ich habe dort in einer Missionsstation gelebt. Dort achtete man genau darauf, so was wie Nacktheit nicht aufkommen zu lassen. Nacktheit wird in Kulturen der Armut als Degradierung verstanden. Aber im Gefängnis, wie ich gezeigt habe, wird Nacktheit zum Instrument der Degradierung, zur Disziplinierung und Demütigung. Es ist vielleicht bemerkenswert, daß gerade im Gefängnis die Tätowierung so große Bedeutung hat. Vielleicht hängt das damit zusammen, daß die Tätowierung als etwas gesehen wird, das eine neue Wirklichkeit schafft. Man beseitigt die Nacktheit. Die Degradierung durch die Nacktheit besteht ja darin, dem Betreffenden zu zeigen, du bist kein Vollmensch mehr. Du hast keine Symbole, die dich darstellen.
Ich möchte ein paar Gedanken zu den modernen FKK-Stränden sagen, als Soziologe. Hier ist Nacktheit nichts Degradierendes oder ähnliches. Nacktheit kann hier als ein Weg zur Befreiung von Zwängen gesehen werden oder auch als Zeichen der Liberalität. Eine Degra-

dierung wird nicht erlebt, weil alle nackt sind. Es werden aber auch hier Symbole eingesetzt, wie Ketten an den Knöcheln, Frisuren, Schmuck usw. Die Nacktheit wird also sehr wohl durch Symbole ergänzt. Man will auch dort zeigen, wer man ist. Nacktheit, d. i. soziologisch wichtig, ist hier beschränkt auf einen ganz bestimmten Ort. Der Ort ist definiert. Es kommt also auf die soziale Definition an, in welchen Bereichen ich mich nackt bewegen darf. Der FKK-Strand ist ein solcher sozial definierter Ort. Hier hat Nacktheit auch etwas zu tun mit einem politischen Postulat, mit einem anarchistischen vielleicht o. ä. Jedenfalls gibt es das in den Randgruppen in dem Maß noch nicht. Ich habe ein Buch gelesen aus dem Jahr 1849 von einem Reisenden, Karl Julius Weber. Er meint, daß Ungeheuer, also wilde Tiere, den Bekleideten fürchten, jedoch Nackte seien ihre Beute. An einer anderen Stelle schreibt er: Kleider sind Waffen, die der Mensch nur dann niederlegt, wenn er kapitulieren will oder sich ergeben muß. Nacktheit ist in diesem Sinn mit Schutzlosigkeit gleichzusetzen. Irgendwie ist dies auch in den Randgruppen traditionell belegt, und vielleicht könnte man sagen, es hängt mit der Grenzsituation dieser Menschen zusammen, daß sie eben eine Distanz zur Nacktheit entwickeln.

GUTEN TAG UNGLÜCK!

Renate Eibel

Die ganze Nacht nicht geschlafen und dann nicht arbeiten gehen können.
Ausgerechnet jetzt wo sie sich beweisen muß, daß *sie* alles schafft.
Und dann gelingt alles nie so richtig.

Sie: „David, warum hast du mir diesen Betrug angetan?"
„Hättest du wirklich auf mich verzichten können?"

Er: „Hätte ich nie können!"
„Du vergißt, wie du mich behandelt hast! Wie schlecht du mich behandelt hast!"

Sie: „Aber *du* hast mich betrogen. Gemein! Kleinbürgerlich! Gemein und Hinterfotzig!"

Er: „Immer wieder bin ich zu dir gekommen. Hab' dich angerufen! Ich habe direkt um *dich* gekämpft!"

Sie: „Von einer anderen Person habe ich von deinem Verhältnis erfahren! Wie bei den Kleinbürgern!"

Er: „Glaubst du, ich habe dich gern betrogen? Glaubst du,
mir ist es gutgegangen, als ich dich belügen mußte?"

Sie: „Ja. Dir ist es gutgegangen!"

Er: „Du bist mir vorgekommen wie eine Mutter, die ihr Kind dauernd verstößt!"

Sie: „Du bist nicht mein Kind!"

Er: „Hast du noch nie davon gehört, daß es manchmal andere Menschen sein müssen, die eine Funktion erfüllen, damit man wieder weiß, was man am geliebten Menschen hat?"

Sie: „Eine Schweinerei der Funktion gegenüber!"

Er: „Aber es beruht doch alles auf Freiwilligkeit! Und wenn sich jemand dazu hergibt! ... Jetzt weiß ich ja wieder, was ich an dir habe! Eigentlich müßtest du dieser Funktion dankbar sein: Jetzt weiß ich *erst,* was ich an dir habe!"

Sie: „Aber ich werde jetzt arbeiten. Und irgendwann werde ich mir überlegen, was das alles für *mich* bedeutet."

Die Stadt ist grau. Menschen rennen mit Adventkränzen durch die Gegend.
Sie schaut weg. Schon wieder ist ein Jahr zu kurz.
Was sie alles nicht schafft! Schafft es nicht einmal, daß ihr *ein* Mann treu bleibt. Und wünscht sich und dem Kind einen lieben, rücksichtsvollen Vater. Der nie dumm ist.
Einmal hat es ihr einer angeboten, das Vatersein für sie und das Kind.
Aber so einfach ist das nicht.
Da muß schon eine gewisse Person her.
Irgendwer geht nie.
Als es ihr ganz schlecht ging. War einer da.
Mit Medikamenten, Drogen und Zeit.
Feine Speisen hat er gekocht.
Gütig gelächelt, wenn sie ihre Ausbrüche hatte.
Immer wurde über sie gesprochen. Immer hat er ihr zugehört. Ihr bei der Arbeit geholfen.
Ihre Arbeit für sie gemacht!
Ihre Brieftasche wurde nie leer. Geldscheine heimlich hineingesteckt. Damit sie sich nicht bedanken mußte.

Einmal sind sie am Eis gelaufen. Sie konnte es besser als er. Das langsame Fahren, wegen ihm, ist ihr bald auf die Nerven gegangen. Aber sie hat ihm zugewinkt, beim Überrunden.

Er: „Du läßt mich nie arbeiten! Immer willst du etwas von mir! Immer wieder störst du mich beim Denken."

Sie: „Ich bin ruhig und zufrieden. Damit *du* zufrieden sein kannst mit mir!"

Er: „Laß keinen an dich heran, damit ich mir keine Sorgen zu machen brauch'! Damit ich denken kann!"

Sie: „Ich schreibe eine Geschichte und finde keinen Schluß! Eine Beziehungsgeschichte."

Er: „Schreib doch über deine Kindheit. Über die Gebirgsfaschisten. Das würde *mich* interessieren."

Sie: „Ich hab dauernd Beziehungen und bin immer allein."

Er: „Lern allein zu sein. Lieb mich. Ausschließlich mich. Und du hast keine Probleme mehr. Das einzige ist: Du mußt lernen, an mich zu glauben!"

Einmal war sie in der Dritten Welt. Dort hatte sie solche Probleme nicht. Einmal Elend gesehen, erlaubt sie sich nicht, es sich schlecht gehen zu lassen. Das ist ja schwierig. In der Stadt herumrennen und niemand sehen wollen. Die Hoffnung, niemand Bekannten zu treffen, weil sie sich überlegen muß, was sie alles nicht essen darf, damit ihr ihre Lieblingshose wieder paßt. Das ist ein Problem, wenn dir kleine Kinder dauernd die Schuhe putzen wollen, damit sie etwas zum Essen haben. Da muß schon ein größeres Problem her.

Eine Krankheit?
Aber in der Dritten Welt wird sie nicht krank, weil sie den Ärzten in der Ersten schon nicht traut.
Damals war sie deprimiert. Aber irgendwann hat sie wieder angefangen mit dem Lachen. Trotz Elend.

Sie schreibt. Er schreibt.
Sie macht eine Beschäftigungstherapie, damit er schreiben kann. „Wenn zwei das Gleiche tun, ist das immer eine problematische Sache." Das weiß er aus seiner Erfahrung. Schreiberin und Schreiber kann nie gutgehen. Schreiberin und *Maler* schon.

„Wie du es immer wieder schaffst, dich in den Mittelpunkt zu drängen..."
„Schaffe ich es immer wieder, mich in den Mittelpunkt zu drängen?"
In Paris hatte sie eine Freundin, die sie mitnahm. Mit irgendwelchen Leuten aus der Genfer Zeit. Bei den United Nations. Sie lernt richtig Englisch. Sieht sich in Restaurants, wo ein Abendessen so viel kostet, wie sie in einem Monat verdient. Irgendwelche Leute mit Geld haben sie nicht beeindruckt. Die zwei Kinder, deren Betreuung ihre Geldquelle ist, bleiben ihr fremd. Das Nachbarskind der von ihr betreuten Kinder ist fünf und greift nach ihrer Brust. Verschämt und ganz schnell. Daran erinnert sie sich auf einer Pensionsfeier, als der Stiefvater sie auffordert, ihn „richtig zu küssen". Der Griff nach ihrer Brust. Ihr Stiefvater ist fünfundfünfzig.

Ihre Tagebücher sind gut versteckt. Einige findet sie doch. Im wesentlichen hat sich an ihrem Problem wenig geändert.

Zweimal waren sie zusammen im Allgemeinen Krankenhaus. Das bedeutet für sie Familie. Wenn sich jemand um einen kümmert, wenn man krank ist.
Der jugoslawische Chauffeur, das Schwein, hat sie auch ein paar Seiten gekostet. Am Anfang gefielen ihr seine Erzählungen. Wie das für ihn war, damals, als er nach Österreich

gekommen ist. In einem winzigen Dorf hat er gewohnt. Nahe der bulgarischen Grenze. Dort hörte er von Österreich und wie gut es denen geht, die dorthin gegangen sind. Kamen im Sommer auf Besuch. Mit großen Wägen und Geschenken.
Am Südbahnhof angekommen, trifft er einen Landsmann.
„Brauchst a Arbeit, brauchst a Wohnung?"
Ja.
„Weamma scho machen, wieviel Geld du haben mit?"
500 Schilling.
„Gib her, ich kommen glei wieda zuruck. Mit Arbeit, mit Zimmer."
Nach drei Stunden hat er gwußt, was los war. Ohne Geld in Wien.
Während der ersten Zeit konnte er bei einer Jugoslawin wohnen.
„Host du kanen Sliwowitz brocht?" fragt sie erstaunt.
Na, i trink ned.
„Mocht nix, i hoben sälba."
Ziag on, hod sie gmeint. I hoben trunken und Augen samma aussäkummen wie Knedeln.

Die Frau hat gemeint, daß er sie heiraten wird.

Owa wos hätt i sollen sagen zu mei Mamma. I hätt kennan heiraten a Madl, owa ned a Frau, die wos hod scho a Kind...

Einmal saß sie 18 Stunden im Flugzeug und hat an ihn gedacht. Alles war noch am Anfang.
Sie schickt ihm eine Ansichtskarte: „Weil ich eine Sehnsucht hab!"
Darüber hat er sich gefreut. Damals, als er noch ein wenig Freude mit ihr haben konnte.
„Du bist oberflächlich und brutal."
Manchmal hätte er sich fast getrennt, wegen ihrer Brutalität.

Sie erschrickt, wenn das Telefon läutet:
„Ich mußte kurz angebunden sein, vorher, als du mich angerufen hast. Alle sitzen daneben und lauern. Ich nähre ihre Neugier nicht."
Das konnte sie verstehen.
„Du, wir müssen uns bald treffen. Ich muß dir soviel erzählen. Ich hab nur zwei Schilling. Denkst du noch an mich?"
Ja, aber immer seltener!
„Frauen Bedingungen stellen zu lassen, darf man sich gar nicht erst anfangen", sagte der Wiener Staranwalt im Flugzeug zu ihr. In Lima wollte er unbedingt Kokain probieren.

In Madrid bei der Zwischenlandung hatte sie Kopfweh.
Die Kolumbianerin, die neben ihr sitzt, gibt ihr ein schmerzstillendes Mittel, das nicht hilft.
Sie zeigt ihr Photographien von ihrem Mann.
Es gefällt ihr in Frankfurt.
Ihr Mann ist Yugoslawe.
Sie freut sich darauf, ihre Familie wiederzusehen.
Trotzdem wird es schwer werden, ein Monat ohne Mann. Für beide hat das Geld nicht gereicht. Bei jeder Zwischenlandung telephoniert sie mit ihm. Egal wie spät es in Frankfurt gerade ist.
Sie hat David nicht aus dem Schlaf geklingelt.
Nach Mitternacht drängt sie sich nicht mehr in sein Leben.
Nicht einmal am Anfang!
Sie sitzt im Flugzeug, denkt an die letzte, gemeinsam verbrachte Nacht.
Im Haus seiner Eltern. Das Haus steht leer. Geheizt wird nicht.

Mitten im Winter.
Trotzdem wurde ihnen warm, beiden, unter der Bettdecke.

In Bogotá kauft sie sich ein Armband. Neunzig Dollar.

Geld hat sie genug. Für südamerikanische Verhältnisse.
Die Kolumbianerin ist stolz auf Garcia Marquez. Sie lebt in Frankfurt. Er lebt in Mexico. Trotzdem sind beide Kolumbianer. Diese Tatsache erfüllt sie mit Stolz.
– Was auch immer passieren mag, und trotz allem, nie werde ich vergessen, daß ich nur der Sohn des Postlers von Aracataca bin -
Sie erwähnt Barranquilla. Marisela erinnert sich an eine Musik.
Arepa de huevo und chicharrones wird sie essen.
Sie hört sich Rezepte an, von denen sie weiß, daß sie sie nachkochen wird.
Diese Kocherei ist ihr schon bei vielen Südamerikanerinnen auf die Nerven gegangen. Sie kocht und redet nicht lange herum, wenn sie kocht.

Lopez Portillo schenkt einer Stadt in den Vereinigten Staaten eine Statue von Pancho Villa.

Die Kolumbianerin wird böse, weil Marisela die Vereinigten Staaten mit Amerika bezeichnet.
Das leuchtet Marisela ein, und sie gewöhnt es sich auf der Stelle ab.

„Am Tag, wenn der Mensch den letzten Fisch gegessen hat, hoffentlich kann er dann die Pesos in der Bank essen."
Ein Sprichwort aus der kolumbianischen Heimat.
Marisela gefällt es irgendwie.

Sie lernt eine Ethnologin kennen. Gemeinsam mit der Kolumbianerin. Der Staranwalt sieht sich Playboy und Penthouse an und hat nichts übrig für die Sozialproblematik. „Es muß ein oben und ein unten geben. So ist die Natur."
Ihm geht es meistens gut.
Für Probleme ist er nicht schlau genug.

Die Ethnologin gehört zu einem Forscherteam. Im kolumbianischen Urwald untersucht sie die Lebensgewohnheiten von Einheimischen, eingeborenen Einheimischen. Und die Wirkung von Heilkräutern. Manche Medizinmänner können wirklich heilen. Viele sind aber Scharlatane. Die, die schon in zu knappen Kontakt mit der Gringomentalität gekommen sind.
Meint sie.

Der Minister gibt ein Fest für das Forscherteam.
Die Senora Doctora bekommt auch eine Einladung. Sie bringt einen Freund mit, ihren Freund, den sie im Dschungel kennengelernt hat. Für Indianer ist der Zutritt verboten.
Vom Forscherteam protestiert keiner.
Sie nimmt das Recht auf Zutritt nicht wahr und betrinkt sich mit ihrem Freund in einer billigen Kneipe. Zum ersten Mal in seinem Leben trägt er einen Anzug.
Er hätte einen anderen Kopf gebraucht.
Mit hellen Augen und einer anderen Haut – einer weißen!

In Kolumbien besitzen vierzig Familien alles. Die bestimmen die Politiker und auch sonst.
Nestlé ist am Genozid beteiligt.

Die Ethnologin nennt Fakten, die Marisela sofort vergißt. Ein medizinisches Programm für Indianer wird ausgearbeitet. Indianer reagieren auf Medikamente anders als Weiße. Das Projekt wird vom Gesundheitsministerium bezahlt, es ließ ein internationales Forscherteam einfliegen. Aus den Vereinigten Staaten und verschiedenen europäischen Ländern.
Ein Indianer hat beratende Funktion. Er bekommt freie Verpflegung.
Die Ethnologin fürchtet, daß ihr Vertrag nicht verlängert wird. Wegen des Freundes.
Sie schreibt ihren ersten Brief an ihn. Sendet ihn nicht ab.
Tagebüchlicher Briefentwurf.
Der Staranwalt bietet Schlafpulver an. Ein Gutes...
„Das wird sogar bei dir wirken".
„Bei mir wirken?"
Weil er sie im Zusammenhang mit Drogen kennengelernt hat, glaubt er, daß ihr Körper anders reagiert.

„Christus kam und mit ihm die ganze Scheiße."
„Gott muß ewig sein, denn ein Nichts läßt sich nicht fassen."
Das Nichts hat ein elektrisches Gegengewicht.
Sie mag nicht elektrisiert werden.

Ein Arzt bekommt ein Monatsgehalt von 300 Dollar. Hier.
Kein besonderer Arzt.

Heute hat sie schon mindestens 503 Mal an ihn gedacht und fühlt sich beschissen von allen Seiten.
Von den anderen denkst du so wie du selber bist.
Sie lernt neue Früchte kennen: tuna, chirimoya, mamey und granadilla.
Köstlich. Herrliche Früchte, mitten im Elend.
Zum Einschlafen: Valium 10
Gegen die Nervosität: Ansiopaz. Rezeptfrei in jeder Apotheke.

In Tirol möchte ein Jugendfreund ohne sich verreisen können und ihr Kind sein.
Sie spürt Ameisen unter der Haut.

Ein Cousin heiratet, auch in Tirol.
Sie fragt sich, wie sie auf diese Hochzeit kommt und findet sich in einer Landdiskothek wieder. Als sie das Lokal verläßt, schneit es. Es ist Sommer.

Du Mensch.
Wer bist du?
Mit wem hast du es eigentlich zu tun?
1 Meter 70, oder kleiner?
1 Meter 75 wärst du gern.
Zu groß auch wieder nicht,
zu groß warst du dir noch nie.

Weiterleben wirst du schon noch eine Weile.
Immer wieder sind dir bekannte Menschen gestorben.
Da bist du dann oft traurig gewesen. Nicht immer.
Warum?
Weil du nichts mehr gutmachen kannst.
Tote bewirken viel öfter ein schlechtes Gewissen als Lebende.

Nehmen dich mit auf ihre Reise in die Ungewißheit,
werden etwa Vögel oder kleine Beuteltiere
und können sich an gar nichts mehr erinnern.

Drogen?
als innerer Stadtplan . . .
bringen dich auch nicht weiter.
Wohin willst du eigentlich?
Nach Hause.
Da mußt du aber bei dir suchen.
Im Herzerl drinnen, oder in der Seel.

Dein Körper beginnt dich zu hintergehen.
Warten, bis du älter wirst, Falten kriegst.
Und du bist dann gepflegt und wirkst jung.
Haha!

Alles hinter dich bringen.
Die Bilder müssen im Nachhinein stimmen.
Bei dir stimmt im Nachhinein alles.
So lange denkst du darüber schon nach.

Liebes du!
Du kannst dich wirklich nicht leiden.
Warum schaffst du es nicht, daß dich jemand glücklich macht?
Dich versteht?
Damit du das Gefühl haben kannst:
zu verschmelzen,
eins zu sein,
. . . mit dir.
Jemanden finden, der dich für dich spürt.
Eine gelungene Flucht in den Zweieregoismus –
und dann durchhalten!
Bis zum Tod.
Zwanzig Jahre Ehe, das wär eine Leistung!
Warum allein sein?
Wo du es dir doch richten kannst.
Du darfst nicht so faul sein.
Jetzt ginge es noch!
Noch hättest du Chancen!
Mach die Aufnahmeprüfung an der Diplomatischen Akademie!
Bewirb dich um einen Job im Ausland!
Fremdsprachenkorrespondentin im Fernen Osten.
Fremdsprachenkorrespondentin in Südamerika.
Geh weit weg! Und sei eine nette Sekretärin!
In einem fremden Land. Dort schützt dich deine Botschaft.
Dort kannst du dich dann betrinken. Kokain sniefen, oder Heroin konsumieren.
Mit einem guten Gehalt und
im geeigneten Moment, mit dem rechten Mann gepennt!

Überhaupt ist Flüchten schlecht. Soviel hast du schon gelernt.

Soviel Verlogenheit hast du schon aufgegeben.
Nicht ganz freiwillig vielleicht,
aber Männer sehnen sich nach Erstmaligkeit,
auch die Linksliberalen.
Wenn schon keine Jungfrau, dann wenigstens bisher frigid.
Sonst hast du auf Dauer keine Chance.
Denn alles ist austauschbar,
die Bilder und die Lügen auch!

Da warst du mit deinen Eltern.
Einzelkind.
Deine Nachbarn hatten neun Kinder!
„Die haben es nicht so gut wie du."

Fang bitte nicht an zu weinen.
Tu dir nicht immer selbst leid!
Wenn du willst, daß es dir bessergehe, mußt du schon etwas dafür tun:
Mach eine Dissertation!
Beschäftige dich sinnvoll!
Schreib etwas Ordentliches!
Lies das Buch zu Ende!
Oder fang an zu meditieren!
Rein sein – eins sein!,
lautet die Devise:
FINDE DICH SELBST UND DU WEISST NICHT MEHR, WER DU BIST!
Fest an etwas glauben!
Wie der liebe Otto:
Der reinkarniert auf einem anderen Planeten.
Aber dort möchtest du ja gar nicht sein!
Auf der Erde an so vielen Plätzen noch nicht gewesen!
Sterben möchtest du als Tat. Aber tot sein nicht.
Warum eigentlich nicht sterben?
Wegen dem Kind?
Eine egoistische Absicherung.

Früher hast du dich angesoffen und dann ist es dir schlecht gegangen. Jetzt betrinkst du dich nicht mehr, und es geht dir auch schlecht.
Trinken. Betrunkensein.
Sich vielleicht mit jemand ins Bett legen?
Nachher kannst du ja baden. Dich reinigen. Säubern!
Das Wasser kann dir deine Erinnerung nicht nehmen. Oder die Kopfschmerzen.
Laß einen Dichterkäfer über deinen Körper kriechen,
der seit zehn Jahren nichts mehr so Dünnes unter seinen Fühlern gespürt hat:
Ein Haikuerlebnis,
mit Meerschaumblättern und Marillenblütenknospen garniert.

Einrauchen mit Wodka.
Mit der Reiseschreibmaschine unter den Dächern von Paris.
Da kannst du dir deine Vergangenheit wieder zusammensuchen.
Besser:
Kauf dir um dein letztes Geld:

Fünf Gramm punto rojo und einen Cunnilingusfanatiker, der zwei Mal täglich masturbiert!

Einrauchen mit Wodka?
Oder Whisky? Aber Scotch!
Dann schnell den Dichterkäfer aus seinem Nest, zwischen den Seidentüchern im Kleiderschrank, geholt.
Jetzt weißt du viel, wenn nicht alles,
aber am nächsten Tag alles wieder vergessen.

Da kannst du dann sagen:
„Gestern gut-drauf-gewesen! Bummzu!"

Dein geliebter Vater, der SS-Mann.
Schon die erste Zeit mit einem Mörder verbracht?
Im Knast war auch eine Mörderin. Eine „einfache".
Die hat immer das Frühstück serviert.
Den Kaffee, den du nicht trinken konntest.
Ständig hat es dir den Magen umgedreht.
Eine ganze Woche ohne Stuhlgang!,
weil du nachher kein Klopapier anzünden wolltest.
Die ganze Zelle weiß, was du gemacht hast.
Und du bist froh, wenn dir niemand vorwirft,
daß du Stuhlgang gehabt hast, daß es in der Zelle stinkt.
Als ob du dich selbst in eine Massenzelle gesperrt hättest...
Den ganzen Tag über Alkohol gesprochen, aber nie einen bekommen.
Du bist gegen Gefängnisse ohne Alkohol!

Einmal ist ein Brief gekommen.
Unter der Marke war ein Bröckerl Heroin.
Die Empfängerin hat kotzen müssen
vor lauter Freude und Aufregung!

Das kann auch nur im Knast passieren.

Wie kriecherisch du im Gefängnis gewesen bist.
Vor lauter Angst immer freundlich.
Rauswollen. Und nicht gewußt, wie du hier herkommst.

Eine alte Frau aus der Nebenzelle hatte Freigang.
Ein zuhause verbrachtes Wochenende.
Acht Stunden früher, als sie müssen hätte,
war sie wieder da.
Herein in das Gefängnis.

Eine Italienerin ist gleichzeitig mit dir entlassen worden.
Zwei Tage ist sie hiergewesen.
Geheimprostitution!
Ihre Kinder waren in einer Institution.
Dort wo Kinder hingebracht werden, wenn sie keiner vom Kindergarten abholt.
Deren Mütter, oder Väter, oder beide, verhaftet worden sind.
Die Kinder können nur zu den Amtszeiten abgeholt werden,
aber an die kann sich das Gefängnis leider nicht halten.

Die Italienerin hat dich am Arm gefaßt:
„Drah die net um! Sonst kommst wieda her."
Das hast du nicht gewußt.
Du warst ihr dankbar und bist mit ihr etwas trinken gegangen.
In ein Gürtellokal. Weil das Gefängnis am Gürtel liegt.
Wein getrunken.
Morgen holt sie die Kinder, weil sie sie heute nicht mehr kriegt.
Übermorgen geht sie wieder auf den Strich.
Deckellizenz kriegt sie keine,
weil sich ihr Ex nicht scheiden läßt, und sie als verheiratete Frau
keinen Deckel bekommt.
Was soll's?
Aufpassen muß sie halt.
Aber einer wird schon kommen und sie
verpfeifen
vernadern
einidrahn.
Einer, der nicht bezahlen will und die Polizei ruft,
und sie noch immer keine Berechtigung hat.

Angerufen hast du sie nie.
Aus dem Knast draußen, und mit Huren nichts mehr zu tun haben wollen.
Als ob du selbst eine wärst, weil du eine nette, italienische Hure kennst.
Du verstehst die italienische Hure nicht!
Aber dich verstehst du auch nicht.
Huren sind deppert und nichts für dich.
Außerdem gefallen dir die Sozialbewußten. Die Theoretiker, die Linksliberalen.
Die Sozialbetroffenen haben von ihrer sozialen Situation keine Ahnung. Können ihre Betroffenheit nicht artikulieren. Stecken zu sehr drinnen, haben keine Distanz, aber Vorurteile. Sie überblicken die eigenen Situation nicht und halten nicht viel von Sozialbewußten. Linksliberalen.

Schreiben als Lebenshilfe?
Schreiben ist leichter als meditieren.
Meditieren dauert Jahre, aber die Schreibmaschine ist elektrisch.
Als Kind vom Schutzengel verfolgt,
dem häßlichen Monster.
Immer alles dem lieben Gott erzählt.
„Wenn man den Schutzengel nicht liebt, begeht man eine Sünde",
wußte der Provinzpfarrer, der vom Krieg erzählt hat.
Du liebst Denunzianten nicht. Nicht einmal als Kind.
Jetzt bist du froh, daß du die losgeworden bist. Den Schutzengel mit seinem lieben Gott!

Einmal Mitglied in der Kommunistischen Partei.
Immer mit „Grüß Gott" gegrüßt.
Keiner hat etwas gesagt.
Zuerst warst du nicht dabei bei diesem Verein, und dann darfst du wieder „Grüß Gott" sagen.
„Man grüßt Gott nicht! Man grüßt nicht mit einem Befehl!"
„David, du hast recht."

Häng an deinem Wunsch nach einem reinen Leben.
Rein und ordentlich.
Wie beim Militär.
Die müssen im Dreck robben und gleichzeitig sauberes Schuhwerk tragen, sich waschen und kurzgeschnittenes Haar...
Das ist ordentlich.
Wenn ein Krieg wär, wer möchte dann nicht von einem ordentlichen Menschen erschossen werden? Oder geschändet?

Zeig mir deinen Mörder und und ich sage dir, wer du bist.
Du kannst dich entscheiden.
Leb bewußt, indem du dir deinen Mörder selbst aussuchst.
Dann mußt du ihn nur noch soweit bringen,
ihn tief genug zu verletzten...
Wer umgebracht werden will, schafft das auch.
Soviel steht schon in der Kronen Zeitung.
Da gab es eine Frau, die immer geturnt hat. Immer nur geturnt hat die. Fast nicht gekocht, für ihren Mann, ihre Kinder.
Der Ehemann war so lieb und hat das Ganze verstanden, aber plötzlich wollte die Frau einen größeren Turnraum!
Da hat er sie leider erschießen müssen!

Viel Gefängnisaufenthalt wird er vernünftigerweise nicht kriegen.
Was tät es auch helfen?
Leben tut die Frau sowieso nicht mehr, und Wiederholungsgefahr besteht keine.
Er muß nur vor fanatischen Sportlerinnen auf der Hut sein!

Er braucht einen normalen Menschen,
der nichts extrem tut.
Immer mit Maß und Ziel.
Mit Maß und Ziel!

Maß damit du in das Ziel kommst!
Ohne Maß kein Ziel!
Merk dir das!
An einem Tag schuf nicht einmal Gott die Welt!
Und am Sonntag mußt du rasten!
Du rastest schon seit Wochen und hast ein schlechtes Gewissen. Wer rastet verdient kein Geld.
Wie auch?

Du wartest immer, bis es dir ganz schlecht geht,
und dann bist du enttäuscht, weil dir keiner hilft!
Immer wieder schaffst du es, dich aufzureißen!,
und dann flickt dich niemand zusammen!
Niemand liebt dich wirklich.
Niemand hält es mit dir aus, auf Dauer.

Scheitern darfst du erst, wenn du etwas geleistet hast!
Oder fertig gelebt.
Zweiundsiebzig Jahre wirst du,
wußte eine Zigeunerin in Südfrankreich.
Das ist anständig!
Ob es dann Altenpflegeheime noch geben wird, auf dem anderen Planeten.
Oder bist du dort ein Hund oder ein Maikäfer,
weil du in diesem Leben soviel . . .
Ja, was eigentlich?

Hast du eine triftige Entschuldigung?

Die Seegurke stülpt sich von innen nach außen,
wie ein Handschuh,
und spuckt ihre Gedärme aus . . .
dann wachsen ihr wieder neue.
Schau im Lexikon nach, wenn du nicht weißt, ob das stimmt!

Und weit und breit nichts,
das dich aufbauen könnte . . .

EUROPÄISCHE ALLTAGSGESCHICHTE PROZESS DER ZIVILISATION ODER SEXUALUNTERDRÜCKUNG

Hubert Ehalt

Auszüge aus dem Referat

Intimisierung

Für den modernen Menschen ist das Sexuelle der intimste Bezirk seines Seelenlebens. Auch hier liegt eine sozialgeschichtliche Entwicklung vor. Zeitgenossen Goethes fanden den „Werther" als ein unanständiges Buch, weil auf schamlose Weise das Gefühl und die Innerlichkeit bloßgelegt würden. Nach und nach wurde das Sexuelle so sehr verdrängt, daß es nur mehr unter Zuhilfenahme eines Spezialisten, eines Psychotherapeuten oder eines Psychoanalytikers freigelegt werden konnte.
Den größten Widerstand zeigen die Bürger, wenn ihnen Verdrängtes wieder ins Bewußtsein gebracht wurde. Das Bürgertum duldet die Prostitution unter der Bedingung, daß sie im sicheren Versteck bleibt. Der Bürger löst seine Probleme für sich allein, will nicht, daß sie ihm bewußt werden, vor allem aber lehnt er ein öffentliches Gespräch über diese Problematik ab. Der Bürger ist also ein gespaltener Mensch mit einer für die Öffentlichkeit und einer für den privaten Bereich bestimmten Seite, und auch die Gesellschaft nimmt allmählich diesen gespaltenen Charakter an. Es macht sich ein immer größerer und deutlicherer Zwang zur Intimisierung bemerkbar, der zu einer Trennung zwischen den öffentlichen und den privaten Sektoren der Existenz führte.
Vom 16. Jahrhundert an traten die Affekte unauffälliger in Erscheinung: Töten, prügeln, Verhöhnen des sozial Unerwünschten, überschwengliche Bezeugungen der Gefühle bei Begegnung oder Abschied machten mehr verinnerlichten Formen Platz. Anstelle der früheren Lebensnähe entstand eine größere Distanz. Es schien, daß der Frieden, die Ruhe und auch die Eintönigkeit und Langeweile zunahmen. Geburt, Krankheit, Tod und Verkrüppelung, Krisen im menschlichen Dasein, Aburteilung von Verbrechen, Angst, Hysterie, Wahnsinn, Weinen, Lachen, Haß und Liebe und fast der gesamte Bereich des Sexuellen verschwanden hinter den Mauern der Intimität, verschwanden hinter Masken, in den Verstecken der Psyche oder fügten sich in einen Bann des Schweigens.
Folgen dieser Verinnerlichungsprozesse wurden auch im Straßenbild sichtbar. Aus mittelalterlichen Darstellungen geht hervor, daß sich das Leben zu einem großen Teil außerhalb des Hauses in der Öffentlichkeit abspielte. Wie bei den Griechen, den Römern und zum Teil auch noch bei den Arabern heute, war das Haus offen. Die Straße fand ihre Fortsetzung in den Stuben. Ebenso wie die Psyche kaum ein Inneres kannte, so besaß auch das Haus keinen intimen Kern. Im gleichen Maße, in dem unsichtbare Mauern den Affekt im Seelenleben des Menschen umgaben, wurden sukzessive auch verschiedene Sektoren des Daseins hinter die Mauern gedrängt.

Im Haus wurde alles, was an das Verhältnis von Mann und Frau, an den Körper und seine Funktionen erinnert, hinter psychische Kulissen, hinter Sprachformen, unter der Kleidung und hinter Wänden versteckt. Das Bett verschwand in ein eigenes Zimmer. Man kann annehmen, daß in vielen Kulturen der Zivilisationsprozeß zu einer Individualisierung und einer Intimisierung der Sexualität führte.

Mehr noch als die Ohren und noch stärker als die Hände wurden nun die Augen Vermittler der Lust. Das Anschauen erotischer Darstellungen war leichter möglich und wurde eher toleriert als das Anfassen und Handeln. Es beginnt allmählich im gleichen Maße, in dem dieser Prozeß der Intimisierung voranschreitet, die sogenannte Pornographie eine größere Rolle zu spielen. Im 17. und teilweise noch im 18. Jahrhundert war es möglich, klar und direkt auszusprechen, was man sexuell fühlte oder begehrte. In der Literatur und in den Volksliedern finden sich viele Beispiele einer unverblümten Sprache. Seit dem 18. Jahrhundert wurde es als ein Zeichen sittlicher Verderbtheit angesehen, wenn jemand diese Bedürfnisse offen aussprach.

Dieser Prozeß der Intimisierung, den ich hier idealtypisch beschreibe, hat sich in den verschiedenen sozialen Schichten mit Phasenverschiebungen abgespielt. Unmittelbarkeit in der Sprache und im Verhältnis der Geschlechter zueinander findet man heute noch manchmal in nichtbürgerlichen Milieus.

Aus dem Gesagten kann man schließen, daß allmählich in der Gesellschaft – in einigen Schichten mehr als in anderen – ein Menschen- und Weltbild entstand, in dem das Sexuelle als integrierter und integrierender Kulturfaktor fehlte. So wie die Gesellschaft das Sexuelle negierte, so mußte der Einzelne seine sexuellen Gefühle verleugnen, verdrängen oder als nicht-existent ansehen. Man kann sagen, daß anstatt einer Unmittelbarkeit in der Befriedigung des Sexuellen ein Komplex von Verhaltens- und Wahrnehmungsweisen der „Vorlust" bzw. der Ersatzbefriedigungen entstand.

Dieser Zivilisationsprozeß, der mit der Trennung von Öffentlichkeit und Privatheit eigentlich erst die Entstehung von Persönlichkeit und Individualität ermöglichte, war demnach für die Entfaltung einer freien Sexualität wenig günstig. Es spricht viel dafür, daß im Wahrnehmungsapparat des Menschen der Anteil der visuellen Wahrnehmung weniger autonom aber auch weniger vorherrschend war gegenüber der Wahrnehmung mittels des Gehörs, des Tastsinnes und des Geruchsorganes. Die Sicht auf die Welt, den Menschen und das Leben war ganzheitlich. Es fehlten die uns so vertrauten Konflikte zwischen dem Objektiven und dem Subjektiven, der Wirklichkeit und der Phantasie, dem „wissenschaftlich Gesicherten" und dem „Übernatürlichen", dem Bewußten und dem Unbewußten, dem einzelnen und der Gesellschaft, dem Innen und dem Außen.

SEX AND CRIME IN GDR
EIN ASPEKT DER THEATRALISCHEN ZERSTÖRUNG DER VERNUNFT AM BEISPIEL HEINER MÜLLERS

Gerhard Scheit

Die Eule der Minerva beginnt erst mit der einbrechenden Dämmerung ihren Flug. Es gehört wohl zum Wahrheitsmoment von Hegels Metapher, daß gewisse Erscheinungen ihre innere Zusammengehörigkeit erst post festum offenbaren. Wer hätte etwa in den dreißiger Jahren eine Verwandtschaft der Lehrstückästhetik Brechts mit Antonin Artauds Theater der Grausamkeit vermutet? Heute – in der Dämmerung der modernen Dramatik – scheint sie der Wissenschaft auf der Hand zu liegen. Freilich wiegt sie schwerer, als es so manchem ‚orthodoxen' Brechtianer recht sein kann.

Leichter wiegen dürfte zunächst der antiaristokratische Akzent, der Artauds Theatermythos mit dem Lehrstück Brechts unmittelbar verbindet. Zum Ausdruck kommt er bei beiden in der prinzipiellen Ablehnung der dramatischen Form, des Dialogs, der Charaktere – vor allem auch der Differenzierung zwischen Zuschauer und Spieler, die das okzidentale Theater konstituierte. Zugrunde liegt dieser Übereinstimmung eine, beiden gemeinsame Auffassung menschlicher Individualität. Auf die reale Zerstörung dieser Individualität, ihrer Lebensformen, ihrer Moral, durch die entwickelte bürgerliche Gesellschaft, reagieren diese beiden Theaterkünstler gewissermaßen mit einer ‚Flucht nach vorn': sie bejahen beide emphatisch mit den Formen ihres Theaters die Entfremdung des Menschen und erhoffen gerade durch diese Bejahung, Steigerung und Verdoppelung der Entfremdung den Umsturz der entfremdenden Welt. Bei Brecht erfolgt allerdings diese ‚Flucht nach vorn' mehr und mehr, von Lehrstück zu Lehrstück deutlicher, im Fluchtpunkt einer neuen, einer – wenn auch sehr abstrakt aufgefaßten – sozialistischen Gesellschaft, während Artaud offensichtlich auf eine romantisch-antikapitalistische Rückkehr zu Gesellschafts- und Lebensformen der Magie abzielt.[1]

Dieser Fluchtpunkt des Lehrstücks zeigt sich etwa auch in der zentralen Rolle des Chors, der als eine Art episches Subjekt darin fungiert (gleichgültig, ob dieser Chor nun das Proletariat oder Partei oder ein anderes Kollektiv verkörpern mag.) Der Chor verkündet die Lehrsätze – das heißt eine im wesentlichen abstrakte Rationalität. Der spezifische ‚Irrationalismus' und die fetischisierte Grausamkeit des Brechtschen Lehrstücks aber entstehen dort, wo dieser abstrakte Rationalismus (der bei Brecht in der Mathematik und Physik sein Vorbild haben dürfte) unvermittelt auf eine konkrete Situation des Handelns und Entscheidens auftrifft. So verweigert beispielsweise der Chor im Badener Lehrstück vom Einverständnis dem abgestürzten Flieger die lebensrettende Hilfe mit dem Argument des Lehrsatzes, *„der grausamen Wirklichkeit noch grausamer zu begegnen (...) Solange Gewalt herrscht kann Hilfe verweigert werden (...) Hilfe und Gewalt geben ein Ganzes/Und das Ganze muß verändert werden."*[2]

Es waren insbesondere diese, in der ästhetischen Nachbarschaft Artauds beheimateten Tendenzen und Momente des Brechtschen Lehrstücks, an die das linke avantgardistische Theater anknüpfte. Brecht selbst freilich ging einen anderen Weg, zumindest in den großen Stücken und der Lyrik des Exils. Heute ist es üblich geworden, diesen entweder als Rückzug in die bürgerliche Ästhetik oder als direkte Fortsetzung der Lehrstückästhetik zu interpretieren; in Wahrheit aber bedeutete die satirische und tragische Dramatik des „Arturo Ui" und der „Mutter Courage" einen tiefen Bruch mit der früheren Produktion, der letztlich auch nicht von der Kontinuität der theatertheoretischen Vorstellungen Brechts verdeckt werden kann.[3] Heiner Müller nun griff, wie man weiß, mit ziemlicher Bewußtheit auf das Lehrstück zurück. Es ermöglichte ihm vermutlich eine gewisse Loslösung von den eigenen frühen, rein agitatorisch und propagandistisch bestimmten Stücken „aus der Produktion" (z. B. „Der Lohndrükker", „Die Korrektur", „Der Bau") und die Hinwendung zu ästhetischen Fragen im engeren Sinn, zu der Möglichkeit, Probleme der dramatischen Gestaltung überhaupt zu verallgemeinern jenseits der bloßen politischen Propaganda. In seinem Lehrstück „Mauser" (1970) jedoch schlägt die ursprüngliche Brechtsche Konzeption – Müller bezieht sich hier konkret auf die „Maßnahme" – bereits merkwürdig um: ließ Brecht noch den einzelnen scheiternden Revolutionär, mit seinen ‚falschen', bürgerlich-moralischen Bedürfnissen ohne Bedenken von der Partei liquidieren, so bleiben bei Heiner Müller die Bedürfnisse und Ansprüche des Einzelnen und die allgemein-notwendige Linie der Partei in einem unlösbaren, nicht dialektischen sondern paradoxen Gegensatz zueinander stehen. Freilich: die individuellen Bedürfnisse des Einzelnen erscheinen bei Müller ebenso abstrakt wie die allgemein-notwendige Linie der Partei. Als Partikularitäten des Einzelnen und als fetischisierte Abstraktion der Partei können sie gar nicht in ein dramatisches Subjekt-Objekt Verhältnis gebracht werden; auch Brecht mußte ja diese undialektische Konstruktion in der „Maßnahme" einseitig – zugunsten der Abstraktion des fetischisierten Parteiapparats – aufheben. Doch Heiner Müller schlug nach „Mauser" prinzipiell einen anderen Weg ein als Brecht nach der „Maßnahme". Die abstrakte Rationalität des Lehrstücks wird bei ihm nicht wie beim späteren Brecht schrittweise aufgehoben durch die Gestaltung immer konkreterer dramatischer Situationen, Charaktere und Widersprüche (man denke nur an die Entwicklung von der „Maßnahme" zur „Mutter"), sondern wird mehr und mehr konterkariert durch eine ebenso abstrakt gewordene Welt sinnlich-sexueller Bedürfnisse und archaisch-reduzierter Grausamkeit. Man könnte sagen, Heiner Müller ist den Weg vom Brecht der Lehrstücke eher wieder zurückgegangen zum jungen Brecht („Baal", „Trommeln in der Nacht", ...), wobei ein ganz eigenartiger DDR-Expressionismus entsteht (dessen Provinzialität gerade bei großen Teilen der westlichen Intelligenz nach dem Genuß des mondänen Absurdismus eines Ionesco als besonderer exotischer Reiz empfunden zu werden scheint).

So finden sich in Heiner Müllers Stücken durchwegs wieder die alten Sprachröhren des Zeitgeistes, wie sie schon der Expressionismus als schlechten Teil des Schillerschen Erbes erneuerte. Allerdings ist der Zeitgeist ein anderer geworden. Sie sind nun – abgesehen von den frühen Stücken der fünfziger Jahre – auch nicht mehr straff zusammengehalten durch Agitprop-Funktionen oder durch die abstrakte Rationalität des Brechtschen Lehrstück-Chors. Vielmehr verselbständigen sie sich von den propagandistischen und pädagogischen Funktionen, von denen Müller selbst in seinen ersten Stücken ausgegangen war, ohne ihre Abstraktheit aufzugeben. Ob fortschrittliche, demokratische oder gegenläufige, bürokratisierende Tendenzen in der sozialistischen Gesellschaft der DDR, ob Stalinismus-Kritik oder neue gesellschaftliche Widersprüche – Heiner Müller kann sie nur als Allegorien auf die Bühne bringen und miteinander konfrontieren. Gerade dadurch aber verlieren sie ihren historisch-konkreten Sinn. Weil sie als abstrakte Prinzipien auf der Bühne erscheinen, können sie nicht als Kollisionen in und zwischen bestimmten, „besonderen" Menschen gestaltet werden. In dem Stück „Germania Tod in Berlin" etwa wird der alte Berliner Maurer Hilse zum ewigen Maurer umgedeutet, der schon die ägyptischen Pyramiden gebaut hat, Rosa Luxemburg dagegen wird als Allegorie der Revolution imaginiert; aber auch Kleinbürger, Nazi, Prostituierte etc. sind nichts als solche Sprachröhren ihres abstrakt gewordenen gesellschaftlichen Seins, die mit exzessivem Rückgriff auf Zitate aus Literatur und Geschichte eine neue Form des Bildungstheaters inaugurieren. Damit sie aber nicht solche Pappmaché-Figuren eines bildungsbeflissenen Agit-Prop bleiben, kontrastiert sie Heiner Müller mit einer, aus den gesellschaftlichen Bezügen herausgelösten und in diesem Sinn: ‚abstrakten' Sexualität und Grausamkeit. Schon Brecht hatte teilweise eine solche Sphäre penetranter Sinnlichkeit benötigt, um seinen Figuren im Inhalt einen gewissen ‚materialistischen', gegen den Schillerschen Idealismus der eigenen Gestaltungsweise gerichteten Touch zu geben. Bei Heiner Müller verstärkt sich diese Tendenz ungemein. Nicht zufällig allerdings; glaubt er doch gerade in dieser Sphäre alle Waffen für seine Kritik des Stalinismus und der abstrakten Rationalität zu finden.

In „Germania Tod in Berlin" beklagt sich ein junger Maurer bei Hilse, seine Freundin hätte ihm verschwiegen, daß sie eine Prostituierte sei:

> „Jetzt gehst du durch Berlin mit ihr und alles
> Was einen Schwanz hat, dreht sich um nach ihr und
> Und bei jedem, der sich nach ihr umdreht, denkst du
> Vielleicht hat er ihn dringehabt bei ihr.
> Wenn dir zum Beispiel einer sagt, deine
> Partei, für die du dich geschunden hast
> Und hast dich schinden lassen, seit du weißt
> Wo rechts und links ist, und jetzt sagt dir einer
> daß sie sich selber nicht mehr ähnlich sieht
> Deine Partei, vor lauter Dreck am Stecken (...)" [4]

Prostituierte und kommunistische Partei – keineswegs ein ungewöhnlicher Vergleich bei Heiner Müller; ist diese Freundin des jungen Maurers zuletzt doch gerade jene Frau, in der der alte Hilse – der ewige Maurer – die rote Rosa – die Allegorie der proletarischen Revolution – wiederzuerkennen glaubt. In diesem vermutlich als sehr ketzerisch empfundenen Vergleich scheint sich aber auch schon die ganze Stalinismus-Kritik Heiner Müllers zu erschöpfen.

Gewiß, Heiner Müller hat inhaltlich damit sicherlich den wunden Punkt des sozialistischen Realismus berührt. „Das zentrale Problem des sozialistischen Realismus ist heute die kritische Aufarbeitung der Stalinzeit", schrieb Georg Lukács 1964. Nur dann könnte der sozialistische Realismus wieder jene qualitative Höhe erreichen, die er in den zwanziger Jahren besaß, wenn er inhaltlich eine „wahrheitsgetreue Schilderung der Stalinschen Jahrzehnte, mit all ihren Unmenschlichkeiten" anstrebe, formal aber den Bruch mit dem Prinzip der „illustrierenden" Literatur der Stalinzeit vollziehe. Zu dieser illustrierenden Literatur gehörten wohl teilweise noch Heiner Müllers „Geschichten aus der Produktion" – „Diese war eine grobe Manipulation der Gegenwart: sie entstand nicht aus der Dialektik der Vergangenheit und der realen Zielsetzung, Aktionen wirklicher Menschen, sondern war stets durch die jeweiligen Beschlüsse des Apparats dem Inhalt und der Form nach bestimmt. Da die ‚Illustrierende Literatur' (...) aus der Kommentierung von Beschlüssen entstand, mußten und konnten die hierzu konstruierten Marionetten – keine Vergangenheit haben (...) Sie hatten stattdessen bloß ‚Kaderblätter' (Personality tests), die je nachdem ausgefüllt wurden, ob man sie als ‚positive Helden' oder als ‚Schädlinge' betrachtet sehen wollte." [5] Für Heiner Müllers weiteres Schaffen ist nur charakteristisch, daß er zwar inhaltlich mit der ‚illustrierten Literatur' bricht, d. h. sich nicht mehr an die Beschlüsse des Apparats hält und sogar die Stalinsche Periode zum Gegenstand nimmt, – der beibehaltenen illustrierend-ausgedünnten Form, die die Menschen als Marionetten der Parteibeschlüsse tänzeln ließ, nun aber ganz andere, im wesentlichen irrationale Inhalte abgewinnen möchte. ‚Positiver Held' und ‚Schädling', Partei und Prostitution werden dabei zur widerspruchslosen Identität einer mythisch abgesicherten Machtstruktur verschmolzen, der der einzelne völlig ausgeliefert scheint.

Man muß sich auch hier den Zusammenhang von Inhalt und dramatischer Form genauer ansehen: Bei Heiner Müller verschwindet die abstrakte Rationalität eines propagandistischen oder pädagogischen epischen Subjekts – wie es im Lehrstück Brechts als Chor den konkretisierenden dramatischen Dialog, damit auch Handlung, Kollision und Charakteres ersetzen konnte. An seine Stelle treten die grausame Aktion und die ,abstrakte' Sexualität jener zu Allegorien stilisierten Sprachröhren des Zeitgeistes. Müllers Szenen verwandeln die deutsche Geschichte gerade darum so überzeugend in einen „Mythos", in ein ungeschichtliches „Ritual" der Grausamkeit, weil in ihnen – ganz im Sinne von Artaud – das Wort hinter Gebärde, Körper und Bühnenaktion verschwindet und diese darum in ihrer Stummheit etwas von einem pseudo-magischen, pseudo-rituellen Glanz gewinnen.

In einer Szene aus „Germania Tod in Berlin" treten inmitten der sterbenden deutschen Soldaten des Rußlandfeldzugs die Nibelungen Gunther, Hagen, Volker und Gernot auf. Als Gernot ihren Kampf gegen die Hunnen in naiv-kindlicher Weise in Frage zu stellen beginnt, schlagen die anderen *„in einem längeren Kampf den vierten in Stücke. Dann masturbieren sie gemeinsam"*. Schließlich schlachten sie sich gegenseitig ab – *„Schlagen einer den anderen in Stücke. Einen Augenblick Stille (...) Dann kriechen die Leichenteile aufeinander zu und formieren sich mit Lärm aus Metall, Schreien, Gesangsfetzen zu einem Monster aus Schrott und Menschenmaterial (...)"*[6]

Die mitunter eher lächerliche, alberne Form, mit der die Grausamkeit bei Heiner Müller in Szene gesetzt wird, hebt keineswegs die quasi-rituelle, in diesem Sinn irrationalistische Wirksamkeit solcher theatralischen Szenen auf. Denn nirgendwo erreicht diese Lächerlichkeit satirische Schärfe, fehlt ihr doch - wie diese Nibelungen-Szene zeigt – jeder Bezug auf gesellschaftliche Widersprüche. Dies könnte ein Vergleich der Hitler-Goebbels-Szene aus demselben Stück – deren Hauptattraktion wohl darin besteht, daß Hitler zum Frühstück einen Soldaten frißt „den Kopf zuletzt. Niest, spuckt" etc.[7] – mit den Hitler-Szenen des Brechtschen „Schweyk"-Stücks zeigen, die ihre satirische Qualität ganz aus dem Kontrast zwischen der ideologischen Selbstinszenierung der Nazis und der ,kleinen' Alltagsrealität Schweyks gewinnen.

Stücke wie „Germania Tod in Berlin" oder „Die Schlacht" haben zwei Entstehungsdaten: eines aus den fünfziger Jahren und eines aus den siebziger Jahren. Und diese doppelten Entstehungsdaten dürften einen wesentlichen ästhetischen Zusammenhang signalisieren: daß nämlich die abstrakten Allegorien der Propaganda, sobald sie mit künstlerischer Gestaltung verwechselt werden – wie dies z. T. in der sektiererischen Kulturpolitik der DDR in den fünfziger und sechziger Jahren programmatisch geschah – umschlagen können in ein von Nietzsche und Artaud inspiriertes Theater des Irrationalismus.

Einen gewissen Endpunkt in dieser Hinsicht bedeutet sicherlich die „Hamletmaschine" von Heiner Müller. In diesem Drama, das keines mehr sein will, findet kein einziger Dialog statt. Der „Hamletdarsteller" selbst halftert das Drama ab:

> „Mein Drama hat nicht stattgefunden. Das Textbuch ist verlorengegangen. Die Schauspieler haben ihre Gesichter an den Nagel der Garderobe gehängt. In seinem Kasten verfault der Souffleur. Die ausgestopften Pestleichen im Zuschauerraum bewegen keine Hand. (...) Ich bin nicht Hamlet. Ich spiele keine Rolle mehr."[8]

Mit diesen Worten aber verwandelt sich der Hamletdarsteller fast automatisch in den Autor selbst:

> „In der Einsamkeit der Flughäfen
> Atme ich auf Ich bin
> Ein Privilegierter Mein Ekel
> Ist ein Privileg
> Beschirmt mit Mauer
> Stacheldraht Gefängnis."[9]

An dieser Stelle wird – laut Regieanweisung – eine „Fotografie des Autors" eingeblendet. Man sieht: Heiner Müller ist hier kaum mehr bereit, seine subjektiven Erfahrungen und Phantasien in ästhetischer Weise zu objektivieren; gerade dazu bedürfte es ja der dramatischen Formen. Stattdessen lebt sich seine Phantasie – die notwendig Männerphantasie bleiben

muß – in undramatischen, aber sehr theatralischen Bildern aus – von Tänzen ermordeter Frauen, aus dem Sarg springenden Prostituierten etc.
Interessant bleibt an diesem Stück allerdings, daß darin der Zusammenhang zwischen dem Scheitern der Stalinismus-Kritik und dem Scheitern an der dramatischen Form angedeutet wird. Freilich nur angedeutet.

> „Das Denkmal liegt am Boden, geschleift drei Jahre nach dem Staatsbegräbnis des Gehaßten und Verehrten von seinen Nachfolgern in der Macht (...) Auf den Sturz des Denkmals folgt nach einer angemessenen Zeit der Aufstand. Mein Drama, wenn es noch stattfinden würde, fände in der Zeit des Aufstands statt (...) Mein Platz, wenn mein Drama noch stattfinden würde, wäre auf beiden Seiten der Front, zwischen den Fronten, darüber (...)" [10]

Doch eben zu einer objektivierenden, dramatischen Dialektik, die die Widersprüche in der Einheit des Dialogs gegeneinander bewegen könnte, gelangt Heiner Müller nicht, weil sein Drama tatsächlich nicht mehr stattfindet, weil die gesellschaftlichen Widersprüche – die eben auch in sozialistischen Gesellschaften existieren, man mag sie noch so sehr leugnen – bei ihm zusammenfallen in der Identität eines einsamen Ichs, dem letztlich nur mehr der Ekel vor der historischen Bewegung bleibt:

> „Ich blicke durch die Flügeltür aus Panzerglas auf die andrängende Menge und rieche meinen Angstschweiß. Ich schüttle, von Brechreiz gewürgt, meine Faust gegen mich, der hinter dem Panzerglas steht." [11]

Die unmittelbar politischen Folgen dieses, in eine moderne Theaterästhetik verwandelten Scheiterns am Drama, das sich zugleich als Scheitern des Bewußtseins an seiner eigenen historischen Entwicklung erweist, zeitigt – deutlicher und wohl auch trivialer denn je – das Ende der „Hamletmaschine": der Hamletdarsteller bzw. Hamlet wird zum Vatermörder und „spaltet mit dem Beil die Köpfe von Marx Lenin Mao" [12]
Adorno sprach einmal angesichts der Entwicklung der Musik nach '45 von „Altern der neuen Musik" – Die Klänge sind die gleichen geblieben, aber das Moment der Angst ist aus ihnen gewichen.[13] Ich denke, es läßt sich dieser Prozeß des Alterns auch für alle anderen Gattungen der Kunst im 20. Jahrhundert nachweisen. Und die Postmoderne erscheint dabei als Versuch, das Altern in ein zeitlos gesichertes Leben nach dem Tod zu verwandeln.
Auch im Drama sind die Klänge die gleichen geblieben: d. h. das Verstummen des Dialogs beginnt in jedem modernen Drama aufs neue und überläßt der Bühne die Wirkung – und sei diese Bühne auch nur eine zur Phonetik entleerte Sprache. Doch das Moment von Angst und Verzweiflung, das Tschechow oder Ödön von Horváth in diesem Verstummen noch zum Ausdruck bringen – und dessen Entstehen als Moment der Entscheidung in einer konkreten gesellschaftlichen Situation – sie noch gestalten konnten, verschwindet beim gealterten modernen Drama im lärmenden, spielerisch-belanglosen Absurdismus eines Ionesco oder Thomas Bernhard. Es verschwindet in dem Maße, als es zu einer selbstverständlichen Voraussetzung der Dramaturgie wurde, als die Abstraktion von den konkreten Bedingungen der Verzweiflung zur professionellen Grundlage des modernen Dramas, zu stillschweigenden Absprache zwischen seinem Autor und seinem Publikum wurde.
Doch es gibt beim Altern auch das Phänomen des Kindischwerdens. Zu ihm zählt wohl die Entwicklung Heiner Müllers, die zum ursprünglichen Ausdruck des Expressionismus zurückfinden will. Wie stark unterscheidet sich dieses Kindischwerden von der wirklichen Kindheit. Seit Wedekind etwa ist die entfremdete, abstrakt gewordene Sexualität neben der Grausamkeit und der scheinhaften Exstase zum wichtigsten Surrogat des dramatischen Dialogs geworden – und hat wie diese der Szene ihre Wirkungsmöglichkeiten auf Kosten des Dramas erst so recht ermöglicht. Wedekind aber vermochte diese abstrakt gewordene, aus allen konkreten Lebensbezügen herausgelöste Sexualität noch als eine satirische Waffe gegen jene Gesellschaft zu richten, die gerade der menschlichen Sinnlichkeit und Erotik diese entfremdete Form gab. Wie stumpf ist diese Waffe bei Heiner Müller geworden. Das

Kindischwerden des Alters erbt scheinbar nur den schlechtesten Teil der wirklichen Kindheit. Vor allem aber taucht es alles Naive – und sei es die Naivität der Satire – ins Banale und Alberne.

1 Vgl. etwa Antonin Artaud: Das Theater und sein Double. Frankfurt am Main 1979. S. 85f.
Mein Essay ‚Der Schlaf des Dramas erzeugt die Ungeheuer des Theaters. Zur theaterästhetischen Vorgeschichte des neueren Irrationalismus' (in: Aufrisse Nr. 2 1987. S. 6ff.) versuchte, Artauds Konzept in einen größeren ästhetischen und philosophischen Zusammenhang zu stellen, als dies hier möglich ist.

2 Bertolt Brecht: Das Badener Lehrstück vom Einverständnis. Gesammelte Werke Bd. 2. Frankfurt am Main 1982. S. 599

3 Es ist ein merkwürdiges Phänomen, daß die Sekundärliteratur zu Brecht, je mehr sie anwächst, desto entschiedener, diese Widersprüche auszutilgen bemüht ist.

4 Heiner Müller: Germania Tod in Berlin. Westberlin 1977. S. 77

5 Georg Lukács: Die kritische Aufarbeitung der Stalinschen Periode. Werke Bd. 5. Neuwied u. Berlin 1964. S. 547ff.

6 Müller, Germania S. 49ff.

7 Ebd. S. 58

8 Heiner Müller: Die Hamletmaschine. In: Theo Girshausen (Hrsg.): Die Hamletmaschine, Heiner Müllers Endspiel. Köln 1978. S. 17ff.

9 Ebd. S. 21

10 Ebd. S. 17ff.

11 Ebd.

12 Ebd. S. 23

13 Theodor W. Adorno: Das Altern der Neuen Musik. Gesammelte Schriften Bd. 14. Frankfurt am Main 1980. S. 143ff.

NACKTHEIT UND GESTÄNDNISZWANG

Werner Reiss

Nacktheit: Keiner Zuwendung mehr zu bedürfen als der entblößenden, keiner anderen mehr zu bedürfen, als wieder bekleidet zu sein.

Nacktsein ist hier das Zeichen einer Machtausübung in einer Kette von Zeichen, die auf die Wiederherstellung einer Ordnung abzielen. Bevor die Ordnung wiederhergestellt wird, muß der Weg von der Störung bis zum Nullpunkt der Wiederherstellung gegangen werden, äußerlich und innerlich. Das Ritual des Ausziehens. Das ist ein Ritual, das nicht nur die gesellschaftliche Ordnung rehabilitiert, sondern auch den Nackten in einer Rolle zeigt, z. B. als jemand, der neue Kleider bekommt, nachdem ihm die Zivilkleider abgenommen wurden, als Büßer, als jemand, der seine Kleider entfernt, um das Büßerhemd anzuziehen; als Gefangenen; als Befragten, der fotografiert wird. Das ist der Fremdbereich der Nacktheit, in dem der Nackte letztlich das Stigma trägt, das alle ihm beibringen. Es ist fraglich, ob dieses Stigma freiwillig übernommen wird, ob die nackte Haut als eine Art Aussatz getragen wird, oder ob man sich mit diesem Stigma identifiziert. Bezeichnet der richtig Angezogene das Höchstmaß an Einordnung und Würde einer Gesellschaft, so bezeichnet der Nackte einen Gegenpol, den er freiwillig eingenommen hat oder der ihm zugewiesen wurde. Ekstatische Nacktheit ist spielerischer Umgang mit allen Würdeformen einer Gesellschaft. Zugewiesene Nacktheit ist das Zeichen der Verwerfung.

Informelle Beziehungen lockern die Kleiderordnung bis zur angemessenen Nacktheit. Die Wahl des Rahmens, in dem Hülle und Enthüllung nötig sind, ist eine Option für die Gesellschaft und ihre Integrationsmuster („Wann darf ich mich wie ausziehen?"). Die Pole der feierlichen Verhüllung bis zur anerkannten Nacktheit umschließen Grade der Akzeptanz des Bescheidwissens, des Bescheidwissens über Soziotechniken und die Fähigkeit, Grade der Intimität in diesem Rahmen herzustellen. Wo dieser Rahmen nicht mehr wählbar ist, entsteht die Gefahr der Anomie, der Gesetzlosigkeit, der Angst, aus der Gesellschaft, die ja selber als Hülle symbolisiert wird, herauszufallen. Jeder Grad der Enthüllung wird von Erlaubnissen und Befehlen, von Empfehlungen und Warnungen begleitet: – zieh dich an, zieh dich aus; ich zieh mich jetzt um, ich zieh mich jetzt aus; ich zieh mich noch nicht aus. – Das bedeutet Schwellen des Einverständnisses, Zeichen der Distanz und der Distanzverminderung. Es wäre natürlich nun schön, mit einer Sprache, die diesem dialektischen Vorgang angemessen ist, diese Vorgänge zu beschreiben. Ich bin kein Dialektiker. Ich lege Ihnen stattdessen ein Schema vor, bei dem hoffentlich zunehmend klar wird, daß eine Dialektik des Gewährenlassens, des Übernehmens und Verweigerns von Befehlen bei diesen Ver- und Enthüllungsvorgängen da ist. Meine Sprache ist statisch umschreibend. Dieses simple Schema legt nun nahe, erwünschte Nacktheit und unerwünschte, aufgezwungene Nacktheit von freiwilliger und selbstgewählter zu unterscheiden. Freiwillige Nacktheit ist der Weg von der vorgeschriebenen Verhüllung bis zur akzeptierten Enthüllung. Nacktheit ist daher Produkt eines Einverständnisses. Ich glaube, es ist nicht nötig, auf die etappenweisen, auch sprachlich faßbaren Formen der Enthüllung einzugehen, das Resultat ist: Nacktheit ist nie ein Naturzustand (wenn er als solcher imaginiert wird, dann behauptet er sich auch nur in Opposition zu bestimmten Kulturmustern), – Nacktheit ist nie ein Naturzustand, sondern das Endprodukt eines Rituals. Nacktheit ist das, was ein Enthüllungsprozeß hervorbringt.

Nun: Von welchen Positionen aus kann dieser Enthüllungsprozeß erlebt werden?

Das Generalthema Ihrer Veranstaltung heißt Nacktheit und Interaktion. Bei einer angenommenen Enthüllung, die erzwungen wurde, wird der Nackte Objekt einer Beziehung, damit meine ich, daß vom Zustand der Nacktheit aus ein Mensch definiert wird, umschrieben wird und in die Lage versetzt wird, sich selbst neu zu definieren. Diese Nacktheit, die einem Menschen beigebracht wird, die ihm zugeschrieben wird, bedeutet, daß ein exponierter Einzelner die Konstitution der Gesellschaft von dieser Situation heraus nachvollziehen soll. Nacktheit ist ein Kleid und kein Naturzustand. Das soll durch das Zitat einer Zeichenhandlung (der Begriff stammt aus der Exegese der Bibel) belegt werden. Einer tritt auf den Marktplatz im Jerusalem des 7. Jahrhunderts vor Christus und zieht sich nackt aus (Jes. 20, 1 f.). Diese Aktion ist verständlich in dem Kontext von Krieg und Frieden, von frei und unfrei zu dieser Zeit. Nacktheit bedeutet nicht den nackten Menschen, wie er sich beim Arzt auszieht oder vor einem Liebesakt; Nacktheit ist zunächst die Arbeitsuniform des Sklaven und Deportierten. Wenn sich jemand auf dem Marktplatz auszieht, dann bedeutet es, daß jemand durch die Nacktheit auf eine Situation hinweist, die für viele oder gar für alle bald eintreten wird; es handelt sich also um eine prophetische Zeichenhandlung. Wenn einer in diesem Aufzug die Mitte des Gemeinwesens einnimmt, ist es ein Hinweis darauf, daß im Grunde alle von diesem Schicksal bedroht sind. Oder aus dem Buch Jeremiah: Ein Nackter, der sich mit einem Joch bekleidet; eine politische Situation, die genau denselben Hintergrund hat und die eine ähnlich verschlüsselte, aber leicht zu entschlüsselnde politische Botschaft ist. Ein Nackter, der sich ein Zugjoch auf die Schultern legt, der sich zum Zugtier macht, zum Arbeitssklaven gemacht wird, wird durch eine Gegenaktion daran gehindert, dieses Zeichen wirken zu lassen. Es kommt jemand, der ihm das Joch von den Schultern nimmt, eine ebenso klare politische Aktion: Die Lage wird sich nicht so verschärfen, daß die drohende Großmacht kommen und alle unter dieses Joch zwingen wird. Ich lasse nun offen, ob diese Definition der menschlichen Situation von außen, daß also Nacktheit eine bestimmte umschriebene soziale Rolle ist oder eine verantwortete expressive Geste, ob diese Situation von außen oder von innen bestimmt wird, ich klammere die Frage nach der Freiwilligkeit bzw. Unfreiwilligkeit des Geständnisses, der Aktion ein, denn natürlich könnte man folgendermaßen psychologisieren: Es ist unentscheidbar, ob jemand, der sich auszieht, unter einem inneren Druck steht, eine alternative Politik anzuzeigen hat, vielleicht keine andere symbolische Ausdrucksmöglichkeit hat als sich auszuziehen, sich das Joch auf die Schultern zu legen, oder sich eine Strategie der Nacktheit zurechtzulegen. Wir wissen nicht, was in diesen Menschen vorgegangen ist, wir haben nur das Dokument darüber, daß sie es getan haben, aber nichts darüber, ob sie in einem inneren Konflikt gestanden sind, ob sie eine Zeichenstrategie kühl eingesetzt haben. Daher ist die Frage aufzugeben, wie das Maß von Freiwilligkeit und Unfreiwilligkeit beschaffen war. Es ist sehr schwer zu bestimmen, ob die prophetische Zeichenhandlung des Nacktgehens als freiwilliger Akt oder als zwanghaftes Ausagieren zu begreifen ist.

Ein ähnliches Beispiel, eine berühmte Stelle aus dem Neuen Testament, der Umgang mit Abweichlern (Mt 18, 15–17): In der Gemeinde des Mattäus wird eine Regel aufgenommen, die beschreibt, wie mit einem lästigen Außenseiter umzugehen ist. Es handelt sich hier um eine symbolische Nacktheit: Jemand wird in einer bestimmten Weise in seinen sozialen Strategien, in seinen Entscheidungsmöglichkeiten eingeengt, er wird auf das Wesentliche seines Fehlverhaltens zurückgeführt, und zwar mit Hilfe der letzten Drohung, die in der Gesellschaft möglich ist, mit der Drohung der Anomie. Jemand kann aus dem gesellschaftlichen Rahmen herausfallen. Die Gemeinderegel nach Mattäus, die nicht jesuanisch ist, sondern vermutlich aus einer radikalen jüdischen Gruppe stammt, bestimmt: Wenn dein Bruder sündigt, dann gehe hin und stelle ihn unter vier Augen zur Rede. (Er wird also vereinzelt.) Hört er auf dich, dann hast du deinen Bruder gewonnen. Hört er aber nicht, dann nimm noch einen oder zwei mit dir, damit auf die Aussage von zwei oder drei Zeugen hin jede Sache festgestellt werde. (Ein Einschub: Das „Feststellen der Sache" hat zwei Aspekte, die bis heute in der Jurisprudenz ihre Rolle spielen, das Suchen nach der materiellen Wahrheit, die im Mittelalter auftaucht, und der andere Aspekt, der der Gesinnung oder der Motivation.)

Zurück zu Mattäus. Die „Sache" bestimmt den Vorgang. Hört der Beschuldigte nicht auf die Zeugen, dann wird die Gemeindeversammlung einberufen. Hört er aber auch auf die Gemeinde nicht, dann gilt er wie ein Heide und Zöllner, er wird unrein. Die Vereinzelung des Individuums steht im Zusammenhang mit seiner Präsentation vor allen, vor denen er mit seinem Fehlverhalten dasteht. Das ist noch kein Pranger, es ist noch keine Art der Bestrafung. Er wird konfrontiert mit allen, die das Verdikt über ihn sprechen können, das letzte Urteil, zu dem sie überhaupt fähig sind. Er gehört als der, als den wir ihn durchschaut haben, der nichts mehr an Überredung, an Entschuldigung vorzuweisen hat, als Nackter, nicht mehr zu uns, er wird gestellt und letztlich ausgestoßen.

Nun eine ähnliche Überlegung wie zum Nacktgehen bei Jesaja. Das zwanghafte Element des Geständnisses wird nirgends sichtbar. Es ist ja denkbar, daß in diesem Überredungsprozeß, der zunächst als Macht von außen empfunden wird, das Subjekt, bevor es wieder integriert wird, mit Freuden wahrnimmt, daß sich so viele um ihn kümmern, daß so viele ihn überhaupt ernstnehmen. Das steht in dieser Regulatur natürlich nicht drinnen. Das zwanghafte Element des Geständnisses wird nirgends sichtbar, es lebt aus der Phantasie des Rezipienten, der sich an irgendeinem Punkt der Prozedur mit dem Abweichler identifiziert oder auch nicht. Wenn er sich identifiziert, unterlegt der Rezipient den Text mit einer Geschichte des eigenen Geständniszwanges. Die Anomiedrohung steht am Ende der Prozedur, sie kann bewirken, daß sich der Schuldige mit dem Ablauf der Prozedur identifiziert oder daß er das Anomieschicksal in Kauf nimmt.

Nun bin ich davon überzeugt, daß sich die Gemeinde als Kurzformel der Welt gefühlt hat, d.h. jeder möglichen Gesellschaft. Jemand geht in die Verbannung, jemand wird unrein. Freilich: Ein kultureller Relativismus sagt dazu, daß es so nur aus der Sicht der Gemeinderegel ist. Für die Gemeinde ist die Anomie die letzte Bedrohung. Anomie als letzte Nacktheit, Schutzlosigkeit, die keinen Status mehr vermittelt. Wir wissen ja nichts über Abtrünnige, Dissidenten, Zweifler im Verlauf ihrer Emigration aus der Gemeinde; nichts darüber, wie sie sich verhalten und wie sie sich gefühlt haben.

Ich habe hier stillschweigend Nacktheit als Körpermetapher unterschoben, nämlich als zunehmende Entblößung von gesellschaftlichen Hüllen, von vertrauten Rollenverhalten und zunehmender Konfrontation mit denen, die zur Enthüllung zwingen. Metapher hier im Sinn von G. Lakott: Eine Regel, die Lesarten eines Wirklichkeitsbereichs in die eines anderen übersetzt. Ich habe unterschoben, daß im Verlauf der Auseinandersetzung der Prozeß der Entblößung in zwei Richtungen deutet. Die eine Richtung ist jene Nacktheit, die jede Äußerung als die richtige akzeptiert, die glückhafte Nacktheit. Was dem Umhüllungswunsch des Kleinkindes und dem Zärtlichkeitsbedürfnis in der Mutter-Kind-Dyade entspricht. Die andere ist das aggressive Abreißen jedes Sozialkontakts. Nacktheit, die so hergestellt wird, entspricht der Nacktheit des Vergewaltigungsopfers. Das sind natürlich idealtypische Endpunkte von Entblößungsvorgängen und das wirklich Interessante, Heikle und Herausfordernde besteht darin, daß beide Formen der Nacktheit einander begegnen können. Wie zunächst in verwirrenden Äußerungen, in denen es unklar ist, ob der Wunsch nach einem Geständnis und der Zwang zu einem Geständnis einfach getrennt werden können. (Das ist der Punkt, wo ich meine relative Unfähigkeit, eine Art Theorie des Sadomasochismus anzubieten, wiederholen muß.)

Da es keine naturhafte Nacktheit gibt, sondern nur eine, die dargestellt und so wiederholbar gemacht wird, also eine Nacktheit, die diskursiv gebunden ist, muß die Beziehung zwischen körperlicher Entblößung und gesellschaftlicher Enthüllung geklärt werden.

Ich definiere nun Nacktheit als Zuordnung von Vorgängen körperlicher Entblößung zu Vorgängen der Versicherung bzw. Entsicherung eines gesellschaftlichen Status. Die Zuordnung

von Prozessen, die sich relativ voneinander abheben lassen. Auf der einen Seite Vorgänge der körperlichen Entblößung und auf der anderen Seite Versicherung bzw. Entsicherung eines gesellschaftlichen Status, Anerkennung bzw. Aberkennung einer gesellschaftlichen Geltung. (Für den Fall, daß der Parallelismus bei näherem Zusehen verwirrend wird, gibt es natürlich Formen der Entblößung, die der Versicherung eines gesellschaftlichen Status entsprechen, sonst gäbe es nicht die Formulierung des Overdressed-Seins.)
Diese Zuordnung wird sprachlich greifbar als Bekenntnis oder als Geständnis.
Bekenntnis ist die Akzeptanz eines Entblößungsvorganges, der als richtig, d. h. als in Übereinstimmung mit dem Selbstwertgefühl, das nach außen projeziert wird, empfunden wird. Geständnis dagegen ist eine solche Zuordnung, die quälend, demütigend und nur über den Umweg einer schmerzhaften Regression erlebt wird. Die Vorgänge der Entblößung und des Statusverlustes sind diskursiv miteinander verbunden, und diese Diskursivität hat eine Geschichte.

Ich kann nicht in einem Raum geschichtsloser Anthropologie argumentieren. Daher möchte ich Barrington Moore zitieren, aus „Privacy", in dem die Geschichte dieser Diskursivität beschrieben wird. Man muß bei dem Begriff Privatheit fragen, ob, und ab wann, eine Verletzung der Privatheit gerechtfertigt ist. Welche Situationen rechtfertigen es, den sozialen Raum einer anderen Person zu betreten? Zwei. Eine, die mit dem Wunsch nach Schutz zu tun hat, wenn z. B. ein Erwachsener ein Kind, das bei der Rolltreppe spielt, dieses Kind von der Rolltreppe herunterholt, es aus einem Gefahrenbereich mit Gewalt entfernt. Es gibt das schützende Betreten eines Privatraumes, das zusammenhängt mit dem Recht und der Pflicht des Stärkeren und des Kompetenteren, den Schwächeren und den weniger Kompetenten zu schützen. Das Recht der Aufsicht (besonders der Arbeitsaufsicht) hat damit zu tun, daß Menschen in ihr Berufsleben eingeführt werden müssen und daß der Erfolg ihrer Arbeit durch Kontrolle garantiert werden muß. Die Rechte der Besetzung einer anderen Person, die sich von Liebe und Zuneigung ableiten, sind zweideutig, ambivalent. Freunde und Geliebte protestieren oft dagegen, daß sie keine Geheimnisse voreinander haben. In diesem Fall wird kein Recht von einer Überlegenheit abgeleitet, beide sind gleich. Der Zugang zu den jeweiligen Privatsphären wird durch eine Übereinkunft, durch eine gegenseitige Vereinbarung abgestimmt. Es bleibt aber das Risiko der unwillkommenen, der gefährlichen Besetzung des Privatraumes. Man spricht von Takt und Gefühl für die Sphäre des anderen. Wenn Schutz und Zuneigung unter bestimmten Umständen die Invasion des Privatraumes rechtfertigen können, müssen wir die Frage umdrehen und fragen, welche sozialen Interessen, wenn es welche gibt, so etwas wie Privatheit überhaupt voraussetzen. Diese Frage kann man nur im Rückgang auf die europäische Geschichte beantworten. Moderne Gesellschaften haben ein soziales Interesse an der Privatheit entwickelt, weil Professionalität ohne die Pflege einer Privatheit, die ihr vorgeschaltet ist, nicht denkbar wäre. Man braucht Privatheit, um professionelle Fähigkeiten zu erwerben und sie auszuüben. Sowohl sozialistische wie kapitalistische Gesellschaften halten an dieser Unterscheidung fest.
Das Gleichgewicht von Privatheit und Öffentlichkeit – dieser prekäre Übergang – bildet sich sprachlich als Übergang von Bekenntnis zu Geständnis und umgekehrt ab. Eine Schwelle, die mehrere Grade der Enthüllung etwa als Verunsicherung von Sozialkontakten umfaßt und sie von anderen trennt. Es gibt nun eine Schwelle, die besonders wichtig ist. Die Scham stellt einen Punkt der Reihe der Enthüllungsvorgänge dar, in dem die Übergangsriten schmerzhaft erlebt werden, nämlich als unumkehrbarer Weg in eine Privatheit, deren Verletzung nur mit einem Appell an die öffentliche Ordnung saniert werden kann. Diese fungiert als starkes Über-Ich. Das dürfte der Sinn der Verbindung der Schamgrenze mit dem Erlebnis des Schmerzes sein. Daß sie, obwohl fließend, unumkehrbare Verhältnisse herstellt. Sie werden nicht durch re-enactment, also durch wiederholendes Sicheinspielen in eine Grundsituation, nicht durch Wiederspielen und wieder Ingangsetzen der sozialen Normen geheilt, sondern durch Rekurs auf die Situation, in der es geschehen konnte, daß sich ein

unheilvoller Zwiespalt zwischen öffentlicher und privater Person gezeigt hat. Es gibt sicher Kulturen, „Schamkulturen" wie die japanische, in denen sich diese Diskrepanz massiver abbildet als bei uns. Aber ich glaube, daß man die Schamgrenze als jenen Punkt in der Reihe der Enthüllungsvorgänge bezeichnen kann, von dem aus die Reintegrierung des Einzelnen in die Gesellschaft nötig wird. Und zwar dadurch, daß ein Appell an verläßliche Formen des Über-Ich gerichtet wird. Es gibt einen Druck, Konsonanz herzustellen, Konsonanz der Lebenswelt des Einzelnen, der in seiner Rolle verunsichert ist, der eingestehen muß, daß er integrationsbedürftig ist.

Das Konsonanzbedürfnis bringt Konkordanz in allen Ausdrucksformen hervor, worauf Mary Douglas hingewiesen hat. Bei diesem Versuch, Konsonanz herzustellen, wird der Nullpunkt der gesellschaftlichen Ordnung hergestellt, symbolisiert durch die Nacktheit des Schuldigen, des Delinquenten, des Verunsicherten. Das ist ein Interaktionsmodell, das erlaubt, vom Geständnis zum Bekenntnis zu gehen und den Übergang der Schamgrenze zu ritualisieren. Ritualisierungen geschehen erstens durch Personalisierungsformen des Absoluten, z. B. in der Beichte. Der oberste Wert einer Gruppe wird in der christlichen Tradition als das Absolute und Anredende in seiner ambivalenten Menschlichkeit erlebbar gemacht. Der Strafende ist der Rettende, der Gekränkte ist der Heilende. Zweitens durch verlebendigte Vorstellungen der Kommunikationsgemeinschaft. Ich denke da an bestimmte Rituale im Rahmen von einem „coming out", etwa des Rituals der anonymen Alkoholiker. „Ich heiße so und so und ich bin Alkoholiker." Hier liefert man sich dem mächtigen verstehenden Über-Ich einer Gruppe aus; man weiß, daß man nicht allein ist, man liefert die Unheilsgeschichte ab, man liefert sich einer Gruppe von Menschen aus, die als Verstehende, Heilende, auch Leidgeprüfte wieder diese Ambivalenz verkörpern, die auch eine Abbreviatur und Kurzformel der Gesellschaft sind, die eine wahre Gesellschaft in concreto sind, im Gegensatz zu einer abstrakten, teilnahmslosen Gesellschaft, die nicht so leidgeprüft, nicht so verständnisvoll ist wie diese Gruppe. Drittens kann die Ritualisierung in der Übernahme eines Stigmas bestehen. Unter Geständniszwang wird eine einmal auferlegte Nacktheit beibehalten. Das Stigma kann übernommen werden; hier verweigert sich der Schuldige, der Nackte, der Entblößte, dem Freispruch und verharrt in Opposition gegenüber denen, die ihn stigmatisiert haben. Näheres ist nachzulesen bei Irving Goffman. Letztlich findet eine Beteuerung der Ehrlichkeit statt. Das in die Nacktheit gedrängte Opfer, der Abtrünnige, der Abweichler wiederholt seine Geschichte, steht unter Wiederholungszwang und erinnert wichtige Elemente des Austoßungsvorganges.

Zusammenfassend: Nacktheit ist kein natürlicher Zustand, sondern die Übernahme eines Entgrenzungs- und Ausgrenzungsschicksals. Dieses Ausgrenzungsschicksal wird dadurch übernommen und akzentuiert, daß eine wichtige Schwelle der Sozialisation, die Schamgrenze, in Grenzsituationen neu erlebt wird.

TSCHUK – DAS UNBEKANNTE

Stephan Eibel

Im Jahre 1977 fuhren meine Schwester und ich zu einem Fotografen.
Ich war damals zehn Jahre jünger als heute, was nicht schwer ist herauszufinden, da heute das Jahr 1987 ist.
Die Erdäpfel, die heurigen, oder der Wein, der heurige, sind Erdäpfel aus dem Jahre 1987. Ebenso der Wein. Doch erinnern wir uns an die Logik des Heurigen, so können wir heute sagen, daß es schon vor zwei, drei, vierzig Jahren heurige Erdäpfel gegeben hat, obwohl die heurigen vom Jahre 1987 sind. So erlaubt uns die Logik bei einem Vortrag zu sagen, daß heute das Jahr 1987 ist, wie auch morgen das Jahr 1987 sein wird, wenn es noch ein morgen gibt. Nun kann es das morgen für mich, für mich und vielleicht für die in der ersten Reihe Sitzenden geben und für die in der dritten Reihe nicht. Natürlich kann es passieren, daß gerade einige von der ersten Reihe das morgen nicht erleben werden. Die Logik erlaubt uns, von „natürlich und von heute und von morgen" zu sprechen, obwohl dieses morgen, übermorgen schon ein gestern ist.
Im zwanzigsten Jahrhundert hat es jedes Jahr heurige Erdäpfel gegeben und viele der Erdäpfelfresser sind zwar Menschen des zwanzigsten Jahrhunderts, aber doch schon tot. Nur die heurigen Erdäpfel und wir, die wir hier sitzen und eine Menge anderer Leute, die woanders sitzen oder stehen, können uns mit einer Leichtigkeit besonderer Art zu einem Fotografen hin bewegen und uns fotografieren lassen. Schon manchem Erdapfel ist es gelungen, sich vor die Fotografenaugen hinzurollen, nicht um vielleicht ins Bild zu kommen, sondern wegen der unebenen Böden der Fotografenateliers.
Der Fotograf fotografiert den Erdapfel nicht, weil er kein Kunstfotograf ist und somit weiß, daß der Erdapfel nichts bezahlen wird. Der Erdapfel gibt sich ganz hin, läßt sich verspeisen und verarbeiten und kommt als Abfallprodukt mit anderen Erdäpfeln vielleicht oder anderen verarbeiteten Speisen beim Arschloch heraus und in den Kanal hinein.
Ein Fotograf nimmt das für gewöhnlich hin, außer er hat gerade eine Entschlackungskur gemacht und tagelang nichts gegessen, damit er den Erdapfel wirklich schätzen kann und ihn genüßlich zermampft.
Der Erdapfel hat die Gewohnheit, nicht zu schreien. Die einzige Möglichkeit der Verweigerung des Erdapfels nicht als Abfallprodukt im Kanal zu landen ist zu verfaulen.
Manche Erdäpfel werden zuerst ganz groß und schwindeln sich mit einer unvorstellbaren Übung in die abgefüllten Bauernsäcke und kommen so in die abgepackten Supermarktsäckchen und dann auf den Küchentisch. Sie faulen von innen her und ärgern den Konsumenten derart, daß es zu vielen Gattenselbstmorden, Kindermißhandlungen und Fehlplanungen kommt. Manche Konsumenten zünden die Wohnung an, in der sie Hauptmieter sind, und kein Brandmeister der Feuerwehr steht vor der verkohlten Wohnung und vor den verkohlten Leichen und sieht den Erdapfel. Einige clevere Polizisten schauen den Erdapfel an und sagen dann: „Schau, ein verkohlter Erdapfel." An Disziplin gewöhnt, schälen sie den Erdapfel während der Amtshandlung, denn jeder Polizeibeamte weiß, daß im Dienst nicht getrunken werden darf, allerdings vom Verbot des Erdäpfelverzehrs sahen die Ausgebildeten noch keinen inländischen wie ausländischen Film. Und schon ist der Brandmeister da und klärt die Brandursache: „Eine brennende Zigarette wars." sagt der Brandobermeister zu den Polizisten. „A Tschik" sagen die Polizisten und alle gehen zufrieden nach Hause und verbieten den Frauen zu rauchen. Erstens, weil man ja im Dienst etwas Erschütterndes erlebt

hat und zweitens, weil der Gesundheitsminister höchstpersönlich im Fernsehen verlautbarte, daß gerade die Frauen die Raucherstatistik drastisch in die Höhe treiben. Drittens, sagen die vom Dienst Heimgekehrten, genügt es, wenn man selbst raucht. Man raucht ja nicht wegen des Genusses, sondern wegen der Vorsicht und der Ordentlichkeit. Wie sollte man einen ordentlichen Menschen von einem unordentlichen unterscheiden können, wenn nicht am Aschenbecher? Ist der Aschenbecher voll und vielleicht etwas Asche neben dem Aschenbecher, dann wissen die Ordnungskräfte sofort, mit wem sie es zu tun haben.
Aus diesem Grund versuchen die Psychiater, die Patienten zu Rauchern zu machen. Erstens, weil sie dadurch sofort bemerken, wenn der Patient nervös wird und zweitens, ob der Patient ein Neurotiker ist. Wird der Patient nervös, raucht er mehr, ist er Neurotiker, trägt er den Aschenbecher nach jedem Asche geben in den Aschenbecher auf die Toilette und säubert ihn mit warmem Wasser. Viele Psychiater sprechen dann von Sauberkeitszwang des Patienten, und die Behandlung wird um Erhebliches teurer.
Die fortschrittlichen Patienten wissen aber, daß sich der Psychiater mit der Diagnose „Sauberkeitszwang" nur irren kann, denn um einen Zigarettenstummel aufzulösen, benötigt man viele tausende Liter Wasser, also man verschmutzt eigentlich Wasser, was die Patienten sehr amüsiert. So wird für den geldhabenden Patienten der Psychiater ein Fixposten im monatlichen Budget, aber zur monatlichen sicheren Belustigung des geldhabenden Patienten ist ihm nichts zu teuer. Das Selbstwertgefühl des Patienten steigt, und die Hungernden der dritten Welt oder die Delogierten der ersten Welt sind ihm egal. Da der Patient weiß, daß man umgangssprachlich „wurscht" sagt, wenn man egal meint, weiß er auch, daß egal „gleich" heißt. Der Vorteil des Wortes egal besteht darin, daß zwei Selbstlaute das Wort füllen und zweitens nicht „gleich" gesagt werden muß.
Der geldhabende Patient weiß, wie er zu Geld gekommen ist und weiß auch, wie er sich zu verhalten hat und weiß somit auch, wie er sich leicht in Gefahr bringen kann.
Sagt er „gleich", könnte dies auf Kommunismus oder Sozialismus hindeuten, was ihm den Terroristenverdacht einbringen könnte. Außerdem ist das Wort „gleich" eine gelungene Verschleierung des inneren Hintergrundes.
Die Sprache erlaubt es, gestattet es, zwingt uns förmlich dieses gleich auf, welches nichts anderes heißt, als daß die Menschen der dritten Welt oder die Delogierten der ersten Welt einem gleich sind. Und genau da liegt das Problem. Die Sprache versucht genau zu sein, und schon bekommt die Sprache eins in die „Goschn", aber von innen. Die Sprache läßt sich das gefallen, weil sie meint, sie sage sowieso alles und schon gibt es die Emotion, die die Sprache besiegt und dem Wort gleich die Bedeutung des „Wurschtseins" gibt.
Der Patient macht sich darüber keine Gedanken, weil ihm das nichts Kurzfristiges bringen kann und so hat er langfristig einen Kostenfixpunkt, den er froh sein wird, in vielleicht kurzer Zeit abbauen zu können.
Das Selbstwertgefühl des Patienten ist ihm „wurscht", denn der Patient selbst ist ihm gleich. So gleicht ein Kleinbürger dem anderen und ein Großbürger dem Kleinbürger.
Es gelingt ihnen ohne Schwierigkeiten, von Vorstrafen zu sprechen, wobei sie sich immer auf die Sprache auszureden versuchen, um zumindest noch irgendetwas von Humanität in den Kaffeehäusern verspüren, an sich verspüren zu können.
Der Mensch hat eine Vorstrafe. Ein anderer Mensch hat vier Vorstrafen. Diese Vorstrafen brachten ihm einige Jahre ein. Sie brachten ihm zwar einige Jahre ein, was grammatikalisch und stilistisch richtig ist, aber sie brachten ihn um Jahre seines Lebens, die er nicht hinter verschlossenen Zellentüren verbringen mußte.
Einerseits kann man von Vorstrafen sprechen, so als ob eine Vorstrafe, eine harmlose Verwarnung, ein Aufmerksammachen auf ein, für die Gemeinschaft schädigendes Verhalten wäre und andererseits weiß man, daß der Vorbestrafte diese Strafe abgesessen hat. Sprachlich hat man recht, denn der Mensch hat vor dieser Tat eine Strafe bekommen, so als ob man sie ihm geschenkt hätte, so hat er sie bekommen, die nun vor der neuerlichen Strafe eine Vorstrafe ist.

Eine Vorstrafe bedeutet, daß Nachstrafen kommen, was sprachlich logisch ist, ist um die Schwere jeglicher Strafe zu verheimlichen, gesellschaftlich nicht gebräuchlich.
Durchaus kann man eine zusätzliche Strafe erlangen, was im Substantiv dann Zusatzstrafe heißt. Der Zusatz verbunden mit dem Wort „bekommen" vermittelt den Eindruck einer Leichtigkeit, wenn nicht gar eines Geschenkes. Das emotionale Besetzen der Worte durch den Menschen ermöglicht es, mit Sätzen, die sprachlich logisch sind, den Hintergrund zu verschleiern, nicht sichtbar zu machen, um nicht von der idealisierten Humanismusgläubigkeit abrücken zu müssen.
Der Bruder und die Schwester sind beim Fotografen und folgen den Anweisungen des Fotografen. Sie versuchen etwas Hintergründiges in ihr Gesicht zu bekommen. Der Fotograf ist nicht ganz zufrieden, weil Bruder wie Schwester nicht im Lachen das Hintergründige sehen wollen. Der Bruder schaut in den Mittelpunkt und die Schwester schaut in den Mittelpunkt. Die Kamera ist der Mittelpunkt. Die Kamera ist eine winzigkleine Kamera und bekommt erst ihre Ernsthaftigkeit durch ihre stabilwirkende Fixierung am Metallgestänge.
Der Mittelpunkt wird durch einen in einem schwarzen Mantel von einem Bein zum anderen gewichtverlagernden Fotografen erkannt. Hinter dem herumwickelnden Hintergrund gibt es noch einen Vorhang. Hinter diesem Vorhang verbirgt sich vielleicht ein Erdapfel oder viele Erdäpfel oder ganz etwas anderes. Der Hintergrund des Vorhanges läßt sich nur vermuten. Wahrscheinlich steht ein Panzer dahinter.
Das vor mir liegende Bild zeigt die Schwester mit dem Bruder. Nur ich weiß, daß es sich um Schwester und Bruder handelt. Auch die Eltern wüßten um die Geschwisterlichkeit der beiden Bescheid. Sind die Eltern allerdings „Wiener Eltern", oder holländische Eltern, werden sie die beiden Geschwister nicht als Geschwister erkennen können. Die Eltern sind also meine Eltern, die meine Schwester und mich als Geschwister erkennen können. Sieht allerdings einer der beiden Elternteile schlecht und der andere sehr schlecht, so werden vielleicht beide oder nur der eine Elternteil die beiden als ihre Kinder erkennen. Da meine Eltern nicht schlecht sehen, wenn es sich um das Erkennen der Kinder, ihrer Kinder, auf einem Foto handelt, so kann ich sagen, daß sie die beiden Kinder als ihre Kinder erkennen werden. Viele Eltern in der Geburtsstadt dieser beiden Kinder werden diese beiden Kinder als Geschwister erkennen können, wenn sie nicht mittlerweile alle schlecht sehen.

Die Fotografie oder das Foto, also dieses Foto zeigt im Vordergrund die beiden Geschwister und im Hintegrund ein Grau. Greift man mit Fingern nach dem Foto und legt es auf einen Schreibtisch und fährt mit einigen Fingern über das Bild, spürt man den Hintergrund nicht.
Nimmt man das Bild einen Zentimeter vor die Augen, sieht man das Graue, das man, wenn das Bild entfernt wird, als Gesicht erkennen kann, das die gleiche Farbe wie der Hintergrund hat. Bei diesem Foto handelt es sich um ein Schwarzweißfoto. Jeder weiß, was mit einem Schwarzweißfoto gemeint ist, obwohl der Hintergrund ein grauer ist.
Ich habe mir gestattet, bei der Beschreibung des Graus im Gesicht und des Graus im Hintergrund ein bißchen zu schwindeln. Bei einem Zentimeter Augenabstand sieht man das Schwarz der Kleidung und der Haare.
Trotzdem erkenne ich das Grau als Vordergrund, nämlich als mein Gesicht oder das Gesicht meiner Schwester, als ihr Gesicht, und das Grau als Hintergrund, nämlich als Hintergrund des Bildes.
Dabei hat mich beim Fotografiervorgang ein anderer Hintergrund interessiert, nämlich der Hintergrund des Mannes, um unter anderem den Panzer oder die Erdäpfel hinter dem Vorhang zu sehen. In erster Linie hat mich also interessiert, was hinter dem Vorhang steckt. Später hat mich interessiert, wer dieses Bild, diese Fotografie, die nun vierfach vom Fotografen übergeben wird, bezahlen wird. Ich oder meine Schwester. Der Fotograf sagte: „Lassens das!" und meine Schwester wie ich wußten, unsere Eltern stehen da dahinter. Sie bezahlten und wir hatten nun vier Bilder. Ein Bild durfte ich behalten, ein Bild meine Schwester, und meine Eltern hatten und haben zwei Bilder. Ein Bild ist nun die Reserve.

Das Hintergründige der Eltern besteht somit in der Erfahrung eines Verlustes. Es kann etwas verloren gehen und somit hat man zwei Bilder. Die zwei Bilder hebt man zwar im gleichen Album, womöglich an einer anderen Stelle auf, aber man hat vorgesorgt und ist zufrieden. Was hätte man mehr tun sollen?
Verschiedene Maler malen Porträts, wobei der Mensch im Vordergrund ist. Die Maler oder Malerinnen versuchen, den im Vordergrund gezeichneten Menschen hintergründig zu zeichnen und schwindeln den Hintergrund in das Bild. Erst der Hintergrund läßt vermuten, daß im Vordergrund jemand Bedeutender gezeichnet wurde. Fährt man über das Bild eines in Ölfarben Porträtierten, läßt sich der Hintergrund ertasten. Der Hintergrund ließe sich mit elektronischen Meßgeräten exakt in Millimetermillimeter angeben.
Es ergäbe manchmal eine millimetergenaue millimetermillimetergleiche Höhe mit dem Vordergrund.
Der Hintergrund eines Bildes ist aber tatsächlich der Vordergrund der anderen Seite. Die andere Seite ist aber der Hintergrund der nunigen Vorderseite.
Schneidet man ein Bild mit einem Elektronenschneider der Länge oder der Breite nach, so kommt man von einer Oberfläche zur nächsten Oberfläche. Die Tiefe läßt sich nur in den einzelnen Oberflächen noch vermuten, und somit schneidet man solange bis man viele Oberflächen hat und neue Elektronenschneider konstruieren muß, um vielleicht doch noch in die Tiefe zu kommen. Der Maler oder die Malerin sehen gespannt zu und spüren in sich großes Unbehagen, und weil sie den Elektronenschneiderbedienenden nicht gleich umbringen können, malen sie dem Bediener eine schreckliche Warze in sein Gesicht. Damit steht der Elektronenschneidmaschinenbediener im Vordergrund des Malers oder der Malerin, und im Hintergrund des Bedieners sieht man auf dem Malerbild eine Elektronenschneidmaschine.
Die Warze ist im Vordergrund des Betrachters, und obwohl die Warze gemalt ist, steht sie im Vordergrund des Betrachters, was sprachlich ohne weiteres gesagt werden kann.
Die Warze steht, und der Maler oder die Malerin haben den Hintergrund ihrer Abscheu des Bedieners zum Vordergrund gemacht.

Schaue ich ein Bild an, wo mein Name draufsteht, und mir meine Mutter eindringlich oftmalig versicherte, daß das ich bin, so sehe ich einen Vordergrund, lang einen Vordergrund, dann ein Kind, und dann sind im Hintergrund Häuser. Kein einziger Mensch schaut aus einem der Fenster aus den Häusern, so als ob es abgesprochen worden wäre, während des Fotografierens dieses Kindes nicht aus den Fenstern zu schauen.
Ich sehe den Hintergrund.
Ich sehe jemanden, der ich sein soll. Ich, das Kind.
Nun schaue ich aber überhaupt nicht aus wie ein Kind und kann Kinder auch nicht leiden. Kinder schreien, weinen in den ersten Lebensjahren und scheißen in die Hose, ohne diese Hose zu reinigen. Sie pinkeln in die Hose und beschäftigen unzählige Menschen mit der Produktion von Windeln. Sie stehlen diesen Menschen ihre kostbare Zeit, indem sie immer wieder von neuem in die Hose scheißen.
Der einzige Vorteil für die Erwachsenen an den Kindern ist, daß die Kinder hilflos und noch um vieles dümmer sind als die Erwachsenen. Das ist auch die einzige Chance der Kinder, nicht erschlagen zu werden. Die Kinder werden älter und scheißen nun nicht mehr in die Hosen, sondern quälen die Erwachsenen von Tag zu Tag mit einer unermüdlichen Lebendigkeit, daß der Erwachsene die Kinder beim Namen nennt und sie als dumme „Gfraster" bezeichnet. Die Erwachsenen sind ständig mit diesen Gfrastern beschäftigt und haben Sorgen mit diesen Gfrastern und freuen sich schon wieder auf ein neues Kind, das genauso hilflos ist wie das jetzige Kind, das schon ein „echtes Gfrast" ist. Die Gfraster werden älter und jetzt erst recht gehen sie den Eltern am Wecker, weil sie alles besser wissen als die Eltern, und schließlich werden die Gfraster genauso dumm wie ihre Eltern und freuen sich auf ein noch dümmeres hosenscheißendes Kind.

Ergriffen werden dann diese Eltern, wenn sie von einem Kindsmord lesen, weil sie es nicht geschafft haben, ihr Kind umzubringen.
Mag dies auch bei uns, in diesem Saal Anwesenden nicht ganz so zutreffen wie bei den Eltern, so dürfen wir uns doch als rechte Trotteln bezeichnen, weil wir nicht ungerecht gegenüber anderen sein sollen, wie wir ja alle wissen. Erst heute habe ich mich im Spiegel betrachtet. Die Haare gehen mir aus. Ich war auch einmal jung.
Das Jungsein blieb keinem von uns erspart.
Das Problem mit den Haaren ist für mich aber von besonderer Bedeutung, weil ich absolut nicht sterben will. Ich lehne den Tod ab. Damit stehe ich nicht alleine auf dieser Welt, aber der Zerfall dieses doch so jungen Lebens ist für mich schon sehr sichtbar geworden. Im Zimmer meiner Frau habe ich laut geschrien, nachdem ich einen Film gesehen habe, wo ein Mann laut schrie vor Schmerz, und auch da habe ich meinen Zerfall bemerkt. Als dummes Kind schreit man stundenlang, ohne daß das Schreien einen Hustenanfall bewirkt. Heute, wenn ich schreie, huste ich mehr als ich schreie. Glücklicherweise wissen das die verschiedenen Gestalten auf den dunklen Gassen nicht, denn niemand käme mir zu Hilfe, wenn ich einen kurzen Schrei ließe und dann sofort stundenlang husten müßte.
Es könnte allerdings sein, daß im Hintergrund die Angst der dunklen Gestalten vor Krankheiten lauert und somit keine Menschen, keinen stundenlang hustenfähigen Menschen, überfällt, so daß ich tatsächlich sagen kann, niemals überfallen worden zu sein.
Trotzdem ist das Bild eines möglichen Überfalls in meinem Kopf, was den Ursprung im Zeitungslesen und dem Erzählen der Eltern von den Gefahren der dunklen Gassen haben dürfte. Nicht zu vergessen, die vertrottelte Lehrerschaft, die das ihre dazu beiträgt, was man den Lehrern nicht vorwerfen kann, sind sie doch ständig mit dummen Kindern zusammen. Und woher sollten sie auch nur irgendwas Vernünftiges lernen, wenn nicht in der Schule?
Die Lehrer in der Schule wie die Lehrer zu Hause sagen: „Wer suchet,der findet."
Die Politiker und Journalisten stehen in einem besonderen Naheverhältnis mit den Lehrern. Die Journalisten schreiben z. B.: Franzi H. fand bei dem Autounfall den Tod.
Franzi H. fand etwas, was er nicht gesucht hat. Manche Leute finden die Politiker für machtgierige Säugetiere. Sie suchten nicht die machtgierigen Säugetiere und doch haben sie gefunden. Es ist wie bei den Ärzten. Im großen und ganzen wollen die Ärzte keine lebensbedrohende Krankheit finden, wenn sie den Patienten untersuchen, außer die Ärzte arbeiten in einer Krebsstation oder einem Forschungslaboratorium.
Die Ärzte finden eine unbequeme Krankheit, die für den Patienten den Tod bedeutet. Die Ärzte suchten nach einer bequemen Krankheit und fanden eine unbequeme Krankheit. Sie suchten und fanden etwas Unerwünschtes.

So verstehen die Journalisten das „Finden". Franzi H. fand den Tod, den er nicht gesucht hatte, aber Franzi H. hat gesucht. Er hat das Gesuchte nicht gefunden, und trotzdem hat er gefunden, nämlich den Tod. Somit ist das Wichtigste an diesem Spruch nicht das wirkliche Finden, sondern das Erfüllen der Leistung, der Tat. Wenn man sucht, findet man, heißt also, man soll sich bemühen, abrackern, schweigen, schlicht und einfach ein Trottel bleiben, um von den Lehrern, den Politikern, den Journalisten gelobt zu werden.
Die Politiker sagen: „Die Bevölkerung muß Opfer bringen", und die Sprache weist auf die Hierarchie hin. Auf die Einteilung: Hier die Bevölkerung und hier die Regierenden, die Mächtigen. Der Irak z. B. entschuldigt sich für den irrtümlichen Beschuß eines US-Kriegsschiffes. Der US-Präsident nimmt die Entschuldigung an und sieht von einem Vergeltungsschlag ab.
Der Irak ist der Staatspräsident. Der irrtümliche Beschuß hieß: Zig Menschen, die sich als Soldaten im Leben durchbringen wollten, verloren ihr Leben.
Nicht, daß diese Soldaten etwas suchten und dabei den Tod fanden, wird die Berichterstattung sagen, sondern, daß sie ihr Leben verloren. Man verliert den Haustorschlüssel oder ein Autorennen, so wie man das Leben verliert. Jeder verliert im Leben einiges, und die Richtig-

keit des Lebens, daß man verloren hat, also dieser Aussage, zeigt sich in der Bestätigung darüber, daß wir Menschen alle sterben müssen. Wir werden das Leben verlieren.
Das Leben ist also etwas, was man verlieren kann. Man begreift das Ich, das sich spielt und unsterblich ist. Das Ich hat das Leben verloren. Das Leben, ein Einsatz für ein Spiel. Der Gewinn ist aber kein neuerliches Leben, sondern eine Schiffsreise mit einem Luxusdampfer.
Das Volk muß Opfer bringen. Nun habe ich das Problem, daß mir noch kein Volk vorgestellt worden ist. „Volk, mein Name." – „Aha, Eibel, mein Name." Das Volk greift in die linke Hosentasche. „Ich gebe Ihnen zehn Sekunden." Ich nehme die zehn Sekunden und sage: „Wollen Sie einen Kilo Disziplin?" Das Volk verneint und geht ab.
„Im Namen des Volkes" oder im Namen der Republik Österreich geht also nicht von Vornamen und Zunamen aus, sondern von Überbegriffen bzw. einem Überbegriff, den einige Vor- und Zunamenlose dem Volk zugedacht haben.
Dabei haben nicht etwa die einigen Vor- und Zunamenträger gedacht, sondern sie haben allenfalls nachgedacht. Die dachten nach, bis sie beim Austrofaschismus waren. Die Nachdenker versuchen nun dem Volk einzureden, daß es ein Volk gibt und stellen sich als Vordenker hin. Sie haben niemals vorgedacht, sondern nur nachgedacht, dabei wäre das alleinige „denken" das Wichtige gewesen. Die Journalisten setzen sich täglich mit dem Nachdenken zusammen und schreiben dann: Sie war hörig bis zum Tod und das war ihr Tod.
Das Lebensspiel wurde also von der Frau verloren, das Spiel war das „Hörigsein" und der „Sex", das „Perverse" in den Köpfen der Journalisten, die unter Druck arbeiten.
Der Druck hat schließlich alles zu entschuldigen. Auch das Vernichten von Menschen kommt nur durch Druck zustande. Z. B. den Druck von Bomben, den Druck von Würgerhänden oder den Druck vom Volk. Der Druck ist nicht das Tschuk, das Unbekannte.
Die Leute sprechen nicht von einer unbekleideten Angst. Man spricht von der „nackten" Angst.
Die Leute sprechen nicht von einem unbekleideten Leben, sondern vom „nackten" Leben.
Man spricht nicht vom nackten Körper, der nun eine Leiche ist. Sondern man spricht von einer Leiche, und jeder hier im Saal weiß, daß Leichen bei uns im Sarg bekleidet liegen. Mit dem besten Anzug oder dem schönsten Kleid. Man liegt im Sarg nicht in einem bequemen Kleidungsstück, sondern man liegt im Sarg überaus unbequem in einem unbequemen Bekleidungsstück. Die bekleidete Leiche verdeckt die nackte Angst vor dem eigenen Tod. In anderen Kulturen ist die Bestattung billiger. Andere Kulturen machens ohne bekleidete Leichen, was aber in Österreich gänzlich unbekannt ist, weil man gar nicht daran denkt, daß es andere Kulturen gibt.
Man weiß zwar hier, daß es andere Menschen gibt, die aber alle Ausländertschuschen sind oder sonstige Gfraster. Somit nehmen sich die Österreicher ernst.
„Ein Spaß muß sein und ein Ernst muß sein." So bleiben wir in Österreich mit unserer Dummheit allein.
„Das ist mein Präsident." sagen manche Leut und vergessen ganz, daß sie nur achtzig oder weniger Kilogramm haben. Im Menschen hat nur ein Mensch Platz, und wie sollte ein Präsident, also ein Vorsitzender in einem Menschen Platz haben können, wenn man für sich selbst noch keinen Platz gefunden hat?
„Nehmen Sie Platz!" sagt der Richter zum zu Verurteilenden. Und schon muß der zu Verurteilende das Nachdenken des Richters spüren. Der zu Verurteilende hat keinen Platz mehr für sich, weil der Richter seinen ganzen Platz einnimmt. Bei manchem zu Verurteilenden platzt dann alles aus ihm heraus, wie die Journalisten schreiben, und schon ist der nachdenkliche Richter sprungbereit und nimmt den nun leeren Platz im Kopf des zu Verurteilenden ein.
„Er hat sich sein Leben genommen." steht dann in den Zeitungen, wenn der ehemals zu Verurteilende verurteilt wurde, und er hat nichts gegeben außer den Platz, den er aufgegeben hat.

Das Versöhnende mit dem Verurteilten ist, daß er sich etwas genommen hat. Er hat also in voller Selbsterkenntnis etwas genommen und sich getötet.
Die nackte Wahrheit ist, daß sogar dieser Tod als Legitimation der Herrschaft benützt wird.
Die Wahrheit allein genügt nicht, es mußte also die nackte Wahrheit herhalten, um meiner Argumentation Gewicht zu verleihen.
Nicht ein „nacktes" Gewicht.
Die nackte Wahrheit ist also etwas, was die ganze Wahrheit ist, die also mehr ist als die Wahrheit vor Gericht oder die letzte Wahrheit der Religionen.
Jeder von uns hatte mit Nacktheit etwas zu tun. Entweder ist man schon als Kind nackt auf diese Welt gekommen oder hat im Winter gefroren, weil man „nackt" war.
Das Interessante beim Nacktsein ist das Nacktsein der anderen. „Der steht ganz nackt da." heißt es, wenn jemand kein Geld hat, oder keine Ahnung über ein richtiges Verhalten in einer bestimmten Situation hat.

Völlig nackt stand er da und hat also gefroren. Er hat innerlich gefroren, ihm ist kalt geworden, weil die anderen ihn für einen Trottel oder Kasperl gehalten haben.
„Ganz nackt stand ich da." sagen viele Leut, als sie am Grab ihrer Eltern standen. Die letzte Schweinerei der Eltern ist ihr Tod, den sie uns antun. Wir bleiben mit unserem Haß und unserer Wut allein zurück, und die Eltern finden keine Ruhe, nach der sie gesucht haben, weil es der Tod ihnen genommen hat, auch nur irgendwelche Wünsche zu haben.
Der Tod ist das Ende eines Lebens und es darf kein Ende geben. Und der Pfarrer steht täglich vor den Gräbern und sagt den Kindern die brutalsten Sachen nicht ins Gesicht, sondern in das Grab hinein. Und die Kinder sind betroffen und geben dem Pfarrer ein saftiges Trinkgeld, was dieser auch gleich versauft. Der Pfarrer, die Pfaffen, ärgern mich noch heute, wenn ich nur an die gespielte Freundlichkeit in meiner Kindheit denke, die ich diesen Todesverehrern entgegenbringen mußte. Jede Wut um diese Kreaturen ärgert mich noch mehr, und ich denke an Bayern, wo der Religionsunterricht ein Hauptgegenstand ist. Wird von einsamen Kämpfern dem Kind gestattet, nicht in den Religionsunterricht zu gehen, müssen die Kinder in einen moralphilosophischen Unterricht gehen, wobei die Moralphilosophie nicht das schlechteste wäre, aber die in den bayrischen Schulen vorgetragene Moralphilosophie ist die Philosophie der Kirche, die Philosophie des Lobes für den bayrischen Staat.
Wenn in Bayern ein Mann einer Frau, seiner Ehefrau, mit der Faust ins Gesicht schlägt, heißt es in Bayern wie in Teilen Österreichs: „Er hat ihr eine gewischt."

Dieser Mann hat also nichts anderes gemacht, wie die Frau machen muß, wenn sie eine brave Ehefrau sein will, er hat ihr eine gewischt. Noch dazu hat er nicht gewischt bei seinem Erwischungsversuch und ihr tatsächlich das Nasenbein gebrochen. Das erfolgreiche Wischen ist also zweimal positiv. Erstens, weil er sie tatsächlich getroffen hat, und zweitens, weil er gewischt hat.
In nördlichen Teilen Deutschlands spricht man vom Knallen. Knallen kann heißen, daß er eine Frau geknallt hat, also sie gefickt hat, oder knallen kann heißen, daß er ihr eine „geknallt" hat. „Er mußte ihr förmlich eine knallen, weil die Frau danach direkt gebettelt hat." schreiben dann die Journalisten und sprechen die Richter. Das Knallen ist nichts anderes als ein Aufmerksammachen auf ein schlechtes Verhalten, und aufmerksam sein müssen wir allemal, was wir schon in der Schule gelernt haben. Der Nachteil beim Knallen ist, daß das Knallen nicht zum gewünschten Resultat führen kann, was den Mann veranlassen muß, stärker zuzuknallen. Mit dem zunehmenden Umweltbewußtsein der Bevölkerung wird aber das Knallen auch von einer anderen Seite gesehen. Der Seite der Lärmerregung. Ein Knall, ein Fall. Vor dem Knall war ein Schuß. Es ist so wie im Sexbericht oder Erzählungsbericht der Journalisten oder verschiedener Leute. Zuerst verknallte sie sich in ihn. Dann knallte er sie. Es kam beim Knallen zum Schuß, und letzlich knallte er ihr eine, weil sie ihm lästig wurde.
Lästig sein sollte man nicht. Lästig sein will niemand, und somit wird das Verständnis für den

Knallenden dadurch erreicht, daß das Wort lästig ein überaus positiver Begriff ist, ein emotional positiv besetzter Begriff, der für jeden zwar was anderes bedeutet, aber alle mit einem unangenehmen Gefühl verbinden.
Da aber die Sprache etwas künstliches ist, ist das Lästige durchaus auch etwas, was als positiv empfunden wird. Nämlich einer, der lästig ist, nicht nachläßt, nicht lockerläßt, nicht aufgibt, ist einer, der es noch zu etwas bringen wird. Also zeigt die Sprache uns klar auf, wer im Leben überleben wird und zu einem Eigenheim oder einem Spazierstock kommen wird.
Der Fall Zeltweg: Autorennen. Formel 1.
Nach dem dritten „Start" ist dieser „Start" endlich gelungen. Glücklicherweise haben die vorgehenden Starts keine Verletzung oder gar Tote ergeben, sagt der Kommentator im Fernsehen. „Es hat nur Streckenposten verletzt."
Der Fall der Streckenposten war nicht sichtbar im Fernsehen. Der Fall der Streckenposten ist nicht hörbar im Radio. Was mit den Streckenposten passiert ist, wird nie mehr gemeldet werden.
Am selben Tag wird im österreichischen Fernsehen mitgeteilt, daß nach Damm ein Botschafter mit Wurzeln in Österreich nach Österreich kommt. Grunwald wurde in der Stubenbastei ausgeschult. Grunwald, dessen Vater Grünwald hieß, wird der US-Botschafter in Wien. Grunwald ist für die Mitte.
Portisch spricht: Wenn er eine Situation herstellt und uns nützt dann....
Portisch verliert dann vollends den Faden und schwindelt einige Verben und Substantiva in seine Gestik.
Ich höre auf mitzuschreiben, weil ich diesen Portisch schon längst berühren wollte.
Ich wollte ihn mit einem Körperteil berühren, das man hinlänglich die Faust nennt. Was das „uns" betrifft, habe ich gehört, was sich nicht gehört, heißt, daß uns der Botschafter nützen kann und somit heißt das, daß er mir schaden wird.
Auch ich bin für die Mitte wie Grunwald, was uns Portisch über seine politische Einstellung erzählte. Ich bin für die extreme Mitte, weil man nur von einem extremen Standpunkt aus die Mitte überhaupt erkennen kann. Natürlich gibt es keine Mitte, so wie es auch kein „alles ist relativ" gibt. Neben dem relativ wird ein Hinweis auf Einstein gegeben. Uns wird ein „Eindruck" der Welt in den Kopf geknallt, der uns nicht mehr atmen läßt, der uns nicht mehr den Spinat essen läßt, weil er verstrahlt ist, der uns nicht mehr die Straße überqueren läßt, weil die Raser rasen müssen. „Ein Eindruck", der Katastrophen als Naturkatastrophen hinstellt, und die ganze Umweltvernichtungspolitik dadurch rechtfertigt, daß es schon immer Naturkatastrophen gegeben hat.

Mit dem Wissen der Leute im Kopf, daß der Wald stirbt und der Wald nicht freiwillig naturgewollt stirbt, sondern daß der Wald stirbt, weil es die Industrie, die Industriellen zwar nicht wollen, aber ihnen nichts anderes übrigbleibt es zu tun, wenn die Gesellschaft so organisiert ist wie im Westen oder im Osten, dann muß man die Natur als Entschuldigung hernehmen, daß Menschen getötet werden und ganze Täler verschüttet werden.
Wären die Naturkatastrophen so Naturkatastrophen, dann müßte man sich fragen, warum hat man nichts unternommen gegen die Natur, wenn man schon seit Jahren weiß, daß genau da oder dort die Vermurungen, die Lawinen kommen. Die Entschuldigung für den Tod von einigen Menschen wird mit dem heutigen Bewußtsein wieder mit den Katastrophen früherer Zeiten gerechtfertigt. In Norditalien, das in Österreich immer Südtirol heißt und jetzt in der Berichterstattung Norditalien heißt, müssen ganze Täler evakuiert werden, weil auf einmal die Natur verrückt spielt. All das ist Lüge.
Die Herrschaft versucht uns immer mittels dem Gebrauch der Sprache zu beunruhigen und zu beruhigen. Sie versucht aber vor allem, uns am Selbstfinden einer Sprache und somit an einem eigenständigen, einem authentischen Sein, einem authentischen Denken zu hindern, auf daß wir alle recht vertrottelt bleiben sollen.

Welche Sprache versteht einer, der in „Mauthausen" vor laufender Kamera steht und den Toten seinen Respekt zollt. „Ein Solchener" spricht am nächsten Tag vor laufender Kamera von der „Entartung" der Politik. „Ein Solchener" versteht die Sprache der Herrschaft, der Maschinenpistolen, und nur die Sprache der Faust kann diesen Solchenen ein vorübergehendes Schweigen abringen. Jemand der in einem Staat wie Österreich auf Staatsbesuch nach Oberösterreich fährt, kostet uns nicht nur Nerven, sondern wahrscheinlich auch unser Leben.
Interessanterweise gibt es dann die Wetterredaktion des österreichischen Fernsehens, die sagt: Ein bißchen turbulent ist das Wetter, weil es turbulent in der Atmosphäre zugegangen ist.
Unser Wetterbild kommt heute aus Oberösterreich. Morgen gibt es gebietsweise Quellwolken.
Für die Prognose am Wochenende haben die Meteorologen nur ein einziges Wort: Sommerlich.
Mit diesem zufälligen Zusammentreffen von verschiedenen Botschaften der Fernsehanstalt möchte ich nicht nur diese Zufälligkeit als nicht Zufälligkeit erkennen lassen, sondern möchte auf die aktive Rolle, beziehungsweise auf die letzte Möglichkeit, auf die alles umfassende Politisierung, auf die allumfassende Parteipolitisierung in allen unmöglichen Redaktionen hinweisen.
Eine Parteipolitisierung, die es der Wetterredaktion aufzwingt, von sommerlich zu sprechen, wobei jeder weiß, was dieser Sommer gebracht hat. Kälte, Regen und Regen, Kälte. Also Wanderwetter!
Die Wetterredaktion ist somit nichts anderes als ein der Fremdenverkehrswirtschaft verpflichtendes Organ. So wie die Exekutive, die Polizei, ein „Organ" ist, die Parteipolitik ein Organ der Herrschaft und wir ein Organ der Herrschaft sind, wobei wir nicht wissen, sind wir die Leber, die Niere, die Milz? Dieses in „Organen denken" ermöglicht es den Politikern und anderen Arschlöchern, von einem Körper zu sprechen. So sagt der Khol, er ist Abgeordneter zum Nationalrat und Leiter der Politischen Akademie der ÖVP, daß die Kulturpolitik ein Wirtschaftskörper ist. Gleichzeitig sagt er in einem Hörfunkinterview, daß man die Außenkulturpolitik nicht den Schriftstellern überlassen sollte.

Nun hat man niemals auch nur irgendeine Politik den Schriftstellern überlassen, außer der jeweiligen Staatspolitik, wobei es z. B. Schriftsteller gegeben hat, die im Austrofaschismus Austrofaschisten waren, in der Nazizeit Nazis und in der Zweiten Republik Neutrale. Man kann sich vorstellen, was unter neutral verstanden wurde, und damit das alles nicht im vagen bleibt, muß ich einen Namen exemplarisch nennen. Einen Namen, der erst kürzlich die Medien beherrschte, weil er als Kunstsenatspräsident und bedeutender Schriftsteller gestorben ist. Endlich!
Rudolf Henz hat er geheißen, wobei nicht sicher ist, ob er sich zur Nazizeit nicht Dolferl nennen ließ.
Am Begräbnis dieses Typen standen dann der Mock und die ganzen Typen der neuen Zeit, also des zukünftigen Austrofaschismus' und sahen, wenn die Kamera sie erfaßte, ernst drein.
Diese Schriftsteller haben zwar immer mitgeredet, weil sie nachgedacht haben und dieses Nachdenken herrschaftsgemäß verkündeten.
Somit kann man sagen, daß Schriftsteller nie irgendwo mitgeredet haben, weil sie nur gesagt haben, was die Herrschaft hören wollte, und wenn sie etwas gesagt haben, andere Schriftsteller, dann hat man es verstanden, daß diese Schriftsteller nicht gehört werden.
Dieser hohle Khol, der nicht umsonst so heißt, hat sich auf mich bezogen, wobei ich einen Satz sagen durfte, obwohl ich eine Dreiviertelstunde interviewt wurde, einen Satz, der herausgestottert wurde und der leicht zu widerlegen ist, wenn man keine weiteren Sätze sprechen darf.

Zur Herrschaft gehört die Ankündigung. Zur heutigen Herrschaft, die pluralistisch sich nennt, gehört die Nennung verschiedener Namen, so als ob sie irgendwo präsent wären. Und bei der Nennung bleibt es auch. Der Inhalt geht verloren, denn der Inhalt wäre das Gefährliche für die Herrschaft, wenn das überhaupt stimmt.
Tschuk ist all das, was sie nun gehört haben und doch vielmehr. Tschuk ist der Versuch, aus unser aller Gefängnis auszubrechen ins das Freie.
Tschuk ist die eigene Sprache, Tschuk ist unser eigenes Leben, das uns unbekannt ist, Tschuck ist das Eigene, nicht das Eigentum, das uns hinlänglich mit Abscheu erfüllt.
Tschuk ist die Abschaffung des Todes, Tschuk ist die Realisierung einer Utopie, eines Ortes, der heute nicht da ist und in uns allen steckt. Tschuk ist die Überwindung der Natur, die nichts als Zerstörung ist. Tschuk ist das, was der Natur das Aneinanderkrachen der Platten (der zwanzig Platten), die an der Erdoberfläche ständig aneinanderkrachen, das Aneinanderkrachen abgewöhnen. Tschuk ist der Ausbruch aus unserem Kopfgefängnis mit unseren Kopfgefängnisbildern. Tschuk ist die Möglichkeit, eigene Bilder in den Kopf zu bringen, eigene Bilder wählen zu dürfen. Tschuk bist du und ich, wenn wir es nur sein dürften, wäre Tschuk, das Tschucken sehr nah.
Ich danke Ihnen für Ihre Aufmerksamkeit und tschucke ihnen zu. Tschuck!

„DES KAISERS NEUE KLEIDER" – WARUM FÜRCHTEN WIR UNS, DIE WAHRHEIT ZU SAGEN

Peter Roboz

Ich erlaube mir, jetzt kurz aus einem Aufsatz aus dem „Spektrum der Wissenschaft", Mai 1987, mit dem Titel „Schizophrenie und Familie" zu zitieren.
„Um in seiner jeweiligen Umwelt im Blick aufs eigene überleben sinnvoll, das heißt erfolgreich, handeln zu können, ist jeder Mensch gezwungen, die unendliche Vielfalt seiner Wahrnehmungen zu filtern und zu ordnen. Er muß aus der Menge aller möglichen Wahrnehmungen und Verhaltensweisen eine Auswahl treffen und zwischen (lebens-) wichtigen und unwichtigen Wahrnehmungen unterscheiden. Er muß Informationen über seine Welt schöpfen und ein in sich schlüssiges System von Bedeutungen konstruieren. Dieser Prozeß der Koordination von Wahrnehmungen und Verhalten läßt sich am besten unter dem Blickwinkel der Selbstorganisation von Systemen erklären. Sie folgt den Gesetzmäßigkeiten der Evolution, deren Selektionskriterien negativ bestimmt sind: Was überlebt, ist angepaßt, was nicht überlebt, ist nicht angepaßt, das heißt aber nicht, daß der oder das ‚Beste' überlebt."
Es geht dann noch sehr interessant weiter im Aufsatz, aber für unsere Zwecke reicht dieses kurze Zitat. Auf die Praxis angewandt, kann man also Dr. Kurt Waldheim keinen Vorwurf machen, wenn er damals, falls er doch etwas gesehen haben sollte am Balkan, wo er stationiert gewesen ist, weggeschaut hat bzw. seine Wahrnehmungen gefiltert und geordnet hat. Das war damals sicherlich eine Überlebensfrage. Nur, daß er diese Ordnung heute auch noch anerkennt, jedenfalls bis jetzt weiterhin anerkennt, indem er nämlich darauf besteht, seine Pflicht getan zu haben, damals, das verträgt sich doch nicht so ganz mit der Wahrheit – will mir scheinen – oder doch? Aber es wird uns heute leichter gemacht als noch allen anderen Generationen vor uns: „Wie wirklich ist die Wirklichkeit?" fragt sich und uns zugleich ein anerkannter österreichischer Psychologe und Psychiater, Dr. Paul Watzlawik, und macht uns klar, daß die Wirklichkeit nur eine Konstruktion sei.
Also, Hunger haben, Durst, ein sexuelles Bedürfnis, im weiteren auch geistige Bedürfnisse, Bedürfnisse verschiedener Art wie sie ein jeder von uns kennt, wären nur eine „Konstruktion". Tatsächlich. Um diese Theorie zu untermauern, ist ihm auch ein jeder Yogi recht, der einmal ein, zwei Monate ohne Brot und Wasser auskommt, jeder Hungerkünstler und jeder Pfarrer, der es mit der sexuellen Enthaltsamkeit genau nimmt. Und in der Tat, nehme ich alle diese Eigenschaften zusammen, die besonderen Fähigkeiten des einen hier, des anderen dort, dann komme ich so weit, sagen zu können, der Mensch braucht gar nichts, er könnte genauso gut von der Luft leben, und wenn er sich – versteht sich – einbildet, daß er doch – hin und wieder – etwas braucht, handelt es sich um eine Konstruktion. Und in dem Sinn ist dann freilich auch das Nichts eine Konstruktion, sagen wir einmal das Nichts im Heideggerschen Sinne, wofür ich dem Dr. Watzlawik wieder sehr dankbar bin, daß er mir das klargemacht hat, weil ich vom Nichts persönlich immer wenig gehalten habe. Also, mir kommt bei all diesen „Konstruktions"-Argumenten vor, als ginge ewig im Kreis, nicht viel anders wie am Österreichring in Zeltweg.
Jahrhundertelang hat man für die Wahrheit gekämpft. Versteht sich, für die eigene. Heute scheint man mit einem gelungenen Kunstgriff erreicht zu haben, daß sich jeder seine Wahrheit selbst zimmern kann, weil sie eben – wie Dr. Watzlawik sagt – sowieso nur eine Konstruktion ist. Mehr oder weniger verbindlich eben. Wird sie von der Umwelt anerkannt, ist sie mehr verbindlich, wird sie nicht anerkannt, hat es der jeweilige schwer...

Es scheint so, als wäre auf diese Weise, mit diesem Kunstgriff, jene Forderung der Zeit der Aufklärung und insbesondere des großen Voltaires nach *Toleranz* in Erfüllung gegangen, zumindest für sie eine gute Basis geschaffen worden.
Vor allem aber, und das scheint mir tatsächlich die gute und humane Absicht von Paul Watzlawik zu sein, wäre damit dem Fanatismus die Spitze genommen, jenem Fanatismus, der in der Menschheitsgeschichte vielleicht den allergrößten Schaden überhaupt angerichtet hat. Und zwar auf allen Seiten.
Wirklich gut, wenn es damit sein Auslangen hätte. Der Ansatz hat etwas für sich, keine Frage. Nur, daß dann der eine und andere von uns eben ein Hungerkünstler sein muß, will er da auch mithalten.
Was ich sagen will: Konstruktion hin, Konstruktion her, es gibt, meiner Meinung nach, einige Grundbedingungen im menschlichen Leben, die nicht, indem man sie zu einer Konstruktion erklärt, hinwegdisputiert werden sollten.
Sie meinen, das geschieht sowieso nicht. Da muß ich leider sagen, daß es sehr wohl geschieht. Geschähe es nicht, müßte man erst gar nicht über den Begriff „Wahrheit" zu diskutieren beginnen.
Ich will mich jetzt aber im weiteren gar nicht auf einen umfassenden philosophischen Diskurs über die Wirklichkeit und die damit verbundene Wahrheit einlassen, sondern lieber fragen, was der Toleranz, einem Begriff, den auch Ephraim Lessing in den Mittelpunkt eines bekannten Dramas, „Nathan, der Weise" gestellt hat, in der Wirklichkeit und Realität entgegensteht.
Mit der sogenannten Wahrheit alleine ist es nämlich nicht getan. Ich kann gut einsehen, daß mich meine Eltern zwar in die Welt gesetzt haben, aber dann doch keine Zeit für mich haben, mich irgendwohin abschieben, ich kann verstehen, daß sie Wichtigeres zu tun haben, als sich um ihre Kinder zu kümmern, aber werde ich sie deshalb tolerieren können, wie sie es von mir verlangen. Werde ich nicht viel mehr einen immensen Grant auf sie haben?
Es gibt, bezugnehmend auf die „Ringparabel" aus dem „Nathan, dem Weisen", den Satz: „Der rechte Ring ward nicht erweislich" und zwar, wie ich schließe, weil eben mit zuwenig Toleranz um sein Ansehen gekämpft wurde.
Toleranz und Macht vertragen sich nämlich schlecht. Da liegt der Hase im Pfeffer. Will ich die absolute Macht, kann ich nicht tolerant sein, will ich aber tolerant sein, besteht die Gefahr, daß ich mich zuletzt jedes eigenen Einflusses und der Möglichkeit, meine eigenen Interessen durchzusetzen, begebe.
Heinrich Mann nimmt auf dieses Problem Bezug, wenn er sagt: „Denn es ist nicht so, daß der schlimmste Feind des Gedankens eine machtvolle Wirklichkeit wäre. Erbittert und unduldsam wird die Wirklichkeit erst, wenn sie anfängt, Boden zu verlieren. Ein Reich, das gerade erst gesiegt hat, läßt in seiner Überfülle auch dem einsamen Denker einiges hingehen. Ein Reich dagegen, das sich vor dem Chaos in die Diktatur flüchtet – es erstreckt seine Säuberungsaktionen auf den Gedanken und gerade auf ihn."
Es steht freilich in einem etwas anderen Zusammenhang da, aber eingedenk kann man auch heute noch solcher Sätze sein.
Warum also fürchten wir uns, als Einzelpersonen, die Wahrheit zu sagen? Weil wir dann dumm dastehen und merken, daß es uns nichts nützt, die Wahrheit zu sagen, wir uns nur unserer eigenen Ohnmacht, ihr auch zur allgemeinen Anerkennung zu verhelfen, bewußt werden und freilich unter dieser Ohnmacht zu leiden beginnen. Wenn wir nämlich mit einer Wahrheit herausrücken, die nicht erwünscht ist.
Sir Karl Popper, der bekannteste österreichische Philosoph in Österreich, meint, man brauche sich jetzt endlich nicht mehr die Köpfe blutig zu schlagen, um seiner Wahrheit zum Erfolg zu verhelfen, da die Wahrheit ja auch nur eine Konstruktion, und, im besten Fall, eine wissenschaftliche Theorie ist, die aber muß, eo ipso, falsifizierbar sein, und ist sie es nicht, wie Einsteins Relativitätstheorie, dann, weil sie es *noch* nicht ist.

Also, ich will sagen, daß es eine Zumutung ist, wenn ein Großer von einem Kleinen Toleranz verlangt für seine eigenen Ansichten und Absichten, die er ja sehr wohl auch durchsetzen will, seinerseits aber nur sehr bedingt bereit ist, selbst Toleranz zu üben.
Im selben Atemzug, in dem er Toleranz für seine eigenen Ansichten einfordert, mich selbst und meine eigenen Interessen abblockt, zurückdrängt, beschneidet, kleinmacht, unterdrückt, und dazu ja auch ausreichende Mittel hat, während die Mittel des Kleinen äußerst beschränkt sind.

So also wird die vieleingeforderte Toleranz zu Farce. So kann es nicht gehen.
Wenn die Menschen nach dem Krieg, unsere Eltern und Großeltern, die ihre ganzen Hoffnungen auf den Sieg in einem verbrecherischen Krieg gesetzt hatten, und erst dann, als die Bomben auf ihre eigenen Häuser fielen – und nicht schon wie Heinrich Mann 1933 – vom Zusammenbruch zu sprechen begannen, wenn ihren ins Maßlose gesteigerten Vorstellungen ein Schock und eine sehr plötzliche Ernüchterung folgten, und sie alles, was bis dahin geschehen war, und wovon sie, mag sein, erst im Nachhinein Kenntnis erhielten, so schnell sie nur konnten, beiseiteschoben, verdrängten, wie man sagt, – und ich beziehe mich hier wieder auf ein Buch, nämlich „Psychoanalyse und Nationalsozialismus", Beiträge zur Bearbeitung eines unbewältigten Traumas – sich folgendes ereignet hat: – „Anstelle der trauernden Auseinandersetzung und um depressive Ängste zu vermeiden, reagierten wir offenbar mit manischer Überaktivität und ausschließlicher Konzentration auf das Geschehen und den Erfolg in der äußeren Welt", wie es da heißt (S. 21), wenn wir also ohne auch nur die geringsten Lehren aus dem Geschehen gezogen zu haben, uns einem ganz unnatürlich schnellen „Wiederaufbau", einer neuen Glückseligkeit – einer sehr oberflächlichen „Eudämonie"[1] hingaben, weil wir anscheinend unfähig waren, zu einer gerechteren Ordnung zu finden, dann – so finde ich – ist es wirklich vermessen, hierfür heute auch noch „Toleranz" einfordern zu wollen.

Aber die Wahrheit interessierte bislang niemanden im Land, jedenfalls sehr lange nicht, und sie konnte für jemanden, der damit ankam, sehr unbequem werden.
Selbst Dr. Bruno Kreisky fragt weiterhin angesichts solcher Schwierigkeiten, die hier der eine und andere von uns macht, indem er am Bisherigen, an der bisher gelaufenen Strecke Weges im Nachhinein zumindest Kritik übt: „Was bringt's". (Wochenpresse, Nr. 33, 14. August 1987)
Wir haben lange gebraucht, bis wir heute so weit gekommen sind, daß wir einigermaßen begreifen können, was da nach dem Krieg gelaufen ist. Heute wissen wir es einigermaßen und in dem Ausmaß, wie wir es wissen, stehen die Herren, die dafür einzustehen haben, sehr, sehr nackt vor uns.
Doch der König versucht noch immer, obwohl es sich langsam herumspricht, welchen Betrügern wir aufgesessen sind, Haltung zu bewahren und nackt unter seinem Baldachin weiterzuwandeln...
Kindergeschrei – versteht sich – nichts anderes – ficht die Herren indes wenig an. Sie fordern weiter Toleranz für ihre Taten und Ansichten. Und sie können auf einen, nicht kleinen, Apparat bauen, um sich auch durchzusetzen.
Das sind die Betrüger, die uns nur scheinbar neue Kleider gewebt haben, in Wirklichkeit uns aber gleichsam wie Affen nur versucht haben, abzurichten, damit wir auch tolerant genug sind, sie rücksichtslos draufloswerken zu lassen – und sich, versteht sich – die Taschen zu füllen.
Die sich vielleicht heute noch nicht dazu entschließen können – ganz konkret gesprochen – eine anständige Mahn- und Gedenkstätte für jene Opfer der Nazi-Zeit zu errichten, deren Kinder und Kindeskinder erleben mußten, wie man sie, wollten sie Aufklärung über jene Zeit erlangen, wollten sie sie zur Sprache bringen, als Kommunisten diffamierte und wie man nur konnte, ihnen das Leben schwer machte.

Heute kommen sie – interessant genug – heraus, deklarieren sich ganz offen, die Hödls und Sebastian Leitners, Chorherrs, Leitenbergers, Schulmeisters und Graffs', heute habe ich das eigene Vergnügen, nun Schwarz auf Weiß gedruckt lesen zu können, was ich mir nur all die Jahre und Jahrzehnte anhören durfte im privaten Kreis, in vielen Anspielungen, vielfachen Diffamierungen und Verleumdungen, von den Nachbarn angefangen bis zu meinem Lehrer im Gymnasium – aber was hätte ich als Zwölfjähriger 1953 gegen einen Geschichts- und Geografieprofessor, bekannt und eingestandenerweise ein alter Nazi – und keineswegs ein entnazifizierter – und auch nicht nur ein Mitläufer – denn sagen sollen? Hätte ich ihm sagen sollen: Mein Vater war im KZ, er hatte als Journalist und Schriftsteller Schreibverbot unter ihren Leuten, machen Sie, daß sie hinauskommen aus dieser Klasse, und als Erzieher auch gleich aus dem Internat, in das man mich gesteckt hatte. Machen Sie, daß Sie fortkommen. Nazis raus!
Das hätte ich als Zwölfjähriger sagen sollen, sagen können?
Warum fürchten wir uns, die Wahrheit zu sagen?
Es hat Jahre gedauert, bis ein Dokumentationsarchiv des österreichischen Widerstandes eingerichtet wurde.

Es wurde *1963* gegründet. Das ist das Todesjahr meines Vaters. Ich bin sicher, er hätte, wäre es früher gegründet und eingerichtet worden, hier gerne mitgearbeitet, auf die eine und andere Weise, seine eigenen Erfahrungen aus der Hitler-Zeit eingebracht und schon aus der Zeit vordem. Aber es hat so etwas eben nicht gegeben. Und es war auch gar nicht seine Sache, so etwas selbst zu gründen. Das war Sache des österreichischen Staates. Dieser wartete damit bis zum Tode meines, aber auch vieler anderer Väter und Mütter. Sicherlich aus Gründen, die ich keineswegs teilen kann.
Wenn ich selbst erst in den letzten Jahren in der Lage war, jene Eindrücke, die ich kurz nach dem Krieg mitbekommen hatte, als Künstler einigermaßen gut zu verarbeiten, in meine Bilder einzubringen, war das dann meine Schuld? War das die Schuld meines Vaters?
Da stimmt doch etwas nicht? Das ist doch nicht mir rechten Dingen zugegangen!
Ganz bewußt wird weiterhin von uns verlangt, daß wir uns mit der Sache nicht beschäftigen sollen. Diskussionen darüber sind unerwünscht, und wenn man auch nicht umhin kann, Gedenkjahre zu halten, weil wir eben *nicht* bei den Wilden zuhause sind, die – vielleicht – ohne Geschichtsbewußtsein auskommen, ohne rationales, so sollen doch die Jungen, und alle jene, die bisher darüber zu schweigen hatten, auch weiterhin schweigen.
Wie aber soll ein Mensch hier in Österreich lernen, seine Heimat, sein Vaterland richtig einzuschätzen, Land und Leute richtig zu erkennen, ja zu wissen, wie weit er sich mit jemandem einlassen kann, wem er vielleicht besser nicht die Hand gibt, wenn er sich nicht auskennt?
Günther Anders wies in einem frühen Essay darauf hin, wie komisch es für ihn war, als er aus der Emigration nach Österreich zurückkam, hier nur einen großem Mischmasch, ein nicht näher erkennbares Konglomerat vorfand, und man nicht wußte, ob man nicht eben nur einer Nazi-Bonze in der Straßenbahn Platz machte, weil man von zuhause gut erzogen war. Wie Opfer und Täter, scheinbar nun wieder wohlvereint, friedlich beisammensaßen, als wäre nie etwas vorgefallen.
Und wenn ein Dr. Kreisky, der bekanntermaßen aus gutem Haus ist, hier keine Hemmungen hatte, so mag das seine Sache sein, ich hätte es, hätte ich mehr vermocht, nicht so leicht getan.
Herr Dr. Kreisky, Sie haben doch eine ganze Menge Verwandter in der Nazi-Zeit verloren, das war doch später in Büchern über Sie zu lesen. Wie machen Sie es nur, daß Sie mit diesen alten Nazis trotzdem so gut und leicht auskommen, ja ihnen sogar zu Regierungssitzen verholfen haben?
Das ist doch eine legitime Frage eines Menschen an einen anderen, auch wenn es sich dabei um einen Politiker handelt. Jemanden, der angeblich gar kein gutes Gedächtnis haben darf.

Fragen wird man doch noch dürfen, damit man sich, mit der Zeit eben, doch ein wenig auskennt hier im Land. Soweit müßte doch die Toleranz gehen können. Nein?

Heute leben wir mit den „Nackerten" der älteren Generation, mit vielen nackerten Gleichaltrigen und Jüngeren.

Aber es waren die Alten, die uns für dumm verkaufen wollten. Es ist ihnen nicht gelungen.

Und ich frage jetzt nicht, wie es dazu gekommen ist, daß es ihnen zuletzt doch nicht gelungen ist.

Wir können heute ganz gut, jeder auf seine Weise, Aktstudien anstellen. Das schärft den Sinn für die Realität, hat noch keinem Künstler geschadet. Wie man das macht, hat uns der Manfred Deix schon sehr gut vorgemacht.

Wenn es nach der älteren Generation gegangen wäre, hätten wir wohl nie gelernt, zu verstehen, was unter einem „Charakter" zu verstehen ist.

Wir wären, ganz allgemein, darum betrogen worden, selbst nur die kleinste Charakterkunde zu betreiben. „Die kleine Charakterkunde" des bekannten österreichischen Psychologen Prof. Rohracher hätte man uns dann noch voll Hohn aufs Grab gelegt.

Warum fürchten wir uns, die Wahrheit zu sagen?

Weil sie vielen, sehr vielen im Land unangenehm ist.

Aber ein menschengerechtes Leben ohne Sinn für die Wahrheit ist unmöglich.

Und zwar nicht nur für irgendeine kleine, belanglose Wahrheit, sondern für größere Zusammenhänge, für ganze Entwicklungsverläufe. Nur wenn man die einigermaßen gut kennt, kann man auch selbst richtig handeln, ist man entscheidungsfähig, fähig – wie hieß es immer so schön? – Verantwortung tragen zu können.

Sollte sie nicht jeder kennen, sich jedenfalls sehr um sie bemühen, um diese Wahrheit, der weitreichende Entscheidungen hier im Land treffen will und muß?

Also, warum wir dann nicht?

August 1987

GEDICHTE

Gerhard Kofler

Der verbotene schweiß

hier ist sie die großmutter aus wien
die mit ihrer scharfen zunge
das italienisch in kleine stücke zerschnitt
und in der konditorei
zwischen süßspeisen servierte.
wenn wir spielten
verfolgte uns ihr
absolutes verbot, zu schwitzen
denn der schweiß war
schon eine krankheit
kurz vor der lungenentzündung
und der tuberkulose.
und so öffnet sich mir
die alte tür des zimmers der verbote
der verbotene schweiß
das verbot, zu spielen bis zum letzten
das verbot geschlechtlicher liebe
alles in einem knäuel an der schnur
eines lebens in unausweichlichen ängsten

Herrische Weiber

nocher hom mer oft getramt
von de herrischn weiber
iber de der tatte gsogt hot
daß se beim orsch
a aso riachn
wia se suscht riachn
noch parfäm.

und do hom mer getramt
daß mer ihnen
untern kittl innigekrochn sein
und ihnen die feign und in orsch
ogschleckt hom, a set a zuig
hom mer getramt
domols.

und es isch ins dabei
so ondersch gwordn
daß mer ins gedenkt hom
des muaß wegen
dem 6. gebot sein,
dem unkeischn,
weil ins so ondersch
dabei gwordn isch,
hom mer ins des gedenkt,
weil suscht hätt mer
gor net gwißt worum.

jo, und do hom mer
no oft net gwißt
worum.

tatte = Vater
suscht = sonst
a set a zuig = solches Zeug

Ein Stück Schulweg ging ich mit Bauernkindern gemeinsam. Von ihnen lernte ich das Wort „die Herrischen". Das waren und sind immer noch die besseren Bürger aus der Stadt. Besonders die geschminkten Frauen der „Herrischen" riefen bei den Bauernkindern zugleich Ablehnung und Faszination hervor. Dies hier ist ein Rollengedicht, das sexuelle Vorstellungen aus der Kindheit meiner bäuerlichen Weggefährten in der unmittelbaren Wir-Form rekonstruiert.

Weiberdreschn

„gea, muater,
laf zum Mareschallo von de Karabinäri,
der Ander bringt suscht
seine olte no um!"

„ober, voter,
der Mareschallo hot jo grod geschtern
die seinige grian und blau gschlogn,
weil er se mitn Ander derwuschen hot."

„wos, der Ander hot die
olte vom Karabinäri gschnacklt?
a set a bock, der Ander!
und heit wixt er die Resl durch, jo jo ..."

„na, voter,
des gsicht vom Mareschallo
mecht i gsegn hobn geschtern!"

„jo, muater,
die Walschn
sein holt a
MENSCHN."

Weiberdreschn = Frauenverprügeln
Mareschallo von de Karabinäri = ital. maresciallo dei Carabinieri = Wachtmeister der Gendarmerie
derwuschn = erwischt (Partizip II)
gsegn = gesehen
Walschn (Walschen) = Italiener

Auffolln

olm kasweiß johrein johraus
beim fuaßbollspieln
in der schwimmschual
auf die sunn vergessn
und nocher dreimol die haut ogworfn
roasa schultern
mit weiße tipftln
wia bei der mortadella
sein mer a zeit long gebliebn.

nocher sein foscht iberoll
hoor gwochsn
ober drunter hot's olleweil no
kasweiß außergleichtet.

auffolln hon i ondersch welln
als wia so kloan und weiß
hon i mer gedenkt mit an dschelatti
gonz versteckt in an schottign platzl.

olm = immer
schwimmschual = (öffentliches Schwimmbad)
roasa = rosa
Mortadella = ital. Wurstsorte
tipftln = Tupfen
iberoll = überall
außergleichtet = „herausgeleuchtet"

ondersch = anders
hon i mer = hab ich mir
dschelatti = ital. gelati (eigentlich Mehrzahl!) = Eis

Mirca Lusignani

ich nannte sie
„den engel der bibliothek"
in einem frühen gedicht, weil sie
den Neruda mir zeigte
dort, wo sommerkurse
der universität von Padua
stattfinden und immer noch
auch ärztekongresse.

sie lebte mit büchern
in der kleinstadt Brixen
und starb dann plötzlich
an einem unbekannten virus.

der engel der bibliothek
ist jetzt eine
verblasste metapher
wie alle engel
(sie fliegen davon ohne etwas zu erklären)

die ärztekongresse
sind wieder nur
langweilig
wie alle kongresse
(und sind schon selber eine form des sterbens)

die bibliothek
hat nun auch für mich
ihre beschränkten öffnungszeiten
wie alle bibliotheken
(und die bücher leben woanders)

meine ersten gedichte
verstand sie nicht,
das deutsch war kompliziert.
diese zeilen hier wären
vielleicht einfacher.

SEHEN UND GESEHEN WERDEN / MYTHOS FRAUENAKT

Liesl Ujvary

Im August 1983 verbringen wir, Neda Bei und Liesl Ujvary, acht Tage lang etwas wie Ferien auf einer jugoslawischen Insel. Hochsaison. Zwei touristisch unfähige, weißhäutige, intellektuelle Frauen, Autorinnen, versuchen inmitten einer Art FKK-Welt miteinander umzugehen. Wir setzen uns auseinander. Die Autorinnen fotografieren auch. Sehen und gesehen werden, bewehrt mit Fotoapparat, Brillen (wir sind beide kurzsichtig) und natürlich (spitze Steine) in Schuhen. Ganz bewußt, etc. Was dabei herauskam, ist diese Fotoserie, außerdem ein paar Ideen, wie und wo wir uns auf ähnliche Weise noch fotografieren könnten.

Neda Bei

Von den Wörtern zu den Bildern. Die sogenannte Arbeit am weiblichen Imaginären. Warum nicht im Fotoroman den hysterisierten Blick ins Spiel bringen: das als männliche Ökonomie besetzte Entsetzen. Verdoppelt: zwei Sichtweisen, einander fotografieren mit Tele-Objektiv (in die Nähe holen) und mit Weitwinkel (in die Ferne rücken), zwei Frauenkörper. Frauenkörper als Doppel ihrer Metapher Natur (und umgekehrt). $4 \times 4 = 16$. Keine Spiegelung, sondern Differenz in der Gleichzeitigkeit?
Lesbar bliebe ein Bildtextkorpus als Matrix, Beziehungsgeschichte, Bewegung zum suspendierten Sinn etc. Ich will zum Mythos Frauenakt weiterarbeiten, am Entsatz der bis heute wirksamen semiologischen/ikonologischen Traditionen des „weiblichen Akts".

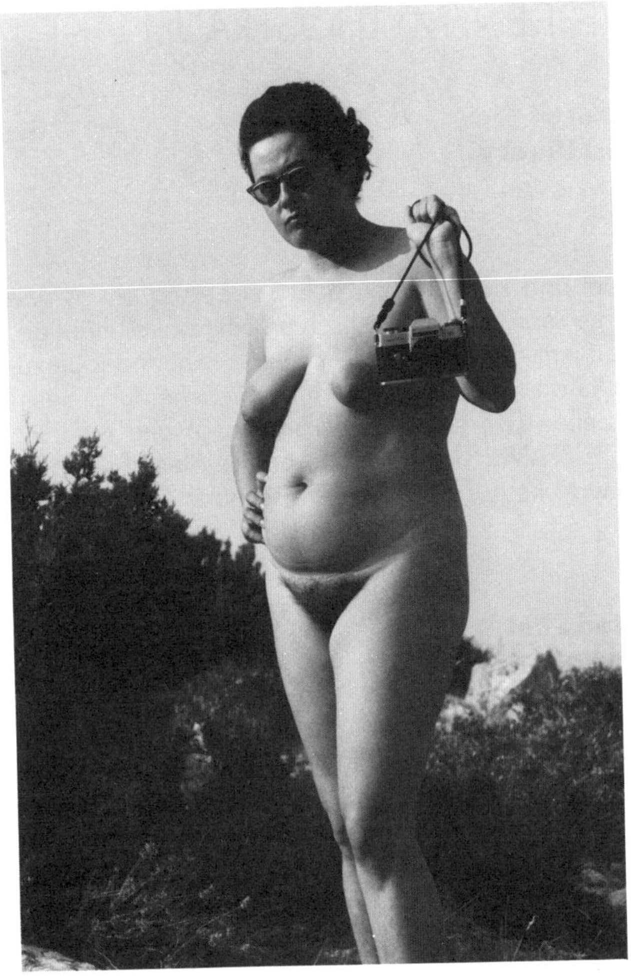

Neda Bei
fotografiert von Liesl Ujvary

Liesl Ujvary
fotografiert von Neda Bei

DER BLICK – EIN MODELL SIEHT ANDERES

Christel Burmeier

Philosophen und Stripteasetänzerinnen tun sehr Ähnliches – sie lassen den Gedanken konkret werden. Das Vorführen einer Brust und das Vorführen eines Gedankens gleichen sich und sollten sich gleichen.
Jede Aktzeichensitzung beginnt mit der selbstverständlichen, daher meist unausgesprochenen Forderung, das Modell möge sich ausziehen. Das Modell macht daraus keinen Striptease. Im Gegenteil. Hinter einem Paravent, unmerklich in einer nicht belebten Ecke des Raumes zieht es sich aus. Die Zeichner bemühen sich eher, diesen Vorgang nicht bewußt zu beobachten, sie scheinen darüber hinwegzusehen. Sie sitzen hinter ihren Zeichenblättern oder stehen an der Staffelei. Den Stift bereit, die erste Linie zu ziehen, und warten. Für sie ist es noch nicht soweit. Sie meiden die Begegnung mit der Person, dem Spezifischen und den damit verbundenen Emotionen oder Desillusionen. In Zeiten größerer Tabuisierung der Nacktheit und Außergewöhnlichkeit der Präsenz weiblicher Modelle verhielten sich einige Künstler eher wie Bordellbesucher. Maler wie Klee, Kubin und Paul Schulze-Nauenburg stellvertretend sicherlich auch für andere Kollegen, forderten noch um die Jahrhundertwende von ihren Modellen artistische Fähigkeiten, die sich nicht nur auf das Modellstehen bezogen, sondern vielmehr mit der Garnierung der Arbeitssituation zu tun hatten. Es grenzte schon an Zumutung, Frauen zu bezahlen, die beim Entkleiden keinen Anlaß boten, das Stimulierende des Vorgangs auszukosten, sondern durch als Schamlosigkeit ausgelegte, sachliche Art befremdeten. Und selbst, wenn sie ihrer eigentlichen Aufgabe nachgingen, kein Vorbild abgaben. Die Gemeinsamkeit in beiden Verhaltensweisen der Zeichner liegt im Schutz vor dem Individuum-Modell.
Ich ziehe mich nie hinter einem Paravent aus, bevor ich Akt stehe. Nicht versteckt in einer Ecke, nicht hinter einem sogenannten Sichtschutz, welcher nicht nur der Schamhaftigkeit des Modells entgegenkommt, sondern die Spannung für den Maler erhöht. Die Einheit der Person bleibt durch die Transparenz des Entkleidungsvorgangs vielmehr erhalten. Die mögliche Brisanz dieses Prozesses, also des Entkleidungsvorgangs, wird zudem durch die darin ebenfalls enthaltenen Elemente unterlaufen, wenn sie nicht wie beim Striptease, bewußt in ausgefeilte Posen und Handgriffe umgewandelt werden. Angezogen und mit den Zeichnern sprechend und agierend bin ich für sie Christel als Individuum, wie jeder Beteiligte auch. Ich stehe nicht plötzlich nackt da, der fließende Übergang vom bekleideten, dem Auge gewohnten Anblick des Körpers zum erst einmal ungewohnten des nackten Körpers läßt die Unterscheidung in Subjekt und Objekt nicht mehr so leicht zu. Zudem wenn das Modell dann auch noch weiterhin mit dem Gegenüber spricht. Die Fremdheit oder Distanz zwischen Maler und Modell und die damit verbundene weitest mögliche gedankliche Besitzergreifung und Verfügbarkeit versuche ich immer wieder zu unterlaufen. Ich ziehe mich an, indem ich mich ausziehe. Wenn ich einen Akt sehe, stelle ich ihn mir angezogen vor.
Die Art, wie sich jemand anzieht, enthüllt häufig mehr von der Person als seine Nacktheit. In der Wahl meiner Kleidung entblöße ich mich, definiere ich Wünsche, Stimmungen, Selbstverständnis usw. Beim Aktzeichnen müßte neben dem nackten Menschen auch der bekleidete stehen. Das ist doch auch so eine Platitüde, sagt Beuys, daß die Leute meinen es wird intim beim Ausziehen. Intim wird es erst beim Anziehen. Seelenhafter, menschlicher wirds beim Anziehen. Tierischer wirds beim Ausziehen, oder es wird wieder auf einer höheren Ebene tierischer beim Anziehen. An deinen Bauch, deiner Brustregion oder deinen Beinen,

deinen inneren Organen oder deinen Kopf kann ich jetzt viel mehr sehen als wenn du dir das Fell abziehst. Man muß Kleider eben nicht als Notbehelf ansehen, sondern Kleider sind beim Menschen ein Lebensglied, ein ganz bestimmtes Lebensglied.
Einfache Nacktheit ist banal, natürlich, nicht spannungsreich an sich. Die Wirkung der Nacktheit funktioniert nur unter der Bedingung, daß alle anderen angezogen sind. Die Antinomie nackt–angezogen erzeugt erst die Spannung, von der Aktbilder seit Jahrhunderten leben. Ein Akt ist inszenierte Nacktheit. Goya hat in seinen Bildern, der nackten und bekleideten Maja nicht nur moralische Konventionen durch einen praktischen Kunstgriff bedacht, sondern wußte sehr wohl um die Spannung erst in der gegenseitigen Bedingtheit. Er nahm damit Gesetze des Striptease vorweg. Der Geist, das Wesen eines Modells ist seine Kleidung und sein Schutz. Mein Gegenüber ist angezogen. In seiner Art, zu sehen, zu zeichnen oder zu agieren, zu sprechen, entblößt er sich.

Selten enthüllen mich die Zeichner in ihren Werken bzw. Skizzen wirklich. Die Zeichner decken mich eher zu mit Idealvorstellungen von Körpern, mit dem Weglassen bestimmter besonders ausdrucksstarker Körperteile wie Gesicht, Hände, Füße, Falten, die ein Leben beschreiben und bezeichnen. Die individuellen Körperformen und -verformungen versuchen sie in mathematische Gerüste hineinzumanövrieren. Auch die inneren Vorgänge im Organismus meines Körpers versuchen sie nicht aufzuspüren. Unter die Haut ihrer Modelle gehen eher die Portraitisten, und die werden streng getrennt von den Aktzeichnern. Nacktsein bedeutet, man selbst zu sein. Als Akt wird man von anderen nackt gesehen und doch nicht als man selbst erkannt. Ein nackter Körper muß als Objekt gesehen werden, um zu einem Akt zu werden. Nacktheit enthüllt sich selbst, ein Akt wird zur Schau gestellt. Ausgestellt sein bedeutet, die Oberfläche der eigenen Haut, die Haare des eigenen Körpers zur Verkleidung werden zu lassen, die in dieser Situation nicht mehr abgelegt werden kann. Der Akt ist dazu verdammt, niemals nackt zu sein. Der Akt ist eine Form der Bekleidung.
Aktzeichnen findet üblicherweise im geschlossenen Raum, im Atelier statt. Der Vorgang ist umwoben von Gerüchten, einem Hauch von Heimlichkeit und Voyeurismus, wobei das Modell in Abhängigkeit von Künstler oder Professor posiert. Der Intimität der Nacktheit des Modells widerspricht die neutrale Umgebung, in der sie gezeigt wird. Die Zeichner warten immer noch. Die auf das Ausziehen folgende ideale Möglichkeit, einen Bewegungsablauf umzusetzen, wenn ich eine ganz bestimmte Körperhaltung suche und einnehme, was mitunter einige Minuten dauert, lassen sie, schon fast ungeduldig vom Warten, getrost verstreichen. Mit der Pose des Modells beginnt erst die Arbeit der Zeichner. Ich sitze, stehe oder liege auf einem harten Podest, allenfalls eine eher schäbige, einfache, an Jugendherberge oder Krankenhaus erinnernde Decke, die nichts verdecken soll, wird mir zur größeren Bequemlichkeit gestellt. Der Fußboden ist kalt und schmutzig, die Wände hoch, der große Raum seltener von der Sonne als vom Neonlicht beschienen. Gewärmt werde ich von der punktuellen Hitze eines elektrischen Heizstrahlers. Mein Gegenüber in fleißiger Arbeit ganz auf die Umsetzung der beobachtenden Proportionen konzentriert, eine sachliche fast neutrale Situation und Atmosphäre, jeder Emotionalität oder gar Erotik beraubt. Selten wird gelacht, nie wird unterbrochen. Bestimmte Posen kehren immer wieder, woraus sich die Serienhaftigkeit von Aktbildern ergibt. Nacktheit sowie die darin gezeigten Körperhaltungen haben erst einmal keine weitere Funktion als das daran zu studierende Muskelspiel, Größenverhältnisse, Achsverschiebungen, Licht und Schatten usw. aus dieser isolierten und reduzierten Bedeutung der Handlung des Modells resultiert seine Langeweile. Die Pose gehört in das Atelier wie die Modellpause in die Natur. Der französische Ästhetiker und Kunstkritiker Denis Diderot beschrieb schon im 18. Jahrhundert seinen Widerwillen gegenüber dem Schematismus des akademischen Lehrbetriebs. *„Alle diese akademischen Stellungen, gezwungen zugerichtet, zurechtgerückt wie sie sind, alle diese Handlungen, die kalt und schief durch einen armen Teufel, der gedrungen ist, dreimal die Woche zu kommen, sich auszukleiden und sich durch den Professor wie eine Gliederpuppe behandeln zu las-*

sen, was haben sie mit den Stellungen und den Bewegungen der Natur gemein." Kein Akt im Alltag. Der Akt hat mit dem Alltag meist wenig zu tun, obwohl das Aktstehen für ein Modell zum harten Alltag werden kann.

Die Modelle tragen keine Uhr, geschweige denn eine Brille. Sie sitzen nicht an einem Tisch und sprechen mit jemand, sie spielen nie Schach, sie schälen keine Kartoffel oder Äpfel, sie lesen nicht. Die Modelle lesen nicht, sie schreiben nicht, sie schneiden sich nicht die Fußnägel oder duschen sich. Es gäbe genügend Tätigkeiten, welche nur geringfügige Bewegungen beinhalten. Die Zeichner bewegen sich nur minimal. Sie machen bei großer Konzentration auf die Arbeit manchmal die gleiche Erfahrung wie das Modell, ein bestimmter, über längere Zeit angespannter Körperteil ist eingeschlafen.

Ich zeichne während des Aktstehens auch meine Zeichner oder mich selbst, sie sind meine Modelle oder ich bin mein Modell. Warum ist Picassos „Maler und strickendes Modell" so wenig bekannt? Ich lege beim Aktstehen nie meine Uhr ab. Zeichner fragen erstaunt, ob sie sie mitzeichnen sollen. Uhr und Brille würde nach ihren Aussagen die Wahrnehmung der Einheitlichkeit des nackten Körpers stören. Das Tragen von Schmuck dagegen löst keine Probleme aus. Verweist die Uhr zu sehr auf den Charakter einer Arbeitssituation? Die Wahrnehmung der Harmonie und der Ästhetik des Körpers in Bewegungen des Tanzes, das ästhetische Empfinden des Gesamtbildes eines Balletts wurde bei einer Zuschauerin des Pina Pausch-Stückes „Blaubart" in dem Moment erheblich beeinträchtigt, als die Tänzer vorn an der Bühne im Rahmen eines Bewegungsablaufes ins Publikum beugten. Der beste Platz in der ersten Reihe verwandelte sich zum Raum der Erkenntnis. Sie sah die abgekauten Fingernägel, die fettigen Haare, die blauen Flecken und die Narben an den Beinen, Arbeitsunfälle. Die Distanz durch Inszenierung, Beleuchtung und Accessoires war aufgehoben. Die Tänzer waren plötzlich ausgezogen, waren wie Arbeiter mit Schwielen an den Händen. Das artistische Bühnenkörperbild war in dem Moment deutlich sichtbar überzogen von den Spuren der harten Arbeit, den Spuren des Alltags. Der Genuß des Besonderen verwandelte sich in den Verdruß über das Alltägliche. Das Aktzeichnen in der Akademie oder einer anderen Institution lebt von der Distanz zwischen dem Maler oder Zeichner und dem Modell. In diesem Zusammenhang sehe ich z. B. Äußerungen von Zeichnern, die ihr Modell gar nicht genauer kennen wollen. Sie könnten ja sonst gleich ihre Freundin oder Frau modellstehen lassen. Einem Modell, zu dem man Distanz hat, das ja auch den Job freiwillig gewählt hat und dem man dafür bezahlt hat, tut man nichts an mit Verfremdungen, mit Fehlern in der Zeichnung, mit Verzerrungen, Deformationen oder Projektionen. Es stellt offensichtlich keine Ansprüche an die Übereinstimmung der Identität von Abbild und Person, d. h. an die Portraitnähe.

Das Bekleidetsein der Zeichner gegenüber der Nacktheit des Modells schafft eine unüberbrückbare Distanz zwischen beiden. Neben den erstarrten Posen bewirkt dieser Gegensatz das Artifizielle und damit das Komische der Situation. Das Modell müßte dem Maler das Gefühl vermitteln, daß er sich in seiner Kleidung deplaziert vorkommt. Lebende Bilder der Nacktheit. Ziehe ich mich in einem Museum vor einem Aktbild aus und nehme ich die gleiche Haltung ein wie die gemalte Frau, ist das problematisch. Die Präsenz des Individuums in der lebendigen Nacktheit ist so stark, weil sie ausgezogen ist. Die durch das Bild vermittelte Nacktheit stellt dem gegenüber Distanz her, sie bietet Anonymität, der sich der Betrachter in Ruhe hingeben kann. Der gemalte Akt wird durch den Bildträger legitimiert und angezogen. Ich setze mich als Modell in die U-Bahn, in der gleichen Haltung wie andere Fahrgäste auch. Ich lasse mich dort zeichnen. Das Modell ist auf dem Weg zur Arbeit.

AKTMODELL

Giorgia Calvini

Wenn ich Modell stehe passiert es mir oft, daß ich plötzlich anfange zu lachen – richtige Lachanfälle –, oder sehr ernst und streng zu blicken, oder einige Male sogar zu weinen. Dann fragen sie mich, was los ist, und ich komme mir ein wenig lächerlich vor, wenn ich sage, es ist nichts, gar nichts, nur die Stellung, die hat mich so mitgenommen.
Ich habe mich einmal hingelegt wie eine Eingeborene in Gauguins Bild „Never more", ich dachte, wie gut, sie liegt genau wie ich, wenn ich schlafe, vielleicht kann ich schlafen oder zumindest ausruhen. Aber je länger ich so lag, eine Hand unter der Wange wie ein kleines Kind, eingerollt, in Schlafstellung aber ohne Decke, desto mehr fühlte ich mich verlassen. Ich fühlte mich genau wie an bestimmten Sonntagen, an denen man keinen Grund hat aufzustehen, und deswegen viele Stunden liegen bleibt, und sich nicht mehr wehren kann vor irgendwelchen Gedanken, die man während der Woche in panischer Aktivität erstickt hat. Aber nun kommen sie, alle gemeinsam und werden immer größer und lauter, und ich weiß, ich müßte aufstehen, aufspringen, nur nicht liegen bleiben – und ich bleibe trotzdem liegen. Während dieser Stellung „Never more", waren keine Gedanken da, aber die Stimmung. Ich war traurig, hilflos, gelähmt, weil ich 3/4 Stunden so lag, wie wenn ich traurig bin.
Ich habe mich zum erstenmal ausgezogen für meine beste Freundin, für mein damaliges Ein und Alles: wir wollten heiraten, wir waren zwölf Jahre alt. Sie ist heute Bildhauerin. Damals hatte sie gerade erfahren, daß Aktzeichnen wichtig ist, wenn man Künstler werden will. So legte ich mich hin, und es war ganz natürlich für mich, nackt vor ihr zu liegen, wir waren ja fast aufgewachsen zusammen. Es war ein Spiel, wie wenn wir uns gegenseitig Märchen vorspielten. Ich wollte, daß sie eine Künstlerin wird, und so lag ich wie eine Sirene und versuchte ganz ganz stark, eine Sirene zu sein. Für sie, damit sie eine Künstlerin wird.
Das Nackt-Sein bereitet mir jetzt keine Schwierigkeiten mehr, normalerweise. Wenn ich im Sommer die ersten Male ins Schwimmbad gehe, aus der Kabine trete und die Blicke auf mir spüre – sie stellen fest, daß ein wenig Gymnastik mir nicht schlecht täte, daß ich recht unappetitlich weiß bin, daß ich mich gezwungen natürlich bewege – möchte ich wieder weglaufen. Hier ist man nackt, aber falsch nackt: einiges ist eingepfercht, anderes quillt hervor. Das Schöne, das Fließende geht verloren, ich komme mir nur lächerlich vor.
Ich hatte anfänglich, in Wien, das Akt-Stehen auch als eine Art Therapie aufgefaßt. Schocktherapie: ich schämte mich einiger Körperteile, ich fand sie häßlich, nicht wie sie sein sollten. So gab ich mich den Blicken preis, ich versuchte nicht zu verstecken, ich zeigte her. Es hat mir sehr viel geholfen: heute bin ich froh über meinen Körper.
Es gibt viele, ganz unterschiedliche Arten, Modell zu stehen:

- allein vor vielen Künstlern;
- allein mit einzelnen Künstlern;
- mit anderen Modellen;
- für den eigenen Partner
- für Menschen des eigenen Geschlechtes, für die des anderen Geschlechtes.

Zwischendurch stand ich privat Akt, für einzelne Maler oder Bildhauer. In dieser Situation scheint noch ganz klar die alte Einstellung durch vom Modell als unanständiges Mädchen, vom Maler als lüsternen Mann. Natürlich ist es anders, wenn der Maler eine Malerin ist; ich weiß nicht, wie es für ein männliches Modell ist. Aber bei der klassischen Konstellation Maler–weibliches Modell muß man sehr aufpassen, das labile Gleichgewicht von „natürli-

chem Umgang zweier erwachsener Personen" nicht zu stören. Hier fehlt die sich selber neutralisierende Masse der Zeichner, die jede Unkorrektheit unmöglich macht. In einer Wohnung, allein mit einem Mann, nackt, kann leicht passieren, daß man sich wie ein Tier im Käfig vorkommt, ausgeliefert. Es sind heikle Situationen: ihr Gelingen hängt von den leisesten Nuancen ab, wenn beide ganz genau wissen, wie sie sich benehmen sollen.
Dem eigenen Freund Modell zu stehen ist von mir aus gesehen das Undankbarste überhaupt, oder kann es sein. Da sollte man das Berufliche und das Persönliche zerschmelzen lassen, und das kann ich nicht. Ich möchte meinem Freund helfen: er soll Bilder malen können, ohne Geld auszugeben, er hat sowieso so wenig Geld. Ich freue mich, daß er lieber mich zeichnet als ein anderes Modell. (Ich würde es außerdem gar nicht zulassen; oder zulassen schon, aber vor Eifersucht vergehen. Auch wenn ich von mir selber weiß, wie unerotisch das ist. Trotzdem. In dem Fall ist es anders.)
Ich stehe für ihn, anfänglich erfreut. Dann, wenn ich merke, daß er vertieft ist, daß er sich konzentriert, werde ich schon etwas verärgert, pikiert. Schau, schau, ich reize ihn ja gar nicht mehr; er könnte eigentlich schon längst hergekommen sein, nur ganz kurz. Er sieht ja gar nicht mehr mich! Er sieht nur noch die Formen und Farben. Er hat vergessen, daß ich es bin. Er, gerade er, müßte doch merken, daß ich jetzt müde werde, daß ich nur seinetwegen stillhalte, obwohl mir alles schon eingeschlafen ist. Die 45 Minuten sind längst vorbei!
Der Grobian: bei einem anderen Modell würde er sich das nicht erlauben. Aber mit mir kann er es, ich bin ja seine Freundin...

Ich bin zwei Jahre lang in einer Bildhauerklasse gestanden; der Professor war gut aber streng: er ließ seine Studenten vier Jahre lang immer nur die klassische Kontrapoststellung zeichnen, Standbein–Spielbein. Ich hatte das Gefühl, daß seine Studenten dadurch wirklich auch etwas lernen, und sei es nur die Technik.
So ging es mir. Ich lernte die Technik ausgezeichnet, die Voraussetzung für meinen Beruf als Aktmodell. Ich wurde pünktlich und verläßlich; ich lernte stillzuhalten, wenn auch vom vielen Stehen Beine und Rücken oft weh taten; geduldig die langweiligen Stunden abzuwarten in einer Atmosphäre ohne Luxus, streng. Keine Musik, lesen war unvorstellbar, die Studenten redeten nicht, kein Kissen unter meinen Füßen, auch kein sauberer Stoff, keine Abwechslung in den Stellungen, immer nur das Gleiche. Ich bin sehr froh über diese Schulung: es war wie ein strenges, aber gutes Internat.
Andererseits aber die leichte Beschädigung: es waren Bildhauer, sie studierten den Körper im Raum, die Ausdehnung, die Grenzen. Sie zeichneten und modellierten meinen Rumpf, meinen Hals, aber nie das Gesicht oder die Hände. Gesicht und Hände sind für mich die Teile des Körpers, die am ehesten die Persönlichkeit ausdrücken, meine Persönlichkeit. Die Bildhauer interessieren sich nicht dafür; sie interessieren sich nur für den restlichen Körper, weil er etwas den klassischen Figuren ähnelt: Standbein–Spielbein. Anfänglich war mir mein Körper unsympathisch: – du blöder Körper, was siehst du so aus, daß du sie ablenkst von meinem Gesicht! – Mit der Zeit schmolz mein Selbstwertgefühl; ich begann, mein Gesicht, meine Persönlichkeit, uninteressant zu finden, weil sie sie nicht interessierte. – Wie gut, daß ich noch diesen Körper habe, der irgendwie verwertbar ist. Aber der Körper litt auch unter dieser einseitigen Belastung, jeden Tag drei Stunden lang auf dem gleichen Bein zu stehen. Er wurde schief.
Nach den Bildhauern arbeitete ich in einer anderen Klasse; völlig andersartig; aber zufällig stand ich für ein Modellier-Seminar, und gerade in meiner gewohnten, so gut eingeübten Standbein-Spielbein-Stellung. Als plötzlich ein Mädchen den angefangenen Rumpf zerstörte und begann, mein Gesicht abzubilden: davor wie ein Jugendstil-Relief, dann sogar zu einem Busto. Ich hatte gar nicht mehr daran gedacht, daß jemand an meinem Gesicht, an mir als spezifischer Person, Interesse finden könnte, – außer an den klassischen Proportionen. Ich war erstaunt, gerührt, glücklich. Dieser Schwindel überfällt mich noch jedesmal, wenn ich sie treffe.

Durch meine Arbeit als Aktmodell verstehe ich die Gattung der bildenden Kunst besser zu unterscheiden, – ich begreife die verschiedenen Techniken, – ich probe die klassischen Stellungen aus, die ich in jeder Vorlesung sehe, – und vor allem: ich sehe werdende Künstler am Werk. Ich lebe ein wenig mit ihnen mit, ich sehe in meinen langen Stunden ihre Schwierigkeiten, ihre inneren Kämpfe gegen Mutlosigkeit und Resignation, ihre Triumphe, oft ihre Sicherheit: daß es trotz allem das Richtige ist. Es ist mir unbegreiflich, wie sie es immer wieder schaffen, sich am eigenen Kragen hochzuziehen, wie Münchhausen. Trotz allem. Ich studiere die jungen Künstler und bilde mir ein, dadurch die Alten besser verstehen zu können.

Ich ziehe mich in den Ruhepausen nicht sofort an, sondern steige nackt von diesem Podest herunter, das Aktmodell und Zeichner trennt, um mich unter die Zeichner zu mischen. Ich kann von ihnen den ersten Schritt nicht erwarten, es sind noch zu starke Hemmungen wirksam:

- eine gewisse Scheu, sich mir zu nähern, weil ich nackt und verletzlich bin;
- oder weil ich es als lästigen Annäherungsversuch deuten könnte;
- oder weil es ein solcher ist und wegen meines nackten Zustandes zu deutlich erkennbar ist;
- oder weil noch alte Vorurteile herumspuken von Aktmodellen, die unanständig sein müssen, weil sie sowas sonst nicht täten;
- oder ganz einfach Schüchternheit.

Ich mache selber den ersten Schritt und rede mit den Künstlern, nackt. Damit sie sich daran gewöhnen; damit sie mich nicht als nackte Frau sehen, der es möglicherweise auch noch unangenehm ist, die wegen des Geldes gezwungen ist. Sie gewöhnen sich auch: mit der Zeit werde ich die Giorgia, die einfach nur zu faul ist, sich in den Pausen, wegen einer Viertelstunde, wieder ganz anzuziehen, vor allem im Winter. Die angezogen auch nicht anders ist. Es ist für mich wichtig, daß sie verstehen, daß ich diese Arbeit gern mache; daß ich niemanden von vornherein beschuldige, ein Voyeur zu sein – weil ich mir nicht ertappt vorkomme, wenn mich jemand ansieht. Ich ziehe mich aus, vor allen. Ich bin mir nämlich bewußt, daß gerade das Ausziehen ein kritischer Moment ist; es ist ein intimer Moment, der Übergang von Person zu Modell. Man zieht sich auch normalerweise hinter einem Paravant aus. Während dieses Augenblickes sind anfänglich alle etwas befangen, ich auch. Einige sehen hin, andere betont diskret weg. Ob man will oder nicht, man muß sich vorkommen, wie jemand, der eine Frau beim Baden belauert.

Und so tue ich es oft, immer wieder, bis es natürlich wird, bis ich dabei essen kann oder mich unterhalten, und die Zeichner sich daran gewöhnt haben.

Mittlerweile habe ich im Sommer einige Erfahrungen gemacht mit neuen Gattungen: ich stand Akt für Photographien, Aktionen, Videos. Aber das ist nicht mehr nur Aktstehen: das geht über ins Schauspielerische. Da wechsle ich von meiner gewohnten Bewegungslosigkeit in Neuland über: Dynamik.

Ich hatte mich immer schon gefürchtet vor „schnellen Stellungen", vor „so, jetzt wechseln wir alle fünf Minuten Stellung, sei ganz locker, bewege dich natürlich". Ich war nie locker: ich dachte die ganze Zeit nur verkrampft nach über die nächste „natürliche" Stellung; ich legte mich in den Pausen wohlüberlegt in scheinbar locker schöne Posen hin in der Hoffnung, daß jemand es bemerken würde, – Halt. Bleib so, nur ganz kurz, schön. –

Aber ich hatte seit jeher eine Vorliebe für Herausforderungen, für besonders körperlich schwierige Stellungen. Ich wollte mir und allen beweisen, daß ich es kann, ohne Mühe noch dazu, daß ich ein gutes Modell bin. Also verdreht, gleich doppelt, in die unnatürlichen Richtungen, knieend, mit erhobenen Armen. Nur keine langweiligen Posen, die weder mich noch die anderen interessieren. Und jetzt werde ich mich wohl oder übel an die Bewegung heranwagen, obwohl ich davor Angst habe, wenn ich nicht mehr zurückrutschen will. Ich bin jetzt verwöhnt, ich will nicht mehr zurück.

SUBJEKT UND OBJEKT IN DER EROTISCHEN KOMMUNIKATION

Haimo L. Handl

Die Kernaussage ist simpel:
Das Subjekt erfährt sich selbst objektiviert; Bewußtsein ist immer Bewußtsein von etwas und nie seiner selbst, gleicherweise ist das Subjekt sich selbst als solches nur objektiviert erfahrbar bzw. kommunizierbar (in der Kommunikation mit sich selbst, also in der intrapersonalen, müssen dennoch Zeichen, die für etwas anderes stehen, genommen werden, um einen Zeichenprozeß zu kreieren, der Denken und Wissen erlaubt).
Das Subjekt erfährt Innen- und Außenwelt.
Ein anderes Subjekt kann dem Subjekt nur als Objekt erscheinen, dessen Innenwelt ist nicht seine, dessen Subjektivität nicht die seine usw.
Die Kommunikation mit einem anderen Subjekt geht nur als Kommunikation mit einem Objekt, denn für die Kommunikationsteilnehmer ist der jeweilige Partner immer Objekt, er kann gar nicht als Subjekt kommuniziert werden.
Die Objektrolle bedeutet nicht, daß Subjektivität verloren geht oder nicht einwirkt, sie heißt nur, daß im Erfahren der Außenwelt ein Unterschied zur Erfahrung der Innenwelt besteht, und die Innenwelt ist nur die eigene, jede andere Innenwelt ist die je eigene der anderen, nicht aber der von mir, also kann sie nicht als Innenwelt an mich herantreten bzw. ich in sie gelangen.
Kommunikation ist ein Vermitteln mittels Zeichen. Ohne Zeichen kein Denken und keine Kommunikation. Aber allein die Existenz und Produktion und der Einsatz von Zeichen bedeutet, daß es erstens keine Unmittelbarkeit gibt, zweitens, keine direkt teilbare (der Widerspruch drückt sich schon in der Sprache aus) Subjektivität, sondern nur vermittelte, mehr oder weniger erfolgreich, vollständig, klar, deutlich, unklar, undeutlich, nonverbal, sprachlich, nahe oder fern, näher usw., aber nie so nahe, wie das Ich mit den eigenen Fakultäten kommuniziert, falls solche Kommunikation bewußt ist oder wird (Rekonstruktion, Therapie: Über-Ich, Es, Leib, Triebe usw.)
Es kann also, genau genommen (es spricht für mich alles dafür, es genau zu nehmen), nicht darum gehen, sich mit zwar verständlichen, aber unhaltbaren Formulierungen bezüglich nicht erreichter oder erreichbarer Subjektivität im Kommunikationsverhalten abzugeben, wenn klar ist, daß Subjekte im Verkehr mit anderen, der Außenwelt, nur objektiviert kommunizieren. Vielmehr wäre es Überlegungen wert, was das bedeutet, und ob es Besonderheiten in verschiedenen Kommunikationsarten gibt.
Bevor ich also vom Aspekt Subjekt/Objekt zu dem der Kommunikation komme, will ich nochmals, von anderer Warte, die Seite des Subjekts-Objekts beleuchten.
Ohne die psychoanalytische Theorie hier zu entfalten, sollen einige Zitate von Freud Aspekte deren Position zu dieser Frage kennzeichnen. Freud schrieb in einer rekapitulierenden Ergänzung 1933:

> „Das Ich ist ja doch das eigentlichste Subjekt, wie soll es zum Objekt werden? Nun, es ist kein Zweifel, daß man dies kann. Das Ich kann sich selbst zum Objekt nehmen, sich behandeln wie andere Objekte ... Dabei stellt sich ein Teil des Ichs dem übrigen gegenüber. Das Ich ist also spaltbar ..."

Nach der Erörterung der drei Bereiche Über-Ich, Ich und Es, heißt es weiter:

„Zu einer Charakteristik des eigentlichen Ichs, insofern es sich vom Es und vom Über-Ich sondern läßt, gelangen wir am ehesten, wenn wir seine Beziehung zum äußersten oberflächlichen Stück des seelischen Apparats ins Auge fassen, das wir als das System W-Bw (Wahrnehmungsbewußtsein) bezeichnen. Dieses System ist der Außenwelt zugewendet, es vermittelt die Wahrnehmung von ihr, in ihm entsteht während seiner Funktion das Phänomen des Bewußtseins."

Wir sehen bereits hier, daß also das, was den Kontakt mit der Außenwelt ermöglicht, über die Wahrnehmung, mit dem Ich und dem Wahrnehmungsbewußtsein gekoppelt ist. Daß, natürlich, die anderen Bereiche, bei Freud Über-Ich und Es, miteinwirken, widerspricht nicht unserem Bild von Subjekt und Objekt. Ja, ich betone deshalb so langwierig diesen Aspekt, weil er mir bedeutsam für das spätere Verständnis von subjektiver Erfahrung mit den Objekten bzw. den Subjekten im Objektbezug erscheint, wobei ich die Sonderstellung der Erotik als Kommunikation später herausstreichen will. Nochmals Freud, an anderer Stelle:

„Der Gegensatz zwischen Subjektivem und Objektivem besteht nicht von Anfang an. Er stellt sich erst dadurch her, daß das Denken die Fähigkeit besitzt, etwas einmal Wahrgenommenes durch Reproduktion in der Vorstellung wieder gegenwärtig zu machen, während das Objekt draußen nicht mehr vorhanden zu sein braucht."

Allerdings ist es doch nicht so sauber getrennt, wie es klingen mag. Meine vorherige apodiktische Bemerkung bezüglich Kommunikation zwischen Subjekt/Objekt und Einwirkung der Nicht-Ich-Faktoren stützt sich unter anderem auch auf eine Überlegung von Freud, wonach es so wäre,

„als ob das Unbewußte mittels des Systems W-Bw der Außenwelt Fühler entgegenstrecken würde, die rasch zurückgezogen werden, nachdem sie deren Erregungen verkostet haben."

(Freud spricht auf den „Wunderblock" an, den er als Gleichnis gebrauchte; es wäre interessant, seine Analogie heute auf den PC oder Microcomputer zu übertragen.)

Deutlich, wenn auch etwas kompliziert, geht Sartre auf das Subjekt/Objekt-Problem ein:

„(...) ein Menschenwesen wird nicht durch seine Beziehungen zu den Orten *situiert*, durch seinen Längen- und Breitengrad: es situiert sich in einem menschlichen Raum..."

„Und da mir die ganze Welt auf einmal gegeben ist, samt allen ihren Seienden, stellen diese Straßen nur das Insgesamt der Werkzeugkomplexe dar, die es ermöglichen, als ‚dies da' ein Anderer-Objekt auf dem Hintergrund der Welt erscheinen zu lassen, das darin implicite und realiter enthalten ist."

„Und diese ursprüngliche Gegenwart kann nur den Sinn eines Erblickt-Seins oder eines Erblickend-Seins haben, je nachdem ob der Andere für mich Objekt ist oder ich selbst Objekt für den Anderen bin. Das Für-Andere-Sein ist ein ständiges Faktum meiner menschlichen Realität, und ich erfasse es samt seiner faktischen Notwendigkeit beim kleinsten Gedanken, den ich mir über mich mache."

„Allerdings gründet diese Objekthaftigkeit in der Welt als ‚Andere irgendwo in der Welt': der Objekt-Andere ist gewiß als Erscheinung, die zum Wiederauftreten meiner Subjektivität korrelativ ist, aber es ist niemals gewiß, daß der Andere *dieses* Objekt ist. Ebenso besitzt die Grundtatsache, nämlich mein Objekt-Sein für ein Subjekt, eine Evidenz vom gleichen Typus wie die reflexive Evidenz..."

Wir sehen die gleiche Linie oder Fläche, auf der wir den Gedanken entwickelt oder aufgebaut haben: das Subjekt bedarf des Andern zu seiner Subjektheit, sie tritt mit dem Andern als Objekt-Andern in Verbindung, wird selbst für den Andern zum Objekt, unabhängig davon, daß und wie sie selbst zum Objekt-Ich wird. Die Bedeutung der Gesellschaft, des Kollektivs, der Existenz der Anderen zur Generierung von Subjektivität wird in dieser Dialektik deutlich. Auf diesen Gedanken verweisen ja, von etwas anderer Warte, die Sozialisationstheorien und, nicht zuletzt, die Sprachtheorien.

Hier sei auf Arbeiten wie der von Berger&Luckmann oder von Herbert Marcuse verwiesen, um nur zwei Positionen zu nennen. Aber ich will noch kurz bei Sartre verweilen. Den Blick beschreibend, das Sehen und Gesehenwerden, geht Sartre auf die Scham ein, befindet „sich Ankleiden" als symbolhafte Spezifikation der ursprünglichen Scham (Leib als schutzlose Objektheit) und meint:

> „Die Reaktion auf die Scham besteht eben darin, denjenigen als Objekt zu ergreifen, der *meine* eigene Objektheit ergriffe. Von da an erscheint mir der Andere tatsächlich als Objekt, seine Subjektivität wird zu einer einfachen *Eigenschaft* des Objektes... Der Objekt-Andere ‚hat' eine Subjektivität, so wie diese leere Schachtel ‚ein Inneres' hat. Und auf diese Weise *komme ich wieder zu mir selbst:* denn ich kann nicht *Objekt für ein Objekt* sein."

Also, nur Subjekte können für Subjekte Objekt sein. Es sollte klar geworden sein, daß das Objekt nicht eine Degradierung eines Subjektes ist, daß kein Subjekt anders kann, als den Andern objektbezogen wahrzunehmen, „wahr-zu-nehmen", auch im zweiten und dritten Sinn, der diesem Begriff beigegeben ist bzw. wie er sich beigefügt hat.

Obwohl jeder Andere potentiell Objekt für mich werden kann, indem er in meine Wahrnehmungswelt tritt, geschieht dies nicht passiv oder fremdbestimmt. Vielleicht sollte ich sagen, meist, denn es ist durchaus möglich, daß es einen überfällt, wie man so schön bildhaft sagt. Aber dort, wo eine Wahl mitspielt, also Bewußtheit und Intention, wirken die subjektiven Erwartungen, Wünsche, Projektionen mit ein.

Versuche, dies umzudrehen, aus ideologischen, politischen Gründen, sind zwar teilweise verständlich, dennoch aber falsch und nicht zielführend, wenn es das Ziel ist, Klarheit, Offenheit zu erzeugen und zu erlangen.

Stellvertretend für viele Positionen, sei aus einem Text von Barbara Beck und Evelyn Krause-Kerruth zitiert, worin die Autorinnen das Subjekt-Objekt-Verhältnis nur als ein negatives Herrschaftsverhältnis sehen und die Quelle dieses Negativen eben in der Objektrolle zu erblicken meinen. Was bei Sartre dialektisch entworfen worden war, klingt hier anders und doch ähnlich, obwohl Schlußfolgerungen gezogen werden, denen ich mich, aus vorher erwähnten Gründen, versage:

> „Nicht Gleichberechtigung in Anerkennung ihres konkreten Andersseins – nein Gleichstellung durch Abstrahierung vom Konkreten. Wo nur Gleiches gleichberechtigt sein kann, müssen die Polaritäten durch Äquivalente nivelliert werden: die Lust der Männer auf Frauen gleich der Lust der Frauen auf Männer.... In ihrem Bestreben, sich aus der Objektrolle zu befreien, machten Frauen mit der Unterscheidung zwischen klitoralem und vaginalem Orgasmus selbst den ersten Schritt....
>
> Und wenn Frauen das Verhältnis in Frage stellen? Nicht um Rache zu nehmen, nicht um Ohnmacht in Macht zu verwandeln, nicht um in der Subjekt-Objekt-Beziehung die Rolle zu tauschen, ...?"

Ja, frag ich, was wär dann? Hier impliziert der Satz ja schon eine Fixierung, die gar nicht existiert, weil in einer Subjekt-Objekt-Beziehung nie nur *eine* Richtung herrscht, z.B. der Subjektmann versus oder mit der Objektfrau. Auch wenn er durch Unvermögen oder aus anderen Gründen die Beziehung so gestaltete (unabhängig ob intentiert, bewußt oder getrieben), die sogenannte Objektfrau ist selbst Subjekt und nimmt den Mann als Objekt. Daß, aufbauend auf bestimmten, zu benennbaren gesellschaftlichen Verhältnissen Asymmetrien sich eingebürgert haben, zeigt nur die soziale Seite des Problems, nicht aber ein generelles von Subjekt und Objekt. Darin liegt eine Kurzsichtigkeit, das Übel, die Abhängigkeit, die Entfremdung im Objekt und nur im Objekt zu sehen. Aufgrund solcher Illusionen oder Verkennungen wird dann auch das politische Programm der Emanzipation oft geschwächt, wenn gemeint wird, eine erstrebenswerte Möglichkeit sei ein Verkehr von Subjekten zu Subjekten *als* Subjekten.

Andrerseits drückt solches Urteil einen wesentlichen Kern objektiver Negativität aus, subjektiver Leiderfahrung, Mangel, Druck, Unterdrückung, Mißachtung usf.: der eine Teil kann sich nicht als Partner oder Partnerin erfahren, weil der andere Teil einseitig „herrscht", nicht auf die andere eingeht oder den an-deren, den andern oder die andere *nur* als Mittel, Quelle, Werkzeug nimmt, um auf seine/ihre „Kosten" (= Erfüllung) zu kommen. Es geht dann um ein Mißverhältnis, um eine störende Ungleichheit, in welcher die Grenze eben nicht überschritten wird, die Barriere errichtet bleibt, kein Versuch der Begegnung stattfindet, sondern nur „Gebrauch".

So, wie es keine absolute Freiheit gibt, existiert auch keine völlig herrschaftsfreie Kommunikation. Kein Verkehr mit oder untereinander ist frei von Macht, und wenn die Macht- bzw. „Kraftfelder" noch so sublim, subtil und leise sich einsetzen oder zeigen, sie sind unabdingbarer Teil aller Beziehungen.

> „Vor den Göttern besteht nur, wer sich ohne Rest unterwirft. Das Erwachen des Subjekts wird erkauft durch die Anerkennung der Macht als des Prinzips aller Beziehungen."
> „Die Distanz des Subjekts zum Objekt, Voraussetzung der Abstraktion, gründet in der Distanz zur Sache, die der Herr durch den Beherrschten gewinnt."

Mit und gegen die objektiven Voraussetzungen individueller Welten, der Welten in der vorgegebenen Welt, in der kollektiven geschaffenen, ist Kommunikation, obwohl stets auch Machtausdruck, eben auch als *andrer* Machtausdruck aktivierbar: als zwar nicht machtfreie, aber sanktionsfreie, nicht negativ-manipulierende Kommunikation, als spielerische, wo das Machteinwirken sich sozial akzeptabel auslebt, zumindest eher so ausleben kann, und worin die Ausbeutung, wenn schon nicht keinen, so wenigstens engen, schwachen Boden findet bzw. finden kann, wo also der Freiraum für beide Beteiligten wächst, zwar nicht absolut, unendlich, aber dennoch bedeutsam.
Langsam wird der Boden fester, dichter das Netz, auf und in welchem ich die Fragen ausbreiten will, deren Antworten ich suche: was ist das Spezielle an und in der erotischen Kommunikation und, wer ist wer, der da kommuniziert? Welche Rolle spielt die Vorstellung, die Fantasie?
Nachdem also zumindest einige Aspekte der Subjekt/Objekt-Problematik angerissen wurden, deren völlige Ausbreitung ich mir versagen muß, will ich, sozusagen abgekürzt, gleich zu diesen Fragen überspringen.
Erotische Kommunikation. Ich meinte vorher, sie sei eine spezielle. Um das zu kontrastieren oder hervorzuheben, soll ganz kurz bedacht werden, was Kommunikation ist oder sein kann. In der Fachliteratur gibt es sehr, sehr viele Definitionen. Verschiedene Schulen von Kommunikationswissenschaften und Theorien, oft in Verbindung mit anderen Disziplinen, haben Definitionen oder Modelle postuliert, die meist den Spezialaspekt der jeweiligen Position abdecken (Psychologie, direkte zwischenmenschliche Kommunikation, gestörte Kommunikation, sprachliche Kommunikation, nonverbale, Organisations-, Massenkommunikation usw.) Ich will hier keinen Exkurs über Kommunikationstheorien liefern und nur einige Grundelemente nennen, die mir zum Verständnis nötig scheinen. Hinweise auf Fachliteratur findet man in einschlägigen Handbüchern; den philosophischen und soziologischen Aspekt behandelten insbesondere Jürgen Habermas oder Niklas Luhmann, wobei ich Habermas den Vorzug gebe.
Menschliche Kommunikation ist eine soziale Angelegenheit, ein Austausch von Signalen, Zeichen, Informationen. Kommunikation dient nicht nur dem Informationsaustausch, ist nicht (nur) linear (Sender—Empfänger), nicht nur handlungsorientiert, nicht nur logisch, aber immer funktional. Auch eine unsinnige Kommunikation ist nicht sinnlos, denn ihr Sinn liegt dann entweder z. B. im Akt der Kommunikation mit möglichen anderen Deutungsaspekten unter Beachtung verschiedenster Kodes (Sprache, nonverbale Laute, Gesten, situative Einbeziehung von Objekten, Zeit, Dauer, Örtlichkeit usw.) oder im Funktionalen (nicht Mitteilung oder Informationsaustausch, sondern indirekte Deutbarkeit, Signal von Affekten, Gemütsverfassungen, Bereitschaften usw.).
Kommunikation ist Verbindung (Relation), ist durch solche Verbindung ermöglichter Austausch, wobei eben, wie betont, der Austausch nicht informativ sein muß; Information ist nur *ein* Aspekt unter vielen anderen im Bereich der Kommunikation. So, wie manche Kommunikationsziele handlungsorientiert sind, zweckgerichtet im offenen, berechenbaren Sinn, werden andere nicht um einer Nachricht willen oder um einer Handlung willen getätigt, sondern, vorderhand zumindest, fast aus Selbstzweck. Das heißt, Kommunikation als Aktion, als Aktivität ist zu ihrem eigenen Ziel geworden, eine Form der Aktion, die ihr Ziel nicht jenseits dieser Aktion hat und deshalb eine Vorform der Interaktion dar-stellt, welche ja geteilte

Aktion ist. Kommunikation als Interaktion: *Die* Art der Realitätsaneignung, -Bewältigung, -Gestaltung, -Teilhabe bzw. -Teilnahme.
Ich habe bewußt jene Grenzfälle, die oft auch unter Kommunikation subsummiert werden, weggelassen: Kommunikation der Zellen untereinander, Kommunikation von physikalischen Teilen oder Teilchen, extraterrestiale Kommunikation und dergleichen.
Für die Kommunikation können Analogien, Gleichnisse genommen werden, die bildlich verdeutlichen mögen, welche Dimensionen sich auftun können. Kommunikation als Überbrückung, als Verbindung im räumlichen Sinn. Neben dem realen Raum aber der innere, der imaginierte, der vorgestellte. Kommunikation als Vergegenwärtigung, als Existenzmanifestation, als Widerspiegelung der Umwelt, der Anderen in dieser Umwelt bzw. als Teil dieser Umwelt, als Konstituens der Welt, in der ich bin, mich erfahre. Kommunikation als Lebensäußerung, als Unruhe, als Produktion, als Arbeit, als Steigerung, als Wachsen.
Und jetzt die erotische Kommunikation. Ich will gleich einschränken und betonen, daß ich keine Genalogie erotischer Kommunikation entwerfe, sondern nur Bereiche erotischer Kommunikation bedenke und behandle, ohne damit sagen zu wollen, daß die von mir nicht beachteten Aspekte unwichtig oder zweitrangig seien. Doch das mir wesentlich Erscheinende an der erotischen Kommunikation wird hoffentlich herausgeschält.
Erotik und Sexualität sind nicht das Gleiche, aber ohne Sexualität keine Erotik, jedoch ohne Erotik Sexualität; die tierische Sexualität ist, z. B., nicht erotisch. Diese Unterscheidung wird klarer, wenn man das Modell von Freud gebraucht, das mir nach wie vor tauglich erscheint, und auf welches sich Autoren wie Bataille berufen, aber in dessen Licht ich auch die existenzialistisch-dialektischen Überlegungen von Sartre verstehe.
Nach Freud („Jenseits des Lustprinzips", 1920) sind die Triebe konservativer Natur, welche nach der Wiederherstellung eines vorigen Zustandes drängen. Er nennt sie „eine Art von organischer Elastizität, oder wenn man will, die Äußerung der Trägheit im organischen Leben". Dies mag überraschen, wenn man, wie Freud selbst bemerkt, die Triebe als aktive Elemente sieht. Doch Freuds Logik ist klar: „Der konservativen Natur der Triebe widerspräche es, wenn das Ziel des Lebens ein noch nie zuvor erreichter Zustand wäre. Es muß vielmehr ein alter, ein Ausgangszustand sein, den das Lebende einmal verlassen hat." So findet Freud zu dem bedeutungsvollen Satz: „Das Ziel alles Lebens ist der Tod, und zurückgreifend: Das Leblose war früher da als das Lebende."
In diesem Lichte werden Äußerungen von Bataille verständlicher, der meint, Erotik sei ein fürchterliches Labyrinth, ein Schauder, eine wahnsinnige Welt, etwas Bodenloses. Oder: „Die Erotik ist im Bewußtsein des Menschen das, was das Sein in ihm in Frage stellt."
Bataille entwirft ein Bild der Erotik, das den vorher angestellten Überlegungen zur Kommunikation und Macht (Herrschaftsmittel und -Ausdruck) entspricht:

> „Wir sind diskontuierliche Wesen, Individuen, die getrennt voneinander in einem unbegreiflichen Abenteuer sterben, aber wir haben Sehnsucht nach der verlorenen Kontinuität."

Bataille spricht von der Sehnsucht, die bei allen Menschen die Formen der Erotik bestimmt. Erotik als die Suche nach der Kontinuität des Seins, fast eine Religion, aber auch „Gebiet der Gewalttätigkeit, der Vergewaltigung".
Das Besondere der erotischen Kommunikation ist im Grenzüberschreiten zu sehen, im Versuch, die Schranken zwischen den Individuen, den Subjekten und Objekten, niederzureißen, im Versuch zu verlieren, um etwas zu finden, was im Alltag nicht mehr habhaft zu machen ist: Nähe, Direktheit, Intensität, Grenzlinie zwischen Leben und Tod.
Nochmals Bataille:

> „Alles, was die Erotik aufbietet, hat zum Ziel, das Wesen im Allerinnersten zu treffen, dort, wo uns der Mut verläßt.... Der ganze Aufwand der Erotik ist im Grunde nur darauf ausgerichtet, die Struktur jenes abgeschlossenen Wesens zu zerstören, das die Partner des Spieles im Normalzustand sind."

Jetzt bin ich fast zu weit gegangen, zu vorschnell gewesen. Gehn wir einen Schritt zurück, um nach und nach den Weg voranzuschreiten.
Nach Freud will der Organismus *nur auf seine Weise* sterben. Daß die Ich- oder Todestriebe nicht überhand nehmen, ist den Sexual- oder Lebenstrieben zu danken, welcher der Tendenz zum Tode, zur Erfüllung, zur Ruhe, zur Ausgangslage, durch ihre eigentliche Lebenstriebtätigkeit entgegenwirken.
Und dann drückt Freud in einem Absatz die Rolle des Eros aus, worin er die Sonderstellung, das von mir vorher anvisierte Spezielle der Erotik bzw. der erotischen Kommunikation, festhält. Er schreibt:

> Es ist „... das Bestreben des Eros, das Organische zu immer größeren Einheiten zusammenzufassen, einen Ersatz für den nicht anzuerkennenden ‚Vervollkommnungstrieb' leistet."

Eros als Versuch der ganzheitlichen Erfassung, als unvollkommener Ersatz, eben Versuch, das Ganze zu erfahren, zu erfassen, zu sein. Trotz der Unmöglichkeit der Versuch, immer wieder, wenigstens nahe zu kommen. Bataille hat dies genau erfaßt und die Nähe zum Tod, das Überwinden und Zusammenfallen aufgespürt, diese Spannungslinie, die Demarkationslinie versucht herauszuschälen in seinen Überlegungen zum Wahnsinnigen des Eros, zum Grenzüberschreitenden. Dieser Haltung entspricht auch der Satz von Sartre „Ich bin, weil ich mich verschwende".
Worin kann ein Unterschied der erotischen zur nicht erotischen Kommunikation liegen? Vornehmlich im Aspekt der Verschmelzung. In der „normalen" Kommunikation wollen die beteiligten Partner ihre Positionen wahren und treffen von außen her aufeinander zu. Sie tauschen Zeichen, Nachrichten, Informationen aus, gehen auf Signale ein, mehr oder weniger nahe, aber nie so nahe, wie in der erotischen Kommunikation. Die erotische Kommunikation baut Distanzen ab, und zwar in zweifachem Sinne. Im räumlichen, durch das letztliche Vereinigen, im Kognitiven bzw. Emotionalen, durch die Aufgabe des intentionalen, rationalen Denkens, der Reflexion und dem Sichüberlassen der Triebe und Gefühle in einem wechselwirkenden Prozeß dieses Verkehrs. Reflexion verlangt Distanz, auf daß sie durchgeführt werden kann. Erotik schafft Distanz ab und wird zum Inbegriff der Nähe. Kognition, Denken abstrahiert, bindet Energien der Fakultäten für rationale Tätigkeit; Erotik drängt diese Tätigkeit zurück bzw. läßt sie nicht aufkommen, denn die Triebe drängen nach Entladung bzw. die Signale und Zeichen der Gefühle, im Verein mit den Trieben wirken, sollen wirken, müssen wirken, wenn die erotische Kommunikation als solche stattfindet. Ich könnte auch sagen, wenn sie „erfolgreich" ist. Erfolg ist ein Nutzenfaktor und man könnte sogleich an die Reproduktion denken. Doch Eros geht über die Reproduktion hinaus. Reproduktion ist der durchaus wichtige Bereich der Sexualität. Erotik geht weiter. In der Erotik vollzieht sich der Versuch, wie in Freud so schön genannt, die Ganzheit wiederherzustellen, über sich hinaus zu gelangen. In der Erotik erfährt sich das Subjekt durch das Objekt als Subjekt und vice versa, es erfährt seine Menschlichkeit und mag, im Nachhinein, ahnen, was Leben bedeutet, Leben als Spannung vor dem Tod, zu welchem uns alles drängt. Die Frage der Identität, wer ist wer, wer bin ich, wer bist du, wird brennend und im Versuch der Vereinigung, des Vermischens, des Einswerdens, überwunden. Bataille drückt dies so aus:

> „Der höchste Sinn der Erotik ist die Verschmelzung, die Beseitigung der Grenze. In ihrem ersten Impuls aber ist die Erotik dadurch gekennzeichnet, daß sie ein *Objekt des Verlangens* aufbaut.... Die Erotik,..., die das Interesse in Richtung auf eine Überwindung des persönlichen Wesens und jedweder Abgrenzung verschiebt, findet dennoch ihren Ausdruck in einem Objekt. Wir befinden uns vor folgendem Paradox: nämlich vor einem Objekt, das die Negation der Begrenzung jedes Objektes bedeutet: vor einem erotischen Objekt."

Dieses Dilemma, als solches würde ich es bezeichnen, hinterfragt eindrücklich Sartre, indem er die schicksalträchtige Dialektik der Subjekt-Objektbeziehung beschreibt.
Die Liebe ist bei ihm notwendig Konflikt, denn es stoßen die beiden Pole, die jeweiligen Subjekte mit ihren Subjektwelten und Freiheiten aufeinander, nehmen die jeweils andere

Subjektwelt als Objekt, erkennend, daß sie sie nicht übernehmen dürfen, sondern, ein Paradoxon, so nehmen (bekommen) müssen, daß sie in Freiheit gegeben und genommen und dennoch nicht eine Erfüllung eines Vertrages ist. Es geht also um die schiere Unmöglichkeit der zwischenmenschlichen Kommunikation unter Wahrung der je eigenen Freiheit, das heißt, der subjektiven Welt, und Anerkennung der Objektheit des Anderen, als Voraussetzung der Subjektivität, ohne ihn deshalb zu berauben, zu unterwerfen. Sartre geht davon aus, daß die Freiheit des Andern die Grundlage seines Seins ist und findet:

> „Aber gerade weil ich durch die Freiheit Anderer existiere, bin ich ohne Sicherheit, bin ich in dieser fremden Freiheit in Gefahr; sie formt mein Sein und *läßt mich sein*, sie verleiht und raubt mir Werte, und mein Sein hat ihr ein fortwährendes, passives Sichentrinnen zu verdanken."

Das heißt, ohne den andern, ohne die Möglichkeit dieses Konfliktes, ohne Objektbezug würde die Möglichkeit zum Menschschein, zur Menschlichkeit beschnitten, reduziert sein und Angst, Entfremdung wäre die Folge. Das, was als Entfremdung, Barriere, Herrschaft oder Unterwerfung oft angesehen wird, ist andrerseits die Voraussetzung zur Menschwerdung, zum Sichfinden, zum Erreichen einer Sicherheit. Man könnte sagen, es wandelt die „fremde Freiheit" in eine bekannte, familiäre, man wird heimisch, man ist daheim.
(Ich will jetzt auf Sprachaspekte, welche solche Nähen verrät, verzichten und nur andeuten, daß auch auf dieser Ebene und in dieser Dimension Hinweise zu finden sind [Beiwohnen, Beischlaf, carnal knowledge etc.].)
Bei Sartre geht es, wie schon angedeutet, darum „die Freiheit als Freiheit zu besitzen". Diese Widersprüchlichkeit drückt er so aus:

> „Er will von einer Freiheit geliebt werden und verlangt, daß diese Freiheit als solche nicht mehr frei sei. Er will, daß die Freiheit des Anderen sich selbst dazu bestimmt, Liebe zu werden – und dies nicht nur zu Beginn des Abenteuers, sondern jeden Augenblick –, und gleichzeitig will er, daß diese Freiheit *von sich selbst* in Fesseln gelegt werde, daß sie, wie in der Verrücktheit oder im Traume, sich gegen sich selbst wendet und ihre eigene Fesselung will."

Die Subjekt-Objekt-Rolle, welche oft so vordergründig als Übel gesehen wird, das man aus der Welt schafft, indem man die Objektrolle verläßt, zeigt sich gerade als Konstituens menschlicher Beziehung: des Abenteuers der Freiheitsentdeckung und Etablierung. Nochmals Sartre:

> „In der Liebe will der Liebende im Gegenteil für den Geliebten ‚alles in der Welt' sein: das bedeutet, daß er sich auf die Seite der Welt stellt; er ist das, was die Welt zusammenfaßt und versinnbildlicht, er ist ein *Dies-da,* was alle anderen *‚Dies-da'* in sich enthält, er ist *Objekt* und damit einverstanden, es zu sein. Andererseits will er aber das Objekt sein, in das sich zu verlieren die Freiheit des Anderen einwilligt, das Objekt, in dem sein Sein und seinen Seinsgrund als seine zweite Freiheit vorzufinden der Andere einverstanden ist; das Objekt als Grenze der Transzendenz, auf das hin die Transzendenz des Anderen alle anderen Objekte transzendiert, das selbst aber von ihr in keiner Weise transzendiert werden kann."

Es sollte deutlich geworden sein, daß das Objekt also notwendig seiner Freiheit bedarf und diese einbringt und einsetzt, um überhaupt gleichwertig kommunizieren zu können und dem Subjekt, welches für es Objekt ist, die gleiche Möglichkeit zu bieten, da ansonsten eben dieser Seinsgrund nicht geschaffen wird, es keine Findung gibt, sondern nur Leere, abgebrochener Weg, keine Erfüllung, Erfüllung hier eben als Finden der Freiheit, weit über das Denken hinaus, konkret, körperlich, seelisch, hier und jetzt. So gesehen kann und darf man die Erotik, weil Bataille es auch tat, als „Suche nach einer Kontinuität des Seins" bezeichnen, ein Weiterstreben über die jetzige Welt, über den gegenwärtigen Moment.
Wir Einzelwesen sind Gemeinwesen, kollektiv und doch getrennt und unfähig, wirklich eins zu werden. Es kann bestenfalls beim Versuch bleiben, beim Verringern der Distanz. Doch

der Augenblick des Todes ist der einsamste, er ist unüberbrückbar, nicht teilbar, endgültig. Die Kommunikation setzt ab, bricht ab. Es hat aufgehört. Das Leben hat sein Ziel gefunden. Das mag für unsere Ohren banal klingen. Doch elementare Wahrheiten putzen sich nicht modisch auf, um zu gefallen.
Aus diesen Ausführungen sollte auch ersichtlich sein, was es bedeutet, wenn man in der erotischen Kommunikation *nicht* zu jener Grenzüberschreitung, versuchten Zusammenfassung gelangt. Ich will gar nicht spekulieren, was Alltag ist, was die Regel ist, wer weshalb nicht oder wer wie schon usw. Das ist Aufgabe von Briefkastenonkeln und -tanten, von Therapeuten usw. Es geht mir ja auch nicht um eine soziologische Analyse.
Aber an einem Beispiel mag ich die Problematik doch kurz anreißen:
Man wird, was man ist. Man war nicht von vornherein, was man wurde, was man ist. Das heißt, die Identität ist ein Produkt, ein Resultat des Sozialisationsprozesses. Dieses Produkt ist nicht nur fremd- oder außenbestimmt. Das Es, welches zum Ich wird, bringt einiges mit. Doch die äußeren Bedingungen, die Einwirkungen, eben die Sozialisation, welche die Ichwerdung bewirken, befördern, ermöglichen, sind determinierend. Die Frage, wer bin ich, wer bist du, läßt sich also nicht auf einen eigentlichen „Kern" reduzieren, auf eine Essenz. Es gibt keinen solchen eindeutigen Kern, es gibt kein solch präzise faßbares Zentrum. Das Ich, die Identität eines Ichs ist komplex. Wie bei einer Zwiebel kann ich Schale für Schale abtragen, aber wenn ich meine, zum Kern gekommen zu sein, ist die Zwiebel abgeschält und nicht mehr Zwiebel. So ähnlich sehe ich es mit den Kernschichten eines Individuums. Der Vergleich ist hinkend, gewiß, aber mir fehlt die Geschicklichkeit eines besseren.
Also ist es nicht möglich zu benennen, *dies* oder *das* ist es, was *mich* oder *dich* ausmacht. Zudem muß bedacht werden, daß Lebewesen zwar einigermaßen stabil sein können, aber nie so stabil, daß sie unveränderlich, statisch wären. Leben wandelt sich durch leben. Was ist, wie es war? Wer vermöchte es zu erkennen, festzuhalten? Was hülfe es?
Man muß sich selbst kennen, will man andere kennenlernen. Man muß ein Selbst haben, damit man eines verlieren kann. Man muß sich selbst lieben können, um andere zu lieben. Was ist dieses Selbst, was macht den andern zum anderen Selbst?

Eric Gill: Artist and Mirror 1 (aus Womankind: A Celebration by Michael ADAM, NY, Harper & Row 1979).

Alfred BRODMANN, Louis LEWITAN: Ich hab geträumt, daß Du mich liebst. Reinbeck, Rowohlt 1984 (1982: Mahnert-Lueger-Vlg., München).

Alfred BRODMANN, Louis LEWITAN: Hör zu, wenn ich mit mir rede! Reinbeck, Rowohlt 1985.

Diese Frage ist nicht neu, schon oft gestellt, und trotzdem stets aktuell; Blaise Pascal schrieb dazu (in der Mitte des 17. Jahrhunderts):

> „Was ist das ICH?
> Kann ich sagen, daß jemand, der sich ans Fenster setzt, um die Vorübergehenden zu betrachten, sich dorthin setzt, um mich zu sehen, wenn ich zufällig vorübergehe? Nein, denn er denkt nicht im besonderen an mich; aber der, der irgend jemanden liebt, weil er schön ist, liebt er ihn? Nein, denn die Windpocken, die die Schönheit töten werden, aber nicht den Menschen, werden bewirken, daß er ihn nicht mehr lieben wird.
> Und wenn man mich wegen meines Urteils oder meines Gedächtnisses schätzt, liebt man mich, *mich?* Nein, denn diese Fähigkeiten kann ich verlieren, ohne mein Ich zu verlieren. Wo ist also dieses *Ich,* wenn es weder im Körper noch in der Seele liegt? Und weshalb liebt man den Körper oder die Seele, wenn nicht wegen ihrer Eigenschaften, die nicht das sind, was das Ich ausmacht, da sie vergänglich sind? Denn würde man die Substanz der Seele eines abstrakten Menschen, gleichgültig was sie für Eigenschaften hätte, lieben? Das ist unmöglich und wäre ungerecht. Also liebt man niemals die Person, sondern immer nur Eigenschaften."

Wer ist wer und kommuniziert mit wem? Begegnen einander wirklich die beiden Individuen oder treffen sie auf Chimären, Spiegelbilder von Projektionen, Imaginationen? Was ist von einem Selbst zu treffen, wahrzunehmen, anzunehmen, zu ergreifen, begreifen, mental wie physisch-konkret?
Ein Beispiel soll diese Problematik verdeutlichen:
Die Frau sagt zum Mann „Du vögelst nicht mit mir, du fickst nur ein Loch, ich bin nur ein Sexobjekt für dich, du Schwein gehst auf mich nicht ein..." Indem er rücksichtslos in sie dringt, in sie hineingeht, geht er nicht auf sie ein, mißachtet sie, steckt seinen Schwanz nicht in sie, sondern in ein Loch. Ihre Möse ist als Möse der Ort zur Entladung, fertig. Es ist fast zufällig oder beiläufig, daß sie, weil sie halt Frau ist, Möse, als solche eben dazu taugt. Aber sonst taugt sie besser für den Haushalt oder für die Erziehung oder zur Nebeneinkunftsarbeit usw.

Es läßt sich auch ein andres Bild vorstellen: Sie giert nur nach der nicht ermüdenden Zunge, nach dem steigernden Kitzel und dem Wonnegefühl, das abebbend sich auffängt und neu steigert, konvulvisch sie überfällt. Er ist nur wichtig als er gut ist, das heißt, tauglich, ihr die mehrfache Klimax zu verschaffen, kraftvoll sie zu halten, zu zerren, zu stoßen, zu lecken und schlecken, was sie alleine, wenn sie wixt, nicht könnte, wenn die Hände nur halber Ersatz dafür sind, was sein Mund, sein Schwanz ihr bieten. Ist es er, oder sein Schwanz, seine Zunge, die sie schätzt?
Noch komplizierter wird es, wenn wir die Projektionen und Ersatzrollen beachten, die der eine oder die andere für den andern erfüllen können (Vater- und Mutterinstanzen bzw. -Rollen, Idole, Nutte, Hühne, Star usw.)
Doch Erotik ist nicht nur Triebregung. Sie ist sensible Antwort auf ein Ensemble von Reizen und Signalen, die nicht unbedingt zur direkten, sexuellen Aktivität führen müssen. Und wenn sie dazu führen, wer erreicht was? Mit wem?
In einer Erzählung skizziert Truman Capote dies trefflich:

> „Wenn ich erregt sein und kommen soll, dann muß zu all den mechanischen (!) Dingen eine intensive Phantasiearbeit kommen; dann muß vor meinem geistigen Auge ein berauschender Film ablaufen; und dem ist Geschwätz beim Liebemachen nun einmal abträglich.
> Tatsache ist, daß ich im Grunde, kaum je mit der Person zusammen bin, mit der ich zusammen bin. Und ich glaube fest, daß viele, wenn nicht die meisten, diesen Zustand kennen: abhängig zu sein von der eigenen Phantasie, von erdachten und erinnerten erotischen Fragmenten, von Schattenbildern, die ohne Belang sind für den Körper auf oder unter uns – Bildern, die unser Kopf erlaubt, so lange die Erregung anhält, aber verbannt, sobald das Tier in uns schweigt."

Bonnot. Aus: Look-Book 1, Frankfurt, Bärmeier & Nickel, 1971.

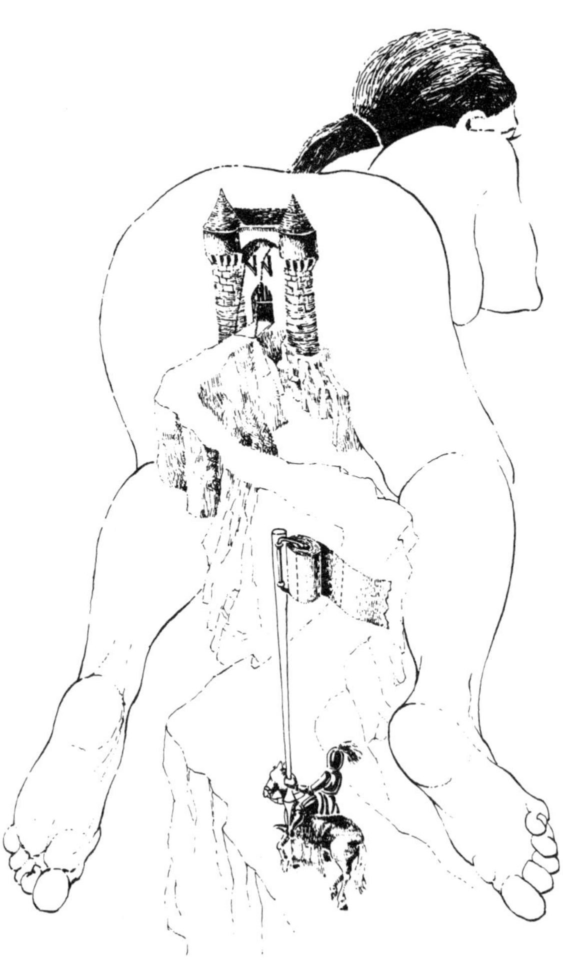

Bonnot. Aus: Look-Book 1, Frankfurt, Bärmeier & Nickel, 1971.

Wenn eine Frau also z. B. zum Mann sagt, du willst ja nicht mich, sondern nur *eine* Frau, so meint sie wahrscheinlich, daß sie das Gefühl hat, es gehe ihm nicht um *sie*, wie sie wünscht, daß es um sie gehe, als Person, als jenes Subjekt, das als Objekt genommen dennoch nicht beraubt wird, also bleibt, was sie ist bzw. die Möglichkeit reziprok hat, ihn als das zu nehmen, was er für sie ist usw.
Wie muß die Kommunikation geartet sein, daß so ein Vorwurf sich erübrigt? Was müßte er wissen, worauf sich ausrichten? Wie persönlich ist ihre Erotik, Sexualität, Geschlechtlichkeit? Wo unterscheidet er zwischen dem Trieb, der nach Befriedigung verlangt, zwischen dem unklaren erotisierten Blick, der alle tauglichen Signale aufnimmt und verdichtet, verstärkt: Aussehen, falls er den Sehsinn nutzt, Körperkontakt, Tasten, Greifen, Küssen, Schlekken, Schmecken, Lutschen, Saugen, Riechen usw. Wie kann die Frau als Sexualobjekt wirken und dennoch diese spezifische Frau, eben diese Namensträgerin, diese Persönlichkeit bleiben? Das gleiche gilt umgekehrt von ihr bezüglich dem Mann. Es entspricht, leider immer noch, nur der gesellschaftlichen Organisation, daß der Fall, wie ich ihn als Beispiel anführte, üblicher ist für die Rolle der Frau. Doch, wie ebenfalls schon betont, bedeutet dies nicht, daß das unwillkürlich oder unausweichlich sei und *so* sein müsse.

Verrät man, wenn z. B. Fantasie mitwirkt? Welche Fantasie? Wenn man nicht beim Partner ist. Wann ist man beim Partner? Man kann dort sein und dennoch, innerlich, abwesend sein oder, wenn nicht so extrem, abgelenkt sein, hie und da, verschieden stark, weggerichtet sein: Bilder, Fetzen von Zeichen tauchen auf, wirken, und oft wird es oder würde es gar nicht möglich sein herauszufinden, was an Emotionen, Reizen und Reizantworten auf den Partner zurückgeht oder nur von ihm ausgelöst, aber von einem selbst, wegen der Projektionen, Erwartungen, aber auch, im gegenteiligen Fall, wegen eines Ersatzes, gar nicht so bewußt, sondern fast einer Not gehorchend, vom Körper her, unternommen wurde, wenn also Düfte und Aussonderungen wie Schweiß oder Vaginalsäfte Nahrung werden für Bilder und Welten, die sich fortentwickelt haben. Was, wenn diese Fortentwicklung aber der erotischen Kommunikation förderlich ist? Heißt das, über Umwege könnte auch dieser Versuch der Ganzheitlichkeit erreicht werden? Oder bedarf es dafür einer völligen Ausrichtung? Könnte so eine Ausrichtung intentional gesetzt werden? Nein, denn es zeichnet die erotische Kommunikation aus, daß sie den Bereich der planenden Ratio verläßt. Was dann? Ist es dann einfach ein Mangel an Gefühl, wie man oft, und meist gar nicht unrichtig, im Volksmund meint? Fehlt es am leidenschaftlichen Feuer? Kann man da überhaupt was dazu tun oder ist es wie bei der Gnade für Gläubige?

In ihrem Buch „Men in Love" geht die Autorin Nancy Friday auf die Fantasien ein. Neben einer Fülle von Fallbeispielen kommentiert sie auch kurz den jeweiligen Sachbereich. Sie sieht die Fantasie als Mittel für den Mann, die Frau, welche für ihn durch die Erziehung zur Strafinstanz wurde, zu überwinden, sie als Frau zu lieben, zu begehren, wie er meint, es nach ihren Regeln nicht zu dürfen. Sie sieht die Fantasie als Ausdruck eines Wunsches nach Verbotenem. Diese Fantasien entwickeln starke Energien. Sie können nicht nur hinderlich sein, wie in meinen vorigen Beispielen, sondern Mittel zur Erreichung der Erfüllung, der Befriedigung. Sie können der Kitt für eine glückliche Beziehung sein.

Es ist wie mit den Perversionen. Wenn beide Partner zum „Zug kommen", ihre Erfüllung finden, aus der perversen Situation wieder heraustreten können, wird die Perversion nicht hinderlich, sondern, obwohl über den Umweg der Perversion, förderlich sein für eine „glückliche" Beziehung. Ähnlich mit den Projektionen und Fantasien. Der Bruch wird sich wahrscheinlich erst dann einstellen, wenn der Wechsel zwischen Fantasie, Imagination, Projektion und konkretem Partner, dem Gegenüber, dem Du, nicht mehr klappt. In der erotischen Kommunikation zeigt sich nur dramatischer und drastischer, extremer, was generell für jede Kommunikation gilt, aber in den anderen Kommunikationen leichter kaschierbar ist.
In der erotischen Kommunikation, wie ich sie als Ziel oder Ideal hier ausbreitete, geht es um das Wirken, Geben und Nehmen komplexer Reize und Signale, Bedürfnisse, Begierden, Begehren, Sehnsüchte nach Nähe und Wärme, nach Leben, höchstmöglicher Direktheit und Spontaneität. Die Entblößung sollte nicht nur eine der Körper sein, das Öffnen nicht nur eines der Körpermündungen. Im positiven Falle wird Erotik nicht Kampf als Vergewaltigung, sondern Spiel unter Gleichen, so vertrauensvoll, so heimelig, daß man die Waffen streckt, nicht auf Angriff lauert, nicht verteidigen muß, und eben deshalb sich aufgeben, verlieren kann, um zu finden, was nur in der intensiven Begegnung, die man oft „Verschmelzung" nennt, erfahrbar ist: Die Grenze der Individuation, des Lebens. Erotik als die abenteuerlichste Gratwanderung!
Nicht sonderlich berücksichtigt habe ich in meinen Ausführungen die Rolle der Erotik ohne sexuelles Ziel, wie sie sich im Alltag, im Flirt, im bloßen Reagieren auf die Existenz von jemand bestimmten, zeigt, wenn unser Körper, lange vor unserem Begriffsvermögen, reagiert, auf Spannungen, Kraftfelder, Auren, dann auf Düfte und schließlich auf Formen. Diese Sensibilität ist trotz der Dominanz des Sehsinns und der Augenlust nicht verloren gegangen und wirkt, wenn auch manchen nicht (so) bewußt. Dieser Teil der Erotik ist wie eine Würze, die Gewohnheit auffrischend, das Dasein erhellend im Alltag.

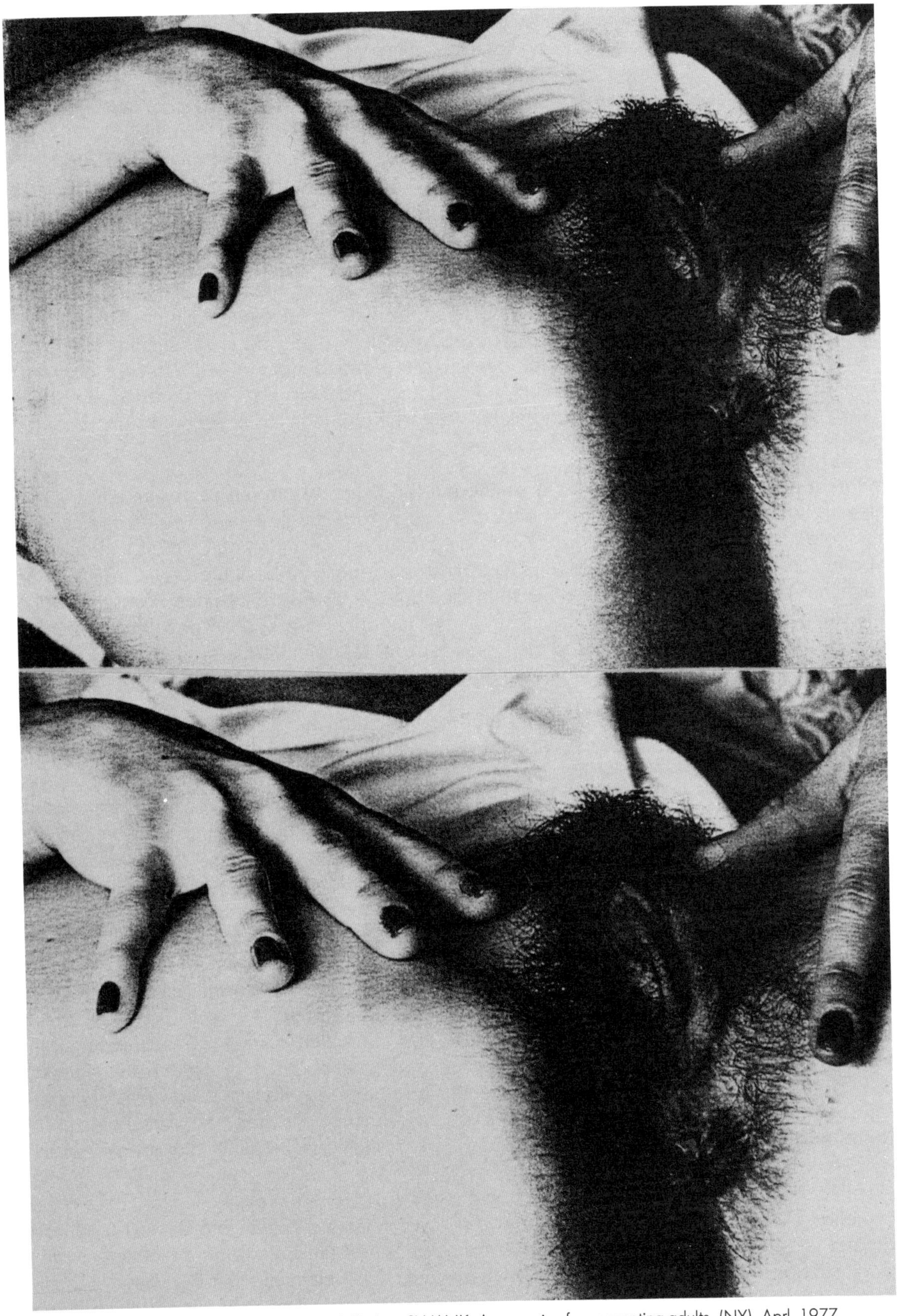

Caesa Guest (Fotograf), Kay Wallace (Modell). Aus: SWANK. A magazine for consenting adults. (NY), Aprl. 1977.

Literatur

1 Freud, Sigmund (1982 [1969]): „Neue Folge der Vorlesungen zur Einführung in die Psychoanalyse (1933)" Frankfurt, Fischer (Studienausgabe Bd. 1:497)
2 Freud, ibid. 512
3 Freud, „Die Verneinung (1925)", Bd. 3:375
4 Freud, „Notiz über den ‚Wunderblock'", Bd. 3:369
5 Sartre, Jean-Paul (1962[1943]): Das Sein und das Nichts. Versuch einer phänomenologischen Ontologie. Hamburg, Rowohlt S. 370
6 Sartre, ibid. 371
7 Berger, P. L., Luckmann, Th. (1969[1966]): Die gesellschaftliche Konstruktion der Wirklichkeit. Eine Theorie der Wissenssoziologie. Frankfurt, Suhrkamp
8 Marcuse, Herbert (1967): Der eindimensionale Mensch. Neuwied, Luchterhand
Marcuse (1969): Versuch über die Befreiung. Frankfurt, Suhrkamp
9 Sartre, ibid. 381 f.
10 Beck, Barbara, Krause-Kerruth, Evelyn (1984): „Geilheit zum Beispiel." In: FREIBEUTER 21:82–93; hier 88f.
11 Horkheimer, Max, Adorno, Theodor W. (1973[1944]): Dialektik der Aufklärung. Frankfurt, Fischer S. 12
12 Horkheimer, Adorno, ibid. 16
13 Habermas, Jürgen (1981): Theorie des kommunikativen Handelns. Frankfurt, Suhrkamp
Habermas (1984). Vorstudien und Ergänzungen zur Theorie des kommunikativen Handelns. Frankfurt, Suhrkamp
Honneth, Axel, Joas, Hans (Hg.) (1986): Kommunikatives Handeln. Beiträge zu Jürgen Habermas' „Theorie des kommunikativen Handelns". Frankfurt, Suhrkamp
Prokop, Dieter (Hg.) (1985): Medienforschung. Frankfurt, Fischer
Silbermann, Alphons (1982): Handwörterbuch der Massenkommunikation und Medienforschung. Berlin, Spiess
14 Freud, „Jenseits des Lustprinzips (1920)", Bd. 3:248
15 Bataille, Georges (1963[1957]): Der heilige Eros. Frankfurt, Ullstein, S. 25
16 Bataille, ibid. 14
17 Bataille, ibid. 16f.
18 Freud, ibid. 252
19 Sartre, ibid. 476
20 Bataille, ibid. 126f.
21 Sartre, ibid. 470
22 Sartre, ibid. 471
23 Sartre, ibid. 472
24 Pascal, Blaise (1954): Pascal – Ausgewählt u. eingeleitet v. Reinhold Schneider. Frankfurt, Fischer. S. 182
25 Capote, Truman (1981): „Aus dem Leben eines Monsters." In: PLAYBOY, dt. Ausgb. 12:205

MAN-MACHINE INTERCOURSE*

Florian Brody

Und wie ich diese Feuerchen durchschweife,
So find' ich mich doch ganz und gar entfremdet,
Fast alles nackt, nur hie und da behemdet:
Die Sphinxe schamlos, unverschämt die Greife.
(Faust II, 7080 ff)

Einleitung

Im Rahmen meiner Beschäftigung mit dem natürlichsprachlichen Mensch-Rechner-Interface[1] ergibt sich zwangsläufig die Frage nach nichtsprachlicher Interaktion mit einer Maschine. Es kann nicht Sinn eines Symposions sein, letztgültige Thesen aufzustellen, vielmehr ist es meine Absicht, den Fragenkomplex Mensch–Maschine von einigen Seiten zu beleuchten und dadurch eine Diskussion darüber anzuregen, welche Position die Interaktion mit der Maschine in unserem kommunikativen Reiz-Reaktions-Schema einnimmt.
An Vorwissen darf ich wohl die Tatsache der Existenz des Computers in der heutigen Welt voraussetzen. Computer ist in diesem Zusammenhang nicht nur als Maschine, als Personal Computer zu Hause oder als Großrechenanlage in einem Rechenzentrum, sondern als Phänomen einer deterministischen Realitätskonzeption zu verstehen. Wie eine derartige Maschine funktioniert, hat uns hier nicht zu interessieren, er/sie (*? sic!*) *funktioniert,* das ist entscheidend für ihre Verwendbarkeit. Für biologische Systeme ist im Gegensatz dazu die Dimension des „Funktionierens" nur sehr eingeschränkt nützlich. Der chilenische Biologe Humberto Maturana definiert in seiner Theorie der autopoietischen Systeme jedes Lebewesen als abgeschlossenes System, dessen Fähigkeit zur andauernden Reproduktion als determinierend dafür anzusehen ist, daß es lebt.[2] Sobald dieser Prozeß der Selbstreproduktion abbricht, stirbt das Lebewesen. Funktionieren als Beschreibungsdimension tritt in den Hintergrund. Computer sind dagegen formal definierte deterministische Automaten, die den Prozeß der Selbstreproduktion zwar simulieren können, diese Fähigkeit ist aber in keiner Form bestimmend für die Funktionalität einer Maschine.
Die Determiniertheit der in einem Computer ablaufenden Prozesse garantiert ihre Wiederholbarkeit und damit ihre Erfaßbarkeit. Erst dadurch werden Phänomene einer strukturalistischen Analyse zugänglich. Einem mechanistischen Modellansatz muß die Möglichkeit der Rückführung von Prozessen auf deterministische Basiselemente wünschenswert erscheinen. Der Mensch wird schnell zum „minderwertigen Computer", wo quantitative Beschreibung, Genauigkeit und Reproduzierbarkeit im Vordergrund stehen.[3] Das Hirn (brain) des Menschen ist nicht nur unzuverlässig, sondern hat auch geringe Merkfähigkeit. Vor allem ist der Mensch nicht nach Wunsch verfügbar. Steinbuch spricht von der „informationellen Unzulänglichkeit des Menschen" (Steinbuch 1978, 156). Man dürfe sich da nicht täuschen: „Das menschliche Gehirn entstand nicht zwecks Weltverständnis, sondern zwecks Existenzerhaltung unter Bedingungen, die von den gegenwärtigen wesentlich verschieden waren. Die

informationelle Situation entspricht (...) der eines zu kleinen „Computers", dem ständig Aufgaben gestellt werden, die seine Aufnahme-, Verarbeitungs- und Speicherkapazität bei weitem überfordern." (ibid.)
Im Gegensatz zu seiner Stellung als Vorbild für eine zukünftige klare mechanische Welt tritt er andererseits als Blechtrottel dort auf, wo er den Anforderungen an seine Anthropomorphisierung nicht gerecht werden kann, weiters an den Stellen, wo er bei Planungs- oder Organisationsmängeln vorgeschoben wird.

Die Anthropomorphisierung der Maschine

Computer sind – fast möchte ich sagen leider – verhältnismäßig unscheinbar. Ein Personal Computer ist bestenfalls ein kleiner Fernsehapparat mit Schreibmaschinentastatur, eine Großrechenanlage bietet optisch überhaupt nur quaderförmige Blechkästen. Akustisch

Die Sphinx des Industriezeitalters. Aus dem Film „Anima" von Titus Leber, 1981

machen sich nur die Lüftungsgebläse und Drucker bemerkbar. Olfaktorische und haptische Reize werden überhaupt nicht geboten, derartiges jedoch sehrwohl erwartet. Letztendlich muß so eine tolle Apparatur auch entsprechend aussehen.[4] Hier wird deutlich, daß der Körper des Computers nur die träge Hülle für das dahinter liegende Konzept sein kann. Computer sind nackt und unsichtbar. Ein erotischer Gedanke. Roboter[5] sind da zum Anfassen besser geeignet, geheime Wünsche an die Maschine lassen sich konkretisieren und ausleben. Der Maschinenmensch ist in seiner Konzeption ein alter Wunschtraum. Bracelli entwarf 1624 mechanisch anmutende Figuren, von denen Tristan Tzara[6] meint, sie seien „mehr eine kybernetische Maschine mit oft menschenähnlichen Zügen" als mechanische Automaten. Dadurch unterscheiden sie sich von plumpen Androiden, die letztlich immer Mensch sein wollen.

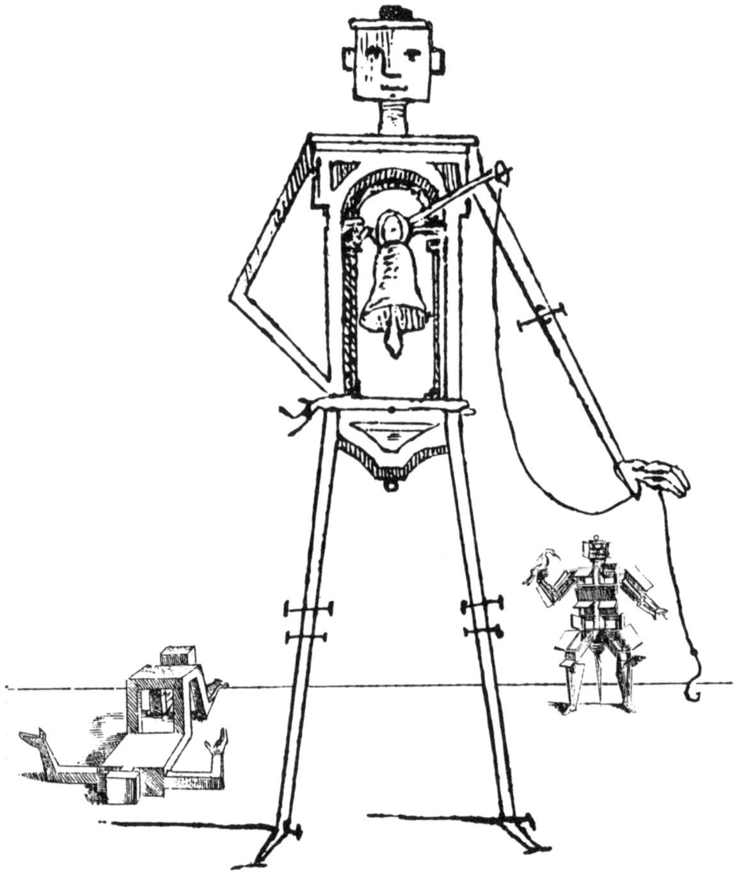

Braccielli: Figur entstanden 1624. Aus: Simmen 1967

Ansprüche an die Anthropomorphisierung

Phänomenologisch stehen hinter dem Anspruch nach einem menschenähnlichen Computer zwei unterschiedliche Interessen, die vom Forschungsbereich der Artificial Intelligence gleichermaßen zu befriedigen gesucht werden: während die Kognitionsforschung sich Aufschlüsse über die Funktionalität des menschlichen Gehirns von mechanischen Modellen erwartet, will die Informatik benutzerfreundliche Benutzerschnittstellen anbieten. Im letzteren Fall geht es um Modellierungskonzepte, die jedoch immer an oberflächlichen Paradigmen festgemacht werden. Während nun die Forderung nach topologischer Äquivalenz von Robotern mit dem menschlichen Körper derzeit weitgehend zurückgedrängt wurde, wird die Kommunikation auf natürlichsprachlicher Ebene weiterhin vehement gefordert. Bei der Entwicklung von benutzerfreundlichen Computerprogrammen wird nicht von der bestmöglichen Benutzbarkeit ausgegangen, sondern meist vom Versuch, die sprachähnliche Interaktion über Befehle möglichst der menschlichen Sprache anzunähern. Dadurch kann bestenfalls erreicht werden, daß die Interaktion über Computerbefehle an der Oberfläche mit Befehlen in natürlicher Umgangssprache ident ist, das bedeutet aber keineswegs, daß der Benutzer sich mit dem Computer in natürlicher Sprache unterhält. Bei allen Problemen der Handhabbarkeit von Computerprogrammen wird auf die Notwendigkeit einfacherer Bedienung und die Möglichkeiten der Steuerung durch menschliche Sprache verwiesen. Umgangssprachlich läßt sich das formulieren als: „Sage dem Rechner einfach, was Du willst, daß er tun soll, und er tut es." Die sprachliche Kommunikation mit der Maschine ist sicher die höchste Form der Nachbildung menschlicher Fähigkeiten. Nun zeigt sich aber, daß es oft einfacher ist, eine Maschine zu bedienen, als ihr Anweisungen zu erteilen.

„Künstliche" Lebewesen

Der Reiz, künstliche Lebewesen zu schaffen, war wohl immer vorhanden. Das späte 18. Jahrhundert und insbesonders die Romantik des 19. Jahrhunderts beschäftigten sich intensiv mit Automaten als Modelle und Schaustücke. Die aufwendig gebauten Puppen, künstlichen Tiere und Musikmaschinen wurden auch an den wissenschaftlichen Akademien vorgeführt.

Musikmaschinen waren besonders beliebt, da das Musizieren als speziell menschliche Fähigkeit anzusehen ist. Bei all diesen Maschinen ging es nicht darum, ein Äquivalent (= gleichwertig) zu schaffen, sondern eine Abbildung (Imitatio) des Menschen in seiner Funktion als Musikant oder Schachspieler. Das Geheimnis des Schachspielers beschäftigte Generationen; heute ist das Geheimnis des Mannes in dem vermeintlichen Automaten gelüftet.

In allen Fällen ging es nicht primär darum, eine Maschine zu schaffen, die Musik erzeugt, oder gut Schach spielt, sondern eine mechanische Puppe, eine Automate[7], die es dem Menschen gleichtut. Ziel aller dieser Versuche ist es letztlich, künstliche Menschen zu erschaffen.

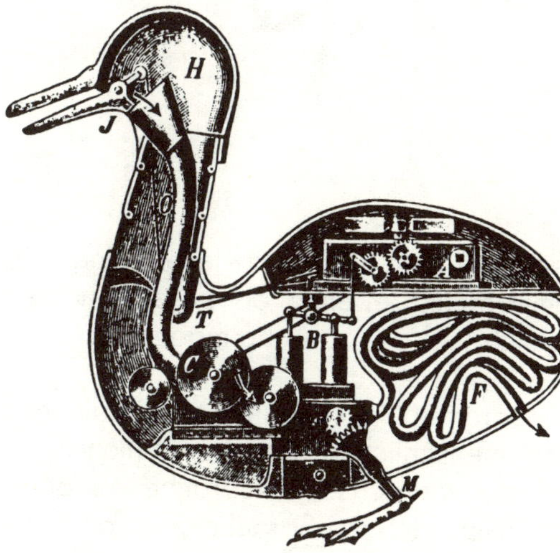

Künstliche Ente

Der Golem

Zentrale Figur der Vorstellung von der Wiederholung des Schöpfungsaktes ist der Golem, der wohl in der Form des phantastischen Romans von Gustav Meyrink am bekanntesten ist. Auch in der Golemsage hat das erschaffene Wesen keinen bestimmten Zweck, erst später wird ihm die Rolle eines Gehilfen zugewiesen (s. u.). Erste Quellen finden sich in Berichten des Talmud über berühmte Rabbinen des 3. und 4. Jahrhunderts (Scholem, 1973): „Rabha sagte: Wenn die Gerechten wollten, so könnten sie eine Welt schaffen, denn es heißt [Jes 59:2]: Denn eure Sünden machen eine Scheidung zwischen euch und eurem Gott". Der also, der frei von Sünde ist, kann den Schöpfungsakt nachvollziehen. Doch nicht ganz, denn der so geschaffene Mensch hat indies ein Makel, welches der Talmudtext aufzeigt: „Rabha nämlich schuf einen Menschen und schickte ihn zu Rabbi Zera. Der sprach mit ihm, und er gab keine Antwort". Der Weise ist zwar fähig, durch die Buchstaben des Alphabets und mehr noch durch das Tetragrammaton, den Namen Gottes, den aus Lehm geschaffenen Leib zum Leben zu erwecken, die Sprache aber kann er ihm nicht verleihen. Jakob Grimm stellt die späte jüdische Gestalt der Sage vom Golem prägnant dar:

> „Die polnischen Juden machen nach gewissen gesprochenen Gebeten und gehaltenen Fasttagen die Gestalt eines Menschen aus Ton oder Leimen, und wenn sie das wundertätige Schemhamphoras [den Gottesnamen (G. S.)] darüber sprechen, so muß er lebendig werden. Reden kann er zwar nicht, versteht aber ziemlich, was man spricht oder befiehlt. Sie heißen ihn Golem und brauchen ihn zu einem Aufwärter, allerlei Hausarbeit zu verrichten. Allein er darf nimmer aus dem Hause gehen. An seiner Stirn steht geschrieben emeth [Wahrheit], er nimmt aber täglich zu und wird leicht größer und stärker als alle Hausgenossen, so klein er anfangs gewesen ist. Daher sie aus Furcht vor ihm den ersten Buchstaben auslöschen, so daß nichts bleibt als meth [er ist tot], worauf er zusammenfällt und wieder in Ton aufgelöst wird. (...)"[8]

אמת

מת

emeth – meth

Die Sprache wird hier zweifach Bedeutung zugewiesen; einerseits ist die Macht der Sprache nötig, um den Lehmklumpen zum Leben zu erwecken, andererseits ist der Golem zwar in vielem dem Menschen gleich, ein der Sprache mächtiges Wesen zu erschaffen, ist den Weisen jedoch nicht möglich.[9]

Sprache ist in hier immer als Sprachfähigkeit (Langage)[10] zu verstehen. Hinreichend für die Zuweisung der Fähigkeit der menschlichen Sprache ist nicht eine quasisprachliche Äußerung, sondern die Nutzung der menschlichen Sprache als primäres Kommunikationsmedium. Es ist also durchaus möglich, sich der Sprache „nur so" zu bedienen, gewissermaßen so zu *tun als ob* man spräche, sich also nur der Worte der Grammatik zu bedienen, ohne den Zeichencharakter der Sprache zu „benutzen". Diese Vorgehensweise ist außerhalb sprachphilosophischer Kreise zumindest seltsam anmutend, sprachliche Äußerungen werden gemeinhin als so gemeint angesehen, wie sie verstanden werden. Und diese starre Verbindung zwischen Sprechen und Meinen wird widerstandslos und widerspruchslos auf die Maschine übertragen, die jedoch sehrwohl zu etwas fähig ist, was dem Menschen gar nicht leicht fällt: lange, semantisch konsistente und grammatikalisch korrekte Texte akustisch oder graphisch auszugeben, ohne auch nur das Geringste damit zu meinen. Dem menschlichen Zuhörer ist es fast unmöglich, den Äußerungen zu folgen, ohne mitzudenken und darauf zu reagieren, denn die Fähigkeit zu einer derartigen Entkoppelung der Rezeption verbaler Information von mentaler Reaktion würde menschliche Sprache des primären Kommunikationscharakters berauben.[11]

Sprechende Computer

Wie massiv diese Koppelung ist, zeigt das von Joseph Weizenbaum entwickelte Computerprogramm ELIZA. Das Programm verhält sich sehr ähnlich einer Puppe: Dem Benutzer werden minimale Triggerreize geliefert, die gerade dazu ausreichen, ihn glauben zu machen, er hätte genau das vor sich, was er erwartet: einen verstehenden, mitdenkenden Computer. Weizenbaum vergleicht sein Programm ELIZA mit einer Schauspielerin, die über eine Anzahl von Techniken verfügt, aber nichts zu sagen hat. Das System war speziell darauf eingerichtet, den Benutzer glauben zu machen, er würde verstanden. Eine psychotherapeutische Gesprächssituation bietet sich dabei besonders an, da die Hinterfragbarkeit der Antworten des Therapeuten durch den Klienten wegfällt. Weizenbaum stellte dabei fest, daß an der Illusion, der Computer würde sie verstehen, besonders von Leuten festgehalten wird, die von Computern wenig oder nichts verstehen. Dies steht im Gegensatz zu der von mir gemachten Beobachtung, daß ein Spezialist der Fachgebiete Informatik oder Artificial Intelligence viel eher davon überzeugt ist, denkende Computer seien „machbar" als der „Mann von der Straße".
Die Hoffnung, vom Computer verstanden zu werden und sich verständlich zu machen, liegt also nicht an der speziellen Qualität der Maschine, sondern am Bedürfnis des Menschen, durch Verstehen verstanden zu werden. Die erotische Komponente der Beziehung zum Computer liegt also auf einer rein verbalen Ebene. Die Körperlichkeit der Maschine ist letztlich immer aufgesetzt. Wie auch einer der Serapionsbrüder bei E. T. A. Hoffmann bei einer Beschreibung eines mechanischen Wahrsagers feststellt:

> „Mir sind (...) alle solchen Figuren, die dem Menschen nicht sowohl nachgebildet sind, als das Menschliche nachäffen, diese wahren Standbilder eines lebendigen Todes oder eines toten Lebens, im höchsten Grade zuwider."[12]

Schöne Frauen

Auch die Figur der Olympia in der Geschichte „Der Sandmann"[13] dient als mechanischer Körper für ein quasi lebendiges Element. Hier sind es die Augen, die der Professor seinem Opfer Nathaniel gestohlen hat. Er, der seine Frau mit den Worten „Du lebloses verdammtes Automat" von sich gestoßen hatte, verliebte sich in eine mechanische Puppe, die ihn mit seinen eigenen Augen verliebt ansah.[14]
Obwohl der Anspruch an die anthropomorphen Qualitäten der Maschine auf kommunikative Zwischenebenen angehoben wurde, stehen weibliche Automatenkörper immer noch hoch im Kurs. Der japanische Gebrauchsgraphiker Hajime Sorayama fand eine optisch einfach rezipierbare Umsetzung der Objektqualität des weiblichen Körpers in glänzende Maschinen. Unzählige Werbeprospekte für Computer und Computerbestandteile werden inzwischen von diesen „Mädchen" geziert. Die im ersten Moment faszinierende Idee hat aber letztlich kein kommunikatives Konzept und wird schnell langweilig.

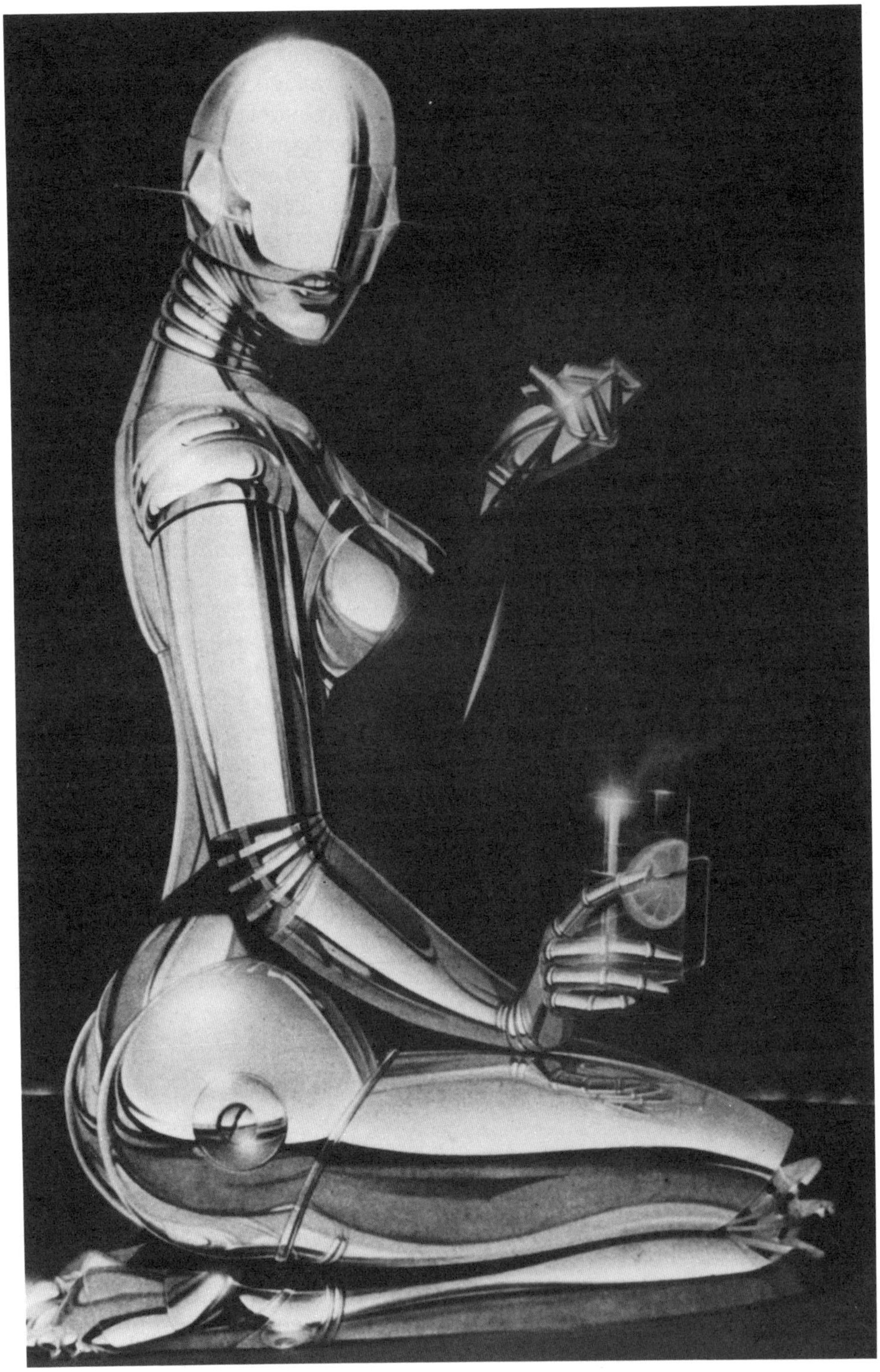

Sorayama: Sexy Robot

Die Maschine als Sexualobjekt ist dort, wo sie als Substitut für einen menschlichen Partner herhalten muß, immer langweilig. Die Liebesmaschinen bei Bukovski sind letztlich Prothesen, keine Metaphern.

Dort aber, wo die Maschine über die Qualität der Gespielin hinauswächst und eine neue Dichotomie von Sexualität und Mechanik einführt, werden „intensive Quantitäten" frei[15], die charakteristisch sind für jene seltsam anmutenden Konstrukte, denen Marcel Duchamp den Namen „Junggesellenmaschine" (machine célibataire) gegeben hat. Michel Carrouges definiert: „Eine Junggesellenmaschine ist ein phantastisches Vorstellungsbild, das Liebe in einen Todesmechanismus umwandelt." (Carrouges, 1950) Die Junggesellenmaschine ist in jedem Fall unwahrscheinlich, in völligem Gegensatz zu jeder Art von quasi brauchbaren Maschinen, sie erscheint „unnütz, unverständlich, wahnsinnig. Manchmal ist sie überhaupt nicht auszumachen. Nämlich dann, wenn sie eins sind mit der sie umgebenden Landschaft. (...) Die Junggesellenmaschine ist ein Trugbild." (ibid.) Sie besteht in jedem Fall aus einem Doppelsystem von gleichwertigen Bildern, einem sexuellen und einem mechanischen. Beide Bereiche sind in je ein männliches und ein weibliches Element unterteilt. Diese Unterteilungen sind im „Großen Glas" von Marcel Duchamp gut erkennbar. Der Titel dieses seltsamen Glasbildes[16] „Die Braut, von ihren Junggesellen nackt entblößt, sogar" (La Mariée mis nu par ses célibataires, même) liefert nur wenig Aufschluß über die Bedeutung dieses Werkes.[17]

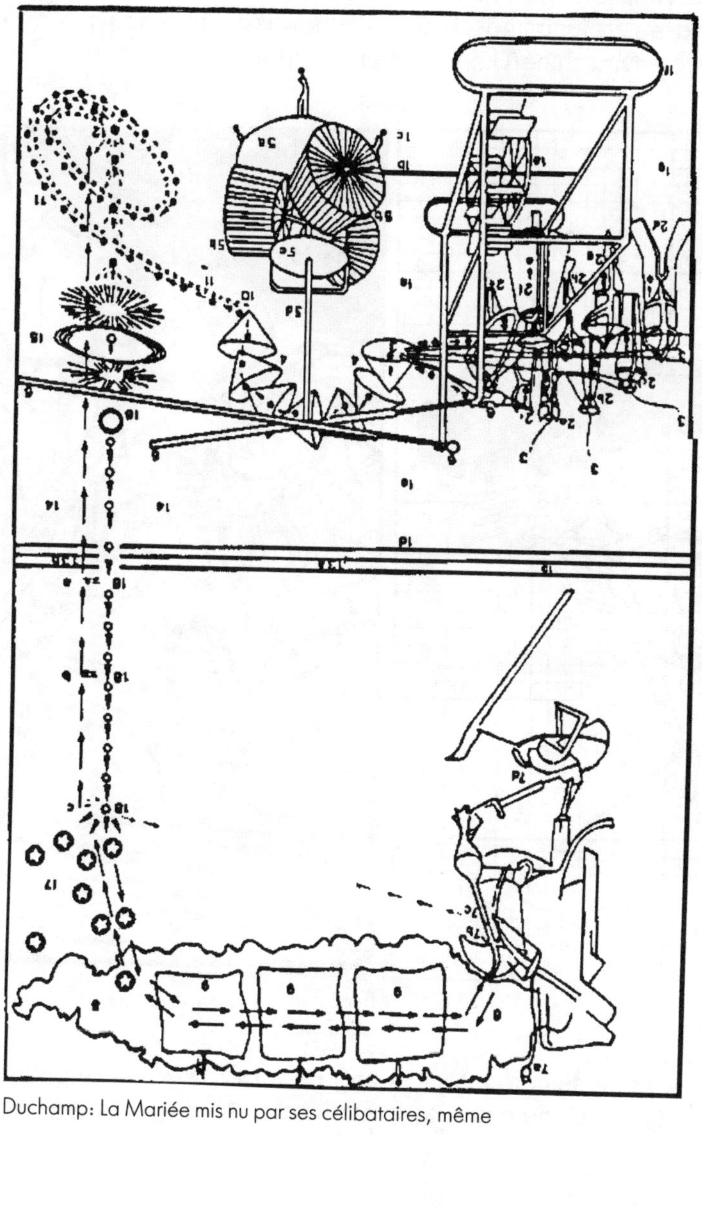

Duchamp: La Mariée mis nu par ses célibataires, même

Der Einsatz der Junggesellenmaschine in der sexuellen Interaktion ist aber letztlich immer eine Verkomplizierungsstrategie, deren Marcel Duchamp ein absoluter Meister war. Der darunterliegende Sinn dieser sexuellen Obsession ist immer die Übertreibung, für die die Maschine steht. Die Schokoladenreibe von Marcel Duchamp hat dabei gleichermaßen die Funktion einer „Lust"maschine wie etwa die Vorrichtungen des Tomi Ungerer (1971).
Reale Maschinen können jedoch sehrwohl auch sexuelle Anregung bieten. Peter Gorsen (1978) weist in seiner Arbeit über die beschämende Maschine nach, daß „Motorik, Repetition, Schaltung" durchaus als sexuelle Wunschelemente zu sehen sind. Sexuelle Stärke und Ausdauer der Apparate kann aber nur in einer industrialisierten Gesellschaft als erstrebenswert erfahren werden. Die ihres Gehäuses beraubte Maschine bringt hingegen wenig Neues. Ihr Innenleben offenbart Kleinode aus Quarzsand, Mikroprozessoren, die die fabulösen Zahnräder der Automaten ersetzt haben.

Der Computer – eine Junggesellenmaschine?

Die Frage, ob nun der Computer und speziell der Personal Computer Qualitäten der Machine Célibataire besitzen, wird genauer zu prüfen sein. Sicher hat der Computer als Bezugsobjekt – und diese Funktion übernimmt er erstaunlich oft und in vielfältigster Weise – Qualitäten von Lust- und Bestrafungsmaschinen. Es mangelt ihm hingegen an der Qualität des Todes, denn gedachte Maschinen können nicht sterben.

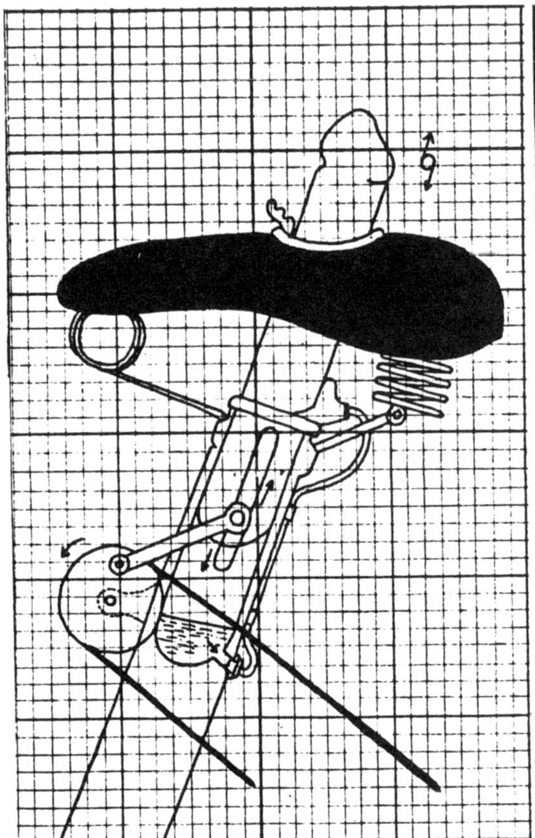

T. Ungerer: Fornicon

Beachtenswert die weitaus realistischere Situationseinschätzung durch den Roboter

Weizenbaum verweist in seiner Untersuchung über den zwanghaften Programmierer, den Hacker, der von der Maschine nicht loskommt, auf Verhaltensformen, die sonst bei Süchti-

gen vorliegen (Weizenbaum 1976). Inwieweit der dabei erzielte Lustgewinn Sublimierungscharakter hat, wird noch zu untersuchen sein. Interaktion mit dem Computer als Obsession zielt letztlich darauf ab, den Computer zu besiegen und damit sich selbst zu besiegen.
Ein gänzlich anderer Zugang zur Maschine ist der des ewig scheiternden Charlie Chaplin, der in lächerlicher Weise von der Maschine bedient wird (z. B. in Modern Times), statt sie zu bedienen. Wo liegt hier der Unterschied zum Bedientwerden durch eine Lustmaschine? Ein Grenzfall ist Woody Allen in seinem Film „Sleeper", wo er als Roboter eine Lustmaschine ruiniert. Er ist unfähig, die Maschine richtig (= entsprechend) zu bedienen, während Jane Fonda in Barbarella das Orgasmotron durch ihre Reize zum Abbrennen bringt.[18]

Der Computer als Pornograph

Bleibt letztlich nur noch die Frage offen, welche pornographischen Möglichkeiten sich mit und durch den Computer ergeben. Die graphischen Möglichkeiten der Bildschirme bieten zwar in den meisten Fällen noch kein optisch den Voyeur befriedigendes Bild, dafür kann der Benutzer an der Aktion teilnehmen, was ihm bei der Pornophotographie verwehrt ist.[19] Gewisse Programme erlauben direktes Eingreifen und Handeln. Hier rächt sich die Forderung nach natürlichsprachlichen Rechnerschnittstellen. Etwas Handfestes ist wohl eher am Platz. Dafür wurde von der Spielindustrie der *Joystick* geschaffen, ein Lustknüppel, der bei Kriegsspielen das Steuern und Feuern der Bordkanone ermöglichen soll. Symptomatisch für die etablierte Computerkultur ist die Tatsache, daß sich derlei nur im Spielbereich durchsetzt. Auch die professionell einsetzbare Maus, ein mit der Hand zu bedienendes Steuergerät,[20] wird von gestandenen EDVlern geschmäht. Hier scheiden sich die Geister: Während die eine Gruppe dem Computer Befehle erteilt, greift die andere direkt zu und steuert das Gerät selbst.

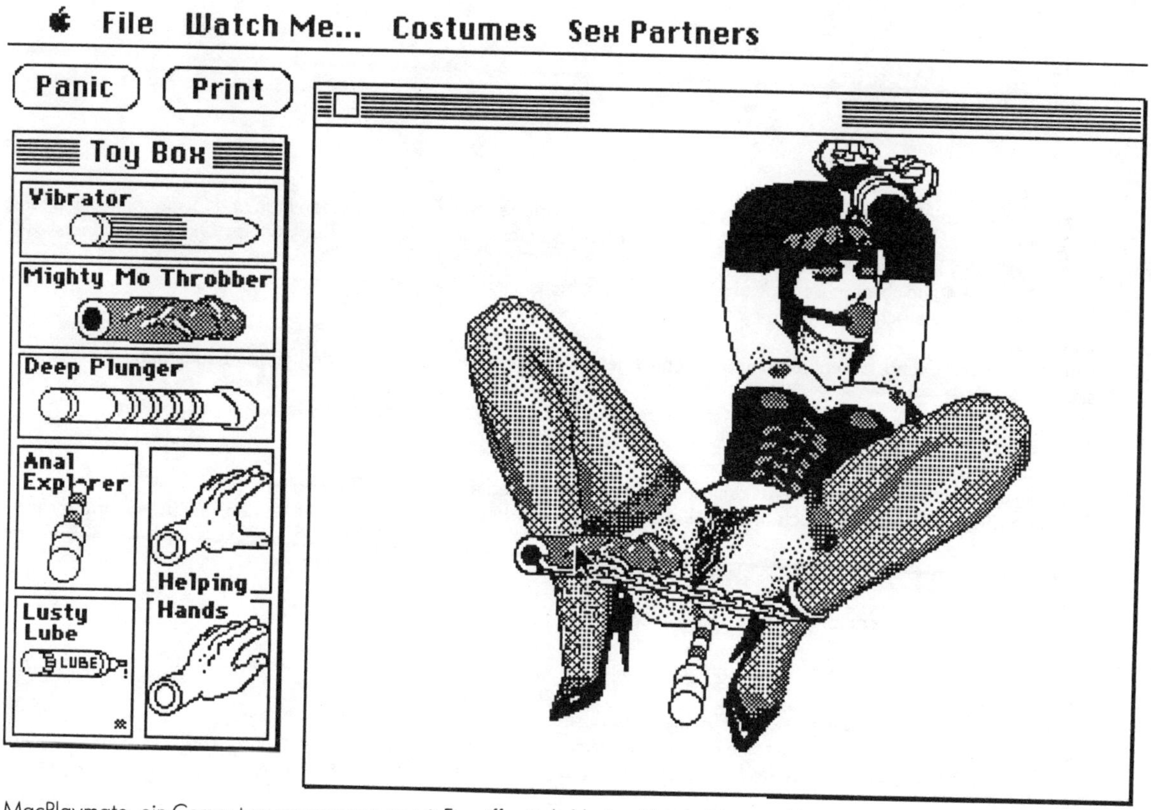

MacPlaymate, ein Computerpornoprogramm mit Eingriffsmöglichkeiten (Apple Macintosh)

Conclusio

Der nackte Computer tritt uns immer öfter entgegen, wir werden uns klar werden müssen, was wir von ihm wollen. Die vermeintliche Gefahr des Computers liegt in uns und in unserer Sprache.

> Denn „einem ist sein Golem aber einmal so hoch geworden und hat ihn aus Sorglosigkeit immer wachsen lassen, daß er ihm nicht mehr hat die Stirn reichen können. Da hat er aus der großen Angst den Knecht geheißen, ihm die Stiefel auszuziehen, in der Meinung, daß er ihm beim Bücken an die Stirn reichen könne. Dies ist auch geschehen und der erste Buchstabe glücklich ausgetan worden, allein die ganze Lehmlast fiel auf ihn und erdrückte ihn" (J. Grimm ibid.).

Dem Wiener war das eh alles klar, denn

„Schauns, a Computer is auch nur a Mensch."

Dank:
Danken möchte ich dem Wiener Sommersymposion für die Möglichkeit, den Vortrag veröffentlichen zu können, sowie Jutta Angerler und Erwin Puls, die mich bei der Arbeit vielfältig unterstützten.

* *intercourse* n. Social communication, dealings, between individuals; communion between man and God; communication for trade purposes etc. between different countries etc.; = sexual intercourse (...) The Concise Oxford Dictionary. – 6th Ed. Oxford: Clarendon: 1979.

1 Zur Problematik natürlichsprachlicher Mensch-Maschine Schnittstellen. ADV 1984 et passim
2 Maturana: Autopoietische Systeme
3 Steinbuch 1978
4 Dies ist wohl der Grund, daß bei Wahlhochrechnungen im Fernsehen immer die sich drehenden Bandstationen zu sehen sind.
5 Der Begriff Roboter wurde erstmals von K. Czapek geprägt und ist von tschechisch: robota (arbeiten) abgeleitet.
6 Kommentar aus der Faksimileausgabe von Braccellis Werk 1963
7 So nennt sie E. T. A. Hoffmann in seiner gleichnamigen Erzählung.
8 Darstellung von Jakob Grimm in der romantischen „Zeitung für Einsiedler", cit. nach G. Scholem
9 Die Magie des Wortes findet sich in allen Kulturkreisen; den Namen eines Menschen kennen, heißt Macht über ihn haben.
10 Ferdinand de Saussure: Cours de Linguistique Générale, 1916
11 Vgl. N. Chomsky 1975
12 E. T. A. Hoffmann: Die Serapionsbrüder.
13 Ibid.
14 Vgl. auch: Georges Battaile: Die Geschichte des Auges.
15 Deleuze-Guattari: Anti-Ödipus
16 Es mißt 2,75 x 1,75 m und befindet sich im Philadelphia Museum of Art.
17 Aufzeichnungen von Duchamp über seine Arbeit finden sich in der „Grünen Schachtel" (Duchamp 1934).
18 Gänzlich andere Ansatzpunkte liefern „Metropolis" von Fritz Lang bzw. der Film „Blade Runner".
19 Puls: Herrenzimmer
20 Z. B. am Apple Macinthosh Computer

Literatur:

Bammé et al.: Maschinen-Menschen, Mensch-Maschinen. – Hamburg: Rowohlt, 1983

Bataille, Georges: Das obszöne Werk. – Hamburg: Rowohlt, 1977

Braccelli, Giovanni Battista: Bizarie di varie figure. 1624. Faksimileausgabe mit einem Kommentar von Tristan Tzara: Bizaries. – Paris: Brieux 1963. cit. nach: Simmen, 1967

Brody, Florian: Zur Problematik natürlichsprachlicher Mensch-Maschine Schnittstellen, in: 7. Internationaler Kongreß Datenverarbeitung im Europäischen Raum. Kongreßbericht. – ADV: Wien, 1984

Bukovski, Ch.: fuck machine. – Wien, München

Capek, Karel: Rezon's Universal Robots. Drama 1921. cit. nach Simmen, 1967

Carrouges, Michel: Les Machines Célibataires. – Paris, Gallimard, 1950. cit. nach dem Katalog Junggesellenmaschinen

Chomsky, Noam: Reflections on Language. New York: Pantheon, 1978. dt.: Suhrkamp 1977

Deleuze, Giles & Félix Guattari: Anti-Ödipus, Kapitalismus und Schizophrenie. – Ffm, Suhrkamp, 1974. cit. nach dem Katalog Junggesellenmaschinen

Gorsen, Peter: Sexualästhetik. – Hamburg: Rowohlt, 1987

Hoffmann, E. T. A.: Sämtliche Werke in fünfzehn Bänden. – Leipzig: Hesse, 1900

Junggesellenmaschinen. Katalog zur Ausstellung im Museum des 20. Jahrhunderts, 1977

Maturana, Humberto R.: Erkennen: Die Organisation und Verkörperung von Wirklichkeit. – Braunschweig, Vieweg, 1982.

Puls, Erwin: Im Herrenzimmer. – Wien, Freibord 1984

Scholem, Gershom: Zur Kabbala und ihrer Symbolik. Die Vorstellung vom Golem in ihren tellurischen und magischen Beziehungen. – Ffm: Suhrkamp, 1973. Zuerst erschienen in den Eranos-Jahrbüchern

Siefkes, Dirk: Kleine Systeme. – TU Berlin, Fachbereich Informatik. Bericht-Nr. 82-14, 1982

Simmen, René (Hg): Der mechanische Mensch. – Zürich: Simmen, 1987

Sorayama, Hajime: Sexy Robot. – Tokyo: Genko-sha, 1983

Steinbuch, Karl: Maßlos informiert. – Wien: Herbig, 1978

Ungerer, Tomi: Fornicon. – Zürich, Diogenes, 1971

Weizenbaum, Joseph: Computer Power and Human Reason. – Freeman, 1976. dt.: Die Macht der Computer und die Ohnmacht der Vernunft. – Ffm: Suhrkamp, 1978

AKT – PUPPE – NATURE MORTE – PSYCHOANALYTISCHE ÜBERLEGUNGEN ZUM FETISCHISMUS IN DER BILDENDEN KUNST

Alfred Springer

Die Thematik, die ich im Kontext dieses Symposiums abhandeln möchte, ist alt und aktuell zugleich. Sie hat heute im intellektuellen und sexualpolitischen Diskurs eine gewisse Bedeutung, umschließt sie doch Fragestellungen den Warencharakter der Sexualität und der Sexualerziehung der Waren betreffend, wie sie für den heutigen Zustand der Gesellschaft als typisch beschrieben und kritisiert werden, wie sie auch Problemstellungen auf dem Feld der Beziehungsmuster zwischen den Geschlechtern, sexuelle Stereotypiebilder, sexueller, d.h. patriarch-phallischer Herrschaft und dem Widerschein all dieser Problembereiche in den visuellen Künsten und Medien umfaßt. Der Begriff bildende Kunst ist mir in diesem Zusammenhang zu eng, ich ersetze ihn deshalb durch den Begriff visuelle Künste, visuelle Ausdrucksmittel, den ich dem englischen Schrifttum entnehme. Man muß, wenn man heute über dieses Thema spricht, die neueren Medien mit einbeziehen. Der Diskurs, den ich angesprochen habe, ist berechtigt, notwendig. Man muß ihn als weitgehend bekannt voraussetzen und braucht ihn hier nicht zu rekapitulieren, obwohl es sich ergeben kann, bei Gelegenheit und/oder Notwendigkeit auf ihn zu rekurrieren.
Allerdings soll es diesmal vorwiegend um Gedankengänge gehen, die dem Theoriefeld der Psychoanalyse zugehören. Dieses ist derzeit im sexualpolitischen Diskurs ohnehin unterrepräsentiert. Vielleicht führt gerade dieser Stand der Dinge zu einer gewissen Eindimensionalität und terriblen Vereinfachung in gerade diesem Diskussionsbereich. Ich möchte Gedanken vortragen, die mich in meiner Auseinandersetzung mit dem Phänomen des Fetischismus beschäftigen. Mir geht es darum, den Stellenwert und die Funktion dieser Phänomene im Kräftefeld der psychischen Prinzipien und Instanzen zu entschlüsseln und seine Widerspiegelung im sozialen Kontext zu erkennen. Eine dieser sozialen Institutionen, in denen die fetischistische Struktur aufspürbar ist, ist eben der Bereich der visuellen Kunst. Es existiert eine Vielfalt von Literatur zu dieser Thematik. Die Psychiatrie und Sexualwissenschaft haben sich bereits im vorigen Jahrhundert mit ihr auseinandergesetzt. Entsprechend dem vorherrschenden deskriptiven Zugang zu den Phänomenen in der alten Psychiatrie und Sexualwissenschaft näherten sich diese beiden Disziplinen auf dem Weg des Sammelns von Dokumenten fetischistischen Inhaltes in der bildenden Kunst und in zweiter Hinsicht im Versuch, den Fetischismus im Leben bestimmter Künstler nachzuweisen und seine Auswirkungen auf das Werk aufzuspüren, – der pathographischen Methode. Wie Gorsen betont, wies in dieser Zeit Eduard Fuchs in eine andere Richtung, indem er in seiner „Geschichte der Erotik" diese sexualpathologischen Phänomene in ihrem sozialen Kontext zu erfassen versuchte und damit dazu gelangte, die Wiederspiegelung des Gesellschaftlichen im Kunstwerk zu erkennen. Fuchs war es auch, der darauf hinwies, daß gerade die fetischistischen Inhalte über die Zeitläufe hinweg einer Wandlung unterliegen.
Als charakteristischen fetischistischen Inhalt des bürgerlichen Zeitalters und des Fin de siècle erkannte er in diesem Sinn den Fuß- und Schuhfetischismus.
Später übernahm die Psychoanalyse die Bearbeitung der fetischistischen Phänomene und machte damit der deskriptive, nichtanalytische Zugang dem verstehenden und analysierenden Zugang Platz. Auch heute ist die Auseinandersetzung mit diesen Themen eine Domäne

tiefenpsychologisch orientierter Autoren. Von meinem Erkenntnisinteresse her möchte auch ich diesen Weg einschlagen und möchte auf ihm den Spuren des fetischistischen Prinzips im Kunstwerk nachspüren, aufzeigen, welche Formen es annehmen kann, auf welche Weise es sich in Komplexität und Überdeterminiertheit verrät, wie es den seelischen Prinzipien verhaftet erscheint und–, um auch den Problembereich „Rezipient" nicht auszusparen – wie es wem kommuniziert wird. Letztere Frage umfaßt eine tiefenpsychologisch relevante Dimension der partialtriebbedingten Kommunikation, die um das Kunstwerk stattfindet. Schließlich soll auch der Fragestellung nachgegangen werden, ob und inwieweit man davon sprechen kann, daß das schöpferische Produkt eine gewisse Wesensgleichheit mit dem Fetisch besitzt, daß einander entsprechende psychische Strukturen den notwendigen Hintergrund für die Entstehung beider Phänomene darstellen. D.h. daß das in der Außenwelt sichtbare geschaffene Produkt selbst, dann dadurch Charakteristika des sonst Innenwelt gestaltenden Fetisch in sich trägt. Ich versuche in dieser Hinsicht eine These Stekels weiter zu bearbeiten, die auch von Gorsen in seinem Text über Frohner aufgegriffen wurde. Stekel bezeichnete den Fetischisten als einen durch seine psychische Struktur an seiner Kreativität behinderten großen Künstler.
Ich werde keine pathographischen Ausflüge unternehmen, wenngleich es auch bisweilen unerläßlich scheint, auf Lebenszusammenhänge in der Produktion bestimmter Künstler hinzuweisen, denen wir vertiefte Einsichten in das Wesen der fetischistischen Struktur verdanken. Hinsichtlich der dargestellten Inhalte enge ich die Auswahl bewußt auf drei Bereiche ein, die heute in der fetischistischen Bildsprache bzw. Ausdruckswelt dominant erscheinen:

— Die Puppe
— Bondage und Deformation
— Destruktion, Auslöschen, Tod.

Zunächst aber noch ein kurzer Ausflug in die sexualwissenschaftliche und die psychoanalytische Begriffswelt. Die deskriptive Annahme versteht den Fetischismus als eine sexualpathologische Erscheinung in dem Sinne, daß für eine bestimmte Person es unbedingt notwendig ist, daß ein bestimmtes unbelebtes Objekt oder ein Teilobjekt des menschlichen Körpers vorhanden ist, um sexuelle Erregung und einen befriedigenden sexuellen Vollzug zu ermöglichen. Die deskriptive Psychiatrie und Psychologie unterscheidet zwischen einem großen Fetischismus und einem kleinen Fetischismus. Der große Fetischismus wäre die Perversion Fetischismus; sie unterliegt dem Zwang, den ich gerade angesprochen habe. Der „kleine Fetischismus" wäre demgegenüber eine Struktur, die wir in gewisser Weise alle in uns beherbergen, die wir irgendwelche Vorlieben haben, die für uns einen gewissen erotischen Reiz beinhalten. Daß etwa ein Mann auf bestimmte Körperteile der Frau mehr anspricht, auf eine Haarfarbe mehr anspricht, daß eine Frau auf eine bestimmte körperliche Ausstattung des Mannes anspricht. Das alles wäre der Bereich des kleinen Fetischismus. Wie schon gesagt, diese Auffassung wurde von der tiefenpsychologischen Auffassung abgelöst, und wir verstehen heute aus dieser Sicht unter dem Fetischismus eine psychische Struktur, die sich um ganz bestimmte angstvolle Inhalte, um ganz bestimmte psychische Traumata entwickelt. Der Fetisch stellt in dieser Theorie ein symbolisches Objekt für den illusionierten mütterlichen = analen Phallus dar. Er ist Ergebnis und Repräsentant einer abwehrhaften Ichspaltung, die sich im Wahrnehmungsapparat abspielt und auf gleichzeitiger Wahrnehmung und Erkenntnis des Geschlechtsunterschiedes und dessen Verleugnung beruht. D.h. Freud erkannte bereits Anfang der 30er Jahre im Fetischismus eine sehr wesentliche Struktur, die einen grenzpsychologischen Bereich in der Normalität ausmacht, der sich in dieser Doppelbödigkeit zwischen gleichzeitigem Wissen und Verleugnung des Wissens konstituiert. Im Sinne Watzlawicks könnte man von einer „intrapsychischen Zwickmühle" sprechen. Dieser komplexen Situation entsprechend weist der Fetisch eine hohe Bedeutungsvielfalt auf, die auch Bedeutungswidersprüche umfaßt, um dem Ziel, das ihm gesetzt ist, entsprechen zu können. Er muß stabil, sichtbar und berührbar sein, ein reales und nicht ein phantasiertes Objekt. Er muß fähig sein, sowohl den Penis wie auch sein Fehlen zu symbolisieren, er muß einverleibt werden können, ohne seine Form oder sein Volumen einzubüßen, er muß dauerhafte Eigenschaften besitzen, um den Destruktionstrieben Widerstand leisten zu können, er muß unbelebt sein, um dem Subjekt die Sicherheit zu geben, daß es von ihm keine Repressalien zu erwarten hat, aber auch um jede Furcht zu neutralisieren, es könnte sich im Umfang verändern. Der Fetisch bringt damit eine Rückversicherung, die dem Subjekt ein Liebesleben ermöglicht, ohne daß sich diese Liebe, diese erotische Spannung in unerträgliche Angst verwandelt.

Wie entsteht dieser Fetisch? Man nimmt heute an oder hat an Patienten die Erfahrung gemacht, daß er auf Basis eines sogenannten kumulativen Traumas entsteht. Es ist nicht so, daß eine bestimmte Situation dazu führt, daß sich Fetischismus entwickelt oder die fetischistische Struktur voll ausbildet. Dadurch ist auch seine symbolische Bedeutung überdeterminiert, er ist aus heterogenen Elementen zusammengesetzt, er entsteht aus der Wiederholung affektiver Traumata, von denen an sich kein einzelnes als entscheidend angesehen werden kann. Als wesentliche Einflüsse kennen wir Erfahrungen der frühen Kindheit, die insbesondere eine Störung des Körperbildes (vor allem durch Krankheit), einen frühzeitig und sehr heftig auftretenden Kastrationskomplex, der auf durchlebter psychischer Traumatisierung aufbaut, sowie Einflüsse der elterlichen Interaktion mit dem Kind einschließt. Und letzlich auch die Art und Verarbeitung mit den ersten wahrgenommenen Objekten, den sogenannten Übergangsobjekten, d.h. unbelebten Objekten, Stofftieren, Polsterzipf usw., an denen das Kind in der ersten Auseinandersetzung mit der Umwelt Beziehungsmuster einübt. Letzterer Hinweis zeigt, daß für die Mehrzahl der Menschen sicherlich eine gewisse fetischistische Struktur grundsätzlich anzunehmen ist. Die Funktion, die heute der fetischistischen Struktur zuerkannt wird, ist vor allem die Garantie gegen eine kastrierende Identifizierung, indem er dem Subjekt ein ihm äußerliches und in Form eines Objekt konkretisiertes phallisches Objekt liefert, das eine neue Projektion dieses Phallus und damit eine Bestätigung der Genitalintegrität erlaubt. Die ungewisse Genitalität des Subjekts, die durch den Kastrationskomplex bedingt ist, wird damit gesichert und stabilisiert, die Kastrationsangst wird abgewehrt, d.h. die vornehmste Funktion ist die Wiedergutmachung innerhalb der Kastrationsdialektik, die sich auf die Verleugnung der weiblichen Kastration bezieht, in der Absicht des Doppelspiels der Erkenntnis und Annullierung der Kastration. In zweiter Hinsicht bezeichnet das fetischistische System die Wiederherstellung einer verlorengegangenen Kontinuität, indem das Fetischobjekt den Versuch darstellt, den Beweis für die illusorische Fortdauer der Ungetrenntheit des Subjekts vom Objekt seines Wunsches zu garantieren. Außer dieser Sicherstellung, die das Subjekt durch den Fetisch im Hinblick auf seine Kastrationsangst gewinnt, hilft der Fetisch weiters, destruktive Impulse gegenüber dem Objekt, insbesondere der Brust, abzublocken oder zu verleugnen. Er bedingt eine starke Hemmung oral-sadistischer Phantasien, und es scheint, daß die Fixierung in der Entwicklung prägenitaler Aggression ein genetisches Erfordernis dafür ist, daß sich in der phallischen Phase oder etwas später der Fetisch etablieren kann. Die Beharrlichkeit, mit der daran festgehalten wird, daß die Frau einen Phallus besitzt, repräsentiert die Gleichung Phallus=Brust und dient auch auf diesem Weg der Abwehr destruktiver Wünsche gegen die Brust. Deshalb sind sowohl das Charakteristikum der Unzerstörbarkeit wie auch seine Allgegenwart für den Fetischisten ungemein notwendig. Soweit die psychoanalytische Theorie, die jedoch auch so manche aktuelle kunsttheoretische Überlegungen stark beeinflußt.

Wieweit gibt es jetzt Versuche zwischen dieser Struktur und dem kreativen Produkt einen Zusammenhang herzustellen?

Da ist abgesehen von den partiell pathographischen Versuchen die psychoanalytische Position der Chasseguet-Smirgel zu erwähnen. In einem erst kürzlich auf deutsch erschienenen Text über Perversion und Kreativität hat sie den Konnex um den es sich hier handelt, hergestellt:

„Puppen, Mannequins, Wachsfigurenkabinett, Roboter, Marionetten, gemalte Kulissen, Gipsfiguren, Schaufensterpuppen, verborgene Räderwerke, Mimikry und Illusion. All das ist ein Teil des magischen und listigen Universums des Fetischisten. Zwischen Leben und Tod liegend, belebt und mechanisch, hybride Kreaturen und solche, die die Hybris geboren hat, sie alle können mit Fetischen verglichen werden, und wie Fetische geben sie uns für einige Zeit das Gefühl, daß es eine Welt gibt, die nicht von unseren allgemeinen Gesetzen beherrscht wird, eine fanatische und unheimliche Welt."

Eine starke Beziehung zur Konstruktion von Puppen hat der Surrealismus. Kokoschka aber war in unserem Jahrhundert die erste Gestalt in der bildenden Kunst, der, wie er damals sagte, um der Beziehung zum lebenden Menschen zu entkommen, eine Puppe anfertigen lassen wollte, die ganz genau nach seinen Wünschen strukturiert sein sollte.

Er plante, mit ihr auszugehen, ließ Kleider für sie anfertigen, bestellte Theaterplätze. Er fand eine Puppenmacherin, die ihm sein Objekt ganz nach seinen Wünschen anfertigte. Als aber dann die fertige Puppe einlangte war dennoch die Enttäuschung groß. Das einzige, was von ihr geblieben ist, ist das Bild der „blauen Dame".

Kurz darauf sollten sich die Surrealisten mit der Herstellung ästhetischer Puppen-Objekte befassen.

Die modische Darstellung des gebundenen Leibes beginnt ebenfalls bereits in den 20er Jahren in den Magazinen um sich zu greifen.

Heute ist dieser Bildinhalt ubiquitär. Wir finden ihn ihm Comic, in der visuellen Pornographie, in der Modefotografie, auf Schallplattenhüllen.

Newton hat eine Serie von Fotografien geschaffen, bei denen ein Teil des weiblichen Körpers zum leblosen Teil umgestaltet ist. Das Bondagemotiv existiert auch am artistischen Objekt, etwa bei Man Ray.

Die visuellen Produkte, die ich dargeboten habe, verdeutlichen eine Eigenschaft des Fetisch und damit auch einen Aspekt des Fetischismus, die auf der vorhin zitierten Liste der Eigenschaften des Fetisch, die von dem bekannten französischen Psychoanalytiker Smirnoff stammte, nicht vermerkt ist und auch ganz prinzipiell in der psychoanalytischen Literatur zu diesem Thema eher vernachlässigt ist. Hier besteht für mich ein Beispiel dafür, wie der künstlerische Blick die analytische Sicht ergänzen und korrigieren kann. Smirnoff betont, daß der Fetisch leblos sein müsse, er übersieht aber einen wesentlich erscheinenden Aspekt, der auch aus der Arbeit mit fetischistischen Patienten imponiert. Viele Fetische sind leblos und noch zusätzlich einschränkend, beengend, lassen das lebende Objekt oder Teilobjekt erstarren, deformieren es, machen es unbeweglich. Der Fetisch ist in diesen Fällen nicht nur selbst starr und leblos, sondern bringt durch Schuh, Stiefel, Gummi, Latex, Leder, Handschuh, Korsett bis hin zu extremen Ausformungen der Verschnürung das Leben zur Erstarrung, verschnürt den Körper bis zur Unkenntlichkeit, zur Schaffung neuer körperlicher, aber regloser Strukturen. Und damit läßt der Fetisch das verschnürte, nicht mehr als solches kenntliche Leben als quasi lebloses Objekt in den Besitz des Subjekts übergehen und macht es bereit für den ritualisierten Gebrauch, der vielen Autoren zum Fetischismus als das wesentliche erscheinen. Und gerade das Phänomen des Bondage macht es deutlich, daß im Gegensatz zu einer von seiten der Psychoanalyse vor allem von Greenacre vertretenen Auffassung, Besitz und Ritual gleichermaßen wesentlich sind und voneinander kaum abgrenzbar erscheinen. Das Element des Bondage scheint für das fetischistische Prinzip wesentlich. Manche wie etwa Andrea Dworkin in ihrem radikalfeministischen Pamphlet über Pornographie setzen Fetischismus und Bondage gleich und erkennen gerade in diesem Phänomen den Aspekt der vergewaltigenden Männerphantasie. Es scheint auch der Inhalt des Bondage in der Ikonologie des Fetischismus heute allgegenwärtig und der einzige Aspekt sichtbarer, gegen das Objekt gerichteter, Aggression innerhalb des Fetischismus. Andere mit symbolischer Zerstörung und Inbesitznahme des Objekts verbundene Ausprägung des Fetischistischen wie der einst vielbeschriebene Zopfabschneider oder ähnliches scheinen heute auch klinisch de facto nicht mehr vorzukommen.

Einige der Künstler, deren Werke projiziert wurden, haben bildnerische oder schriftliche Zeugnisse dafür gegeben, daß sie selbst fetischistischen Bezug zu ihren Produkten aufweisen und haben auch selbst ihre Schöpfung mit ihrem Fetischismus verknüpft.
...Die Interpretationen, die diese Künstler von ihren Werken bzw. ihren Schaffensmotiven entwerfen, sind von hohem Interesse, beispielhaft sei Hans Bellmer zitiert. Er schrieb in „Anatomie des Bildes":

> „Nach der unverblaßten Erinnerung, die uns von einem gewissen fotografischen Bild bleibt, hatte ein Mann, um sein Opfer umzuformen, Schenkel, Schulter, Brust, Rücken und Bauch mit einem stark angezogenen Eisendraht blindlings und überkreuz umschnürt und aufgequollene Fleischpolster, unregelmäßige sphärische Dreiecke hervorgebracht, lange Falten und unreine Lippen eingeschnitten, hatte nie gesehene Brüste vervielfacht an unsagbaren Stellen".

Und dieser Phantasie, Erinnerung, die ihn besitzt, folgt er in seiner schöpferischen Produktion. Andere Zeichnungen entstammen ebenfalls einem persönlichen Hintergrund, so scheinen sie eine Illustration einer Drogenerfahrung, die ihm ein Freund mitgeteilt hat, wo es zu bestimmten Verschiebungswahrnehmungen am Körper gekommen ist. Das kreative Interesse an der Gestaltung von Puppen beschreibt er so:

> „Gelenk an Gelenk fügen, den Kugeln den größten Drehbereich für kindliche Pose approbierenden Mulden sacht folgen, das Gefühl der Wölbungen kosten, sich in die Muschel des Ohres verirren, Hübsches machen und ein wenig rachsüchtig auch das Salz der Deformation verteilen. Obendrein vor dem Inneren beileibe nicht stehen bleiben. Die verhaltenen Mädchengedanken entblättern, damit ihre Untergründe sichtbar werden. Durch den Nabel am besten, tief im Bauch, als Panorama bunt elektrisch beleuchtet. Sollte nicht das die Lösung sein?"

Diese Ausführungen, die ergänzbar wären durch Texte von Schlichter und anderen Autoren und letztlich auch im Konnex damit zu sehen sind, daß Sade als eine der Leitfiguren des Erotismus gesehen wird, bringen mich zu meiner Interpretation des Einflusses von triebhafter Destruktivität auf die kreative Motivation. Derartigen Darstellungen, wie ich sie dargeboten habe, stehen heute erneut große Widerstände entgegen. Geht es um sie, kommt es zu einer frommen Allianz zwischen den konträrsten politischen Bestrebungen. Christliche und jüdische Fundamentalisten, Feministinnen jeglicher politischer Couleur und Triebrichtung, Marxisten, sie alle sind sich in einem einig: derartige Darstellungen müssen weg. Sie verfälschen die Beziehungen zwischen den Geschlechtern bzw. das Bild, das von ihnen besteht, fixieren sexualpolitische Machtstrukturen, fixieren die Frau auf ewige Zeiten als das der Gewalt des Mannes ausgelieferte Geschlecht, mißbrauchen den weiblichen und eventuell auch den männlichen Körper als Vehikel für die Umsatzsteigerung bestimmter industrieller Produkte und welche Vorwürfe auch immer noch in diesem Kontext laut werden. Versucht man die Tiefendimension dieser Phänomene auszuleuchten, drängt sich einem die Frage auf, ob diese Kritik nicht vielleicht doch zu oberflächlich ist, eindimensional, verständlich, aber nichts desto weniger eine irreale Wunschhaltung. Susan Sontag formulierte diese Bedenken, die ich hier anspreche, folgendermaßen: Pornographie widerlege die Annahme, die Sexualität des Menschen sei, wenn sie sich nur ungestört entfalten könne, eine ebenso natürliche wie erfreuliche Angelegenheit, und das Obszöne sei der Natur von einer Gesellschaft aufgezwungen, die in der Überzeugung lebt, daß am sexuellen Vergnügen etwas Anrüchiges sei. Sontag kommt zum Schluß, Sexualität bleibt eine dämonische Macht, die immer wieder verbotene und gefährliche Wünsche in uns weckt, jenseits von Gut und Böse, jenseits der Liebe und jenseits von geistiger Normalität.
Gunter Schmidt schließt sich in einem kürzlich erschienenen Buch dieser Auffassung an, wenn er meint, daß Pornographie die Tröstungen scheinfriedlicher Ideologen, von der Annahme einer sanften, freundlichen, friedlichen und nur noch liebevollen und hellen Sexualität ausgehend, verhöhne. Er schreibt: Hier ist das verlogene Balg Pornographie ausnahmsweise einmal ehrlich.

Ich glaube, daß anhand der von mir ausgewählten Beispiele recht deutlich wird, daß diese Darstellungen tiefe Sexualängste umkreist, daß hier eine ängstliche Verarbeitung von Vorstellungen über basale biologische und körperliche Vorgänge wie Zeugung, Geburt, Intro....??, Tod, das Leben selbst und Angst vor körperlicher Verletzung, Destruktion und ähnliches immer wieder symbolisch dargestellt werden und, so wie im fetischistischen System diese Ängste gebannt und im fetischistischen Ritual immer wieder zur symbolischen Auflösung gebracht werden, werden sie hier eben visuell dargestellt. Auch diese Verarbeitung im visuellen Produkt stellt eine mögliche Abwehrform dar. Die Kommunikation mit dem Rezipienten geschieht ebenfalls um diese Inhalte. Die Notwendigkeit des Konsums derartiger Produkte ergibt sich aus der Ubiquität der zugrundeliegenden Vorstellungen und Ängste. Allerdings ist es denkbar, daß diese Vorstellungen auch als nicht angstbesetzte vorliegen. Inwieweit derartige Rezeptionsprozesse reale Lebensvorgänge, reale soziale Interaktionsmuster zu beeinflussen imstande sind, ist ein Feld, das ausschließlich zur Spekulation anreizt. Diese Darstellungen auf jeden Fall haben nichts mit dem Umgang sexuell reifer Partner auf genitalem Niveau zu tun. Es geht hier um Kontrolle, um unbehinderte Macht- und Lustentfaltung, um die Überwindung jeglicher Beschädigung, um Unzerstörbarkeit, die über massive Destruktionswünsche und -rituale triumphiert. Es geht um die Unabgetrenntheit von Objekten, es geht um eine Welt, in der es nur ein Geschlecht gibt, in der es daher auch keine Kastration gibt, es geht um Wünsche, die aus unser aller frühem psychischen Leben stammen, aus der finsteren Märchenwelt, in der es niemals so heil zugeht, wie die Planer und Planifizierer der Sexualität der Erwachsenen durchzusetzen bestrebt sind.
Der Umstand, daß visuelle Kunstprodukte geeignet sind, uns auf diese Verhältnisse aufmerksam zu machen, läßt weiterführende Überlegungen zur Sublimierungstheorie notwendig erscheinen. Im psychoanalytischen Diskurs erfuhr die Theorie von der Umleitung (sexueller) psychischer Energie in kreative Tätigkeit, – eben die bekannte Sublimierungstheorie -, durch Kubie eine radikale Abwertung. Dieser Autor meinte, daß Einflüsse aus dem Unbewußten auf jeden Fall dem kreativen Prozeß, den er als Funktion des Vorbewußten zu erkennen meinte, zuwiderlaufen würden. Damit setzte sich Kubie von der artistischen Interpretation dieser Zusammenhänge, die vor allem bei den Surrealisten deutlich wird, ab. Er schrieb:

> „Wo unbewußte Einflüsse eine beherrschende Rolle spielen, deckt sich der schöpferische Prozeß in Wissenschaft und Kunst beinahe mit dem neurotischen Prozeß. Er verwandelt nur die unbewußten Konflikte in eine gesellschaftlich und künstlerisch annehmbare Symbolform."

Diese störende Dominanz unbewußter Einflüsse glaubte Kubie in zahllosen Werken aus allen Bereichen der künstlerischen Aktivität erkennen zu können.
Als besonderes Beispiel führte er etwa Picasso an, dessen einander ablösende Schaffensperioden immer wieder eine gewisse Erstarrung erkennen lassen sollen. Für Kubie ist eben diese gewisse Starrheit von Kunstprodukten das Charakteristikum für das Durchschlagen unbewußter Einflüsse. Ich neige dazu, diese Starrheit nicht generell als Auswirkung allgemeiner unbewußter Einflüsse zu interpretieren, sondern sie sehr spezifisch als Repräsentanten der Wirksamkeit des Nirwanaprinzips zu sehen und dementsprechend nicht als ein neurotisches, sondern als ein allgemeinen biopsychologischen Gesetzen verhaftetes Prinzip anzuerkennen. Auch diese meine Interpretation verlangt nach einer Revision der Sublimierungstheorie, allerdings nicht in der von Kubie angeschlagenen Richtung, die die Existenz der sublimierenden Abwehr prinzipiell in Frage stellt als vielmehr hinsichtlich der Qualität der sublimierten Triebkräfte. Es ist nicht denkbar, daß der Prozeß der Sublimierung nur eine Triebqualität erfaßt, es müßten schon alle Triebe und Triebabkömmlinge dem Sublimentationsprozeß unterliegen. In Villiers „Eva der Zukunft", einer der interessantesten Puppenphantasien, verzweifelt der Held der Geschichte daran, daß seine Geliebte dem marmornen Standbild der venus victrix zwar von der körperliche Gestalt her gleicht, nicht aber im Wesen. Er sagt:

> „Was mich an sie fesselt ist nur mehr eine Art schmerzlicher Bewunderung. Alicias Leiche zu betrachten, wäre mir eine Erfüllung, wenn der Tod nicht die traurige Zerstörung ihrer Züge mit sich brächte."

Auf dieser Einstellung baut dann das Experiment auf, sich das Ideal in Form des äußersten Kunstwerkes, einer künstlichen Frau, zu schaffen. Die Abwehr der Banalität und Unerträglichkeit der Realität des Geschlechtswesens und die Unbefriedigtheit der eigenen Wunschvorstellungen führt zur Schaffung der Puppe. Wie bei Villiers so auch bei Kokoschka und Bellmer. Letzterer formulierte seinen Impuls in aller Kürze. Er schreibt in seinen Erinnerungen über seine Adoleszenz:

> „Ohne Zweifel waren die Mädchen nicht recht geheuer. Sie verwandelten einen mit geringem Aufwand, mit einer beiläufigen Zuckung rosa Plissees in einen durchaus beliebigen Jungen mit trüber Hose und trüben Schuhen. War nicht in der Puppe, die nur von dem lebte, was man in sie hineindachte, die trotz ihrer grenzenlosen Gefügigkeit zum Verzweifeln reserviert zu sein wußte, war nicht in der Gestaltung gerade solcher Puppenhaftigkeit das zu finden, was die Einbildung an Lust und Steigerung suchte."

Bedeutet es nicht den endgültigen Triumph über die jungen Mädchen mit ihren großen beiseitesehenden Augen, wenn der bewußte Blick ihren Charme sich räuberisch einfing, wenn die Finger angriffslustig und nach Formbarem aus, gliedweise langsam entstehen ließen, was sich Sinne und Gehirn destilliert hatten? Und dann folgt der bereits zitierte Satz: „Gelenk an Gelenk fügen" etc. Es wird doch wohl recht deutlich, was sich in dieser von Bellmer beschriebenen Lust Wunschstrukturen sowohl libidinöser wie auch destruktiver Tendenz verschränken.
Und es wird auch erahnbar, daß die Produktion des Kunstwerkes einem Bewältigungs- und Bemächtigungsprozeß entspricht und daß es eine grundsätzliche Verstörung von Lebensvorgängen ist, die die destruktiven Wunschregungen im Sinn todestriebhafter Regungen evoziert. Und hier bestehen, glaube ich, deutliche Analogien zwischen der Entstehung des fetischistischen Systems und dem kreativen Willen. Es bleibt noch zu hinterfragen, inwieweit sich diese Prozesse, die die Tiefenstruktur des künstlerischen Schaffensprozesses ansprechen wollen, nur in der eindeutig als erotisch festgelegten bzw. eine erotische Thematik artikulierenden Produktion widerspiegeln oder ob sie nicht vielmehr auch in anderen visuellen Ausdrucksleistungen zu orten sind und eben nicht eine aufdringlich erscheinende Deformation, die auch vordergründig beobachtbar ist, benötigen. Und dazu scheint mir eine Reflexion des Begriffs nature morte zweckmäßig. Tote Natur, das ist auch getötete Natur, im künstlerischen Prozeß destruierte Natur als Thema der späten und der schwarzen Romantik, dem heute wie damals Aktualitätswert zukommt. In Pierre Louys „Der Mann im Purpur" quält der Bildhauer sein Modell, läßt es töten, um den entsprechenden Ausdruck des Leidens im Marmor festhalten zu können. In Poes „Ovalem Portrait" stirbt das „himmlisch schöne" und geliebte Modell einen langsamen Tod parallel zur Fertigstellung des Modells. Der besessene Tätowierungskünstler in Oshimas Film setzt sich über alle Regeln hinweg, um die Haut, die er zu bearbeiten hat, in den für die Tätowierung bestgeeigneten Zustand zu versetzen. Objektivierung, Bemächtigung, Petrifizierung, Umgestaltung des Lebendigen zum Bildelement, des Belebten zum „Wie oder Noch Besser als Lebendigen", als Teil eines Stillebens, sind nicht alle diese Tendenzen allgemeine Grundlagen des künstlerischen Schaffensprozesses, der damit tendenziell eine fetischistische Dimension gewinnt. Und immer wieder ist es auch der menschliche Körper in diesem Prozeß, der als Material, als Akt beinhaltet wird und nicht nur in den Materialaktionen des Wiener Aktionismus.
Es läßt sich also sagen, meiner Meinung nach, daß zwischen Fetischismus und künstlerischem Ausdruck eine Beziehung auf mehreren Ebenen zu bestehen scheint. Zum einen in der Produktion eines Objekts, das in verschiedenen Dimensionen Entsprechungen aufweist, zum anderen aber auch in der Intention und Funktion des Abwehrprozesses, in dessen

Dienst sowohl die Konstitution des Fetisch wie auch die Produktion des Kunstwerkes stehen können. Beide Phänomene scheinen an dem Schnittpunkt zu entstehen, an dem Lebens- und Todestriebe zur Kreuzung kommen und Urphantasien und Urängste, die Prokreation und genitale Zeugung umkreisen und die ihr auch entgegenstehen, zur Geburt eines unbelebten, aber gleichzeitig dauerhaften und das Leben übertrumpfenden anal gezeugten Objektes drängen. Auch die Kunst scheint damit den Freudschen Satz zu bestätigen, daß jeder Wunsch, ob er nun sexuell oder aggressiv gebunden ist, im Dienste des Nirwanaprinzips steht, an den Todeswunsch gebunden ist. Der kreativen Intention und Handlung ist stets auch ein destruktives Element in diesem Sinn zu eigen, das, wie auch im Fetischismus, das Schweigen des Todestriebs, von dem Freud sprach, durchbricht. Triebwünsche, welcher Art auch immer, finden immer wieder Möglichkeit sich zu artikulieren, lassen sich nicht zum Schweigen verurteilen.

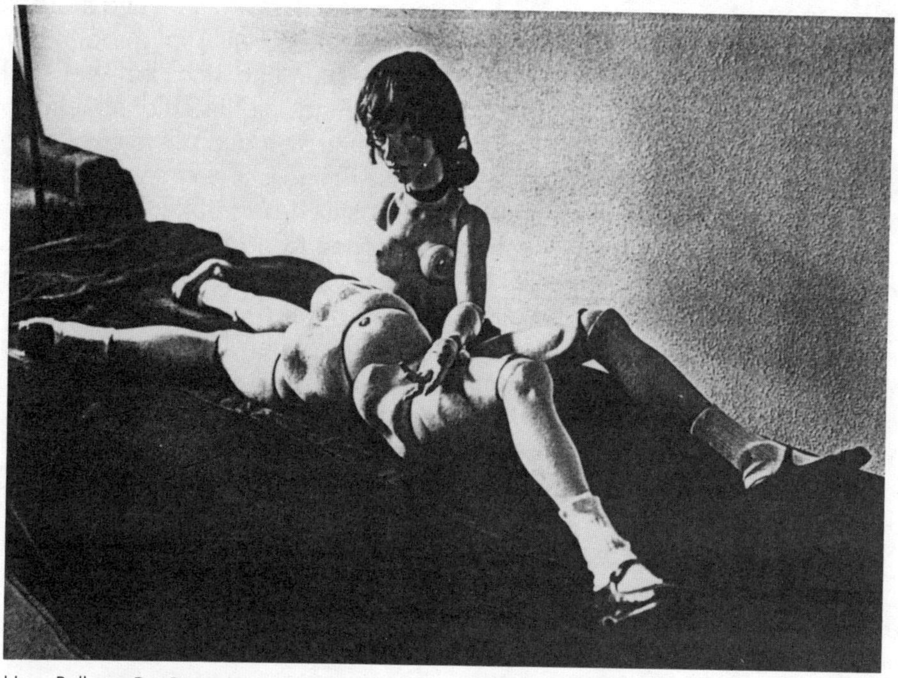

Hans Bellmer, Die Puppe

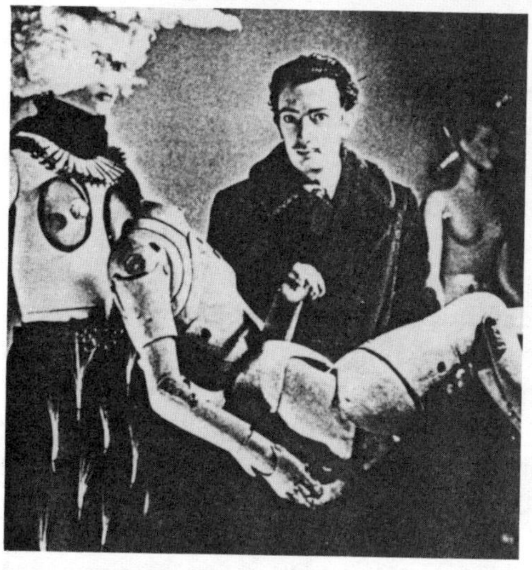

Internationale Surrealisten Ausstellung, Paris 1938
Salvador Dali vor dem Mannequin von Maurice Henry

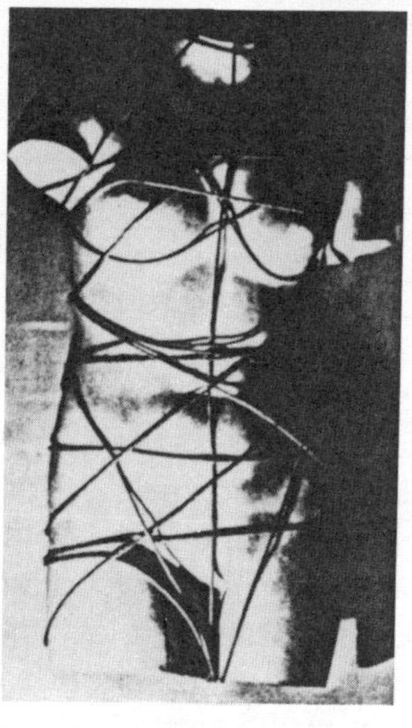

Man Ray, Fascinated, 1936/71

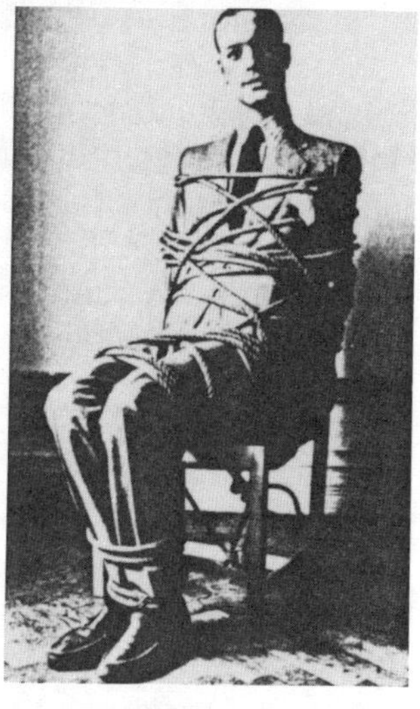

Carl Fredrik Reutersward,
Maskotte, 1960

SABINA SPIELREIN STAND MIT NACKTEM OBERKÖRPER

Adolf Holl

Was ich jetzt vorlesen möchte, ist aus einem Buch, an dem ich gerade arbeite. Das Buch hat den Arbeitstitel „Die Verlockungen zur Keuschheit, eine Lebensbeschreibung". Wie der Titel andeutet, wird es darin um keusche Menschen gehen, Klosterschwestern und Mönche u.a. und um Carl Gustav Jung, den Tiefenpsychologen, der nach meinem Gefühl so ein halber Mönch war. Er hat sich einen Turm gebaut am Zürichersee. Sein Haus ist weiter unten gestanden, in Küsnacht, in der Seestraße 228, und dort hat er ordiniert und therapiert. 1923 hat er ein Grundstück am oberen Zürichersee gekauft und einen Turm gebaut, ohne elektrisches Licht, und hat dort Holz gehackt und selber gebaut und sich dort wie ein Einsiedler aufgehalten, wenn er frei sein wollte. Die Figur C. G. Jungs zieht sich durch einen gewissen Teil des Buches durch, das muß ich vorher sagen. Dann spielt auch Otto Groß eine gewisse Rolle, Sohn eines Grazer Universitätsprofessors für Kriminalistik und selber Privatdozent für Psychiatrie. Otto Groß hat Sigmund Freud enthusiastisch begrüßt, als die Traumdeutung erschienen war, und hat auf dem 1. Psychoanalytischen Kongreß in Salzburg gesagt, dies sei die Revolution, die sexuelle. Aber das hat Sigmund Freud auch nicht so gern gehört und zu Groß gesagt, wir sind Ärzte und wollen Ärzte bleiben. Nur, das hat Groß überhaupt nicht geniert. Er ist dann in München-Schwabing aufgetreten, im Caféhaus, und hat dort seine Lehren verkündet. Das Wort „Beziehungen" ist damals schon sehr stark in den Schwabinger Kreisen gebraucht worden und hat natürlich auch eine Liberalität und Künstlertum signalisiert. Dann hat sich die ganze Partie im Sommer nach Ascona verfrachtet, am Laggio Maggiore, und dort haben sie schöne Zeiten gehabt. Das ist ungefähr das, was Sie vorher wissen sollten.
Sabina Spielrein war eine junge Frau aus Rostow am Don. Ihre Eltern waren begütert, Juden, und sie war – heute würde man sagen – schizophren, jedenfalls hat sie eine schizophrene Episode gehabt. Sie hat gerade noch die Matura geschafft, und dann haben die Eltern sie nach Zürich verfrachtet. Diese wußten, daß dort die beste Nervenklinik vom Kontinent ist, das Burghölzli, wie es heute auch noch heißt. Dort hat C. G. Jung Sabina Spielrein therapiert, schon nach der Methode von Sigmund Freud, und hat sie aus ihrer Umnachtung erlöst. Sie hat dann Medizin studiert...

Sabina Spielrein stand mit nacktem Oberkörper vor der Waschschüssel ihres Zimmers im Hotel Kiel in Berlin und machte ihre Morgentoilette. Am 27. August 1909. Sie dachte an Jung, der sich von ihr losgesagt hatte. Hatte sie den Vorhang vor dem Fenster auch ganz zugezogen? Nein. Ein Spalt war offen geblieben. Und wenn schon. Ist es nicht angenehm, wenn man bewundert wird? Was kann reizender sein als ein gesundes junges Mädchen, das noch keinen Mann gehabt hat, dachte Sabina Spielrein. Meine Haut ist zart, meine Formen sind die einer erwachsenen Frau und gut entwickelt. Ich bin immer noch hübsch. Was wird sein, wenn ich nach Zürich zurückkehre? Eine Freundschaft, rein und edel, wird sie sein können? Warum darf ich nicht glücklich sein? Warum muß ich jeden Abend traurig schlafen gehen? Aber er ist schon verheiratet, der geliebte Mann. Sabina Spielrein stand angekleidet in ihrem Hotelzimmer nach der Beendigung ihrer Morgentoilette, als sie bemerkte, daß ein junger Mann sie beobachtete aus dem gegenüberliegenden Fenster, durch den Spalt, den sie offen gelassen hatte. Fräulein Spielrein errötete tief, und diese Manifestation ihres Unbewußten, die sie ganz sachlich registrierte, gefiel ihr durchaus. Dann trat sie hinter den Vorhang.

Fräulein Spielrein befand sich auf der Reise in das Seebad Kohlberg, heute Kolobrace, wo die Familie Urlaub machte. Im Juni hatte Sabina mit Freud korrespondiert wegen ihrer verratenen Liebe zu Jung. Freud hatte ihr empfohlen, mit den zärtlichen Gefühlen für Jung Schluß zu machen. Dazu war Sabina Spielrein nicht bereit. Jung hatte sie ins Leben zurückgeholt, vor fünf Jahren in der Klinik Burghölzli, aus der Umnachtung ihres Bewußtseins, als sie mit beiden Händen vor ihrem Gesicht in ihrem Bett gelegen hatte. Teilnahmslos, isoliert, unansprechbar. Jung hatte den Panzer überwunden. Oh ja, mit guten, freundlichen, geduldigen, einfühlsamen Worten hatte er Sabina zum Leben gebracht, hatte ein Licht entzündet, und siehe, es leuchtete in der Finsternis, wurde kräftiger, zerstreute die Schatten, so daß es möglich wurde, die Hände nicht mehr vor das Gesicht halten zu müssen. Doktor Jung ist mein Freund, hatte Freud geschrieben. Wenn ich meine Gefühle für Doktor Jung unterdrücke, hatte Sabina geantwortet, dann werde ich keinen anderen Mann jemals liebhaben können. Ich werde mich von Jung trennen müssen, aber in Liebe, sonst würde ich ihn töten. Seine tiefempfindsame Seele ging mir über alles. Wer ihn so liebt und respektiert wie Sie, wird all das verstehen. Aber für Freud war die Liebe Sabina Spielreins zu Jung eine neurotische Abhängigkeit, aus der sie herausfinden mußte. Auch Sabinas Mutter war skeptisch. In Kohlberg erklärte sie ihrer Tochter, daß die Männer immer nur das eine wollten, wenn du nett zu ihnen bist, möchten sie mehr. Jung sei da sicherlich keine Ausnahme. Ihr habt euch umarmt und geküßt, das hat ihm Appetit gemacht, mit einer bloßen Freundschaft wird er sich nicht zufrieden geben...

Sabina wußte sich von Jung geliebt. Er hatte ihr sein Tagebuch zu lesen gegeben, was er bisher nur seiner Frau erlaubt hatte. Warum mußte das grob Sexuelle im Vordergrund stehen? Es würde die lautere Freundschaft zwischen ihm und ihr zerstören, dachte Sabina Spielrein, als sie in Kohlberg aufs Meer hinausblickte. Ihre Mutter hatte einen ungeliebten Mann geheiratet, nachdem sie in ihrer ersten Liebe enttäuscht worden war. Auch Sabina war von Jung schwer gekränkt worden durch jenen fatalen Brief, in dem Jung erklärt hatte, er würde als Arzt nie die Grenzen des Anstands verletzen, wenn er für seine Mühe ein Honorar bekäme, was bisher nicht der Fall gewesen sei. So hatte er an Sabinas Mutter geschrieben als Entgegnung auf die anonyme Beschuldigung, er stelle für Sabina eine Gefahr dar. Eine unglaubliche Schnödigkeit von Jung, dieser Brief, ein Verrat, eine Flucht. In seiner Panik hatte Jung zerstört, was gewesen war zwischen ihm und Sabina. Den Gleichklang der Seelen, das sprachlose Einverständnis, die Tränen der Ergriffenheit, und dies alles deshalb, weil in der Beziehung zwischen Jung und Sabina ein Monster bereits auf der Lauer gelegen hatte. Der schweigende Gegenspieler mit dem glotzenden Auge, was Emma Jung ahnungsvoll bemerkt hatte, als sie den anonymen Brief an Frau Spielrein nach Rostow am Don schrieb, im Frühjahr 1909. Das hatte mit Groß angefangen im Mai des Vorjahres, der die alte Sau losgebunden hatte, und Jung war strahlend zu Sabina Spielrein gekommen mit den Worten, jetzt brauche er nicht mehr länger seine Gefühle für sie zu unterdrücken und sie sei nicht mehr seine Patientin, sondern seine Freundin etc. Aber eben dieses etc. hatte alles zerstört, ja von einem kleinen Siegfried war allbereits die Rede gewesen, den Sabina Spielrein, Enkel eines russischen Rabbi, ihrem Jung schenken wollte, mit der Musik Wagners im Hintergrund. Dazu war es nicht mehr gekommen, und Sabina mußte sich eingestehen, daß ihre Liebe ihr hauptsächlich Kummer gebracht hatte. Jene dämonische Kraft, deren Wesen zerstörerisch ist, wie sie an Freud schrieb. Denn der Sexualtrieb sei von Natur ein Destruktionstrieb für das Individuum.

Im Mai 1911 erhielt Sabina Spielrein ihr Doktordiplom von der medizinischen Fakultät der Universität Zürich mit einer Dissertation über den psychologischen Inhalt eines Falles von Schizophrenie. Im Oktober übersiedelte sie nach Wien, um bei Freud weiterzulernen. Am 25. November trug sie in der Wiener Psychoanalytischen Vereinigung, die jeden Mittwoch zusammenkam, ihre Ansichten über die Destruktivität des Sexualtriebs vor. Die Frau Doktor fand wenig Beifall. Auch Freud verhielt sich ablehnend gegen ihre Theorie. Persönlich fand

er die junge Dame recht sympathisch, wie er an Jung schrieb, er könnte jetzt besser verstehen, warum Jung sich verliebt habe. Der Aufsatz „Die Destruktion als Ursache des Werdens" von Sabina Spielrein erschien 1912 im Jahrbuch für psychoanalytische und psychopathologische Forschungen. Die Arbeit geriet bald in Vergessenheit.
Im August 1912 gratulierte Freud der lieben Frau Doktor, die sich mit einem russischen Arzt namens Pavel Scheftel verheiratet hatte. Der Ehe entstammten zwei Kinder, Renata und Eva. Siegfried kam keiner.
Nach dem 1. Weltkrieg fing Freud an, einen neuen Begriff in sein Gedankensystem einzuführen, den er den Todestrieb nannte. „Das Ziel alles Lebens ist der Tod", schrieb Freud im Jahr 1920 und erinnerte sich an die kleine Spielrein aus dem Jahr 1911, deren Ansichten ihm damals so gar nicht behagt hatten. „In einer inhalts- und gedankenreichen, für mich leider nicht ganz durchsichtigen Arbeit", schrieb Freud, „hat Sabina Spielrein ein ganzes Stück dieser Spekulation vorweggenommen".

Auch Jung gedachte seiner Patientin und Schülerin, allerdings erst 1952. Freud habe von Doktor Spielrein die Idee des Todestriebs übernommen, schrieb Jung. Für ihn bestand kein Zweifel, daß er der erste gewesen war, der die dunkle Seite der Geschlechtlichkeit erkannt hatte. Schließlich war ihm ganz allein die schreckliche Offenbarung zuteil geworden, in welcher sich der Gegenspieler gezeigt hatte. Schweigend im unterirdischen Thronsaal als Menschenfresser von Anbeginn an, bereit zu jeder Ruchlosigkeit. Das steht im 1. Kapitel, als kleiner Bub hat er praktisch diesen riesigen Phallus gesehen und die Stimme gehört, von außen, schau ihn dir nur gut an, das ist der Menschenfresser.
Als Jung seine Fußnote verfaßte, war bereits der 2. Weltkrieg des Jahrhunderts zu Ende gegangen, mit noch verheerenderen Folgen als der erste. Das sogenannte Wirtschaftswunder befand sich 1952 gerade in seinen Anfängen und rechtfertigte im nachhinein den Titel des Aufsatzes von Sabina Spielrein aus dem Jahr 1912 „Die Destruktion als Ursache des Werdens". Die Bevölkerung der Erde vermehrte sich rasant, allerdings nicht in Europa, in den Industrieländern stagnierte die Geburtenrate, während das Geschlechtsleben immer freizügiger wurde. Eine zweiteilige Bademode entkleidete die Frauen in der Öffentlichkeit, seltsamerweise unter dem Namen eines Atolls in der Südsee, auf dem die USA im Jahre 1946 eine Reihe von Atombombenversuchen durchgeführt hatte.
Der Spalt, den Sabina Spielrein offen gelassen hatte beim Zuziehen des Vorhangs vor dem Fenster ihres Hotelzimmers, als sie mit der morgendlichen Waschung ihres Körpers begann, war ein unwillkürlicher Ausdruck ihrer Hoffnung auf Liebe und Leben. Auf das Ende der Einsamkeit nach der bösen Enttäuschung durch Jung. Einsam war Sabina bereits als Kind gewesen in Rostow am Don, behütet, aber unverstanden, phantasiebegabt, intelligent, sensibel und schüchtern, trotz dreier jüngerer Brüder, mit denen sie aufwuchs. Mit vierzehn Jahren hatte ihr Verhalten die Eltern bereits zu beunruhigen begonnen, und so wurde sie nach dem Abitur in die damals berühmteste Nervenklinik Europas gebracht, das Burghölzli, wo Jung seit 1900 arbeitete. Ihr Zustand war so ernst, daß sie vom August 1904 bis zum Mai 1905 in der Anstalt verbringen mußte. Jung diagnostizierte psychotische Hysterie. Nach der Entlassung aus dem Burghölzli inskribierte Sabina Spielrein Medizin an der Universität Zürich und setzte ihre Behandlung bei Jung privat fort. Ein schwieriger Fall, schrieb Jung im Jahr 1906 an Freud und schilderte ihm brieflich die Krankengeschichte.
Im Alter von drei oder vier Jahren hatte Sabina begonnen, ihren Kot zurückzuhalten, manchmal zwei Wochen lang. Bei Tisch hatte sie ständig die Vorstellung, die Fressenden seien heimlich dabei, sich zu entleeren. Sabina hatte sich angewöhnt, beim Sitzen eine Ferse in ihr Hinterteil zu drücken, als Pfropfen gewissermaßen, was sie als angenehm empfand. Später erweiterte sich diese Gewohnheit zur kindlichen Selbstbefriedigung. Sabina braucht nur die Hände ihres Vaters zu sehen, um unter ihrem Kleidchen das süße Ziehen zu spüren, das rätselhafte, das verschwiegene. Gib nur acht, hatte jemand zu ihr gesagt, daß keine kleinen Kätzchen aus dir herauskommen. Eines Tages hatte sie auf der Anrichte im Wohn-

zimmer plötzlich zwei Kätzchen erblickt, obwohl keine Katzen im Haus waren. Seither träumte sie schlecht, wurde des Nachts von drohenden Tiermonstern verfolgt. In ihren Spielen wollte sie Babies machen, so wie Gott es getan hatte, mischte Essenreste zu Brei, mischte allerlei Flüssiges hinein, das sie in kleinen Flaschen gesammelt hatte, wartete auf ein wunderbares Ergebnis ihrer Bemühungen. Immer vergeblich, immer trauriger wurde Sabina, mußte dann plötzlich weinen, lachen und schreien. „Ich war eine Göttin", schrieb Sabina Spielrein später, „aber meine Eltern wußten es nicht. Ich regierte über ein verborgenes Reich, meine Kräfte trugen mich weit überall hin. Wenn die Angst über mich kam, wurde ich gegen meinen Willen davon getragen wie im Flug, und die Monster unternahmen alles, um mir ein Leid anzutun, um mich in den dunklen Abgrund des Todes zu ziehen." Schließlich hatten die Monster über Sabina eine derartige Macht erlangt, daß sie ins Irrenhaus mußte. Dort war sie sich selber abhanden gekommen. Nicht mehr sie war die Ursache ihrer Gedanken. Kindliche Kräfte führten in ihrem Bewußtseinsstrom ein wüstes Theater auf, dessen Dramaturgie ihr unbekannt blieb. Was sonst um sie herum vorging, demütigte sie noch mehr. Sie war, wie gesagt, jung, als, wie gesagt, Jung erschien, wie einstens Simon Magnus im tristen Bordell und der bedrängten Frau den Ruf brachte, den befreienden. Allerdings war Jung zu dieser Zeit bereits verheiratet, seit dem 14. Februar 1903, um genau zu sein. Simon Magnus ist eine Figur aus dem 2. Jahrhundert nach Christus, Gnostiker.

Der Gedanke, die Sexualität als zerstörende Kraft aufzufassen, erwachte in Sabina Spielrein, als das grob Sexuelle sich in Jung zu regen begann. Nach dem Auftritt des Dr. Groß im Mai 1908. Er sehne sich nach einer freien, unabhängigen Liebesbeziehung, schrieb Jung Ende 1908 an Sabina, was auf ein heimliches Verhältnis hinauslief. Jung wünschte sich eine Liebe ohne Seitenblick auf Geld und Prestige, was in seiner Ehe leider der Fall war. Eine Liebe, die den Geliebten nicht einsperrt wie einen Gefangenen, eine Liebe wie einen Gewittersturm. Im Traum sah sich Jung als prächtigen Hengst, der mit einem schweren Klotz am Bein davongaloppierte, und so hatte er eines Tages Sabina in seine Arme geschlossen und an sich gedrückt. Und Sabina war selig gewesen, obwohl ein spöttisches Stimmchen in ihr geflüstert hatte, sie sei doch eine merkwürdige Maschine. Oh, die Vormittage, an denen Sabina mit dem Dampfer von Zürich nach Küsnacht fuhr, in die schöne Villa an der Seestraße, zum Sprechtage mit Jung. Oh, die Tränen in seinen Augen, als Sabina über Wagners psychologische Musik sprach, über Wagners geliebtes Rheingold. Oh, die Stunden in der Scheuchzerstraße, wo Jung sie besucht hatte, als Jung über die polygame Komponente in seinem Wesen gesprochen hatte. Als sich Sabina geweigert hatte, weiterzugehen als bis zu einem Kuß. Als Sabina plötzlich ein Messer in der Hand hielt und Jung sich gegen sie zur Wehr setzen mußte. Da hatte Sabina zu ahnen begonnen, daß der Gegenspieler ein Menschenfresser war, besser gesagt, ein Frauenfresser, der sich zwischen sie und Jung geschoben hatte und nur ihren Körper wollte, ganz und gar. Da war ihre Mutter nach Zürich gekommen mit dem schrecklichen Brief Jungs. Da war Sabina nach Orselina in den Tessin gefahren, um ihre Gedanken zu ordnen. Da hatte sie viel geweint und Briefe an Doktor Freud nach Wien geschrieben. Da hatte sie erkannt, daß sie sich von Jung trennen müsse. In Liebe, aber doch trennen. Bis der Tod euch scheidet, bis die Sexualität euch scheidet. Trotzdem fuhr Sabina weiterhin in die Villa nach Küsnacht, auch noch im Jahr 1910, während sie an ihrer Dissertation schrieb, und diskutierte mit Jung die destruktiven Aspekte der Sexualität. „Ja, wir müssen auf der Hut sein, uns nicht abermals zu verlieben", sagte Jung zu Sabina, aber auch, daß er nie wieder eine Frau finden würde wie sie. Sabina überlegte immer noch, ob sie sich von Jung einen kleinen Siegfried wünschen sollte. Aber mit einem unehelichen Kind würde sie große Schwierigkeiten haben, und außerdem war sie bereits 25 und hatte Angst davor, mit ihrem Kind allein durchs Leben gehen zu müssen. Bleib fest, sagte sich Sabina, eine intime Beziehung zu Jung würde die Freundschaft mit ihm zerstören.
Am 30. September 1910 fuhr Sabina Spielrein wie gewöhnlich nach Küsnacht. Aber das Dienstmädchen wies sie ab mit der Nachricht, Doktor Jung sei leider verhindert. Emma Jung

war eben dabei, ihr drittes Kind zur Welt zu bringen, ein Mädchen. Ein paar Tage später, nachdem Sabina Spielrein von dem Familienzuwachs Jungs erfahren hatte, stand sie vor dem Schlafengehen in ihrem Zimmer und blickte in den Spiegel. Unheimlich düster glühende tiefschwarze Augen in einem felsengrauen Gesicht. Ein in der Tiefe harrendes, mächtiges finsteres Wollen. „Was willst du denn?", flüsterte Sabina entsetzt, während es sehr kalt wurde im Zimmer und die geraden Kanten der Wände sich zu krümmen begannen und alles ganz fremd wurde, so daß sie schnell das Licht löschte und ins Bett schlüpfte.
Bald danach begann Sabina Spielrein mit der Abfassung ihres Artikels über die zerstörende Kraft der Sexualität. Jung hatte sie dazu sehr ermutigt. Fertig wurde Sabina mit ihrem Aufsatz erst in Wien im Jahr 1912 und schickte ihn an Jung, der den Empfang kurz und förmlich bestätigte.
Ein halbes Jahr später war sie verheiratet, der Bruch zwischen Freud und Jung war bereits unvermeidlich geworden. Sabina versuchte weiterhin zwischen den beiden Männern zu vermitteln, aber da war nichts mehr zu machen. „Wir sind und bleiben Juden", schrieb Freud an Sabina Spielrein. „Die anderen werden uns immer nur ausnützen und uns nie verstehen oder würdigen."
Mittlerweile pflegte Jung die polygame Komponente seines Wesens mit Antonia Wolf, die zunächst bei ihm in Behandlung war, bis dann mehr daraus wurde, ungefähr gleichzeitig mit dem Ausbruch des 1. Weltkriegs. Lustig war die Affäre nicht. Da kam es, daß Jung in der Nacht aufwachte, weil er seine jüngste Tochter weinen hörte und sich bedrückt fühlte bei dem Gedanken, das Kind sei deshalb unruhig, weil es die Rastlosigkeit seines Vaters spürte, so daß Jung leise aufstand, sich ankleidete, das Haus verließ und zu Antonia Wolf ging. Emma Jung sah sich gezwungen, gute Miene zum bösen Spiel zu machen und dem Fräulein Wolf am Sonntag nachmittag Tee einzugießen. Fräulein Wolf ihrerseits war emanzipiert und finanziell unabhängig, geistig lebhaft und lernbegierig, was sie nicht hinderte, Jung ganz für sich haben zu wollen. Aber Jung brauchte sowohl Penelope als auch Circe, einerseits eine treusorgende Hausfrau und Gattin, andererseits eine intelligente Geliebte, wie in den besseren Kreisen immer schon üblich, seit es die sogenannten Hochkulturen gab, im alten Athen beispielsweise. Leider war Jung kein Aristokrat und Zürich eine Stadt, in der die Kirchenglocken läuteten. Da half auch die Psychoanalyse nicht viel weiter, obwohl Jung seinen beiden Frauen beigebracht hatte, einander wechselweise zu analysieren mit Hilfe eines Mitarbeiters namens Karl Ameier. Außerdem begann Jung nach dem Bruch mit Freud so viel mit sich selber zu tun, daß er Mühe hatte, nicht verrückt zu werden. Das verschrumpelte Zwerglein, an dem Jung sich vorbeidrängen mußte, als er zum erstenmal in die Tiefe gestürzt war, signalisierte eher das Gegenteil unbekümmerter Manneskraft. Der Weg des Wassers, den Jung beschritt, erwies sich als Fahrt ins Totenland, nicht als Lustreise. Immer mehr stellte sich dabei heraus, daß Jung bei seinen Unternehmungen keine Damenbegleitung brauchen konnte, daß er allein reiten mußte, wie Parzival auf der Suche nach dem Heiligen Gral, daß er den Einflüsterungen der verführerischen Kundri nicht nachgeben durfte, im Unbewußten zumindest.

Auszug aus einer Lesung im Rahmen der Interaktion 1, 1987, im Josefinum, Wien.

SEX IM MÄRCHEN – MÄRCHENHAFTER SEX

Rotraud A. Perner

Vorerst etwas zum Titel des Vortrags: in der Beratungsstelle, in der ich arbeite, kommt es häufig vor, daß von Klienten auf die Aufforderung, etwas über ihre Paarbeziehung zu sagen, Aussagen kommen wie: „Es war wie im Märchen", „märchenhaft" etc. Wenn man dann nachfragt, stellt sich heraus, daß es da eine Illusion gibt von „Sie lebten glücklich bis an ihr Ende" und so, und daß es real eigentlich gar nichts gibt, wovon man sagen könnte, es sei märchenhaft.

Von Kollegen wiederum kann man häufig hören: „In Märchen wimmelt es ja nur so von sexuellen Motiven!" Was liegt also näher, als das zu überprüfen? Immerhin werden wir ja mit Märchen erzogen! Märchen werden ja oft vom Kind wie ein Auftrag fürs spätere Leben aufgefaßt; wir bevorzugen Märchen ja auch nach der Bedeutung, die sie für unser Erleben haben. Mir hat mein jüngerer Sohn heute nachmittag, als ich ihn nach seinem Lieblingsmärchen fragte, geantwortet: „Das von Goldmarie und Pechmarie!" und jeder von Ihnen, der Geschwisterkonflikte aus eigener Erfahrung kennt, wird den Hintergrund dieser Wahl verstehen, welche Identifikation da dahintersteht, welcher Wunsch.

Und darum geht es mir: um die Arbeit mit dem Unbewußten, weil das eine Quelle der Kreativität ist, sozusagen der Helfer in verzweifelten Situationen – ein Motiv, das in Märchen oft vorkommt.

Märchen sprechen die rechte Gehirnhälfte an, also unser Unbewußtes. Beide sprechen in Bildern, in Symbolen (wie auch die Träume!). Daher begrüße ich das Sommersymposion als eine Gelegenheit, sich Bereichen der Wissenschaft, der Forschung, der Kunst – die Grenzen sind ja oft fließend – einmal von der rechten Gehirnhälfte her zu nähern, und nicht, wie im Hochschulbetrieb traditionell üblich, von der linken, kognitiven. Daher hätte ich mir gewünscht, daß das Wissenschaftsministerium diese alternative Form des Zugangs als Pionierleistung gefördert hätte!

Auch im Märchen haben wir oft „Mangel" als Ausgangssituation, etwas fehlt, dem Königssohn die Frau, dem Köhler das Geld, für ein Problem die Lösung – am Schluß wird dann das Fehlende gefunden, es gibt dann Ganzheit: Mann und Frau zusammen! Wir finden im Märchen immer wieder die Frage: wie finde ich meine Ganzheit, meine Ergänzung. Wie begegne ich dem Anderen, das kann sein das Tierhafte in mir (etwa in Märchen mit Tierbräutigamen), oder das Geheime (etwa die verborgenen Räume, wo keine(r) hineindarf), etwas, das gefährlich ist, das Unheimliche, das abgesondert ist, z. B. die Hexe, der Zauberer, also das dämonisch Weibliche, das dämonisch Männliche, die Riesin, der Menschenfresser, alles Darstellungen dessen, womit ich mich beschäftigen soll. Dann die Arten der Begegnung: verschiedene Lösungsmöglichkeiten, unterschiedliche Verhaltensweisen – Fluchtverhalten, Suchfahrten, Irrwege, Kämpfe, Rätsel...

Oft begegnen wir dem Weiblichen, dem Männlichen zu Beginn in seiner bösen Form: da wird das Kind von einer bösen Mutter/Stiefmutter verfolgt, oder der Vater trifft im Wald den grünen Mann oder ein Monster und verkauft sein Kind bzw. das, was ihm zu Hause als erstes begegnet oder hinterm Haus steht – bitte überlegen Sie sich, was solches für ein Kind bedeutet, das etwa in einer Scheidungsehe aufwächst. Was wird da geprägt, welche Einstellung zum Weiblichen, zum Männlichen wird da hervorgerufen? Vielleicht ein vorgegebenes Muster im Unbewußten, vielleicht Abwehr – ich will mich damit nicht auseinandersetzen, habe gar einen blinden Fleck – oder irgendwelche Phantasien von Größe oder Unterlegenheit.

Wir finden hier unterschiedliche Ausgangspositionen für Identifikation mit dem eigenen – oder dem gegenteiligen Geschlecht.
Es deuten dann viele Märchen Zeitabläufe an: „So ging es gut drei Jahe lang" oder „nach sieben Jahren" oder „als das Kind zwölf Jahre alt war", ein Hineinentwickeln auf eine Altersgrenze zu, die in etwa der Pubertät entspricht, also dem Erwerb der Geschlechtsidentität.
Das Happy End bringt dann entweder Heirat, sprich Integration der Ergänzung, oder der Held wird König und regiert, sprich: Das Auftreten der herrschenden Norm, vielleicht auch Anpassung an das, was allgemein gültig ist, wird angedeutet. Sie fragen jetzt vielleicht: „Und wo bleibt der Sex?" Wir könnten jetzt Symbole durchphantasieren wie Dornröschens Spindel und Rotkäppchens Wolf. In ihrem Buch „Das Böse im Märchen" zitiert Marie-Louise von Franz aus Heinrich Zimmers „Weisheit Indiens": „Wer Symbole bereden will, sagt erklärend mehr (über) die eigene Grenze und Befangenheit aus ..."
Ich folge also sicherheitshalber der Standardliteratur.[1]
Wenn Sie den Hintergrund ausleuchten wollen, um verborgenes Sexuelles zu finden, empfehle ich das Buch von Ingrid Riedel, einer sowohl Theologin als auch Psychologin, über das „Tabu im Märchen." Tabus kommen in Märchen recht häufig vor, nämlich dort, wo man etwas nicht angreifen darf (denken wir da nicht sofort an Masturbationsverbote?), wo man ein bestimmtes Zimmer nicht betreten darf (Achtung, Schlafzimmergeheimnisse!), wo man sich bestimmten Dingen oder Gegenden nicht nähern darf.
Zur Einstimmung möchte ich Sie jetzt gerne an das Märchen von „Jorinde und Joringel" erinnern, wo man sich dem Schloß der bösen Zauberin – wiederum das Weibliche in seiner dämonischen Form – auf 100 Schritte nicht nähern darf, weil sonst keusche Jungfrauen in „Vögel" verwandelt werden, und Männer werden starr, „steif", können sich nicht mehr bewegen, bis sie die Hexe losspricht. Klingt das nicht recht nach der Gegend der „roten Laternen"? 7.000 Vögelchen hat die Hexe schon in ihrer Gewalt!
Jorinde und Joringel gehen also verträumt spazieren, zu nahe an die Gefahr heran, werden auf einmal sehr traurig und – hast du's nicht gesehen – ist der Joringel wie versteinert und die Jorinde eine Nachtigall, und die Hexe trägt sie triumphierend im Körbchen fort. Joringel steht also da und kann oder weiß nichts zu tun, Jorinde aber kann nur mehr zwitschern – Menschen verstehen sie nicht mehr.
Wenn wir das aber nicht als Warnung vor dem Haus mit der roten Laterne deuten wollen, könnten wir interpretieren: Ein junges Paar wird mit dem Dämonisch-Weiblichen konfrontiert, etwa „die Leidenschaft trägt die junge Frau – die ‚keusche Jungfrau' – fort, der Mann ist wie versteinert, er versteht sie nicht mehr."
Was tut also Joringel? Nachdem die Frauen verschwunden sind, er sich wieder *rühren* kann, bekämpft er einmal seine Depression. Wie? Er wird Hirte – er verläßt die Zivilisation, kehrt zur Natur zurück, kümmert sich um Tiere. Wir könnten auch interpretieren: um *seine* Tiernatur.
Eines Tages träumt er dann, wie er Jorinde erlösen kann: durch eine purpurrote Blume, in deren Mitte eine Perle schimmert! Beachten Sie dieses starke sexuelle Symbol! Und jetzt macht er sich auf, diese Blume zu suchen, und als er sie findet, hat sie gar keine Perle inmitten sondern „nur" einen „*Tau*tropfen", also etwas, das im Traum ganz großartig aussah, entpuppt sich in der Realität als etwas ganz Triviales! Mit dieser Blume kann er jetzt den Bann brechen, sogar die Hexe kann nur mehr auf zwei Schritte an ihn heran – er hat also in der Zwischenzeit gelernt, Distanz zu halten zum Dämonisch-Weiblichen, es lähmt ihn nicht mehr, er kann sein Mädchen – und alle anderen übrigens auch – durch seine Blume erlösen.
Wenn wir also Märchen deuten wollen, haben wir unterschiedliche Zugangsmöglichkeiten. Ich lade Sie ein, in Ihrer Erinnerung zu kramen: Was war Ihr Lieblingsmärchen, was hat das mit Ihrem Leben zu tun, was hat Sie besonders fasziniert – und dann lassen Sie die Gedanken kommen, Einfälle, Bilder – eine gute Form des Kreativitätstrainings.

Je nachdem, aus welcher psychosexuellen Entwicklungsphase Ihr Verhalten überwiegend bestimmt ist, werden Sie Motive wiederfinden.
Wenn wir uns diese Entwicklungsphasen kurz in Erinnerung rufen, kommt zuallererst die cutane, die Hautphase, wo das Kind ein Bündel Leidenschaft ist, Wahrnehmung, Empfindung, alles läuft über die Haut, dann die orale Phase, die Mundphase, wo das Kind einsaugen, schlucken, hoffentlich auch hinunterschlucken lernt, wo es ums Einverleiben geht: verschlingen oder verschlungen werden; daher gehören die Menschenfresser, Hänsel und Gretel, das Knusperhäuschen – ein oraler Wunschtraum.
In der Paarberatung sagen dann die Klienten: „Diese Hexe sperrt mich dauernd ein...", „Ich habe das Gefühl, er frißt mich auf!", „Dauernd schoppt sie uns..."
Auf die orale folgt die anale Phase, wo das Kind lernt, seinen Schließmuskel zu beherrschen. Da geht es um Ausscheidung, Hergeben – wir erleben das bei unseren Kindern um den zweiten Geburtstag herum, da heißt das dann Sauberkeitserziehung – Trotz, Aggression, im Märchen finden wir dann die Geizhälse, den Ali Baba... Die nächste ist die phallische Phase: das Herzeigen, das Bekenntnis zur eigenen Körperlichkeit – oder die totale Abwehr, Tabu!

Und dann die ödipale Phase: Konkurrenz zum gleichgeschlechtlichen Elternteil, Besitzwünsche an den gegengeschlechtlichen – die Bewährungspobe für jede Ehe, gelingt es, als Paar zu bestehen oder gibt es eine Koalition zwischen einem Elternteil und einem Kind, und für die Eltern die Konfrontation mit heranwachsender Konkurrenz, siehe Schneewittchen: „Spieglein, Spieglein an der Wand...", oder der gestiefelte Kater: die Machtprobe mit dem allmächtigen Zauberervater, wie kriege ich den klein und kann Sieger sein...
Nach der ödipalen Phase, egal wie sie ausgegangen ist, beobachten wir die Latenz: da kommen die Kinder in die Schule und sind vollauf mit Lesen- und Schreibenlernen beschäftigt, dann mit der Cliquenbildung, und dann kommt schon die Vorpubertät, die Adoleszenz: wenn alles gut geht eine reife Partnerwahl; und die Gelehrten streiten, was soll die Norm heißen und was ist Abweichung.
Überprüfen Sie Märchen einmal anhand dieser Phaseneinteilung. Beim „Tischlein Deck Dich" haben Sie gleich drei: die orale – das Tischlein, die anale – der Goldesel, die phallische – der tanzende Knüppel aus dem Sack!
Natürlich kann man Märchen auch auf einer Beziehungsebene interpretieren. Häufig kommt bei Klienten das Rumpelstilzchen. Z. B. ein Mann: „Ich habe alles für meine Frau getan" – sozusagen: hätte ich nicht Gold gesponnen, wäre sie nicht Königin geworden – „Ich habe mich aufgeopfert, und jetzt kann ich gehen, sie läßt mir nicht einmal das Kind, ich fühle mich wie Rumpelstilzchen!" Oder eine Frau: „Ich mag nicht mehr sein Rumpelstilzchen sein, pausenlos kann ich aus Stroh Gold spinnen, damit er seine Karriere machen kann!"
Ein anderes Beispiel: Eine Klientin, die à la Erica Jong davon träumt, daß irgendwo der Schlafwagenkellner oder ein Tankwart bei der Tür hereinkommt und über sie herfällt – im bewußten Leben ist sie sittsam und angepaßt – findet sich im „König Drosselbart" wieder, kein Mann ist ihr recht, wie der Prinzessin, die dann der Bettler mitschleppt. Ein sehr vielsagendes Bild dieses Märchens ist übrigens die Szene, wo die Prinzessin Töpfe am Markt verkaufen soll und der Reiter zertrampelt sie: Töpfe – Symbole für das weibliche Geschlecht, auf dem Markt verkaufen – zu einem niedrigen Wert hergeben, die Demütigung durch den brutalen „Reiter", wir könnten deuten: wo die Prinzessin nicht leidet, sondern selbst bestimmen kann, kommt sie nicht zurecht, erst im Augenblick der größten Scham – als sie beim Einsammeln dessen, was die anderen übriglassen, ertappt wird – kann sie sich aus ihrem Teufelskreis befreien.
Bei Schneewittchen finden wir die Flucht vor der Konkurrenz anderer Frauen zu den Zwergen – kleinen Männern, nicht großen, die zu ihr passen würden. Ihr Schicksal wird ihre Verführbarkeit – trotz der Warnung der Zwerge. Ihre Eitelkeit macht sie verführbar, zuerst durch ein Schnürmieder – da bleibt ihr die Luft weg, denken Sie an „Gefühlskorsett", sich

nicht rühren können, dann durch einen vergifteten Kamm – Haare (Locken heißen nicht umsonst Locken!) erfreuen sich höchster erotischer Anziehungskraft. Spätestens seit Samson und Dalilah wissen wir, daß sich die Manneskraft in den Haaren befindet – oder? Dann wird auch klar, wieso viele Leute sich so aufregen, wenn Männer lange Haare tragen. Das Zeichen des freien Mannes – Sklaven wurden die Haare geschoren, Mönche verzichteten aus Demut auf sie.

Der Untergang ist dann Schneewittchen sicher, als es mit der verkleideten Stiefmutter den Apfel teilt; die Stiefmutter nimmt die weiße, sozusagen die fade Hälfte, Schneewittchen beißt in die rote, vergiftete, und erstickt. Der Brocken war doch zu groß. Der Apfel als sexuelles Symbol – denken Sie auch an die Schlange im Paradies – findet sich häufig in alten Darstellungen. Ebenso Glas als Symbol der Unerreichbarkeit und Gefühlskälte. Diesen magischen Schlaf könnte man als Form der Frigidität deuten, ebenso wie beim Dornröschen: beide zu früh konfrontiert mit sexuellem Erleben, sexuellem Erleben vermittelt durch ältere Frauen. Erst das Männliche – der Prinz – kann erlösen. Das führt dann dazu, daß viele Frauen jahrelang auf den Prinzen warten.

Sie kennen sicher den Spruch: Wieviele Frösche muß ich noch küssen, bis endlich ein Prinz darunter ist?! Daher die Frage: Wieso zeigt sich das Männliche im Märchen – wirklich nur im Märchen – so oft in Tiergestalt?

Sie kennen sicher „Die Schöne und das Tier", den Film von Cocteau, oder die Grimm'sche Parallelform „Das singende springende Löweneckerchen", wo der Kaufmann, um seiner Tochter – bei Cocteau heißt sie Bella – das gewünschte Mitbringsel geben zu können, die Tochter dem furchterregenden Löwen versprechen muß. Also schon zu Beginn eine bedrohliche Kampfsituation – sprich Konkurrenz – zwischen Vater und künftigem Freier.

Bekannt? Wie oft wird der erste junge Mann im Leben eines jungen Mädchens als reißender Löwe an die Wand gemalt? Man kann natürlich auch lakonisch feststellen, daß der Vater nur an die Rettung seiner Haut denkt, vielleicht ist er aber auch nur zu sehr Kaufmann und kalkuliert die Schätze des Löwen?

Jedenfalls schreckt die Tiergestalt die Bella nicht; in der Grimm'schen Fassung darf kein Lichtstrahl auf den Löwen fallen – das alte Amor und Psyche-Motiv –, und als es dann doch passiert und sie kurz sieht, welch schöner Jüngling er bei Nacht ist, verwandelt sich der Löwe flugs in einen Vogel, und weg ist er: Loslösung vom Erdhaften, auf ins Reich der Gedanken. Die Heldin muß ihm dann nachfolgen, ihn suchen, es kommt noch zu einem zähen Kampf mit einer anderen Frau, bis sie den Gatten wieder in ihre Arme schließen darf.

Wesentlich ist, daß der Andere in seiner Tierhaftigkeit angenommen werden muß, um ihn zu erlösen, als Löwe, als Frosch oder als Fisch, wenn wir an die Nixen denken, die Damen mit dem kaltblütigen Unterleib.

In „Brüderchen und Schwesterchen" gibt es sogar die Wahl: Bei der ersten Quelle, aus der Brüderchen trinken will, würde er in einen reißenden Tiger verwandelt, bei der zweiten in einen verschlingenden Wolf und bei der dritten in ein flüchtendes Reh. Wie so viele Frauen nimmt Schwesterchen die dritte Möglichkeit eher in Kauf, in der Hoffnung, irgendwann wird er schon seßhaft werden! Sie sehen also, wie viel Paardynamik in solchen Märchen verborgen liegen kann!

Vielleicht zum Abschluß ein positives Bild, das Mut machen kann, einen anderen als den althergebrachten Zugang zur Sexualität zu wählen: Rapunzel, von der Ziehmutter in einsamer Höhe eingesperrt, findet die Befreiung durch den eigenen Körper! Eigentlich sehr feministisch?

Ich lasse mir mein Haar so lang und so stark wachsen, daß ich zu mir herholen kann, was ich will, oder: aus der Tiefe ins Bewußtsein, von unten nach oben, eine deutliche Wachstumsbewegung!

Dieses Vertrauen zum eigenen Körper, das wird in diesem Märchen stark vermittelt, wie auch der aktive Zugang zum Mann.
Aus pädagogischer Sicht wünschte ich mir mehr Märchen von dieser Sorte.

[1] Sibylle Birkhäuser-Oeri, „Die Mutter im Märchen", Bonz Verlag
Bruno Bettelheim, „Kinder brauchen Märchen", Deutsche Verlags Anstalt
Marie-Louise von Franz, „Das Weibliche im Märchen", Bonz Verlag
„Der Schatten und das Böse im Märchen", Kösel Verlag
Mario Jacoby/Verena Kast/Ingrid Riedel, „Das Böse im Märchen", Bonz Verlag
Verena Kast, „Mann und Frau im Märchen", Walter Verlag
Ingrid Riedel, „Tabu im Märchen", Walter Verlag

FENSTER HELMUT – VIENNA HA

Roman

Stephan Eibel

1. Kapitel: Das Atelier

Die Menschen gehen geradeaus, und doch machen sie Kurven. Der eine begegnet dem anderen mit dem Blick des Geradeausgehenden.
Die ohne Haare am Kopf gehören zusammen. So sieht das von oben nach unten geschaut aus.
Der mit den fetten Haaren, dem abgetragenen Anzug, dem Tschick in der Goschn, der hat nicht recht.
Der Fetthaarige steht auf und geht geradeaus.
Ein anderer, nicht fetthaariger, sitzt auf der öffentlichen Bank und liest die Sportseite. Auch dieser steht auf und geht geradeaus.
Ein großes blaues Auto, ein Lastauto, fährt ungerade zwischen den Geradeausgehenden und verschwindet wieder.
Obwohl dieser Platz zur Fußgängerzone erklärt wurde, dürfen Zustellfahrzeuge bis 11 Uhr vormittags den Platz benützen. Fenster Helmut ist fast täglich, außer Samstag und sonntags, ab 10 Uhr in seinem Atelier. Sein Atelier befindet sich im ersten Stock und ermöglicht ihm, von oben nach unten zu schauen. Das Atelier gibt ihm Einblick in die Kärntnerstraße und in den Graben. Wendet er seinen Körper mit seinem Kopf nach rechts, sieht er auch einen Teil des Stephansplatzes.
Sein Atelier ist öffentlich zugänglich. Ein nicht öffentliches Atelier wäre für ihn sinnlos gewesen, weil er keinen geraden Strich zeichnen, geschweige denn malen konnte. Praktisch an diesem Atelier war, daß es ein Kaffeehaus ist. „Ist da noch frei?" fragt ein Gast die an dem Tisch Sitzenden. Fenster Helmut saß an diesem Tisch wie zwei andere dicke Menschen. Die zwei dicken Menschen sagten fast gleichzeitig: „Ja, bitte". Die Bewegung des großen schlanken Herren, des nun neu zum Tisch gehörenden, und das Ausatmen des Herren mit dem Hut gibt den anderen am Tisch sitzenden Sicherheit. Man gibt dem Neuen viel Platz, und der Neue beansprucht diesen vielen Platz nicht. Der Neue weiß, man ist unerwünscht hier, und bestellt Kaffee. Die Dicken gehen „schön langsam", wie sie sagen, und stehen tatsächlich auf. Der Neue rückt anstandshalber zur Seite, obwohl dies nicht nötig ist, weil genügend Platz für dicke Menschen da ist. „Auf Wiedersehen" sagen die zwei Dicken wiederum fast gleichzeitig, und der große schlanke Herr sagt nichts.
Der große Herr bekommt Kaffee und trinkt ihn hastig.
Das Alleinsein rettet einen vor solchen Leuten. Vor den Hastigen und vor den Dicken, denkt Fenster Helmut. Man denkt und beobachtet. Und schon sieht Fenster Helmut die zwei dicken Menschen gehen. Geradeaus gehen sie, wie man selbst bald geradeaus gehen wird. Herr Fenster Helmut, wie er sich oft nennt, sieht zum großen Mann hin und spürt, daß dieser „nachdenkt".
„Denk nach!" werden auch die zwei dicken Menschen schon oft gesagt haben, und bevor

du dich in ein Atelier setzt, was eigentlich niemand weiß, daß es ein Atelier ist, weil es das Atelier des Fenster Helmut ist, mußt einmal „nachdenken", ob du dort sitzen willst.
Bevor du sowas machst mußt nachdenken, sagten schon die Lehrer.
Sagten schon die Eltern.
Man will ja nur vordenken, denkt vielleicht der große schlanke Mann, und schon ist es verkehrt. Vordenken, damit andere etwas zum Nachdenken haben.
Fenster Helmut denkt, daß dieses Nachdenken das Ende für viele, aber vor allem keinen Anfang für andere bedeutet.
War er und man schon nicht glücklich, so werden es die anderen nie wissen. Die anderen, die eventuell Neugeborenen. Für die man ja alles zerstört. Damit es ihnen einmal „bessergeht".
Man will ja nichts anderes.
Da stehen sie im Kreis, und jeder steht für sich geradeaus. Von oben herab kann er das genau beobachten.
Und der Nachwuchs ist immer der Nachwuchs, der auch einmal einen Nachwuchs haben wird oder schon hat. Niemand hatte einen Wuchs. Ja, vielleicht ein Furunkel oder ein Geschwür, aber alle waren sie Nachwuchs. Der Nachwuchs hat nachgedacht. Fenster Helmut ist völlig entgangen, daß der große schlanke Mann sein Atelier verlassen hat. Jetzt erst sieht er den großen schlanken Mann in Richtung Graben geradeausgehen.
Ein Werkelmann steht nun am Ende oder Anfang der Kärntnerstraße. Ein Aff sitzt am Werkelmanngerät, und der Werkelmann kurbelt am Werkelmanngerät, und die Leut lachen und geben in eine Kanne, die auf dem Werkelmanngerät steht, Geld hinein und lachen und schauen den Aff an.
Der Aff schaut die Werkelmannuhr an und schaut hinter die Uhr und kratzt jetzt an der Uhr des Werkelmannes die Zeit weg. Der Aff schaut die Leut gar nicht an. Schon fotografieren die Leut den Aff und fotografieren die Hand des Werkelmannes, weil der Aff an der Uhr des Werkelmannes oder an der Zeit, an der Uhrzeit, an dem Zeitmesser des Werkelmannes kratzt. Die Kanne ist groß und hat einen großen Schlitz. Die Fünfziger müssen nicht oft gefaltet werden, und niemand fotografiert die Leut, die Papiergeld in die Kanne werfen.
Alle fotografieren sie den Aff.
Der Aff will hinter die Zeit schauen, und schon wieder fotografiert. Alles fotografiert diesen Augenblick, der jetzt schon vorbei ist.
Die Leut geben Geld in die Kanne und gehen wieder geradeaus.
Der Werkelmann macht das Werkelmanngerät auf, und die Leut schauen hinein und sehen ein Band vorbeiflitzen.
Von oben herab sieht man es ganz genau.
Fenster Helmut raucht sich eine Zigarette an, zieht an ihr und nochmal. Das Gerät ist zu, und es wird gedreht an der Kurbel, und Musik entsteht, und der Aff schaut jetzt die Uhr neben der Zeit an. Der Aff schaut die Leut noch immer nicht an, und die Leut sagen: „Schau, ein Aff."
Fenster Helmut trinkt Kaffee und raucht. Er spürt was im Gesicht. Er spürt's im Körper. Das Blut ist das, hatte er in der Schule gelernt. Er spürt sein Gesicht, ein „Krabbln" im Gesicht, ein inneres Krabbln, was das wichtigste für ihn war.
Das Blut ist ihm auch schon aus seinem Körper rausgeronnen, wobei er kein Krabbln gespürt hat, und dann ist dieses sein Blut eingetrocknet, und leid hat es ihm getan, weils in seinem Körper nicht mehr krabbln kann, das eingetrocknete Blut. Er lebte ja nur für dieses Krabbln. Er gab vor, Maler zu sein, lief zweimal in der Woche im Prater, und im Winter ging er in die Sauna, bezahlte die Miete pünktlich und wählte eine der großen Parteien, nur um das Krabbln zu spüren.
Gleich zündete er sich noch eine Zigarette an, und es krabblte noch stärker.
Sogar gegen die Umweltverschmutzung war er und dachte an die Probleme anderer und dachte überhaupt nur, um das Krabbln recht lange spüren zu können.

Fenster Helmut kaufte sich keine stark teerhältigen Zigaretten, sondern schwach teerhältige, damit es sehr, sehr lange in ihm krabbln kann.
„Natürlich ist frei, bitte schön", sagte er zu einem kleinen Mann ohne Sonnenbrillen. Der Mann setzte sich auf den Stuhl des hastigen Kaffeetrinkers und bestellte ebenso „Kaffee". Fenster Helmut beobachtete den Aff, der nicht mehr hinter die Uhr schaut, sondern am Kopf des Werkelmannes nach Läusen sucht. Wie er es in der Schule gelernt hatte: „Affen entlausen sich selbst", sagten die Lehrer, und genau so war's. „Affen entlausen einander", sagten die Lehrer der Oberschule, und genauso war's nicht, wie er höchstpersönlich sehen konnte. Der Aff entlauste die Haare des Werkelmannes. Kein anderer Aff war da weit und breit zu sehen. Die Leut fotografierten und sagten: „Wie in der Schul", „Genau so", und der Mann ohne Sonnenbrillen rauchte. Er berauchte ihn. Das störte Fenster Helmut. Er saß heroben und wollte hinunterrauchen, und nun berauchte ihn ein Fremder. Fenster Helmuts Augen begannen zu brennen. Fremder Rauch kam in seine Lunge und löste vielleicht ein neues intensives Krabbln aus. Von anderen beraucht zu werden störte ihn mehr als dieser Atomunfall in Tschernobyl.

Er wollte sein Krabbln selbst bestimmen und kannte die Dosis, die er brauchte. Das Selbstgeben war ja gerade das Wunderbare.
Das „sich" es selbstgeben, das „sich" es selbst besorgen. Immer wieder war die Dosis neu zu bestimmen. Manchmal vertrug er mehr. Manchmal weniger. Schon wieder berauchte ihn der andere.
Damit Fenster Helmut kein Magengeschwür bekäme, dachte er angestrengt über einen Ausweg aus dieser Situation nach. Es fiel ihm absolut kein vernünftiger Ausweg ein. Er sah den Aff, wie er suchte, die Leut, wie sie fotografierten und Geld in die Kanne gaben, und schon hatte er den rettenden Einfall.
Er warf mit seinem Oberschenkel den Tisch um. Der Mann ohne Sonnenbrillen, der seinen „Kaffee" langsam trank, hatte nun den Kaffee auf seinem Oberschenkel, und Fenster Helmut sagte überzeugend: „Verzeihung."
Der Mann war beschäftigt mit dem Tisch. Er wollte ihn aufheben. Für Fenster Helmut war das ein bedrohliches Zeichen. Beraucht wollte er nicht mehr werden. Der Tisch stand mittlerweile wieder. Der Mann ohne Sonnenbrille sagte nichts. Und schon zog Fenster Helmut seinen Oberschenkel ruckartig in die Höhe und der Tisch flog wieder um.
Endlich war es dem Mann ohne Sonnenbrille zu dumm, und stand auf und sagte „Schweinerei" und ging zur Kellnerin. Die Kellnerin kam mit einem viel zu kleinen Tuch zu dem nun wirklich wackeligen Tisch und wischte den Kaffee des Mannes ohne Sonnenbrille vom Boden weg. Die Kellnerin kam wieder an diesen wackeligen Tisch mit dem gleichen kleinen Tuch, das sie vermutlich ausgewaschen hat, und reinigte den Tisch. Fenster Helmut hatte für solche Fälle stets ein Papiergeld in seiner rechten Hosentasche und legte es der Kellnerin in ihre offene linke Hand.
„Ungeschickter werden's, die Fremden", sagte die Kellnerin zu Fenster Helmut, und Fenster Helmut sagte „leider". Die Kellnerin bedauerte noch, daß gerade die ungeschicktesten Fremden immer wieder den Weg zu seinem Tisch finden und fanden.
Fenster Helmut rauchte sich zufrieden eine Zigarette an und schaute hinunter. Da sah er den Mann ohne Sonnenbrille beim Aff vorbeigehen. Der Mann ohne Sonnenbrille ging sehr schnell geradeaus in Richtung Kärntnerstraße.
Fenster Helmut spürte sein Krabbln und beobachtete nun die Gäste in seinem Atelier. Vielzuviel Licht war in seinem Atelier und vielzuviel Gestik seiner Gäste. Das Bühnenbild störte ihn hier. Er hat ja als Bühnenbildner einen Namen. Dabei hat er nur Baustellen gemacht. Da eine Baustelle, dort eine Baustelle. Wenn er nur an seine Wohnung dachte. Hier sollte umgebaut werden, und da das gebaut und hier eine neue Wand und alles war ihm recht, wie es der Architekt und seine Frau wollten, nur damit er zum Krabbln kommen kann, das war ihm das Wichtigste. Seine Frau sollte auch ihre Baustelle haben.

Zu trinken hörte er auf, wissend, daß ein anständiger Bürger in diesem Land im Jahr vierzig- bis fünfzigmal angesoffen zu sein hat. Das „Besoffenseinmüssen" hatte auch etwas Positives an sich. Mit jedem Mal Besoffensein kam man einem Punkt näher, wo es nicht mehr notwendig war, sich besaufen zu müssen. Hat man einmal eine gewisse Lebenszeit hinter sich gebracht, konnte man sagen: „Für mein Lebtag hab i gnug trunken." Die anderen Bürger akzeptierten das und sagten dann: „Ist das eine Persönlichkeit, der ist reif geworden", und selbst ist man freier und ein Beispiel für die Jüngeren, die Jüngeren hatten ein Beispiel, damit sie das Saufen nicht übertreiben oder untertreiben, was ja viel schlimmer ist. Was sollten denn die Jungen im Alter sagen?
„Ich höre auf zu trinken", wenn sie doch nie normal gesoffen haben. Er hingegen war schlau und wird ein lebendes Beispiel werden und noch lange Krabbln spüren können.
Nach zwölf war es schon, wie er der Uhr entnehmen konnte, die das magistratische Bezirksamt strategisch aufgestellt hatte. Sie stand direkt vor seinem Atelier. Fünf Stunden hatte er noch in seinem Atelier zu sitzen.

MUSIKALISCHE SEXUALITÄT – TOD?

Rainer Bischof

Der Titel musikalische Sexualität mag, wenn man ihn das erstemal liest, mißverständlich erscheinen, bzw. man könnte sich fragen, ob nicht diese Themenstellung ein klein wenig an den Haaren berbeigezogen ist. Was soll denn Sexualität mit Musik zu tun haben, bzw. warum sollte heute denn alles unter dem Gesichtswinkel der Sexualität gesehen werden? Ist es nicht ein klein wenig die psychoanalytische Manie, der wir heute sehr stark unterliegen, alles mit diesem Begriff zu belegen? Denken Sie in diesem Zusammenhang an San Gimignano als Phallussymbol schlechthin. Wird da nicht ein klein wenig das Ganze überzogen oder überdreht? Ich sehe den Begriff der Sexualität in der Musik in einer Stufenfolge, wie das in einem geistesgeschichtlichen Raum nachvollziehbar ist. Ich gehe davon aus, daß ich primär einmal Sexualität tatsächlich übersetze und es an jenem Begriff festmache, der schlechthin Sexualität definiert, und zwar in fundamentaler Hinsicht, nämlich am Begriff der Getrenntheit.

Wenn Sie sich jetzt von mir erwarten, jenen landläufigen Begriff der Sexualität in der Musik zu finden, dann werden Sie sicher enttäuscht sein. Mir geht es beim Begriff der musikalischen Sexualität um Folgendes: Sexualität heißt Getrenntheit. Getrenntheit ist jener wesentliche Begriff, der in dialektischer Aufhebung überhaupt Dinge erst möglich macht, er ist ein Voraussetzungsbegriff. Im Begriff der Getrenntheit und der damit notwendigen Aufhebung, und ich glaube, das ist das Entscheidende, ist ein fundamentaler Menschenbegriff existent, und zwar deshalb, weil wir ohne diesen im Raum humanitären Daseins überhaupt nichts denken können. Daher müssen wir uns die Frage stellen, wo und in welcher Weise es außerhalb der Getrenntheit, außerhalb der aufzuhebenden Getrenntheit, in der Humanität denn überhaupt irgend etwas anderes gibt.

Und wenn wir so an den Begriff jener Kunst herangehen, die wie ich meine in einer höchsten Vollendung diese Getrenntheit in sich hat und dokumentiert, dann schaut die Sache anders aus. Ich würde daher anbieten, folgende Stufenfolge der musikalischen Sexualität einmal näher zu betrachten. Die „fundamentale" Sexualität der Musik, wie ich es nennen möchte. Das ist jener Begriff, den zu untersuchen wir aufgerufen sind, wenn wir uns mit Musik überhaupt beschäftigen wollen. Ohne Klärung dieses Begriffs ist es in meinen Augen nicht möglich, vernünftigerweise von Musik zu sprechen. Zweitens, der musikimmanente Sexualitätsbegriff, Details der Musik, und zuletzt der außermusikalisch darstellende Sexualitätsbegriff der Musik. Gehen wir einmal vom ersten wesentlichen Aspekt aus, nämlich, daß der Begriff der Sexualität in der Musik schlechthin in ihrer Aufhebung konstituiert. Sie kennen alle das Sprichwort: „Der Ton macht die Musik." Ich halte es vom fundamentalen Ansatz her schlechthin für falsch. Die Chinesen haben ein besonders gescheites Sprichwort: „Die Musik macht den Ton." Was bedeutet das? Das bedeutet, daß Musik im Zusammenklingen der Töne nur über ein übergeordnetes Ganzes vermittelt werden kann. Nicht der vereinzelte Ton als Einzelton konstituiert Musik, sondern setzt dieser immer etwas voraus, was als übergeordnetes Ganzes, Musik erst möglich macht. Ich nenne es „transzendentale Melos". Es ist jener Begriff, der konstitutiv für den Einzelbegriff ist, d. h. ein geistig vermitteltes Allgemeines. Das ist ganz entscheidend, weil es ohne diesen Überbegriff der Geist ist. Weil es im Raum menschlichen Daseins und im Rahmen der Humanität außerhalb dieses Begriffes ja nichts geben kann. Es kann ja nichts existieren. Das bedeutet, daß dieser übergeordnete Begriff vermittelt sein muß – und er ist vermittelt in der Existenz humanitären Daseins, in der

Existenz des Menschen schlechthin. Es ist jener Geistesbegriff, den Hölderlin so wunderschön formuliert hat: „Der Geist ist in das Wort gehüllt." Denn auch das Einzelwort, um mit einer Analogie hier zu arbeiten, kann nur über ein sinnvolles Ganzes vermittelt sein und steht nicht als einzelnes Wort einzeln da. Genauso wenig kann der einzelne Ton als einzelner Ton einzeln vermittelt sein. Er kann nur über ein übergeordnetes Ganzes vermittelt sein, sonst kann er dem Menschen gar nicht zugänglich sein als das, was er ist, als erklingende Humanität.

Gibt es Musik in der Natur? Nein. Es gibt Klang in der Natur, es gibt Schall in der Natur, aber es gibt eben Musik, das was wir darunter verstehen, nur als Artefakt, als Produkt menschlichen Daseins. Denken Sie an die grundsätzliche aristotelische Einteilung: Dinge sind durch den Menschen da, oder sind sie von Natur aus da? Diese Frage stellt sich bei Musik gar nicht, denn Musik ist nur im Raum des menschlichen Daseins existent. Und insofern ist dieser fundamental, ein ganz wesentlicher sexueller Begriff, weil er erst in der Aufhebung dieses übergeordneten Ganzen existent wird. Nun erkenne ich den einzelnen Ton, wenn ich ihn wissentlich höre und brauche dazu den darauffolgenden, sei es in Repetition, sei es in einer Höhenveränderung, den anderen Ton, damit ich hier überhaupt zu einer Einheit, zu dem was schlechthin Musik heißt, komme. Sie kennen Kompositionen mit einem Ton. Eine der berühmtesten ist der Anfang der Rienziouvertüre. Aber was passiert hier? Auch hier ist dieser Ton als Ton natürlich zum anderen, zum nachfolgenden und zum vorhergehenden als Stille vermittelt. Die Pause in der Musik ist ja nicht Leere und ist ja nicht momentanes Nichtklingen, sondern ist tonloses Klingen, also momentan nicht erklingender geistiger Ton. Wenn Sie von diesem Grundaspekt her einmal in die fundamentale Situation der Musik gehen, dann werden Sie sehr bald draufkommen, daß sich natürlich die einzelnen Problemkreise der spezifischen musikimmanenten Momente damit ergänzen, und man in besonderer Weise diese beiden Dinge zusammen bringen muß. Hiermit sind wir im zweiten musikimmanenten Bereich. Denken Sie an den Begriff der Sonatenform, an die manchmal sehr primitiv dargestellte Auffassung – ich finde sie eigentlich gar nicht so primitiv – von Haupt- und Seitenthema. Hauptsatz, Seitensatz, Begriff der Durchführung. Was passiert denn da eigentlich? Nichts anderes, als daß man zwei Getrenntheiten, die als solche ineinander gehen, miteinander verknüpft. Was ist denn der Begriff der Durchführung, der doch ein zentraler, wesentlicher Begriff der abendländischen Musik ist? Er ist die radikalste persönliche Aussage eines Komponisten. Weil in der Durchführung ein Zusammenbringen von zwei Themen stattfindet, die eine spezifische Getrenntheit aufweisen und verschieden sein müssen. Denken Sie an ein martialisches Thema, und denken Sie an ein lyrisches Thema. Denken Sie auch in diesem Zusammenhang an den 1. Satz der 5. Symphonie von Beethoven, ein wunderschönes Beispiel dafür, vielleicht ist gerade deshalb ein Werk so berühmt und beliebt. Wenn Sie diese beiden Getrenntheiten, Hauptthema und Seitenthema, im Begriff der Durchführung zusammenbringen, haben Sie jenen besonderen Moment der Aufhebung dessen, was Getrenntheit schlechthin bedeutet. Sie können das mehr oder minder auf die meisten musikalischen Formen anwenden, natürlich auch auf eine sehr klare a-b-a-Form, beispielsweise bei Schubert. Denken Sie da an den 2. Satz, an das Adantino der A-Dur-Sonate, eine der letzten drei Sonaten von Schubert, wo das Thema nach dem Mittelteil in einer variativen Form auferstehend wiederkehrt. Dort liegt wieder jene Form von Dialektik, von quasi äußerlichem Widerspruch, den es aufzuheben gilt.
Der dritte und letzte Teil ist natürlich in jeder Hinsicht am einfachsten zu rezipieren, daher zweifellos der am schwierigsten zu argumentierende, denn das ist jener Raum, in dem wir uns mit der spezifischen Getrenntheit von Mann und Frau befassen. Im Endeffekt ist es eigentlich der musikalische Ausdruck, mit den außermusikalischen Motiven und Momenten zu arbeiten. Denken Sie in diesem Zusammenhang natürlich an das extrem strapazierte Beispiel „Tristan und Isolde", sowohl was das Vorspiel im zweiten Akt als auch den in einer Verklärung endenden Liebestod betrifft. Denken Sie an den Schluß der Durchführung des

ersten Satzes der 2. Symphonie von Mahler. Hier haben Sie in meinen Augen eine eindeutig dargestellte Form von musikalischer Sexualität, wenn Sie so wollen. Einen auskomponierten Geschlechtsakt.

Sehr viele Momente der Steigerung haben diesen Ausdruck, zweifellos auch in der absoluten Musik und nicht nur in der unmittelbar darstellenden Musik, in der Bühnenmusik oder in der Tondichtung. Diese Dreiteilung, diese Dreistufenphase von fundamentaler, von musikspezifischer und von darstellender Sexualität der Musik gipfelt natürlich in einer Grundfrage. In jener radikalen Grundfrage menschlichen Daseins nach dem Sinn und dem Ende des Lebens. Denn wozu sonst ist Musik aufgerufen, sie ist ja jene Kunst, die im spezifischen Zeitkunst ist, und Zeit kann ja nur vernünftigerweise im Raume ablaufen und sich erstrecken. Das bedeutet, daß Musik beginnt und aufhört. Und das ist eben der große Unterschied zu allen anderen Künsten, Musik fängt bewußt an und hört bewußt auf, endet. Das Ende in der Musik gehört sicher zum Schwierigsten, auch im formalen Gerüst. Es ist keine Zufälligkeit, wie man anfängt und wie man aufhört. Es erstreckt sich in der Zeit ein ganz bestimmter Begriff von dem, was sinnvollerweise zusammengesetzt erklingt und ertönt. Und dieses bewußte zusammengesetzte Ertönen in einer ganz bestimmten Zeit erschöpft sich nicht in der zu erklingenden Tempoangabe oder in Viertel-, Achtel- oder halben Noten, sondern hat eine ganz bestimmte Dimension der Ausdehnung. Das ist jenes große musikalische Geheimnis, das alle Musiker unter Ihnen kennen. Es hat nicht mit der Erstreckung der Zeit zu tun, dem Ausfüllen von zeitmeßbarer Relation, sondern mit einer ganz anders zu erfassenden Relation, nämlich jener, der inneren Erstreckungsdauer von Musik. Wir erleben das trivial, da brauchen wir gar keine Psychologie dazu, wenn wir ein Stück hören, das wir nicht kennen oder das wir nicht schätzen oder das vielleicht nicht gut gespielt ist, und wir uns dabei langweilen, obwohl dieses Stück vielleicht in einer anderen Interpretation unter anderen Umständen des Hörens sehr kurzweilig sein kann. Also hier sehen Sie eine Relativierung dessen, was Länge heißt und eine Besonderheit dessen, was Erstrecken in der Zeit spezifisch für Musik bedeutet. Auch das gibt es ausnahmslos nur im humanitären Bereich, denn das setzt etwas voraus: Das Wissen um die Erstreckung, das Wissen um die Zeit, das Wissen um den Anfang und das Wissen um das Ende. Das Wissen um das Ende ist ja nichts anderes als das, was wir im Gesamtausmaß menschlichen Daseins als Tod bezeichnen. Nur im Raum menschlichen Daseins gibt es das wissentliche Ende, das geistig vorweggenommene Ende. Das Wissen, daß wir sterben. Das auszudrücken in einer besonderen Weise, ist der Musik vorbehalten. Die Musik ist als Zeitkunst, als Erstreckungskunst der Zeit im besonderen, wissentlich vorweggenommenes Ende durch wissentlichen Anfang. Hier relativiert dieser Dauerbegriff von Zeit zu diesem Bewußtseinsbegriff von Zeit. Und wenn Sie nun den Begriff musikalisch-fundamentaler Sexualität (Getrenntheit) zusammenfügen, d.h. den Begriff von Anfang, Bewußtwerdung und Ende bzw. Bewußtsein des Endes zusammenfügen, dann haben Sie den Begriff von Musik und von Aufhebung dessen, was schlechthin musikalische Sexualität in fundamentaler Hinsicht heißt. Die Stufenfolge ist genauso notwendig für den Begriff des Todes wie sie für den Begriff der Sexualität ist. Sexualität ist im Raum menschlichen Daseins als Getrenntheit grundsätzlich nur im Raum des bewußt vorweggenommenen Endes, sprich des Todes, möglich. Und daher ist musikalische Sexualität in der Stufenfolge mit dem, was Tod für den Menschen, und ausnahmslos für den Menschen heißt, unabdingbar miteinander verknüpft. Ja noch mehr, es existiert wieder eine Form von dialektischem Sichbezug zwischen musikalischer Sexualität und Tod. Daher gehören diese beiden Begriffe nicht nur eng zusammen, sondern sie sind sich gegenseitig bedingend aufzuheben in dem, was Musik von der fundamentalen Seite her ist. Wann und wo immer wir beginnen, Räume der Humanität zu untersuchen, werden wir auf sexuelle Formen kommen, auf sexuelle Strukturen sowohl im geistigen, wie auch in allen anderen Bereichen.

Wenn ich in der Musik als Musik was sie darstellt rede, dann muß ich mir irgendwann einmal die Frage stellen, wozu brauche ich eigentlich Musik? Ist sie nicht eine besondere Sprache, die in besonderer Weise etwas ausdrückt, was eben die „normale Sprache" nicht auszudrücken vermag? Sie kennen sicher aus der Literatur die Definition von Tolstoi: „Musik ist die Kurzschrift der Gefühle." Sehr schön, aber sagt es eigentlich wirklich etwas aus? Ist nicht Musik in dieser Weise so etwas Spezifisches, daß sie nur und ausnahmslos als das zu gelten hat, was sie als Besonderes ist und als solches quasi unsprachlich ist? Wenn wir aber, nehmen wir das nur als Gedankenexperiment an, so argumentieren, in welchen Zirkel kommen wir dann hinein? Wir kämen dann in einen nicht mehr zu vermittelnden Zirkel hinein. Musik könnte nicht mehr im Begriff der fundamentalen Sexualität der Musik erklärt werden, überhaupt nicht mehr vermittelt werden, nicht mehr verständlich sein. Wäre sie dann eine reine pure Zufälligkeit oder wie das Schopenhauer gesehen hat, eine reine tönende Natur, Begriff des Urwillens, ein mystischer Begriff. Musik muß als solche natürlich auch sprachlich vermittelt werden können, mit Sprache. Ich meine aber mit Sprache jenen übergeordneten Sprachbegriff, jenen übergeordneten Humanitätsbegriff von dem, was schlechthin Geist heißt. Dort haben Sie wieder für die Sprache angewandt, der Geist ist in das Wort gehüllt (von Hölderlin), genau jenen Begriff, der den Überbau konstituiert, konstituieren muß, weil wir sonst von Vermittlung überhaupt nicht sprechen können. Das gleiche müssen wir auf Musik genauso anwenden. Wenn wir das nicht tun, kommen wir in eine tönende Zufälligkeit oder in einen in sich vermittelten Zirkel, der eigentlich keine Vernünftigkeit mehr ergibt, wie Eduard Hanslick in seinem Buch „Vom musikalisch Schönen" bemerkt hat. Er hat versucht, jene drei Räume durcheinander zu bringen, weil er aus ideologischen Gründen gegen die Programmusik aufgetreten ist. Er hat aber völlig vegessen, wie er das argumentieren muß und wie er es eigentlich vermitteln muß, um überhaupt zu einem Begriff von Musik zu kommen. Denn seine Musikdefinition ist jene, die Sexualität, d.h. Getrenntheit, nicht zuläßt. Er sagt „Musik sind sich tönend bewegende Formen." D.h., er definiert Musik durch Musik, er definiert einen Zirkel, eine Tautologie. Und wenn Sie den musikalischen Begriff von Sexualität nicht haben, dann geraten Sie eben in diesen tautologischen Zirkel.

Ich hoffe, ich konnte in sehr verkürzter Weise und mit sehr vielen offenen Fragen, das ist mir absolut bewußt, einiges von dieser Themenstellung her geben. Ich habe zu Beginn gewarnt, daß Sie sehr enttäuscht sein werden, wenn Sie sich erwarten, daß wir hier in diesem Rahmen auf das Nackte eingehen. Aber ich glaube, der Begriff des Nackten kann auch so gefaßt werden, daß er im Sinne des Symposions den Hintergrund, den Untergrund, das Fundament, das Fundamentale beleuchtet.

Auszug aus:

LE POÈME DU LAC LÉMAN (DAS GEDICHT VOM GENFER SEE)

Gerald Bisinger

Ein Wort voraus*

Das Nackte, Vordergründige, Greifbare, Eßbare, das sogenannte Banale, ist nicht gerade dieses sinnlich unmittelbar Erfahrbare,
das Wesentliche, gegebenenfalls, wenn einer so will: das Gotthaltige, oder aber auch das spürbar Trostlose, während der Hintergrund von Meditationen, Spekulationen, Ideologien zwar gleichberechtigter Vorwand zur Schaffung von Dichtung, aber verspieltes Zierwerk bleibt, das gleichwohl Denkanstöße zu vermitteln vermag: der kleinste gemeinsame Nenner, der die Qualität des Werks jedoch vollends anzeigt, ist der Einsatz des Materials, der Sprache.

et tandis que la creuse sonnerie emplit nos horizons d'alarme
tu lèches la chair du fruit et l'intérieur il y a le mystère

*Tristan Tzara***

*) (Geschrieben anläßlich der Lesung am Sonntag, dem 30. August 1987, im Rahmen des Wiener Sommersymposions mit dem Thema: „Das Nackte – der Hintergrund".)

**) *und während das hohle geläute unsere alarmhorizonte erfüllt*
leckst du am fruchtfleisch und drinnen ist das geheimnis
Aus: Tristan Tzara: „L'homme approximatif", III, Paris 1931.

I

Geflüchtet hab ich mich in die Wärme einer
Pizzeria an der rue du cendrier fröstelnd
noch wegen der kühlfeuchten Luft draußen im
Freien ziemlich leer sind die Straßen heute
ist Sonntag die meisten Lokale bleiben ge-
schlossen entlang gegangen bin heute ich
schon am Ufer der Rhône vormittags gegen
neun und hab dann am Ufer des Sees es gesucht
dieses Metalltäfelchen ans Geländer befestigt
und schrag wegragend davon das gestern ich sah
beim Spaziergang mit Beppe Sebaste

Gestern mittag bin ich angekommen in Genf
nach im Zug aus Wien durchfahrener Nacht ich
sitzend in einem Raucherabteil Eva-Maria und
Johann August sind bis Zürich im Liegewagen
gereist hier in Genf haben ein Atelier wir
bezogen auf der Insel nahe dem Ausfluß der
Rhône aus dem See nach kurzem Ausruhn holte
gestern uns Beppe Sebaste zu einem Spazier-
gang noch ab nicht ganz so dicht wolkig und
düster wars gestern doch kühl auch vom Ufer
des Sees aus wir sahn den Mont-Blanc

Den Mont-Blanc sah heut ich noch nicht hoch-
ragend von weitem mit weißer Spitze soeben hab
zur Erwärmung ich zwei Spiegeleier gegessen
sitze in der Pizzeria an der rue du cendrier
hab kurz auch in L'HOMME APPROXIMATIF gelesen
von Tristan Tzara das Buch lag neben dem Bett
im Atelier das wir bezogen haben heute vor-
mittags fand ich am Quai du Mont-Blanc dieses
Metalltäfelchen wieder ans Geländer am Seeufer
befestigt welches besagt daß an dieser Stelle
die Kaiserin von Österreich ermordet wurde
Elisabeth am zehnten September im Jahre acht-
zehnhundertundachtundneunzig ich sitze an
einem Tischchen aus Holz schreib das auf

Genf, den 12. April 1987

III

Gott wurde
in Rom geboren
sofern es ihn gibt
das selber er sich
deswegen erschuf

Genf, den 14. April 1987, nächtens

IV

Nach Nyon bin ich heute gereist um dieses Gedicht
zu verfassen einem Hinweis folgend des Prinzen
Franz zu Sayn-Wittgenstein dem Autor des Buchs
GENFERSEE ich sitz jetzt mit Büchern in einem
volkstümlichen Wirtshaus ein Tisch voller Kar-
tenspieler mir gegenüber trinkt ein alter Mann
Schnaps zuvor hab ich den Hof durchschritten hier
des Schlosses sah ein Artemis-Mosaik (bruchstück-
haft) aus der Römerzeit von der Terrasse aus des
wunderbar asymetrischen Schlosses blickte ich hin
über den See diesen Lac Léman der von dort her ge-
sehen stellenweis meergleich wirkt uferlos viel-
leicht wars nicht die Krümmung des Horizonts die
jenseitiges Ufer stellenweise verbarg vielleicht
war es Dunst

Niemals wär ich hierher gefahren an des Genfer
Sees Ufer um Gedichte zu schreiben hätt ich keine
plausible Erklärung erfahren für den romanischen
Namen des Sees sie hat der Prinz gefunden so schreibt
er im Musée du Léman in Nyon indo-europäisch ist die
Wurzel des Worts und es bedeutet nichts andres als
See Lac Léman ist folglich ein Pleonasmus die Erklä-
rung beruhigt hier gibts keine mythischen Rätsel
wann war das im Jahre 85 und wo als ich am Ufer des
Genfer Sees mit dem chilenischen Dichter Antonio
Avaria erstmals im Leben Lachsforellen verspeiste
in Sonnenbestrahlung im Freien der Geschmack solcher
Forellen dieses Fischfleischs muß gotthaltig sein
wenns sowas gibt in Nyon im Wirtshaus trink ich ein
Bier

Nyon, den 14. April 1987, nachmittags

VIII

*Endlich in Sonnenbestrahlung sitz ich auf der
Insel Jean-Jacques Rousseau im Freiluftrestau-
rant dort das heute wieder eröffnet wurde schräg
hinter dem Monument für Rousseau aus Metall
sitzend ist der dargestellt und sinnierend dabei
scheinbar hinausblickend auf den See tatsächlich
hat die Statue genau so wie ich erst mal den Pont
du Mont-Blanc vor der Nase diese dicht befahrende
Brücke die den Blick stört über den See gut sicht-
bar bleibt die Fontäne dieser Wasserstrahl der
rund einhundertunddreißig Meter hochschießt über
dem See ein technisches Wunder von achtzehnhundert-
undeinundneunzig ich kehr ihm beim Schreiben den
Rücken zu um mein Gesicht von der Sonne anstrahlen
zu lassen endlich ist so etwas möglich im heurigen
Jahr*

*Côte du Rhône trink ich Rotwein verleibe Natur
mir ein die bearbeitet ist Speck aß ich heute
morgen ein gekochtes Ei und von dem von mir so
sehr stets geschätzten Käse Gruyère im Rohzu-
stand ist Natur mir zuwider Gebirge Ödland
schlechthin das ästethischen Wert nur erlangen
durch Kunst kann Parallelschöpfung also durch
Menschen und so für Menschen erfahrbar ich seh
Gebirge von hier aus sah gestern noch mehr doch
was sollen die Namen der verschiedenstartigen Ge-
steinsformationen die mehr oder minder zufällig
so entstanden sind ich vergleiche mit informeller
Malerei sie denke in Wörtern und Worten schreib
solche auf um mir festzuhalten meine Identität
heute zum Beispiel auf diesem Papier*

Genf, den 17. April 1987

IX

Das Gesicht schreibend wieder der Sonne zugewandt heute am Vormittag jedoch seewärts wieder in diesem Freiluftrestaurant auf der Insel Jean-Jacques Rousseau seh wenn ich nach rechts schau gerade ich noch der drei Türme Spitzen der Cathédrale de St. Pierre die ich gestern betrat nicht mal ein Hauptaltar war zu erblicken Kahlheit dominierte die Wände kaum etwelche Gerüche die rhetorische Figur Gottes aufrechtzuerhalten so sage ich heute ist gerechtfertigt nur durch die ästhetischen Werte des Katholizismus womit ich selbstverständlich den römischen meine die ganze Zeit hindurch die ich hier sitze vermisse ich die Fontäne über dem See die ist nicht in Betrieb heute vormittag gestern hab ich mit Johann August ihren künstlichen Ursprung aufgesucht auf dem See

Während soeben ich schrieb folglich auf das Papier und meine entstehende Schrift sah schlug es zehn Uhr aufschauend sah die Fontäne ich plötzlich direkt mir gegenüber in voller Höhe aufschießend über dem See schräg links von mir die Statue des Jean-Jacques Rousseau sie erinnert daran mich gelesen zu haben daß dieser Naturapostel seine sämtlichen Kinder es warn ihrer fünf im Findelhaus abgab und das völlig richtig auch fand an dem Baum neben welchem ich sitze es könnte eine Kastanie sein seh erste Anzeichen ich von Blättern was seh ich was nehme ich wahr und warum und warum fällt mir was und was dazu ein ich sitze in Sonnenbestrahlung die ich sehr liebe an einem orangenen Tischchen es ist aus Metall und nehm dann und wann zu mir einen Schluck Bier

Genf, den 18. April 1987

X

Bald werd ich das weiß ich diesen Rhônearm
vermissen den nach dem Erwachen sogleich ich
erblicken kann einen Teil davon aus den bei-
den Fenstern des Ateliers das wir auf der
Rhône-Insel bewohnen in den zum Nutzen der
Künste umgestalteten Markthallen von früher
dieser Rhônearm der rechte verändert sich
ständig entsprechend der Stellung des seewärts
vorgelagerten Stauwehrs als wir ankamen hier
am Samstag vor dem Karsamstag genau eine Woche
schien dieser Flußteil in Kälte weißgrau zu
brodeln wie sonst Wasser auf dem Herd brodeln
muß bevor man die Spaghetti hineinwerfen darf
um gar sie zu kochen heut morgen wirkte der
Flußarm so still wie der See und war grün am
Vormittag jetzt kann eine langsame dunkelgrüne
Strömung ich sehn ich sitze ich schreibe
schau dann und wann hinunter zum Flußarm

Genf, den 19. April 1987

XII

Mit dem Schiff VILLE-DE-GENEVE sind gestern wir
bis Yvoire gelangt ans Ende also des KLEINEN Sees
Yvoire liegt in Frankreich ein zweites Mal legte
das Schiff an am französischen Ufer in Nernier
Frankreich dürfen wir nicht betreten da für Staats-
bürger Österreichs seit einigen Monaten zur Einreise
ein gültiges Visum notwendig ist keiner von uns hat
ein Visum lästig es zu beschaffen bei langen Warte-
zeiten im Freien vor der französischen Botschaft
in Wien bis hierher konnte dieses Gedicht ich
schreiben unter bewölktem Himmel auf der Insel
Jean-Jacques Rousseaü es begann immer stärker zu
regnen und ich setz es fort also hier regengeschützt
im Restaurant MANORA vom Schiff aus betrachtet wirk-
ten die beiden französischen Ansiedlungen die vorher
ich nannte einigermaßen ärmlich Paßkontrollore wa-
ren nirgends zu sehn dennoch mit dem Schiff VILLE-
-DE-GENEVE kehrten zurück wir nach Genf

Genf, den 20. April 1987

XIII

Heute vormittag Johann August hat das
als erster entdeckt konnten von den Fen-
stern aus des Ateliers wir nach dem Er-
wachen bis auf den Grund dieses rechten
Armes der Rhône runter sehen klar war
das Wasser Strömung nicht zu bemerken
die Wasseroberfläche gegenläufig gewellt
zum Flußverlauf durch den Wind

Genf, den 20. April 1987

XIV

Zum letzten Mal gewiß bei diesem Aufenthalt
vielleicht aber auch fürs ganze Leben sitz ich
im Freiluftrestaurant auf der Insel Jean-Jacques
Rousseau der Sonne zugewandt mein Gesicht für
zwei Nächte haben wir umziehen müssen raus aus
dem Atelier auf der Insel inmitten der Rhône
dessen Bewohnerin heute zurückkam ins Hôtel
Kaufmann das war vorteilhaft auch

Mit Johann August verließ ich heut vormittag die-
ses Hôtel das in der Nähe sich des Naturhistorischen
Museums befindet und dieses genau wollte Johann
August besuchen auf dem Weg dann vom Museum zur
Altstadt rief die Orthodoxie mich zu sich ich
sah plötzlich die goldenen Kuppeln der russischen
Kirche hörte vielfältiges zaubrisch anmutendes
Glockengeläute dem wir folgten betraten schließlich
die Kirche in ihrer düsteren Pracht

Für einen Franken erwarb ich zwei Kerzen die
Johann August entzündete vor einem Heiligen Kreuz
sehr leise gingen umher in der Kirche wir während
des Gottesdiensts wir haben zum letzten Mal dann
vorläufig jedenfalls im Restaurant MANORA zu mittag
gegessen sitzen im Freien jetzt unter vollständig
blauem Himmel neben mir Johann August zeichnet und
ich beende dieses Gedicht

Genf, den 22. April 1987

Post Scriptum

Ich sitze im Speisewagen im Zug Richtung Zürich
der Zug hält jetzt in Lausanne vor ziemlich ge-
nau einer Woche habe ich Barsch-Filets dort ver-
zehrt in Lausanne-Ouchy im Hôtel Angleterre pa-
niert sie mit grünem Salat letzte Blicke werfe ich
zu vom Papier aufschauend diesem heute am Vormittag
weitestgehend dunstüberlagerten Lac Léman immer
wieder seh Weinberge ich an den Ufern die der Zug
entlangfährt gegenüber ödes Gebirg mit Schnee drauf
hell strahlt aus blauem Himmel die Sonne ab wandte
der Zug sich soeben vom See

Rien ne va plus

Im Zug zwischen Lausanne und
Fribourg, am 23. April 1987

SIGNALAKTE – ZUM PHÄNOMENKOMPLEX DER KÖRPERBEMALUNG UND TÄTOWIERUNG (AUDIOVISIONSPROJEKT)

Wittigo Keller

Einstimmung, ca. 15 Minuten vor Beginn mit Standdia: Australischer Aboriginal, bemalt, geschmückt mit Haaren, beklebt mit weißen Daunen, besingt in magisch/heiligen Versen die für seine Zeremonie notwendigen Kultobjekte.
Untermalt mit original-instrumentaler Musik von Didjeridu (die heilige Holztrompete der australischen Ureinwohner, zum Zweck einer schamanischen Reise) und Klanghölzer, 15 Minuten, Stereoton.
Während dieser Projektion werden gleichzeitig im halbverdunkelten Raum die Zusammenhangs-Diagramme an die Tafeln gezeichnet. Musik blendet aus.

... Als Berge und Flüsse, Bäume und Tiere noch keinen Namen hatten und unser Planet ein wilder Ort der Begriffslosigkeit war, entstand jene Kunst, die sich nicht nur bis in unsere heutigen Tage zu erhalten wußte, sondern beim urbanen zivilisierten Menschen eine wiederentdeckte Neuformierung findet: Die Körperbemalung.
Am Anfang aller Kultur stand das Wort, das die Dinge zu benennen wußte: Federn, Muscheln, Erde und farbige Pigmente jedoch – mit denen der frühe Mensch seinen Körper schmückte, waren als nonverbale Form der Namengebung seine Vorläufer. Mit ihrer Hilfe trat der Mensch aus seiner namenlosen Umwelt hervor, und machte sich selbst zum unverwechselbaren Einzelwesen, zum Individuum. Damit gelangen wir an die Wurzel dessen, was als „Kunst" definiert werden mag und erkennen auch, wie ursprünglich grundlegend das Bedürfnis ist, die Umwelt gestaltend zu begreifen. Daß dabei Gottesfurcht und Selbstgefälligkeit, Spieltrieb, Wunschvorstellungen und Wirklichkeitssinn die bestimmenden Faktoren sind, gilt für das künstlerische Schaffen aller Zeiten, aller Völker...
Diese bemalten Körper – nachgeahmt und abgelesen von den Tieren etwa, die von Natur aus mit ihren angeborenen Schmuckattributen ausgestattet sind und ein nicht so nacktes Dasein führen müssen wie der ungeschmückte Mensch – sind Ausdruck eines Wunsches: Den Mitmenschen, aber auch Göttern, Geistern und anderen Wesen wohlgefällig zu sein, ihre Aufmerksamkeit zu erregen und sie mit phantasievoll gestalteter Schönheit (sprich verbesserter Natur) zu betören und zu bezaubern.[1]
In vielen einfachen vorindustriellen Gesellschaften, zu gerne als Primitive oder Wilde bezeichnet, spielt das religiöse Glaubenssystem sowie die Eingebundenheit in dieses, eine wesentliche Rolle und bestimmt die Ausformung der Gemeinschaft sowie den Ablauf der einzelnen Lebensabschnitte: Geburt – Pubertät – Hochzeit – Tod.
Ihr mythisches und mystisches Vorstellungsbild, eingeteilt in eine Unterwelt – Mittelwelt (die Welt des bewußt erlebten Alltags, die sogenannte Realität) – und Oberwelt, sowie die Abhängigkeit von den Wesen erfordert nun Opfergaben, eine direkte Verbindung und manchmal sogar einen Austausch zwischen menschlicher und göttlicher Struktur.
Die Erfüllung dieser Aufgabe, die den Kultvertretern animistischer oder schamanistischer Gesellschaften zukommt, besteht in der Transformation der eigenen Person und deren Identität, das sich Teilen zwischen Körper und der sogenannten Seele, das Erleben von Visionen, das Erlernen der „Geographie der anderen Ebenen", um zurückzukehren aus den

Australischer Aboriginal. T. G. H. Strehlow in „Du“ 7/1982

Unter- und Überwelten, die Deutung der gemachten Erfahrungen und letztlich die Bestätigung des geglückten Aktes für die Mitmenschen der Gemeinschaft.
Wichtigstes Utensil dabei ist die Maske als Tor zur Grenze zwischen den Welten, selbst als heilig erachtet, da sie die Naturkräfte (wie verstorbene Vorfahren, Totemtiere und Hilfsgeister, Götter und Dämonen) repräsentiert, ein magisches Instrument, ein Instrument der Einflußnahme auf die Umwelt und deren Gefahren...
Soweit der Einstieg.

Erklärung des Diagramm: Kommunikation

Kommunikation
Zeichen/Symbole

Körpersprache
(intuitiv-mental)

visuell-formal
(Körperdekoration, Bemalung, Tätowierung, Schmuck, Kleidung, Körpermutilation)

akustisch (Lautgebärden)

bewegungsdynamisch/gestisch
(Tanz/Kampf/Ritual, sprechende Bewegung)

Schrift + Spache (verbal)
(logisch-rational)

geistige Bildung und auch Verbildung
Ratio dominiert mentales Denken

Archetypen/das kollektiv Unbewußte
(nach C. G. Jung)
Uranlage transglobaler Gemeinsamkeit,
beim zivilisierten Menschen oft nur
mehr latent vorhanden

Körper als Signalsystem

Wir verstecken uns ständig hinter einer Maske, doch die Oberfläche der unbedeckten Haut gibt uns ein ziemlich klares Bild von der jeweiligen Stimmungslage (Erröten – Erblassen – Schweißausbrüche) und ermöglicht es, entsprechend zu reagieren: Etwa um Diskrepanzen zu vermeiden oder Annäherung zu wagen. Diese natürlichen Signale können nun einfach intensiviert werden, künstlich, durch Bemalung oder Schmuck; generell aber durch die verschiedensten Formen der Körper-Dekoration, als körperliche Veränderungen zur bewußten Verdeckung, Kaschierung oder zur Schau-Stellung. Diese haben wesentlichen Anteil am menschlichen Kommunikationssystem, wo es darum gehen sollte, nicht nur mitzuteilen, sondern auch zu verstehen. (Sender-Empfänger Prinzip)
Frühe Formen beschränkten sich auf die Ausdrucksweise des Körpers durch Gesten, es entwickelten sich in der Folge Zeichen und Symbole, die für etwas Bestimmtes standen und es definieren sollten, bis zum Aufkommen von Schrift und Sprache, als letztlich endgültiger und perfekt scheinender Form einer menschlichen Kommunikation. Doch in dem Maße, wie sich die verbale Mitteilung weiterentwickelte, begann die gestische Körpersprache zu verkümmern oder zumindest nicht mehr richtig verstanden zu werden.
(vgl. Manipulationsgesellschaft: Wer Körpersprache und Verbalsprache beherrscht, kann bewußt täuschen)

Erklärung des Diagramm-Modells: Körpersprache
(anhand charakteristischer Bildbespiele für die einzelnen Bereiche)

Körpersprache				
Maske starr-beweglich	Bemalung Tarnung/mimikry Animation „Ästhetik" Fruchtbarkeits-zeremonien, Lebens-abschnitte Macht über Tiere/ Schutz (Jagd) Therap./mag. Rituale	Tätowierung (siehe eigenes Diagramm)	Deformation Halsdehnung Taillierung Kopf- und Fuß-deformation Durchbohrung: Lippen, Ohren Nase, Geschlechts-teile Zahndeformation	Haare Schmuck Kleidung

Was bewirkt Körperbemalung?

am Beispiel der Mount Hagen Menschen/Neuguinea als eine der faszinierendsten Ausformung von Gesichtsbemalung.
„Eine neue Haut ist auch eine neue Persönlichkeit",
denn es gibt Mythen darüber, daß Menschen ihre Haut ablegen mußten, um jugendlich-schön zu bleiben, statt alt und häßlich zu werden...
Vorbemerkungen zum Bildblock:
Die Bemalung der Haut mit ROT (als mütterlich orientierte Farbe) deutet auf Wohlbefinden der Haut (vom Wohlbefinden mütterlicher Verwandtschaft abhängig), gleichzeitig verbunden mit den Kräften von Wachstum, hin.
Als allgemeine Tendenz für die Selbstdekoration der Mount-Hagen Menschen finden wir eine Farbsymbolik. Hauptmotiv ist der Gegensatz zwischen dem Dunkel und dem Leuchtenden, symbolisiert durch die Farben schwarz und rot, die Farben der Geschlechter, männlich – weiblich. (stark vereinfacht, aber im Sinne einer Leitlinie brauchbar)
Schmücken, mit Federn etwa für Fruchtbarkeitszeremonien, stellt den Gegensatz von Beschmieren dar, für Trauerzeremonien. Die Perücken und Gesichter der Männer sind dunkel gefärbt, die der Frauen hell. Die dunkle Gesichtsfarbe der Männer ist als innere Gruppensolidarität, verbunden mit Aggressivität gegen alles Außenstehende zu werten. (vgl. Egozentrismus – Feindbild Fremder/Barbar). Die gelben und roten Farben, also helle, sind weibliche Korrespondenzen, symbolisieren gruppeninterne Freundschaft, sexuelle Animation und Tauschmöglichkeit (im Sinne von Reziprozität). Die Farbe weiß steht für Vermittlung (Balancierer) zwischen den Farben schwarz/rot.
Des weiteren finden wir eine sogenannte „Vogelanalogie", denn der Mensch sei keinem der Tiere näher und ähnlicher als den Vögeln. Was der Vogel (schwarzer Kasuar – heller Paradiesvogel), der mythisch erklärt wurde, tut, wird im Tanzritual der Zeremonien nachempfunden. Die Menschen erfinden die Zeichnungen und den Schmuck für ihre Körper nicht selbst, denn sie alle sind von den Vögeln übernommen.

1. Der Wachstumszyklus der Vögel von der Jugend bis zur Reife entspricht parallel dem Wachstumszyklus der Knaben, die zu Männern werden und die Befähigung erhalten zu tanzen.
2. Der Zyklus des periodischen Mauserns mit der verbundenen Erneuerung des Gefieders entspricht den „moka"-Zeremonien, die geprägt werden vom Wachstum und Niedergang der Hausschweine, sowie der Vorräte und Reserven von Nahrungsmitteln und Reichtümern. (Von Ahnen und Geistern verwaltet und kontrolliert, deren Zuneigung durch Zeremonien und Opfergaben balanciert wird)[2]

Bildblock:
Mount-Hagen: Gesichter und Dekoration, gedacht in Überblendtechnik, untermalt mit der Akustik von Kürbis-Innenrasseln als Aktivator für ein einfaches Transformationserlebnis.

Die Körperbemalung (Im Schönheitssalon der Wildnis):

„Der Mensch schminkte sich, bevor er sich zu waschen begann"

Wilhelm Joest

Mindestens seit den Fauves ist die Körperbemalung als Gegenstand künstlerischer Betrachtung und Auseinandersetzung zu sehen, vergleichen wir auch Picassos Epoque nègre als Hommage an das Ursprüngliche, als die Faszination vom Unverdorbenen. Farbe und Form sind nicht mehr realitätsbezogen, sondern agieren als Mittel expressiver Steigerung.
Was wir bewundern, wovon wir fasziniert sind, ist jene schöpferische Urbegabung von Anfang an, die durch das System einer alles kontrollieren wollenden Zivilisation verdrängt, abgewertet und unterdrückt wurde und die der moderne Mensch an der Grenze eines sich verändernden Zeitalters wiederentdecken möchte.
Es ist ein nur allzu menschlicher Trieb der Natur, sich dekorativ zu verändern, wettzueifern, zu animieren, Farben und Formen neu (individuumsbezogen) zu entdecken und seinen eigenen Vorstellungen entsprechend einzuordnen und zu bewerten.
In den einfachen Gesellschaften finden wir sie größtenteils nicht, jene Autorenkunst mehr oder weniger orthodoxer Akademien, dafür umso mehr jene anonymen Begabungen, entwickelt aus religiöser Zuordnung und dem Geist der Gemeinschaft. Da nun der „Wilde" Felsen, Bäume und seinen eigenen Körper bemalt, wird die Natur selbst zum Träger der Botschaft, mit Farben und Formen nach altüberlieferten Mustern . . .[3]
Nahezu jedes Volk dieser Erde verwendet Fette, Öle, Salben, um die Haut geschmeidig zu halten und sie gegen Witterungseinflüsse und Insektenstiche zu schützen, teils mit Zusätzen von Farben. Diese Art von „Schminke" hat nun nicht nur pflegenden, sondern auch dekorativen Charakter, ganz im Sinne einer Farbsymbolik:
Diese ritualisierte Farbsymbolik folgt einer traditionellen Gesetzmäßigkeit, die Farben nicht mehr nach ästhetischen Gesichtspunkten oder natürlichem Gefühlsempfinden zu erleben, sondern nach religiös- und gesellschaftlich orientierten Vorstellungen mit ihren Regeln von Symbolwerten und -wertigkeit.[4] Besonders bei Himmelsrichtungen und Elementen mit göttlichen bzw. dämonischen Vorstellungen finden wir einen Farbcodex.
Als Bildbeispiel dazu:
Schwarz-rot-weiß, Farbtransformationen bei magischen Interaktionen: In vielen Kulturen wird schwarz mit Nacht, Finsternis, unbereinigt, Krankheit bzw. Tod assoziiert. Weiß im dualistischen Gegensatz dazu als Tag, leuchtendes Heil, gereinigt, transzendent/ätherisch. Dieser reine, oft geheiligte Zustand (teils unsterblich) kann nur über die Farbe rot als Symbol des Lebens, der Vitalität (vgl. Blut), der Aktivität in Form von Opfern/Ritualen/Zeremonien erreicht werden. Rot entspricht der Dämmerung, jenes Zwischenzustandes von Tag und Nacht, in dem die magisch orientierten Transaktionen durchgeführt werden. Es ist ein Zustand der Veränderung, der Öffnung und Offenheit, aber auch der Verletzbarkeit (vgl. Rites des passages-Zeremonien).
Im asiatischen Theater, am Beispiel von Kabuki etwa, werden Geschlecht, Tätigkeit, positive und negative Charaktere, der Grad der emotionalen Erregung etc. durch überhöhte Farb- und Formsignale weithin sichtbar gemacht.
Die Ägypter bedienten sich einer raffinierten Schminktechnik mit Hilfe der charakteristischen Verlängerung des Außenlides, der Betonung der Brauen und Bemalung der Nägel in vorwiegend blauen und grünen Farben. Von ihnen haben wir das Färben der Lippen übernommen, eine moderne Analogie zur rötlichen Vulva: Rot = aufreizend, vital, aktiv.

Kosmetikindustrie Europa:

Die zivilisierte Alltagsform der Gesichtsbemalung heißt Make-Up. Tonnenweise werden Farbstoffe und Cremes, Lippenstifte und Lidschatten verbraucht, um der Welt einen Anblick

zu schiefer Augen, zu winziger Münder, zu faltiger Häute oder zu eckiger Konturen ersparen zu wollen, sich eben möglichst nicht vom gerade gängig-modischen Schönheitsideal zu unterscheiden und somit ein stereotypes Bild zu kopieren.
Hat man des Guten zuviel getan, kann ohne weiteres von „Kriegsbemalung" gesprochen werden: Vielleicht gehen wir doch aufs Erobern aus, vielleicht begünstigt dieses aufgeputzte Make-Up unser Jagdglück?
Der Begriff von Make-Up ist aus einer Kultur hervorgegangen, in der Künstliches und Künstlichkeit kaum mehr als solche erkannt werden, dafür umso mehr Natürlichkeit vortäuschen oder Vitalität ersetzen möchten. Im Extremfall dann, wenn der Tote professionell gesundgeschminkt auf einem Fauteuil oder im gediegenen Plüschsarg drapiert, den Angehörigen zum Ergriffensein das letzte Mal vorgeführt wird.[5]

Die Tätowierung:

„...über einen Raum voller Menschen hinweg trafen einander ihre Augen. Die seinen befanden sich genau dort, wo sie hingehörten: nämlich zu beiden Seiten seiner Nase. Ihre aber waren grüne Kreise eines bengalischen Tigers, der fauchend, quer über ihre Brust tätowiert war. Er beobachtete sie. Der Tiger beobachtete ihn. Ihre Aufmerksamkeit aber war anderswo. Sie war sich der Faszination, die sie ausübte, völlig unbewußt..."[6]
Fällt der Begriff Tätowierung, so neigen wir augenblicklich dazu, diesen mit dem Beigeschmack von Kriminalität, Degeneration und Minderwertigkeit zu verbinden, denken auch augenblicklich an die Seejungfrauen und Anker an den Armen, manchmal sogar auf der Brust und an das Prickeln und den Schmerz, der beim Anbringen derartiger Embleme in die Haut zwangsläufig verbunden sein muß. Und wenn wir überhaupt etwas davon wissen, akzeptieren wir die Tätowierung gerade noch bei primitiv erscheinenden Populationen in den, von Zivilisation und Tourismus noch weniger berührten Winkeln unserer Erde, lehnen sie aber als moderner und zivilisierter Mensch (zumindest hält man sich für einen solchen) generell ab, schon mit dem Argument der Berechtigungslosigkeit für die heutige Zeit und im Sinne des überwundenen Niveaus von Eingeborenen etwa, sowie der Tatsache, daß selbst bei diesen die Praktiken der Körperdekoration stark im Schwinden ist oder überhaupt schon verschwunden zu sein scheint.
Doch den meisten entgeht es, zu bemerken, daß wir gerade jetzt, wo unsere Museen und Galerien mit den zusammengetragenen und erbeuteten Resten verschwundener Naturvölker regelrecht vollgepropft sind, auf unseren Straßen der Ballungszentren und Metropolen in zunehmendem Maß dem Körperschmuck und Ritual vergangener Kulturen begegnen. Das Unerwartete aber hat sich schon längst vollzogen: Während westliche Zivilisationen mit ihren Armeen und Kulturen den Osten überwältigt haben, haben sich im Gegenzug bei uns deplazierte und ungewollte Gebräuche und Rituale festgesetzt.[7]
Eines Tages, so könnte man sich vorstellen, wird der Wilde nicht mehr in seinem Rückzugsgebiet, dafür aber umso mehr in den für die menschliche Psyche belastenden und sie isolierenden Großstädten geboren werden und zu finden sein...
Für ein ausschlaggebendes Moment zur Entstehung der Tätowierung greifen wir auf die Körpermalerei zurück, mit dem Wunsch, diese möglichst dauerhaft und unauslöschbar zu erhalten, hinsichtlich der handwerklichen Technik auf den Zufall und die verbreitete therapeutische Methode, Ruß in die offene Wunde zu reiben. Bei Verletzungen und nachfolgender Verunreinigung entstand ein nicht mehr zu entfernender dunkelblauer Fleck. Durch ein bewußtes Nachvollziehen dieses Vorganges war die Tätowierung sozusagen erfunden und entdeckt!
Nach medizinischen Gesichtspunkten eine „Art Operation", bezeichnet die Tätowierung den Vorgang, verschiedene Stoffe (Farben) unter die Haut zu stechen, um dort möglichst bleibende Zeichen hervorzurufen. Als Werkzeuge werden spitze Gegenstände zum Ritzen,

Stechen oder gar Schneiden der Haut verwendet. Früher wurde mit der Hand und den beschriebenen Materialien tätowiert – Stich für Stich –, heutzutage verwendet man elektrische Maschinen, die die Nadeln bis zu 3000 mal pro Minute auf und ab bewegen und einen furchenähnlichen Graben in die Haut fräsen. Der Motor ist eine elektrische Spule und funktioniert nach dem Prinzip einer Türklingel. Je nach der Größe des Motivs dauert die Prozedur zwischen 15 Minuten und 10 Jahren. Schmerzlos ist sie noch immer nicht, obgleich dies einige Tätowiermeister auf Grund der elektrischen Methode behaupten wollen. Als klassischer Farbstoff dient Ruß verschiedenster Gewinnart, Extrakte aus Pflanzensorten sowie das zerstoßene Pigment mineralischer Substanzen. Die verwendeten Farben sind heutzutage ungiftig und manche verblassen nach einigen Jahren. Grund dafür, seine Hautbilder auffrischen und renovieren zu lassen. Dabei werden auch oft die Jugendsünden oder für den Träger nicht mehr adäquate Motive überstochen oder repariert. Es ist einfacher, als sie zu entfernen, denn die unsichtbare Verheilung der ehemals getragenen Hautbilder scheint problematisch.
Doch die meisten Tätowierten tragen ihre Bilder nicht, um sie eines Tages zu entfernen, sondern eher zu ergänzen, so lange, bis der Platz für sie knapp geworden ist...

Erklärung des Diagramm-Modells TÄTOWIERUNG (anhand von Bildern):

Tätowierung: unfreiwillig/Zwang

Unfall
Bestrafung
Kennzeichnung von Eigentum
(Frau/Sklave)

Tätowierung freiwillig:

Hins. Technik

Nadel/Stichtätowierung
ein/mehrfärbig
Schnitttätowierung
Nähtätowierung
Narbentätowierung

Hins. Motiv

ornamental-geometrisch
bildlich/figural
Abstraktion

Hins. Motivation

Denken/religiös orientiert
sozialer Status/Rangordnung
besondere Leistungen/Auszeichnungen
Stammeszugehörigkeit/Totem
Rites des passages/Mut und Ausdauer
Schutz/Talisman
Therapeutische Aspekte
magische Interaktionen
Spieltrieb/Schmuckbedürfnis
Zugehörigkeit
Gruppendeklaration/In-, Outsider, religiös or. Gem.
Emotionsbetonte Zustände
Liebe – Sehnsucht – Erinnerung
Rache – Haß – Vergettung
Sex – Erotik

Sekundäre Motivationen:

Gewinnsucht – Geldeerwerb – Mode
medizinisch-kosmetische Aspekte

Kulturgeschichtliche Outline der Tätowierung Europas

Prähistorische Funde zeigen Belege von Körpermalerei in Felszeichnungen. Ursprung und Funktion sind spekulativ: sicherlich aber magisch-rituellen Charakters wie etwa Terrakottafiguren mit roten Punktierungen als Grabbeigaben zum sicheren Durchgang in die andere Welt.
Mumien aus skythischen Hügelgräbern (5.-14. Jh. v.) sind mit den Bildern mythischer Tiere bedeckt.
Im klassischen Altertum wurde den Sklaven der Name ihres Eigentümers eintätowiert und bei den ersten Christen finden wir ein T (= Tau = Antoniuskreuz) in die Stirnhaut geritzt, Anfangsbuchstaben des Namens Christi, ein Lamm, ein Kreuz oder einen Fisch. Sie sind als Element der Gruppenstabilisierung von den Christen in der Diaspora jahrhundertelang tradiert.
Kinder wurden tätowiert, wenn sie in den Krieg zogen oder die Heimat verlassen mußten.
Im 16. Jh. sind volkstümliche Tätowierungen nur noch beim fahrenden Volk anzutreffen (Soldaten, Seeleute, Zimmermänner).
Auch Kriminelle bedienten/bedienen sich der Tätowierung als „Standeszeichen": Der kleine Strizzi-Punkt unter dem Auge, oder die 3 unauffälligen Punkte in der Beuge Daumen/Zeigefinger, mit der Bedeutung, I bin a Steher! I sich nix, I hear nix, I sog nix.[8] (Somit wäre auch der Strizzi Träger und Bewahrer uralten Kulturgutes)
Die Tätowierung in Europa war aber immer Grenzziehung, manchmal ingroup–, meist aber outgroup-Zeichen und merkwürdigerweise zogen immer die Tätowierten den kürzeren, nie die Blanken.[9]
Kreuzfahrer z.B. ließen sich Kruzifixe einstechen, zum Zweck der Sicherung eines christlichen Begräbnisses. Diese Belege können hergenommen werden, daß die Praxis des Tätowierens im christlichen Abendland fast ausschließlich zur individuellen oder kollektiven Identifikation diente, und fast könnte man sagen: Man fabrizierte zwar Hautbilder, sah sie aber nicht.
Der Impuls einer Wiederbelebung kam aus der Südsee: Captain Cooks Pazifik-Expedition (1760) brachte sowohl das polynesische Wort tatu, als auch verschleppte und am ganzen Körper tätowierte Wilde, bedeckt mit noch nie gesehenen Zeichen, die als Kuriosität vom Publikum bestaunt und von der Wissenschaft unter einem neuen Betrachtungswinkel bearbeitet wurden: Omai, Aoturu, Prinz Giolo und wie sie sich alle nannten ... Ihr verstärktes Auftreten fiel zusammen mit dem Aufkommen von Menagerien, Freak- und Monster Schaustellungen und der Einfuhr wilder, exotischer Tiere: Interesse und Wertschätzung dürften auf gleicher Ebene gewesen sein. Doch Europa mit dem Schönheitsideal der klassischen Antike war vom bunten Wilden fasziniert. Er avancierte vom „primitiven" Wilden zum sogenannten „edlen" Wilden, als Identifikation des Paradieses Südsee und den Anzeichen einer Gegenwelt. Von den in klassischer Manier ausgebildeten Kupferstechern der Expeditionen wurde er auch durchwegs in klassisch-antiker Pose dargestellt: Vgl. den Keulenträger der Krustensternexpedition in der Pose des polykletischen Speerträgers.
Man wollte im Südseebewohner den antiken Helden sehen, er wurde an all seinen Körperpartien vermessen, und man glaubte, damit Originale aus der Antike vorzufinden und wiederentdeckt zu haben.[10] Die Südsee (Tahiti) wurde zum Garten Eden ernannt und wer nicht dorthin flüchtete, ließ sich wenigstens den Traum vom Paradies als dauerhaftes Tätowierbild ersetzen. Die Palme wurde zum beliebtesten Motiv des 19. Jhs., die nackte Eva gesellte sich bald dazu, später auch das Motiv der Schlange, somit ein perfekter Baum der Erkenntnis, erotisch-sehnsüchtig aufgeputzt.[11]
Der Kontakt mit der Südsee hatte zwar eine Tätowier-Wiederbelebung in Europa bewirkt, veränderte aber auch das Muster in der Südsee: Die Missionare halfen fleißig nach, denn Tätowierung war zentrale Widerstandssituation gegen Zivilisierung und Christianisierung.[12]

(Veränderungsbeispiele: als 1790 das erste Pferd auf Huahine/Gesellschaftsinseln eingeführt wurde, war es auch gleich tätowiert... die Hawaianer schmückten sich mit den fremden Buchstaben der Europäer, die sie nicht entziffern und somit spiegelverkehrt tätowieren konnten.)
Durch O'Reilleys Erfindung der elektrischen Tätowiermaschine konnte die Arbeit schneller und rationeller durchgeführt werden (wahrscheinlich auch kostengünstiger), man entdeckte eine einfache Form des Gelderwerbes, und ganze Familien ließen sich gemeinsam tätowieren, inclusive den kleinen Kindern und Schoßhündchen. Einige erhoben sogar Kunstanspruch, wenn man etwa Motive wie Leonardo da Vincis „Abendmahl" präsentieren konnte.
Als ausgesprochene Attraktion galt die tätowierte Frau, deren Tätowierungen bis in die verborgensten Stellen zu betrachten waren, vielleicht eine Vorform der Erotic-Shows, die sich heute per Video in die Schlafzimmer drängen. Als höchstbezahlte Kuriosität galt Great-Omi, der Zebra-Mann, von Christian Wahrlich, dem König der deutschen Tätowierer designiert, mit etwa 500 Millionen Einstichen versehen und möglicherweise deshalb höchstbezahlt.
Der berühmteste, schönste und zugleich geheimnisvollste Schausteller des 19. Jhs. ist sicherlich der „Tätowierte von Birma", alias der Grieche Alexandrinos, alias der Türke Käptn Georgi usw. Als „Homo notis compunctus" ging er in die medizinische Fachliteratur ein. Es gab Gutachten, Vermessungen und Listen mit der Zusammenstellung all seiner Motive, darunter Löwen, Panther, Tiger, Katzen, Gazellen, Elephanten, Schlangen, Krokodile, Eidechsen, Salamander, Frösche, Muscheln, Schnecken, Adler, Pfauen, Perlhühner, Uhus, Schwäne und Sphinxe mit Kronen... in summa 388 Stück.

Markante Highlights der „ethnologischen" Tätowierung

Die frühen Ethnographen berichten übereinstimmend vom Ersatz der Kleidung (Feigenblatt-Theorie), wenn sie die Funktion der Tätowierung beschreiben. Die farbige Deckung hebe den Eindruck der völligen Nacktheit auf, mit dem unschätzbaren Vorteil der Dauerhaftigkeit als auch der Unverlierbarkeit. Prototyp ist der tätowierte Samoaner, der eine eingestochene Seidenhose zu tragen pflegt.
Diese frühen Ethnographen vermochten weder sozio-kulturelle noch religiös orientierte Motive zu entdecken, und die Kultzeremonien sowie der damit verbundene Tabu-Zustand mit den Sexual- und Speiseverboten, den der Tätowiermeister seinen Patienten verhängte, „dienten lediglich dem Abheilen der entzündeten und vom Vereitern bedrohten Hautteile". Die Tätowierung wäre also ganz vorwiegend als ein sexueller Reizschmuck rein ästhetischen Charakters zu bezeichnen. Er intensiviert einerseits nach dem gerade geltenden Geschmack die männliche Schönheit, ja steigert sie geradezu zu kriegerischer Furchtbarkeit. Er verleiht andererseits der weiblichen Erscheinung, wo er nur sparsam und in spielerischen Mustern angebracht ist, den eigenartig koketten Charme, den sich die Europäerin nicht deshalb versagt, weil er barbarisch wäre und ebensolche Schmerzen kostet, sondern weil das einmal gewählte Muster unmodern werden könnte.
Heute weiß man, daß etwa die Gesichtstätowierung im Ahnenreich Hawaiki die Abstammung, den Rang und das Heldentum repräsentieren, und nur unmutig bedankt sich der Tätowierte für den Himmel der Missionare, die ihm sagen, daß es dort oben keine Tätowierungen mehr gäbe.[13]

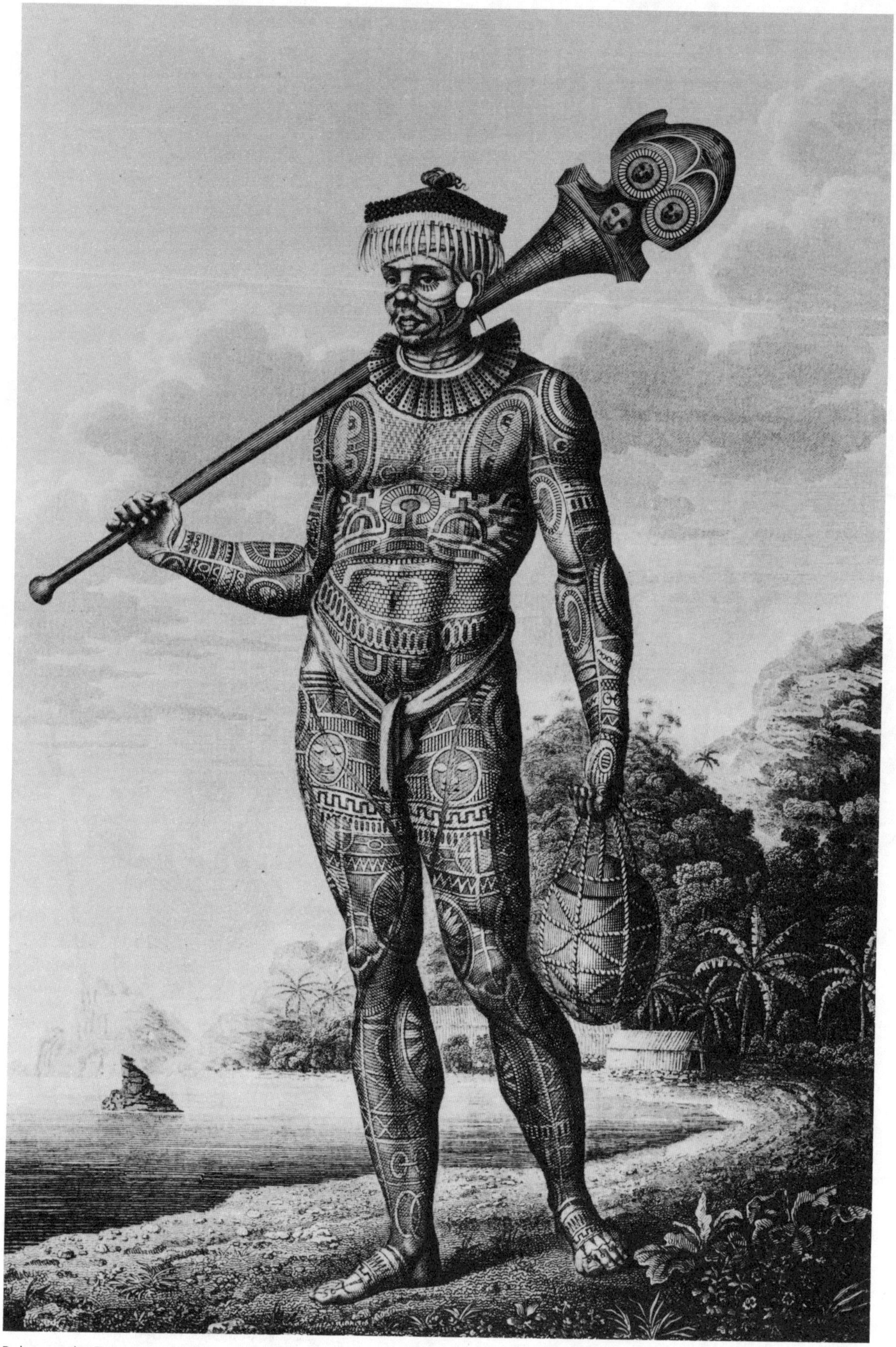

Polynesische Tätowierung: Der „edle Wilde" in Pose des polykletischen Speerträgers. Aus Krustenstern, 1811

Der „Tätowierte von Birma"
französische Postkarte

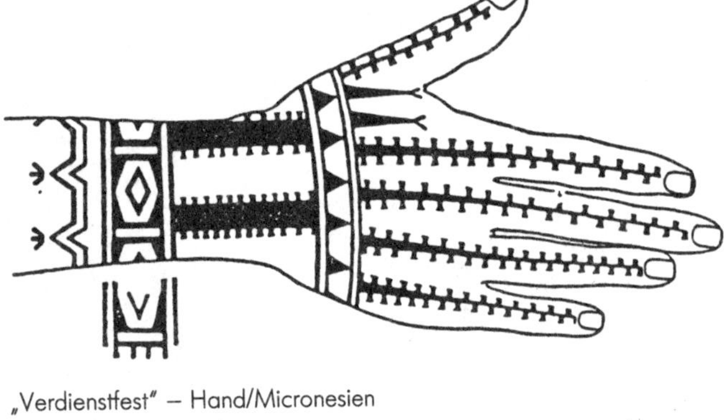

„Verdienstfest" – Hand/Micronesien

Trauertätowierung des Häuptlings TE PO
auf Rarotonga.
Ganzkörper-Streifentätowierung mit
Schildkrotmuster an den Knien.
Aus: Karl v. d. Steinen, Berlin 1925

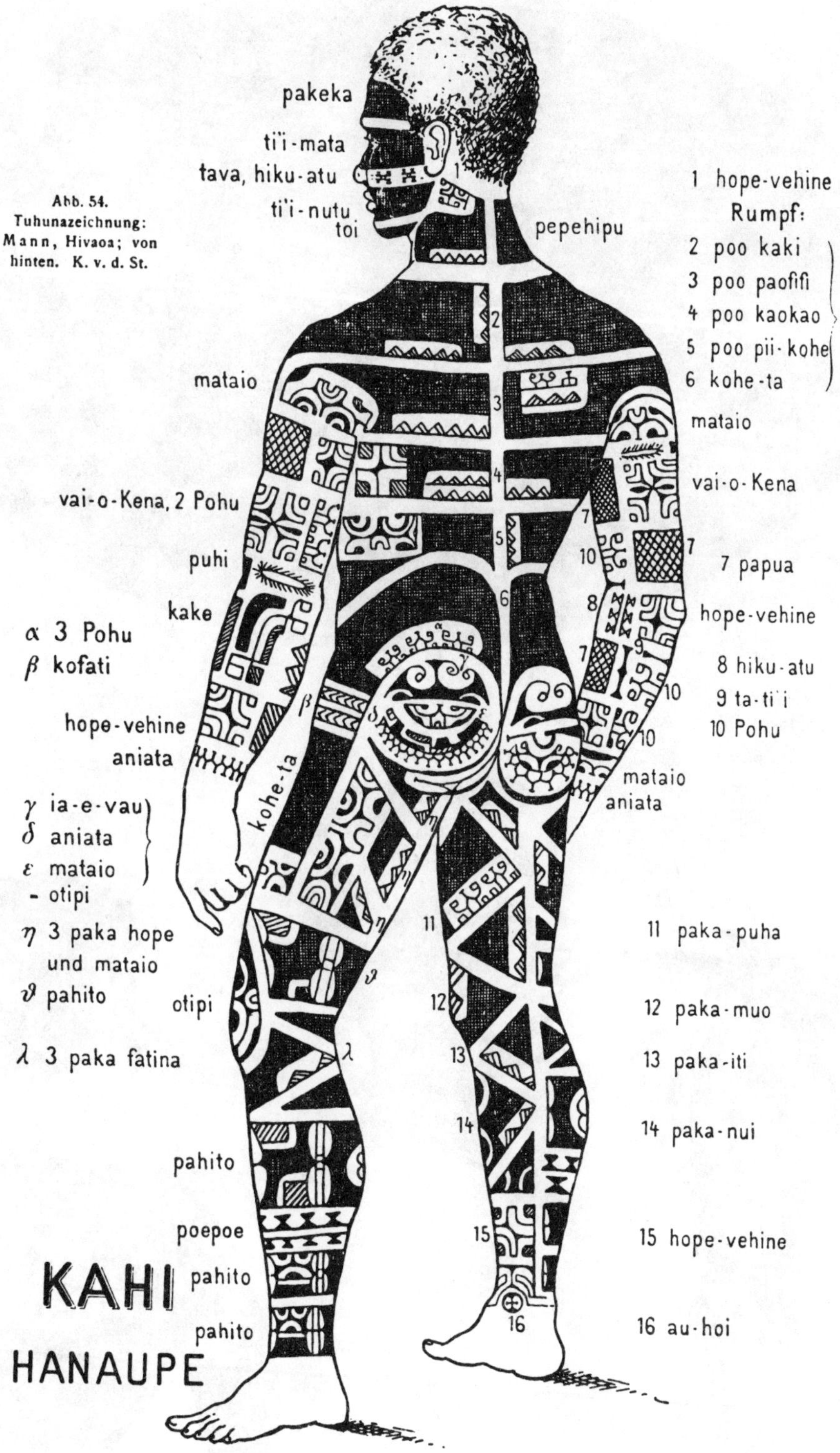

Abb. 54. Tuhunazeichnung: Mann, Hivaoa; von hinten. K. v. d. St.

Gesamtkörper-Tätowierplan mit Detailmotiv-Bezeichnungen Polynesien/ Marquesas-Inseln
Aus: Karl v. d. Steinen, 1925

„Die Tätowierte Frau"
Schausteller Plakat, Lith. by Adolph Friedländer, Hamburg

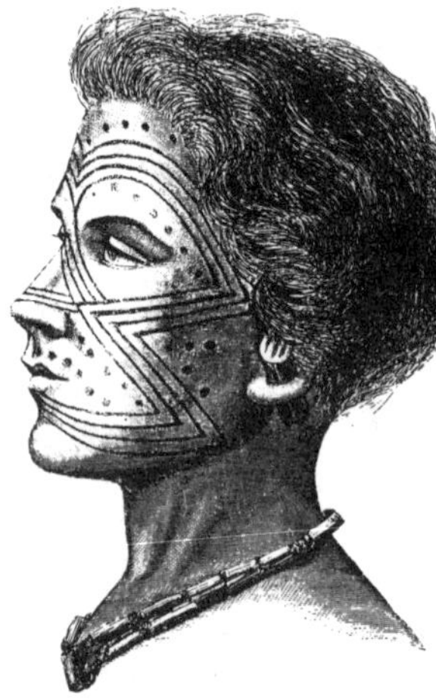

Gesichtstätowierung
mit Tendenz zu
„New Tribalism"

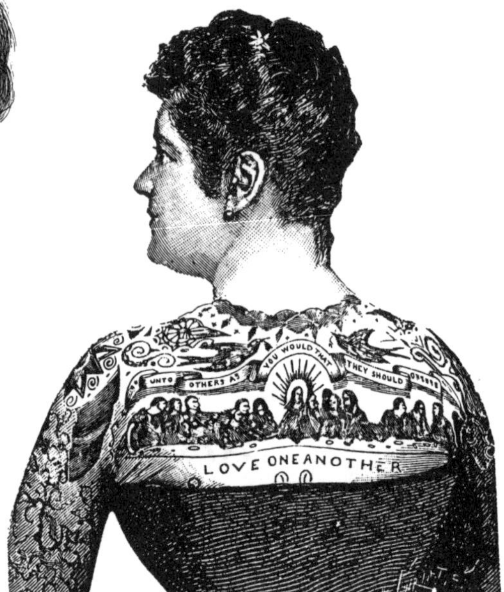

Die Schaustellerin Emma de Burgh
mit tätowiertem Abendmahl
nach Leonardo da Vinci

Tätowiermotiv „Palme mit Eva",
Sehnsucht nach der Südsee.
Aus: Ch. Warlich. Die bibliographischen Taschenbücher. Nr. 277

Maori-Totenfetisch mit spezifischen Tätowiermustern als „Passierschein ins Jenseits".
Foto+Archiv: Wittigo

Maori-Gesichtstätowierung, Moko

Maori-Gesichtstätowierung Moko, Muster mit Individualsignifikanz

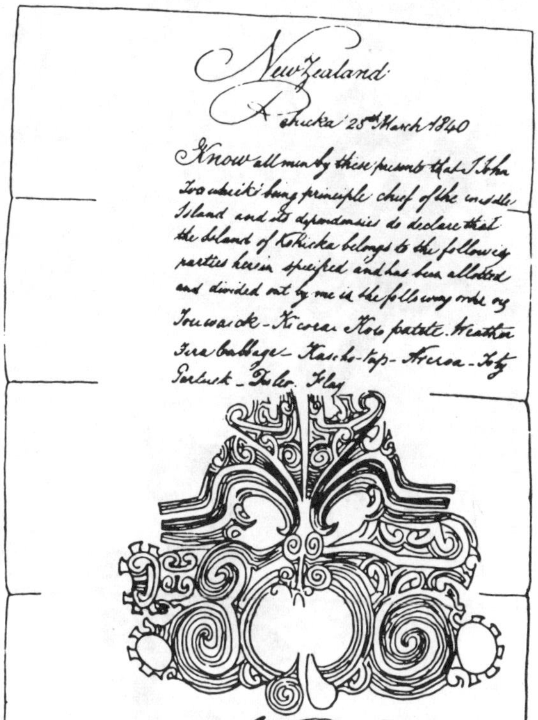

Vertrag mit Tätowiermuster als Signatur. Aus: Robley, 1896

Totemistische Tätowierembleme der Haida-Indianer.
L.: Figur mit Stock, Tintenfisch+Frosch; o.+u.: Krähe und Bär. Aus Swan, 1874

Malaysisch-Borneo: Traditionelle Tätowierembleme der Dayek, teils in stilisierter Tierform. Aus: Hosé, 1912

Die wohl umfangreichste Vorbereitung außereuropäischer Tätowierung finden wir in den verschiedenen Teilen polynesischer Inseln, vor allem im Sinne der sogenannten „Pubertätstätowierungen", verbunden mit Prüfung und Eintritt der Mädchen und Knaben in die Gesellschaft der Erwachsenen. Dabei reichen die Tätowiermuster von recht unansehnlichen Schnitten und Strichen – hauptsächlich zum Zweck der Feststellung von Mut und Ausdauer – bis zu filigran ausgearbeiteten Formationen, die oft an moderne Schmuckgegenstände, wie Armbänder, Ringe, Strumpfbandschleifen etc. erinnern. (vor allem die spärlicheren Frauentätowierungen)
Die Verzierung von Brüsten, Schamlippen und Penis erfreute sich auf einigen Inseln besonderer Beliebtheit.
Wir finden Tätowier-Motive als Belohnung und Leistung für bestimmte Tätigkeiten, etwa erlegte Köpfe/Iban – Borneo, gefangene Fische/Eskimo, oder Tätowierungen, ganz im Sinne einer besonderen gesellschaftlichen Stellung und dem damit verbundenen Ansehen.
Die Muster wurden immer kunstvoller, die Technik ausgereifter, wofür Spezialisten erforderlich waren, verbunden mit hohen Kosten, und die Tätowierung avancierte vielerorts zum Privileg für die Reichen und Vornehmen, mit spezifischen Zeichen familiärer Zugehörigkeiten in einem streng hierarchischen System (vgl. heraldische Motive).
Eine spezielle Ausformung – formaler wie technischer Art – erreichte die Tätowierung bei den Maoris/Neuseeland. Vorwiegend den Häuptlingen vorbehalten, dienten die spiralförmigen Gesichtsmuster, mit meißelähnlichen Tätowiergeräten in die Haut geschlagen, tiefgefurcht, der persönlichen Identifikation.
Ursprünglich aus der Kriegsbemalung, mit dem Wunsche, diese dauerhaft zu machen, entstanden, nahm sie den Weg über den sozialen Status des Trägers zu Lebzeiten, bis hin als Passagierschein oder auch Eintrittskarte in die jenseitige Welt. Später, zur Zeit der ersten Handelskontakte mit Europa diente sie sogar als Signatur für abgeschlossene Verträge. Temporär mußte der Hautstich verboten werden, denn die kunstvoll tätowierten Köpfe waren zur begehrtesten Reisetrophäe geworden.
Die Tätowierungen der Dayak/malayisch Borneo, spiegeln in den Motiven ihre Lebensstellung wider. Die Mustervorlagen in Form kleiner geschnitzter Holztempelchen, werden nach dem Aufdrücken an die vorgeschriebenen Körperstellen sorgfältig ausgeführt, denn jede auch nur so winzige Veränderung der altüberlieferten Patterns würde ein Risiko im Diesseits und eine Gefahr im jenseitigen Verweilen mit sich bringen, die Seele würde als Betrügerin entlarvt und von den Ahnengeistern niemals aufgenommen werden. Die dunkel-tiefen Töne der Tätowiermuster begründen sich darin, daß Apo-Kesio, ihr Himmelsreich, die Umkehrung der diesseitigen Sphäre ist: Oben = unten, hell = dunkel, und nur die dunkelsten Muster werden in magischer Helligkeit erstrahlen können auf der Seelenreise durch die völlige Finsternis.

Jene figuralen Ausformungen, die wir bei den Haida-Indianern auf Totem-Pfählen und an sonstigen Dekorationen diverser Gebrauchsgegenstände vorfinden, sind als totemistische Zugehörigkeitszeichen auch auf ihre Körper tätowiert. Unter Totemismus versteht man eine Geisteshaltung, bei der Personen/Gruppen in einem kontinuierlichen Verhältnis zu Pflanzen – Tieren – Steinen oder anderen Gegenständen stehen und sich in einem verwandtschaftlich, gefühlsmäßigen oder mystischen Sinn verbunden glauben. Totems werden als die großen Helfer und Beschützer angesehen, dementsprechend ehrfurchtsvoll behandelt und ihre Zauberkraft durch Zeremonien gesichert.
Als Besonderheit gelten die Formen der Trauertätowierung. Allgemein bekannt war das Ritzen und Zerfleischen der Haut bei der religiös-orientierten Trauertätowierung mit der Verpflichtung zur Blutspende. Vom Abhacken von Fingergliedern der Hinterbliebenen, zum Abschneiden eines Ohres, zur Tätowierung der Zunge mit Strichen und Flecken, bis zu einer Ganzkörper-Tauertätowierung auf der Insel Rarotonga, die die Bezeichnung einer Schmucktätowierung verdient, reicht das Repertoire.

NIHON IREZUMI, die japanische Ganzkörpertätowierung,

Perfektion hinsichtlich Technik und Motiv

Die Geschichte der japanischen irezumi[14] wird – soweit man den dokumentarischen Hinweisen Glauben schenken darf – im allgemeinen mit den dunklen Imagi der Bestrafung verbunden. Ein Krimineller wurde zu irezumi verurteilt, d.h. er wurde für jedes Vergehen mit einem Ring um den Arm, in extremen Fällen mit dem chinesischen Zeichen für Bastard auf der Stirn tätowiert. Gebrandmarkt und ausgestoßen bedeutete dies eine Art Tod zu Lebenszeit, effizienter als Gefängnis oder Exil.
Als diese Form der Bestrafung kaum mehr praktiziert wurde, begann sich eine eher dekorative Tätowierentwicklung anzubahnen, noch wenig bildhaft, emblemartig-partiell, mit chinesischen/japanischen Ideogrammen, Texten oder religiösen Buddha-Motiven.
Initialer Anstoß für eine grundlegende Veränderung der Tätowiersituation, mit Erscheinungsformen, wie wir sie heute noch anzutreffen vermögen, findet sich gegen Ende des 18. Jh., wo sie beginnt, eine freiwillige Ausdrucksform zu werden. Als Ansatzpunkt ihrer Primärmotivation ist eine chinesische Heldensaga (suikoden)[15] und das damalige Gesellschaftssystem zu sehen. Immer stärker unterdrückt, suchte der gemeine Bürger nach Möglichkeiten, sich gegen die Repressalien aufzulehnen, die Vorrechte der Oberschicht zu kompensieren, und ein wenig „individuelle Freiheit" zu beanspruchen. Tätowierung zu tragen, hieß in jedem Fall, die Autorität zu mißachten und bedeutete zumindest einstellungsmäßige Rebellion.
Als erste begannen die Feuerwehrmänner (hoyama/gaen) als das Symbol des „harten Mannes mit dem weichen Herz" sowie die akrobatischen Bauarbeiter die mächtigen Formen von Drachenmustern und anderer talismanischer Symbole auf ihre Körper zu übertragen. Epidemieartig breitete sich eine Art „Tätowierboom" aus und weitere Berufsgruppen der unteren Schichten schlossen sich rasch an. Irezumi avancierte zum Begriff von Ausdauer, Mut und Stärke und wurde somit sichtbarer/bildhafter Widerstand gegen die herrschende Klasse, die die Tätowierung unzivilisiert empfand und verachtete.
Ein neuer Terminus entstand: Ein Abgeurteilter wurde irezumi-mono genannt, der freiwillig Schmucktätowierte: hori-mono. Derartige Wortdifferenzierungen zeigen die eminente Bedeutung der Tätowierung für einzelne Gesellschaftsschichten jener Epoche. Das öffentliche Badehaus (sento) und die Zeremonienfeste mit ihren Umzügen (matsuri) wurden zum Konkurrenzkampf und Kommunikationszentrum der Bilderwelt.
Lange Zeit waren die Ganzkörpertätowierten der Begriff von Schönheit und formaler Bewunderung, ganz im Sinne des populären Kulturempfindens der späten Edo-Periode und wirkten auf die Künstler jener Tage. Letztlich war es das Verdienst der beiden (heute berühmten und geschätzten) Holzschneider Hokusai und Kuniyoshi, die dem horimono-Gedanken zum eigentlichen Durchbruch in formal-ästhetischer Sicht verhalfen. Durch Umsetzung der Heldenbilder jener bereits editierten suikoden in die japanische Formenwelt und mit Motivsymbolen der prächtigen und reich dekorierten Kimonos und Zeremonialgewänder, schuf Hokusai die Grundlage für die „neuen" traditionellen Tätowiermuster, die sich bis in die Gegenwart erhalten haben. Kuniyoshi gab den Formen und vor allem der Technik den letzten Schliff. Durch seine flächig-tiefen Bildvorlagen ist er als eigentlicher Erfinder von beta und bokashi[16] anzusehen, der schwierigen Technik der Dunkelflächen- und Schattiertätowierung. Angeglichen an die Farbholzschnitte (nishiki-E) entstanden farbintensive harmonische Kompositionen zum Körper, obwohl Entwerfer und Tätowierer noch getrennt arbeiteten. Szenen und Gestalten aus der alten japanischen Geschichte, Mythologie und dem populären Kabuki-Theater erweiterten den thematischen Bereich. Ein lebender Holzschnitt, ein illustrativ-erzählendes Gesamtkunstwerk war entstanden, jene Besonderheit, die die japanische Tätowierung von all den übrigen Erscheinungsformen so unterscheidet.

Aber plötzlich, nach dem Zusammenbruch der Edo-Ära – Anfang Meiji, um 1870 – öffnete die Regierung das Land zum Westen hin, und die Tätowierung wurde offiziell verboten, aus Furcht davor, die Ausländer könnten das japanische Volk aufgrund jener „lebenden Bilder" als unzivilisiert und barbarisch halten. Die Ganzkörpertätowierung wurde verschwiegen und verheimlicht. Ungeachtet des Verbots blühte sie im Verborgenen, und es klingt fast wie ein Hohn, daß es die Faszination (im Sinne von Kundschaft) der Ausländer war – weswegen die Tätowierung eigentlich verboten wurde –, daß sie sich erhalten konnte. Der gute Ruf japanischer Tätowierkunst erreichte sogar die Oberschicht Europas und den Hauch von Internationalität. In den darauffolgenden Epochen entwickelte sie sich jedoch kaum weiter, und viele Designs gerieten in Vergessenheit...
Die öffentliche Erscheinung der traditionellen Tätowierung gehört heute in den Bereich der Vergangenheit, eine hyperzivilisierte Bevölkerung lehnt derartige Ausdrucksformen strikte ab. Selbst die Träger dieser Bilder betrachten sich nicht länger als das antiquierte Relikt vergangener Epochen, schon ändern sich Technik und Design. Mit Stolz tragen sie zwar noch ihre Helden aus der suikoden – aus Gründen der Unauslöschbarkeit vor allem –, die traditionelle Verbundenheit wird jedoch die Fesseln lösen und neue Bilderformen finden, adäquatere für unsere Zeit. Es werden wieder Helden sein, moderne, jene von der Kinoleinwand und dem Fernsehapparat: An den Hintergründen und der Kunst des Tätowierens wird sich kaum was ändern!

Bildblock: Verarbeitung von Körperbemalung und Tätowierung in Gebrauchs- und Aktionskunst. Beispiele von advertising art zu body art.

Die Vertreter der Body Art haben längst den Körper als Mittler künstlerischer Ausdrucksformen begriffen und verwendet, als art pour l'art im Gegensatz zur Funktion bei den Naturvölkern im Sinne einer zeremoniellen Handlung (Integration, rites de passages, Therapie).
Ives Klein z. B. bemalte nackte Frauenkörper, betrachtete sie als „living brush", um sie auf Leinwand abzurollen und seinem Werk Beständigkeit zu verleihen.
Arnulf Rainer erprobte sich (wohl am konsequentesten) an Selbstdarstellungen mit seinem eigenen Körper als auch dessen Stellvertreter, der Fotografie.
Weitere Bildbeispiele von Hideki Fuji, Serge Diakonoff, Patrice Casanova und Serge Lutens.
Als Abschluß eine Serie von Veruschka:
Was für melancholische Objekte diese Bilder sind!
Sie sind in erster Linie melancholisch, weil sie ein Kompendium von Wünschen sind – von kontrastierenden, widersprüchlichen, unterdrückten, lähmenden Wünschen:
Des Wunsches, völlig sichtbar zu werden, endlich so gesehen zu werden, wie man ist; aufrichtig zu sein, unmaskiert.
Des Wunsches, sich zu verstecken, sich zu tarnen. Anderswo zu sein. Anders zu sein.
Des Wunsches, in eine andere Person hineinzuschlüpfen...
Des Wunsches, einer nur menschlichen Erscheinungsform zu entrinnen, ein Tier zu werden, keine Person, ein Ding zu werden: Stein? Holz? Metall? Stoff?...
Des Wunsches, rätselhaft zu sein. Unempfindlich für das Alter und die Qual des Fleisches.
Des Wunsches, Zugang zu gewinnen, zu den Ruinen der Zeit, sich mit den Verwüstungen der Zeit auszusöhnen, selbst Ruine zu werden.
Des Wunsches, das Selbst zu bestrafen. Des Wunsches, sich kein Ziel zu setzen, das man nicht erreichen kann...
Des Wunsches, mit dem eigenen Bild in Wettbewerb zu treten, zum Bild zu werden, Artefakt, Kunst, Form zu werden...
Des Wunsches, entkleidet zu werden, nackt zu sein, sich zu verstecken, zu verschwinden, nur noch die eigene Haut zu sein, die Haut zu peinigen, den Körper zu versteinern, fixiert zu werden, entmaterialisiert, ein Geist. Ganz Materie zu werden, anorganische Materie. Inne zu halten, zu sterben.[17]

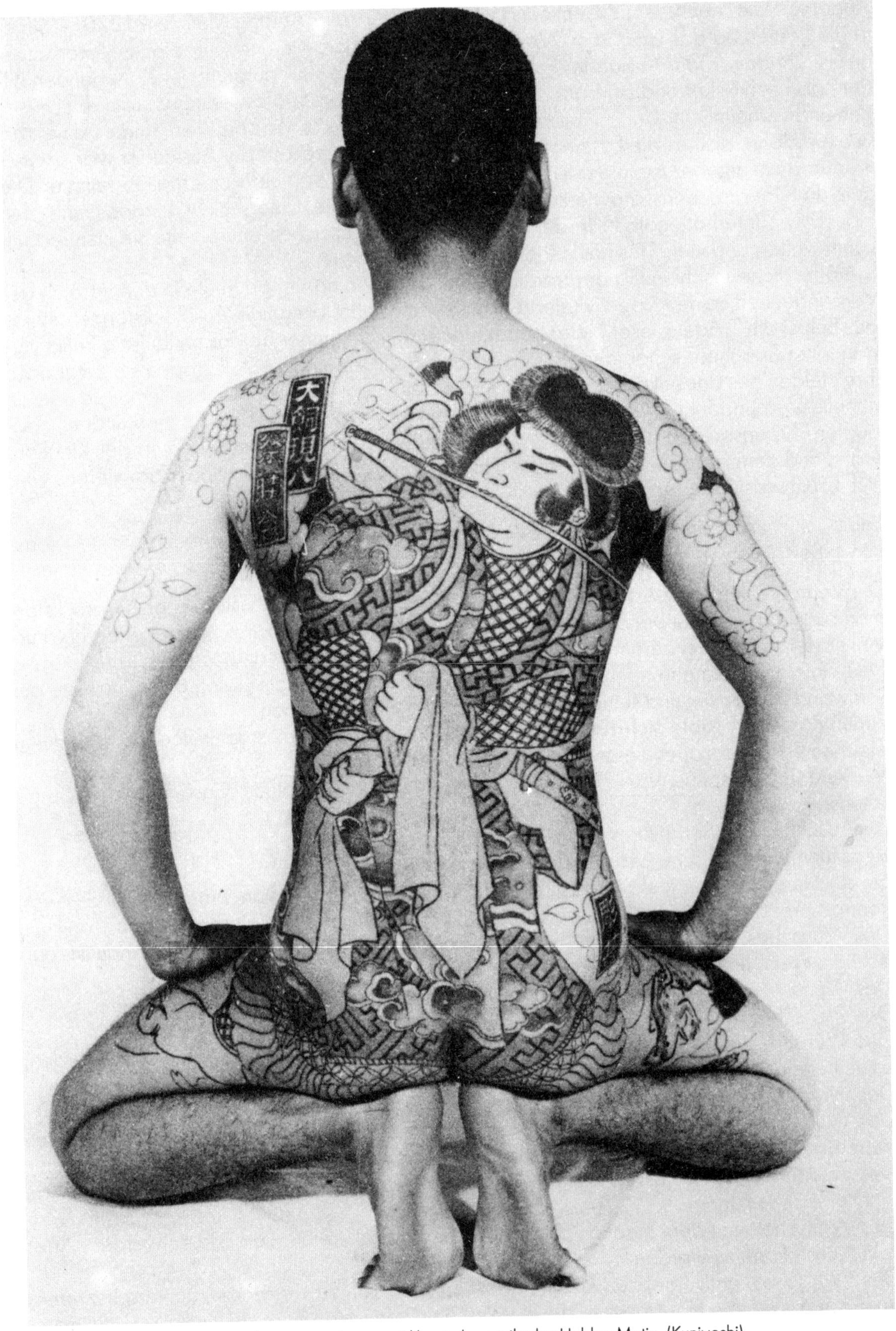

Nihon Irezumi. Japanische Ganzkörpertätowierung mit klassischem suikoden Helden-Motiv. (Kuniyoshi)
Foto: Wittigo

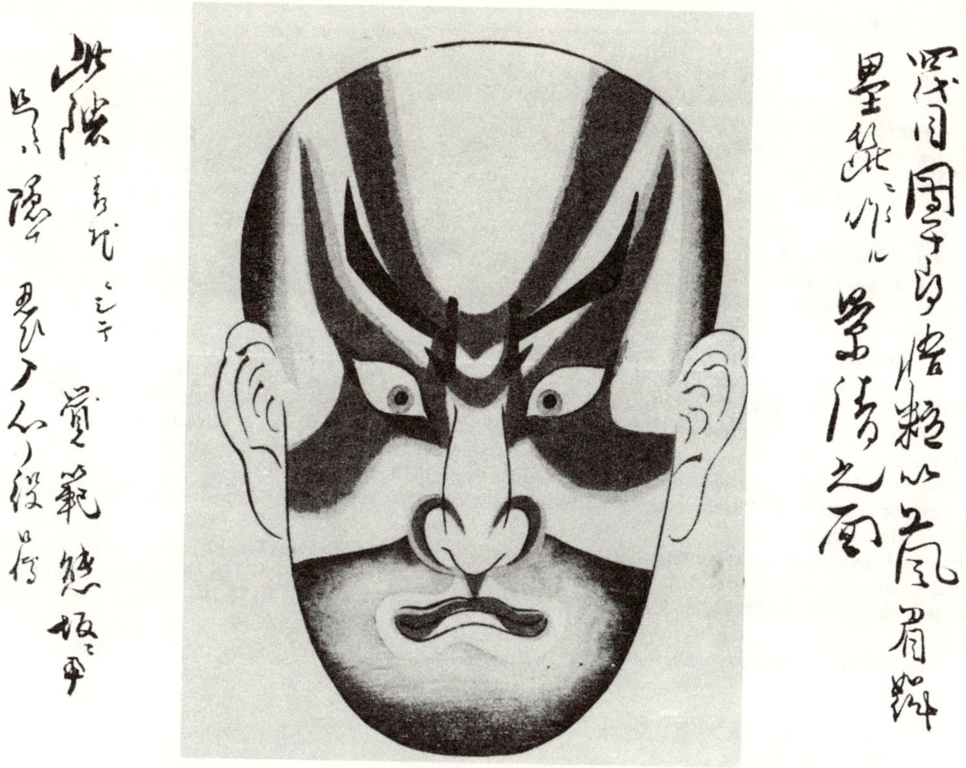

Japan. Farbholzschnitt, Schminkmuster-Vorlage für Kabuki-Theater
Foto: Wittigo

Plattencover. Stilisierung von chinese-opera Make-up. Grund: rot, Gesicht: schwarz, Zeichnung: weiß

1) aus „DU", Die Kunstzeitschrift, 7/1982
Editorial/W. Draeger, exzerpiert.
2) vgl. Andrew Strathern in „Gesichter und Masken", 14,16:1986
3) vgl. Erika Billeter, „Die Malerei des Ursprungs", in: „DU", 7/1982
4) vgl. Winkler/Schweikhardt, 215:1982
5) vgl. Irene Prerost, „Die Lust am Schminken", in: „DU", 7/1982
6) ZITAT WIRD NACHGEREICHT!!!!!
7) vgl. Stalkin Turkey in Wróblewsky/Gommet-Vaëz, 1983
8) vgl. Winkler/Schweikhardt, 220:1982
9) vgl. Stephan Oettermann, 14:1979
10) vgl. Stephan Oettermann, 30:1979
11) vgl. Stephan Oettermann, 52:1979
12) vgl. Stephan Oettermann, 55:1979
13) vgl. Karl v. d. Steinen, 46/47:1925
14) nihon irezumi bedeutet schlechthin „japanischer Tätowierter". nihon = Japan, ire = stoßen, zumi (sumi) = blau; sumi-E = japanische Tusche. Weitere Schreibweisen (in Kanshi) mit jeweils anderer Bildbedeutung sind bekannt.
15) suikoden (japanisch) = die chinesische Schrift Shui-hu Chuan, aus dem 14. Jh. Sie erzählt die Abenteuer von 108 Banditen, Gesetzeslosen und Outsidern, verehrt als Helden und Männer von Ehre und Redlichkeit. Gemeinsam verbindet sie der Gedanke an eine Revolte gegen das korrupte Regime. vgl. Donald Richie, 1980:20
16) beta bezeichnet die tief dunklen, teils großflächigen Stellen, die durch wiederholt intensive tiefe Tätowierung mit konzentrierter Tusche entsteht.
bokashi sind die verlaufenden Flächen, bis hin zu zartesten Abstufungen und kaum mehr sichtbaren Tönen, die die Qualität und Routine des betreffenden Tätowierkünstlers zeigen und dem Gesamtbild den samtigen und haptischen Charakter verleihen. Nur mit der traditionellen japanischen Handnadeltechnik, die bis zu 40 Nadeln für ein Instrument verwendet, umsetzbar.
17) aus Susan Sontag, „Fragmente einer Ästhetik der Melancholie", in: Lehndorff/Trülzsch, 1986, exzerpiert.

Teilweise verwendete und weiterführende Literatur:

Vera Lehndorff/Holger Trülzsch, „Body Art Veruschka" – Transfigurative Malerei, Stuttgart/Berlin/Köln/Mainz 1986
Malcolm Kirk, „Menschen und Masken in Neuguinea", Köln 1986
Chris Wróblewski/Nelly Gommez-Važ, „City Indians", Frankfurt 1983
Chris Wróblewski, „Tattoo, pigments of imagination", London 1987
Chris Wróblewski, „Tattoo art, Tätowierte Frauen", Wien 1985
Stephan Oettermann, „Zeichen auf der Haut, die Geschichte der Tätowierung in Europa", Frankfurt/Main 1979
Eike Winkler/Joseph Schweikhardt, „Expedition Mensch, Streifzüge durch die Anthropologie", Wien 1982
Robert Brain, „The decorated body", New York 1979
Michel Thévoz, „The painted body", Geneve 1984
Serge Diakonoff, „Miralda ou peintures sur un visage", Bernard Letu Editeur, 1978
Helene Guetary/Patrice Casanova, „Skin deep", Nancy 1983
Wilhelm Joest, „Tätowieren, Narbenzeichnen und Körperbemalung", Berlin 1987
Karl v. d. Steinen, „Die Marquesaner und ihre Kunst. Primitive Südseeornamentik", Bd. I Tatauierung, Berlin 1925
Th. W. Danzel, „Die Anfänge der Schrift", Leipzig 1872
Andreas Lommel, „Schamanen und Medizinmänner, Magie und Mystik früher Kulturen", München 1965
General-Major Robley, „Moko or Maori Tattooing", London 1896
Sandi Fellmann/D. M. Thomas, „The Japanese Tattoo", New York 1986
Richie, Donald/Buruma, Jan, „The Japanese Tattoo", New York/Tokio 1980 (Weatherhill)
Iizawa Tadasu, et al., editors, „Genshoku Nihon Irezumi Taikan", Tokio, Haga Shoten 1973
Matsuda, Osamu, et al., editors, „Nippon no Irezumi Zufu", Tokio, Diamon Shuppan 1973
Hideki Fujii/Ternko Kobayashi, „Karada Kesho", Japan 1984
Christian Warlich, „Tätowierungen", Die bibliographischen Taschenbücher Nr. 277, Dortmund 1981
Charles Hose, „The Pagan Tribes of Borneo", London 1912
A. J. von Krustenstern, „Reise um die Welt in den Jahren 1803, 1804, 1805 und 1806...", St. Petersburg 1811
James G. Swan, „The Haidah Indians of Queen Charlotte's islands, British Columbia", in: Smithonian Contributions to Knowledge 267, January 1874
„Du", Die Kunstzeitschrift, 7/1982
Keller, Wittigo, „Tatau – Tatauen – Tatauiren – Tätowieren", in: Internationale Biennale für Grafik und visuelle Kunst, Wien – Expansion, Ausstellungskatalog, Wien 1979

Hideki Fujii, Japan, Body-Art-Sequenzen in Karada Kesho, 1984

ZUR GESCHICHTE DER BEKLEIDETEN NACKTHEIT AM BEISPIEL VON MODE UND EROTIK

Peter Gorsen

Auszug aus einem Vortrag im Rahmen der Interaktion 1, 1987, im Josefinum, Wien.

Eine kritische Rekapitulation der zahlreichen Theorien über die Herkunft der Bekleidung und der Bekleidungsmoden muß heute zu dem Schluß kommen, daß monokausale Erklärungen der Vieldimensionalität des Phänomens nicht gerecht werden. Weder sind der Schutz vor Witterung noch der ornamentale Auszeichnungs- und Ziertrieb des Menschen in der Gemeinschaft und die Befriedigung des menschlichen Schamgefühls als Gründe für sich ausreichend, um den Prozeß der Zivilisation in der Bekleidung der Nacktheit aufzuklären.
Die zu Beginn unseres Jahrhunderts kontrovers geführte Diskussion zwischen Anthropologen, Ethnologen, Soziologen, Psychologen, Sexologen, Kulturhistorikern, Ästhetikern und Modereformern hat gezeigt, daß die gegebenen Erklärungsansätze einander mehr oder weniger widersprechen und keiner von ihnen allgemein Gültigkeit beanspruchen kann. Es ist vielmehr doch so, daß aus dem Mangelerlebnis der Nacktheit im Prozeß der menschlichen Arbeitsteilung und Naturaneignung ein immer differenzierterer Komplex von Bedürfnissen sich entwickelt hat, der in der unterschiedlichen Form und Funktion der Kleidungssitten seinen Ausdruck findet. Neben den Scham-, Schutz-, Schmuck und Herrschaftsformen kommt der Sexualform der Kleidung im Rahmen des befragten Zusammenhangs von Mode und Erotik eine besondere Bedeutung zu.
Durch die Einführung des triebhemmenden, konservativen Faktors der Scham hat die sexuelle Grundlage des ästhetischen Bedürfnisses nach Schmuck und Kleidung gegenüber älteren monokausalen Erklärungen eine wesentliche Differenzierung erfahren. Die Annahme, daß Schamgefühl und Trieb, ein verharrendes unbewegliches und ein vorwärtsdrängendes motorisches Moment, zusammenwirken und auf ein soziokulturelles Ziel hin vorübergehend zum Ausgleich kommen, erweist sich für die Interpretation jedes zwischen Gewohnheit und Abwechslung, Konvention und Novität, Ablehnung und Neugier sich einpendelnden Modeverhaltens als recht brauchbar.
Scham und Trieb, ein doppelter Zwang zum Stagnieren und zum Wechsel modellieren sich wechselseitig, ihr Spannungsverhältnis hält die Modeästhetik im Ausdenken immer neuer und anderer Kompromisse in Atem.
Die Partialreize des v. a. weiblichen Körpers sind für die heutige Modeästhetik wie auch für die heutige Reklame und ubiquitäre Sexualisierung der Waren in der Warenästhetik jederzeit frei konvertierbar. Der Bekleidungsfetischismus ist kein Klassenprivileg mehr, aus seiner Geschichte kann alles jederzeit in der neuen Mode zitiert werden, deren Historismus somit nichts mehr im Wege steht und auch unter heutiger postmoderner Denkweise gefördert wird.
Der belebende einzige Unsicherheitsfaktor im organisierten Modewechsel ist der Einfluß subkultureller Körper- und Kleidersprachen, deren Exotismen, Manieriertheiten und Obszönitäten von der Modeindustrie sublimiert werden, – was immer das heißt, – ihren reglementierenden Schöpfungen meist nur den Anschein des Widerspenstigen und Revolutionären verleihen soll und sie den Anschluß an den großen Bedarf der Jugendkultur und die Konsumgewohnheiten der nächsten Generation suchen läßt.
Mode ist nicht tolerant und liberal, sie ist der totale Staat im ästhetischen Maßstab.

Die Modeästhetik als geschlossenes System folgt einer Logik, die für die erotische Anziehung der Geschlechter nur jeweils eine einzige totalitäre Form vorsieht, diese allerdings muß, da sie in der nachbürgerlichen Massengesellschaft kein zwingendes Stände- und Klassenunterscheidungsmittel mehr ist, immer häufiger ausgewechselt werden. Die schnell alternden Modereize müssen paradox und gegensätzlich aufeinander folgen, um die permanente pseudofetischistische Selbstverwirklichung zu ermöglichen.
Über den Austausch der gleichen universalistischen Fetischformen, die fast schon den Rang von Weltinterpretationen einnehmen und doch nur Ganzheitsillusionen sind, besitzt man den anderen oder wird von ihm besessen. Die oder der Modebewußte ist autoerotisch auf sich selbst verwiesen, dies gibt eine Vorstellung vom sozialpathologischen Ausmaß des kulturellen Fetischismus in der heutigen Mode. Mit dem erotischen Fetischismus hängt der Sündenfall der Mode gegenüber dem Schutz- und Nutzwert der Kleidung aufs engste zusammen. Dem klassischen Ideal, daß die Kleidung dem Körper-Ich vernünftig angepaßt sein muß, hat der verrückte Eros der Mode immer neue und andere Kompromisse abgepreßt. Erotik und Vernunft, Schmuck und Nutzen, das Reizvolle und das Harmonische, Teile und Ganzes der menschlichen Figuration fallen demonstrativ auseinander in der Geschichte der bekleideten Nacktheit.

DIE NACKTHEIT DES VERKLEIDETEN

Burghart Schmidt

Ich danke den Veranstaltern des Sommersymposions für die Einladung und Gelegenheit hier zu sprechen – gerade zum Thema Akt und Nacktheit, das ist ja das Leitmotiv. Zunächst einmal führte ich den Umstand, daß ein so umfängliches und lang laufendes Sommersymposion zu diesem Thema sich organisierte und organisieren ließ und auf Interesse stieß, mich fragend, darauf zurück, ob es hier auch um einen postmodernen Zug ginge, Themen wiederaufzunehmen, die eigentlich außer Kurs gekommen waren oder mindestens nicht mehr den Rang zu haben schienen, den sie früher einmal hatten. Wie dem auch sei, obwohl ich viel gearbeitet habe über Postmoderne, ist mir durch den Kopf gegangen, daß solcher Verdacht wohl schwerlich zu konstruieren wäre, auch nicht im Sinn einer postmodernen Hinterhältigkeit, und so verfiel ich, als wir vor einem Monat ungefähr über die Möglichkeit eines Vortrags von mir hier sprachen, auf die Überlegungen über das Thema Nacktheit der Verkleidetheit, man kann auch sagen Nacktheit der Verkleidung. Weil, damit wollte ich eigentlich aussprechen, daß man sich ja zunächst einmal überlegen muß, am Nackten hängt so viel Offenheit, so viel Übersichtlichkeit, so viel Deutlichkeit, so viel Einfachheit usw., während das Verkleidete das Ummäntelte, das Vernebelte, das Getarnte zu sein scheint und folglich gegen eine Ehrlichkeit des Nackten die mögliche Verlogenheit zu Felde führt. Man kennt ja den Spruch „Kleider machen Leute", eine Kellersche Novelle, und weiß dann eben Bescheid, daß Verkleidungen den Schein über das Sein werfen. Aber nun leben wir in einer Zeit, wo wir sehr vorsichtig damit umgehen müssen, in einer Zeit, die manche kritische Theoretiker unserer Gegenwart eine Zeit der Entsublimierung nannten, und da steigen wir ja schon in ein kompliziertes Thema ein, das mit Freudscher Psychoanalyse zu tun hat, nämlich in das Thema der Sublimierung. Im Sinn einer wörtlichen Übersetzung hieße das ja eigentlich Verfeinerung, aber man kann von der Psychoanalyse her zunächst einmal wohl nur annehmen, daß es um Übersetzung und Umwandlung von etwas geht, das sich von der Sache selber her anders verhält. Demnach stünden wir in einer Zeit und einer Kultur, die in Entsublimierungsprozessen letzten Endes Verkleidungsprozesse zurücknehmen möchte, wie es so den Schein hat. Das stimmt dann auch mit gewissen Redewendungen überein, wie: Man möchte doch vorstoßen zur nackten Wahrheit. Besser kann man ja ein Unverborgenes, eine Unverborgenheit nicht ausdrücken als in einem solchen Redebild der deutschen Sprache, das da von der nackten Wahrheit spricht. Also wird hier im Hintergrund gemeint ein Ablegen von Umständen, die auf falsche Wege führen sollen, so hat es den Schein. Dabei ging es mir durch den Kopf, daß man in Märchen und Sage schon offensichtlich aus frühen Quellen heraus eine leichte Ahnung davon hatte, daß es sich auch umgekehrt verhalten könnte.

Denn da gibt es dieses schöne Märchen von des Kaisers neuen Kleidern. Ein Kaiser, so schildert das Märchen, ist sehr auf den neuesten Pfiff der Mode aus in Sachen Kleidung und sucht sich immer neue Schneider und Berater in Sachen Mode. Schließlich stößt er auf welche, die ihm weismachen, sie hätten einen ganz neuen Stoff entwickelt, so fein wie keiner zuvor. Er geht natürlich dieser Möglichkeit nach. Der Schmäh der Sache ist aus dem Märchen bekannt, also der Umstand, daß diese Schneider überhaupt keine Stoffe verwenden und nur dem Kaiser immer wieder einreden, daß sie ihn bei Ankleideproben Kleider umwerfen, Kleider überlegen, die von diesem raffinierten Stoff sind, bis er eben auch soweit gebracht ist, sich öffentlich damit zu zeigen. Und des Kaisers neue Kleider waren dann der nackte Kaiser in der Sänfte.

Also hier taucht das Nackte im Sinn des Verkleidetseins auf oder die Verkleidung im Sinn der Nacktheit. Für mich stellt sich daraus zur Frage selber ideologisch eine sehr wichtige Ansicht, die ein frühes Märchen schon gebracht hat. Aber man könnte ja auch noch weiter gehen: Wenn das Nackte sich zeigt in Prozessen des Enthüllens, dann könnte man ja immer weiter eine Hülle nach der anderen abziehen wie bei der Zwiebel eine Schale nach der anderen und am Ende? Was wäre dann da? – Das, was ein Sagenmotiv mit der Tarnkappe meinte. Also das Zusammenschließen des Enthüllten mit dem völlig Verkleideten, weil Unsichtbaren, siehe Märchenmotiv von des Kaisers neuen Kleidern. Literarisch hat man natürlich dieses Motiv verfolgt. Und wo findet man es am ehesten? – In Gegenden, die von der Romantik im 19. Jahrhundert beeinflußt waren und romantische Motive vertraten.
Es gibt da zu unserem Thema besonders eine schöne Erzählung von Edgar Allan Poe, die heißt im amerikanischen Originaltitel „The Purloined Letter". Es geht da wie der Titel sagt, um einen verschwundenen Brief. Es handelt sich nämlich um eine Agentengeschichte, eine Spionagegeschichte, eine Entlarvungsgeschichte gegenüber einem Politiker. Nun ist der verschwundene Brief ein Zeichen dafür, daß Leute sich Quellenmaterial in die Hand gebracht haben, mit dem sie jemanden schädigen oder ihn detektivisch entblößen können. Nach diesem Brief wird gesucht und gesucht, wo man ihn vielleicht finden könnte. Derjenige, der ein Interesse daran hatte, ihn zu verbergen, hat nicht die raffiniertesten Verstecke ausgesucht. Das hat der Meisterdedektiv von Poe herausbekommen, indem er den umgekehrten Weg beschritt. Der Verberger hatte den Brief mitten auf seinem Schreibtisch offen liegen lassen, und das erweist sich dann als ein Versteck, mit dem die normale Pariser Polizei nicht zurande kam. Also Verkleidung durch Nacktheit, Offenheit, Offensichtlichmachen, enthüllt Vorlegen usw.

Man hat in der Romantik auch in einem anderen Motivzusammenhang das Thema stärkstens betroffen und hervorgekehrt, nämlich in den Geschichten vom verlorenen Schatten oder vom fehlenden Spiegelbild. Es ist klar, wir haben einen Schatten im Sonnenlicht oder im Licht überhaupt, und wir haben, sofern ein Spiegel da ist, ein Spiegelbild. Nun: Schatten wie Spiegel sind Übersetzer unserer Gestalten und natürlich aller Gestalten, die Schatten werfen und gespiegelt werden. Das Spiegelbild ist nicht die Sache selber, sondern eine Art Verkleidung. Sicher, man kann das auch unter Zeichenthematik symbolisch begreifen. Nun fällt die Kleidung ab. Den Romantikern ging es gewiß zum Teil um das unheimliche Motiv des Absonderlichen, aber auch natürlich um das Motiv eines Verlustes von Übersetztheit, Verkleidetheit, Andersartigkeit gegenüber der Präsenz, mit der man da ist. Das spielt an auf die Thematik des Nackten in der Verkleidung oder der Verkleidetheit des Nackten.
Und nun hat das in unserer gegenwärtigen Kultur besonders ideologische Blüten getrieben. Ich denke da beispielsweise an Adornos Auseinandersetzung mit dem Funktionalismus als einer architektonischen Richtung unseres Jahrhunderts, die ja bekanntlich zum Teil mit Wiener-Loosschem Angriff aufs Ornament zusammenhängt, zum Teil desgleichen mit dem Pragmatismus amerikanischer Farbe, also mit der Einstellung zu praktischen Lebenszwecken als Sinn der Wahrheit und der Darstellung. Auf jeden Fall will man funktionalistisch der Vorgabe nach, auf sachlich einfachem Weg, Funktionen erfüllen ohne irgendwelche darstellerischen oder sonstigen Umwege zu gehen. Diese Nüchternheit hat der Funktionalismus ja bis zu seinem späten Verfechter Julius Posener doch immer im Nacken gehabt, davon kam er so ohne weiteres nicht los. Adorno war einmal gerade zum Werkbund nach Berlin eingeladen, um zu Werkbund- und Bauhausfragen zu sprechen und knüpfte das an die Funktionalismusdebatte, die er auch aktualisierte. Hier sagte er, der Funktionalismus sei eben nicht bloß eine Angelegenheit pragmatischer Art, so daß man sagen könne, das Funktionale will praktische Lebenszwecke erfüllen. Nein, der Funktionalismus an sich selber, nicht für anderes, sei eine darstellerische Art, eine bestimmte Weise des Darstellens und des Dargestellten. Der Funktionalismus wolle gar nicht, so Adorno, funktionieren, er wolle das Erscheinungsbild des Funktionierens den Menschen nahebringen oder ihnen aufdrängen. Das

heißt, es gehe um die Erzählung, wie man heute postmodern sagen könnte, um das Narrative des Funktionalen. Da geht Adorno ideologiekritisch einen Schritt weiter. Warum triumphierte in den letzten Jahrzehnten, vor allem in den zwanziger und von den zwanziger Jahren her in den fünfziger, sechziger Jahren der Funktionalismus in nicht bloß architektonischen, sondern auch in anderen künstlerischen Ausprägungen. Er hatte diesen Erfolg, weil es sich, sowohl in den zwanziger Jahren als auch in den fünfziger, sechziger Jahren euroamerikanisch bis japanisch um Gesellschaften handelte, die sich so auslegen wollten, als würden sie auf sachlich genaue, ökonomische, eben nach kürzesten Wegen orientierte Weise organisiert sein und fungieren. In den zwanziger Jahren nannte man das Neue Sachlichkeit. Solchen Sinns hatten zwar die Nazis die führenden Vertreter der Richtung in die Emigration getrieben unter dem Schandwort entarteter Kunst, das zweite Glied aber unter der Hand weiterwirken lassen und dem „Wiederaufbau" vererbt. Im Funktionalismus sollte also gar nicht das Funktionieren angesteuert werden, sondern eine Gesellschaft wollte sich als sachlich ausgeben. Das hatte natürlich für den Wiederaufbau – da können wir die BRD nehmen wie Österreich – in den fünfziger Jahren im Hintergrund ein ideologisches Verfahren, mit dem man sich auf kürzestem Weg den Nazismus, die Naziideologie glaubte vom Hals schaffen zu können, nämlich indem man die nationalsozialistische Ideologie als irrational hinstellte und nun sagte: Indem wir uns ideologisch wissenschaftlich und funktional ausrichten, haben wir uns schon dem Nazismus entgegengestellt. Das einfachste Verfahren, mit dem man in den fünfziger Jahren das Paket der Vergangenheit beiseitezulegen versuchte. Das ist also ohnehin ein geschichtlich tiefer Hintergrund, der ergänzt wurde durch die präsente Angelegenheit, tatsächlich ideologisch den Leuten überall in ihrer Umwelt einhämmern zu wollen, sie lebten in einer solchen entkleideten, klaren, übersichtlichen, genau organisierten und damit wohl jedem das Seine gebenden Gesellschaft der Nacktheit. Denn zu den Nacktheitskriterien des Offenen gehört ja auch das Recht, die Gerechtigkeit usw., so sehr die Juristen natürlich, um an die von ihnen angesteuerte Eindeutigkeit heranzukommen, die für alle geltend gemacht werden kann, ungemein verklausulieren müssen.

Da beginnen jetzt in unserer Thematik weitere merkwürdige Schwierigkeiten aufzutauchen, die sich auch theoretisch gezeigt haben. Mir ist das aufgegangen in einem Seminar, bei dem ein Gegenstand der berühmte philosophische Traktat von Ludwig Wittgenstein war. Wenn man den so liest und sich mal nicht daran hält, daß der Schein der Mathematik darüber liegt mit der bis zum Einzelsatz durchnummerierten Gliederung: 1.1.1, 1.1.2., 1.2.1 usw., so wirkt ja dieser Text in relativ einfachen Sätzen formuliert, übersichtlichen Sätzen, die sich nicht auf komplizierte Konstruktionen einlassen und die scheinbar eingängig sich von selbst verstehen. Und da sagten nun Studenten, die daran zu arbeiten hatten, es sei merkwürdig, im ersten Augenblick hätten sie gedacht, ein schöner einfacher Text, der außerdem kurz ist und in knapper Zeit gelesen werden kann. Und dann kamen sie plötzlich darauf, daß dieser Text ihnen ungeheure Schwierigkeiten machte, weil nämlich diese Einfachheit und Klarheit am Ende der Textformulation dadurch zustande gekommen war, daß Wittgenstein in seiner Formulationsweise genau dem folgte, was er dann am Schluß des Textes auch sagt. Nach allen abgelaufenen Überlegungen könnten wir die Leiter wegwerfen, die uns zu dem resultierenden Standpunkt gebracht hätte. In all seinen Sätzen stecken Leitern verborgen, die er formulatorisch beiseitegelegt hat. Dadurch erzielt er eine nackte, kalte, kühle, klare Sprache, der scheinbaren Umweglosigkeit, die aber ihre Vertracktheiten in sich hat durch die Ellipsen oder Auslassungen des gleichsam Ornamentalen in Überlegungsgängen, wie man so schon zu sagen vermag. Also auch hier sehen wir, wie die Nacktheit eben in das Verkleidete, in das sich Tarnende, das sich Verdeckende übertritt. Und zu dieser Art sich zu tarnen in dem Gestus der scheinbaren Offenheit hat Wittgenstein einen Beitrag mit der Formulierungsweise des Traktats geliefert, der angelsächsisch überhaupt mißverstanden wurde. Man griff nur jene Ansicht auf, die aus dem Umstand folgt, daß Wittgenstein gefordert hatte, um eine eindeutige Sprache sich zu bemühen. Wir sind

wieder in der Nähe der Juristerei. Eindeutigkeit gewänne man aber nur über die sprachliche Konstruktion von Wissenschaftssprachen. Erst dort käme man zu Kommunikationsmöglichkeiten des sprachlichen Ausdrucks, über den dann zwei verschiedene Personen nicht zweierlei Meinung sein können, außer es liegt einfach nur an ihrer Ungeschultheit. Wer aber in der Wissenschaft der einen Richtung oder der anderen Richtung geschult ist, kennt sich in den sprachlichen Konstruktionsmöglichkeiten aus und wird daher innerhalb dessen, was man auch von Amerika her kennt, innerhalb der scientific community (Ch. S. Peirce) mit allen Kollegen über die Aussagen einer Meinung sein. Endlich sei das viele, viele Mißverständnis aus der Welt, von dem nach Wittgenstein die Philosophie gelebt hätte und unter anderem auch ihre Geschäfte hätte machen können.
Aber das ist der eine Wittgenstein, der Wissenschaftstheoretiker auf der Suche nach der Eindeutigkeit vor seiner alltagssprachtheoretischen Kehre, vor seiner Sprachspieltheorie. Und doch schon in diesem frühen Wittgenstein steckt haargenau der andere, wenn er nach dem Leiterbild des die Leiter Weglegens usw. darauf zu sprechen kommt, wir seien an dem Punkt angelangt, jene Regeln ermittelt zu haben, nach denen sich eindeutige klare Sprachen formulieren lassen, und nun müßten wir einsehen, solche sprachlichen Konstruktionen der Exaktheit geben auf keine der Fragen Antwort, die uns wirklich interessieren.
Also letzten Endes, die wissenschaftliche Aussage hat immer nur mit Fragen zu tun, die uns nicht interessieren, die wir zwar exakt behandeln können, die uns aber eigentlich kalt, gleichgültig lassen. Wissenschaftler können ja gerade von Exaktheitsorientierung her in den Gestus der bloßen Richtigkeit fallen, ohne sich die Interessantheit ihrer Fragestellungen und Aussagen noch irgendwie zu Gemüte zu führen.

Mir ist das einmal aufgegangen bei einer Gastveranstaltung von Max Bense an der Kunsthochschule in Hamburg, bei der er erst ganz kompliziert die Theorie der Isomorphien entwickelte. Ich will nicht einsteigen in das, was diese Theorie der Isomorphien ausmacht, es ist wenigstens der Versuch, Systeme zu entfalten, die scheinbar bis dahin Unvergleichliches wieder vergleichlich machen. Bense erläuterte das schließlich an den lateinischen Buchstaben, bei denen wir in unserer allgemeinen alltäglichen Auffassungsweise beispielsweise eher das h dem b verwandt sehen, weil Rundungen darin sind, als dem k. Der Isomorphienlehre geht es darum, daß man Buchstaben beispielsweise anders vergleichen kann, etwa nach Kriterien der Verzweigung, und da ist nun gerade b ein Buchstabe mit Verzweigungen, ich meine natürlich in der lateinischen Kleinschrift. Und folglich muß man h mit ganz anderen Buchstaben als p und b verwandt sehen. Dergleichen stellte bis in mathematische Formulationsweise hinein Bense dar, um nachher, er sprach vor Architekten dort, auch noch einzugehen darauf, was nun eine solche Theorie dem gestaltenden Architekten vermitteln könnte. Da sagte er: Unsere Sätze leiden ja auch seit dem Wiederaufbau an dem Umstand, daß wir uns in einem schneller und schneller werdenden Verkehr nicht mehr orientieren können. Die Orientierung bei wachsender Geschwindigkeit wird immer mehr erschwert. Nun wird uns die Isomorphienlehre Systeme entwickeln lassen, die ein Sich-Entscheiden im Orientieren erleichtern dadurch, daß die Zahl der Entscheidungsmöglichkeiten eingeschränkt wird. Wer sich gut orientieren will, ist gut daran, wenn er in einer Entscheidungssituation nur zwischen a und b, nicht zwischen a, b, c, d zu entscheiden hat. Diese Einsicht könnte man jetzt in die Orientierungssysteme der Städte eintragen. Erster Diskussionsbeitrag der Studenten, na!, das haben wir ja schon, das Autobahnsystem. Gut, dann machen wir ein städtisches Autobahnsystem und überall, was Verkehrswege betrifft, nur Autobahnsysteme. Aber das sei ja nun ein sehr karges Ergebnis dieses Vortrags. Bense daraufhin nur, der Exaktheitsfanatiker und Wissenschaftsfanatiker: Egal, ob das Ergebnis karg und dürftig sei, Hauptsache, es stimme und das habe er hier bewiesen. Damit war für ihn diese Art von Diskussion vorüber. Auch eine Weise, nach der Theorie in dem Problem zwischen Nacktheit und Verkleidetheit steht und ganz offensichtlich diesen Spannungsbogen irritiert bis da hinaus. Wenn man auch natürlich sich sagen kann, daß Wissenschaftsideolo-

gie solcher Überzeugtheit, Wissenschaft müsse nur darauf verweisen, daß ihre Aussagen sich als richtig bestätigen lassen, daß die immerhin erst in den sechziger Jahren durch dialektische Ansätze gesprengt wurde, dann ab den siebziger Jahren, diesmal mit gutem Grund, durch postmoderne Ansätze. Und trotzdem gibt es da nun auch gerade wieder Felder, wo man sich Fragen stellen kann in der Theorie, die sich wenden an die Darstellungsseite der Theorie, also an die gleichsam künstlerische Seite der Theorie.
Das ist mir aufgegangen an Foucaultschen Texten. Foucault hat zwar einerseits Darstellungsweisen wie das Glitzern, Schimmern, Rauschen, Murmeln usw., das gehört zum literarischen Part einerseits, andererseits liebt er aber die wissenschaftlichen Termini bis dahinaus, die kommen dann angeordnet nach dem Prinzip der Reihung, nach dem Prinzip Kreuzung oder nach dem Prinzip der Verquerung hinein und geben den Texten von Foucault allerdings den Ausdruck einer wissenschaftlichen Abgeklärtheit in raffinierter Form. Demnach geht es nicht um das Wissenschaftsinteresse einfacher Form, man sagt ja manchmal so schön falsch, das sei ja so logisch, so einfach. Wenn es logisch ist, ist es nicht einfach, wenn es einfach ist, ist es nicht logisch. Bei Foucault handelt es sich wirklich um Texte, denen man nicht eine solche Marke ankleben kann, sie seien einfach und darum logisch oder logisch und darum einfach, was ohnehin falsch ist, wie ich sagte. Nein, es ist ein Raffinement dahinter, ein kalkulatorisches Raffinement. Aber wenn ich da diese Texte studiert habe, ist mir doch die Frage aufgetaucht, ob man nicht gerade bei Foucault erfahren kann: Gibt es so etwas wie Exaktheitskitsch, gibt es so etwas wie eine Exaktheit, die sich bloß selber vorgibt, vortäuscht, und genau genommen hat sie nicht die Exaktheit. Mir geht es am wenigsten darum zu sagen, es stecke nichts hinter Foucaultschen Texten, es geht mir darum zu sagen, daß in scheinbar exakter Formulierung Foucault denkerisch ganz unexakt vorgeht. Deswegen will ich alles andere sagen, als daß Foucaults Texte jetzt weggelegt werden können mit dem Hinweis auf den Exaktheitskitsch. Sie bleiben wichtig schon allein für so etwas wie die Frage, ob es möglich ist, in bestimmten theoretischen Darstellungsformen Genauigkeitskitsch, Nacktheitskitsch zu entfalten. Denn das Kitschproblem ist ja heute neu aufgetaucht jenseits der Gebildeten unter den Verächtern des Kitschs, möglicherweise berührt mit einem intensiven Bedürfen des Menschen. Außerdem habe ich nur einen zu erwägenden Verdacht gegenüber vielem bei Foucault ausdrücken wollen.

Anders sieht es natürlich dort aus, wo die „postmoderne" Formulierungsweise die Exaktheit ablegt und zu so etwas übergeht, wie gerade ein Literarisieren der Theorie zu betreiben, was andererseits in der Tat von Krämpfen der überflüssigen theoretischen Korrektheit und Belegtheit wieder etwas abführte. Man kann sich ja an Manchem freuen, was gerade von Frankreich herüberkam, aha, endlich wieder der französische Essayismus, dem es nicht am meisten darum geht, daß die Zitate richtig belegt sind und daß viel zitiert wird, sondern in dem und gemäß dem dann wirklich einmal gedacht wird. Aber natürlich gibt es dann auch Blüten, die die neue postmoderne Verkleidung gegenüber den Exaktheitstendenzen des Nackten dann in eine Wolke treiben, von der ich nicht weiß, wie man in ihr, auf ihr, unter ihr weiterkommt. Ich erinnere mich an das Klagenfurter Philosophiespektakel vom Mai 1986, auf dem Pierre Dubost, mit ihm auch andere, Ansichten vertraten, die sie schon seit Jahren herumtragen, Ansichten, wie die folgende: Unsere Reden alle kreisen um das, was nicht beredbar ist, um das was überhaupt in einer Rede nicht auftritt, aber darum müssen wir immer wieder reden und immer wieder reden. Natürlich steckt darin ein Problem verborgen, das ich jetzt zurückbeugen kann auf meinen Theoriestart in Sachen Darstellung von Theorie anläßlich Wittgenstein, der ja anknüpfte an die Formel, die ich brachte, daß die eindeutig gemachten Wissenschaftssprachen nicht auf Fragen antworten, die uns wirklich interessieren. Da steht dennoch oder gerade darum der andere Satz, dem Postmodernen verwandt, also merkwürdigerweise unwittgensteinisch interessant geworden von Wittgenstein: Worüber wir nicht reden können, darüber sollen wir schweigen. Nun glaubt man eigentlich, von Wittgenstein belehrt, die Kommunikation könne nur in wissenschaftlicher Weise laufen,

alles andere dürfe sprachlich gar nicht ausgedrückt werden. Trotzdem hat Wittgenstein sich nicht dazu verstanden, daß hier die Kommunikation abreißt. Er hat darauf verwiesen, worüber man nicht reden kann, das läßt sich zeigen.
Derart kommt in diesen Wissenschaftsideologen etwas ganz anderes hinein, er gebraucht das bei ihm scheinbar Befremdende auch wörtlich, er spricht von der Zeigemystik. Er besteht nämlich darauf, daß der Zeigeakt ein grundloser sei, der in Grundlosigkeit verweist, also ein Akt, den man nicht begründen kann und der etwas realisiert, das sich seinerseits nicht begründen läßt. Wenn ich etwa über einen Baum rede, so kann das literarisch, biologisch, physikalisch, chemisch geschehen, okay, das ist die wissenschaftliche Kommunikation oder aber eben literarisch die alltagssprachliche oder die künstlerische Kommunikation. Bei solchen Typen von Kommunikation vermag ich diskursiv vorzugehen von einem Satz zum anderen. Selbst in der bildenden Kunst, wenn ich den Baum male von einem Zeichenstrich zum andern oder von einem Pinselstrich zum anderen oder von einer Spritzung zur anderen, liegt Diskursivität vor. Die läßt sich auseinanderlegen. Dagegen wenn ich zu jemandem sage, du, schau der Baum, dann ist das ein Zeigeakt. Was ich jetzt sprachlich formuliert habe, ist genauso gut, wie wenn ich bloß den Arm ausstrecke zu deuten, also zu zeigen. Damit ist der Umstand gegeben, daß ich nicht von einem ersten zu einem zweiten zu einem dritten, von Grund zu Folge, von Folge zu Grund, von Grund zu Folge weitergehe. Ich muß mich dabei begnügen, in einem spontanen Akt jemanden auf etwas zu verweisen, und indem ich bloß darauf verweise und nicht darüber rede, habe ich auch diesem Gegenstand, worauf ich verweise, jeden Grund genommen. Er ist wie meine Zeigeart spontaner Art in die Präsenz eingetreten. Wittgenstein ist noch einen Schritt weitergegangen, der letzten Endes in seinem präsentischen Ansinnen gegenüber dem Zeigeakt wieder Fragwürdigkeiten einbringt. Er glaubt nämlich, daß sich die Chose nicht allein darauf beschränkt, daß man so mit dem Zeigefinger durch die Welt geht, sondern daß es doch auch Kommunikationsprozesse gibt, die man in der Kunst finden kann. Da, glaube ich, steckt bei Wittgenstein das von Benjamin formulierte auratische Verhältnis zur Kunst stärkstens drin, unüberwindlich und ebenso fragwürdig. Er vermag das auratische Verhältnis nämlich nur im *Rezeptions*kommunikationsprozeß überhaupt ein wenig plausibel zu machen. Im eigentlichen Produktionsprozeß gelingt das eben nicht, deswegen hatte ich vorhin von der Diskursivität im Machen der Bilder gesprochen oder der Bildwerke überhaupt und der künstlerischen Texte. Gut, aber es ging zunächst, ohne diesen Fragwürdigkeiten beim Beschluß des tractatus logico philosophicus weiternachzugehen, doch wesentlich um den Umstand, daß tatsächlich Reden an den Punkt führen können, an dem das von der Rede Angezielte gerade aus der Rede gänzlich herausfällt, nie in die Rede hineinkommt, und doch hat die Rede etwas damit zu tun. Umkreisen des nicht zu Redenden wäre dann eine Art formulatorischer Zeigemystik, wie sie bei Wittgenstein angetreten war und heute postmodern sich ausbreitet und doch mit einem Unterschied zu Wittgenstein. Wittgenstein geht zur Zeigemystik über, die anderen bleiben bei der diskursiven Rede, die sie führen und führen und führen in lauter Würde und Spiralen und Kreisen usw., und sie glauben, daß dieses einen Sinn hat bei Beharren auf der Sinnlosigkeit. Es liegt ein Mißverständnis vor, wenn man glaubt, in mystische Dimensionen überzugehen, daß es da tatsächlich sinnvollerweise nur einen Kippunkt gibt, der mit dem Thema des Schweigens einer übersetzten Tarnkappe zu tun hat. Ich kann zwar redend das Schweigen ansteuern, ich kann das Schweigen aber nicht bereden, und das hat auch schon ein Franzose viel früher klargemacht, Marcel Proust.

Das theoretische Hauptthema, das seinen Riesenroman „Auf der Suche nach der verlorenen Zeit" nicht erschöpft, ist bei Marcel Proust das Thema des Sich-erinnerns und nun setzt er zwei Erinnerungsweisen gegeneinander ab. Er spricht von der üblichen Erinnerungsweise, die meint, daß man sein ganzes vorangegangenes Leben als einen Begründungsvorgang der gegenwärtigen Weise des Existierens annimmt. D.h. weil das passierte damals, pas-

sierte darauf das, dann das und darum bin ich heute hier. Das kann man natürlich umdrehen.
Bloch erzählt in den „Spuren" eine dazu auch sehr erhellende Geschichte von einem Bettler, der vor einer Synagoge sitzt, da kommt ein Rabbi und sagt, er hätte heute eine große Laune, jemandem sehr zu helfen, er, der Bettler, solle sich doch etwas wünschen, einfach das, was er sich wirklich wünsche, er solle keine Rücksicht darauf nehmen, ob es das Wunderbare wäre. Daraufhin sagt diese Mann: Ich wünschte, ich wäre ein König, und dann würde ich in folgender Stadt leben und folgendes Schloß haben und folgende Minister und folgende Dienstboten und folgende Frauen und folgende Generäle und Heere, Truppen und Schiffe usw., und dann würde plötzlich ein Krieg ausbrechen, und in diesem Krieg würde ich verlieren und vertrieben werden, sogar von meinem eigenen Volk, und ich würde durch die Wüste wandern, immer weiter, verdurstend, halb verdurstet, halb verbrannt, halb vertrocknet, und dann käme ich hierher und siehe da, plötzlich bin ich da, hier, heute auf dieser Treppe, und mir fehlt ein Hemd, das ich mir wünschen möchte. Bloch geht es in der Geschichte darum, etwas in die Wunschform zu verwandeln, was Lebenserinnerung war. Begründungszusammenhang, warum sitzt der hier auf der Treppe vor der Synagoge. Das ist also sein ganzer Wunsch, sein Erinnerbares zurückzugewinnen durch einen, wie Bloch tituliert, „Fall ins Jetzt". Und er merkt, daß er das Wunderbare dazu braucht. Das hat eben Proust durchgearbeitet, wenn es nicht um das alltägliche Erinnern in Grund und Folge geht, das unseren Lebensweg ja auch so schön als „Lebenslauf" deutsch uns schildert. Griechisch ist da ein Fremdwort, das ein bißchen anders klingt, Biographie. Das deutsche Wort dagegen, Lebenslauf, enthält Lauf, etwas, das in einer Linie verläuft, und darauf schnurrt jetzt das Leben ab. Nun sagt Proust, es geht ihm um ein Erinnern, das sich völlig freimacht von dieser laufartigen Art Erinnerung, denn die sei ausblendend. Alles, was es an Sackgassen gegeben hat, alles was es an Quergängen gegeben hat, wird hier nicht aufbewahrt. Vielleicht hat man gerade noch in Erinnerung, da habe ich einmal einen Blödsinn gemacht, nebenbei ist auch das passiert, aber das hält man dann nicht für wichtig.

Proust geht es in seinem Romanwerk um die vollständige Erinnerung, um die Rückkehr eines vergangenen Augenblicks in allen seinen Momenten, in seinen Gerüchen, in seinen Tönen, in seinen Schwingungen, in seinen Geräuschen, in seinem Atmosphärischen, Windhaften. Dieses will er, dieses völlige Zurückkehren eines Augenblicks aus der Vergangenheit oder die völlige eigene Rückkehr in diesem eigenen Augenblick der Vergangenheit, von dem er sagt, das sei der Möglichkeit nach das einzige an Ewigkeit, das der Mensch erreichen könnte. Diese Ewigkeit bestimmt er so, sie sei Austritt aus der Zeit des Vorher, des Jetzt und des Nachher oder umgekehrt. Nachher, jetzt, vorher, insofern läge die Rückkehr eines solchen Augenblicks gänzlich aus den Zeitdimensionen heraus. Man stelle sich einmal vor, man wäre jetzt wirklich wieder in einem vergangenen Moment, dann wäre Vergangenheit nicht mehr Vergangenheit, Gegenwart nicht mehr Gegenwart, Zukunft nicht mehr Zukunft. Das zeigt eine merkwürdige Ewigkeit, nämlich sonst stellen wir uns unter Ewigkeit etwas vor, das nicht zu Ende geht, während für Proust durchaus nur drin war, daß die einzige Menschen zugängliche Ewigkeit einzig plötzlich auftaucht und auch gleich wieder verschwunden ist. Um an eine solche Ewigkeit heranzukommen, schuf er sich sein Erinnerungswerk „Auf der Suche nach der verlorenen Zeit", um am Schluß dieser Arbeit überfallen festzustellen, das gemeinte Ziel ist nicht erreichbar über derartige Anstrengung. Ich verfalle immer wieder in die Ausblendungen, in die Akzentuierungen, in die Untertöne, die Obertöne, Zwischentöne von Erinnerungshierarchien, die alle irgendetwas Abstraktes haben. In der Vergangenheit habe ich ganz anders existiert, und nun kommt eben die berühmte Geschichte, die sein Romanproblem sinnlich löst, nicht mehr theoretisch.
Proust hat sich nach langer Schreibzeit und Zurückgezogenheit in Paris einmal wieder dazu entschlossen, eine seiner vielen früheren Snob-Besuchereien gleichsam zu wiederholen, auf eine große Party der oberen Zehntausend zu gehen in einem Stadt-Palais. Während er

über den Hof auf diesen Palais zugeht, tritt er plötzlich aus Versehen mit seinem Fuß auf einen Stein, der da im Hofraum liegt. Dadurch entsteht eine Höhendifferenz zwischen seinen beiden Füßen, die genau der Höhendifferenz einer Treppe hinauf zu einer Kirche in Venedig entspricht. Und dieses eine Moment der Übereinstimmung der Höhendifferenz seiner Füße holt ihm dann tatsächlich die ganze Erinnerung herbei, wie er damals in Venedig in dem Augenblick des Kirchenbesuchs gelebt hatte. Also das Erinnerbare von dem, was er damals gelebt hatte, kehrt voll in sein Bewußtsein zurück. Nun folgert er: Es tritt ein solches vollständiges Erinnern nur unwillkürlich ein. Trotzdem, so sagt Proust, war das willkürliche Anstrengen des Erinnerns unbedingte Voraussetzung für den Eintritt der Unwillkürlichkeit. Das hat eben mit der Mystik zu tun, die ja bekanntlich nicht mit Irrationalität oder einer Art Aberglauben oder einer sonst nur tiefgläubigen Religiosität zu verwechseln ist, von welch' letzterer man sagen kann, jemand glaube schlechthin, sondern die Mystik hat sehr rationale Anstrengungen gemacht, um das Visionäre zu fassen. Und bei Proust wird erklärt, es war der Weg des schreibenden Versuchs, an die vollständige Erinnerung heranzukommen, nicht umsonst. Denn nur weil dieses Bemühen stattgefunden hatte, wurde die Gelegenheit hergestellt, daß unwillkürlich die vollständige Erinnerung auch eingetreten ist. Das also die Kehre bei Proust. Aber der ganze Roman ist nicht ein vollständiges Erinnern, obwohl es uns selber bei der Lektüre natürlich manchmal so vorkommt, weil er solche detaillierte Länge hat. Die Länge geht daran vorbei, vorbereitend.

Auch Proust kennt also wie Wittgenstein jene Kippe, an der man in ein anderes eintritt, in ein anderes der möglichen Kommunikationsprozesse, und man möchte die nötig gewesenen Leitern weglegen. Das würde eine solche Rede wie die vom erwähnten Pierre Dubost, alle Reden dürften ausschließlich das Schweigen umkreisen, welches in die Rede nicht einzutreten vermöge, und darum müßten wir gerade unsererseits immer wieder in die Rede eintreten, gleichsam untermauern. Doch bleibt da der große Unterschied, postmodern leichtfertig vernachlässigt gegenüber den Originalen, das Thema der Wende, des Umschlags aus den umständlichen, unweghaften, verkleideten, verstellenden, umstellenden, steigernden Vorgängen des Schreibens oder der künstlerischen Produktion heraus in das scheinbar ganz Einfache oder Nackte des Moments der vollständigen Vision oder Erinnerung oder des von Wittgenstein so formulierten Schweigens am Ende des Eindrucks, daß man, wenn man redet, doch nur über das redet, was einen gar nicht interessiert.
Das ist die eine Seite also, ich kann hier nur das Problem hinstellen mit den Aspekten, die mir daran aufgehen, ohne nun unbedingt werten zu wollen. Ich möchte allerdings dazu sagen, in unseren Kommunikationsprozessen können wir weder in das Schweigen eintreten, noch wird uns tatsächlich auch unwillkürlich je die vollständige Erinnerung gelingen, noch wird uns eine mystische Anstrengung in die Vision führen. Ich halte das natürlich für etwas mit großer Skeptik zu verfolgendes, aber utopische Funktion steckt unbedingt ungeheuerlich darin trotz des Anscheins der Unmöglichkeit. Bei der utopischen Funktion ist es ja immer sehr schwierig.
In einem Rundfunkgespräch mit Ernst Bloch hatte Theodor W. Adorno einmal das Thema aufgegriffen, das bei Bloch stark vorkommt: Überwindbarkeit des Todes. Zwar hat es Bloch in seinem Prinzip Hoffnung durchaus pragmatisch als etwas gesehen wie eine utopisch vervollkommnete Medizin, die könnte vielleicht den Tod aus der Welt schaffen. Oder unsere Selbstvervollkommung könnte den Tod aus der Welt schaffen. Da sagt nun Adorno dem Bloch, diese Utopie könne er natürlich im wörtlichen Sinn nicht mitmachen, er glaube nicht daran, daß es so etwas wie die Überwindung des Tods gibt, vielleicht könnten wir einmal 200 Jahre alt werden, aber ganz würde der Tod sich nicht herausbringen lassen aus der menschlichen Existenz. Adorno fährt dann aber fort, und doch sei an dieser Utopie was Wahres. Nämlich jenes Wahre, das dem widerspricht, was an Ideologien von Todesverherrlichung umgeht. In den Maß wie Todesverherrlichung oder die These, das menschliche Leben sei auf den Tod hin bestimmt usw., solange es um den Angriff auf diese Ideologie

geht, gibt es kritische Potentiale in der Utopie der Überwindbarkeit des Todes. Also in solchem Sinn kann ich sagen: Vielleicht würde es mir schwerfallen, an die Hoffnung der Mystiker auf das Visionäre, an die Hoffnung von Proust auf die vollständige Erinnerung, an die Hoffnung von Wittgenstein auf ein alles erfüllendes Schweigen zu glauben, und doch vermag ein kritisches Potential darin zu sein, indem was kippt aus der Verkleidung in eine Nacktheit, bei der wir uns aber immer die Frage stellen müssen, ob sie nicht der große Gestus der Verkleidung selber ist, diese Nacktheit. Dann kann man nämlich die ganze Sache umkehren und sich auch die Überlegung stellen, ob nicht Verkleidungen uns Spuren geben zur Sache selbst, die durch die Nacktheit überblendet würden, und daher würde die Nacktheit die Sache selbst verdecken. Etwas davon bewegt sich ja in Freuds Psychoanalyse, von der ich in Sachen des Sublimierens und Entsublimierens schon kurz gesprochen habe, ohne daß das irgendwie auch Freuds kunsttheoretischer Ansicht hätte gerecht werden können, ich habe ja nur die entscheidenden Begriffe hineingeworfen, aber ich darf wohl annehmen in Wien laufen sie sicher noch um. Ob ich jetzt Traum oder Kunst bei Freud nehme, es geht da im einen Fall ums Sublimieren und im anderen Fall um das Übersetzen von Verdrängtem in die Traumbilder. Das Sublimieren ist auch ein Übersetzen. Es handelt sich jedesmal um ein Übersetzen, es handelt sich um Etwas, das Etwas in etwas bringt, was dieses Etwas dann doch nicht ist. Ganz einfach vom sprachlichen Übersetzen wissen wir es, aus dem Englischen ins Deutsche oder aus dem Englischen ins Französische, das Deutsche ist nicht das Französische, das Französische ist nicht das Deutsche, das Englische gegenüber beidem ein Anderes. Also übersetzen heißt immer, etwas ansteuern auf einem Weg und auf einer Darstellungsweise, die es an sich selber nicht ist, und damit hat solches durchaus einen Verkleidungscharakter. Nun sagt eben Freud von den Träumen sowohl wie von den Sublimationen der Kunst, daß sie nicht das darstellen, was dahinter steckt an Verdrängtem, an den Verwundungen durch das Leben. Aber sie lassen Spuren auftauchen. Und an diese Spuren kann ich mich jetzt klammern, von ihnen aus zu dem vorstoßen, was wirklich vorliegt. Während wenn mir jemand sagt, wie er sich wirklich nackt so einschätzt in seinem Lebensprozeß usw., dann verstellt er sich die ganze Zeit. In seinen Verstellungen selber, in den andersmachenden Darstellungsweisen von etwas, dessen er sich gar nicht bewußt ist in Traum und Kunst, in solchen Übersetzungen schafft er die Zugänge zu dem, was in ihm vorliegt. Natürlich können wir diese Frage, und das ist auch von der kritischen Theorie her zentral bei Herbert Marcuse geschehen, auf das anwenden, was an heutigem Entsublimieren läuft. D.h. in den Maß, wie Entsublimationsprozesse sich steigern und steigern, passiert etwas, was die Spuren zu einer möglichen Wahrheit aus der Welt schafft durch lauter klare Verstellungen. Durch lauter Verstellungen aus Nacktheit und Klarheit. Dazu kann ich eine meine eigene Erinnerung betreffende Erfahrung einbringen.

Und zwar ging es um Verhandeln mit einer Rundfunkstation, diesesfalls in der BRD, in der BRD lief etwas schneller, nämlich das Verschleifen nun auch in den Rundfunkmedien von Werbeteil und Redaktionsteil, was die Illustrierten vorgespielt haben und die Zeitungen und Zeitschriften. Und da hatte jemand einen Text vorgelegt, der von der Rundfunkredaktion ihm zurückgegeben wurde mit dem Hinweis, das sei Druckdeutsch, so etwas könne man in Aufsätzen und Büchern lesen, aber im Rundfunk sei es nicht zu gebrauchen, denn im Rundfunk solle jetzt gesprochen werden, wie die Menschen auf der Straße sprechen. Ich sagte daraufhin als Rat zu dieser Person, paß auf, nicht versuchen tatsächlich so etwas wie eine alltagsgängige Sprache zu sprechen, den Beitrag so lassen, wie er dasteht, nur umformulieren auf Werbeformulierungen, auf Werbesprachstrukturen. Und daraufhin bekam er dann eine Menge Aufträge, weil sich die Redaktion selber in dem täuschte (das glaube ich sogar), es ginge hier um die Alltagssprache, nein, es ging eben darum, die Werbesprache einzubringen in den Redaktionsteil, und die Werbesprache ist eine hochkünstlich ausgetrickste. Mit Alltagssprache hat das allerdings an einem Punkt etwas zu tun, in einem wechselwirkenden Zusammenhang, nämlich in dem Umstand, daß wir selber die Erfahrung überall machen, die Werbesprache beeinflußt die Umgangssprache der Leute erheblich, und insofern hat tatsächlich auf der Straße die Alltagsformulierungsweise viel aus der Werbung. Das ist aber nicht die Alltagssprache selber, sondern eine hochkünstliche Sprache hat hier ihre Einflüsse geltend gemacht. In solchen Vorgängen laufen Entsublimierungsprozesse: Weg mit der angeblich so komplizierten und unklar machenden und verstellenden literarisch geschulten Sprache oder in Wissenschaftsformulierungen, wissenschaftlichen Aussageweisen geübten Sprache; hin zu einer, die man Satz für Satz sofort versteht. Da äußert sich der vorgebliche Verständnisdrang in den siebziger Jahren, in der BRD lief besonders der Ton um, da hieß es ständig, er oder sie kann sich nicht vermitteln, immer ging es um Vermittlung. Ich habe auf Seminaren der Friedrich Ebert-Stiftung erfahren, ein Seminar wäre dann gut, wenn jeder mitgeredet hätte. Was geredet wurde, war vollkommen gleichgültig. Mir ging zu solchen Prozessen durch den Kopf eine Anekdote, die ich von Bloch gehört hatte. Die bezog sich auf die Bühler-Zeit in Würzburg, Karl Bühler und Charlotte Bühler sind namentlich damit verbunden, als die Psychologie-Schule in Würzburg gerade loslegte. Und da ging über diese Psychologenschule in Würzburg die Rede um, in Würzburg seien die Laboratoriumseinrichtungen und Versuchsverfahren so vollkommen wissenschaftlich exakt und genau gemacht worden, daß man von jetzt an auf die Versuchspersonen verzichten könne. Also man kann auch eine Didaktik entwerfen, die derart raffiniert geworden ist, derart kollektiv, daß man auf Themen völlig verzichten mag. Solche Tendenzen liefen und liefen eben auf das hinaus, daß nur noch beredet werden durfte und sollte, was schon verstanden war. Gerade das Aussteuern, das Ausfällen von Lernprozessen stand dahinter. Das meint jetzt den skeptischen Blick, den ich auf diese ganze Thematik habe aus den Erfahrungen mit einer Kritik der Entsublimierungsprozesse, wie sie die kritische Theorie im Bogen von Adorno bis Marcuse gebracht hat.

Das bringt mich zu der Aussage, die am Abschluß des profil-Artikels zu diesem Symposion gestanden hat. Als ich sie da aber so allein für sich stehend las, nachdem ich mit der Redakteurin doch länger darüber geredet hatte, wurde sie mir auch wieder ein bißchen unangenehm, ja nahezu peinlich. Man kann zwar sagen, unter solchen Aspekten, wie ich sie jetzt hier ausgeführt habe, daß unter lauter Sauberkeit so viel Dreck zu stecken vermag. Wenn aber diese Aussage für sich stehen bleibt und nicht der ganze Motivationshintergrund, den ich unter anderem aus der Kritik des Entsublimierens beigebracht habe, dazu tritt, dann kann das natürlich ein sehr spießbürgerlicher Satz sein. Immer nur Dreck hinter der sauberen Fassade wittern zu wollen, ein gegenseitiges sich Verdächtigen, sich Kontrollieren, das liegt dem Spießer. So habe ich allerdings die Aussage wirklich nicht gemeint, sondern ausschließlich in Hinblick auf das Befragen jener Entsublimierungsprozesse allerorten, die uns gesellschaftlich, individuell, politisch scheinbar die Kleider, die Verkleidungen von den Körpern zu reißen scheinen und doch uns das eben nur zum Schein machen. Wir müssen hier sehr vorsichtig sein gegenüber dem Nackten, als dem Klaren, Eindeutigen und damit müssen wir vorsichtig sein gegenüber dem, was man schlechthin die nackte Wahrheit nennt, die man beim Namen zu nennen hätte. Die Spuren von möglich bleibender Wahrheit bahnen sich durchs Dickicht des verkleidend-Ornamentalen hindurch, sie brennen auf keiner nackten Haut. Noch der von Tätowierung angeekelte Ornamenthaß lebt vom Ornament, die Askese des Franziskanertums erweist sich als ornamentaler Gestus. Die Eitelkeit schaut ihm aus den Löchern seines Mantels, vielleicht: großes Vielleicht.

Programm InterAKTion 1

ERÖFFNUNGSFEST IM WuK

Samstag, 15. August 1987

Festeröffnung

Univ.-Prof. Dr. med. Hans Bankl
Vortrag: „Der nackte Mensch –
Interaktion zwischen Wissenschaft und Kunst"

SOUL-TRAIN
Konzert

BAUCHTANZ

Brigitte Holzinger

SOIREE MOULIN ROUGE

Sonntag, 16. August 1987

Eröffnung
„Damenmord" ein Unspiel mit Musik

Choreographie für Jean-Dominique Ingres, Thomas Freiler und Violon, sein Modell Petra Sterry

anschließend:

Striptease – Auszug aus dem Kabarettprogramm

Johanna Tomek liest:
Dacia Maraini, „Dialog einer Prostituierten mit einem ihrer Kunden"
Aretino, „Die Rache des Liebhabers"
Anäis Nin, „Das Delta der Venus"

anschließend Kabarettprogramm bis in den frühen Morgen.

ABSCHLUSSFEST

Samstag, 12. 9. 1987, WuK

FEST, AUSSTELLUNG, PERFORMANCE, VIDEO

Disco: Duller-Bambata

MIA ZABELKA, „Bewegt – erstarrt", Teil 1

Sonntag, 13. 9. 1987, Moulin Rouge

PODIUMSDISKUSSION
„Sexualität, Kunst und Rechtsprechung"

Dr. R. Bischof, DDr. W. Reiss, O. Oberhuber, L. Ingrisch,
Dr. G. Zanger, Dr. D. Schrage, H. W. Schimanko, Feliks Bister

GEDANKEN ZWISCHEN RÜCKBLICK UND AUSBLICK

Peter Stasny

das wiener sommer symposion fand statt! Das Projektstadium wurde dadurch teilweise überwunden und es erscheint von Nutzen, vom gegenwärtigen Standpunkt der Entwicklung aus, Rückblick zu halten und Ausblicke für die Zukunft anzubieten. Es kann hier nur der Versuch unternommen werden, anhand einiger kritischer Erörterungen, Feststellungen und Fragen, Aspekte zum Selbstverständnis, zur bisherigen Entwicklung, zum ersten Ablauf und zur kulturpolitischen Bedeutung und möglichen Aufgabenstellung aber auch zur Rezeption in der Öffentlichkeit und bei den beteiligten Künstlern, Wissenschaftlern und Teilnehmern zu skizzieren.

Interaktion, Kommunikation, Interdisziplinarität, Verbindung von Theorie und Praxis, Wissenschaft und Kunst waren und sind programmatische Begriffe im Zusammenhang des Selbstverständnisses von **das wiener sommer symposion,** genauso wie die formulierte Vermittlungsabsicht auf breitester Ebene, was soviel heißt wie die Alltagserfahrung seitens interessierter Teilnehmer in kreativen Prozessen didaktisch mit einzubeziehen. Zunächst stecken diese Begriffe als Schlagwörter das Ereignisfeld ab, bilden aber auch Meßpunkte in bezug auf die Einlösung oder die positive Entwicklung von Ansprüchen oder das Aufzeigen von Defiziten und Fehleinschätzungen oder ausständigen Restbereichen. Wir unterstellen dabei nicht die Möglichkeit einer völligen Versöhnung des Projektanspruches mit der gesellschaftlichen Realität, was als idealistisches Bild im Bereich der Utopie anzusiedeln wäre, fühlen uns aber motiviert durch das utopische Denken einerseits und ziehen unsere Energie aus der Differenzerfahrung andererseits. Eine Differenzerfahrung, die durch fortschrittliche und konservative Mechanismen im Projekt selbst und vor der komplexen und in sich widersprüchlichen gesellschaftlichen Wirklichkeit und deren Wertsystem ihre Dynamik bezieht.

Zum Verhältnis von Kunst und Wissenschaft

Die Entwicklung der Neuzeit bis zur Moderne steht unter dem Primat der Wissenschaften und im speziellen der Naturwissenschaften, deren mathematisch-logische Aussageformen, Beweisführungen und analytische Grundhaltung als Methoden der Wirklichkeitsschilderung den ganzheitlichen, intuitiven und anschaulichen gegenüberstehen. Die Moderne ist durch Differenzierungsprozesse gekennzeichnet, die bereits in der Antike in der aristotelischen Aufteilung der Philosophie in eine theoretische (Metaphysik, Mathematik, Physik, Psychologie), eine praktische (Ethik, Politik, Ökonomik) und eine poietische (Technik, Ästhetik, Rhetorik) Gruppe mit ihren Teildisziplinen angelegt ist. Im Zuge der Begriffsbildung und der Methode der Induktion zur Bestimmung allgemeiner Gesetzmäßigkeiten und der Axiomenlehre verlagert sich das antike Gleichgewicht zwischen betrachtender (theoretischer) und herstellender (poietischer) Weltaneignung, durch richtige Überlegung auf Grundlage des Wissens voneinander abhängig, zugunsten der Theorie. Damit wird der Kunst (griech. „techne") ihr rationaler Anteil des Wissens „warum" zugunsten der wirkungsästhetischen Erfahrung „daß" verschüttet. Die antike Einheit von Wissenschaft und Kunst beginnt bereits bei Aristoteles auseinanderzudriften. Seit dem ausgehenden Spätmittelalter entwickelt sich die Auffassung, die Welt sei durch Denken, das der Anschauung nicht mehr bedarf, konstruierbar. Die Kunst, ihrer weltbildstiftenden Funktion im religiösen und sozialen Bereich ent-

ledigt, wird mehr oder weniger autonom, versucht sich zeitweilig der Lebenswirklichkeit anzunähern oder mit ihr zu verschmelzen, übernimmt seit dem Aufkommen der Ästhetik des 18. Jahrhunderts aus einer zur Wissenschaft komplementären Position heraus die Aufgabe, die Wissenschaft mit den ihr abhanden gekommenen Bereichen des Empfindens, der Gestimmtheit und der Anschauung zu kompensieren. Die Dominanz des physikalisch-mathematisch bestimmten Weltbildes seit Descartes und Newton fördert einseitige Spezialisierungs- und Differenzierungsprozesse, denen die Kunst nurmehr zwischen verschiedenen Autonomieverständnissen pendelnd kritisch entgegentreten kann. Ob nun die Kunst gegenüber einer überkommenen Ästhetik aus dem 19. Jahrhundert ihre Autonomie auf neue Weise einfordert oder in alternativen Lebensprogrammen die Annäherung an die Lebenswirklichkeit sinnstiftend vollziehen will, als Gesamtkunstwerk oder in ihrer Selbstüberwindung, bleibt sie, gelegentlich auch explizit (z. B. Bauhaus), dem Primat der (Natur-)Wissenschaft verhaftet.
Nach Hegel sei das reine Denken der künstlerischen Veranschaulichung überlegen, weil es Erkenntnis auf den Begriff bringe, im Gegensatz zur Kunst, die Wahrheit nur zu umschreiben in der Lage wäre. „Kunst war unter den Bedingungen des gegenwärtigen Bewußtseins eine Verunklärung des Geistigen."[1] In der Auffassung Hegels war eine physikalische Formel exakter und lehrreicher und damit der Wahrheit näher als jedes noch so sorgfältig hergestellte, der sichtbaren Wirklichkeit entsprechende Schaustück. Die Kunst, mit Ablagerungen von Natur behaftet, war nicht mehr fähig, den Geist sich selbst erkennen zu lassen. Der Aspekt des Herstellens im Gegensatz zum begrifflichen Erfassen wurde von Hegel nur noch in der Poesie und damit analog zur ursprünglichen Bedeutung ihres Begriffs geduldet. Da ihr Material aus reiner Phantasie bestand, konnte hier „Gestalten" zur wortschöpferischen Hervorbringung von Welt gerettet werden. Deshalb sprach Hegel von ihr auch als von einer „allgemeinen Kunst".[2]

Wahrheit als die Erkenntnis des Notwendigen: des bürgerlichen Staates und seiner Ordnungen mit seinen Rechten und Pflichten. Hier hatte die Kunst ausgespielt, da nur das vernünftige Denken in der Lage war, einem so definierten Wahrheitsbegriff zu entsprechen. Gemeinschaftsbildend und sinnstiftend ist folglich einzig und allein die Wissenschaft, Kunst nurmehr unterhaltsam und Behältnis für subjektive Betrachtungen, die den Blick für gesellschaftliche Notwendigkeiten verstellt. Hegel konnte den Künstlern ihre „sinnlose Tätigkeit" nicht abgewöhnen, daher verschließt sich sein philosophisches System mit seinen Hypothesen vor der gegenteiligen Erfahrung.
Abgesehen von der Tatsache, daß sich die Wissenschaft trotz des rein Geistigen auch immer wieder in Modellbildungen und Vergegenständlichungen verständigte, sind gerade ihre Erkenntnisse abstrakter mathematisch-physikalischer Gesetze nicht weniger wahr und umso folgenreicher an den teils fragwürdigen Segnungen der Technik und der Umweltveränderung großen Stiles sicht- und spürbar. Der Gedanke, um gesellschaftlich relevant zu werden, bedarf zumindest seiner akustischen Vergegenständlichung im Wort um vom anderen gehört zu werden. Selbst in der Annahme telepathischer Kommunikation besteht die menschliche und gesellschaftliche Existenz immer noch in der Organisation und zunächst wertfrei gedachten Manipulation und Bewältigung von Materie und Körper.
In vieler Hinsicht zeigte und zeigt sich die Anschauung gegenüber dem Begriff überlegen. Das Kunstwerk hat, trotz Hegel, seine Funktion der Gestaltung gesellschaftlicher Erfahrung nicht eingebüßt, auch wenn es sich immer wieder subjektiver Gehalte angenommen hat. Gesellschaftliches Zusammenleben funktioniert nicht nur durch „Betrachten" sondern auch durch „Bewirken". Kunst, griechisch „techne" bringt Betrachten, Überlegen und Bewirken in einen Funktionszusammenhang. Nicht nur das Kunstwerk „steht in Aktion und Interaktion mit unserer gesamten persönlichen und gesellschaftlichen Organisation"[3] sondern auch die Wissenschaft. Deshalb bezieht sich ein gesellschaftlich verallgemeinerter Kreativitätsbegriff auf die Wissenschaft gleichwie auf die Kunst.

Aus der Kritik an der Lebenswirklichkeit der Gegenwart erwächst die heute dominierende Wissenschaftskritik, die gegen szientistische Auswüchse in Kriterien der Operabilität und Effizienz revoltiert und deren Autorität in Orientierungsfragen negiert. Man spricht allgemein von Tendenzwende, Umdenken, Umwälzung der Wertvorstellungen und ähnlichem, und auch die unscharfe Rede vom „Paradigmenwechsel" erhält ihren Sinn in der Abwendung vom technisch-funktionalen Weltbild und in einer Vorbildsituation der wieder autonom gesetzten Kunst.

> „Je mehr die Wissenschaft von einer Angelegenheit reiner Erkenntnis zu einer Sache pragmatischer Weltgestaltung wurde – und genau solcher Wandel von Theorie und Technik liegt im Wesen der modernen Wissenschaft –, umso unübersehbarer wurden die Gefahren und Schäden wissenschaftlicher Weltgestaltung. Wo alles technisch geregelt wird, werden Nebenfolgen zu Universalfolgen und Unterscheidungen zwischen Zielnutzen und Umfeldschaden sinnlos. Die problematischen Nebenfolgen der vielen Umweltmaßnahmen überwuchern den positiven Effekt einer Zielmaßnahme – die ihrerseits schon sowohl Therapie vorausgehender wie Ursache weiterer Nebenfolgen ist",[4]

diagnostiziert Wolfgang Welsch anläßlich eines Resumees zum Anspruch der Biennale von Venedig 1986 zum Thema Kunst und Wissenschaft. Anstatt jedoch die Umkehrung in der facettenreichen Orientierung der Wissenschaft an der Kunst zu illustrieren, führt man in Venedig „zur vorgestrigen Perspektive einer Angleichung der Kunst an die Wissenschaft zurück".[5]

Aus ideologiekritischer und sozialhistorischer Sicht zeigt Paul Feyerabend, daß die Vormachtstellung der wissenschaftlichen Denkweise in einer Allianz von Wissenschaft und Staat begründet ist, und ihre Ursachen im Demokratieverständnis und in der Entwicklung des liberalen Denkens seit der Aufklärung zu suchen sind, wo Wissenschaft, Vernunft und Kapital als Baumeister des modernen Staates fungieren. Feyerabend deckt die Möglichkeit zum Selbstbetrug gegenwärtigen bürgerlich-liberalen Denkens auf und verweist damit auf den Anteil einer Scheintoleranz in der modernen Forderung nach der Angleichung von Kunst und Leben:

> „Wissenschaft und rationales Denken haben zur Demokratie geführt, Wissenschaft und rationales Denken allein sind geeignet, technologische, soziale, ökonomische, psychologische etc. etc. Probleme zu lösen. Das heißt aber, daß die Religionen (und auch Mythologien), deren freie Ausübung (vom Liberalismus) so tapfer verteidigt, und die Ideen, deren ungehinderte Verbreitung so dringend gefordert wird, nicht völlig ernst genommen werden: als Rivalen der Wissenschaft kommen sie nicht in Betracht."[6]

Anhand der Sozialgeschichte der Kunst und der Wissenschaft und der Philosophiegeschichte wird klar, daß das, was man die wissenschaftliche Methode nennt, historisch und gesellschaftsbedingt vermittelt ist, und daß Regeln und Normen der Erkenntnis und damit auch Ergebnisse denkstilimmanent zu bewerten sind. In der Wissenschaft ist das Verhältnis zum Regelbruch ebenso ein historisch vermitteltes, das trotz einer Geschichte an bedeutsamen Erfolgen gegenwärtig noch erstaunlich negativ besetzt bleibt, während in der Kunst Regelbruch als kreative und hervorstechende Leistung bewertet wird. Dies ist deshalb möglich, weil das Bewußtsein unserer westlichen Industriegesellschaft, das weltweit alle anderen Bewußtseinsformen in zunehmender wechselseitiger ökonomischer Abhängigkeit zu vereinnahmen droht, *„in einer unheiligen Allianz von Wissenschaft und ‚Rationalismus' (und Kapitalismus) besteht."*[7]

Anhand der Praxis zahlreicher Wissenschaftler (Einstein, Bohr, Born, Schliemann, Kopernikus, etc.) führt Feyerabend die Bedeutung des Zufalles, des intuitiven Vorgehens und der Spekulation vor und verweist auf den fortschrittlichen Aspekt des „Dilettantismus" zwischen Abstand vom Problemfeld und dem Kreativ-Potential des kritischen Laien bis hin zur Bedeutung des fächerübergreifenden Arbeitens. Feyerabend faßt das dialektische Verhältnis zwi-

schen Tradition und Avantgarde in die Komplexität eines pluralistischen Stilklimas, das er für die Wissenschaft aus der 1962 publizierten These von Thomas S. Kuhn über die in Brüchen verlaufende Wissenschaftsentwicklung, der zu dieser These durch den Blick auf die Kunstentwicklung angeregt wurde, einerseits und für die Kunst durch die Riegel'sche Stiltheorie andererseits erläutert. Demnach hat die Kunst wie die Wissenschaft vielerlei Stilformen, Denkstile und Prüfungsverfahren entwickelt, die gleichberechtigt nebeneinander stehen, solange die Beurteilung dieser Stilformen nicht von einem willkürlich gewählten Standpunkt aus erfolgt, wobei die Wahl eines Standpunktes sowohl von rationalen Überlegungen als auch von intuitivem Handeln bestimmt sein kann. Die Frage nach der Wahrheit oder Wirklichkeit wird daher vom jeweiligen Denkstil bestimmt.
Objektivität manifestiert sich in der künstlerischen Praxis, was sich am stilgeschichtlichen Vergleich der Objektivität beanspruchenden Arbeitsmethoden und Kunststile beispielsweise des Pointilismus, Futurismus, diverser Realismen und Naturalismen, der Pop-Art oder Aspekten der künstlerischen Fotografie zeigen läßt. Erkenntnis von Wahrheit und Wirklichkeit bedarf der realen Akzeptanz unterschiedlichster Methoden und Modellbildungen, um durch den jeweiligen Blickwinkel bedingte Defizite der Erkenntnis und der Wahrnehmung auszugleichen. Dieser Sachverhalt weist – mit Feyerabend – auf Theorienbildung als Verständigungsprozeß in der sozialen Interaktion:

> „Die Wahl eines Stils, einer Wirklichkeit, einer Wahrheitsform, Realitäts- und Rationalitätskriterien eingeschlossen, ist die Wahl von Menschenwerk. Sie ist ein sozialer Akt, sie hängt ab von der historischen Situation, sie ist gelegentlich ein relativ bewußter Vorgang – man überlegt sich verschiedene Möglichkeiten und entschließt sich dann für eine –, sie ist viel öfter direktes Handeln aufgrund starker Intuitionen. ‚Objektiv' ist sie nur in dem durch die historische Situation vorgegebenen Sinn: auch Objektivität ist ein Stilmerkmal..."[8]

Die Kunst, in der solche Zusammenhänge früher erkannt wurden, avanciert stilgeschichtlich zum Modell und Vorbild für die Wissenschaft. Daraus leitet Feyerabend in der These „Wissenschaft als Kunst" seinen fortschrittlichen Kunstbegriff ab.
Definiert man die Modernität der Kunst fortschrittlich als *„Widerstandsarbeit am (scheinbar) Selbstverständlichen"*[9] gilt dies gleichermaßen für eine gegenüber den leitenden Ideen der Moderne emanzipierten wahrhaft modernen Wissenschaft. Wissenschaft und Lebenswirklichkeit sind, wie an anderer Stelle gezeigt, in fataler Weise miteinander verwoben, vor allem solange, als der Staat einer überkommenen und inzwischen obsoleten Fortschrittsideologie nachhängt, und vor allem in technischen und ökonomischen Bereichen der Wissenschaft die Säulen der Staatsräson erkennt. Die von Adorno für die Kunst eingeforderte „Gegenposition zur Gesellschaft" wäre etwa in der Formulierung „Gegenposition zum gesellschaftlichen Gebrauch von Wissenschaft" für die Wissenschaft einzufordern analog zur Wendung gegen den Methodenzwang bei Feyerabend.
Unter diesen Gesichtspunkten gewinnt der soziologisch interessierte Künstler bzw. eine soziologisch ambitionierte Kunst Kontur. Hierbei ist sowohl der Begriff „Soziale Interaktion" als auch die Verbindung von künstlerischen und wissenschaftlichen Methoden von Bedeutung, die den Künstler in seiner Doppelrolle des Produzenten wie auch des Rezipienten „eines gesellschaftlich bedeutsamen Prozesses" darstellen. In diesem Sinne sieht Peter Gorsen den Künstler als *„Grenzgänger"*, *„der die Arbeitsteilung zwischen Kunstwerkproduzenten, -verteilern und -konsumenten [nicht] akzeptiert."*[10] Der Künstler als ein *„exemplarischer Teilnehmer an einer sozialen Interaktion"* (Gorsen) gerät in der Koordination außerkünstlerischer Sachgebiete gelegentlich in die Position des demokratisch reifen Laien, wo er sich den (voreiligen) Vorwurf des „interdisziplinären Dilettantismus" einhandelt. Demgegenüber arbeitet Gorsen den fortschrittlichen Anteil in der *„Annäherung von künstlerischen und wissenschaftlichen Lernprozessen"* heraus und bescheinigt dem fächerübergreifenden Dilettantismus *„soziale Phantasie zur Relativierung der Arbeitsteilung und der professionellen Festschreibung von Realitätsaneignung."*[11]

Zurecht warnt Gorsen vor allzu großen Erwartungen in den Typus des soziologisch engagierten Künstlers und seiner zurückerstrebten Einheit von künstlerischen und wissenschaftlichen Methoden. Gerade durch sein soziales Engagement sei dieser Anpassungs- und Nivellierungsstrategien ausgesetzt, die über starre gesellschaftliche Rollenzuschreibungen sein Selbstbild zu gefährden in der Lage sind. Jede noch so kühn gesetzte Gegenbewegung, die nicht am Widerspruch zwischen Kunst und gesellschaftlicher Realität sondern an deren Harmonisierung arbeitet, läuft umso eher Gefahr von den Mechanismen des marktorientierten warenproduzierenden Alltags mehr oder weniger raffiniert vereinnamt zu werden. Während Gorsen die Annäherung von Kunst und Wissenschaft als Teilmöglichkeit des sozial engagierten Künstlers im Rahmen seiner Arbeit am Widerspruch zwischen Kunst und Leben konotiert, scheint bei Wolfgang Welsch diese Annäherung von zentraler Bedeutung zu sein, indem er aus den Thesen Feyerabends über die neue Vorbildwirkung der Kunst eine Tendenz der Kongruenz zwischen Wissenschaft und Kunst bemerkt, und darin eine Chance erblickt aus der Krise der Moderne gerade nicht mit postmodernen Strategien des Vergessen-Machens (B. Schmidt) herauszumanövrieren: Abgesehen davon, daß die Absolutheitsansprüche der Wissenschaft gebrochen sind, breitet sich *„die Einsicht aus, daß die Wissenschaft ebenso wie die Kunst produktiven Charakter hat, indem sie Weltbilder und Welten erzeugt."*[12] Da Denken und Anschauung am Produktionsprozeß gleichermaßen beteiligt sind, verliert die Wissenschaft ihr Erkenntnismonopol und es kommt ihr im pragmatischen Ansatz des Herstellens *„als Weise der Wirklichkeitserzeugung... humane Bedeutung zu."*[13]

Kunst schöpft aus der Erfahrung und Anschauung des natürlich Vorgegebenen und aus der denkenden Weiterverarbeitung zugleich. *„Kunst"*, meint Welsch, *„ist daher der Paradefall von Konstruktion und Mimesis"* (Adorno), wodurch diese zum neuen Beispiel für die Wissenschaft wird. Interdisziplinär sucht die Wissenschaft über fach- und methodenspezifische Grenzen den Blick auf das Ganze zu ermöglichen, ohne im Direktverfahren ganzheitlich zum wissenschaftlichen Eintopf zu sammeln. Sie versucht vielmehr im ganzheitsphilosophischen Sinn Wechselbeziehungen, strukturelle Verbindungen, Analogien und Anknüpfungspunkte aufzuzeigen. Der Satz von Karl Kraus, wonach Wissenschaft Spektralanalyse und Kunst Lichtsynthese sei, konstatiert beiden gleichen Anteil an Rationalität. Diese, der künstlerischen Anschauung implizit und simultan, wird in der Wissenschaft explizit und diskursiv vorgetragen. *„Die Kunst"*, schreibt Welsch, *„ist nicht eine Gegeninstitution zur Rationalität, sondern ein Bereich latenter – und in dieser Latenz ihren besonderen Reiz habender – Rationalität."*[14] Der ein Kunstwerk charakterisierende Zug eines sogenannten unbenennbaren oder unsagbaren Restes ist in dem Sinn irrational nur, als er sich des unmittelbaren Zugriffs durch Analyse vorerst entzieht, und einen Reiz behält, der nicht mit dem vulgärsprachlichen Gebrauch des Begriffes der Irrationalität als Vernunftswidrigkeit in Zusammenhang gebracht werden darf. Transintelligibilität nach der Erkenntnislehre Nicolai Hartmanns wird in der Kunst zum Scheinen gebracht und von der Wissenschaft als Drängen zur Grenzverschiebung erfahren. Sie ist es, die den Erkenntnisvorgang in verlängerter Richtung des Erkennbaren nicht zur Ruhe kommen läßt.

Friedrich Dürrenmatt zeigt in seinen Ausführungen über das Labyrinth-Motiv[15] die Grenzen des rational Erfahrbaren und die Notwendigkeit vielschichtiger Zugangsweisen und Interpretationsformen von Mythologien und Geschichte als Folge der potentiellen Gefangenschaft denkstilimmanenter Arbeit. Gleichzeitig verweist er auf das Recht der Methodenwahl am Beispiel der Berufswahl: *„Wie mit den Berufen geht es auch mit den Denkmethoden, die einer wählt."*[16]

Das von Dürrenmatt dabei konstatierte Bedürfnis nach Erklärungen (Wissenschaft) vor Gleichnissen (Kunst) spiegelt die szientistische Verengung des abendländischen Geistes wider: *„Wir feiern sonst unsere Bildung, statt uns unmittelbar vom Gleichnis packen zu lassen, wir halten sonst irgend eine Erklärung für das Primäre statt für das Sekundäre."*[17]

Das Bedürfnis nach Veränderung

Das dargestellte Verhältnis von Wissenschaft und Kunst und die anfangs erwähnten Begriffe verweisen auf Bedürfnisse und Notwendigkeiten, die wir, der Verein **das wiener sommer symposion,** zumeist Absolventen einer Kunsthochschule, nicht nur in diesem Bereich sondern im Blick nach draußen gesamtgesellschaftlich erkennen. Kritik an arbeitsteiligen Lernprozessen, die weitgehende Trennung von Entscheidungsbefugnis und Betroffenheit und die Trennung von Wirkungszusammenhängen und damit zusammenhängende lebenszerstörende Auswirkungen formuliert Rudolf zur Lippe in seinen Schriften zur Lebensreform, und konstatiert:

> „Die Ablehnung sowohl der Technokraten wie der Parteiprogramme und der Agitation mit Begriffen kann sehr wohl auch die unausgesprochene Forderung nach einem Weg der Veränderung sein, der mindestens zu einem bestimmten Teil schon in jedem Schritt erfahrbar sein soll." [18]

Die teilweise unbefriedigende Situation an den Kunsthochschulen, deren mehr oder weniger geringe Flexibilität und gezwungenermaßen ambivalenten Haltung zwischen Gesellschaftskritik und geschmeidigen Anpassung ließen uns den Versuch wagen, selbst in die Kulturarbeit einzugreifen. Dabei konnte das eben noch montierte diplomatische Spiel oft nicht vermieden werden. Es entsteht eine erste Differenzerfahrung zwischen dem, was uns nach Maßgabe der Weltlage geboten erscheint und der Art und Weise, wie in kleinerem Bereich eine Kunsthochschule die gesamtgesellschaftliche Entwicklung thematisiert, und Wahrnehmungs- und Erkenntnisstrategien entwirft, die sowohl der Gegenwart als auch der sich abzeichnenden Zukunft begegnen können.
Gegenüber einer erstarrten akademischen Tradition und einer strengen Hierarchie setzt sich der Begriff „Symposion" im Sinne der Antike als einem freien, in lustbetonter Atmosphäre stattfindenden Gedankenaustausch ab. Das alltägliche Verständnis von Symposion als einer Erweiterung akademischen Diskurses im Sinne einer wissenschaftlichen Fachtagung, wo themenspezifisch der jeweils aktuelle Forschungsstand präsentiert wird, wäre für unseren Gebrauch zu eng und exklusiv gesetzt. Im hier verwendeten Sinne scheint „Symposion" unsere Arbeitsvorstellung geeignet auszudrücken: Interaktion als das aufeinander bezogene Tätig-Werden und Kommunikation als den Austausch von Bildern und Gedanken, Gefühlen und Stimmungen, Geruchs- und Geschmacksqualitäten und haptischen Eindrücken. „Symposion" als offene Kommunikationsform gleichberechtigter Teilnehmer, „Symposion" – das Gastmahl, zu dem jeder etwas mitbringt: Bereitschaft zur Veränderung des Wahrnehmungs-, Denk- und Standortes. Im „Symposion" enthüllt der soziologisch fundierte Terminus „Interaktion" seinen Prozeßcharakter. Ein Prozeß, der mit der angesprochenen Offenheit viel Berührung hat: Neues entsteht und Altes wird neu gesehen während der Begegnung unterschiedlicher Wahrnehmungs- und Denkansätze. Das Sehen und Denken in sogenannten Schulen und Denkstilen bzw. Wahrnehmungsgewohnheiten muß Störung des Schemas als kreatives und informatives Element miteinbeziehen.
Zwar hatte sich nach den Ergebnissen eines Forschungsberichtes zur Kunstförderung in Österreich die Förderungstätigkeit des Staates von der als kaum noch zeitgemäß empfundenen Kunstankaufspolitik zu einer verstärkten Projektförderung hin verlagert, ein Sommersymposion für Kunst und Wissenschaft hingegen schien man jedoch keiner Förderungsinstanz zuordnen zu können. Durchaus im Sinne der Projektförderung und der gesellschaftlichen Relevanz von **das wiener sommer symposion** argumentieren die Verfasser dieses Forschungsberichtes für die Position des Künstlers:

> „Aber ein tieferer Sinn der Kunstförderung der öffentlichen Hand liegt unserer Ansicht nach darin begründet, daß sie dem Künstler gleichsam sein Recht auf Arbeit (innerhalb der Gesellschaft und für die Gesellschaft) bestätigt, ihm Chancen zu solcher Arbeit bietet." [19]

Der traditionsbedingte verbeamtete Kulturbetrieb Österreichs weist naturgemäß ein konservatives Beharrungsvermögen auf, das, unter dem Blickwinkel eines von Paul Feyerabend zurecht beklagten szientistischen Weltverständnisses, funktionalisierbare Wertschöpfung in erster Linie in den Leistungen und Methoden der sogenannten exakten Wissenschaften erkennt. Tendenzwenden scheinen sich in solchen Strukturen nur langsam durchzusetzen. Eine noch zu schreibende kulturpolitische Untersuchung wird sich um Einsicht und Transparenz in Sachen Wissenschaftsförderung in Österreich zu bemühen haben. Ein Vergleich der Sozialisationsformen zwischen Wissenschaftlern und Künstlern könnte aufschlußreich sein! Trotz aller Rückschläge, finanzieller und bürokratischer Hemmnisse zeigt sich bei den meisten, im Laufe der Projektentwicklung und -durchführung angesprochenen Personen Sensibilität und Offenheit gegenüber der Notwendigkeit und einer zu erwartenden kritischen Lebendigkeit eines Sommersymposions, das Kunst und Wissenschaft zum interdisziplinären Dialog und zur Besinnung auf die gemeinsamen methodologischen Wurzeln aufrufen möchte.

Warum aber eine ausholende kulturkritische Geste, wenn es doch lediglich darum geht, das Einzelinteresse einer Kleingruppe unter vielen anderen Einzelgruppeninteressen zu verwirklichen? – Weil im Laufe der Projektentwicklung unabhängig von gewählten Themen und Inhalten, die Methodenfrage der Aneignung und Bearbeitung und die Bestimmung des eigenen Standpunktes gegenüber dem Anspruch der Wirklichkeit für jeden einzelnen, der sich kritisch mit sich und seiner Umwelt auseinandersetzt, relevant wird. Jede Initiative, auch wenn diese sich „nur" an das einzelne Subjekt wendet, setzt sich in ein Verhältnis zur Lebenswelt und ihren Theoriebildungen und damit ihrem Verhältnis zur Geschichte, Gegenwart und Zukunft. In seiner anarchistischen Erkenntnistheorie geht Paul Feyerabend vom ethischen Anspruch eines demokratisch reifen Menschen aus, der pragmatisch in Übernahme und Ausübung von Verantwortlichkeit wichtigen Ereignissen und Entscheidungen im Staatswesen angemessen begegnet. *„Reife ist wichtiger als Spezialwissen, denn sie entscheidet über die Anwendung und die Tragweite solchen Wissens."*[20] Diesen Soll-Zustand stellt Feyerabend der modernen Gesellschaft gegenüber, die den Wahrheitsanspruch und die Vermittlung von Wirklichkeit durch die exakte Wissenschaft kritiklos hinnimmt. Die an Umweltproblemen und Entfremdungsstrategien im Alltag scheiternde exakte Wissenschaft und ihre vermeintliche Fortschrittsideologie einer technisch konstruierbaren Welt gibt Anlaß, die Frage nach der gesellschaftlichen Relevanz ihrer Methoden vor dem Hintergrund der angeführten Bedürfnisse zu stellen.

Facit: ein Sommersymposion.

Die im Gastmahl Platos anwesenden Gäste repräsentieren den Begriff des Interdisziplinären. Dichter, ein Arzt, ein Philosoph, ein Politiker und ein Ephebe leisten „Projektarbeit" zum Preis des Eros. Man entläßt die Flötenbläserin und wird schöpferisch tätig. Kunst und Wissenschaft erarbeiten in harmonischem Zusammenwirken das Wesen des Eros. Gastgeber allerdings ist die Kunst: in Person des Tragödiendichters Agathon. Dies als Vorgriff des aktuellen und zukünftig angestrebten Verhältnisses zwischen Kunst und Wissenschaft. Wie bei Plato so auch im Sommersymposion: Gastgeber ist die Kunst. Hier allerdings als Erkenntnismodell, das anderen Erkenntnismodellen vom Wettstreit in bezug auf das gestellte Thema abrät: nämlich dem Wettstreit nach dem alleinigen Wahrheitsanspruch der Wissenschaft gegenüber der Kunst.

das wiener sommer symposion definiert das Verhältnis von Wissenschaft und Kunst für sich zunächst idealistisch vom Endpunkt der angeführten Überlegungen aus: Wissenschaft als Kunst – Kunst als Wissenschaft.
Im Rückblick auf die Veranstaltung erweist sich diese Gleichschaltung als utopische Position,

auf die sich das Sommersymposion intentional erst zubewegt. Gegenwärtig durchläuft es einen Entwicklungsprozeß, der erste Ansätze in die gewünschte Richtung aufweist. Dabei stehen die Forderungen nach Verbindung von theoretischer und praktischer Arbeit, Interdisziplinarität und Interaktion in einer unmittelbaren Wechselbeziehung. Letztlich geht es dabei um die Einlösung des hier angetönten Begriffs „Symposion".
Im folgenden wollen wir versuchen, den Begriff „Interaktion" in der aus unserer Sicht erlebten Praxis darzustellen und zeigen, inwieweit der Begriff das Verhältnis von Wissenschaft und Kunst bestimmt.

Aus einer mehr oder weniger „privaten" Initiative, den Sommer zu künstlerischem Selbststudium zu nutzen, begleitet von theoretischen Erörterungen zum gewählten Thema, und dies innerhalb einer kleinen Arbeitsgruppe Gleichgesinnter, bildete sich die Ausgangslage. Hier tauchte „Interaktion" erstmalig auf und bezeichnete die gemeinsame Arbeit an einem gemeinsamen Ort in verschiedenen künstlerischen Disziplinen. Eine offene Ateliersituation mit theoretischem Rahmenprogramm.
Unsere Kleingruppe wurde im Laufe der Zeit eine zunehmend größere Gruppe, da wir innerhalb möglichst vieler Kunstsparten interagieren wollten. Neben den klassischen Disziplinen Malerei, Graphik, Bildhauerei/Plastik wurde das Angebot durch Fotografie, Video, Rauminstallation, Performance, body-art, Tanz und experimentelle Musik erweitert. Über die *„intermediäre Kunstpraxis"*[21] wurde auch die Literatur einbezogen, auch im Hinblick auf Berührungspunkte mit Techniken der Bildenden Kunst. In diesem Zusammenhang bekam „Interaktion" auch werktechnisch, entgegen puristischen Einstellungen den Charakterzug des Interdisziplinären. Die Fülle der künstlerischen Ausdrucksformen schien durch das gewählte Thema „Das Nackte – der Hintergrund" gerechtfertigt, das von möglichst vielen Seiten sinnlich-geistig zugänglich sein sollte.

Zum im Thema angesprochenen „Hintergrund" entwickelte sich ein Vortragsprogramm, das ebenso interdisziplinär diesen möglichst breitgefächert ausleuchten sollte. Davon vermittelt der Katalog einen Eindruck. Das Anschwellen des wissenschaftlichen Blocks brachte Überlegungen zum Stellenwert der Wissenschaft innerhalb des Projektes mit sich. Die Suche nach möglichen theoretischen Ansätzen und Problemstellungen erwies sich als ebenso spannend und kreativ, mit den Methoden der freien Assoziation, der Analogiebildung, des Zufalls und der Anschauung künstlerischen Arbeitsweisen nahestehend. Inzwischen wurde klar, daß ein Vortragsprogramm nicht nur begleitenden und informativen Charakter haben konnte. Einmal, weil wir viele Parallelen zu künstlerischen Arbeitsmethoden entdeckten und zum anderen, weil wir im Zuge unserer Vermittlungsabsichten an eine breitere Öffentlichkeit den bestimmenden Einfluß der wissenschaftlichen Methoden auf die Realitätsbildung bei den meisten Mitmenschen erkannten und unsere eigene Rezeptionsgeschichte davon nicht frei war. Es konnte nicht mehr nur darum gehen, daß Beiträge aus verschiedenen Bereichen der Wissenschaft Informationsmaterial zur Anregung für die künstlerische Arbeit lieferten, sondern auch die Kunst mit ihren Methoden Denkrichtungen für die Wissenschaft anzuregen hatte.
Der wissenschaftliche Teil des Sommersymposions bot eine Vielfalt an methodischen Ansätzen, die sich gelegentlich auch kritisch von den vermeinten Problemstellungen des Veranstaltungskonzeptes abzusetzen trachteten. Beispielsweise wurde in einem Referat die Befürchtung geäußert, daß der rationalitätskritische Charakter der Gesamtveranstaltung und die Hereinnahme intuitiver und irrationaler Ansätze einer voreiligen Verabschiedung der Vernunft gleichkomme. Das Arbeiten mit affirmativen Haltungen in bestimmten propagandistischen Zusammenhängen gab einem anderen Referenten Anlaß, bei den Veranstaltern eine fehlende kritische Distanz gegenüber der aktuellen kulturpolitischen Lage zu vermuten. Reflexion über die gewesene Veranstaltung erbrachte, daß es weder im theoreti-

schen Bereich – im Vergleich mit der künstlerischen Praxis – noch zwischen Theorie und Praxis zu einer unseren Vorstellungen entsprechenden Interaktion gekommen war. Wissenschaftler wie Literaten brachten fertige, teilweise eigens für das Sommersymposion erarbeitete Produkte in Form von Referaten und Lesungen vor, während die Künstler erst im Verlauf der Veranstaltung ihre Beiträge zum Thema entwarfen. Aus der Ungleichzeitigkeit der Produktionsweise ergab sich die zwischen Künstlern, Literaten und Wissenschaftlern beobachtete Kontaktverschiebung, sodaß Interaktion lediglich im Vortragssaal in der Diskussion um fertige Produkte entstand. Einsichten und Ergebnisse aus diesen Vorträgen und Diskussionen standen den Künstlern als von der Person abstrahierte Interaktionspartner zur Einbeziehung in ihre Arbeit zur Verfügung. Unseres Erachtens war der erwünschte Rückkoppelungseffekt der Kunst auf die Wissenschaft in erster Linie dort gegeben, wo ein Künstler-Wissenschaftler oder ein Schriftsteller-Wissenschaftler – und solche referierten mehrere – die Beziehungsprobleme zwischen Wissenschaft und Kunst thematisierte oder implizit veranschaulichte. Rein persönlich stattgefundene Interaktionen entziehen sich der Möglichkeit ihrer empirischen Erfassung durch uns.
Hauptursachen für die teilweise erfolgte Einlösung des Projektanspruches auf dieser Ebene waren die Ungleichzeitigkeit von ungleichen Arbeitsstilen und die örtliche Verschiedenheit ihrer Ausübung. Aus technischen und Platz-Gründen konnten bis auf den Eröffnungs- und Schlußvortrag keine Referate im Werkstätten- und Kulturhaus als dem hauptsächlichen Ort der praktisch-künstlerischen Arbeit stattfinden. Der für Vorträge im Umkreis von 10–15 Gehminuten verfügbare und geeignete und kostengünstige Veranstaltungsort war der Hörsaal des Institutes für Pharmakognosie der Universität Wien. Da das Projekt für die künstlerische Arbeit Workshops und für die wissenschaftliche Vorträge vorsah, entstanden bei den Wissenschaftlern entsprechend ihrer Kurzauftritte und anderweitigen Verpflichtungen andere Terminplanungen als bei den Künstlern. Obwohl wir utopisch von der Kongruenzvorstellung von Kunst und Wissenschaft ausgingen, planten wir nicht gleichwertige Arbeitssituationen ein und unterlagen somit unbewußt gewissen traditionellen Vorstellungen von Produktions- und Rezeptionsbedingungen von Wissenschaft.
Ausblickend wollen wir für künftige Sommersymposien Projektgruppen vorschlagen, in denen Künstler und Wissenschaftler gemeinsam und gleichzeitig Themenkreise bearbeiten und Einsichten und Ergebnisse in Plenas untereinander und dann auch der Öffentlichkeit präsentieren.

Eine notwendige soziologische, kommunikationstheoretische und pädagogisch-didaktische Untersuchung des Vermittlungsanspruches von **das wiener sommer symposion** als sozialer Interaktion muß in diesem Rahmen unterbleiben. Wir beschränken uns hier auf wenige, uns gegenwärtig bewußte Aspekte. Der Vermittlungsbereich bildet das zweite wichtige Konstitutivum des Projektes. Unterschiedliche Vermittlungsformen, von Einzelgesprächen, Gruppengesprächen, Vorträgen, Diskussionen bis zur praktischen Arbeit, und Einbeziehung verschiedener Informationsträger sollten unter der Gesamtform „Interaktion" zur Anwendung kommen. Öffnung nach außen bedeutete für das Projekt nicht nur Präsentation in Erwartung von Rezeption sondern Einladung zur Teilnahme und Produktion. Der Idealprozeß: die totale Interaktion, und nicht nur – mit Alphons Silbermann – *„totale Kunstprozesse, d.h. Interaktion und Interdependenz von Künstler, Kunstwerk und Publikum..."*[22] sondern auch Interaktion, zumindest auf der Ebene der Rezeption, mit der Wissenschaft; auf der Basis von „Ästhetik als Vermittlung" (Brock) auch Wissenschaft als Vermittlung und schließlich Interaktion als Vermittlung von sich selbst und einem emanzipierten Verhältnis von Wissenschaft und Kunst. Partizipation, aber als dem Künstler gegenüber dem Thema und der Methodenfrage gleichwertiger und jederzeit selbständiger Partner im mittelbaren Blick auf *„intermediäre Kunstpraxis"* (Wick) als künstlerische Erscheinungsform.

Was sollte vermittelt werden? Zunächst war wichtig, aus den Alltagserfahrungen potentieller kunstinteressierter Teilnehmer über das Thema des Symposions zu künstlerischen Objektivationen anzuregen. Das Aufbrechen von Wahrnehmungsgewohnheiten sollte das Verständnis gegenüber bestimmten künstlerischen Äußerungsformen erleichtern und bewußt machen, daß Kunst ein gesellschaftlich und denkstilimmanent determinierter *„Vereinbarungsbegriff"* (Wick) ist und von *„Einstellungskonzepten"* (Wick) abhängt. Die Vorstellung, daß Wissenschaft sämtliche Erscheinungsformen des menschlichen Lebens und der Umwelt, und im speziellen Fall am Beispiel des Themas des „Nackten", verbindlich und bedürfnisdeckend interpretiert, sollte anhand von Vorträgen einerseits und durch die Einbeziehung der Teilnehmer, ungeachtet ihrer sonstigen Tätigkeitsfelder oder künstlerischen Vorbildung, in künstlerische Schaffensprozesse andererseits und durch den unmittelbaren Einblick in deren Problematik relativiert werden.
In der Zusammenarbeit mit den Künstlern war nicht das klassische Meister-Schüler Verhältnis maßgebend, sondern eine Partnerschaft, die wechselseitiges Lernen ermöglicht, aus dem Gespräch über die Künstlern und Teilnehmern gemeinsame Erfahrungsgrundlage der sozialen und historischen Eingebundenheit in Alltagsrealität und Umwelt. Das Wort „Künstler" wird in der Unterscheidung von Künstlern und Teilnehmern als Berufsbezeichnung verstanden, um den künstlerischen Laien nicht apriori zu entmündigen, und um den Künstler – fern jeglicher Mythisierung – als soziales Wesen zu erkennen. Künstler und Teilnehmer sind in erster Linie Menschen, die einander ihre Erfahrungen anzubieten haben. Dem legen wir ein Theorem von Oswald Oberhuber zugrunde, wenn er schreibt: *„Kunst ist nicht erlernbar, denn der Inhalt von Kunst ist in jedem vorhanden, er muß nur geweckt werden."*[23] Die Künstler sind Gastgeber und laden ein, den Erfahrungsaustausch mit den Methoden der Kunst zu bearbeiten und festzuhalten.

Peter Gorsen formuliert die Erkenntnis der Ausgangslage:

> „Es gibt heute mehr massenmediale Festspiele, synästhetische Spektakel und Surrogate auratischer Kunst für die Massen denn jemals zuvor; eine Vergesellschaftung künstlerischen Sachverstandes und der rezeptiven Voraussetzungen für den allgemeinen Kunstgenuß hat indes nicht stattgefunden."[24]

Wir vermuten, gemessen an unserer Alltagserfahrung, daß eine Vergesellschaftung wissenschaftlichen Sachverstandes ebensowenig stattfand. Der Unterschied scheint uns darin zu bestehen, daß die mediale Präsenz von Wissenschaft und die bereits in Ausbildungsstrukturen bis zur Hochschulreife entsprechend der erörterten Problemlage angelegte Trennung in Haupt- und Nebenfächer eine höhere Vergesellschaftung vortäuschen. Entfremdung von der Lebenswirklichkeit beziehen wir im Blick auf pervertierte Zerstörungstechnik nicht nur auf die Kunst, und sie bedeutet speziell bezogen auf ihre technischen Auswüchse Kommerzialisierung und Fetischisierung in Warenform und scheindemokratische Pseudo-Kommunikation in medial mehrfach gebrochenen Wirklichkeitsstrukturen.
Unter dem Partizipationsbegriff will **das wiener sommer symposion** keinen neuerlichen Harmonisierungsversuch zwischen Kunst und Leben setzen, sondern im Bewußtsein der Irreversibilität sozialer Prozesse und der in Brüchen verlaufenden Entwicklung von Wissenschaft und Kunst (Kuhn), ästhetische Urteils- und Entscheidungsfähigkeit anregen und damit einen Beitrag leisten, Fragen der Kunst in die Verantwortlichkeit des im Sinne Feyerabends demokratisch reifen Menschen legen zu können.

[1] Wyss Beat: Trauer der Vollendung. München: Matthes&Seitz 1985, S. 130
[2] Wyss Beat: a. a. O., S. 133f.
[3] Williams Raymond: Innovationen. Über den Prozeßcharakter von Literatur und Kunst, Frankfurt a. Main: 1977, S. 38
[4] Welsch Wolfgang: Kunst und Wissenschaft. Gegengedanken zur Biennale. In: Bechtloff Dieter (Hsg.): Kunstforum Bd. 85, Köln: Kunstforum 1986, S. 128
[5] Welsch Wolfgang: a. a. O., S. 129
[6] Feyerabend Paul: Wider den Methodenzwang. Skizze einer anarchistischen Erkenntnistheorie. Frankfurt a. Main: Suhrkamp Theorie 1976, S. 14
[7] Feyerabend Paul: a. a. O., S. 15
[8] Feyerabend Paul: Wissenschaft als Kunst. Eine Diskussion der Riegelschen Kunsttheorie verbunden mit dem Versuch, sie auf die Wissenschaften anzuwenden. In: Joachimides Christos M., Rosenthal Norman (Hsg.): Zeitgeist. Ausstellungskatalog. Berlin: Fröhlich&Kaufmann 1982, S. 48
[9] Gorsen Peter: Transformierte Alltäglichkeit oder Transzendenz der Kunst. Frankfurt a. Main: Europäische Verlagsanstalt 1981, S. 7f.
[10] Gorsen Peter: a. a. O., S. 13f.
[11] Gorsen Peter: a. a. O., S. 12f.
[12] Welsch Wolfgang: a. a. O., S. 129
[13] Welsch Wolfgang: a. a. O., S. 323
[14] Welsch Wolfgang: a. a. O., S. 323
[15] Dürrenmatt Friedrich: Dramaturgie des Labyrinths. In: Dürrenmatt Friedrich: Der Winterkrieg in Tibet. Stoffe I. Zürich: Diogenes TB 1984, S. 77ff.
[16] Dürrenmatt Friedrich: a. a. O., S. 92
[17] Dürrenmatt Friedrich: a. a. O., S. 92
[18] Zur Lippe Rudolf: Am eigenen Leibe. Zur Ökonomie des Lebens, Frankfurt a. Main: Syndikat 1983/84, S. 191f. und S. 18ff.
[19] BMfUK (Hsg.) Eisler, Secky, Sterk, Wagner: Die unbekannte Sammlung. Materialien zur staatlichen Kunstförderung in Österreich. Wien: Ueberreuter 1979, S. 390
[20] Feyerabend Paul: a. a. O., S. 18
[21] Wick Rainer: Zur Soziologie intermediärer Kunstpraxis. Inauguraldissertation an der Universität Köln. Köln: 1975, S. 7ff.
[22] Silbermann Alphons: Empirische Kunstsoziologie. Eine Einführung mit kommentierter Bibliographie. Stuttgart: 1973, S. 21
[23] Oberhuber Oswald: Neue Lehrformen innerhalb der Kunsthochschulen. In: BMfWF (Hsg.), Neuorientierung von Kunsthochschulen. Wien: Falter Verlag 1985, S. xx
[24] Gorsen Peter: a. a. O., S. 17

BIOGRAPHIEN

Eva Afuhs
geb.: 1954; 1972-75 Studium der Ethnologie; 1977-82 Metallgestaltung an der Hochschule für angewandte Kunst in Wien; Stipendien: 1980-81 Rietveldacademie Amsterdam, 1983-85 Geijutsu Daigaku Tokyo; Arbeitsaufenthalte: 1982-83 Bezalel Jerusalem, 1985-86 Florenz, 1986 Spanien; Einzelausstellungen: 1983 Bezalel, V&V Wien; 1984 Otomo Galerie Osaka; 1985 OAGhouse Tokyo, Striped House Museum Tokyo; 1987 V&V Wien; div. Ausstellungsbeteiligungen. S. LXII, LXIII, XVIII.

A.N.I.S.S.
Gruppe bestehend aus: Irene-Rosanna Nierhaus, Dr. phil. Marie Luise Angerer, Judith Schöbel, Dr. phil. Alfred Smudits. S. 103 ff.

Dr. phil. Marie Luise Angerer
geb.: 1958; Studium der Kommunikationswissenschaft und Philosophie; Tätigkeit in der Wissenschaftsredaktion des ORF; freiberufl. wiss. Tätigkeit; Arbeitsschwerpunkte: Kommunikationstheorie, weibliche Lebens- und Diskursformen. S. 103 ff.

Sinji Arano
S. LXXII.

Univ. Prof. Dr. med. Hans Bankl
geb.: 1940 in St. Pölten; 1958-65 Studium der Medizin an der Univ. Wien; 1965 Dr. med.; Fachausbildung: 1965-77 Hochschulassistent am Pathologisch-Anatomischen Institut der Univ. Wien; seit 1967 beeideter Totenbeschauarzt; 1972 Habilitation als Univ. Doz. für Pathologische Anatomie und Facharztanerkennung. Seit 1973 selbständige Vorlesungen als Univ. Doz.; 1977 Ausscheiden aus dem Univ. Institut und Übernahme des Pathologischen Instituts in St. Pölten; 1979 Übernahme in das pragmat. Dienstverhältnis des Patholog. Institutes in St. Pölten; 1969-77 Prosektor am Spital der Barmherzigen Schwestern Wien; seit 1975 Lehrbeauftragter an der Hochschule für angewandte Kunst in Wien für die Fächer „Anatomie für Künstler" sowie „Schulhygiene"; seit 1977 gerichtlich beeideter Sachverständiger für „Pathologie"; seit 1978 Lehrbeauftragter der Medizinischen Fakultät der Univ. Wien für „Pathologisch-anatomische Sezierübungen"; seit 1985 Lehrbeauftragter an der Akademie der bildenden Künste in Wien für das Fach „Anatomie für Künstler". Zusätzliche Ernennungen: 1981 Berufstitel ao. Univ.-Prof.; 1983 Facharzt für Zytodiagnostik. Wissenschaftliche Arbeiten: Bisher 105 wissenschaftl. Publikationen über versch. Themen aus der Pathologie (darunter 3 Monographien, 2 Lehrbücher sowie Monographien, 2 Lehrbücher sowie mehrere Lehrbuchbeiträge). Preise: 1970 Förderungspreis der Hochschuljubiläumsstiftung der Stadt Wien für Arbeiten auf dem Gebiet der angeborenen Herzfehler; 1971 Kardinal Innitzer-Preis für Medizin. Mitgliedschaften: Gesellschaft der Ärzte in Wien; Österreichische und Deutsche Gesellschaft für Pathologie; Deutsche Gesellschaft der Naturforscher und Ärzte. S. XXXIV, 19, 20 ff., 156 ff.

Akad. Maler Elfriede Baumgartner
geb.: 1954 in Leoben/Stm.; 1968-72 Fachschule für dekorative Gestaltung in Graz; 1972-74 Meisterschule für Malerei in Graz; 1974-80 Hochschule für angewandte Kunst in Wien; Mkl. für Malerei; 1980 Diplom; 1982 Teilnahme an den XVII. Int. Malerwochen in der Steiermark; 1983 Auslandsstipendium d. BMWF in Dresden/DDR; 1984 Teilnahme an der 6. Aktion von „Künstler arbeiten in Betrieben"; 1985 Gründungsmitglied und Teilnehmerin an den jährlichen Symposien der Künstlerwerkstatt LeobART; Zahlreiche Ausstellungen im In- und Ausland, z. B.: 1977 Wien, Galerie Basilisk; 1982 Wien, Postsparkasse; 1982 Graz, Künstlerhaus; 1983 Ljubliana, Neues Kulturzentrum; 1985 Nürnberg, ART '85; 1986 Wien, WuK; 1987 Wien, Frauencafe; 1987 Wien, WuK „Nach der Schneeschmelze". Bibliographie: 1982 Wilfried Skreiner, in: Kat. XVII Int. Malerwochen in der Steiermark; 1986 Dieter Schrage, in: Wiener Kunsthefte 12. S. LXVI.

Dr. jur. Neda Bei
geb.: 1953, lebt in Wien. Juristin, Schriftstellerin, Fotografin. S. 249.

Dr. Rainer Bischof
geb.: 1947 in Wien; 1965-69 Studium der Rechtswissenschaft an der Univ. Wien; 1966 Kompositionsstudium an der Akademie für darstellende Kunst in Wien; 1967-72 Privatunterricht bei H. E. Apostel (Kontrapunkt, Formenlehre, Analyse); 1969-73 Studium der Philosophie, Kunstgeschichte und Pädagogik an der Univ. Wien; 1969-77 Angestellter bei einer intern. Spedition; 1973 Dr. phil.; 1977-78 Prokurist bei einer Reisebürogruppe; 1978-83 in der Direktion der Wiener Konzerthausgesellschaft tätig; 1983-85 Kursleiter beim Europäischen Forum Alpbach; 1983-86 Präsident des Österreichischen Komponistenbundes; seit 1984 Leiter des Theater- und Musikreferates der Stadt Wien. S. 306 ff.

Gerald Bisinger
geb.: 1936 in Wien; Studium der Psychologie und Italianistik; 1962-70 Lyrikredaktion der Wiener Kulturzeitschrift „Neue Wege"; 1973 Mitbegründer der Grazer Autorenversammlung; seit 1974 Mitglied im Redaktionskomitee der internationalen Lyrikzeitschrift TAMTAM, Sant'Ilario d'Enza (Reggio Emilia); 1980-86 Redakteur von „Literatur im technischen Zeitalter", Supplement der Zeitschrift „Sprache im technischen Zeitalter", Berlin; 1964-86 als Mitarbeiter des Literarischen Colloquiums Berlin in West-Berlin gelebt; seit August 1986 Mitarbeiter des ORF in Wien (Radioliteratur: Lektorat und redaktionelle Mitarbeit; 1964 Theodor-Körner Preis der Stadt Wien. Aus den Einzelpublikationen: „Zikaden und Genever". Prosa. Wien 1963; „7 Gedichte zum Vorlesen", Berlin 1968; „Ein Drachenteufel 6 hinterhältig". Prosa. Berlin 1968; „7 neue Gedichte/7 nuove poesie" (dt. u. ital.), Turin 1971; „Fragmente zum Ich/Frammenti sull'io". Gedichte (dt. u. ital.). Turin 1977; „Am frühen Lebensabend. Trilogie". Gedichte. Graz und Wien, erscheint im Herbst 1987. Außerdem als Herausgeber tätig, v. a. der Werke H. C. Artmanns; Übersetzer und Teilnehmer an internationalen Lyrikfestivals. S. 310 ff.

Martin Breindl
geb.: 1963 in Wien; seit 1981 Studien der Germanistik an der Univ. Wien; seit 1982 Studium an der Hochschule für angewandte Kunst in Wien, Gestaltungslehre; Arbeiten und Werkpräsentationen auf den Gebieten Bildende Kunst, Performance und Multimedia; Teilnahme an und Organisation von div. Ausstellungen. S. I, II, IV, XXXVII, XLVII.

Thea Brejzek
geb.: 1962 in Stuttgart; Ausbildung: 1982-87 Studium der Theaterwissenschaft und Philosophie an der Univ. Wien; 1985-86 Wissenschaftliche Arbeit für M. A. über: Experimentelles und avantgardistisches Theater in Australien. S. LXXV, XXX.

Florian Brody
1953 in Wien geboren. Frühe Beschäftigung mit Fotografie. Schule in Wien. Mit 15 Filmkamera-Assistent. Arbeit als Assistent von Henri Langlois an der Cinémathèque Françoise in Paris. Werbefotograf. Beschäftigung mit Filmsemiotik, angewandter Sprachwissenschaft und Theaterwissenschaft und schon sehr bald Informatik. Mitarbeit an den Musikworkshops des IMDT und ORF. 1975 Bibliographie in der Filmliteratur (dafür Preis der Gesellschaft für Filmwissenschaft). Seit 1978 Arbeit an der österreichischen Nationalbibliothek (Bereich Bibliothekautomation).
Studienaufenthalte in Frankreich und England (Oxford). Arbeit an einer Dissertation mit dem Thema „Natürlichsprachliche Mensch-Maschine-Interaktion". Intensive Beschäftigung auch mit nichtsprachlichen Benutzerschnittstellen und Psychologie der Computerrezeption. Fertigstellung eines Thesenpapiers für Cambridge, 1983, „Double bind in man-machine-interaction".
Arbeit für das wiener sommer symposion; Installation anläßlich „Sex im U4" (Mensch befriedigt Maschine, die Maschine befriedigt den Menschen parallel zur aufgestellten Peep-Show).
Zur Ausstellung des das wiener sommer symposion im Jänner 1988 sind weitere Arbeiten geplant. Problematik: Erfahrung mit dem Computer nicht um (oder nicht ausschließlich) über die Sprache. S. 272 ff.

Elmar Brugger
geb.: 1950; Ausbildung: Autodidakt; Portraitmalen und -zeichnen als Haupteinnahmequelle von 1977-1985; Ausstellungen: MTS Stade, Goetheinstitut Nairobi, Italienisches Kulturinstitut Nairobi (alle 1980). S. IV, LVIII.

Christel Burmeier
geb.: 1951 in Schötmar/BRD; 1971-76 Kunststudium an der HfBK Hamburg; v. a. bei F. E. Walther und Bazon Brock. 1979 ABM-Tätigkeit an der HfBK Hamburg bei Prof. Jörg Möller. Nebentätigkeit in der Hamburger Kunsthalle; 1982 Arbeitsstipendium für Hamburger Künstler in Hamburg; 1982-83 Lehrauftrag an der GH Kassel; 1985 Kunstfondsstipendium Bonn. Ausstellungsbeteiligungen: 1979 Berlin, „Christl Burmeier steht Akt als Kunst. Christl Burmeier zeichnet Akt als Kunst", Galerie Friedrichstraße; Beteiligung an verschiedenen Ausstellungen in der 7. Produzentengalerie von Dieter Hacker in Berlin, z. B.: 1976 „Die aufgetaute Kamera"; 1978 „Heimliche Bilder" u. „Ich bin ein Rebell gegen den Staat". 1979 Aktionen während des Internationalen Kunstkongresses in Stuttgart; 1979 Hamburg, „Eremit, Forscher, Sozialarbeiter?", Kunstverein Hamburg; 1983 Hamburg, „Stipendiaten 82", Kunsthaus Hamburg. Veröffentlichungen: Volksfoto Nr. 3: „Heimliche Bilder", Berlin 1977; Basler Zeitung Nr. 24, Basel 1978; Geiger, Holinka, Rosenkranz, Weigel (Hrsg.): „Frauen, die pfeifen", edition Suhrkamp, Frankfurt 1978; Katalog: „Eremit, Forscher, Sozialarbeiter? – Das veränderte Selbstverständnis von Künstlern", Hamburg 1979; Control Magazine Nr. 11, London 1979; Interview in Art Nr. 9, Hamburg 1980; Dieter Hacker, B. Sandfort (Hrsg.): „Die Schönheit muß auch manchmal wahr sein", 7. Produzentengalerie 1982; „Ein Modell sieht anderes", Hamburg 1982; „Nackt in der Kunst des 20. Jahrhunderts", Sprengel Museum Hannover 1984. S. 251 ff.

Giorgia Cavini
geb.: 1962 in Meran, Italien; seit 1982 Studium der Kunstgeschichte an der Univ. Wien; 1982-1984 Theaterwissenschaft; seit 1982 Aktmodell an der Akademie der bildenden Kunst und der Hochschule für angewandte Kunst in Wien. S. 255ff.

Albert Christa
geb.: 1955 in Untermühl/Ottnang a. H.; nach der Hauptschule: Lehre und Verbeamtung bei der ÖBB, Schärding; Abendschule in Linz: Matura; Beginn der Beschäftigung mit Malerei und Zeichnung; Studium der Kunstgeschichte und Philosophie in Salzburg; 1984 Umzug nach Wien; 1985 eigenes Atelier; Lebensfinanzierung: Hilfsschlosser, Nachtwächter, Verkäufer; Kongoforscher und Palastwächter in spe bei König Fahd von Saudi Arabien. Audodidakt. S. XXVIII.

Leslie DeMelo
geb.: in Dar-es-salaam, aufgewachsen in Indien; lebt derzeit in Wien. Autodidakt. Ausstellungen: 1986 Wien, „Der Mond", Studentencafe Berggasse 5; 1986 Wien, „Gegensätze und Verbindungen", WuK; 1987 Wien, „Die partiale Sichtweise", Metropol. S. LXVII.

Ralf Derkitsch
geb.: 1959 in Salzburg; 1985/86 bei Prof. Rudolf Kohloraks Tuscaria Scuola di visione. S. XXIV.

Bernadette Dewald
S. LXIV.

Mag. art. Wassil Dimow
geb.: 1945 in Wien; 1965-70 Studium an der Akademie der bildenden Künste in Wien bei Sergius Pauser und Rudolf Hausner; 1970 Diplom für Malerei; seither freischaffend tätig. Letzte größere Ausstellungen: 1983 Wien, Galerie Hilger; 1986 Wien, Galerie Mana; 1986 München, Schauraum. S. XLII, XLIII.

Ingrid Divis
„Ich bin eine Suchende". Die aus Kraft und Sensibilität gemixte Ingrid Divis kam 1964 in Wien zur Welt. Ihr Traum mit 16: Schauspielerin. Spielte tatsächlich Theater, doch das war ihr zuwenig. Weit ins Malerische reichende Objekte und Bilder drücken für sie mehr aus. Weshalb sie 1986 im Amerlinghaus „erweiterte Photographie" präsentierte und 1987 beim Hypnodrom, eigenwillig gestalteten Schmuck und Karten anbot. „Bei mir steht der Mensch im Mittelpunkt" – und dort kann man ihn lassen. S. XXXVI, XLVI.

Dschungelorchester
S. XV.

Martin Ebner
geb.: 1965, Steiermark; vielseitig begabt; Versuche: Musik seit 1980; Studium der Publizistik seit 1984; Video, Foto seit unlängst. S. LVI.

Dr. phil. Hubert Christian Ehalt
geb.: 1949; Studium der Geschichte, Philosophie, Soziologie und Kunstgeschichte, Leiter des Wissenschaftsreferates des Kulturamtes der Stadt Wien; Lehrbeauftragter für Sozialgeschichte und Anthropologie an der formal-u. naturwissenschaftlichen Fakultät der Univ. Wien. 15 Buchpublikationen, darunter: „Geschichte von unten", Böhlau Wien/Köln/Graz 1984; „Zwischen Natur und Kultur – zur Kritik biologistischer Ansätze", Böhlau, Wien/Köln/Graz 1985; „Glücklich ist, wer vergißt...? Das andere Wien um 1900", Böhlau Wien/Köln/Graz 1986. S. 217f.

Mag. phil. Dipl. Dolm. Renate Eibel
geb.: 1955 in Brixlegg/Tirol; Studium für Spanisch und Französisch; Auslandsaufenthalte in Paris, südliches Südamerika und Portugal. Aus den Werken: Hörspiel „liebe/total"; Roman (unveröffentlicht) „Ich. Du. Sie."; Drehbücher: „Atahualpa". Tatortkrimi für den ORF; „Vienna H.". Spielfilm gem. mit Willi Hengstler; „Die Haustiere der Lilly E.". Gemeinsam mit Stephan Eibel. Veröffentlichungen von Lyrik und Prosa in div. Anthologien. S. 206ff.

Stephan eibel (S. e.)
geb.: 1953; entwickelte sich vom „Produkt" Josef Stephan eibel (J. S. e.) zum „Produkt" Stephan eibel. Als J. S. e. war er Lehrling. Als S. e. ist er Schriftsteller. Autor von Romanen, Theaterstücken, Drehbüchern und Hörspielen. S. 230f., 302f.

Petra Felix
geb.: 1963; Multitalent; freischaffend. S. LXVIII, LXIX, XXI, XVII.

Thomas Freiler
geb.: 1962 in Krumbach/NÖ; seit 1982 Studium an der Hochschule für angewandte Kunst in Wien bei Prof. Tasquil; 1984 Beginn der Auseinandersetzung mit Fotografie; Ausstellungsbeteiligungen: 1986 Wien, „Geist und Form XI"; Wien, „prima vista", Zentralsparkasse. 1987 Wien, „Nach der Schneeschmelze", WuK. S. XXXV, LVII, XXIX.

T. Friedmann
geb.: 1961 in Linz; seit 1979 Lyrik und Prosa; 1980 Preis bei Journalistenwettbewerb; 1982 österr. Hauptpreis beim Europäischen Schülerwettbewerb; lebt seit 1983 in Salzburg, Studium der Germanistik und Publizistik an der Univ. Salzburg; 1984-86 Regie- und Schauspieltätigkeit mit der Gruppe T&T am Kleinen Theater; seit 1986 Mitglied der Salzburger Autorengruppe und Redakteur beim Salzburger Kulturmagazin „Impuls"; 1986 Kurzfilm „Innergrenzen" (Drehbuch und Mitwirkung); 1987 Drehbuch „Sohn-&Vater". Seit 1980 zahlreiche Lesungen, seit 1981 Veröffentlichungen in Rundfunk, Zeitungen, Literaturzeitschriften und Anthologien. Buchveröffentlichung: 1985 „und nachts über die Grenze", Lyrikband. Literaturförderungen von Stadt Linz, Land Oberösterreich und Land Salzburg. S. 126ff.

Friedrich Geyrhofer
geb. 1943, lebt in Wien.

Univ. Doz. Dr. Roland Girtler
geb.: 1941 in Wien; 1959-71 Studium der Rechtswissenschaft, Geschichte, Volkskunde und Philosophie an der Univ. Wien; 1971 Dr. phil.; 1971-72 Feldforschung in Indien; 1972-79 Univ. Ass. und Lehrbeauftragter am Institut für Soziologie der Univ. Wien; seit 1979 Univ. Doz. für Soziologie der Univ. Wien. S. 200ff.

o. HS. Prof. Dr. phil. Peter Gorsen
geb.: 1933; Studium der Philosophie (bei Adorno, Horkheimer, Habermas), Psychologie und Kunstwissenschaft an der Univ. Frankfurt; 1973-76 Dozent für Kunst und visuelle Kommunikation an der Universität Gießen; seit 1976 o. HS. Prof. an der Hochschule für angewandte Kunst in Wien, Vorstand der Lehrkanzel für Kunstgeschichte. Wichtigste Veröffentlichungen: Zur Phänomenologie des Bewußtseinsstroms. Bergson, Dilthey, Husserl, Simmel und die lebensphilosophischen Antinomien. Bonn 1966; Das Bild Pygmalions. Kunstsoziologische Essays. Reinbek bei Hamburg 1969; Das Prinzip Obszön. Kunst, Pornographie und Gesellschaft. Reinbek bei Hamburg 1969; Sexualästhetik. Zur bürgerlichen Rezeption von Pornographie und Obszönität. Reinbek bei Hamburg 1972; Proletkult. Zur Praxis und Theorie einer proletarischen Kulturrevolution in Sowjetrußland (1917-1925). Bd. 1-2 (mit E. Knödler-Bunte). Stuttgart 1974; Frauen in der Kunst. Bd. 1-2 (mit Gislind Nabakowski und Helke Sander). Frankfurt/M. 1980; Kunst und Krankheit. Metamorphosen der ästhetischen Einbildungskraft. Frankfurt/M. 1980; Transformierte Alltäglichkeit oder Transzendenz der Kunst. Reflexionen zur Entästhetisierung. Frankfurt/M. 1981; Sexualästhetik. Grenzformen der Sinnlichkeit im 20. Jahrhundert. Rowohlt, Reinbek bei Hamburg 1987; Ferner Monographien und Studien über verschiedene Künstler, Kunstkritiken. S. 340ff.

Prof. Dr. Otto Antonia Graf
„Ich bin irgendwann geboren und werde irgendwann sterben." Prof. für Kunstgeschichte an der Akademie der bildenden Künste in Wien; ..... S. 186ff.

Griffiths Magda
S. LVIII.

Dr. phil. Daniela Hammer-Tugendhat
geb.: 1946 in Caracas/Venezuela; Studium der Kunstgeschichte und Archäologie in Wien; seit 1975 Lehrtätigkeit an der Hochschule für angewandte Kunst in Wien; Publikationen: Hieronymus Bosch: Eine historische Interpretation seiner Gestaltungsprinzipien, München 1981; Erotik und Inquisition. Zum Garten der Lüste von Hieronymus Bosch, in: R. Berger, D. Hammer-Tugendhat (Hrsg.), Der Garten der Lüste. Zur Deutung des Erotischen und Sexuellen bei Künstlern und ihren Interpreten, Köln 1985; Zur Ambivalenz von Thematik und Darstellungsweise am Beispiel von Segantinis „Die bösen Mütter", in: Kritische Berichte 1985/3, S. 16-28; Zur Dialektik von Kunst und Gesellschaft, in: Kunsthistoriker. Mitteilungen des Österreichischen Kunsthistorikerverbandes II, 1985, Nr. 4/5, S. 49-55; Venus und Luxuria – Zum Verhältnis von Kunst und Ideologie im Hochmittelalter, in: B. Barta, Z. Breu, D. Hammer-Tugendhat, U. Jenni, I. Nierhaus, J. Schöbel (Hrsg.), Frauen. Bilder.-Männer. Mythen. Kunsthistorische Beiträge, Berlin 1987 (erscheint im Herbst 1987). S. 32.

Dr. Haimo L. Handl
geb.: 1948 in Feldkirch/Vlbg.; M. A. Political Science, Virginia Tech, Blacksburg, Virginia, USA (1981); Mag. phil., Univ. Wien (1983); Dr. phil., Univ. Wien (Publizistik und Kommunikationswissenschaft, 1984); freiberuflicher Kommunikationswissenschaftler, Universitätslektor und Künstler; Seminarleiter, Referent, Diskutant. Aus den zahlreichen wissenschaftlichen Beiträgen und Publikationen: 1983: „Gestörtes Filmverstehen" – Medienjournal Nr. 1 33-35; „Das Klischee im Film", Semiotische Berichte 8/9: 27-36; „Filmtheorie in Österreich", Semiotische Berichte 10/11: 12-16; 1984: „Die Ästhetik des Alltags", Katalog 20, Kulturverband Favoriten: 18-20; „Anmerkungen zum Dokumentarfilm", Blatt 2 der Gesellschaft für Filmtheorie; 1985 „Falsche Bilder – echte Klischees", in: Handl (Hrsg.): Werbung – Zeichencharakter, Rollenklischees, Produktkultur. Wien, öGS (Angewandte Semiotik 4: 43-61); 1986: „Der ethnographische Film als Krise", Blatt 13 der Gesellschaft für Filmtheorie; 1987: „Textbilder", in: Semiotika Austriaca, hrsg. v. Jeff Bernard, Wien (Angewandte Semiotik 9/10: 491-500). Künstlerische Arbeiten in den Bereichen Textobjekt, Fotografie und Wortmusik. Internationale Aufführungen, Lesungen und Ausstellungen. S. 258ff.

Klaus Heinzle
siehe Vorstand „das wiener sommersymposion". S. 375, XVII.

Mag. art. Karin Herber
geb.: 1958 in Wels/O.Ö.; Studium Textildesign und Tapisserie an der Hochschule für angewandte Kunst in Wien; 1986 Diplom; derzeit freischaffend tätig; zahlreiche Ausstellungen. S. XLIV, XLV.

Bernhard Herrman
geb. 7. 8. 1949 Linz/Donau; Studium Geschichte-/Germanistik; Ausstellungen: Galerie des Afro-Asiatischen Institutes Wien (1983); Bildungshaus St. Virgil, Salzburg (1983); Afro-Asiatisches Institut Graz 1983; Neue Galerie der Stadt Lienz 1984; Stadthaus Klagenfurt 1984; Kleine Galerie (Wien) 1986; Städt. Bücherei „Am Schöpfwerk" im Rahmen der Ausstellung „Komickunst/Künstlercomics"; 4. Künstlerbegegnung im Stift St. Lambrecht. S. LXXI, XXXI.

Prof. Dr. phil. Berthold Hinz
geb.: 1941 in Königsberg; Studium der Kunstgeschichte, Philosophie und Geschichte; derzeit Professor für Kunstgeschichte an der Hochschule der Künste in Berlin; Zahlreiche Bücher und Aufsätze zur Geschichte des Porträts, zur Philosophie der Kunst, zu William Hogarth, zur Malerei im deutschen Faschismus u. a. S. 33 ff.

Adolf Holl
geb.: 1930; lebt als freier Schriftsteller in Wien. S. 292 ff.

Evelyn Holloway
geb.: 1955 in Wien; lebte ab dem 16. Lebensjahr in Oxford; Proficiency Diplome of English an der Oxford Academy Of English; engl. Matura (A-level) am Oxford College Of Further Education; Aufenthalte in Beirut, Athen und Jerusalem; seit 8 Jahren wohnhaft in Wien als freie Schriftstellerin und Übersetzerin. Aus den Publikationen: „Frischfleisch 2", 1972; „Sprache im technischen Zeitalter". Literarisches Colloquium Berlin 1980; Freibord Nr. 35; Wespennest Nr. 51; „Die schwarze Botin". S. 153 ff.

Prof. Arch. Wilhelm Holzbauer
geb.: 1930 in Salzburg. Studium an der Akademie der bildenden Künste in Wien bei Clemens Holzmeister, der ihn als einen seiner profiliertesten Schüler schätzen lernte. 1952–1956 und dann wieder 1960–1964 arbeitete Holzbauer mit Friedrich Kurrent und Johannes Spalt in der legendären „Arbeitsgruppe 4" zusammen, 1956/57 studierte er an der M. I. T. in Cambridge/USA, 1957/58 hielt er sich als Gastprofessor an Universitäten in Kanada und in den USA auf, 1967 und 1968 betreute er Entwurfsseminare an der University of Illinois/Chicago. Seit 1977 ist Holzbauer o. Professor an der Hochschule für angewandte Kunst in Wien. Seit 1987 auch Rektor an dieser Hochschule. S. 11.

Brigitte Holzinger
geb.: 1962 in Wien; Volksschule, Mittelschule, Studium der Psychologie, Wien. Seit 1980 intensive Beschäftigung mit Tanz (spez.: ethnologischer Tanz) und Auftritte (Wiener Festwochen, Schneeschmelze, Interaktion 1, etc.)
Studienreisen in die Türkei und Tunesien, Lehrtätigkeit für afrikanischen und Bauchtanz, Jazz- und experimentiellen Tanz in Wien. Musikalische Umformung der Rhythmik als Percussionistin. S. IX, XXXIV.

Ingrid Huemer
geb.: 1961 in Linz; seit 1980 Studium für „Textiles Gestalten" an der Akademie der bildenden Künste, Wien. S. XLVII.

Gottfried Jäger
siehe Vorstand „das wiener sommersymposium", S. 375, LXVIII, LXIX, XX, XXI.

Gerhard Jaschke
geb.: 1949 in Wien; 1968-86 diverse Studien an der Univ. Wien o. a.; Lyrik, Prosa, Essays seit 1973 in Zeitschriften, Anthologien und im Rundfunk; 1975 Gründung der Kulturzeitschrift „Freibord" (gemeinsam mit H. Schürrer), periodische Herausgabe dieser, seit 1977 zuzüglich einer Buchreihe; Freier Mitarbeiter des ORF; Rezensionen für Tageszeitungen. Mitglied der Grazer Autorenversammlung seit 1978, seit 1979 deren Vorstand; Mitbegründer der Interessengemeinschaft österr. Literaturzeitschriften und Autorenverlage; Lehrbeauftragter für Literaturgeschichte an der Akademie der bildenden Künste in Wien seit Sommersemester 1986. Einzelveröffentlichungen (Auswahl): „Windschiff einer ersten Blindschrift", „Die Windmühlen des Hausverstands", „Schnelle Nummern", „Ausgewählte Gedichte 1971-1980", „Das Geschenk des Himmels", „Fliegende Trümmer", „Einsame Ameisen", „Hohe Kühe", „Flugspuren/Skulpturen", Experimentelle Texte Nr. 8, Hrsg. Karl Riha, S. J. Schmidt – Univ. Siegen; „Das zweite Land", Gedichte 1981-1986. Theodor Körner Preis 1977 und 1982, Staatsstipendium für Literatur 1977 und 1985, Förderungspreis der Stadt Wien 1983. S. 65 ff., 74.

Wittigo Keller
geb.: 1947; Studium der Graphik, Design u. bildnerischen Erziehung an der Hochschule für angewandte Kunst in Wien; Studium der Völkerkunde und Kunstgeschichte an der Univ. Wien; Arbeitsschwerpunkte: Kunstethnologie (body-art, Bemalung, Tätowierung) und Ethnopsychologie (Religionsphänomene, Kosmologien). Derzeit als Universitätslektor (Völkerkunde) und freischaffender Künstler im Bereich Visuelle Kommunikation tätig. S. 318 ff.

Patrick Knoch
S. LVIII, XXIV.

Mag. art. Angela Koch
siehe Vorstand „das wiener sommersymposion". S. 375, XIX.

Gerhard Kofler
geb.: 1949 in Bozen; 1952 Übersiedlung nach Brixen, Matura am dortigen Wissenschaftlichen Lyzeum (Realgymnasium), Studium der Germanistik und Romanistik in Innsbruck und Salzburg. Lebt als freier Schriftsteller und Kulturpublizist in Wien; Mitglied der Grazer Autorenversammlung seit 1976 und der Südtiroler Autorenvereinigung; Zahlreiche Veröffentlichungen von Lyrik und Kurzprosa in Anthologien, Zeitschriften und Rundfunkanstalten; „Südtiroler Extravaganzen". Gedichte (dt./ital./Mundart). Frischfleisch & Löwenmaul, Wien 1981 (= Kopf-Noten 3). Mehrere Preise und Stipendien, darunter: Österreichisches Staatsstipendium für Literatur. S. 245ff.

Jakob Kohlmaier
S. LVII.

Alice Kostron
siehe Vorstand „das wiener sommersymposion". S. 375, II.

Dr. phil. Udo Liebelt
geb.: 1939 in Berlin; 1961-69 Studium der Ev. Theologie, der christl. Archäologie und der Kunstgeschichte in Frankfurt/M., Mainz, Berlin und Marburg/Lahn; 1971 Dr. phil.; seit 1969 Ausstellungstätigkeit; 1971-75 Gründung und Betrieb der „Galerie und Edition Udo Liebelt" in Marburg/Lahn; 1975-78 wissenschaftlicher Angestellter am Kunstmuseum Bonn; seit 1978 Kustos/Museumspädagoge am Sprengel Museum Hannover; seit 1984 Lehrbeauftragter im Fach Museumsdidaktik/Museumspädagogik an der Wiss. Hochschule Hildesheim – Studiengang Kulturpädagogik. Mitglied des Beirates der Akademie für kulturelle Bildung Wolfenbüttel e. V.. Auswahl aus Publikationen: „Marc Chagall, Druckgraphische Folgen 1922-1966", Kunstmuseum Hannover mit Sammlung Sprengel 1981; „Skulptur begreifen – Tastgalerie", Kunstmuseum Hannover mit Sammlung Sprengel 1981; „Lebenszeichen – Botschaft der Bilder. Wirklichkeit und Lebensverständnis in der modernen Kunst", Kunstmuseum Hannover mit Sammlung Sprengel 1983; „Nackt in der Kunst des 20. Jahrhunderts", Sprengel Museum Hannover 1984; „Das kann mein Kind auch! Für und wider die neue Kunst, 1945 bis heute", Sprengel Museum Hannover 1987. Tätigkeit im Commitee for Education and Cultural Action (CECA) und dem Fachverband der Museumspädagogen im International Council of Museums (ICOM). S. 39ff.

Gerhard Johann Lischka
geb.: 1943; Österreicher, lebt in Bern; lehrt Ästhetik an verschiedenen Akademien; Zahlreiche Texte in internationalen Kunst- und Kulturzeitschriften, Katalogbeiträge und Rundfunksendungen. Eigene Publikationen: Momente ästhetischer Praxis. Betzel Verlag Frankfurt 1979; Der intermediäre Aktionismus. Essays. Betzel Verlag Frankfurt 1980; Zuba Rea 3b. Ein Tag. Betzel Verlag Frankfurt 1982; Alles und noch viel mehr: Das poetische ABC. Die Katalogantologie der 80er Jahre. Kunsthalle/Kunstmuseum Bern, Benteli Verlag Bern 1985; Philosophenkünstler, Merve Verlag Berlin 1986; Die Schönheit der Schönheit. Superästhetik. Benteli Verlag Bern 1986. S. 96ff.

Lucky Look Ltd.
Petra Felix, Goffried Jäger, Andreas Stemer. S. LXVIII, LXIX, XX, XXI.

Wolfgang Mader
geb.: 7. 2. 1959, Wassermann, Aszendent Löwe; Medizinstudium, 2 Semester Theaterausbildung, Puppenspielkurs, 1 Jahr Mitglied eines Puppentheaters; Hobby: Comics; sucht immer noch eine Gesamtausgabe von „Little Nemo"; lernt Gynäkologie; ist jederzeit zu einer Tasse Tee bereit. S. LXV.

Gabi Mathes
Videodokumentation der Veranstaltungen. Filmakademie bei Axel Corti. S. LXXVII.

Harald Mayrböck
siehe Vorstand „das wiener sommer symposion". S. 375, XXXII.

Prof. Mag. art. Julius Mende
Zeichenlehrer, Univ. Lektor für Kulturgeschichte; Lehrbeauftragter an der Akademie der bildenden Künste in Wien. Publikationen: Erotische Schülerzeichnungen, Frankfurt 1971; Schmutz und Schund. Bildungspolitische Studien, Frankfurt 1973; Mitherausgeber des Wiener Kulturjahrbuches. S. 87ff.

Hartwig Michelitsch
geb.: 2. 3. 1966 in Graz, wohnhaft in Fürstenfeld; 1984 am dortigen Realgymnasium maturiert; div. Ausstellungsbeteiligungen in seiner Heimatstadt, Mai 87 im Likovni Salon/RuŠ,
studiert seit Herbst 87 an der Hochschule für angewandte Kunst in Wien, Meisterklasse Weibel. S. XXIII.

Franz Mochty
S. LII, LVIII, LIX, LXXVI, XXVII.

Irene-Rosanna Nierhaus
geb.: 1955; Studium der Kunstgeschichte und Archäologie; derzeit Dissertation zur ‚Kunst am Bau'; Mitorganisatorin der Kunsthistorikerinnentagung Wien 1986; Arbeitsschwerpunkte: Wohnbau und Architektur, Kunstpolitik im Nationalsozialismus, Alltagskultur. S. 103ff.

Prof. Oswald Oberhuber
geb.: 1931 in Meran; Besuch der Gewerbeschule Innsbruck, Abteilung Bildhauerei. Beginn der informellen Malerei. Begründer der informellen Plastik. Literarische Arbeiten. Texte als Bildwert; 1951 Entstehung der Gerümpelplastiken; 1952-53 Einzelausstellungen in Zürich und Innsbruck; 1958-61 Begründer der permanenten Veränderung in der Kunst. Ablehnung jeglicher Stilbildung. Geht von der Theorie aus, daß spezifische Stilbildungen in der heutigen Zeit nicht mehr möglich sind; 1966-67 Trigon 1966 Graz. Environments und Versuche an und in der Kunst ohne Künstler. Anti-künstlerische Tendenzen im Bewußtsein einer Neuordnung in der Kunst; 1968-70 Oberhuber Zeitung; 1972 Biennale Venedig, offizieller Vertreter Österreichs; 1973 o. HS. Prof. an der Hochschule für angewandte Kunst in Wien; seit 1979 Rektor o. a. Hochschule. Zahlreiche Ausstellungen im In-und Ausland; Bühnenbilder und Texte. S. 9, 12ff.

Ulrike Parnreiter
geb.: 1958 in Linz; kaufmännische Lehre, einige Jahre Buchhalterin; 1984 Matura BRG für Berufstätige; derzeit Studium der Psychologie an der Univ. Salzburg. Publikationen: 1985 „schwerelos – folgenschwer", Lyrikband, Eigenverlag. Preise: 1986 3. Preis beim Max-von-der-Grün-Preis „Literatur zur Arbeitswelt"; 1987 Publikumspreis beim Max-von-der-Grün-Preis. S. 134ff.

Dr. jur. Mag. jur. Rotraud A. Perner
geb.: 1944; abgeschlossenes Studium der Rechtswissenschaften in Wien; tiefenpsychologische Ausbildung im Wiener Arbeitskreis für Tiefenpsychologie; Diplom für Psychoanalytische Sozialtherapie; Practitioner-Dekret für Neurolinguistisches Programmieren; Ausb. in Sexualtherapie bei Dr. med. Verena Middendorp (Zürich); Ausbildung in Personenzentrierter Gesprächsführung in der APG; 1975 Errichtung der Beratungsstelle im Sozialtherapeutischen Institut der Stadt Wien im 10. Bezirk; 1978-85 Projektleiterin und Konsulentin im Verein Jugendzentren der Stadt Wien: seit 1984 eigenes Institut für Projektberatungen (im Gesundheits-, Sozial- und Erziehungsbereich; Lehrtätigkeit am Sozialtherapeutischen Institut, Institut für Heimerziehung, Pädagogischen Institut der Stadt Wien sowie den Akademien für Sozialarbeit; Vorstandsmitglied der Österreichischen Arbeitsgemeinschaft für Psychoanalyse und Sozialtherapie; Mitglied im Vorstand der Vereinigung zur Förderung einer qualifizierten Jugend-, Familien-, Partner- und Sexualberatung. S. 297ff.

Doris Plank
geb.: 1965, in Leoben; Publizistik und Theaterwissenschaften, Wien; Studium an der Filmakademie, Wien, seit 1987. S. LIII.

Mag. art. Robert Polak
geb.: 1944 in Bregenz; Studium an der Filmakademie in Wien; 1969 Abschluß in Regie und Schnitt; Freischaffend tätig als Regisseur, Cutter, Drehbuchautor im Bereich Dokumentar-, Unterrichts-, Industrie-, Werbe- und Spielfilm/Video; seit Sommer 1986 Lehrbeauftragter an der Hochschule für Musik und darstellende Kunst, Abt. Film und Fernsehen (Filmakademie). S. LV.

Fritz Popp
geb.: 1957 in Vöcklabruck/OÖ; Studium der Religionspädagogik und Germanistik an der Univ. Salzburg; seit 1982 BHS-Lehrer in Salzburg und Oberndorf. Literarische Arbeiten und Publikationen: Während der Studienzeit Lesungen und „Liederabende", Mitarbeit bei Studentenzeitschriften; 1982-85 Kabarettautor und -darsteller; Veröffentlichungen von Lyrik und Kurzprosa in Literaturzeitschriften/Aphorismen und satirischen Texten in Satirezeitschriften; Veröffentlichungen in Anthologien (Podgorski: „Muskeln aus Papier", „Leben in Salzburg" (1987)). 1983 2. Preis bei den 4. Dt. Kabarett-Tagen in Passau; 1984 Lyrikstipendium der Sbg. Landesregierung („Trakl-Förderungsstipendium"). S. 130ff.

Erwin Puls
geb.: 1939 in Ganderkesee bei Oldenburg; 1954-58 Erlernen des Berufes eines Reproduktionsfotografen; 1960-62 Vagabundieren in Nord- und Westeuropa; 1962-65 Studium an der Hochschule für bildende Kunst in Düsseldorf bei Prof. J. Beuys; 1965 Dozent an der Werkkunstschule in Krefeld; 1966-67 wohnhaft in Kopenhagen; seit 1967 wohnhaft in Wien. Aus Ausstellungen und Aktionen: 1972 Wien, Plakataktion „Kein Puls" in Wien; 1975 Wien, „Das 16-Bogen-Plakat zum Aufklärungslokal", Aktion, Rotationskunstdruckgraphik Aufklärung in AZ Wien 1975; Wien, „Puls für den Intimbereich", Roman; 1977 München, „... und Frau Thamar und Herr Onan", Aktion; 1979 Linz, „Plakataktion Felix"; 1981 Bern, „Momentaufnahmen zur Ehepflicht", Rauminstallation; 1982 Wien, „Tageszeitung – eine Woche lang der klare Blick, das klare Wort...", Plakataktion; 1983 Wien, „Im Herrenzimmer", Rauminstallation; 1984 Wien, Buch zum „Im Herrenzimmer"; Wien, Museum des 20. Jhdts., „Hygieneanstalt" (Beteiligung); 1986 München, Stadtmuseum, „Das Aktfoto", Beteiligung an der Ausstellung gleichen Titels; 1987 Wien, „Ohne Pause", Film, Votivkino; zahlreiche Aufsätze und Graphiken. S. X, XI, 91ff.

DDr. Mag. phil. Werner Reiss
geb.: 1941 in Wien; Studien der Rechtswissenschaften, Philosophie und Theologie an den Univ. Wien, München und Innsbruck; Kaplan und HTL-Lehrer; Lehrbeauftragter für Politologie an der Univ. Wien und für Philosophie der Künste an der Akademie der bildenden Künste in Wien; Leiter des Internationalen Kulturzentrums in Wien; Psychodrama-Trainer; vorwiegend Arbeiten auf dem Gebiet der Wissenssoziologie. S. 225f.

Alexander Richter
S. XX.

Dr. phil. Katharina Riese
geb.: 1946 in Linz; lebt seit 1964 mit Unterbrechungen in Wien; Studium der Volkskunde und Kunstgeschichte in Wien und Basel; seit 1976 mehr oder weniger freie Schriftstellerin: Erzählungen, Kurzgeschichten, Gedichte und journalistische Arbeiten in Wiener und Berliner Zeitschriften (Forum, Falter, Taz, Schwarze Botin, u. a.) und Anthologien (Wiener Frauenverlag, Kulturjahrbuch u. a.). Mehrere Stipendien; 1983 „In wessen Gärten wächst die Leibesfrucht"; 1986 Theodor-Körner-Preis für Literatur. S. 164 ff.

Dr. phil. Peter Roboz
geb.: 1941, Wien; Schauspielstudium (Theater, Kunstgeschichte); derzeit freischaffender Künstler. S. 240 ff.

Dr. phil. Otmar Rychlik
geb.: 1956 in Wien; seit 1983 Lehrbeauftragter am Institut für Gegenwartskunst an der Akademie für bildende Künste in Wien; 1986 Dr. phil.; Herausgeber des graphischen Werkes von Hermann Nitsch (Bd. 1, Das früheste Werk, Wien 1986); Die Totenmaskenüberarbeitungen von Arnulf Rainer (Promotionsschrift) erscheint demnächst, Autor zahlreicher Beiträge über moderne und alte Kunst in internationalen Zeitschriften und Katalogen; Kunstkritiken für die österr. Tageszeitung „Die Presse"; Organisator von Ausstellungen, u. a.: Arnulf Rainer. S. 110 ff.

Aus der SAG – Salzburger Autorengruppe
Ulrike Parnreiter, Fritz Popp, Christine Haidegger, T. Friedmann. S. 126 ff.

Ingrid Scharmann
geb.: 1962 in Klagenfurt; seit 1982 Studium für „Textiles Gestalten" an der Akademie der bildenden Künste Wien. S. XXVI.

Hans Scharnagl
geb.: 1954 in Spitz/Donau; Studium an der Hochschule für angewandte Kunst in Wien, Mkl. Prof. Tasquil; 1985 pratt institute, New York; Ausstellungsbeteiligungen: 1985 Präsentation der Galerie Stadtpark in Stuttgart und im Museum Oberhaus, Passau; 1986 3. Preis beim Graphikwettbewerb prix lancôme, Wien; 1986 Wien, „prima vista", Zentralsparkasse; 1987 Wien, Beteiligung am Wettbewerb „Jahr des Friedens" des BMfUKS bzw. der UN; 1987 Wien, WuK, „Nach der Schneeschmelze"; Einzelausstellung: Krems, Galerie Stadtpark, „Das Herz im Fluß". S. XXXV, XXXVIII, XXXIX, XXII, XXIII.

Dr. phil. Gerhard Scheit
geb.: 1959; Studium der Theaterwissenschaft und Germanistik in Wien und Westberlin; Dissertation über „Krise und Kritik des modernen Dramas – am Beispiel von Brecht und Bronnen"; lebt derzeit als freier wissenschaftlicher Schriftsteller in Wien. Vortragsreihen und Vorträge an der Wiener Urania und am Institut für Wissenschaft und Kunst zu den Themen: Theater und Faschismus; Antifaschismus und Musik bei Adorno und Eisler; Georg Lukács' Ästhetik; Jura Soyfer, Ödön v. Horváth, Elias Canetti; Theaterästhetik und Irrationalismus. Publikationen zu den genannten Themen in den Zeitschriften ‚Aufrisse', ‚Wespennest' und ‚Mitteilungen des IWK'. 1986 Förderungspreis der Theodor Körner Stiftung für eine Arbeit über J. Soyfer. S. 219 ff.

Ferdinand Schmatz
geb.: 1953 in Korneuburg/NÖ; Studium der Germanistik und Philosophie an der Univ. Wien; 1983-85 Gastdozent für dt. Literatur a. d. Nihon-University, Tokyo; seit 1986 Lehrauftrag für Gegenwartsliteratur an der Hochschule für industrielle und künstlerische Gestaltung in Linz; Mitglied der Grazer Autorenversammlung und des Bielefelder Colloquiums für Neue Poesie; Herausgeber der Werke von Reinhard Priessnitz; schreibt Lyrik und Essays z. Literatur und bildenden Kunst; lebt als freier Schriftsteller in Wien. Publikationen: Bücher: „Der gesamte Lauf". Texte und Zeichnungen. Wien 1977; „die lichtung und der bienenstock". Wien 1977; „5 Nächte". (gem. mit Peter Veit). Wien 1979; „der (ge)dichte lauf". Mit einem Nachwort v. Reinhard Priessnitz. edition neue texte, Linz 1981; „die wolke und die uhr". gedicht. edition neue texte, Linz 1986; „Die Reise. In achtzig flachen Hunden in die ganze tiefe Grube." Gemeinsam mit Franz Josef Czernin. edition neue texte, Linz 1987. Aufsätze: in zahlreichen in- und ausländischen Zeitschriften: kairos, FORUM, protokolle, FREIBORD, Wespennest (Wiener Vorlesungen zur Literatur), Schwitters-Almanach, Sprache im technischen Zeitalter, SONDERN, Heft, u. a.; Beiträge in Katalogen, z. B. über Franz West (DURCH), Heimo Zobernig (NOEMA u. a.), u. a. S. 64.

Robert Schmid
S. LIV.

Burghart Schmidt
geb.: 1942; Studium der Biologie, Chemie, Physik, dann Philosophie und Kunstgeschichte an der Universität Tübingen. Dort von 1968-1976 wissenschaftlicher Mitarbeiter von Ernst Bloch und Editor von dessen Gesamtausgabe. Promotion in Philosophie in Tübingen, Habilitation an der Universität Hannover. Zur Zeit Professor an der Universität Hannover und Leiter des Instituts für Gegenwartskunst an der Akademie der bildenden Künste in Wien. Lehrtätig an der Universität Klagenfurt in Soziologie der Künste. Präsident der Ernst-Bloch-Gesellschaft/Ludwigshafen Rh. BRD. Publikationen der letzten Jahre: Benjamin zur Einführung, Hannover 1983; Das Widerstandsargument in der Erkenntnistheorie. Ein Angriff auf die Automatisierung des Wissens, Suhrkamp, Frankfurt a. M. 1985; Ernst Bloch, Sammlung

Metzler, Realien der Literatur, Stuttgart, 1985; Postmoderne – Strategien des Vergessens, Sammlung Luchterhand, Darmstadt/Neuwied, 1986; Kritik der reinen Utopie. Eine sozialphilosophische Untersuchung, Metzler, Stuttgart, 1987; Schwerpunktgebiete: Erkenntnistheorie, Sozialphilosophie, Kunsttheorie. S. 342ff.

Ernst Schmidt jr.
geb.: Hadersdorf am Kamp/NÖ, lebt in Wien; Studium an der Wiener Filmakademie (nicht abgeschlossen); seit 1963 unabhängiger Filmemacher, zahlreiche Experimentfilme; 1964 Herausgeber der hektograf. Filmzeitschrift „Caligari" (2 Nummern); 1966-69 Mitarbeiter von Filmzeitschriften in Deutschland, Österreich, Schweiz. Mitbegründer der Austria Filmmacher Cooperative (mit Hans Scheugl, Valie Export, Peter Weibel, Kurt Kren); 1968 Verfasser von „Das andere Kino – ein Lexikon des neuen europäischen Films" (im Katalog „Neuer österreichischer Film"); 1973 „Filmtext" (ausschnittweise) in dem Buch „Avantgardistischer Film 1951 bis 1971: Theorie" (hrsg. v. Gottfried Schlemmer, München); Zusammen mit Hans Scheugl Verfasser der bisher umfangreichsten Arbeit über den Avantgardefilm: „Eine Subgeschichte des Films" (2Bde., Suhrkamp-Verlag, Frankfurt/M. 1974); 1977 erster Langfilm, die dokumentarische experimentelle Collage „Wienfilm 1896-1976"; Herausgeber des Katalogs „Österreichischer Avantgarde- und Undergroundfilm 1950 bis 1980" für das Österreichische Filmarchiv anläßlich einer Retrospektive im Z-Club Alternativ. 1981 erster Spielfilm: „Die totale Familie"; 1984 3 Super8 Stummfilme 25Min.: „Berühmte Wienerinnen nackt." S. 62ff.

Erik Albin Schnabl
geb.: 1. August 1958 in Wien; 1973-78 Bankangestellter, seit 1978 EDV-Tätigkeit bei Fa. Intercont und Ausbildung zum Programmierer; derzeit stellvertretender EDV-Leiter ebendort. Langjährige Tätigkeit im Bereich künstlerischer und dokumentarischer SW-Fotografie. S. XXXII.

Judith Schöbel
geb.: 1954; Studium der Kunstgeschichte und Archäologie; derzeit Dissertation zu spätmittelalterlichen Sakralbauten in Kärnten; Mitorganisatorin der Kunsthistorikerinnentagung Wien 1986; Arbeitsschwerpunkte: Architektur, Alltagskultur. S. 103ff.

Dr. Dieter Schrage
geb.: 1935 in Hagen/BRD; Studium in Köln und Wien; lebt seit 1960 in Wien, zunächst als Keramiker; 1968 Dr. phil., Theaterwissenschaft u. Kunstgeschichte; 1968-79 Kulturreferent der Zentralsparkasse; seit 1979 Kustos am Museum moderner Kunst bzw. Museum des 20. Jahrhunderts in Wien; Lektor an den Univ. Salzburg und Wien; Zahlreiche Aufsätze und Buchbeiträge zur bildenden Kunst, Kultur und Kulturpolitik. S. 50ff.

Andrea Seidling
geb.: 1963 in Wien; Stationen: Mödling, Darmstadt, Djidda, Addis Abeba, Rudolf Steiner-Schule-Wien, Hauptschule, Realgymnasium, BORG-Kundmanngasse, Berlin, Bretagne, U4, Colombo, Rameshwaram, Jaipur, Jaisalmir, Kathmandu, Delhi, Moskau, HTL-Mödling, Robert, Rom, Graz, Paris, Giencke, Wien 1987. S. LXXIII, LXXIV.

Kemal Seyhan
geb.: 7.11.1960 in Kayseri, Türkei; 1978 Absolvent des Gymnasiums in Istanbul; 1982 Abbruch des Soziologie-Studiums an der Bosphorus Universität, Istanbul; 1984 Beginn des Philosophie-Studiums an der Universität Wien; 1987 Student der Meisterklasse Prof. Adolf Frohner an der Hochschule für angewandte Kunst in Wien. S. XL, XLI, XXV.

Ingrid Sinzinger
geb.: 1968, Wels. S. LXXVIII.

Dr. phil. Alfred Smudits
geb.: 1954; Studium der Soziologie und Psychologie; wissenschaftlicher Assistent am Institut Mediacult, freiberufl. wiss. Tätigkeit; Arbeitsschwerpunkte: Medien- und Kommunikationstheorie, Kulturwandel, empirische Kulturforschung. S. 103ff.

Andrea Sodomka
geb.: 1961 in Wien; Studium an der Hochschule für angewandte Kunst in Wien und an der Hochschule für Musik und darstellende Kunst in Wien sowie am Institut für Elektroakustik; Arbeiten im Bereich Fotografie, Performance, elektronischer und Computer-Musik. S. XXXVII.

Soul train
Joseph Askew, E. Mayr, Karl Mazena, Mike Macek, William Shad, Wolfgang Wendlinger, Vanessa U. S. XXXIV.

Univ. Doz. Dr. Alfred Springer
geb.: 1941 in Wien; Studium der Medizin an der Univ. Wien; danach einjährige Tätigkeit am Pharmakologischen Institut der Univ. Wien; anschließend Ausbildung in Psychiatrie und Neurologie an der Wiener Universitäts-Nervenklinik; seit 1973 Facharzt für Psychiatrie und Neurologie; seit 1970 Führung einer Spezialambulanz für sexuell gestörte Patienten im Rahmen der Wiener Psychiatrischen Klinik; seit 1972 außerdem besondere Beschäftigung mit Fragen des Suchtverhaltens; seit 1976 Leiter des Ludwig-Boltzmann-Institutes für Suchtforschung in Wien/Kalksburg; Psychoanalytische Ausbildung in Wien; seit 1978 Mitglied der Wiener Psychoanalytischen Vereinigung; 1980 Habilitation für Psychiatrie und Psychotherapie zum Thema „Pathologie der geschlechtlichen Identität". S. 284ff.

Mag. art. Peter Stasny
siehe Vorstand „das wiener sommer symposion". S. 353 ff., XXXII.

Andreas Stemer
geb.: ca. 1961, Tschaguns. S. LXVIII, LXIX, XXI, XVII.

Mag. arch. Karl Sterneck
geb.: 1953 in Schwaz/Tirol; Studium der Architektur, Mkl. Prof. Hollein, Hochschule für angewandte Kunst in Wien; Mitarbeit in verschiedenen Architekturbüros in Wien (Holzbauer, Tesar) und Helsinki (Penttilä, 1982-86); derzeit bei Hans Hoffer als Bühnenbildner tätig. S. XLIV, XLV.

Mag. art. Erhard Stöbe
geb.: 1943 in Wien; 1961-67 Akademie der bildenden Künste in Wien; 1967 Diplom in Malerei und Graphik sowie Restaurierung; 1967-68 Aufenthalt in Italien; 1970 Aufenthalt in Dänemark; 1970-78 Restaurator am Kunsthistorischen Museum in Wien; seit 1978 Lehrbeauftragter an der Hochschule für angewandte Kunst in Wien bei B. Brock und P. Weibel; seit 1967 Ausstellungen mannigfaltiger Art und an vielerlei Plätzen. S. LVIII, XXVII.

Dr. phil. akad. Maler J. C. Subik
geb.: 1944 in Annaberg/NÖ; 1964-69 Akademie der bildenden Künste in Wien; 1969 Diplom für Malerei; 1969-73 Studium der Philosophie an der Univ. Wien; 1973 Doktorat und erste Ausstellung; seit 1972 am Institut für Philosophie der UBW Klagenfurt Lehraufträge zur Logik, Geschichte der Philosophie und zur Ästhetik. Publikationen: 1982 „Einverständnis, Verfremdung und Produktivität. Versuche über die Philosophie Bertold Brechts"; 1985 „Arbeitstexte für den Unterricht: Ästhetik". Gemeinsam mit Manfred Moser und Thomas H. Macho; 1986 Habilitationsschrift: „Philosophieren als Theater. Neue Versuche über die Philosophie Bert Brechts". S. 144 ff., XLII, XLIII.

Ibrahim Sümbültebe
geb.: 17.11.1963, Arsuz, Türkei; seit 1980 in Österreich; arbeitet als Gastarbeiter. S. LX, LXI.

Mag. art. Margit Tobisch
geb.: 1956 in Linz; 1975-81 Studium an der Hochschule für angewandte Kunst in Wien; 1980/81 Stipendium für die Webereiklasse von M. Abakanović in Polen; 1983 Lehramtsprüfung; freischaffend. S. XXXV.

Hanna Tomek
freischaffende Schauspielerin und Regisseurin. S. XXXVII.

Peter Tomsič
S. XLVIII.

Dr. phil. Mag. phil. Christa Tuczay
geb.: 1952 in Eisenstadt/Bgld; ab 1971 Studium der dt. Philologie und der Philosophie an der Univ. Wien; 1978 Mag. phil., 1981 Dr. phil., Dissertation: „Die Seele außerhalb in den Volkserzählungen". 1982 im Druck erschienen in der Reihe WAGAPH unter dem Titel: Der Unhold ohne Seele. Eine motivgeschichtliche Untersuchung; seit 1981 Mitarbeit an einem Projekt der Kommission für Altgermanistik der Österreichischen Akademie der Wissenschaften: Motiv-Index der mittelhochdeutschen weltlichen Erzählliteratur von den Anfängen bis 1900; 2 Forschungsberichte in „Fabula. Zeitschrift für Erzählforschung" sind bereits erschienen; Ein Kongreßbeitrag zum Salzburger Symposion für Mittelalterrezeption, Salzburg 1986 ist im Druck; Demnächst im Druck: „Herz des Unholdes im Ei" bei der Enzyklopädie des Märchens; Kongreßbeitrag zum Artuskongreß in Leuwen mit dem Titel „Das Bild des Magiers in der mittelhochdeutschen Artusliteratur". S. 192 ff.

Dr. phil. Liesl Ujvary
geb.: 1939; lebt in Wien. Schriftstellerin, Fotografin. S. 249.

Lawrence Wallen
geb.: 1961 in Melbourne/Australien; Ausbildung: 1981-83 Architectural/Interdiscilinary Design, Christchurch, New Zealand. S. LXXV, XXX.

Peter Waterhouse
S. XIV.

Elisabeth Weigl
S. LI.

Zelko Wiener
Assistent bei Roy Ascott an der Lehrkanzel für Kommunikationstheorie, Hochschule für angewandte Kunst, Wien. S. XXXII.

Wiener Klangmanufaktur:
Michi Egger, Thorsten Much, Pepi Öttl, Stefan Pfeistlinger, Ernst Zettl. S. LXXIX.

Mag. Marion Wisinger
geb.: 1965 in Wien; studiert an der Univ. Wien Geschichte, Politikwissenschaft und Romanistik. S. 170 ff.

Christian Wünsche
S. LXVI.

Christina Wustinger
geb.: 1953 in Riegersburg/NÖ; 1972-74 Studium an der Univ. Wien; 1975-80 Studium an der Hochschule für angewandte Kunst in Wien bei Prof. O. Oberhuber, Prof. B. Brock und Prof. S. Moosmann; 1980-81 einjähriger Studienaufenthalt in Mexico, Studium im Taller Nacional de Tapiz de Bellas Artes bei Prof. Pedro Preux; seit 1982 freischaffende Künstlerin in Wien, Durchführung v. Gobelinauftragsarbeiten; 1985 Staatsstipendium für Bildende Kunst. Ausstellungsbeteiligungen: 1983 Minitextilkunst Hannover; Textilminiaturen Tilburg; 1983/84 Internationale Textilkorrespondenz; 1984 Mail-Art Ausstellung Secession, Wien; Galerie auf der Stubenbastei, Wien; Ecksaal Joanneum, Graz; Feminale Hochschule für angewandte Kunst in Wien; 1985 Galerie auf der Stubenbastei, Wien; Mail-Art Ausstellungen in Frankreich; 1986 Galerie in der Künstlerhauspassage. S. LXX, XXVIII.

Mia Zabelka
geb.: 1963 in Wien; seit dem 8. Lebensjahr Violin- und Klavierunterricht am Konservatorium der Stadt Wien; Mitglied mehrerer Jugendorchester und Jazzbands; Studien der Musikwissenschaft, Kunstgeschichte und Publizistik in Wien; studiert derzeit Komposition bei Kurt Schwertsik und elektroakustische Musik bei Dieter Kaufmann; musikalische Mitarbeit an Projekten des „Steirischen Herbstes" und der „ars electronica"; gemeinsame Auftritte mit Giselher Smekal im In- und Ausland; Rundfunkaufnahmen; seit einigen Jahren mit der Erprobung neuer Improvisationstechniken auf der Violine beschäftigt. Werke: 1986 – somateme/für Violine und Tonband; pneuma/Tonbandkomposition; Karikaturen/Stücke für Klavier; Sandstrahlentrost/Tonbandkomposition, Komposition für Violine und Tonband; Lieder/für Sopran und Klavier, nach Texten aus E. Jelineks Lyrikband „Ende". 1987 – Vexierspiele/Zyklus für Klavier; Lichtwechsel/Fünf Gedichte von Peter Waterhouse für Bariton und Klavier; Ströme/für Violine und vierkanaliges Tonband.
Gruppe: Mia Zabelka, Fritz Novotny, Giselher Smekal, Assunta Spissu, Alexander und Florian Tuchazek. S. XIV.

VEREIN
das wiener sommer symposion
VORSTAND

Mag. art. Angela Koch
Obfrau
geb.: 1954 in Wien; 1973-76 Studium der Kunstgeschichte und Archäologie an der Univ. Wien; 1976-83 Studium der Kunsterziehung an der Hochschule für angewandte Kunst in Wien; 1983-85 Studium der Metallgestaltung an o.a. Hochschule; 1983 Mag. art.; 1983-86 Lehrtätigkeit an AHS; seit 1985 Organisation der Veranstaltung „Das Wiener Sommersymposion", Bildhauerarbeiten für die Theater m.b.H.; Einzel- und Gruppenaustellungen, Aktionen: 1980 Graz, „Identitätsnachweis", Galerie H.; 1981 „Zum Fressen gern", Hs.f.angew. Kunst i.Wien; 1982 „Angela Koch(t) – ein Leichenschmaus", Aktion und Dokumentation Super8; 1983 Feminale I, Hochsch.f.angew. Kunst i.Wien; 1984 „Produktgestaltung" Mkl. Prof. Auböck, Zentralsparkasse–Hauptanstalt; „Schmuckgestaltung", Galerie am Graben; Gestaltung der Ausstellung „Fritz Janeba" an der Hs.f.Angew.Kunst in Wien 1984; 1985 Architekturentwürfe „Pausenraum AHS Wien XIII", Wohnungsumbau „Gästewohnung P."; „Schmuckpapiere", Museum für angewandte Kunst in Wien; „Ohne Titel", WuK; 1986 „prima vista", Zentralsparkasse-Hauptanstalt; 1986/87 Graphische Betreuuung für „Der Widerspenstigen Zähmung", TIK-Theater im Kopf; Kostümbildnerin für „Das Kastell" von H. Barker, Theater m.b.H. im Künstlerhaus; 1987 „Nach der Schneeschmelze", WuK.

Christian Schneider
Obfraustellvertreter
geb.: 7. Juli 1956 in Wien; 1975 Matura; seit 1975 im Bundesdienst; seit 1979 Leiter der Personalabteilung an der Hochschule für angewandte Kunst in Wien.

Klaus Heinzle
geb.: 23. Oktober 1955, Innsbruck, Tirol; ab 1974 Arbeiter; 1978–1982 Werbegraphiker; (1980 Externistenmatura).
1982 Übersiedlung nach Wien, Besuch der Hochschule für angewandte Kunst, Wien, Gestaltungslehre; 1987 Lehrauftrag am BG Wien 15; großformatige Wandgemälde „Hawaii", „Safari" und „Liberty", 1979/80 Innsbruck, Organisation und Ausstellungsbeteiligung „ars alpina 81", Innsbruck, „Kunstkörper-Malerei, Grafik", 19831 Wien; Förderungspreis NÖ Ges. für Kunst und Kutlur, „Das Jahr 2000", und Einzelausstellung, Kursalon Mödling, 1986.
Organisation und künstlerische Beteiligung „Nach der Schneeschmelze" und „Interaktion 1", WuK, 1987 in Wien.
Beteiligung „Sex im U4" mit der Installation „Peep-Show", 1987, Wien. Wissenschaftliches Interesse: Pornographische und nationalsozialistische Kunst; Antisemitismus.

Gottfried Jäger
Kassierstellvertreter
geb.: 1961 in Schruns/Vlgb; seit 1982 Studium an der Hochschule für angewandte Kunst in Wien bei Prof. Tasquil; Ausstellungsbeteiligung: 1987 „Nach der Schneeschmelze", WuK, Wien.

Alice Kostron
Vereinssekretärin
geb.: 12. Juni 1957 in Wien; 1972-75 Ausbildung zur Fachbuchhändlerin, bis 1982 im Buchhandel tätig; 1982 Geburt des Sohnes David, 1983 Geburt des Sohnes Alexander Stefan; seit März 1987 Sekretärin des Vereines das wiener sommer symposion.

Mag. art. Peter Stasny
Schriftführer
geb.: 11. November 1958 in Salzburg-Stadt; 1977 Matura; 1978-1984 Studium der Kunsterziehung an der Hochschule für angewandte Kunst in Wien in Wien; seit 1983 Lehrauftrag an der Höheren Bundeslehranstalt für Mode und Bekleidungstechnik, Herbststraße, Wien 16; 1985-1986 Ausstellungsrezensionen in „Vernissage" in Zusammenarbeit mit der Galerie Knoll; Ausstellungsbeteiligungen: 1977 Salzburg, Museum C.A.; 1985 Bozen, Galeriebeisl Wegers; 1987 Wien, WuK u. Wien, Neurologisches Privatambulatorium Dr. W. Salzmann; 1987 Wien, Zentralsparkasse Hauptanstalt.

Harald Paul Mayrböck
Schriftführerstellvertreter
geb.: 17. Februar 1963 in Ried i. Innkreis/OÖ; 1981 Matura; 1981/82 Studium der Germanistik und Geschichte, Univ. Wien; ab 1982 Studium Maschinenbau an der TU Wien; seit 1980 Arbeiten im Bereich künstlerischer Fotografie.

CHRONIK

September 1985: Der gedankliche Ursprung von *das wiener sommer symposion* entsteht.

Dieser stammt einerseits von Dipl. Ing. Heiner Fürst, andererseits von Mag. art. Angela Koch. Ihnen scheint eine Auseinandersetzung mit Kunst in nichtakademischer Weise in Wien für notwendig. A. Koch begann daraufhin mit H. Fürst, Konstruktionen zu dieser Idee auszuarbeiten. Sie wünschten sich eine Arbeitsgruppe von Künstlern und Wissenschaftlern, die im Sommer 1986 das Thema „Nacktheit – Akt" behandeln sollten.
Im November 1985 wird Mag. art. Peter Stasny, Absolvent der Hochschule für Angewandte Kunst in Wien, für die Idee gewonnen. Er sichert zu, im Rahmen der Veranstaltung eine Aktklasse zu übernehmen und an der organisatorischen Entwicklung mitzuarbeiten.
Im Jänner 1986 beginnt eine konstruktive Arbeit zwischen A. Koch, P. Stasny, H. Fürst und Franz Aigner. Der Gedanke von H. Fürst, mit den „Wiener Festwochen" zusammenzuarbeiten und diese als Startfläche zu benutzen, wird geprüft, die Veranstaltungsmöglichkeit im WuK[1] als einen idealen, vielschichtig offenen Veranstaltungsort wird erwogen.
Ende Februar 1986 löst sich die ursprüngliche Arbeitsgruppe auf. Konstruktive Arbeit wird nur mehr von A. Koch, P. Stasny und F. Aigner geleistet. Man setzt sich mit der finanziellen Situation des Projektes auseinander. Der Plan, im Sommer 1986 mit dem Projekt zu starten, wird aus wirtschaftlichen und organisatorischen Gründen fallengelassen.
Von März bis April 1986 expandiert die Interessengemeinschaft. H. Schütz, F. Aigner, A. Dallinger und der ehemalige, als Kunsterzieher tätige Studienkollege von P. Stasny, Klaus Heinzle, erklären ihre Mitarbeit innerhalb der Arbeitsgemeinschaft. Klaus Heinzle befaßt sich zunächst mit graphischen Angelegenheiten. Es folgt weitere inhaltliche und organisatorische Arbeit. Die Idee zur Abhaltung einer Art „Sommerakademie" im Raum Wien beginnt zu reifen. Man entscheidet sich für den Begriff „Symposion" als Veranstaltungstypus. Daraus entsteht der bis heute und auch weiterhin gültige Veranstaltungstitel **das wiener sommer symposion.**
Die Zuversicht in ein Projekt, welches im Wiener Raum einmalig ist und auf keine Konkurrenz hierorts stößt, sondern als Erweiterung der Kulturszene zu sehen ist und eine Überbrückung der ferial bedingten Semesterpause sein soll, ließ den Gedanken an die Durchführung einer derartigen Veranstaltung Gestalt annehmen.
Es kommt zur Vereinsgründung im Mai 1986. Der Vereinsname wird als logische Konsequenz zur Veranstaltung mit **das wiener sommer symposion** vereinspolizeilich festgelegt. Die erste konstituierende Generalversammlung am 22. Mai 1986 ernennt A. Koch zur Obfrau.
In den nächsten Monaten werden regelmäßige Vereinssitzungen abgehalten. Subventionsgespräche mit öffentlichen Stellen und privaten Sponsoren werden geführt. Weiters wird die Erarbeitung eines detaillierten Finanzplanes für das Veranstaltungsjahr 1987 vorangetrieben. Thema und Zeitraum für die erste Veranstaltung im darauffolgenden Jahr müssen festgelegt werden. Man einigt sich auf das Generalthema „InterAKTion – Das Nackte – Der Hintergrund". Der Zeitraum der Interaktion 1 wird vom 15. August bis 13. September terminisiert.
Christian Schneider, Personalleiter an der Hochschule für angewandte Kunst in Wien, bietet seine Mithilfe an.

BM | UKS

AMV

Die Kontaktaufnahme zu Künstlern und Referenten wird intensiviert. Es entwickeln sich zunächst Informationsgespräche aber auch Zusagen zur Mitwirkung am Symposion.
In den Monaten Mai und Juni 1986 wird das Bundesministerium für Unterricht, Kunst und Sport, das Bundesministerium für Wissenschaft und Forschung sowie das Kulturamt der Stadt Wien über den erarbeiteten Finanzierungsplan informiert. Mit der Österreichischen Hochschülerschaft wird über die Zuweisung von Geldern aus deren Etat verhandelt.
Nach Verhandlungen durch A. Koch mit den Verantwortlichen des WuK erhält der Verein den Status einer Hausgruppe und errichtet daraufhin sein Büro noch im Sommer 1986 ebendort.

F. Aigner scheidet aus dem Verein aus und K. Heinzle übernimmt die Funktion des Vereinskassiers.

Im Herbst 1986 wird der damalige Rektor der Hochschule für angewandete Kunst in Wien, Oswald Oberhuber, für das Projekt gewonnen. Er sagt zu, mit **das wiener sommer symposion** zusammenzuarbeiten und dieses zu unterstützen, ohne jedoch bezüglich Ideologie und Programmgestaltung zu intervenieren. Der Briefkopf erhält den Zusatz: „...mit der Hochschule für Angewandte Kunst in Wien". Durch die Unterstützung des Rektors ab November 1986 werden dem Verein Hochschuleinrichtungen zur Verfügung gestellt wie beispielsweise die hauseigene Druckerei.
Ulli Holper, Sekretärin an besagter Hochschule, übernimmt Schreibarbeiten für den Verein und wird später auch ordentliches Mitglied.
Der erste Empfang von **das wiener sommer symposion** für Künstler, Referenten, Mitarbeiter und Sponsoren findet am 4. November 1986 in der Wohnung von P. Stasny statt.

Aus der Idee von K. Heinzle, im Frühjahr 1987 ein vorstellendes Pilotprojekt zur Hauptveranstaltung im August, September dieses Jahres abzuhalten, entwickelt sich das Projekt „Nach der Schneeschmelze". Geplant ist ein einwöchiges Kulturspektakel mit dem Ziel, bildende und darstellende Kunst zu vereinen.
Subventionsverhandlungen mit öffentlichen Stellen und im konkreten mit der Firma Mobil-Oil laufen parallel zu den Vorbereitungen des Pilotprojektes.
H. Schütz scheidet aus dem Verein und U. Holper übernimmt dessen Vorstandsarbeit.
Ein zweiter Empfang von **das wiener sommer symposion** am 10. März 1987 als Auftakt für das Pilotprojekt „Nach der Schneeschmelze" findet wieder bei P. Stasny statt.
Verhandlungen im März 1987 mit dem Bezirksvorsteher des 9. Wiener Gemeindebezirks über die Verwendung der Prosektur des Karolinenspitals für die Sommerveranstaltung verlaufen im Sand.
Das einwöchige Szenario „Nach der Schneeschmelze", veranstaltet vom 28. März bis 4. April 1987 im WuK, sorgt erstmals für Aufsehen und lenkt die Aufmerksamkeit auf die Aktivitäten des Vereins.
Harald Mairböck, ursprünglich als Teilnehmer interessiert, und Gottfried Jäger, Kunststudent, werden ordentliche Mitglieder des Vereins und beteiligen sich an der aktiven Vorstandsarbeit.
Künstler- und Referentenkontakte, das Ausarbeiten der Programmhefte für den Sommer 1987 und deren Aussendung bestimmen die nächsten Wochen.
Eine erste Pressekonferenz findet am 27. April 1987 an der Hochschule für Angewandete Kunst in Wien unter der Patronanz des damaligen Rektors Oswald Oberhuber statt.
Am 19. Mai 1987 wird der Verein durch die 2. Generalversammlung neu formiert. A. Koch wird in ihrer Funktion als Obfrau bestätigt. K. Heinzle bleibt Kassier und P. Stasny wird Schriftführer.

K. Heinzle ist weiterhin mit den graphischen Arbeiten des Vereins betraut und beauftragt Martin Breindl mit der Ausarbeitung des Plakats InterAKTion 1.
Mag. art. Martin Drechsler und Christian Schneider, bisher mit der Pressestelle beauftragt, können aus Überlastungsgründen dieser Tätigkeit nicht mehr nachgehen und werden dieser Funktion entbunden. P. Stasny wirbt an seiner statt Erik Schnabl für die Pressearbeit an. Zunächst interimistisch führt dieser dann gemeinsam mit H. Mairböck die Presseabteilung. Intensive Pressekontakte mit in- und ausländischen Medien werden geknüpft. International wird Informationsmaterial an Hochschulen und Universitäten verschickt.
Die Vorbereitungsarbeiten laufen ab Mai 1987 auf Hochtouren. Materialien müssen beschafft, Künstler verständigt, Aktmodelle engagiert werden.
Der dritte Empfang des Vereins findet am 1. Juli 1987 im WuK statt.
Verträge mit Künstlern und Referenten werden abgeschlossen.
Gespräche mit Heinz Werner Schimanko veranlassen diesen, dem Verein sein Lokal Moulin Rouge für die Eröffnungs- und Abschlußveranstaltung gratis zur Verfügung zu stellen.
Ein Organisationsteam aus Dienstpersonal, technischen Betreuern und Vorstandsfunktionären, welches die Koordination der Sommerveranstaltung übernimmt, wird unter der Führung von K. Heinzle gegründet.
Der Hörsaal des Josefinums wird als Vortragssaal für die Referenten vom dortigen Vorstand des Instituts für Pharmakognosie genehmigt. P. Stasny wird zum Verantwortlichen für die dort abgehaltenen Lesungen und Vorträge ernannt.
Ein aus Künstlern und Studenten zusammengesetztes Team beginnt Anfang August mit der Fertigung von Skulpturen und Installationen, die am Eröffnungstag vor dem Moulin Rouge aufgestellt werden sollen.
A. Dallinger scheidet per August aus dem Verein aus.
Betreiber der Underground-Disco U4 ersuchen den Verein, den Themenkreis Peep-Show praktisch-künstlerisch in deren Räumen darzustellen.
15. und 16. August 1987: Eröffnungsfest zur InterAKTion 1 im WuK und in dem zum Kunst- und Künstlertreff umfunktionierten Stripteaselokal Moulin-Rouge zeigen reges Publikumsinteresse und geben Grund zu Optimismus...

das wiener sommer symposion – der Grund, der Ort, die Dauer

Wien als ein wichtiges kulturelles Zentrum in Europa verfällt bekanntlich in den Sommermonaten in kulturelle Abstinenz. **das wiener sommer symposion** will diesem Zustand entgegenwirken und versteht sich als Beitrag zu einer erweiternden Kulturpolitik und aktiven Rezipienz. **das wiener sommer symposion** versucht sich daher in Wien zu etablieren, um auf Dauer gesehen eine Kulturveranstaltung zu sein, welche sich grenzüberschreitend theoretisch und praktisch mit bildender, darstellender Kunst und Wissenschaft auseinandersetzt.
Die Parallele dazu, die Salzburger Sommerakademie, war lediglich Ansporn, jedoch nicht Vorbild. Zur Verständigung und Vermittlung von Kultur sollte eine unkonventionelle Organisation und ein nach allen Seiten offener Kulturbetrieb stattfinden, der das Maximum an Kreativität und Produktivität herausfordert. Diese Art der Kulturvermittlung schien als geeignetste Form, zumal das Konzept der Veranstaltung keinerlei Aufnahmsprüfung oder Altersbeschränkung vorsieht.
Das WuK bot für die gestellten Forderungen den idealen Rahmen, nicht zuletzt deshalb,

weil aus finanziellen Gründen die Miete eines Areals in etwa mit dem gleichen Ausmaß nicht in Frage kam.
Die Konzentration auf nur einen Veranstaltungsort soll den Erfahrungsaustausch innerhalb der einzelnen Gruppen fördern und als Einheit eine Atmosphäre des Miteinanderwirkens schaffen. Exkursionen und die Einbeziehung anderer Spielorte illustrieren und ergänzen den Veranstaltungszyklus.
Die Abhaltung des Symposions schien am vorteilhaftesten im Zeitraum Mitte August bis Mitte September, da man sowohl die Urlaubszeit berücksichtigt als auch Terminüberschneidungen mit anderen kulturellen Veranstaltungen zum Großteil vermeidet.

das wiener sommer symposion – für wen?

Grundsätzlich soll jedem Interessierten die Möglichkeit geboten werden, sich an einem Thema zu ereifern, welches jedes Jahr als „Rückgrat" über dem Gesamtprojekt steht. Jeder, der sich während des Sommers einige Zeit produktiv und/oder rezeptiv mit kunst- und alltagsästhetischen Aspekten seines kulturellen Umfeldes auseinandersetzen möchte, ist angesprochen. Künstlerische Vorbildung ist nicht Voraussetzung für die aktive Teilnahme an der Veranstaltung.
Für Teilnehmer, die eine kunst- oder kulturwissenschaftliche oder künstlerische Laufbahn anstreben, wird die Gelegenheit geboten, ihre Neigungen festzustellen bzw. sich auf eventuelle Aufnahmsprüfungen vorzubereiten.
Für jene, die sich nicht praktisch auseinandersetzen können oder wollen, wird ein umfangreiches wissenschaftliches und auf das Generalthema bezogenes Vortragsangebot offeriert. Die Vorträge und Lesungen, als Einzel- oder Blockveranstaltung zu konsumieren, runden den praktischen Bereich theoretisch ab. So entsteht ein offener Diskurs, der über die Theorie einen bewußtseinserweiternden Einfluß auf die praktischen Arbeiten nimmt und umgekehrt.

das wiener sommer symposion – Zielsetzungen und Arbeitsweise

Eine Annäherung zwischen Wissenschaft und Kunst durch interdisziplinäres Ineinandergreifen von Theorie und ästhetischer Praxis zu erzielen bzw. deren Vereinigung zu erreichen.
Interessante, durchaus ungewöhnliche thematische Kombinationen und Fragestellungen sollen neue Blickrichtungen eröffnen, Ansatzpunkte, neue Ideen bieten und Wahrnehmungsgewohnheiten bewußt erkennen und diese themenspezifisch verarbeiten lassen.
Eine Neubewertung der Dialektik von Rationalismus und Irrationalismus.
Die Auseinandersetzung mit dem der Veranstaltung zugrunde liegenden Thema ist grenzüberschreitend zu sehen, indem man versucht, Vordergründiges wie Hintergründiges aufzuzeigen. Diese sonst eher marginal behandelten Bereiche sollen durchaus im Mittelpunkt individueller Problemstellungen stehen oder als Ansatzpunkt für Rückschlüsse auf die Problematik des Themas dienen.
Es entsteht eine offene Werkstätte nicht nur insofern, als es Arbeitsgespräche der Künstler untereinander und mit referierenden Wissenschaftlern gibt, sondern daß praktisch-künstlerisch interessierte Teilnehmer unmittelbaren Einblick in den künstlerischen Denk- und Schaf-

fensprozeß erhalten und an der jeweiligen Problemstellung mitarbeiten bzw. diese auch selbständig verändern können. Teilnehmer wählen die Künstler und damit Problemstellung und künstlerische Technik, die ihren Interessen und Neigungen entsprechen. Im Rahmen solcher Arbeitsgemeinschaften werden dann auch technisch-handwerkliche Kenntnisse vermittelt, die zur Durchführung des jeweiligen Projektes erforderlich sind. Die Kommunikation der einzelnen Werkgruppen untereinander bestimmen nicht nur die Künstler sondern auch die Teilnehmer selbst. Im Rahmen einer solchen Arbeitsgemeinschaft ist eine künstlerische Vorbildung nicht entscheidend, da Problemerörterung und Gespräch bzw. Ideenaustausch vorrangig zu sehen sind. Ganz im Gegenteil, mitarbeitende Teilnehmer aus nicht-künstlerischen Tätigkeitsbereichen unterstützen diese Bereitschaft, wechselseitig Wahrnehmungsgewohnheiten zu erproben und diese gegebenenfalls aufzubrechen. Das akademische Atelier mit dem Meister aller Dinge wird verlassen. Lehrende lernen, Lernende lehren.
Neben den klassischen Techniken Malerei, Graphik, Bildhauerei soll auch eine mediale Bearbeitung des Themas durch Photographie und Video neue Sichtweisen erschließen. Dadurch soll aufgezeigt werden, daß die Behandlung des Themas mit progressiven Gestaltungsmitteln und -methoden keinesfalls in einem Konkurrenzverhältnis zu klassischen Techniken steht, sondern, interaktionär, die Palette der möglichen Interpretationsformen erweitert.
Eine Vielzahl an Künstlern arbeitet innerhalb vier Wochen und an fünf Wochenenden zu einem Thema, welches der gesamten Veranstaltung zugrunde liegt. Dieses Thema, in Untergruppen unterteilt und referiert, gelesen, diskutiert, bildet Anregung und Ausgangspunkt zur praktisch-künstlerischen Arbeit.
Die so entstehenden künstlerischen Arbeiten und theoretischen Vorträge werden während und nach dem Abschluß der Veranstaltung in Bild und Ton von Gabi Mathes dokumentiert und in einer großen Schlußausstellung und einem Katalog zur InerAKTion 1 einem breiten Publikum präsentiert und angeboten.

das wiener sommer symposion – zum Thema Sommer 1987

InterAKTion – das Nackte – der Hintergrund im Bereich der Bildenden Kunst, Musik und Literatur ist das Generalthema für den Sommer 1987. Inhalte der Veranstaltung sind die aktive und passive Darstellung des Aktes und der Nacktheit des Menschen und dessen Erkennen vor dem individuellen, dem gesellschaftlichen, dem zeitlichen, dem religiösen, dem politischen, dem pädagogischen, dem pathologischen, dem künstlerischen, usw., und schließlich dem räumlichen Hintergrund. – Eine Beleuchtung aller möglichen Facetten, die aus diesem Thema resultieren.
Die Aufteilung zur Auseinandersetzung mit dem Thema erfolgt in zwei Gruppen. Zum einen ist es der praktische Teil, welcher die Hauptanliegen des Themas vereint und vom Künstler, allein oder interdisziplinär und interpersonell, mit den Teilnehmern bearbeitet wird. Zum anderen ist es der theoretische Teil, von Referenten aus den unterschiedlichsten Sparten vorgetragen und abgehandelt, der als Ergänzung, Anreiz zu den praktischen Arbeiten gesehen werden soll.
Die wissenschaftlichen Beiträge stellen einen Querschnitt aktueller wissenschaftlicher Betrachtungsweisen aus den Bereichen Kunstgeschichte / Theologie / Ethnologie / Philosophie / Soziologie / Medizin (Pathologie, Anatomie, Chirurgie) / Psychiatrie / Konsumwerbung / Geschichte / Sexualwissenschaft / Theaterwissenschaft. Der Bogen der Subthemata spannt sich von Genesis- und Entstehungsmythen über Möglichkeit bzw. Unmöglichkeit der

Geschlechtertrennung – Androgynität –, subjektiver Körpererfahrung bis hin zum Begriff der Nacktheit in den Randgruppen.
Auf Grund der Themenstellung ist der Akt im praktischen Bereich ein Schwerpunkt in der Arbeit aller Beteiligten. Daher sollen durch inhaltlich verschiedene Aktionen neue Arbeitsweisen demonstriert und durchgeführt werden und auf gegenwärtige Bedürfnisse eingegangen werden.
Auseinandersetzung des Einzelnen mit der individuellen Nacktheit seiner Persönlichkeit in bezug auf seine Arbeit soll durch gruppendynamische Interaktionen erreicht werden. „Der Künstler als nackter Mensch vor seinem Publikum."
Der Hintergrund, der neben dem Nackten als Themenschwerpunkt gesetzt ist, soll durch effizientes Arbeiten in Aktionskreisen aber auch durch individuelle Fragestellung bewußt hinterfragt und künstlerisch verarbeitet werden.
Daß Nacktheit nicht nur körperlich sein kann, sondern auch fiktiv, imaginär, nicht greifbar, ist ebenfalls ein Aspekt der berücksichtigt werden muß. Transitorische Nacktheit – ein Zitat von Martin Walser:
„So nackt, so bloß, wie man durch Denken wird, kann man körperlich nie sein."

[1]) WuK.... Werkstätten- und Kulturhaus, 1090 Wien, Währinger Straße 59; in seiner Art das größte Kulturhaus Europas.

REMA
1160 Wien,
Neulerchenfelder Straße 35,
Tel. 43 89 26-27-28.